Rainer Maras / Josef Ametsbichler
Unterrichtsgestaltung in der Grundschule –
ein Handbuch

Auer

Rainer Maras
Josef Ametsbichler

Unterrichtsgestaltung in der Grundschule – ein Handbuch

Pädagogische und didaktische Grundlagen

Methodische und praktische Anregungen

Strukturmodelle

Auer

Gedruckt auf umweltbewusst gefertigtem, chlorfrei gebleichtem und alterungsbeständigem Papier.

4. Auflage 2016
Nach den seit 2006 amtlich gültigen Regelungen der Rechtschreibung

Illustrationen: Grafikdesign Bettina Weyland
Satz: Typographie & Computer, Krefeld
Druck und Bindung: Kessler Druck + Medien GmbH, Bobingen
ISBN 978-3-403-**06852**-5

www.auer-verlag.de

Inhalt

Abkürzungen:
L Lehrperson
S Schüler
TA Tafel
TB Tafelbild

Hinweis:
Aus Gründen der besseren Lesbarkeit gelten Personenbezeichnungen für beide Geschlechter.

Autorenverzeichnis der Kapitel:

Josef Ametsbichler
Kap.: 3.1.2, 3.1.5–3.1.8, 3.2, 3.4, 3.6, 3.8, 3.10, 4.18, 5.14, 5.18, 5.19

Rainer Maras
Kap.: 1, 2, 3.1.1, 3.1.3, 3.1.4, 3.3, 3.5, 3.7, 3.9, 4.1–4.17, 4.19, 4.20, 5.1–5.13, 5.15–5.17, 5.20

Von den Autoren wurden für folgende Seiten Grafiken erstellt: 87, 88, 116, 117, 118, 228, 243, 247, 255, 273, 297, 345, 377 und 385.

Vorwort

Veränderung legt den Grundstein für Kontinuität. Das vorliegende Handbuch ist ein gutes Beispiel für diese Einsicht. Die „Unterrichtsgestaltung in der Grundschule – heute" erschien zum ersten Male im Jahr 1981. Ihr wurde im Jahre 2003 berechtigterweise der Titel eines Handbuchs zugesprochen, das in dieser Funktion nunmehr seit dreißig Jahren der Ausbildung der Lehrerinnen und Lehrer und der Praxis der Grundschule dient. Die Neufassung dieses Buches begründet sich aus den Veränderungen in der Auffassung über das Lernen. Dies bedarf einer breiteren theoretischen Grundlegung und der konsequenten Abstimmung der Praxis auf diese veränderte Vorstellung von Lernen. Sämtliche theoretischen Informationen und praktischen Anregungen wurden auf einen neuen Stand gebracht.

Die Zielsetzung des Buches bleibt unverändert: Leserinnen und Leser sollen Informationen erhalten, die sie in die Lage versetzen, selbstständig und *situationsgemäß* den eigenen *Unterricht* zu planen und danach zu *gestalten*. Dies korrespondiert mit den Entwicklungen auf den Gebieten der Schulpädagogik, Didaktik, Pädagogischen Psychologie und der Neurowissenschaften und in der Lehrerausbildung. Fundiert durch die konstruktivistischen Lerntheorien und die Erkenntnisse über Veränderungen in Kindheit, Gesellschaft und Arbeitswelt hat sich der Ansatz zur Gestaltung von Unterricht erkennbar herausgebildet, dass „Kinder Subjekte ihres eigenen Lernens" sind. Von dieser Einsicht werden die pädagogischen, didaktischen und methodischen Entscheidungen geleitet, sie bestimmt die Gestaltung des Unterrichtsgeschehens.

Der Charakter eines Handbuches, das von Praktikern erstellt ist, bringt es mit sich, dass wir bei psychologischen, schulpädagogischen, fachdidaktischen oder fachlichen Aussagen auf die relevante Literatur zurückgegriffen haben. In den unterrichtspraktischen Teilen haben wir auf unser Wissen und auf unsere jahrzehntelangen Erfahrungen in der Praxis vertrauen können.

Dem Thema der Beurteilung von Unterricht haben wir nun ein eigenes Kapitel gewidmet. Darin sind Informationen und Impulse zur Selbstreflexion und für eine Fremdbeurteilung des Unterrichts enthalten.

Die Erstellung des Buches mussten wir dieses Mal zu zweit bewältigen. Frau Beate Eckert-Kalthoff, die uns noch 2003 mit Ihrem Fachwissen unterstützt hatte, äußerte den Wunsch, den Schwerpunkt ihrer Arbeit auf die administrativen Aufgaben im Staatlichen Schulamt der Landeshauptstadt München zu legen. So haben wir also versucht, die entstandene Lücke zu füllen. An dieser Stelle danken wir Frau Eckert-Kalthoff für ihre damals geleistete Mitarbeit. Ebenso sprechen wir sehr gerne unseren Dank an zwei weitere Kolleginnen aus: Frau Helga Wöhl, Seminarleiterin, die uns mit ihrer außerordentlichen Fachkompetenz im Fach „Werken und Gestalten" unterstützt hat, und Frau Christa Jung, Lehrerin, die uns wertvolle Hinweise für den Anfangsunterricht gegeben hat.

Wir hoffen, dass dieses Handbuch die Arbeit bei der Ausbildung der Lehrerinnen und Lehrer unterstützt und den Kolleginnen und Kollegen, die schon länger in der Unterrichtspraxis stehen, mehrfache Anregungen gibt.

München, im Januar 2016

Rainer Maras *Josef Ametsbichler*

1. Lehren und Lernen im Unterricht der Grundschule *(R. Maras)*

Singgebung des Unterrichts

Die entscheidende Aufgabe der Grundschule liegt darin, die Entwicklung der Persönlichkeit der Kinder zu unterstützen. Zu Beginn der Grundschulzeit verfügen die Kinder meist über ein hohes Maß an Fähigkeit und Bereitschaft zu lernen. Im Unterricht der ersten Schuljahre werden Lernmotivation und Interessen, Wissen und Basisfertigkeiten (Grundkompetenzen), emotionale Tiefe, Sozialverhalten und moralische Wertvorstellungen grundgelegt. Die Persönlichkeitsentwicklung wird insbesondere durch den Aufbau der Ich-Stärke des Kindes gefördert.
Die Qualität des Grundschulunterrichts hat einen bedeutenden Anteil an dem weiteren erfolgreichen Lernen und an der Gestaltung der späteren Lebensführung.

Lehren und lernen

Im Unterricht wird gelehrt und gelernt – das ist seine Bestimmung. Im günstigen Fall stimmen die Intentionen der Lehrperson mit den Ergebnissen des Lernens überein. Da jedoch Abweichungen dabei als normal anzusehen sind, verbleibt die pädagogische Hoffnung, dass die Diskrepanz nicht zu groß ausfällt. Ausgehend von dieser Erfahrung der Ungewissheit gehört es zu den wichtigen Aufgaben der Lehrperson, sich immer wieder einen Einblick in Wissen und Können der Kinder zu verschaffen. Auf der Grundlage der Kenntnisse über den Lern- und Leistungsstand der Kinder werden die Entscheidungen für die pädagogischen und didaktischen Ziele, für die weiteren Unterrichtsinhalte, methodischen Vorgehensweisen und Arbeitsmittel getroffen.

Planungshilfen für den Unterricht

Dem Unterrichtsgeschehen geht eine Phase der Vorbereitung des Unterrichts voraus. An dieser Stelle setzt die Funktion dieses Buches ein, die in folgender Zusammenstellung der Ziele und Inhalte ersichtlich wird.

1. Zielsetzungen

a) Pädagogisches Leitziel: Förderung der Persönlichkeit des Kindes, insbesondere der Selbstständigkeit der Person.
b) Darstellung von Möglichkeiten und vielfältigen Anregungen, den Unterricht situations- und fachgerecht sowie praxis- und zukunftsorientiert zu planen und zu gestalten.
c) Durch die gegebenen Informationen sollen die Leserin und der Leser in die Lage versetzt werden, ein eigenständiges Unterrichtskonzept zu entwickeln, das den individuellen pädagogischen und didaktischen Vorstellungen, Überzeugungen und Lehrfähigkeiten entspricht.

2. Inhalte

- Überblick über die allgemeinen Grundlagen des Lernens und des Lehrens (z. B. Aspekte des Lernens, „Erziehung“);
- Anregungen zur Gliederung des Unterrichtsprozesses, Erläuterung von deren Funktion und exemplarische Diskussion;
- Einblick in die theoretischen Grundlagen der einzelnen fachlichen Bereiche;
- Strukturmodelle zu den einzelnen fachlichen Unterrichtsbereichen;
- Konkretisierung durch Skizzierung von Unterrichtsbeispielen;
- Hinweise zu wichtigen Medien, Methoden und Einzelmaßnahmen des Unterrichts (z. B. Gruppenarbeit).

1.1 Grundlagen des Lernens und Konsequenzen für den Unterricht

Durch schulischen Unterricht werden Lernvorgänge angeregt, beeinflusst und gelenkt. Verschiedene Inhalte, die vielfach durch administrative Regelungen vorgegeben sind, sind Gegenstand des Lernens. Unterricht und Lernen sind untrennbar miteinander verknüpft; ein effektiver Unterricht gründet deshalb auf den aktuellen Erkenntnissen über das Lernen.
Lehr-Lern-Forschung, schulpädagogische und lernpsychologische Forschung sowie Hirnforschung schaffen durch ihre wissenschaftlichen Untersuchungen, insbesondere der letzten dreißig Jahre, eine verlässliche Grundlage für die Festlegung von Rahmenbedingungen, Kriterien, Prinzipien und Konzepten eines effektiven und vor allem guten Unterrichts.
Die Vielzahl von Ergebnissen fasse ich im Hinblick auf die Erfordernisse des Unterrichts zu fünf aktuellen Aspekten des Lernens zusammen: Emotion, Struktur, Vernetzung, Aktivität und Konstruktion.

1. Emotion, Beziehung und Wertschätzung

a) Forschungsergebnisse und Schlussfolgerungen

Sinneswahrnehmungen werden über Nervenbahnen zum Mandelkernkomplex, einem Teil des limbischen Systems, übermittelt und rufen dort eine emotionale Reaktion hervor; dabei werden Botenstoffe, z. B. Dopamine, produziert. „Gemeinsam bilden die Leistungsdroge Dopamin, die Wohlfühldrogen aus der Gruppe der Opioide und das ‚Freundschaftshormon' Oxytozin ein geradezu geniales Trio" (Bauer 2007, S. 19).
Im limbischen System existieren Mechanismen, die die Lernkapazität erweitern oder mindern und die sich auf körperliche und emotionale Reaktionen (Zustimmung, Zuwendung; Ablehnung, Flucht) auswirken. „Emotionale Gedächtnisinhalte werden im Vergleich zu nicht-emotionalen Inhalten stärker durch das limbische System vermittelt, was zu einer tieferen Verarbeitung führt. Diese positiven Effekte können sich bei der (Ein-)Speicherung und dem Abruf von Gedächtnisinhalten zeigen, spielen also auf allen wichtigen Ebenen der Gedächtnisverarbeitung eine entscheidende Rolle" (Grewe 2010, S. 22). Die emotionale Beteiligung hat einen deutlichen Einfluss auf die Erinnerungsleistung. Emotion und Kognition sind eng miteinander verbunden.

b) Hinweise für den Unterricht

Positive emotionale Bedingungen sind eine entscheidende Voraussetzung für das gelingende Lernen.

- ***„Ich nehme dich wahr und ich habe Interesse, mit dir zu lernen"***

Der erste Schritt, miteinander in Beziehung zu kommen, besteht in der Wahrnehmung des einzelnen Kindes und der Beachtung seiner Person. In der Schule wird sich die Beziehung von Lehrperson und Schüler auch darin äußern, dass dem Kind spürbar wird, inwiefern die Lehrerin und der Lehrer Interesse an seinem Lernen haben.
Beispiele:

- Die Lehrperson spricht das Kind mit seinem Namen an.
- Durch ihre Körperhaltung zeigt sie, dass sie mit dem Kind Kontakt hält – sie wendet sich dem Kind zu (je nach Situation: geht in Augenhöhe).
- Die Lehrperson nimmt mit dem Kind Kontakt auf, wenn sein Verhalten deutlich abweichend ist oder eine gedrückte Stimmung erkennen lässt.
- Die Lehrperson zeigt sich als Begleiterin des Lernens, indem sie am Ende einer vom Kind erledigten schriftlichen Aufgabe eine individuelle Bemerkung anfügt; sie informiert über den Lernfortschritt, macht zur Lösung eines Problems einen Vorschlag oder gibt eine Rückmeldung allgemeiner Art (Aufmunterung, Bestätigung).

- Zu Beginn des Schuljahres (ab 2. Jgst.) verfassen die Kinder einen Text (Sach-Niederschrift) mit der Überschrift „Ich stelle mich vor".
- Zu Beginn des Schuljahres fertigen die Kinder einen „Steckbrief" zu vorgegebenen Stichpunkten an (siehe Abb. 1).

Steckbrief:

Name:	Vorname:
geboren am:	in:
Meine Adresse:	Körpergröße:
Haarfarbe:	Besonderheiten:
Hobbys:	Lieblingsfächer:

Was ich mir am meisten wünsche:

Abb. 1: Inhalte eines „Steckbriefs"

- Die Lehrperson ermittelt den individuellen Leistungsstand und vereinbart mit dem Kind eine eigene Phase des Übens, etwa im Fach Mathematik „Mein besonderes Lernziel: Einmaleinsaufgaben sicher lösen können". Das erste Aufgabenblatt enthält eine persönliche, einführende Äußerung (siehe Abb. 2).

Beim Rechnen kommt es vor, dass Du Schwierigkeiten hast. Deshalb haben wir beide gestern vereinbart, dass Du in der nächsten Zeit die Einmaleinsaufgaben besonders gut übst.
Ich werde Dir geeignete Aufgaben stellen.
Ich wünsche Dir beim Lösen viel Erfolg.
(Unterschrift der Lehrerin)

Abb. 2: Die Lehrerin spricht das Kind persönlich an

- Das Interesse der Lehrperson am Lernen und an den Lernfortschritten der Kinder wird durch das Verfahren, Rückmeldungen geben zu lassen, deutlich – etwa im Fach Mathematik „Rückmeldung zum Thema ‚Malaufgaben entdecken'" (siehe Abb. 3; die einzelnen Bewertungskriterien sind jeweils verbunden mit einer Einschätzskala: sehr gut – gut – zufriedenstellend – noch zufriedenstellend – nicht zufriedenstellend).

Rückmeldung zum Thema „Malaufgaben entdecken"

1. Arbeit beim Forschen
   a) Ich habe gründlich nach Aufgaben gesucht.
   b) Ich habe meine Entdeckungen dargestellt.
   c) Ich habe passende Aufgaben notiert.
   d) Ich habe einige Aufgaben für die anderen Kinder vollständig vorbereitet.
   e) Meine Aufgaben für die anderen Kinder sind interessant.
2. Arbeit beim Rechnen (Lösen der vorbereiteten Aufgaben)
   a) Ich habe viel geschafft.
   b) Ich habe die Rechnungen gut lesbar und geordnet aufgeschrieben.
   c) Ich habe meine Lösungswege verständlich notiert.
   d) Ich habe gründlich gearbeitet.
3. Allgemein
   So schätze ich meine Leistung bei der ganzen Arbeit ein.

Abb. 3: Die Lehrerin zeigt ihr Interesse am Lernen: Kinder geben Rückmeldungen

- ***„In unserer Klasse erlebe ich ein gutes Miteinander"***

Teil der emotionalen Kompetenz ist „die Fähigkeit, sich der eigenen Person bewusst zu sein, Selbstkontrolle und Mitgefühl zu haben, die Fähigkeit, Konflikte zu lösen und mit anderen zusammenzuarbeiten" (OECD 2005, S. 81). Die Klassengemeinschaft und verschiedene Unterrichtsformen der Kooperation bieten dazu den geeigneten Rahmen. Eine gute pädagogische Atmosphäre in der Klasse beruht auf positiven Erfahrungen der beteiligten Personen miteinander, sie ist gekennzeichnet von einem Gefühl der Gemeinschaft und sie wird unterstützt von einer sinnvollen Gestaltung des Schullebens, vor allem der Zusammenarbeit mit den Eltern, und der räumlichen Umgebung (Klassenzimmer, Schulhaus, -gelände).

Beispiele:

- Umgangsverhalten und Umgangston zwischen Schülerinnen, Schülern und Lehrperson sind freundlich.
- Störungen und Konflikte werden angesprochen, gegebenenfalls diskutiert und argumentativ gelöst.
- Den Kindern werden ihre verschiedenartigen Gefühle bewusst gemacht und sie benennen diese mit Namen.
- Regelungen und Rituale werden erarbeitet, begründet und situativ angewandt.
- Verschiedene Spiele und Aktionen (z. B. Spiele zum Kennenlernen, Theaterspiel, Wanderungen) fördern das Gefühl für die Gemeinschaft.
- Die Kinder teilen ihre Interessen mit, darauf reagieren die anderen Kinder und nehmen Kontakt auf. Durch das Vorstellen des Lieblingsbuches werden beispielsweise die anderen Kinder der Klasse dazu bewegt (oder dazu begeistert) ebenfalls dieses Buch zu lesen, sodass anschließend ein Gespräch darüber stattfinden kann (siehe Abb. 4).

- ***„Ich spüre, dass ich angenommen und anerkannt bin"***

Mit dem Eintritt in die Grundschule begegnen Kindern weitere Personen, die als bedeutsam erlebt werden; zu ihnen stellen sie eine Beziehung und eine Bindung her. Kinder, die Wertschätzung und Vertrauen erfahren, weisen eine größere Lern- und Leistungsbereitschaft auf. Es liegen „eine ganze Reihe von empirischen Befunden vor, die die Bedeutung von Vertrauen als zentrales Fundament der Unterrichtsqualität … unterstützen" (Thies 2011, S. 8).

Beispiele:

- Die Lehrperson wendet sich den Kindern in einer positiven Haltung zu, sie zeigt sich zugänglich, sie gibt feinfühlige Anleitungen.
- Sie äußert sich positiv zu guten Leistungen, sie macht ebenso klare Aussagen darüber, was von den Kindern erwartet wird.
- Schlechte oder negativ aus dem Rahmen fallende Leistungen einzelner Kinder werden jeweils unter vier Augen angesprochen und besprochen.

- ***„Ich kann entspannt arbeiten"***

In einer guten Arbeitsatmosphäre fühlen sich die Kinder wohl. Dieses positive Gefühl kann aber beeinträchtigt werden, wenn eine Anstrengung gefordert wird und die Erledigung einer Aufgabenstellung nicht zum gewünschten Resultat führt. Das Lernen in der Institution Schule bringt es mit sich, dass Leistung abverlangt wird. Die Lehrperson wird gute Leistungen würdigen, sie wird schlechte Leistungen wahrnehmen und benennen.

Nun wird einerseits die Leistung in der Qualität der Lösung einer Aufgabe ersichtlich und andererseits ist diese Leistung von einem Kind erbracht worden. So entsteht das pädagogische Problem, vor allem bei der Reaktion auf eine schwächere oder schlechte Leistung, die bewertende Stellungnahme so zu formulieren, dass die Ausführung in der Sache im Vordergrund steht, die Wertschätzung der ausführenden Person jedoch nicht mindert. Eine Maßnahme, dieses pädagogische Problem zu lösen, ist es, die „Lern- und Leistungssituation" voneinander zu trennen. „Wenn es in Leistungssituationen unter dem Druck der Bewertung … darauf ankommt, Fehler zu vermeiden und stattdessen möglichst fehlerfrei das eigene Wissen und Können darzustellen bzw. einzusetzen, ist gerade dieser Druck für Lernsituationen kontraproduktiv" (Riecke-Baulecke 2007, S. 65). Anm.: Da man die Auffassung vertreten kann, dass in der „Lern"-Situation auch etwas geleistet und ferner „immer gelernt" wird, schlage ich vor, diesen Sachverhalt durch den Begriff „Trennung von Arbeits- und Benotungssituation" oder „Trennung von Person und Sache" (Thies 2009, S. 11) auszudrücken.

Beispiele:

- *Formulierung bei einer Übungsarbeit:* „Erinnere dich an die Regel, die wir gestern gefunden haben, dann kannst du diese Aufgabe rascher lösen." (Also nicht: „Wenn du die Regel nicht weißt, dann hast du Schwierigkeiten bei der nächsten Probe.")
- *Formulierungen im Unterrichtsgespräch:* „Dein Beitrag ist wichtig, denn jetzt verstehen wir, wie ..." „Überlege dir noch einmal, ob dein Beitrag zum Thema passt."

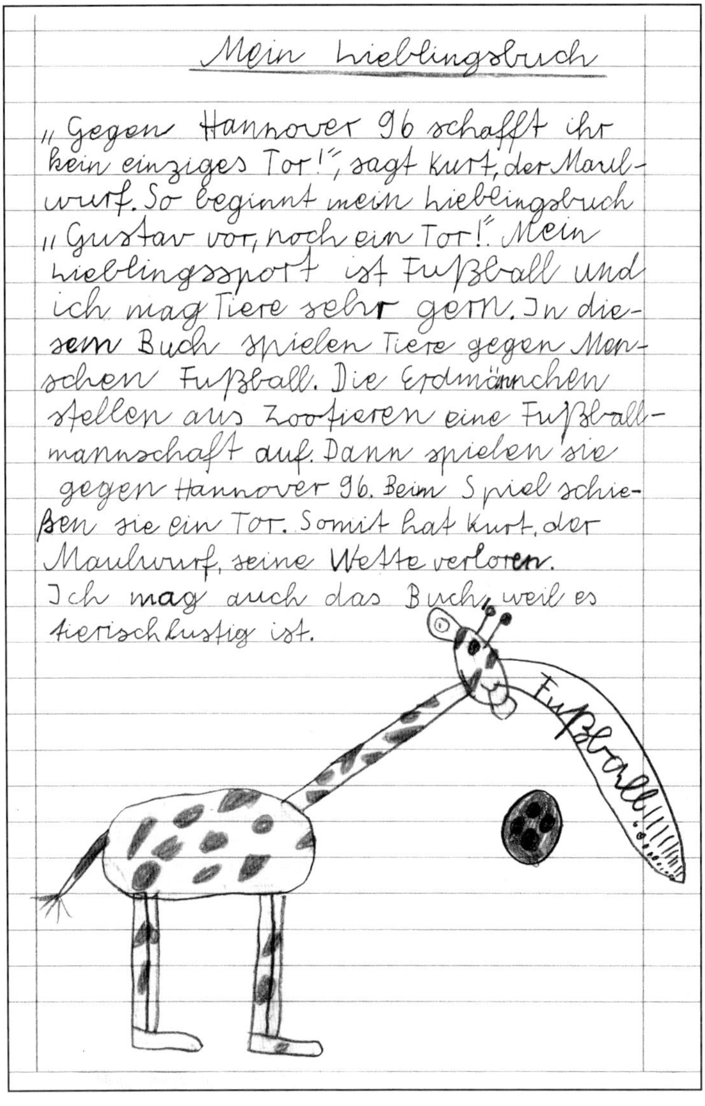

Abb. 4: Christoph, 9 Jahre, wirbt für sein Lieblingsbuch

2. Struktur, Regeln und Klarheit

a) Forschungsergebnisse und Schlussfolgerungen

Im zentralen Nervensystem existieren aufgrund der individuellen Lerngeschichte und bisherigen Erfahrungen bestimmte Verschaltungen von Nervenzellen und Nervenbahnen.

Verschaltungsstrukturen mit spezifischen Mustern

Elektrische und biochemische Signale werden von den Nervenzellen über Synapsen und „faserartige Verzweigungen" (Welzer 2002, S. 51) weitergeleitet. Neuronen „verbinden sich – vermittelt über sehr vielfältige biochemische Ausschüttungen in ihrem Inneren – mit anderen Neuronen zu Netzwerken. An deren Verknüpfungsstellen werden elektrische Impulse ‚gefeuert' und so zu einer Vielzahl anderer Neuronen weiterverbreitet ... Eine zentrale Rolle bei diesem Übermittlungsvorgang spielen die Synapsen, die Kontaktstellen der Neuronen zueinander, die erstaunlicherweise eigentlich Lücken sind. Wenn ein Neuron ein Signal empfängt, sendet es über das Axon elektrische Impulse über die Lücke hinweg zum nächsten Neuron" (a. a. O.). Es entstehen Verschaltungsstrukturen mit spezifischen Mustern.

Neuronale Verbindungen werden verstärkt

Beim Wiederauftreten desselben Reizes werden die bereits bestehenden Muster der Verbindungen erneut aktiviert. Trifft ein Reiz im Gehirn auf Strukturen, die ihn als bekannt einordnen können, so wird er im bestehenden Netzwerk weitergeleitet; dabei werden die bisherigen Verbindungen oder Verbundsysteme verstärkt. „Neuronen verändern sich in der Reaktion auf äußere Reize, und die Netzwerke, in denen sie aktiviert sind, tun dies unweigerlich auch. Die neuronalen Repräsentationen einzelner Elemente der Erfahrung der äußeren Welt sind desto stabiler, je häufiger sie aktiviert werden" (a. a. O., S. 60).

Regeln und Kategorien

Die Erfahrungen mit der äußeren Welt werden in den Neuronen repräsentiert. Aus den Erfahrungen und den Eindrücken aus der Umwelt bildet das Gehirn Regeln. „Im Gegensatz zum (kleinen) Hippokampus ist die (große) Großhirnrinde eine Regelextraktionsmaschine ... Unser Gehirn ist – abgesehen vom Hippokampus ... – auf das Lernen von Allgemeinem aus" (Spitzer 2009, S. 7). Der Vorteil liegt darin, dass nicht sämtliche Einzelheiten und Situationen abgespeichert werden müssen.

b) Hinweise für den Unterricht

Aus situativen Erfahrungen werden Regeln gebildet. Günstige unterrichtliche Bedingungen dafür sind, wenn passende Beispiele ausgewählt werden und Klarheit über Unterrichtsgegenstand, -maßnahmen und -organisation besteht.

- ***Aus Erfahrungen werden Regeln***

In der Schule und im Unterricht werden Regeln durch das praktische Tun erlernt. Manche Regeln sind zunächst sprachlich ausformuliert vorhanden (z. B. „Schau links, schau rechts, ..."), sie bedürfen dann dennoch einer anschließenden Einübung mit dem Ziel der Festigung und Automatisierung.

Beispiele:

- Die Lehrperson weist bestätigend auf bereits praktizierte, geeignete Verhaltensweisen hin, fasst sie gegebenenfalls regelhaft in Worte („Beim Wasserholen mit dem Malbecher stellen wir uns hintereinander an.") und begründet sie in ihrer Sinnhaftigkeit.
- Wir nehmen durch die persönliche Anrede miteinander Kontakt auf; wir trennen Äußerungen zur Sache von Bemerkungen zur Person; wir zeigen Interesse an den Überlegungen des Gesprächspartners, indem wir nachfragen, etwas bestätigen oder paraphrasieren (z. B. „Ich

verstehe dich richtig, wenn du …" „Du fühlst dich also gestört, weil …").

- Nonverbale Zeichen: Im Verlauf eines Unterrichtsgeschehens tritt es immer wieder auf, dass ein Kind eine falsche Aussage trifft. Wenn andere Kinder dies bemerken, so strecken sie die Hand nach oben und drehen diese langsam hin und her („Kopfschütteln" mit der Hand). Bedeutung: „Da bin ich anderer Meinung." Häufig lässt sich der „Widerspruch" in eine Fragestellung kleiden, die durch eine leicht gekrümmte Handfläche, Arm nach oben gestreckt, angekündigt wird.
- Organisation: Auf dem Weg zur Sporthalle wird jeweils an denselben Stellen ein Halt (vor oder nach Türen, vor den Umkleideräumen) eingelegt. Zu Beginn des Schuljahres wird das Verhalten im Umkleideraum, für das Betreten der Sporthalle und vor dem Beginn des Sportunterrichts festgelegt.

Das gute Beispiel

Die Auswahl von Inhalten und Methoden ist ein pädagogisch und didaktisch wichtiger Vorgang bei der Unterrichtsplanung oder im Schulleben.

Gute Beispiele erleichtern die Regelbildung. „Im Hinblick auf das Lernen in der Schule … folgt, dass es nicht darum gehen kann, stumpfsinnig Regeln auswendig zu lernen. Was Kinder brauchen, sind Beispiele. Sehr viele Beispiele und wenn möglich die richtigen und guten Beispiele" (Spitzer 2002, S. 78). Ein günstiges Beispiel liegt vor, wenn sich die zugrundeliegende Struktur in mehreren anderen Sachverhalten wiederfindet (exemplarische Beispiele).

Unter dieser Voraussetzung kann der Schüler in realen Situationen erfahren, dass die gewonnenen Regeln, Handlungsschemata, Lösungswege und Wertungen Gültigkeit oder Erfolg haben und auf andere Fälle übertragbar sind.

Beispiele:

- *Fachgerechte Arbeitsweisen:* Bei einem Versuch zu einem naturwissenschaftlichen Phänomen halten wir bestimmte Schritte ein: Wir formulieren eine Frage, stellen Vermutungen auf, planen den Versuch, führen den Versuch durch, stellen das Ergebnis dar und überprüfen das Ergebnis mit den Vermutungen. Dieses Vorgehen lässt sich bei vielen Versuchen in der Grundschule anwenden.
- *Eine Konfliktlösung vorbereiten:* Im Falle eines Konflikts werden die beteiligten Partner angehört. Die Kontrahenten berichten über Auslöser und Verlauf des Streits, ohne dass eine Kommentierung die Darstellung unterbricht. Diese Vorgehensweise erweist sich vielfach als hilfreich, einen Konflikt zu lösen oder zumindest eine Lösung vorzubereiten.
- *Aufbau von Begriffen:* Zur Erklärung physikalischer oder chemischer Vorgänge, die durch Sinneswahrnehmungen unmittelbar nicht zu erfassen sind, bietet sich das Teilchen-Modell an. Der Teilchen-Begriff ist tragfähig, da er für einige Vorgänge bei Wasser, Luft, Strom und Feuer ein Gedankenmodell liefert und eine spätere Präzisierung (z. B. durch „Molekül") oder Modifizierung zulässt.
- *Sachzeichnung:* Zur Darstellung von Gedanken und Überlegungen kann eine Zeichnung zweckdienlich sein. Sie vermittelt oft rascher und deutlicher den Einblick in eine gedankliche Vorstellung als die sprachliche Darstellung.

Methoden und Medien werden sach- und zielgerichtet eingesetzt

Lerngegenstand und didaktische Zielsetzung besitzen ihre eigene Struktur (z. B. „Herstellung einer Figur aus Ton", „Einführung in die schriftliche Subtraktion" oder „die Sicherheit im Absprung erhöhen"). Die Entscheidung für eine bestimmte Methode oder ein Medium ist abhängig von der Struktur des Lerngegenstandes. Das Ziel dieser Entscheidung ist, dass sich Lerngegenstand und unterrichtliche Maßnahme entsprechen.

Beispiele:

- *Moralische Wertung:* Zur Meinungsbildung über die Lösung einer Dilemma-

Geschichte besprechen sich die Kinder in der Gruppe. Im Dialog (Diskussion, Pro-und-Contra) werden Sachargumente ausgetauscht, Bewertungen der Einzelargumente und mögliche Wege zur Lösung des moralischen Konflikts beschrieben.

- *Chronologien:* Das Fortschreiten der Zeit, als Addition, Aneinanderreihung und Aufeinanderfolge von Zeiträumen (Jahre, Jahrzehnte usw.) wird in der Zeitleiste dargestellt.
- *Die nur an der Oberfläche „schöne" Methode als Problem:* Gelegentlich werden Medien oder Methoden eingesetzt, die zwar nach außen attraktiv wirken, jedoch beim genaueren Betrachten der Sache abträglich sind. Beispiel für ein ungeeignetes Medium, siehe Abb. 5: Es wird durch Abschneiden mit der Schere ein Pflänzchen entfernt. In der Regel melden sich spontan Kinder, die bemerken: „Dann schneide ich halt links auch eines ab, dann ist das Mobile wieder waagrecht."
  Beispiel für eine *ungeeignete Methode:* Die Qualität „warmer Farben" wird illustriert, indem die Hände auf ein Fell gelegt werden.

„Ich weiß, um was es geht und was ich hier tun muss"

Ein zunächst undurchschaubar erscheinender Sachverhalt wird dem Verstehen zugänglich, wenn Strukturen aufgebaut werden. Die Kinder erkennen Beziehungen und das Wesentliche tritt hervor. Den Inhalten und methodischen Verfahrensweisen wird eine Struktur gegeben, indem Teile abgegrenzt und benannt, die Bedeutung eines Elements herausgestellt und Zweck oder Ziel geklärt werden.

Beispiele:

- *Überleitungen:* Die Lehrperson gibt einen Hinweis auf den Stand des Unterrichts- oder Lernprozesses: „Du hast jetzt den Text gelesen. Nun können wir darüber sprechen, welche Gedanken dir dabei gekommen sind." Solche Überleitungen grenzen Unterrichtsphasen voneinander ab und machen deren Funktionen bewusst.
- *Prägnanz von externen Wissensspeichern:* Hefteinträge oder Darstellungen

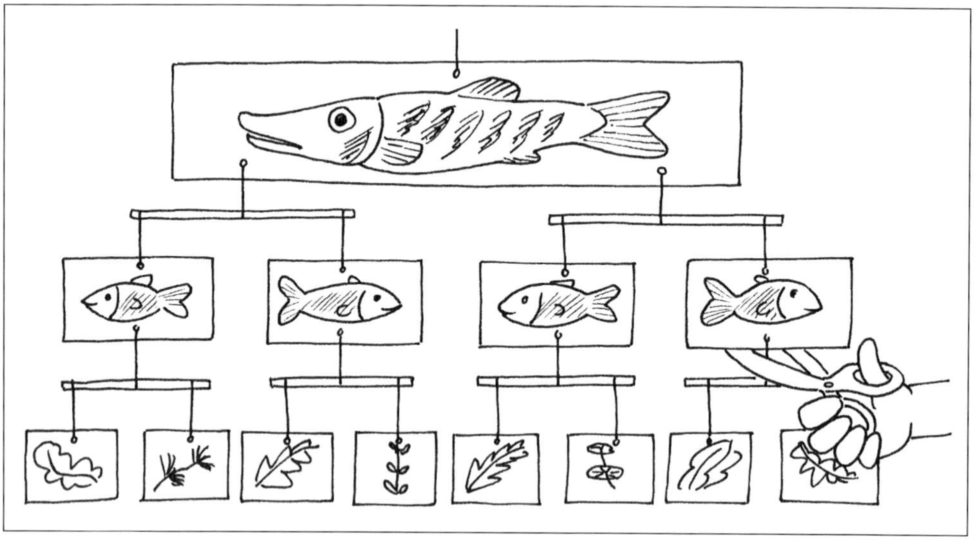

Abb. 5: Das Mobile „kippt". Problem: Eine unzutreffende Veranschaulichung für „Der Teich kippt".

auf Arbeitsblättern sind so konzipiert, dass sie klare Auskünfte über Inhalt und Vorgehensweise geben (siehe Abb. 6).

- *Zielorientierte Tätigkeiten:* Den Kindern wird erklärt, dass die angeordneten Tätigkeiten eine Funktion haben (z.B. Unterstreichen hebt etwas hervor, ein Merkmal wird ersichtlich).
- *Inhaltliche Logik der Präsentation:* Im Unterricht werden durchgängig Themen in Teilaspekte aufgegliedert. Daraufhin erfolgt aus Erfahrungen, wie oben dargelegt, eine Regelbildung. Dies kann jedoch auch dazu führen, dass sich ein falscher Begriff aufbaut, ohne dass dies bewusst wird. Das sei an einem Beispiel gezeigt: Seit mehr als zwei Jahrzehnten wird in Arbeitsblättern und in Probearbeiten zwischen „Quadrat" und „Rechteck" in irreführender Weise unterschieden, indem die Flächenformen voneinander abgegrenzt werden, etwa so: „Umfahre in der Zeichnung der Burg mit jeweils unterschiedlicher Farbe Kreise, Rechtecke, Dreiecke und Quadrate." Das häufige Resultat daraus ist dann, dass bei Quadraten festgestellt wird: „Das ist kein Rechteck, das ist ein Quadrat." Die Logik einer inhaltlichen Aufgliederung bei der Einführung in einen Begriff (siehe Abb. 6) sollte sinnvoller Weise bei Anwendungsaufgaben oder Probearbeiten beibehalten werden. (Ähnliches gilt für „Quader" und „Würfel"; s. Abb. 7.)

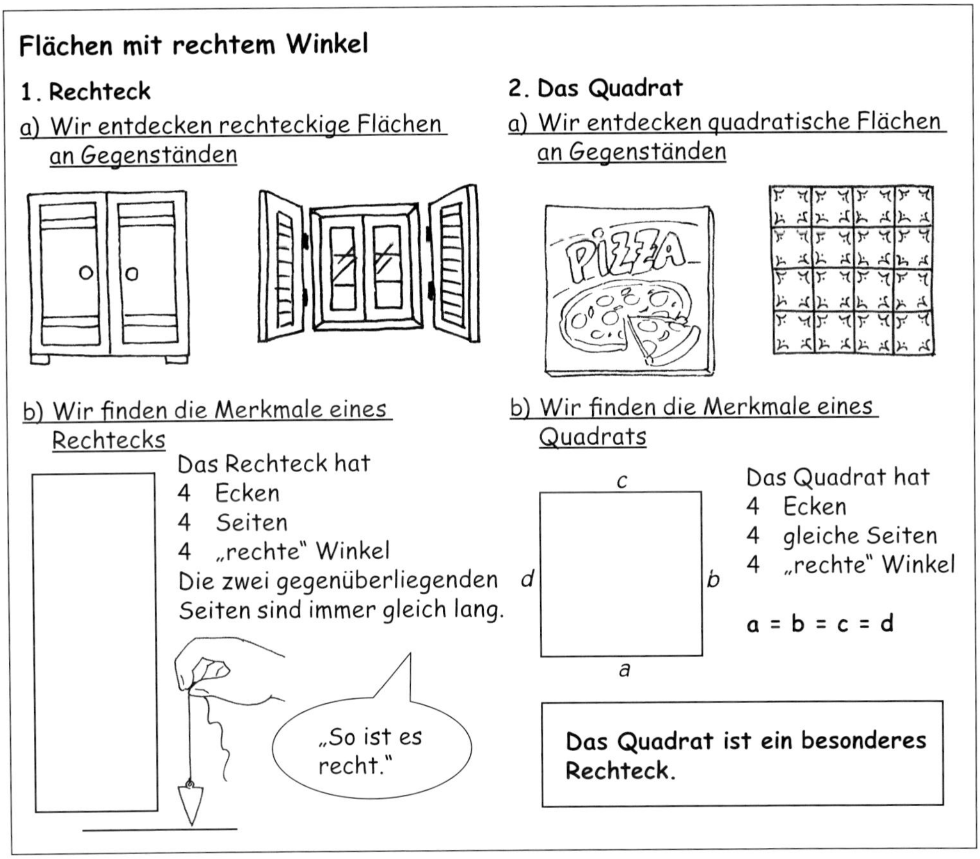

Abb. 6: Eintrag in das Heft: Klarheit über die Vorgehensweise und über den Inhalt

3. Vernetzung, Verstehen und Kommunikation

a) Forschungsergebnisse und Schlussfolgerungen

Eine Nervenzelle kann physiologische Verbindungen zu Tausenden anderer Nervenzellen haben. Damit sind im Gehirn Netzwerke aufgebaut. „Eine neuronale Verschaltungsstruktur ist also ein Netzwerk, innerhalb dessen Informationen weitergegeben und in einem komplexen Muster abgelegt werden" (Welzer 2002, S. 53). Bei der Bearbeitung von Wahrnehmungen oder Aufgabenstellungen kooperieren verschiedene Gehirnregionen miteinander; sie führen dabei „parallel arbeitend" verschiedene Funktionen aus. „Die Muster der neuronalen Repräsentationen von Erfahrungen und Erinnerungen bestehen ... nicht nur aus ungeheuer vielen, sondern zum Teil auch aus weit auseinanderliegenden Verknüpfungspunkten, die sämtlich beim Abruf dieser speziellen Repräsentation aktiviert werden" (a. a. O., S. 56).

Erkenntnisse aus der neurobiologischen Forschung, der neueren Lehr-Lern-Forschung und aus der Theorie des Konstruktivismus haben den Begriff des Vernetzens als didaktische Kategorie etabliert. Als eines der Hauptmerkmale der „neuen Lernkultur" führt Werner Sacher die Vernetzung an. „Neues Lernen ist vernetztes Lernen. Seine Gegenstände sind komplex und werden multidimensional gesehen" (Sacher 2006, S. 145).

Netzwerke existieren nicht nur neuronal, also im Gehirn eines Menschen, sondern auch zwischen den Menschen. „Vernetztes Lernen ist – konstruktivistisch betrachtet – vor allem Perspektivenverschränkung: die Wirklichkeitswahrnehmung anderer zur Kenntnis zu nehmen, zu akzeptieren und mit den eigenen Wirklichkeitskonstruktionen in Beziehung zu setzen" (Siebert 2003, S. 38). Vorstellungen von einem Sachverhalt, Bedeutungen und Bewertungen entstehen durch Kommunikation, durch den Austausch von Informationen zwischen Personen und durch die zugehörige Verarbeitung dieser Informationen.

b) Hinweise für den Unterricht

Vernetzungen entstehen, indem Informationen verknüpft werden, sie erfolgen intra- und interpersonal. Verknüpfungen zwischen mehreren neuronalen Arealen erweisen sich für das Erinnern, Verstehen und Problemlösen als günstig.

- ***Eine Sache verstehen und Probleme lösen***

Ein verstehendes Lernen ist davon gekennzeichnet, dass Informationen über Einzelheiten in einen Zusammenhang, in strukturierte Wissensbestände, gebracht werden. „Kognitionspsychologisch wird Verstehen als eine neue Verknüpfung von Wissenselementen oder als eine Verknüpfung bisher voneinander getrennter Wissenselemente definiert" (Bönsch 2007, S. 10). Dem Verstehen geht ein Nicht-Verstehen voraus; dieses kann als Problem formuliert werden. Deshalb sind Problemorientierung und das verstehende Lernen in einem Zusammenhang zu sehen.

Beispiele:

– Inhalte aus verschiedenen Unterrichtsfächern

  Mathematik – Zahlenfolgen fortsetzen: Starte in der Hundertertafel bei der Zahl 3 und addiere dann immer 15 dazu. Welches Muster kannst du erkennen? Versuche zu erklären, wie dieses Muster entsteht.

  Mathematik – Übungen mit Zahlenmauern: Welche Eigenschaften müssen die Zahlen in den Basissteinen haben, damit im Zielstein eine ungerade Zahl steht? Versuche dein Ergebnis mit Worten auszudrücken.

  Deutsch – Rechtschreibhilfen: „Wenn ich nicht weiß, ob ein Wort am Ende mit g oder k geschrieben wird, kann ich mir helfen, indem ich das Wort verlängere. Bei dem verlängerten Wort kann ich g oder k gut heraushören."

  Deutsch – Texte verstehen: Ich lese einen Text (oder einen Abschnitt) und versuche dann, ohne nachzulesen, mit meinen Worten zu sagen, was ich mir gemerkt habe. Was ich nicht verstanden habe, versuche ich durch Nachlesen herauszufinden.

Sachunterricht – Versuche können Probleme lösen: Beim Kochen wird manchmal Salz in das kochende Wasser gegeben; ich bemerke, dass das Salz bald nicht mehr zu sehen ist. Ist das Salz weg? Es folgen Versuche zu (vorsichtigem!) Schmecken und Verdampfen. Die Frage „Weshalb können wir das Salz nicht mehr sehen?" kann mit dem Teilchen-Modell beantwortet werden.

- Strukturierte Darstellung: In einer Übersicht zum Thema „Würfel" (Tafelbild, siehe Abb. 7) werden verschiedene Teile in einen Zusammenhang gebracht: Ecke, Kante, Fläche, Körper, Würfel, Quader.
- Fragestellungen ausformulieren: Die Verwendung einer expliziten Fragestellung hat für Kinder den Vorteil, dass Klarheit über die Aufgabe besteht und jeweils überprüft werden kann, ob die (Teil-)Ergebnisse der Bearbeitung eine Antwort auf die Frage ergeben (Kommunizierbarkeit der Problemlösung).

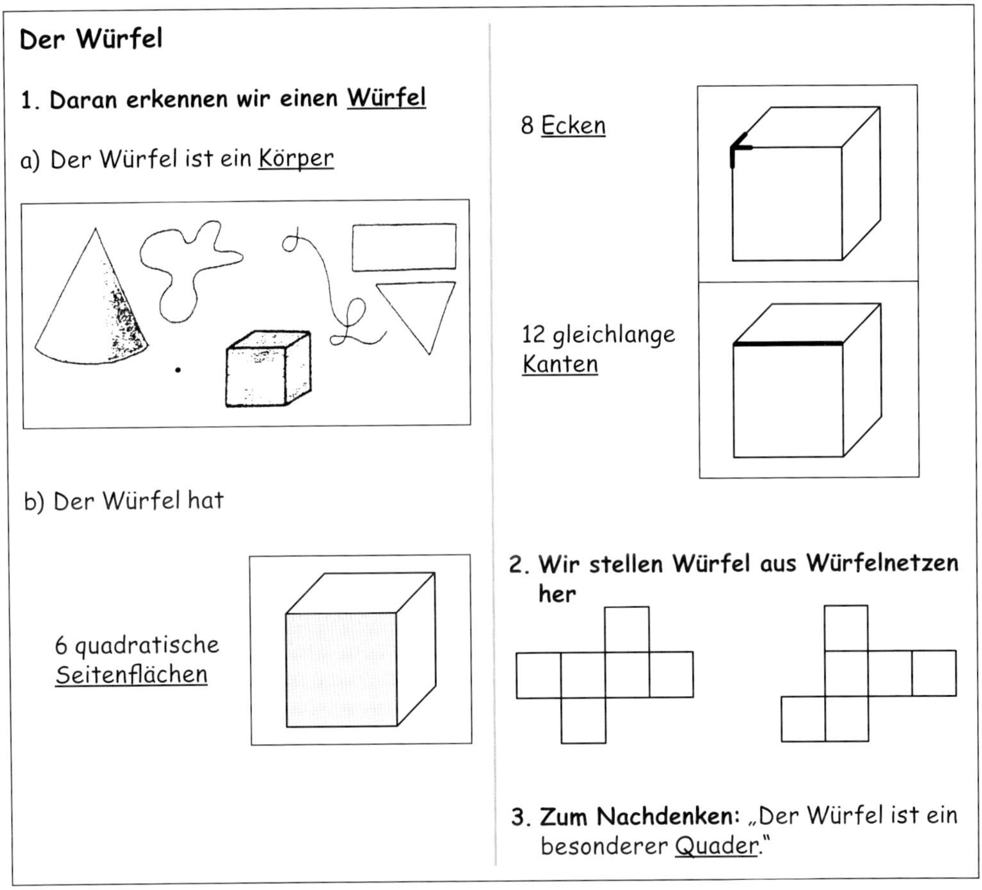

Abb. 7: Wissenselemente im Zusammenhang – strukturierte Darstellungen als Verstehenshilfe

- ***Fächer, Inhalte und Methoden verbinden***

„Nach Möglichkeit sollten Bezüge zu anderen Themen, Bereichen und Gebieten des jeweiligen Unterrichtsfaches, aber auch zu anderen Fächern hergestellt werden. Neues Lernen ist insofern zum großen Teil fächerübergreifendes und fächerverbindendes Lernen" (Sacher 2006, S. 145f.).

Beispiele:

- *Fächer verknüpfen:* Als Themen für ein fächerverbindendes Vorhaben bieten sich an (Auswahl): Umweltschutz, Gesundheit, Brauchtum (Ostern, Erntedank, Fasching, Karneval), Freundschaft, Angst, Fliegen, Luft, Wind, Spielen, Vertrauen, Sicherheit, Wasser, Gemeinschaft, Raubtiere, Heimatort, Zeit, Hören, Ernährung, Bewegung.
  Einige Aspekte zum Beispiel Projekt „Wetter": Regen hören, riechen, sehen, fühlen (Wahrnehmungen) mit Umsetzung als Klangspiel (Musik); Wettertagebuch führen, Wasserdichtigkeit und Wärmeisolation von Materialien der Bekleidung untersuchen (Sachunterricht); Windmesser herstellen (Werken); Sachtexte über „Wind" verstehen (Lesen); Erstellen von Schaubildern mit Durchschnittswerten (Mathematik), Windspiele bauen (Kunst).
- *Arbeitsweisen* setzen sich aus mehreren Arbeitstechniken zusammen. Beispiel „Dokumentieren und Präsentieren": Zusammenfassungen von Texten erstellen, Textinhalte in eine Grafik umsetzen, Sachzeichnungen und Abbildungen erstellen, über den Einsatz von Videos oder Hörmedien entscheiden, einen Kurzvortrag halten, eine Kartei herstellen, eine Ausstellung herrichten, zu einer Präsentation einladen.
  Mehrere Unterrichtsstunden oder -einheiten werden zu Unterrichtssequenzen verbunden. Erfahrungsgemäß bleiben Lesestücke oft isoliert stehen, jedoch ist auch hier eine Verbindung durch Leitgedanken möglich (siehe Abb. 8 und 9).

„Verantwortung tragen"

1. Verantwortung für mich
   - Es geht mir gut, wenn ich die Wahrheit sage. (a; vgl. jeweils mit Abb. 9)
   - Wie ich mich bei Krankheit richtig verhalte. (b)
2. Verantwortung für Andere
   - Erkennen, was Anderen weh tun kann. (c)
   - Möglichkeiten, wieder etwas gut zu machen. (d)
3. Verantwortung für die Umwelt
   - Unsere Lebensweise schadet dem Leben in unserer Umwelt. (e)
   - Möglichkeiten, unsere Mitmenschen auf unsere Verantwortung für die Umwelt aufmerksam zu machen. (f)
4. Verantwortung spüren
   - Oft ändert sich mein Verhalten, wenn ich mich einer Sache zugewandt habe. (Etwas dem Gefühl zugänglich machen.) (g)
   - Oft ändert sich mein Verhalten, wenn ich mich an frühere Erfahrungen erinnere. (h)

Abb. 8: Eine Unterrichtssequenz gibt Einblick in inhaltliche Zusammenhänge

„Verantwortung" – geeignete Lesestücke

a) „Das Bauchweh" von Nasrin Siege;
b) „Kranksein ist schön" von Elke Bräunling;
c) „Ist ja auch nichts für ein Mädchen" von Gina Ruck-Pauquèt;
d) „Ich bin so gemein gewesen" von Irina Korschunow;
e) „Waldsterben — was ist das?" von Irmgard Lucht;
f) „Können Küchenherde fliegen?" von Gerd Eggers;
g) „Das Heupferd im neuen Anzug" von Josef Guggenmos;
h) „Gefunden" von Johann Wolfgang von Goethe.

Abb. 9: Texte zu „Verantwortung"

Lebensbezug und Anwendbarkeit

Die Gegenstände des Lernens sind eingebunden in die Realität des Lebens, der Alltagserfahrungen sowie der gesellschaftlichen und kulturellen Gegebenheiten. Schulisches Lernen ist mit der Lebenspraxis vernetzt. Daraus folgt als didaktische Konsequenz, dass der Unterricht von Aufgabenstellungen mit konkretem Hintergrund ausgeht. Das neu Gelernte wiederum findet in realitätsbezogenen Aufgaben seine Anwendung und kann sich dabei bewähren. Diese Anforderung an die Lernkultur wird als situiertes Lernen bezeichnet.

Inhaltliche Beispiele aus Unterrichtsfächern:

- *Deutsch:* Klärung von kurz gefassten sprachlichen Äußerungen im Alltag (mündliche Sprachhandlungen mit verstümmelten Sätzen), etwa „Meine Mütze!", „Fenster!", „Was, schon wieder?", „Müde.", „Keine Ahnung."
- *Sachunterricht:* Planung, Zubereitung und Verzehr eines Frühstücks aus gesunden Zutaten.
- *Mathematik:* Messen der Körpergröße, Wiegen des Körpergewichts und Darstellung der Werte in Diagrammen.
- *Religionslehre:* Darstellung von Erfahrungen des Vertrauens (Vertrauen schenken; Vertrauen stärkt das Zusammenleben).
- *Musik:* Einübung von Bewegungsformen zur Gestaltung eines Tanzes, der als Beitrag im Programm des Sommerfests erscheint.
- *Werken:* Gestalten und Herstellen von Masken (Fasching, Karneval), Serviettenringen aus Fotokarton, Geschicklichkeitsspielen aus Holz.

Sich verständigen, Informationen darstellen und austauschen

Vorstellungen, Wahrnehmungen, Gedankengänge oder Bewertungen erhalten durch den Gebrauch von Sprache und anderen Zeichensystemen eine kommunizierbare Form. Die *Bedeutungen* der Erfahrungen entstehen nicht in den Nervenzellen, sondern im Dialog der Menschen untereinander. Sie entstehen durch Kommunikation, durch die über soziale Kontakte gebildete Verständigung.

Beispiele:

- Es ergibt sich eine Situation, in der über einen existentiellen Aspekt (Wahrheit, Freundschaft, Glück, Gut und Böse) philosophiert wird. Bereits die Äußerungen im unterhaltenden *Gespräch* weisen die Kinder daraufhin, welche unterschiedlichen Erfahrungen jeweils die anderen Kinder zu einem Thema haben und welche Assoziationen dazu denkbar sind.
- In *Konferenzen* werden von den Kindern verfasste Texte vorgelesen (Deutsch), sie äußern ihre Meinungen dazu, erläutern weiterführende Ideen und machen Änderungsvorschläge zu bestimmten Stellen des Textes; es werden Lösungswege zu Sachaufgaben (Mathematik) vorgestellt, erklärt, diskutiert, Vor- und Nachteile geprüft.
- Eine für die Lehrperson entlastende Maßnahme ist es, die Verständigung der Kinder über *selbst erstellte Mitteilungen* oder Anfragen durchführen zu lassen, die an einer Pinnwand oder aufgespannten Schnur angebracht werden (siehe Abb. 10).

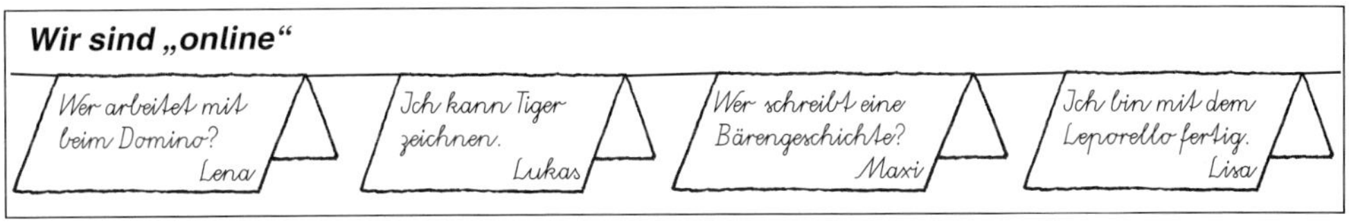

Abb. 10: Verständigung zwischen den Kindern – Mitteilungen und Anfragen auf der Wäsche-„Leine"

4. Eigenaktivität, Eigenständigkeit und Selbstständigkeit

a) Forschungsergebnisse und Schlussfolgerungen

Selbstständigkeit stellt einen hohen Wert in der Entwicklung der Persönlichkeit dar. Sich selbst ein Ziel zu setzen und dies mit selbst gewählten Mitteln zu erreichen, ermöglicht es dem Menschen, sich selbst zu verwirklichen.

Bedeutung von Selbstständigkeit

Selbstständigkeit ist ein konstitutiver Aspekt der Autonomie. Sie „ist Inhalt eines grundlegenden, individuellen Ich-Motivs ... Selbstständigkeit ist attraktiv, weil sie zugleich Freiheit bedeutet“ (Aebli 1987, S. 145). Die Achtung vor dem Eigenwert einer Person ist eine ausreichende Begründung, Selbstständigkeit als pädagogische Aufgabe festzulegen.
In einem demokratischen Staat erscheint es zudem eine erstrangige gesellschaftspolitische Zielsetzung zu sein, Selbstständigkeit als unverzichtbar zu erachten. Dies hat der frühere Bundespräsident Roman Herzog in seiner Berliner Rede 1997 als Vision („... wenn ich versuche, mir Deutschland im Jahre 2020 vorzustellen“) zum Ausdruck gebracht. „Wäre es nicht ein Ziel, eine Gesellschaft der Selbstständigkeit anzustreben, in der der einzelne mehr Verantwortung für sich und andere trägt und in der er das nicht als Last, sondern als Chance begreift?“ (Herzog 1997, S. 355)

Selbstständigkeit als Kernkompetenz

Im Zusammenhang mit Bildungsstandards kommt dem selbstständigen Lernen eine zentrale Rolle zu. Bildungsstandards legen fest, welche Kompetenzen nach einem längeren Abschnitt schulischer Ausbildung erreicht sein sollen. Ein Unterricht, der „sich am Aufbau von Kompetenzen orientiert“, muss „stets auf eine wachsende Selbstständigkeit der Schülerinnen und Schüler bei der Bewältigung von Anforderungen zielen“ (Schnack/Timmermann 2008, S. 7). Demnach ist „Selbstständigkeit eine Kernkompetenz; sie spielt eine Schlüsselrolle für ein der Zukunft zugewandtes Bildungskonzept“ (a. a. O., S. 7).

Selbstregulierte Lernprozesse sind effektiv

Der Weg, um Selbstständigkeit als Haltung und Kompetenz anzubahnen, besteht darin, dem Kind Raum für selbstständige Entscheidungen und für eigenständiges Handeln und Tun zu geben. Aus der pädagogischen Zielsetzung der Selbstständigkeit leiten sich unterrichtliche Maßnahmen ab, die den Weg des selbstständigen Lernens in den Mittelpunkt stellen. Dies wiederum erweist sich für die Nachhaltigkeit von Lernprozessen als günstig. „Unbestritten liegen mit den modernen Lerntheorien wissenschaftliche Befunde für die Effektivität selbstregulierter Lernprozesse vor. Um die Selbstwirksamkeit eigenen Lernens überzeugend im Bewusstsein des Lernenden und im Lernprozess selbst zu verankern, bedarf es deshalb der Möglichkeit der Selbststeuerung und Selbstplanung ... schulischer Lernprozesse durch die Lernenden“ (Jürgens 2002, S. 23).

Unterschiedliche Ausprägungen von „Selbstständigkeit“

Begrifflich gesehen erhält Selbstständigkeit einen hohen Anspruch. Sie ist gekennzeichnet durch eigene Überlegungen, Fragestellungen, Schlussfolgerungen, Argumentationen, Bedürfnisse, Zielsetzungen, Bewertungen oder Urteile und durch die eigene Wahl von Methoden, Mitteln oder Maßnahmen zur Erreichung der Ziele. Im schulischen Alltag wie auch bei der Beurteilung von Unterricht wird „Selbstständigkeit“ jedoch in einer Bandbreite von der sehr eng begrenzten, angewiesenen Tätigkeit bis hin zu sehr weiten Handlungsspielräumen verwendet (siehe Abb. 11).

Unterrichtsgeschehen in unterschiedlichen didaktischen Epochen – jeweils mit dem Attribut der „Eigentätigkeit“ oder „Selbstständigkeit“

- **ab 1910:**
„Seht, wie unser Star es mit den Beinen macht! ... Wer kann denn das nachmachen? Zeige du es! Du auch. Das Kind läuft einige Schritte. Ihr habt alle schon Sperlinge gesehen ... Besinnt euch, ob die es auch so machen wie der Star ... Wer kann uns das vormachen? Ein Kind hüpft beidbeinig ein paar Schritte. Nun macht es alle so wie der Star! ... Das Hoppen kann der Sperling gut. Aber der Star nicht“ („Selbsttätigkeit“; Kühnel 1913, S. 151).

- **ab 1970:**
Ein Bildimpuls (z. B. „Magnete“) führt zum Thema. Es schließt sich eine Gruppenarbeit mit Versuchen von zwölf Minuten Dauer an – die Gruppenarbeit ist als „Selbstständige Arbeit“ gekennzeichnet; Material, Aufgabenstellungen und ergänzende Informationstexte wurden von der Lehrperson vorbereitet.

- **ab 1990:**
Auf einer nahe gelegenen Baustelle entsteht durch Schweißarbeiten Feuer. Die Kinder beschließen „Feuer“ als Thema des Unterrichts. Sie sammeln Informationen, setzen Schwerpunkte; sie verfassen Texte, erstellen Bilder, ein Leporello, ein Domino-Spiel, Informationsplakate und eine Ausstellung; die Kinder der Nachbarklassen werden eingeladen, das Gesamtwerk in Augenschein zu nehmen und zu würdigen.

Abb. 11: „Selbstständigkeit“ – ein Begriff mit großer Bandbreite

Also sind offensichtlich Kinder selbstständig, wenn sie eine eng definierte Tätigkeit durchführen, Zeit für guided-discovery erhalten oder schließlich einen Inhalt selbst auswählen und unterrichtlich umsetzen (Planung, Ausarbeitung, Präsentation).

b) Hinweise für den Unterricht

Daraus ergibt sich die Notwendigkeit über die eigene Auffassung von Selbstständigkeit zu reflektieren, also zu prüfen, welche Vorstellungen man selbst von Umfang, Qualität oder Ausformung der Selbstständigkeit hat.

- ***Selbstständigkeit in Schritten gewinnen***

Ein Ansatz zur Überprüfung ist es, sich einen Überblick über die Formen von Selbstständigkeit zu verschaffen. In einer Erörterung über die „Hauptmerkmale der Neuen Lernkultur“ nennt Werner Sacher zum Merkmal „Selbststeuerung“ folgende Aspekte: selbst gewählte Ziele, Inhalte, Methoden und Strategien, Informationsquellen und Medien, Sozialformen, selbst festgelegte Reihenfolge der Arbeitsschritte und der Lernzeiten, das Lernen wird selbst kontrolliert und evaluiert (vgl. Sacher 2006, S. 140f.). Zur Realisierung dieser Maximalvorstellung bemerkt Sacher, dass sie „nur sehr selten möglich“ sein wird (a. a. O., S. 141). Das ist im Kontext einer neuen Lernkultur auch verständlich, denn sonst ergäbe sich ein Widerspruch zur Situiertheit des Lernens.

Selbstständigkeit kann und soll im Laufe der Grundschulzeit entwickelt werden. Die genannten Aspekte sind eine Orientierung, um Schwerpunkte für den schrittweisen Aufbau von Selbstständigkeit festzulegen.

Beispiele:

- Wochenplanarbeit ist schon in der ersten Klasse möglich. Die Kinder bearbeiten ein von der Lehrperson vorbereitetes Arbeitspensum (etwa zu „Halbieren und Verdoppeln“) innerhalb von fünf Tagen; dabei legen die Kinder die Reihenfolge und die Dauer der jeweiligen Bearbeitung fest; sie holen Informationen von den Mitschülern oder von der Lehrkraft ein, sie suchen sich ggf. weiterführende Aufgaben aus.
- Die Arbeit an der Lerntheke hat den Vorteil, dass sich die Kinder mit einem inhaltlich begrenzten Thema (etwa „Zahlenketten erfinden“) auseinandersetzen. Die Aufgaben für unterschiedliche An-

forderungsniveaus können überaus treffsicher auf die individuellen Leistungsniveaus abgestimmt werden. In der abschließenden Reflexionsphase erklären die Kinder konkret einige Lösungswege und Gedankengänge.
- Verschiedene Bereiche, die „zur Selbstständigkeit eines Grundschulkindes" gehören, stellt Ursula Drews dar: Sicherheit in kleinen Dingen, Zeitsouveränität, Entscheidungskompetenz, Eigenständigkeit bei der Planung, Neugier und Fragehaltung und Förderung der Gemeinschaft (vgl. Drews 2008).

- ***Eigenständigkeit anregen und unterstützen***

Das Bedürfnis der einzelnen Kinder nach eigenständigem Handeln und ihre Sicherheit in der Durchführung sind sehr unterschiedlich ausgeprägt. Es lassen sich jedoch stets, trotz der individuellen Unterschiede, Anregungen inhaltlicher, methodischer und pädagogischer Art finden.
Beispiele:
- Auf einem vorbereiteten Blatt, mit entsprechenden Rubriken, legen die Kinder fest, welches individuelle Ziel zur Arbeit im Fach Deutsch sie sich selbst setzen, und beschreiben, wie sie ihr Vorhaben am Ende des Monats einschätzen (siehe Abb. 12; Rubriken 1 mit 4 bzw. 5 mit 7).
- Die Kinder führen die Planung zur Erstellung einer Karteikarte (etwa zu „Wasserpflanzen") durch; sie legen Vorgehensweise (Arbeitsschritte), Materialien, Informationsquellen, Arbeitspartner und Teilinhalte fest.
- Vor allem offene Aufgabenstellungen sind geeignet, die Entwicklung eigenständiger Lösungen zu fördern (siehe Abb. 13).
- Nach einer Einführung in ein Thema stehen Angebote zur Arbeit zur Verfügung; die Bearbeitung erfolgt alleine oder in Gruppen; schließlich wird darüber reflektiert.
- Eigenständige Reflektion: die Kinder fassen (in Alleinarbeit) zusammen, was sie gelernt haben; diese Zusammenfassungen werden vorgetragen (Plenum); es werden Nachfragen gestellt; unklare Stellen der Darstellung werden besprochen und ggf. geändert.

Das nehme ich mir vor für den Monat März:
Lernziel: Ich will beim Schreiben auf die Dehnung achten.
Warum habe ich dieses Ziel ausgewählt?
Weil ich es öfters falsch mache.
Wie kann ich es erreichen?
Indem ich lerne, Dehnungen herauszuhören.
Wer/Was kann mir dabei helfen?
Meine Ohren und meine Mutter!
Habe ich mein Ziel erreicht?
Ein wenig, denn ich hab es oft einmal vergessen.
Wie ist es mir ergangen?
Ein wenig gut, ein wenig schlecht.
Wer oder was hat mir geholfen?
Ich oder meine Mutter.

Abb. 12: Tobias und sein Lernziel für den März

Rechtecke in gleiche Teile teilen

Aufgabe 1:
a) Lege eine Linie durch dieses Rechteck so, dass zwei Teile mit gleich großen Flächen entstehen. Zeichne diese Linie ein.
b) Findest du noch andere Möglichkeiten, um dieses Rechteck in zwei Teile zu teilen, deren Flächen gleich groß sind? Zeichne dazu die Linien ein.

Aufgabe 2:
a) Lege mit 16 Streichhölzern verschiedene Rechtecke.
b) Wie viele Möglichkeiten findest du jeweils, um das gelegte Rechteck in zwei gleich große Flächen zu teilen?

Abb. 13: Offene Aufgabenstellungen führen zu eigenständigen Lösungen

- ***„Ich lerne" – Lernaktivitäten und Lernprozesse bewusstmachen und darstellen***

Das Bewusstmachen von „Ich denke" ist ein wesentlicher Schritt in der Entwicklung der Persönlichkeit. Eigene Vorstellungen, Denk-, Lern- und Lösungswege werden in Wort oder Bild (Zeichnung) dargelegt; dies fördert die metakognitiven Fähigkeiten. Die konkrete Beschreibung von Tätigkeiten der Kinder ist dabei eine sehr hilfreiche Maßnahme, da sie dazu beiträgt, die Kinder genau zu informieren, was als Vorgang – in ihrem Inneren – abgelaufen ist.

Beispiele:
- Die Phase der Arbeitsrückschau bietet Gelegenheit, Vorgänge des Suchens, Fragens, Lösens und Denkens anzusprechen und bewusst zu machen. Fragen: „Welches Wissen hat dir geholfen, diesen Text zu verstehen? Was hast du gebraucht, um diese Aufgabe zu lösen?"
- Von großem Interesse ist es für die Kinder häufig, wenn die Lehrperson in Worten darstellt, welches Wissen und welche Fähigkeiten zur Lösung der Aufgabe beigetragen haben.
- Wissen und Können werden wahrgenommen und im Detail benannt (siehe Abb. 14).

Dies ist Grundlage für weiterführende Aufgabenstellungen und für Gespräche mit den Eltern über die persönliche Entwicklung des Kindes, seiner Leistungen im Speziellen und über Ansätze zur Förderung.

Konkrete Vorgänge beim selbstständigen Lernen
- Der Schüler formuliert seine Zielsetzung für das Vorhaben (mit konkreten Angaben, Fachbegriffen).
- Der Schüler entdeckt einen neuen Sachverhalt und trifft die Entscheidung, diesen zu bearbeiten.
- Der Schüler wendet sich einem Mitschüler zu und bittet darum, ihm bei der Lösung eines Problems behilflich zu sein.
- Der Schüler vergleicht seine aktuelle Leistung mit vorausgehenden Leistungen.
- Die Schüler teilen mit, welche Lernstrategien für sie optimal sind, und begründen dies mit der Angabe konkreter Tätigkeiten im Rahmen dieser Lernstrategien.

Abb. 14: Wissen und Können bewusstmachen

- ***Pädagogische und organisatorische Rahmenbedingungen des selbstständigen Lernens***

Das selbstständige Lernen wird durch entsprechende Rahmenbedingungen unterstützt.

Beispiele:
- In den Phasen der Eigentätigkeit der Kinder wird die Steuerungsfunktion durch die Lehrperson deutlich zurückgenommen; dies wirkt sich positiv – selbst in zeitlich kurzen Phasen – auf das Bewusstsein aus, für das Lernen selbstwirksam zu sein. Die Kinder bekommen das Gefühl, dass sie beim Lernen auf sich selbst gestellt sind.
- Die physische Präsenz der Lehrperson für die Gesamtheit der Lerngruppe wird reduziert; die Lehrperson hält sich bei sprachlichen Äußerungen in der Lautstärke zurück; Bemerkungen zu einzelnen Kindern werden, so weit möglich, als Vier-Augen-Gespräch durchgeführt.
- In der Regel sind zeitlicher Druck und Kommentierung zu vermeiden.
- Eine präzise Formulierung von Arbeitsaufträgen und Aufgabenstellungen ist eine Voraussetzung dafür, dass sich Nachfragen dazu in Grenzen halten.
- Arbeits- und Benotungssituationen werden voneinander getrennt (siehe S. 14 f.).
- „Inhalte, Arbeitsweisen und Lernzeiten können von den Kindern selbst bestimmt werden": Dies geschieht in Abhängigkeit von der didaktischen Gesamtsituation (Vorwissen, Belastbarkeit der Kinder, Interesse, Methodenkompetenz, Anspruchsniveau, Lehrintentionen, materielle Ausstattung).

5. Konstruktion, Individualität und Bedeutung

a) Forschungsergebnisse und Schlussfolgerungen

Subjektive Konstruktion – Lernen erfolgt individuell

Die Vorstellung über die Welt, über die Sache, ist keine objektive Abbildung der Realität. Die beim Lernen „erzeugten subjektiven Wissensstrukturen sind keine Kopie der Wirklichkeit, sondern das Ergebnis einer individuellen Konstruktionsleistung“ (Holodynski/Schiefele 2008, S. 17). Informationen werden nicht linear übertragen, sondern durch das jeweilige System und in Bezug auf das vorhandene Wissen zusammengesetzt, also neu konstruiert. „Der Konstruktivismus begreift das Lernen als weitestgehend selbst gesteuerten Prozess, in dem die Lernerin/der Lerner sich die Welt durch subjektive Konstruktion und Interpretation selbst aktiv aneignet“ (Kaiser/Pfeiffer 2007, S. 152).
Die Kinder bringen heute mit ihren individuellen Lerngeschichten mehr denn je unterschiedliche Repertoires an Erfahrungen und Wissen von unterschiedlicher Tiefe in die Grundschule mit. Die Heterogenität der Kinder in Jahrgangsklassen kann Lehrpersonen erhebliche Anforderungen abverlangen, um den einzelnen Schülerpersönlichkeiten gerecht zu werden.

Individuell Bedeutung haben

Kinder besitzen, wenn sie in die Schule kommen, die vielfältigsten Erfahrungen und Vorkenntnisse. Es kann, um auf die Ergebnisse der Hirnforschung Bezug zu nehmen, „genaugenommen nichts Neues gedacht werden ..., sondern vorhandene Neuronen-Verknüpfungen (werden) ‚nur‘ neu kombiniert“ (Scheunpflug 2000, S. 48).
Die verschiedenen Phänomene, Gegenstände und Vorgänge der Umwelt rufen unterschiedliche Bewertungen hervor, sie haben für jeden eine individuelle Bedeutung. „Aktuellste neurobiologische Verfahren veranschaulichen auf beeindruckende Weise, dass Reize, die über Sinnesorgane einströmen, bedeutungsneutrale elektrisch-chemische Impulse sind, die erst im Gehirn auf Basis der bis dato ausgebildeten kognitiv-emotionalen Strukturen interpretiert werden. Bestehende, je individuelle neuronale Verknüpfungen im Gehirn entscheiden darüber, welchen Sinnesreizen eine Bedeutung zugemessen wird und welche erst gar nicht in das Bewusstsein gelangen, weil sie nicht anschlussfähig sind. Dazu werden Sinnesdaten mit Gedächtnisinhalten nach den Relevanzkriterien bekannt/unbekannt und wichtig/unwichtig abgeglichen“ (Drieschner 2010, S. 9).

Individuell Bedeutungen erzeugen

Die (von außen kommenden) Sinneseindrücke erhalten also eine Bewertung im Sinne der möglichen oder nicht möglichen Verarbeitung im Gehirn. Häufig kommt es auch vor, dass Sinneseindrücke verarbeitet werden, indem sie angepasst werden. „Offensichtlich neigen wir dazu, Erinnerungslücken sofort zu schließen, indem wir Material einfügen, das anderen Erlebnissen (oder auch gänzlich anderen Quellen, die mit unserem eigenen Leben nichts zu tun haben) entstammt. Das episodische Gedächtnis, so könnte man schlussfolgern, scheint wesentlich einem Montageprinzip zu folgen, das bedeutungshaltige Bruchstücke nach ihrem sinnstiftenden und selbstbezogenen Wert zusammenfügt“ (Welzer 2002, S. 38).
Die Eingliederung von Neuem in den vorhandenen Bestand an Wissen und Können kann zu Umstrukturierungen führen, die mehr oder weniger aufwändig sind, manchmal auch zu massiven Änderungen, wenn sich beispielsweise eine grundlegende Information, die Ausgangspunkt einer Gedankenkette ist, als falsch herausstellt.
Es kann ein mühsamer Prozess sein, etwas Neues zu verarbeiten. Ein Teil des menschlichen Gehirns, der Hippokampus, ist allerdings auf die Verarbeitung von Neuem

spezialisiert. Die Zuweisung des Bedeutsamen geschieht also auch durch die Tatsache, dass etwas neu ist.
Nach Auffassung von W. Sacher ist die Bedeutungsbestimmung der „zentrale Vorgang" beim Lernen. „Die Menschwerdung des Menschen vollzieht sich in der lernenden Bedeutung von Welt und Leben ... Wir lernen erkennend die Welt zu lesen, indem wir Zeichen und Bedeutungen lernen, präziser: indem wir Phänomene mit Bedeutungen belegen und sie als Zeichen, als Repräsentanten für andere verstehen" (Sacher 2006, S. 37).

b) Hinweise für den Unterricht

Alle neuen Inhalte des Denkens oder Wissens gehen aus einer individuellen Konstruktion hervor. Aus einfacheren oder bekannten Elementen werden neue Vorstellungen oder wird neues Erfahrungswissen gebildet, geordnet, kategorisiert, zusammengesetzt.

- ***Wege des Denkens und Bewertungen sind individuell***

Lehrerinnen und Lehrer erhalten im Unterrichtsgeschehen immer wieder Einblick in die unterschiedlichen Assoziationen, Denkweisen und Denkwege der Kinder. Manche davon erschließen sich nicht im ersten Zugriff. Es bedarf einer Übung, die Logik zunächst nicht verstandener Gedankengänge nachzuvollziehen. Dem Denken der Kinder auf die Spur zu kommen, ist nicht nur notwendig, um sich Grundlagen für die Lernberatung zu verschaffen, sondern auch bereichernd für die eigene Vorstellungswelt.

Beispiele:

- Kinder der ersten und dritten Klasse erhalten ein Arbeitsblatt mit der Überschrift „Zeichenaufgaben"; eine Aufgabe davon lautet „Hier sind Teile vorgegeben. Versuche daraus ein kleines Bild zu machen." Die vorgegebenen „Teile"

Abb. 15: Sechs verschiedene Ideen, von einer Grafik ausgelöst

sind in Abb. 15, Mitte, ersichtlich. Aus 30 Schülerarbeiten sind hier sechs Ergebnisse wiedergegeben. Sie zeigen die *Vielfalt beim Ergänzen bildlicher Darstellungen* (Vierbeiner, Mama im Begriff den Liegestuhl zu benützen (aus Klasse 1!), Patient am Tropf, Gesicht, Staubsauger in Aktion und Aufschlag beim Tennis).

- Bei der Nennung von Begriffen wird auf unterschiedliche Erfahrungen zurückgegriffen oder die akustische Wiedergabe eines Wortes führt zu unzutreffenden Assoziationen und Erklärungsansätzen. L: „Diese Zeichnung von unserem Ort nennen wir Lage-Skizze." S: „Das kommt von: eine Lage Papier."
  L: „Erkläre den Begriff Einweg-Produkt und nenne ein Beispiel dazu." S: „Es wird zum Beispiel Obst eingeweckt, damit es länger hält; zum Beispiel Einweck-Kirschen."
- Nach zwei Monaten in der Schule werden den Kindern im Rahmen des Schriftspracherwerbs Bilder mit Gegenständen präsentiert. Sie sollen dabei in einem Feld ankreuzen, ob der betreffende Buchstabe (Laut) am Anfang, am Ende oder in der Mitte des Wortes ist. Bild „Apfel": „Das A ist am Anfang." Richtig. Bild „Sofa": „Das a ist in der Mitte." Auch richtig, denn dieses Kind interpretierte die Abbildung als „K-a-utsch".
  Nun ein Highlight für alle Fans des Dialekts; es ereignete sich im Voralpenland: Bilder, jeweils mit entsprechender Wortkarte: „Mama", „M am Anfang", richtig – „Turm", „M am Ende", richtig – „Eimer"; Schülerin: „In Kibe ist der ,Mm' in der Middn" (siehe Abb. 16); richtig, denn das bairisch-alemannisch sprechende Mädchen des Oberlandes kann bereits simultan denken: Eigentlich heißt es Kübel, aber Jens sagt Eimer.
- Zusammengefasst: Äußerungen im Unterrichtsgespräch und schriftliche sowie bildliche Darstellungen in Mappen und Heften (Einträge, Arbeitsblätter, Probearbeiten) geben Hinweise auf unterschiedliche Vorstellungen, Lösungswege oder Überlegungen der Kinder.

Abb. 16: Das „m" ist in der Mitte – richtig.

● *„Ich hab' da einen coolen Fehler!"*

So ist es offensichtlich, dass selbst eindeutig erscheinende Daten (in Wort oder Bild) bei der Verarbeitung zu unterschiedlichen Auffassungen führen können. Daraus lässt sich ableiten, wie schwierig es ist, mit Fehlern objektiver oder subjektiver Art sinnvoll und auch pädagogisch richtig umzugehen. Im Unterricht kommt es immer wieder zu einer Situation, in der Kinder – und auch Lehrpersonen – einen Fehler machen. Der pädagogische Umgang mit Fehlern bildet eine wichtige Komponente im Aufbau von Vertrauen und des Gefühls von Wertschätzung.

Didaktisch gesehen ist die Behandlung von Fehlern eine gute Chance für eine gründliche Begriffsbildung. Das Wissen über Fehler ist für den Lernprozess entscheidend, denn man muss ja auch wissen, wie eine Sache nicht sein soll. Dieses „negative Wissen" ist eine Abgrenzung zum Wissen über die Sache, wie sie richtig ist. „Das angehäufte Fehlerwissen eines Menschen ... bezeichnen wir ... als Negatives Wissen" (Oser 2008, S. 100).

Im Zusammenhang mit der Erläuterung der „neuen Lernkultur" wird oft auf die Errungenschaften der „neuen" Fehlerkultur hingewiesen, die jedoch bereits in früheren Zeiten bekannt und etwa bei Johannes Kühnel – vor hundert Jahren – zu finden ist: „... aber dass nie ein falsches Urteil ausgesprochen, nie ein Irrtum laut werde, ist ein Ideal, das wir nicht anerkennen. Eine falsche Meinung des Kindes lässt den Lehrer oft tief einblicken in die junge Seele, und die rechte Behandlung einer solchen irrtümlichen Aussage wird sich für seine fernere Tätigkeit segensreich erweisen, insofern er die Eigentümlichkeiten des kindlichen Seelenlebens im allgemeinen und die des betreffenden Kindes im besonderen immer mehr kennen lernt und ihnen gerecht zu werden vermag" (Kühnel 1913, S. 60).

Die Bewertung von Schlussfolgerungen oder Handlungsweisen als Fehler waren auch schon vor 1600 Jahren Gegenstand philosophischer Überlegungen (siehe Abb. 17; entnommen aus Augustinus ca. 400, S. 517).

Aus Augustinus: Confessiones, Buch X

Dies alles hege ich im Gedächtnis, und im Gedächtnis hege ich, auf welche Weise ich's gelernt habe. Vieles wiederum, was man dagegen und durchaus fälschlich eingewandt, habe ich auch gehört und hege es im Gedächtnis. Aber wie falsch es auch sei, das ist nicht falsch, dass ich mich seiner entsinne.
(Kap. 13)

Abb. 17: Augustinus und sein Beitrag zur Fehlerkultur

Beispiele:
- Schüleräußerungen, die von der erwarteten Aussage abweichen, müssen nicht immer falsch sein. Sie können subjektiv richtig oder objektiv richtig (siehe oben, Beispiel Sofa – Couch) oder auf eine methodisch ungünstige Maßnahme der Lehrperson zurückzuführen sein.
- Eine fehlerhafte Leistung wird in Bezug auf die Sachrichtigkeit behandelt; Sache und Person, Arbeits- und Benotungssituation, werden getrennt.
- Die Lehrperson bedankt sich für den Hinweis auf einen Fehler.
- Fehler werden als hilfreich bewertet und können zu einem neuen Klärungsansatz führen.
- Während einer sehr intensiven Arbeit mit der Lösung von Aufgaben der Lerntheke ruft ein Schüler laut aus „Ich hab' da einen coolen Fehler." Dies ist Anlass, dass er von den erstaunlichen Irrwegen seiner Gedankengänge berichtet. Dieser Ausruf könnte verschiedene Botschaften oder Aussagen enthalten: Ich möchte gerne, dass ihr erfahrt, was in meinem Gehirn vor sich gegangen ist. Es könnte sein, dass andere von euch aus meinem Fehler lernen. Ich habe das Vertrauen, dass ihr mich nicht auslacht, wenn ich von meinem Fehler berichte. Ich bin gespannt, was ihr zu meinem Bericht sagen werdet.

Neues mit vorhandenem Wissen verknüpfen

Es ist erwiesen, dass „das Vorwissen einen starken positiven Einfluss auf die Informationsverarbeitung und auf Gedächtnisleistungen hat: Informationen, die in Bezug zu schon vorhandenem Wissen stehen, werden schneller und sicherer verarbeitet; die Einbettung in bestehende Wissensstrukturen erhöht die Erinnerungsleistung ..." (Köhnlein 2001, S. 58). Vorkenntnisse und Vorerfahrungen werden mit dem Neuen verbunden, wenn das neu zu Lernende anschlussfähig ist.

Beispiele:
- *Die Grundlage schaffen – Darstellung des Vorhandenen:* In allen Phasen des Unterrichtsgeschehens haben die Kinder die Möglichkeit, ihre bereits vorhandenen Kenntnisse und Erfahrungen zu einem Thema mitzuteilen; diese können der Unterrichtsarbeit oder der außerschulischen Lebenswelt entstammen. Insbesondere in der Anfangsphase einer Unterrichtsstunde oder -einheit sind diese Äußerungen erwünscht und sinnvoll, denn dadurch wird zum einen der Lehrperson die Rückmeldung gegeben, ob die geplante inhaltliche Aufbereitung und das methodische Konzept geeignet sind oder einer Modifizierung bedürfen und zum anderen wird den Kindern bewusst, dass sie schon ein Wissen über die Sache besitzen (siehe Abb. 18).

- *Ausgewählte Inhalte und Arbeitsweisen: Schreibform des „g“ (das Neue)* – Ein Teil des „g“ ist schon geläufig und möglicherweise im Schreibablauf automatisiert (das Vorhandene, hier: das Oval); Liedbegleitung auf Stabspielen: *zweistimmig (neu)* – einfache Begleitung (als Können vorhanden).

Der Hebel verändert die Kraft

Der Hebel ist ein sehr nützliches Ding. Man kann die Kraft vergrößern oder verkleinern. Beim Vergrößern der Kraft muss man den Drehpunkt nach vorn verschieben. Beim Verkleinern aber nach hinten. Es ist also regulierbar. Der Hebel besteht aus einem Drehpunkt und zwei Hebelarmen. Deshalb ist er leicht zu machen. Ich kenne schon verschiedene Hebel: Nussknacker, Brecheisen, Beißzange, Schere, Flaschenöffner und Latten.

(Bernhard, 10 Jahre)

Abb. 18: Bernhard kennt sich aus

- ***Einer Sache eine Bedeutung zuweisen***

Subjektiv wird eine Bedeutung hergestellt, indem ein Sinnesreiz als bekannt odser unbekannt, als negativ oder positiv (oder in der entsprechenden Differenzierung) eingeordnet wird. Von außen kommend wird Bedeutung zugewiesen, zunächst formal – indem eine Sache zum Unterrichtsgegenstand erklärt wird, indem die Lehrperson deren Bedeutung erläutert und Anregungen gibt, sich damit auseinanderzusetzen.

Beispiele:

- Bei der Auswahl eines Unterrichtsgegenstandes orientiert sich die Lehrperson am Kriterium der Bildungsbedeutsamkeit. Manche Inhalte und Verfahrensweisen, etwa in den Fächern Deutsch (Lesen und mit Literatur umgehen, Sprache untersuchen, Texte verfassen), Kunst, Musik oder Sport, werden gelegentlich vorschnell nur unter dem Aspekt, dass es Spaß macht, zum Thema des Unterrichts gemacht. Bei näherer Betrachtung zeigt sich aber, dass hier das inhaltliche Niveau zu wünschen übrig lässt und der weiterführende Gehalt des Themas nicht erkennbar ist. Außerdem ist die Vermutung von Erwachsenen, dass Kindern eine Sache Spaß macht oder gar Freude bereitet, nicht immer zutreffend.
- In der Einstiegsphase legen die Kinder ihre Erfahrungen und Erlebnisse und ihr Wissen zum angekündigten Thema dar. Im günstigen Fall baut sich eine Erwartungshaltung auf, denn das Neue weckt Neugierde und Interesse. Es hat besondere Eigenschaften; es ist unbekannt, überraschend, erstaunlich, widersprüchlich, seltsam, fremdartig, rätselhaft, problematisch, erheiternd, erschütternd oder ganz aktuell.
- Die Arbeitsrückschau bietet Gelegenheit, Vorgänge aus dem Unterrichtsgeschehen anzusprechen und deren Bedeutung herauszustellen.

  Beispiele:

  Es war wichtig, dass …

  … Frau … (Lehrerin) bei der vorherigen Störung die Gruppenarbeit unterbrochen hat und den Streit geklärt hat; dann konnten wir nämlich wieder konzentriert weiter arbeiten.

  … wir zuerst mehrere Versuche beim Malen mit den Wachsmalstiften gemacht haben, damit wir sehen, wie rasch sich die Strichbreite beim Linienziehen verändert.

  … wir unsere Lösungswege verglichen haben; dabei konnten wir feststellen, dass ein bestimmter Lösungsweg am wenigsten Arbeit macht.

  … wir nochmals den geschlossenen Stromkreis erklärt haben. Mit einer Zeichnung. Ich hatte gedacht, dass bei einem *geschlossenen* Stromkreis nichts geht. Geschlossen: Wie bei „Das Geschäft ist *geschlossen*“.

1.2 Lernen in einem guten Unterricht – Unterricht bewerten

Lehrerinnen und Lehrer setzen sich als Ziel, einen guten Unterricht zu halten. Guter Unterricht dient den Kindern, das liegt im Interesse der Kinder selbst, der Eltern und der Gesellschaft. Um eine Bewertung des Unterrichts vorzunehmen, werden Kriterien verwendet. Deren Auswahl erhält ihre Begründung durch aktuelle Erkenntnisse vor allem der Anthropologie, Psychologie, Neurobiologie, Didaktik, Schulpädagogik und Pädagogik. Merkmale eines „guten Unterrichts" geben Hinweise auf eine effektive Unterrichtsgestaltung.
Oft ist es für die Lehrperson wichtig, eine Bewertung des eigenen Unterrichts selbst durchzuführen. Darüber hinaus erfolgt eine externe Unterrichtsbeurteilung während der Ausbildungszeit durch Ausbildungslehrer und Seminarleiter und später durch Dienstvorgesetzte oder Evaluatoren. Für alle diese Personen aus dem Berufsfeld „Schule und Unterricht" sollen die festgelegten Kriterien eine Basis der Urteilsfindung sein.

1.2.1 Beobachten und Bewerten von Unterricht

a) Geschichtliche Entwicklungen

Bewertung nach der Übereinstimmung mit Regeln

Den Maßstab für „guten Unterricht" an Grundsätzen oder Normen zu orientieren, hat eine lange Tradition. Im Jahre 1657 veröffentlichte J. A. Comenius seine Didactica Magna. Darin sind Regeln für das Lehren und Lernen aufgestellt, die auf die in der Natur gründenden Gesetzmäßigkeiten allen Lernens zurückzuführen seien. Ein Unterricht, der diese Regeln umsetzte, war demnach von guter Qualität. Diesem Bewertungsprinzip der Befolgung von Regeln entsprach in der zweiten Hälfte des 19. Jahrhunderts das Bild eines guten Unterrichts, dessen Verlauf durch die Einhaltung von „Formalstufen" (im Anschluss an die Assoziationspsychologie J. F. Herbarts) bestimmt war. Dieser schematische Vollzug des Unterrichtsgeschehens war jahrzehntelang die vorherrschende Praxis. Die konträre Auffassung von „gutem Unterricht" bildete sich in den verschiedenen Strömungen der Reformpädagogik heraus, denen die Ablehnung der Idee eines gleichförmigen Voranschreitens des kindlichen Lernens gemeinsam war.

Bewertung nach Ergebnissen empirischer Forschung

Eine deutliche Wende in der methodischen und theoretischen Ausrichtung der deutschen Erziehungswissenschaft entstand in den 20er-Jahren des 20. Jahrhunderts. Mit der „Pädagogischen Tatsachenforschung" (P. Petersen) entwickelte sich die empirische Unterrichtsforschung, die nach dem Zweiten Weltkrieg einen breiten Eingang in die Forschungsmethoden der Pädagogischen Psychologie und Schulpädagogik fand. Die Ergebnisse der wissenschaftlichen Analyse von Lernen und Unterricht erwiesen sich als willkommenes Hilfsmittel für die Bewertung von verschiedenen didaktischen oder pädagogischen Aspekten: die Orientierung an Lerngesetzen (z. B. verteiltes, kurzes, aber häufiges Üben), die Verwendung von Attributen der „positiven Lehrerpersönlichkeit" (z. B. emotionale Stabilität), die Abhängigkeit methodischer Maßnahmen von Lehr- und Lernzielen (z. B. Maßnahmen zur Vernetzung beim Aufbau einer Operation). Seit Beginn der 80er-Jahre des letzten Jahrhunderts steht das lernende Kind im Mittelpunkt der schulpädagogischen Forschung. Die Sichtweise von „gutem Unterricht" erhielt eine entscheidende Änderung und verlagerte sich auf die Betrachtung der Wirkungen von Lernumgebungen auf das Lernen; dies prägt die Bewertung von Unterricht bis heute.

b) Bedeutung

Die aktuelle Bedeutung von Aussagen über „guten Unterricht" lässt sich aus deren verschiedenen Funktionen ablesen.

a) Funktion der Legitimation: Bewertung von schulpraktischen Prüfungen im Rahmen der Staatsprüfungen,
b) Funktion der Kontrolle: Überprüfung des Leistungsstands der Lehrperson,
c) Funktion der Prognose: Aussage über Eignung und Befähigung der Lehrperson,
d) Funktion der Orientierung: Beobachtung „guten Unterrichts" in Aus- und Fortbildung und
e) Funktion der Beratung: Bestätigung des unterrichtlichen Tuns der Lehrperson und Besprechung von Verbesserungshinweisen.

c) Beurteilung von Unterricht als schwierige Aufgabe

Beurteilung von Unterricht ist zu verstehen als die Einschätzung von Wert oder Bedeutung des Unterrichts. Der Inhalt „Unterricht" kann sich dabei auf eine Unterrichtsstunde, auf eine Unterrichtseinheit oder schließlich auf den Unterricht beziehen, der über Jahre hinweg in seiner Gesamtheit einer Bewertung unterzogen wird. Die Beurteilung von Unterricht stellt sich in dreifacher Hinsicht (Komplexität, Prozess, Relativität) als besonders schwierige Aufgabe dar:

1. *Unterricht als Gegenstand ist überaus komplex.* Für eine Beurteilung ist es zum einen erforderlich, die wesentlichen Aspekte von Unterricht zu erfassen, Kriterien für die Einschätzung festzulegen und die Gewichtung dieser Kriterien zu klären; zum anderen sollte die methodische Vorgehensweise für die Berücksichtigung der situativen Gegebenheiten offen sein. Es besteht also die Schwierigkeit, einen „handhabbaren Zugang zur Beurteilungsaufgabe zu finden" (Jürgens 2003, S. 28).

2. Da Unterricht immer ein Geschehen ist, wird das Problem deutlich: Wie kann die *Beurteilung eines Prozesses* durchgeführt werden, der selbst wiederum Prozesse initiiert und dessen Ergebnisse häufig nur aufgrund von Indikatoren zu interpretieren sind?

3. Einer Beurteilung liegt eine Beobachtung zugrunde. „Unterricht beobachten" wird verstanden als Wahrnehmung des Unterrichtsgeschehens mit dem Ziel der genauen Erfassung der unterrichtlichen Vorgänge und Ergebnisse. *Wertungen sind Interpretationen* und enthalten Fehler, denn der Mensch ist „aufgrund der Evolution seines Beurteilungs- und Wahrnehmungsapparates für irrationale Urteile prädestiniert" (Dollase 2005, S. 327). Eine eindeutige Trennung von Wahrnehmung und Bewertung ist für den Sachverhalt „Unterricht" nicht oder kaum möglich. Die Wahrnehmungen des Beobachters von Unterricht sind beeinflusst von seiner eigenen Lerngeschichte, von seinen Theorien über Unterricht oder von seinen Erwartungen und sie sind deshalb selektiv und relativ. Die am häufigsten eingesetzte Methode zur Unterrichtsbewertung, die direkte Beobachtung, ist aus diesem Grunde nicht unumstritten.

1.2.2 Unterricht bewerten – Ansätze zur Durchführung

So werden schon im Vorfeld fachlicher Überlegungen einige Probleme recht deutlich. Zur Lösung dieser komplexen Aufgabe folgen einige Anregungen.

a) Merkmale „guten Unterrichts" als Kriterien zur Entscheidung

Auf der Grundlage vielfältiger Ergebnisse aus verschiedenen Wissenschaftsbereichen werden Merkmale guten Unterrichts herausgestellt. Gegenwärtig liegt eine Reihe dieser Merkmalskataloge vor (siehe Abb. 19).

Die Verwendung von Kriterienlisten ist ein erster Schritt, um sich konkreten Aussagen zu nähern. Kriterienlisten haben den Vorteil, dass mehrere Beobachter zum gleichen (objektiven) Sachverhalt eine Verständigungsbasis verbaler Art haben. Es bedarf eines oft langjährigen Dialogs, um zwischen mehreren Beurteilern eine Angleichung in der Begründung für Bewertungen zu erzielen. Dennoch gilt: Kriterienlisten sind unverzichtbar. Ein reflektierter und verantwortungsbewusster Umgang damit ist erforderlich.

b) Bewährung in der Praxis

Die Zusammenstellungen von Merkmalen „guten Unterrichts" sind das Ergebnis der wissenschaftlichen Befunde aus der Lern- und Unterrichtsforschung. Allerdings ist der Umgang mit diesen Güte-Kriterien nicht unproblematisch.

a) Es liegt zwar eine Reihe empirischer Untersuchungen mit eindeutigen Ergebnissen vor, einige werden in der Fachliteratur zur Unterrichtspraxis jedoch kaum berücksichtigt (beispielsweise aus dem Bereich der Klassenführung).

b) In der schulpädagogischen Forschung stehen die Fragen „Wie wird erfolgreich gelernt?" oder „Welche Faktoren machen Unterricht effektiv?" im Vordergrund. Unter dieser Voraussetzung ist es verständlich, dass in keiner der verbreiteten Merkmalslisten das Kriterium der „Sachorientierung" enthalten ist. Überspitzt ausgedrückt: Nach Maßgabe dieser Merkmalslisten könnte „guter Unterricht" attestiert werden, obwohl der Inhalt falsch oder irreführend ist. Es ist deshalb unerlässlich, die Güte-Kriterien mit der Kategorie „Sachorientierung" zu erweitern, durch die sachliche Richtigkeit, Sachanspruch, Sachlichkeit und Bildungsbedeutsamkeit eingefordert werden.

Helmke/Schrader (2006)	Meyer (2003)	ISB (2011)
„Klassifikation fachübergreifender Merkmale des Unterrichts"	Zehn Merkmale guten Unterrichts	Beobachtungsbogen für den Unterrichtsbesuch (externe Evaluation)
Strukturiertheit, Klarheit, Verständlichkeit; effiziente Klassenführung; lernförderliches Unterrichtsklima; Ziel-, Wirkungs- und Kompetenzorientierung; Schülerorientierung, Unterstützung; angemessene Variation von Methoden und Sozialformen; Förderung aktiven, selbstständigen Lernens; Konsolidierung, Sicherung, intelligentes Üben; vielfältige Motivierung; Passung: Umgang mit heterogenen Lernvoraussetzungen	1. Klare Strukturierung des Lehr-Lernprozesses 2. Intensive Nutzung der Lernzeit 3. Stimmigkeit der Ziel-, Inhalts- und Methodenentscheidungen 4. Methodenvielfalt 5. Intelligentes Üben 6. Individuelles Fördern 7. Lernförderliches Unterrichtsklima 8. Sinnstiftende Unterrichtsgespräche 9. Regelmäßige Nutzung von Schüler-Feedback 10. Klare Leistungserwartungen und -kontrollen	1. Effizienz der Lernzeitnutzung 2. Effizienz der Verhaltensregulierung 3. Strukturiertheit der Darstellung 4. Klarheit der Darstellung 5. Individuelle Unterstützung 6. Förderung selbstgesteuerten Lernens 7. Förderung der Lernmotivation 8. Sicherung des Lernerfolgs 9. Förderung überfachlicher Kompetenz 10. Lernförderlichkeit des Unterrichtsklimas

Abb. 19: Kriterienkataloge mit Merkmalen guten Unterrichts

1. Unterrichtsklima

Atmosphäre der Wertschätzung und des Angenommenseins, gegenseitige Akzeptanz und Anerkennung; Umgangsverhalten, situationsgerechtes Verhalten (Variabilität); Schüler-Schüler-Interaktion, Gesprächsführung, Umgang mit Fehlern.

2. Klassenführung

Umfang und Anteil zielorientierter Aktivitäten; Ökonomie; Regeln für einen geordneten Ablauf, Rituale, Einhaltung der Regeln, Maßnahmen der Lenkung; konsequenter Umgang mit Störungen; Präsenz der Lehrperson, Rhythmisierung.

3. Sachorientierung

sachliche Richtigkeit, Sachgerechtigkeit, Wahrung des Sachanspruchs, Objektivität der Sachklärung, Bildungswert der Sache, Sachlichkeit (als Tugend); Auswahl fachgemäßer Arbeitsweisen; Elementarisierung, exemplarische Auswahl.

4. Sinnorientierung

Bildungsbedeutsamkeit des Unterrichtsgegenstands; Kompetenzorientierung; pädagogische Zielsetzung; Lebensbezug, Anwendungsbezug, Wertorientierung, Beitrag zum Verstehen, Herstellen von Ordnung, Verknüpfung Vorwissen – neuer Stoff.

5. Klarheit

Strukturierung, sachlogische Ordnung der Unterrichtsschritte, Prägnanz der Aufgabenstellungen, Versprachlichung, Klarheit der Darstellung, Herstellung des Zusammenhangs (Vernetzung); Darstellen von Denk- und Arbeitsprozessen; Begriffsbildung.

6. Zielorientierung

Klarheit über das Vorhaben, erkennbare Schwerpunktsetzung (pädagogisch, didaktisch; z. B. kooperatives Lernen, Informationsgewinnung, anwendungsbezogene Einsicht); Überleitungen zwischen den Teilschritten; Überschaubarkeit.

7. Passung

Stimmigkeit: Leistungsfähigkeit der Schüler, Inhalt, Unterrichtskonzept, situative Gegebenheiten, Methoden, Sozialformen, Medien, Arbeitsmittel, Aufgabenstellungen; Differenzierung; Berücksichtigung fachdidaktischer Anliegen.

8. Eigenaktives Lernen

Initiativen der Schüler (Fragen, Vorschläge, Ideen), Angebote zur Eigenaktivität; individuelle Förderung (S: eigene Lernwege; L: Aufgaben, Impulse, Lernhilfen), Phasen der Allein-Arbeit; Offenheit des Konzepts; Ausmaß der Selbstorganisation.

9. Lernfortschritt

Darstellung des Vorwissens und des Lernzuwachses; konkrete Beschreibung der Aktivitäten; Rückmeldungen, Bewusstmachen von Lernvorgängen, Lernberichte, Reflexion, weiterführender Charakter des Unterrichts, Persönlichkeitsentwicklung.

10. Sicherung

Entstehung von Motivation; Anknüpfung an Wissen und Können; Aktivierung; Üben, Anwenden, Vertiefen, Bewusstmachen und Darstellen des neu Gelernten; Entlastung des Arbeitsgedächtnisses; Unterrichtssequenz; Leistungskontrolle.

Abb. 20: Basisfaktoren guten Unterrichts (eine Bewertung kann beispielsweise mithilfe einer 5er-Skala erfolgen: sehr gut – gut – zufriedenstellend – mit Einschränkungen – mit Mängeln)

c) „Merkmale guten Unterrichts" sind auf die Bedingungen der Praxis abzustimmen. Die Kenntnis der Lernsituation der Kinder, des Lerngegenstandes, der Unterrichtsmittel und der Rahmenbedingungen führt zu einer Entscheidung über die Gewichtung der einzelnen Kriterien. „Beim konkreten Unterricht begründen sich die anzulegenden Kriterien aber erst aus der Stunde heraus" (Klenck 2009, S. 54). Bestimmte Kriterien treten also in einer Unterrichtsstunde oder in einer Unterrichtseinheit in den Vordergrund und anderen kommt eine nachrangige Bedeutung zu.
In mehr als dreißig Jahren an Erfahrungen mit Unterrichtsbeobachtung und Unterrichtsbewertung habe ich ein Beurteilungsraster entwickelt, das sowohl praktischen wie auch wissenschaftlichen Anforderungen standhält (siehe Abb. 20).

d) Einige grundsätzlich sinnvolle Konzepte oder Methoden degenerierten im Laufe ihrer ausgiebigen Durcharbeitung zu übergewichtigen und sinnfreien Phantomen, wie sich das etwa an „Handlungsorientierung" oder „Lernen an Stationen" zeigte. Im Gegensatz dazu ist es bedenklich, wenn Anliegen wie der offene Unterricht vorschnell als bedeutungslos zurückgewiesen würden (s. S. 43).

c) Je konkreter, desto effektiver
Merkmalslisten gewährleisten jedoch nicht, dass nun mit gleichem Maß „gemessen" wird. Mehrere Begriffe, z. B. „Methodenvielfalt", „Schülerorientierung", „ganzheitliches Lernen" oder „intelligentes Üben", eröffnen ein sehr weites und individuelles Feld an Vorstellungen, sodass sie als Attribute für gleichartige Bewertungen ungeeignet sind. Sogar ein spezifisches Kriterium wie „Der Unterricht im Fach Sport beginnt pünktlich" wird nicht immer zu einem übereinstimmenden Wertungsergebnis führen (wenn es beispielsweise auf dem Weg zur Sporthalle zu einigen zeitlichen Verzögerungen kam).

Das Problem einer Bewertung von Unterricht besteht darin, dass der „Gegenstand", über den entschieden wird, sehr komplex ist. Globale Aussagen über die Qualität des Unterrichts, z. B. „ist strukturiert", „ist schülerorientiert", führen zum Thema hin, jedoch geben sie in einer fachlichen Diskussion oder in einer Bewertungssituation – unabhängig ob Fremd- oder Selbstbeurteilung – substanziell wenig her. Konkrete Aussagen unterstützen die gründliche fachliche Auseinandersetzung und die fundierte Analyse. Sie beleben sehr die fachliche Diskussion, wie mehrere Beispiele zeigen (siehe Abb. 21).

1.2.3 Weiterführende Hinweise

a) Bewertung aus der Sicht „des Schülers"
Unterricht hat die Aufgabe, dass die Kinder und Jugendlichen lernen. „Unterricht beurteilen" beinhaltet demzufolge die Kernfrage „Was haben die Schüler gelernt?" Obwohl diese Frage in verschiedenen Varianten seit Jahrzehnten (meine Erfahrung erstreckt sich auf die Volksschule) in Beurteilungssituationen gestellt wird, so besitzt sie doch eine außerordentliche Kühnheit. Sie unterstellt, die Beurteilerin und der Beurteiler könnten sich in „den" Schüler hineinversetzen – am besten nicht nur in einen, sondern in alle – und daraus resultierend eine Aussage über innere Vorgänge machen. „Was haben die Schüler gelernt?" scheint eine naive, vorfachliche Frage zu sein. Beim genaueren Betrachten besteht da aber kein Unterschied zur Verwendung von Kriterien guten Unterrichts. Bei „Motivierung", „Verständlichkeit" oder „Sicherung", um drei Kriterien herauszugreifen, wird abverlangt oder unterstellt, man könne aus der Sicht des Lernenden urteilen. So verlassen sich Beurteiler also auf ihre berufliche Erfahrung und argumentieren aus der Sicht der Schüler.
Aktuell ergibt sich eine fachliche Berechtigung, diese Frage zu akzeptieren, da

Bestätigung der Arbeit

pädagogisch

- Situative Probleme werden sinnvoll gelöst.
- Individuelle Beratung, in der den Kindern konkrete Hinweise auf ihre Kompetenzen gegeben werden.
- Freiräume für Lösungen, Erfahrungswissen und Argumentationen der Schüler.
- Die Schüler-Beiträge werden zur Entwicklung des Sachverhalts genutzt.
- Probearbeiten: Aufgaben zu Reorganisation und Transfer sind enthalten.
- Verbesserung von „Zuwendung und Wertschätzung" im Vergleich zur vorausgehenden Unterrichtsbeobachtung.
- Aufgeschlossene, natürliche und sehr wohlwollende Zuwendung.
- Die Schülerbeobachtungen enthalten sehr aussagekräftige Informationen.
- Klarer Führungsanspruch, situativ adäquat eingesetzte Führungsmittel.

didaktisch

- Klare Zielorientierung verbunden mit Phasen vertiefter Auseinandersetzung.
- Das Anspruchsniveau ist sprechtechnisch, musikalisch und didaktisch hoch angesetzt.
- Gute Überschaubarkeit des Vorhabens.
- Differenziert angelegte und sehr gut auf die Leistungsfähigkeit der Kinder abgestimmte Aufgabenstellungen von sehr hohem Anspruchsniveau und mit anwendungsbezogenem und problemorientiertem Charakter.
- Die genaue und sachbezogene Versprachlichung durch die Kinder unterstützt überzeugend die zügige und gründliche Lösung des komplexen mathematischen Problems.
- Ausgiebige inhaltliche und gehaltliche Erschließung mit sehr deutlicher und weiterführender Schwerpunktsetzung.
- Vorarbeit: Durch die vorbereitende Hausaufgabe (sinngerichtet) ist eine ökonomische Unterrichtsarbeit möglich.

Alternativen/Probleme/Schwächen der Arbeit

pädagogisch

- Maßnahmen der Verhaltenskorrektur sind mit Nachdruck vorzunehmen.
- Lehrerdominanz könnte hier ohne Einbuße des Fortschreitens im Stoff zurückgenommen werden.
- Gestaltung des Beginns des Unterrichtstages?
- Laute Kommentierungen während der Schülerarbeit?
- Steuerung der Aufmerksamkeit („Abtauchen")?
- In den Phasen des Unterrichtsgesprächs wird die eigenständige Gedankenentwicklung der Schüler unter den vorschnellen und inhaltlich einengenden verbalen Zugriffen der Lehrperson weitgehend verhindert.
- Beim Austeilen von Material keine Aufgabenstellung (Sachproblem) geben. Informationsverarbeitung: Den Schülern Zeit zum Formulieren geben.
- Einsatz psychohygienischer Maßnahmen?

didaktisch

- Eine Vorbereitung auf die Lösung des mathematischen Problems ist für die leistungsschwächeren Kinder didaktisch zwingend.
- Konkrete Zielorientierung des Leseauftrags („Gründlich durchlesen")?
- Bedeutung des Themas deutlicher herausstellen.
- Begriffe anschaulich darlegen und sprachlich genau fassen.
- Weder im geplanten noch im tatsächlich erstellten Tafelbild erhält die gestellte Problemfrage eine klare Beantwortung.
- Die Begriffsbildung bleibt an der Oberfläche.
- Der individuelle Leistungsstand, der teilweise von einem überdurchschnittlichen Kenntnisstand gekennzeichnet ist, wird für das weiterführende Lernen wenig genutzt.

Abb. 21: Bewertende und kommentierende Aussagen

ausgehend von der konstruktivistischen Lerntheorie oder dem „individuellen Lernen" das lernende Kind in den Mittelpunkt didaktischer Überlegungen gestellt wird. Schließlich erhält die genannte Frage sogar von wissenschaftlicher Seite eine Unterstützung: „Es kommt also, so die Theorie der psychologischen Reduzierung der Gruppengröße, darauf an, dass die Schüler in jeder Unterrichtsstunde das Gefühl haben, dass sie im Lernprozess etwas vorangekommen sind, dass sie etwas gelernt haben, dass sie mitgemacht haben und dass sie andere vom Lernerfolg nicht abgehalten haben ..." (Dollase 2004, S. 17). Die Fragestellung „Was haben die Schüler gelernt?" fordert dazu auf, konkrete Antworten zu geben (siehe Abb. 22). Aus den Antworten dazu wird erkennbar, dass verschiedene pädagogische oder didaktische Aspekte enthalten sind.

b) Beurteilung und Dialog

Die Einschätzung von Unterrichtsqualität wird in dem Maße gegenüber Fehlurteilen abgesichert, wie sich die Beurteilenden und die Lehrpersonen untereinander über relevante Begriffe, Erfahrungen und interne Konzepte austauschen. Die Bewertung von Unterricht, auf dem Weg über Kriterien, erfordert deshalb einen Dialog über diese Kriterien und deren Gewichtung. Sie orientiert sich zwar an wissenschaftlichen Erkenntnissen über Unterricht und Lernen, im Mittelpunkt steht jedoch die Förderung der Schülerpersönlichkeit.

Die Feststellung des Beobachters: „Der Schüler hat im Unterricht …"	**Ausgewählte Beispiele aus einzelnen Unterrichtssituationen: (Beispiele aus „Texte verfassen")**	Die Lehrperson hat (zu a bis d) folgende pädagogische oder didaktische Aspekte verwirklicht oder gefördert:
a) „etwas gelernt."	**Der Schüler hält beim Schreiben des Textes die Logik der Gedankenführung ein, indem er die Teilvorgänge widerspruchsfrei miteinander verbindet.**	Zielorientierung Klarheit Strukturierung Sachanspruch
b) „einen Fortschritt im Lernen gemacht."	**Der Schüler erläutert seine Überlegungen zur Folgerichtigkeit des Handlungsablaufs seiner Geschichte und er schätzt seine Leistungsfähigkeit selbst ein.**	Erfolgssicherung Individuelle Beratung Selbstständiges Lernen Reflexion
c) „mitgearbeitet."	**Der Schüler zeigt erkennbares Interesse, einen Text zum Thema zu verfassen, er sucht sich bereitgestellte Formulierungshilfen zum Schreiben aus und befragt eine „Rechtschreibexpertin" zu einem Rechtschreibfall.**	Motivation Schülerorientierung geeignete Unterrichtsorganisation lernförderliches Arbeitsmaterial
d) „gemeinschaftsförderlich zusammengearbeitet."	**Der Schüler hört in der Schreibkonferenz beim Vorlesen des ausgewählten Textes aufmerksam zu, trägt seine Meinung textbezogen vor und findet einen originellen Formulierungsvorschlag, dem der Textverfasser bereitwillig zustimmt.**	Klassenführung Unterrichtsklima Kommunikation Wertschätzung

Abb. 22: Feststellungen des Beobachters aus der Sicht der Schülerinnen und Schüler

1.3 Unterrichten als Lernprozess

Die Erfahrungen einer Lehrperson mit der Unterrichtspraxis führen zu einem individuellen Unterrichtskonzept. Es wird sich im Laufe der Berufsjahre mehr oder weniger ändern. Die Anstöße zur Änderung des eigenen Unterrichtskonzepts können von der Lehrperson selbst kommen, aber auch durch Anforderungen von außen erfolgen, durch Kollegen, Eltern, schulpädagogische Anregungen oder der Schulverwaltung. Das Unterrichten ist ein Prozess des Lernens für die Lehrperson selbst.

1.3.1 Unterrichtsqualität als entscheidender Faktor der Schulentwicklung

a) Unterricht ist das „Kerngeschäft“

Schulische Qualitätsentwicklung und Qualitätssicherung sind eng verknüpft mit den im Unterricht erzielten Leistungen. Unterricht ist das „Kerngeschäft“ schulischer Arbeit und von Schulreformen (vgl. Bessoth 2002, S. 179; Oelkers 2003, S. 59–83; Riecke-Baulecke 2007, S. 51–55). „Unterricht hat eine Schlüsselfunktion für die Vermittlung fachlicher und überfachlicher Kompetenzen an die nachwachsende Generation, weil er zielgerichtetes, systematisches und reflexives Lernen ermöglicht. Dazu gehört, dass Unterricht einen verlässlichen Rahmen zu bieten hat, in dem Regeln der Toleranz, des Respekts und der Gewaltfreiheit gelten. Unterricht – ob nun eher offener oder geschlossener, eher lehrerzentrierter oder schülerorientierter, im 45-Minuten-Rhythmus oder mit variablen Zeitrhythmen – ist die derzeit dominante Form schulischen Lernens, schulischer Bildungs- und Erziehungsprozesse. Diese Aussage ist mit Blick auf die zeitliche Ausdehnung des Lernens im Unterricht zu unterstreichen …“ (Riecke-Baulecke 2007, S. 51f.).
Die Qualität des Unterrichts ist Bestandteil interner und externer Evaluation, die auf die Qualitätssicherung von Schule als lernende Organisation abzielt. Unterricht soll gut sein – und das am Besten im Verlauf des ganzen Berufslebens. So wird sich also auch das individuelle Unterrichtskonzept im Laufe der Berufsjahre verändern müssen.

b) Denk- und Handlungsmuster bilden sich heran

Alle Lehrer haben ihre eigene Lerngeschichte des Unterrichts. Sie bringen ihre individuelle schulische Bildung mit sich, wenn sie an der Universität mit ihrer Ausbildung beginnen. Der in zwölf Jahren selbst erlebte Unterricht gibt ein internes Modell ab, wie Unterricht sein oder nicht sein sollte. In der zweiten Phase der Lehrerausbildung sammeln sie viele praktische Erfahrungen durch das tägliche Unterrichten. Diese Erfahrungen bündeln sich zu Denk- und Handlungsmustern zur Planung und Durchführung von Unterricht.
Die eigenen Stärken, etwa in der Präsenz, in der Gesprächsführung, in der Strukturierung von Inhalten oder im Einsatz spezieller Medien, werden herausgearbeitet, betont und durch Wiederholung gefestigt. So bilden sich Verfahrensstrukturen heran, die als günstige, individuelle Lösungen der komplexen Aufgabe Unterricht zu halten, erlebt werden.
Nachdem Lehren und Lernen im Unterricht positiv verlaufen und zu guten Ergebnissen führen soll, werden Qualitätskriterien zur Orientierung benötigt. Sie können aus den Merkmalen zu „gutem Unterricht“ (siehe Kap. 1.2, S. 33–39) oder der „guten Lehrerin“ entnommen werden. Eine Aussage über die Qualität der Lehrprozesse ergibt sich aus dem Vergleich der Kriterien mit dem beobachteten Unterrichtsgeschehen.

c) Merkmale der „guten Lehrerin“

Durch einige Studien, z.B. der Scholastik-Studie, hat F. E. Weinert die Diskussion über Lernkultur und Unterrichtsqualität nachhaltig beeinflusst. Ausgehend von exemplarisch ausgewählten Beispielen der pädagogisch-psychologischen Forschung skizziert Weinert „Qualitäten des guten

Lehrers": „Die Nichtersetzbarkeit positiver zwischenmenschlicher Beziehungen zwischen Lehrer und Schüler, ein persönliches Lehrprofil, in dem wichtige didaktische Funktionen erfolgreich praktiziert werden können, professionell erworbene Lehr-Lernformen statt eines rigiden Grundmusters, das oft rechtfertigend als persönliche didaktische Handschrift ausgegeben wird, in Fleisch und Blut übergegangene Kompetenzen der Diagnose und der didaktischen Förderung unterschiedlicher Schüler in ihren individuellen Lernvorgängen und schließlich die langfristig wirksame Vermittlung einer Lern- und Arbeitshaltung, die auf solidem Wissen, persönlicher Initiative und einer wirksamen Selbst-Motivation gründet" (Weinert 1996, S. 145). Solche Qualitätskriterien sind eine Hilfe, um Unterricht zu reflektieren und diesen auf der Grundlage der daraus entstandenen Schlussfolgerungen zu ändern.

d) Den eigenen Unterricht verändern

Um durchgehend „gut unterrichten" zu können, werden Lehrerinnen und Lehrer ihren Unterricht immer wieder verändern müssen. Das Verändern aber ist erfahrungsgemäß nicht einfach. Das Beibehalten eines „Repertoires" besitzt auch den Effekt der Handlungssicherheit, wie dies Jürgen Oelkers erläutert: Die Lehrkräfte „ gehen nicht aus von einer ‚konstruktivistischen Didaktik', sondern von ihren Erfahrungswerten. Sie bauen ihr Repertoire in den ersten Berufsjahren auf (Anm. d. Verf.: mit Bezug auf Larcher-Klee 2002) und reichern es fortlaufend an, ohne es ein zweites Mal grundlegend neu zu erfinden. Das Repertoire wird neuen Situationen angepasst, aber nicht grundsätzlich in Frage gestellt. Das Erfolgsrezept liegt offenbar im Aufbau eines persönlichen Könnensbewusstseins, das sich in Handlungssicherheit äußert, ohne das eigene Lernen zu vernachlässigen" (Oelkers 2004, S. 1). Die erworbenen, teilweise schon automatisierten Handlungsmuster zu modifizieren oder gar grundlegend zu ändern, kann ein schwieriger und längerfristiger Prozess sein.

1.3.2 Verändern heißt, etwas anders machen – das Problem des Neuen

Durch die Veränderung entsteht das Problem mit „dem Neuen": Was ist neu? Was fange ich mit dem an, was mir als „neu" vorgestellt wird? Welche Vorteile hat das Neue – für die Kinder, für mich? Wie bringe ich das Neue mit dem zusammen, was ich schon weiß und kann?

a) Schwierigkeiten mit dem „Neuen"

In Konferenzen, Fortbildungen und in der Fachliteratur werden den praktizierenden Lehrerinnen und Lehrern Konzepte, Inhalte und Methoden zur Weiterentwicklung ihres Unterrichts präsentiert. Vielfach kommt es dabei zu Schwierigkeiten, das Neue als solches oder in seiner Bedeutung oder in seinem Umfang zu erkennen.
Zur Konkretisierung wähle ich nochmals das Beispiel der Selbsttätigkeit. Seit hundert Jahren werden die Praktiker des Unterrichts durchgehend aufgefordert, doch endlich die Selbsttätigkeit zu verwirklichen. Nun kann man eine reformpädagogische Schrift zur Hand nehmen, um sich dort zu informieren.
So beschreibt J. Kühnel eine „Ausführung" des Unterrichts gemäß den Grundsätzen der Anschauung und Selbsttätigkeit wie folgt. „Erzähle noch einmal, welcher Baum draußen steht! (Draußen steht der Kirschbaum.) Und warum er uns so gefallen kann! (Weil er so schön ist.) Und wie er aussieht! (Er sieht weiß aus.) Über und über – Geste – weiß, nicht wahr? Da sagt man ganz weiß! Kannst du es auch so? Noch einmal! (Er sieht ganz weiß aus.) Zu betonen ist „weiß". Was mag aber denn das Weiße sein?! Das müssen wir uns einmal genauer anschauen. Komm mit hinaus! … Nun seht ihr, was das Weiße ist. (Das sind die Blüten). Nun seht wieder hin! Wieviel Blüten mögen das wohl sein, da der ganze Baum so weiß aussieht? (Viele, viele Blüten.) Fang an: das sind …! (Das sind viele Blüten)." (Kühnel 1913, S. 135 f.) Beim Lesen des Textes ist so-

fort klar, dass wir diese Ausformung von Selbsttätigkeit nicht mehr praktizieren – und zwar schon längst. Um 1910 aber war die beschriebene Art des Unterrichtens neu, sie bedeutete eine Abkehr von der bislang durchgeführten Methode.
Heute sollten wir jedoch nicht geringschätzig auf diesen Begriff von „Selbsttätigkeit" blicken. In der damaligen Situation war es neu, dass Kinder ihre Sinne gebrauchen sollten – *selbst* schauen, hören, riechen und fühlen. Und dann sollten sie sogar das Wahrgenommene in eigene Worte fassen. Die Kinder zählten, erzählten, tasteten und machten Bewegungen nach (siehe auch Abb. 11, S. 25). Die Anweisungen waren minutiös, aber die Kinder taten etwas selbst.
Doch an diesem Beispiel könnte ich nicht erkennen, was heute an dem Grundsatz der Selbsttätigkeit neu sein sollte. Das Problem kommt also dadurch zustande, dass ein Bedeutungswandel im Gebrauch des Wortes Selbsttätigkeit erfolgt war.
Ganz anders reagierte 1970 das Lehrerkollegium, als uns über das in England erprobte Nuffield Junior Science Projekt berichtet wurde: Ein Projekt für das naturwissenschaftliche Lernen, bei dem die Kinder mithilfe einer Fülle von Arbeitsmaterial Erfahrungen sammeln und Naturphänomene erkunden konnten; es charakterisierte sich durch eine „völlige Freiheit der Arbeit" (Jung 1968, S. 47). Für uns stand fest, dass der Inhalt des Projekts völlig neu war, jedoch gaben uns die bestehenden organisatorischen, materiellen oder personellen Bedingungen keine Chance, die Ideen des Projekts zu verwirklichen. Hier war das Neue derart entfernt von unserer Wirklichkeit, sodass es nur als Utopie angesehen werden konnte. Es war nicht anschlussfähig.
Dennoch sollte auch hier nicht abwertend reagiert werden; es könnten doch Teile aus jenen Ideen verwertbar sein. Ähnlich resümiert H. Siebert: „So ist nicht alles neu, was unter der Überschrift der neuen Lernkulturen erprobt wird, es ist aber auch nicht schon alles da gewesen'" (Siebert 2003, S. 151).

b) Neues kann Widerstand erzeugen

Das Problem mit dem Neuen entspringt gelegentlich auch der Gefühlswelt, und das in den letzten Jahren zunehmend. Bestimmte Begriffe aus angekündigten Reformen werden so oft wiederholt und ausgiebig gebraucht, dass man sie „schon nicht mehr hören kann". Das hat negative Konsequenzen, denn man entwickelt schon beim Hören des Begriffs eine innere Blockade. Ein interessant erscheinender Begriff, wie zum Beispiel „ganzheitliches Lernen", wird aus dem ursprünglichen Zusammenhang herausgerissen und zur Begründung neuer, alternativer Methoden und Arbeitsweisen verwendet, obwohl ein Zusammenhang nur bedingt vorhanden ist. Auf diese Weise verliert der Begriff an Prägnanz und wird schließlich so breit ausgelegt, dass nahezu alle didaktisch-methodischen Maßnahmen damit begründet werden können.
Beispiele:

- *Ganzheitliches Lernen:* „Allerdings ist der ganzheitlich lernende Schüler etwas anderes als mit dem Modewort des ganzheitlichen Lernens suggeriert wird, was oft nichts anderes bedeutet als eine chaotische Unstrukturiertheit des Unterrichts und die verbal aufgedonnerte Rechtfertigung für die Beliebigkeit des Lernens" (Weinert 1997, S. 18).
- *Lernen mit allen Sinnen:* „Orientierungen auf ‚Ganzheitlichkeit' und auf das ‚Lernen mit allen Sinnen' erweisen sich bei näherem Hinsehen jedoch eher als wohl klingende Verheißungen. Hinreichend differenzierte didaktische und methodische Entscheidungshilfen für die Gestaltung von Lernangeboten, die intensives und nachhaltig wirksames Lernen wahrscheinlich machen, bieten solche Orientierungen nicht" (Kahlert 2000, S. 37).
- *Handlungsorientierung:* Das Konzept der Handlungsorientierung unterliegt „dem in der Erziehungswissenschaft häufig beklagten Mangel an begrifflicher Stringenz und theoretischer Fundierung" (Schumacher 2008, S. 128).
- *Lernen an Stationen:* „So hat sich an vielen Grundschulen in Deutschland z.B.

eine problematische Praxis der Stationenarbeit und des Werkstattunterrichts eingebürgert ... Auch erscheint eine vertiefte Erarbeitung der Struktur eines Wissensgebietes im Rahmen dieser Arbeitsformen schwer möglich" (Wellenreuther 2008, S. 23).

– *Prozessorientierung:* Der Begriff der Prozessorientierung wird gerne zu „Der Weg ist das Ziel" umformuliert. Das verleitet dazu, das Ergebnis aus dem Blick zu verlieren. Das aber steht im Widerspruch zu dem Bemühen, die Lernergebnisse der Kinder als Ausgangspunkte für deren weitere Förderung zu nehmen. Ferner erscheint das Bild des Weges gar nicht so gut geeignet zu sein, den Prozess gegenüber dem Produkt vorrangig anzusiedeln. Der Gedankengang geht wie folgt: Der Weg, den man geht, besteht aus Schritten. Ein Schritt ist ein zwangsläufiges Ergebnis des Schreitens. Bewegte man sich nur im schwebenden Schreiten, so verlöre man den Bodenkontakt. Der Weg, den man geht, besteht also aus Teilergebnissen.
  Daraus folgt, dass an jedem Punkt des Lernweges der Erfolg oder die Sinnhaftigkeit des Tuns ermittelt werden kann. Ohne Teilergebnisse gibt es keinen Prozess.

Pädagogische und didaktische Fachbegriffe sind als Orientierungen für die Praxis unter definierten Voraussetzungen tragfähig, belastbar und tauglich, aber sie sind nicht wahllos in beliebigen Zusammenhängen zu verwenden. Es ist zu befürchten, dass andere sinnvolle Begriffe, wie etwa das selbstständige Lernen, durch den ständigen Gebrauch an Wirkung und Akzeptanz verlieren. „So hat mich die derzeit gängige Selbstlerneuphorie schon immer skeptisch gestimmt. Gerade weil man von Heranwachsenden die Wertschätzung des Wissens jenseits der eigenen Lebenswelt noch nicht erwarten kann, erschien mir der Lehrer als Brückenbauer ... stets unverzichtbar" (Felten 2011, S. 9).

Die Akzeptanz eines neuen Konzepts wird einer starken Belastungsprobe ausgesetzt, wenn nach einer überschaubaren Zeitspanne dieses Neue deutlich in Frage gestellt wird. Ein solches Beispiel liegt mit der Bewertung von offenem Unterricht vor, wie sich dies aus der Hattie-Studie ergibt; demnach zählt offener Unterricht zu den „lernunwirksamen Faktoren" (Köller/Möller 2012a, S. 24). Eine genauere Betrachtung wird aber wohl ergeben, dass im offenen Unterricht z.B. der Ansatz der Selbstorganisation einen hohen Stellenwert besitzt.

c) Im Vergleich: Das Neue und das Alte

Verschiedene konzeptionelle Ansätze und Methoden sind wirklich neu. Sie sind es wert, in die Überlegungen für die Gestaltung eines zukunftsorientierten Unterrichts aufgenommen zu werden. Das Problem mit dem Neuen ist aber oft nicht auf den Inhalt, sondern auf die Art der Darstellung zurückzuführen.

Ein wichtiges Verfahren, das Neue vom Alten abzugrenzen ist es, den Vergleich mit dem Bisherigen zu ziehen. Ärgerlich wird es nun, wenn der „traditionelle" Unterricht eine Beschreibung erfährt, sodass er zur Karikatur entstellt wird (siehe Abb. 23).

Profilierung durch Überzeichnung

traditionelles Verständnis	verändertes Verständnis
Der Unterrichtsinhalt steht im Vordergrund.	Das Kind wird als Person ernstgenommen.
Das Kind ist Objekt einer inszenierten Beschulung.	Das Kind ist Subjekt seines eigenen Lernens.
Der Fehler ist Ausdrucks eines Defizits, eines Nicht-Könnens.	Der Fehler ist Ausdruck der bestehenden Verstehenszusammenhänge.

Abb. 23: Irreführender Vergleich zur Praxis des traditionellen Unterrichts in der Grundschule

Ein derartiges Bild von Grundschule weise ich entschieden zurück. Das Nicht-Ernst-Nehmen des Kindes als eine pädagogische Grundhaltung ist mir aus der Unterrichtspraxis der Grundschule nicht bekannt. Die *Grundschule* ist hier der Kontext und nicht ein wie auch immer zustande gekommenes Bild von „Schule im Allgemeinen". Mit der Einführung der Grundschule in der Weimarer Republik wurde die Grundlage geschaffen, das Kind als Ausgangspunkt der Gestaltung von Unterricht zu begreifen. Die nationalsozialistische Ideologie setzte diesem pädagogischen Ansatz ein Ende. Er lebte wieder auf, als 1945 mit dem Aufbau des neuen Schulwesens begonnen wurde. So nennen die Übergangsrichtlinien für die bayerischen Volksschulen als Punkt 1 der „Richtpunkte" für die Unterrichtsarbeit: „Es ist vom Leistungsstand der Schüler auszugehen" (Übergangsrichtlinien 1945, S. 3). Vorausgehend wird das zugrunde liegende Menschenbild angedeutet: „Es muss wieder der einzelne Mensch in seiner Bedeutung, seinem Wert, seinen Rechten und Pflichten gesehen werden" (a. a. O., S. 2).
Eine der herausragenden und vornehmen Traditionen der Grundschule und der Volksschule ist es, die Kinder und Jugendlichen ernst zu nehmen – zumindest vom Selbstverständnis der Lehrerinnen und Lehrer her gesehen. Es entsprach auch der heutigen Auffassung, dass das Kind „gleichwertiges Subjekt" ist und „jedem Menschen aufgrund seines Personseins Gleichwertigkeit zukommt" (Kluge 2008, S. 48).
Die pädagogischen Denkweisen und Haltungen ergeben sich nach Maßgabe des vorherrschenden Menschenbildes, der anthropologischen, psychologischen und pädagogischen Erkenntnisse. Der Wandel der Lernkultur zeigt sich also nicht im grundsätzlichen Ernst-Nehmen des Kindes, sondern darin, dass es nunmehr „ernst zu nehmender Mit-Gestalter gelenkter Lernprozesse" (a. a. O.) ist.

Kurz zur traditionellen „Fehler"-Sichtweise: Das Ziel des Fehler-Findens war nicht, das „Nicht-Können hervorzuheben", sondern es wurde als Aufforderung aufgefasst, vorhandene Fehler zu bearbeiten, damit sich das Falsche nicht einprägt.

d) Die eigenen Vorstellungen klären

Die soeben erfolgte Darstellung ist ein Beleg dafür, dass es sinnvoll ist, ein neues Konzept nicht auf Einstellungen oder Haltungen zu beziehen, sondern die Veränderungen im Detail oder in Teilbereichen von Didaktik und Methodik zu suchen. Um eine Weiterentwicklung des eigenen Unterrichts zu erzielen, wird es demnach notwendig sein, das herauszufinden, was konkret individuell zu bearbeiten, zu ändern und gegebenenfalls zu korrigieren ist. Der erste Schritt dabei ist, die eigenen Vorstellungen zu klären. Als Beispiel wähle ich meine eigene Auseinandersetzung mit dem Begriff des selbstständigen Lernens.
Beispiel:
Meine didaktische Konzeption wurde in meiner Ausbildung zum Volksschullehrer grundgelegt. „Selbstständigkeit" lag zum Beispiel bereits dann vor, wenn die Schüler in einem begrenzten Zeitraum durch Aufträge angeleitete Tätigkeiten mit vorgegebenem Material alleine durchführten (s. S. 25, Abb. 11; Beispiel 1970). Das entsprach der gängigen Lehrmeinung der lernpsychologisch orientierten Didaktik. Aber das zu erfassen war nicht einfach und dauerte einige Zeit. Entscheidend waren Passagen aus dem Lehrplan 1971 (Grundschule in Bayern; siehe Abb. 24). Also galt hier: Lernen wird gesteuert und das schrittweise; Fehler müssen rechtzeitig behandelt werden.
Die Auseinandersetzung ergab, dass ich mein Konzept von Unterricht ändern musste, um die „Möglichkeit der Selbststeuerung und Selbstplanung ... schulischer Lernprozesse durch die Lernenden" (Jürgens 2002, S. 23) zu schaffen.

> **„Gewissen lernpsychologischen Erkenntnissen kommt besondere Bedeutung zu:**
>
> **der Steuerbarkeit der Lernprozesse,**
>
> **der Abhängigkeit der Lernleistungen von einem schrittweise und zielsicher vorgehenden Unterricht und …**
>
> **der Bestätigung und Verbesserung von Lernergebnissen durch laufende Kontrollen."**
>
> Lehrplan für die Grundschule in Bayern 1971, Präambel

Abb. 24: Hintergründe für die individuellen Entscheidungsmuster können aufgespürt werden

Eine gründliche Überprüfung meiner persönlichen Vorstellungen von Unterricht endete in der Einsicht, dass sie auf mehrere Grundpositionen zurückzuführen sind. Ausgehend von meinen mehr als 40-jährigen Erfahrungen aus Unterrichtspraxis und Unterrichtsbeobachtung stelle ich diese Grundpositionen (siehe Abb. 25) vor. Sie sind als „Thesen zum Unterricht" formuliert und mit den Ergebnissen der aktuellen Fachdiskussion überprüft.

e) Das individuell Neue präzise darstellen

Es folgt ein zweiter Schritt, um den konkreten Handlungsbedarf festzustellen. Dabei steht das Bemühen im Mittelpunkt, alle jene Details zu präzisieren, die den Unterschied zwischen dem praktizierten didaktisch-methodischen Konzept und dem als neu präsentierten ausmachen.

Beispiel:

- Darstellung der neuen Aspekte beim Vergleich des „traditionellen" bzw. „veränderten" Begriffs des selbstständigen Lernens:
  1. Die Präsenz der Lehrperson tritt deutlich in den Hintergrund.
  2. Lernaktivitäten und Lernprozesse werden bewusst gemacht.
  3. Eigenständige Überlegungen und Tätigkeiten werden durch offene und motivierende Aufgaben angeregt.
  4. Die Kinder legen ihre Gedankengänge, Bewertungen, Gefühlszustände und Selbsteinschätzungen dar.
  5. Die Kinder formulieren Ziele für die eigenen Lernvorhaben oder werden zumindest dabei einbezogen (auch „Lernpläne").
  6. Lerninhalte, Lernwege und Lernzeiten werden in didaktisch zu begründenden Situationen von den Kindern selbst bestimmt.
  7. Die Kinder erhalten aussagekräftige, weiterführende Rückmeldungen.

Das individuelle, reflektierte Unterrichtskonzept führt zu Ergebnissen, die langfristig tragfähig sind. Eine Fremdbestimmung des Unterrichtskonzepts tritt dadurch in den Hintergrund. Das von der Lehrperson entwickelte Unterrichtsmodell wird für künftige Änderungen offen sein.

1.3.3 Perspektiven

Von entscheidender Bedeutung für die zukünftige Qualität und Eigenständigkeit der Grundschule wird es sein, wie Lehrerinnen und Lehrer ihre Professionalität heranbilden. Die Reflexion des Unterrichts, das Bewusstsein der Funktion des Lehrens und die beruflichen Kompetenzen bestimmen das berufliche Selbstbild und die Ausprägung der professionellen Arbeit.

a) Der Lerner lernt, der Lehrer lehrt

Die aus der Reflexion über Unterricht gewonnen Einsichten wirken sich auf die Unterrichtspraxis aus. Dabei sollte die Konsequenz in den pädagogischen Überlegungen, zumindest bei den grundlegenden Konzepten und Begriffen, beibehalten werden – das gilt vor allem für *Lernen* und *Lehren*.

20 Thesen zum Unterricht

Lehren

(1) Die Förderung des Selbstwertgefühls der Kinder ist eine zentrale Aufgabe der Schule.
(2) Das eigenständige Lernen ist eine wichtige Zielsetzung für den Unterricht. Es ist das Ergebnis eines systematischen, förderorientierten und situationsorientierten Unterrichts – über mehrere Jahre hinweg.
(3) Lesenkönnen ist eine vorrangige fachliche Zielsetzung der Grundschule.
(4) Unterrichtskonzept und Unterrichtsgestaltung werden bestimmt von den Führungseigenschaften der Lehrerpersönlichkeit, der pädagogischen Zielsetzung, dem Leistungsstand der Schülerinnen und Schüler, der unterrichtlichen Situation und dem Unterrichtsgegenstand.
(5) Die Durchführung des Unterrichts gründet auf einem Unterrichtskonzept.
(6) Die didaktische Aufbereitung hat das verstehende Lernen der Kinder zum Ziel.
(7) Die Durchführung von offenem Unterricht kann positive Effekte (pädagogisch, sozial, kommunikativ) zur Folge haben.

Lernen

(8) Die Kinder besitzen Vorerfahrungen und Vorwissen; sie fangen nicht bei „Null" an.
(9) Selbstregulierte Lernprozesse sind effektiv. In Abhängigkeit von der Lehrsituation gestalten die Schüler den Unterricht mit – in den Bereichen Inhalt, Organisation und Methode.
(10) Die Eingliederung der neuen Information in bestehende Wissensstrukturen erhöht die Erinnerungsleistung.
(11) Eine Strukturierung der neuen Lernsache geschieht immer. Sie erfolgt entweder vorab (durch didaktische Planung der Lehrperson) oder im Unterrichtsgeschehen.
(12) Schüler reflektieren über ihr eigenes Lernen; sie stellen dies in unterschiedlicher Form dar.
(13) Die Schüler machen sich den Lerngewinn bewusst. Sie klären, was der Lerninhalt an Neuem darstellt, und welches Vorwissen sie befähigt hat, Aufgabenstellungen zu lösen.
(14) Sprache beeinflusst Lernen und sogar Wahrnehmungsprozesse. Eine präzise Versprachlichung von Unterrichtsergebnissen unterstützt das gute Behalten.

Unterrichtspraxis

(15) Das Unterrichtsklima wird geprägt von Wertschätzung und dem Gefühl des Angenommen-Seins.
(16) Schüler werden „dort abgeholt, wo sie stehen." Damit verbunden ist: Schüler werden auch dorthin geführt, wo sie noch nie waren.
(17) Aktivitäten im Unterricht haben eine didaktische Funktion.
(18) Merkmale einer guten Aufgabenstellung sind:
a) Die Schüler verstehen die Aufgabe. (Die Lehrperson muss nicht mehrmals nachbessern.)
b) Die Schüler bearbeiten die Aufgabe (erkennbar) mit Interesse.
c) Die Aufgabe hat einen weiterführenden Charakter.
(19) Der neu erworbene Sachverhalt wird in verschiedenen Zusammenhängen angewendet.
Üben und Anwenden schaffen gut verfügbare Wissensbestände. Diese sind Grundlage für Problemlösungen.
(20) Die Schüler erhalten konkrete und weiterführende Anregungen zu ihren Lernvorgängen.

Abb. 25: Ein Ergebnis aus vierzig Jahren Unterrichtspraxis, Unterrichtsreflexion bzw. Unterrichtsbeobachtung

„Lehren" mit unvermindertem Stellenwert

Die Argumentationen zur Beschreibung der „neuen Lernkultur" folgen weitgehend der konstruktivistischen Lerntheorie. Durch die häufige Betonung, das Kind sei Ausgangspunkt unterrichtlicher Entscheidungen, entsteht der Eindruck, als werde der Lehrperson eine untergeordnete Rolle zugewiesen.
Lehrerinnen und Lehrer treten zwar in ihrer Präsenz in den Hintergrund, ihre Funktion für den Unterricht mindert sich dadurch nicht. Es ist eher Anlass, die Bedeutung der Lehrperson hervorzuheben. Je mehr sich der Blick auf das Kind richtet, desto mehr muss die Tätigkeit der Lehrperson betrachtet werden. Je mehr sich die Lehrperson zurücknimmt, desto mehr müssen Unterrichtsgegenstand und Aufgabenstellungen an Zielgerichtetheit gewinnen. Wer sonst, außer Lehrerinnen und Lehrer der Grundschule, sollte den Lernstand der Grundschulkinder ermitteln, daraus folgend individuelle Aufgaben formulieren, Lernhilfen und Rückmeldungen geben? Aus diesem Grund ist es erforderlich, dem Lehren einen besonderen Stellenwert zu geben.

„Neues" Lernen ist anders als das „alte"

Wenn sich die Auffassung vom Lernen geändert hat, so ist es nicht zwingend, von einer neuen „Kultur" des Lernens zu sprechen. Es bietet sich vielmehr an, eine „veränderte Lehrkultur" zu beschreiben, die auf dem veränderten Lernbegriff gründet, denn Lehren bewirkt Lernen. Jetzt haben wir eben eine „neue *Lern*kultur" durch fortwährenden Gebrauch des Begriffs. Allerdings lässt sich das „neue" Lernen vom „alten" Lernen und vom Lehren nicht immer eindeutig abgrenzen. Der großzügige Umgang mit dem Begriff des Lernens führt zu widersprüchlichen Vorstellungen:

- Das „Lernwort" entstammt einer Wortliste, das am Ende einer Jahrgangsstufe rechtschriftlich richtig zu schreiben ist.
- Das in der Gruppe erstellte „Lernplakat" soll andere Kinder informieren.
- Es werden Aufgabensammlungen als „Lernumgebungen" bezeichnet, die *keinen Spielraum für individuelle Lösungen* lassen.
  Lernumgebungen sind jedoch so definiert, dass Aufgabenstellungen von den Kindern in der Weise bearbeitet werden, dass sie individuelle Aufgaben herstellen, wie dies beispielsweise von Hengartner/Hirt/Wälti (2006), Wittmann (2008a) oder Krämer (2011) beschrieben ist. Durch den Einsatz von Lernumgebungen in diesem Sinne kann das heterogene Leistungsvermögen der Kinder gut berücksichtigt werden.
- In vielen Fachbeiträgen zur Unterrichtspraxis werden „Lernziele" aufgestellt.

An diesen Beispielen wird deutlich, dass der Begriff des Lernens in seinem neuen Verständnis entstellt oder verfälscht wird. Lernen kann nicht von außen her festgelegt werden, es ist ein Prozess, der im lernenden Kind vor sich geht. Lernen ist nicht eingeengt auf das Einprägen (wie z. B. in „Lernwort"); es ist ein vielschichtiger Begriff.

„Lernziele" und „Lehrziele"

Nun sind mehrere der durch „Lernen" bestimmten Begriffe zur Gewohnheit geworden, sodass eine Änderung des Sprachgebrauchs nicht herbeigeführt werden könnte. Im Falle der Lernziele wollen wir jedoch in diesem Buch Position beziehen und für die von der Lehrperson erstellten Ziele den Begriff „Lehrziel" verwenden.
Aufgrund der neuen Auffassung des Lernens, kann nicht mehr behauptet werden, Lernen fände so statt, wie es sich die Lehrperson vorstellt. Über den Inhalt des Lernens kann nicht verfügt werden. Lernen wird initiiert – dies geschieht durch das Lehren im Unterricht. Im Unterricht werde ich als Lehrerin aktiv, um Lernen zu bewirken. Ich weiß aber nicht, ob die Kinder auch so lernen, wie gedacht. Deshalb ist begrifflich klar zu trennen: Ich lehre und du,

Kind, lernst. Ich akzeptiere die „Ohnmacht der Lehre“ (vgl. Sacher 2008, S. 40–41) und hoffe dennoch auf ihr Gelingen.
Also: Das vom Lehrer formulierte Ziel ist ein Lehrziel (s. S. 75), das vom Lerner formulierte Ziel ist ein Lernziel (s. S. 26).

b) Merkmale einer Lehrkultur
Im gleichen Maße, wie sich die Kenntnisse über das Lernen der Kinder erweitern und verfeinern, müssen sich auch die Kenntnisse über das Lehren und seine Wirkungen erweitern und verfeinern. Das Bemühen, Lehren und Lernen klar zu unterscheiden, legt nahe, Merkmale einer veränderten Lehrkultur zu skizzieren.

1. Lehren ist ein individueller Prozess

Lehrerinnen und Lehrer entwickeln ein eigenes Lehrprofil, das von ihrer Persönlichkeit und Lerngeschichte bestimmt wird. Denk- und Handlungsmuster zur Planung, Gestaltung und Durchführung von Unterricht sind individuell. Verschiedene berufsrelevante Kompetenzen prägen das individuelle Lehrprofil, z. B. die Fähigkeiten, eine positive Atmosphäre herbeizuführen, Unterrichtsinhalte zu analysieren, Lernvorgänge bei den Kindern zu erfassen, situationsbezogen auf Äußerungen und Verhaltensweisen der Kinder zu reagieren oder im handwerklichen Bereich (etwa bei der Gestaltung von Arbeitsmitteln).

2. Lehren ist ein konstruktiver Prozess

Die Lehrperson berücksichtigt Vorwissen und Vorerfahrungen der Kinder. Die Lernausgangslage in bestimmten Lernbereichen ist aus Aufzeichnungen der Kinder, etwa in einem Portfolio, ersichtlich oder sie wird durch Lehrzielkontrollen ermittelt. Auf dieser Grundlage ergeben sich Festlegungen für die neuen, weiterführenden Unterrichtsinhalte in Wissen, Können und Werten, die gemäß der Einschätzung der Lehrperson anschlussfähig sind.

3. Lehren ist ein strukturierter Prozess

Das Unterrichtsgeschehen ist didaktisch, methodisch und organisatorisch geordnet; es gliedert sich durch erkennbare Schwerpunkte. Der Hauptphase geht eine Vorbereitung voraus. In der Hauptphase werden neue Informationen gewonnen, verarbeitet und dargestellt; Begriffe werden abgegrenzt; das Neue wird herausgestellt; das Verstehen von Sachverhalten wird unterstützt. Die Schlussphase dient der Vertiefung oder Festigung. Die Lehrperson regelt den didaktisch sinnvollen und organisatorisch geordneten Ablauf.

4. Lehren ist ein sozialer Prozess

Lehren geschieht in der Zusammenarbeit mit anderen Personen. Lehrpersonen nehmen eine Beziehung zu Kindern auf und fördern das gute Miteinander. Insbesondere in der Grundschule nehmen sie eine führende Position innerhalb der Gesamtgruppe ein und wirken als Vorbild und Verhaltensmodell. Sie beeinflussen Verhaltensweisen, sorgen für ein positives Klassenklima und eine starke Gemeinschaft. Sozial bedeutsam ist es auch, die individuelle Leistungsfähigkeit durch entsprechende Aufgaben zu berücksichtigen.

5. Lehren ist situiert

Lehren erfolgt in einer bestimmten Situation. Pädagogische, didaktische und psychologische Erkenntnisse eines Zeitraums prägen Einstellung und Handlungsweisen der Lehrpersonen. Gesellschaftliche Forderungen und Probleme sowie soziale Gegebenheiten wirken sich auf den Unterricht aus. Unterrichtsinhalte sind der Lebenswelt der Kinder entnommen, die erarbeiteten Einsichten müssen sich in lebensnahen Anwendungsaufgaben bewähren. Standort, Architektur und Umfeld der Schule und deren materielle Ausstattung stehen im Zusammenhang mit Inhalten und Gestaltung des Unterrichts.

6. Lehren ist ein dialogischer Prozess

In einer Lerngruppe, wie sie in der Regel durch die Bildung von Schulklassen entsteht, finden sich Kinder mit ihren unterschiedlichen Persönlichkeiten. In der Kommunikation mit Erwachsenen lernen die Kinder Phänomene der Welt verstehen. Lehrerinnen und Lehrer werden versuchen, mit ihnen allen in das Gespräch zu kommen. Sie nehmen Kontakt auf und treten in Interaktion mit den Kindern. Sie registrieren das individuelle Wissen und Können, die individuellen Stärken und Schwächen der Kinder und sie stimmen die Lernhilfen darauf ab; gemeinsam mit den Kindern legen sie Lernziele fest. Sie geben und erhalten Rückmeldungen. Die Lehrpersonen verständigen sich mit den Kindern über Regelungen der Unterrichtsorganisation. Als dialogischer Prozess ist Lehren charakterisiert durch Veränderung und Dynamik.

7. Lehren ist ein pädagogischer Prozess

Die Kinder werden in ihrem Personsein angenommen, sie erfahren die Wertschätzung ihrer Person und erhalten eine Unterstützung in der Entwicklung ihrer Persönlichkeit. Erwachsene haben einen Vorsprung im Wissen und Können, davon aber bleibt die Gleichwertigkeit der Kinder in ihrem Mensch-Sein unberührt. Lehrerinnen und Lehrer bestimmen den Rahmen für Inhalte und Methoden des Lernens, die für das gegenwärtige und zukünftige Leben der Kinder von Bedeutung erscheinen. Die Lehrpersonen vertreten die Werte und Normen der demokratisch verfassten Gesellschaft, sie machen diese Werte geltend, sie fördern das Selbstwertgefühl, die Gemeinschaftsfähigkeit und das Verantwortungsbewusstsein der Kinder.
Die Grundschule hat „einen besonderen Auftrag ... zur moralischen und ethischen Erziehung. An erster Stelle steht dabei eine ethische Haltung von Lehrerinnen und Lehrern, die im schulischen Alltag erfahrbar ist" (Kaiser/Pfeiffer 2007, S. 40).

c) Lernen durch Unterricht

Für die Entwicklung der Persönlichkeit erfolgt ein bedeutender Schritt, wenn sie sich des eigenen Denkens und Lernens bewusst wird. Lernen kann als ein persönliches Erleben erfahren werden. Lernen wird zum Erlebnis und Lernen hat Ergebnisse. Beim Lernen eignen sich die Kinder Neues und Bedeutungsvolles an.
Aufgabe des Unterrichts ist es, dass die Schülerinnen und Schüler in einer positiven Arbeitsatmosphäre und in angemessener Zeit etwas Sinnvolles lernen. Damit ist guter Unterricht gekennzeichnet.

Die Professionalität in der Ausübung des Lehrberufs gründet auf dem beruflichen Selbstbild und auf dem Bewusstsein der eigenen beruflichen Kompetenzen. Das berufliche Selbstverständnis besteht darin, dass im Unterricht Kinder zum Lernen angeregt werden und beim Lernen Ergebnisse erzielen. In der Darstellung nach außen, vor allem gegenüber Eltern, wird sich dieses Selbstverständnis bewähren. „Es geht vielmehr und letztlich darum, dass wir unsere Eltern davon überzeugen, was uns Lehrer als Experten in unserer Profession auszeichnet: Das kompetente und in jeder Situation angemessene Handeln bei der täglichen Erfüllung unseres Erziehungs- und Bildungsauftrags" (Hepting 2010, S. 20).
Im Unterricht lernen nicht nur die Schülerinnen und Schüler, sondern auch Lehrerinnen und Lehrer. Gegenstand ihres Lernens sind die Bedürfnisse, Stimmungen, Verhaltensweisen, Wissensbestände oder Fertigkeiten der Kinder. Sie machen Erfahrungen mit den Wirkungen der eigenen didaktischen und methodischen Maßnahmen und gewinnen an Kompetenzen des Unterrichtens hinzu.
Lehrpersonen sollten sich selbst gegenüber aufmerksam sein, um ihre Gesundheit zu wahren, und sich ihre Freude an den Reaktionen und Äußerungen der Kinder (siehe Abb. 26) behalten. Dies trägt über die Anstrengungen hinweg, die sich des Öfteren bei der Planung, Gestaltung und Durchführung des Unterrichts ergeben.

Thema: „Wie entsteht das Grundwasser?"
Gruppenversuch: Blumentopf mit Sand;
Beobachtungsauftrag: Bei welcher Bodenart sickert das Wasser durch?
Ein Gruppenmitglied verwendet zu wenig Wasser, deshalb ist im Untersetzer kein Wasser zu sehen. Fast alle Gruppenmitglieder wollen ihre Beobachtung gleich aufschreiben: „Sand lässt Wasser nicht durch."
Gruppenmitglied Anna: „Wir müssen den Versuch wiederholen und mehr Wasser verwenden. Ich weiß doch aus dem Urlaub in Italien, dass Sand Wasser durchsickern lässt!"

Lesestück: Es erzählt von zwei Ziegenböcken, die sich auf einem Steg treffen; keiner möchte weichen; beide stürzen in den Bach.
Es kommt schließlich die Moral von der Geschichte, und die Lehrerin präsentiert den schon vorbereiteten Satzstreifen mit der (allerdings unzutreffenden) Aufschrift „Der Klügere gibt nach".
Schüler: „Do werds koan Klüagan ned gebn, weil olle zwoa san gleich bläd."[1]

Nachdem die Kinder ein Gedicht im bayerischen Dialekt über die „Christbaamkugl" gehört haben, erfolgen dazu spontane Schüleräußerungen.
Maria: „Wenigstens in da Weihnachtszeit amoi was Bayrisches! Des war einfach schee[2]!"
Pascal: „Und ich habe gar nichts verstanden!"

Im „Dalli-Klick-Verfahren", bei dem die Segmente einer Abdeckung schrittweise entfernt werden, baut sich über den Tageslichtprojektor das ganze Bild auf.
„Senecio" von Paul Klee wird allmählich zur Betrachtung freigegeben.
Später erfolgt im Sitzkreis eine „Reflexion".
Schülerin: „Beim Aufdecken hat der ausgeschaut wie eine Pizza."

[1] In diesem Fall gibt es keinen Klügeren; denn es sind alle beide gleich blöd.
[2] schön

Text eines Schülers zu einer Bildergeschichte: siehe S. 415.

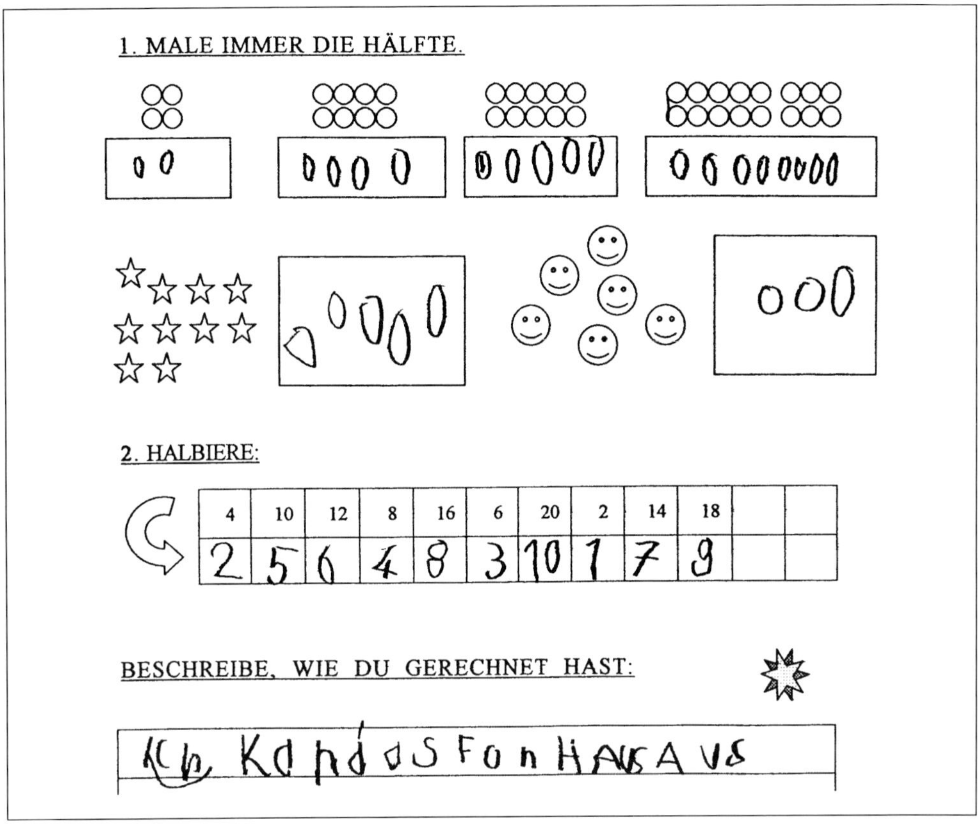

Abb. 26: Mündliche und schriftliche Äußerungen von Schülerinnen und Schülern

Literatur:

1. Aebli, Hans (1987): Grundlagen des Lehrens. Eine Allgemeine Didaktik auf psychologischer Grundlage. Klett-Cotta, Stuttgart
2. Bauer, Joachim (2007): Lob der Schule. Sieben Perspektiven für Schüler, Lehrer und Eltern. Hoffmann und Campe, Hamburg
3. Helmke, Andreas (2004): Unterrichtsqualität erfassen, bewerten, verbessern. Kallmeyersche Verlagsbuchhandlung, Seelze, 3. Aufl.
4. Jürgens, Eiko/Standop, Jutta (Hrsg.) (2008): Taschenbuch Grundschule. Schneider Hohengehren, Baltmannsweiler.
   Bd. 2: Das Grundschulkind;
   Bd. 3: Grundlegung von Bildung
5. Kaiser, Astrid/Pfeiffer, Silke (2007): Grundschulpädagogik in Modulen. Schneider Hohengehren, Baltmannsweiler
6. Sacher, Werner (2006): Didaktik der Lernökologie. Lernen und Lehren in unterrichtlichen und medienbasierten Lernarrangements. Klinkhardt, Bad Heilbrunn/Obb.
7. Spitzer, Manfred (2002): Lernen. Gehirnforschung und die Schule des Lebens. Spektrum Akademischer Verlag, Heidelberg, Berlin
8. Weinert, Franz E. (1996): „Der gute Lehrer", „die gute Lehrerin" im Spiegel der Wissenschaft. In: Beiträge zur Lehrerbildung 14, S. 141–151

2. Unterricht vorbereiten *(R. Maras)*

Auf der Ebene von Entscheidungen über die Aufgabe der Grundschule sind beispielsweise Voraussetzungen oder Problembereiche weltanschaulicher oder gesellschaftlicher Art mit einzubeziehen oder zu diskutieren; deren Ergebnisse finden ihren Niederschlag in Erziehungs- und Unterrichtsgesetzen. Daraus wiederum folgen die Aufgabenstellungen amtlicher Lehrpläne. Bei der planerischen Arbeit zur Gestaltung einer Unterrichtsstunde oder einer Unterrichtssequenz steht die Auseinandersetzung mit den Voraussetzungen und der Konkretisierung des Unterrichts im Mittelpunkt.

Im Folgenden werden Elemente der Planung erläutert, die für die Unterrichtsgestaltung von Bedeutung sind: Die Klärung von Bedingungs- und Entscheidungsfeldern, die Festlegung von Schwerpunkten für den konkret zu planenden Unterricht und dessen Darstellung in schriftlicher Form; schließlich wird zusammenfassend für dieses Kapitel eine Unterrichtsvorbereitung für ein Thema aus dem Fach Deutsch (Lesen) vorgestellt.

2.1 Grundlagen klären

2.1.1 Entscheidungs- und Bedingungsfelder

Der Unterrichtsvorbereitung für die Praxis gehen Überlegungen zu vier wichtigen Entscheidungs- und Bedingungsfeldern voraus; es handelt sich dabei um folgende Aspekte:

- Lehr-Lern-Situation
- Sache
- Didaktik und
- Methode

Die Bearbeitung dieser Schwerpunkte bedarf differenzierter Überlegungen. Sie richten sich jeweils auf Details, die hier in einer Übersicht dargestellt werden (siehe Abb. 27).

Am Anfang der Tätigkeit im Lehrberuf wird es vielfach als Entlastung für die Unterrichtsvorbereitung angesehen, sich einer schematisierten Vorgehensweise der Planung zu unterziehen. Für die Skizzierung des geplanten Unterrichts werden Lehrpersonen mit längerer Berufserfahrung im Alltag nur wenige Worte genügen, die sich meist auf Unterrichtsinhalt und Arbeitsmittel beziehen. Routiniers „kennen in der Regel die Bedingungen ihres Unterrichts und berücksichtigen diese ohne großes Bewusstsein darüber bei ihren Reflexionen und Entscheidungen" (Peterßen 2003, S. 69).

Wechselseitige Beeinflussung

Die Vorgehensweise bei der Planung einer bestimmten Unterrichtsstunde stellt sich selten linear dar. Selbst für den Fall, dass die „Klärung der Sache" am Anfang der Planung steht, steuern pädagogische oder didaktische Vorüberlegungen und Zielsetzungen schon im Vorfeld die „Sachanalyse" oder sie stehen dabei in einer Wechselbeziehung. Den konkreten Schritten voraus geht meistens eine allgemeine Vorstellung über die Voraussetzungen bei den Kindern, über die Sache oder über Unterrichtsziele. Bei der Sachanalyse werden oft Überlegungen bezüglich der vorzufindenden Medien, der vorhandenen Vorerfahrungen oder der zur Verfügung stehenden Zeit mit einfließen.

Auf die wechselseitige Beeinflussung aller Unterrichtsentscheidungen weist W. H. Peterßen – unter Bezugnahme auf P. Heimann – hin: „Nur durch Abstimmung aller Entscheidungen aufeinander – über Ziele, Inhalte und Arrangement – wird jene innere Stimmigkeit erreicht, die für erfolgversprechenden Unterricht erforderlich ist" (a. a. O., S. 36).

Bedingungs- und Entscheidungsfelder

Lehr-Lern-Situation
Innere und äußere Bedingungen;
Voraussetzungen im Wissen und Können des Kindes;
Fähigkeiten und Einstellungen;
Leistungsfähigkeit;
Lernbereitschaft;
Interessen, Wünsche und Bedürfnisse;
Interaktionsverhalten;
Sozialverhalten;
Verhaltenskontrolle;
Beziehungen in der Gruppe der Gleichaltrigen;
emotionale Reaktionen;
Bewertung einer Sache, eines Vorgangs;
religiöse Einstellungen;
Selbststeuerung, Selbstkonzept;
Zeitauffassung, Zahlauffassung, räumliche Orientierung;
Phantasie, Kreativität;
Lehrer-Schüler-Bezug;
Führungsverhalten und -maßnahmen der Lehrperson;
schulische Arbeitsweisen;
die Klasse als soziales Gebilde;
Größe der Lerngruppe;
Sitzordnung;
Klassenraum; Arbeitsplatz;
Unterrichtsdauer und -zeitpunkt;
Arbeitsmaterialien;
Ausstattung mit technischen Medien.

Sache
Teilbereiche des Lerngegenstandes;
Zusammenhang der Teilbereiche;
Begriffe und Begriffsinhalte;
Wahrnehmungen an der Sache;
Aussagen zur Sache (Erfahrungen, Einsichten, Erkenntnisse);
Aufgabencharakter;
Bildungsgehalt;
Schlussfolgerungen und Interpretationen;
Psyche und Lerngegenstand: kognitiv, emotional; Anmutungsqualitäten;
Fachbezug;
Zusammenhang mit anderen Lerngegenständen bzw. Fächern;
Sache und Sprache;
Ergebnisse darstellen als Gesetz, Regel, Merksatz, Handlungsablauf;
Wahrung der Sachgerechtigkeit.

Didaktische Aufbereitung
allgemeine Zielsetzungen für den Unterricht;
anzustrebende Kompetenzen;
Zusammenhang von Sache und Kind: Lebensbedeutsamkeit, Sinnbezug, Berücksichtigung der Alltagssituation, Förderung der persönlichen Entwicklung;
Aufbau und Zusammenhänge des Begriffs;
strukturelle Eigenheiten: exemplarischer Stoff, örtlicher Bezug, Notwendigkeit der Elementarisierung, Ergiebigkeit;
Zusammenhänge der Unterrichtssequenz;
Berücksichtigung fachlicher Kategorien;
Leistungsfähigkeit des Kindes in Bezug auf Arbeitsweisen;
Festlegung von Lehrzielen.

Methodische Aufbereitung
Lehr-Lern-Organisation (-Arrangement);
Auswahl von Lernmaterialien und Medien;
Zuordnung von Tätigkeiten und Lehrintentionen;
Entscheidung für eine Lernform;
Zuordnung von Sozial- und Arbeitsformen zu den Lehrintentionen;
Festlegung von Formulierungen: Frage, Impuls, Auftrag;
Abfolge der Unterrichtsphasen;
Darstellung von Ergebnissen: schriftlich, mündlich, in Bildern; Arbeitsblatt, Schaubild, Vortrag; visuell, verbal, grafisch;
Aktivitäten der Lehrperson.

Abb. 27: Schwerpunkte und Teilaspekte der Unterrichtsplanung und Unterrichtsgestaltung

Rückwärts- und Vorwärtsplanung

Die zu beobachtende Praxis der konkreten Unterrichtsvorbereitung zeigt, dass der Planungsprozess nicht den Schritten allgemeiner Strukturmodelle folgt. Vielmehr wird häufig vorab ein Grobziel formuliert, in dem auch der Inhalt in den Mittelpunkt gestellt werden kann. Daran schließen sich Entscheidungen an, die aus Überlegungen von unterschiedlichen Blickrichtungen her resultieren.

Beispiel (Abb. 28): Ausgehend von einem Grobziel werden in einem ersten Entwurf einige Phasen, Bausteine oder Arbeitsschritte eines möglichen Unterrichtsgeschehens entwickelt (1). Zur Umsetzung der geplanten Teilinhalte werden methodische Maßnahmen vorgesehen (2), die wiederum die Bereitstellung bestimmter Arbeitsmittel zur Folge haben (3). An dieser Stelle kann es sich zeigen, dass kein adäquates Medium vorhanden ist, um das anfangs vorgesehene Grobziel zu erreichen; so wird also in einer Rückkopplung (4a, 4b) das Grobziel verändert. Weitere Schritte einer Anpassung (5) können folgen, indem etwa Arbeitsschritte oder Maßnahmen modifiziert werden.

Indem vom Grobziel ausgegangen wird, handelt es sich bei diesem Beispiel am Schluss um eine *Rückwärtsplanung*. „Obwohl ‚Rückwärtshandeln' nicht geht, so geht doch ‚Rückwärtsplanen'! Man kann sich sehr wohl überlegen, welche Situation denn vor der angestrebten Zielsituation der Fall sein müsste, damit man sie mit einer bestimmten Aktion erreichen könnte ... Für das Rückwärtsplanen ist es unerlässlich, ein ziemlich klares Ziel zu haben" (Dörner 2000, S. 237).

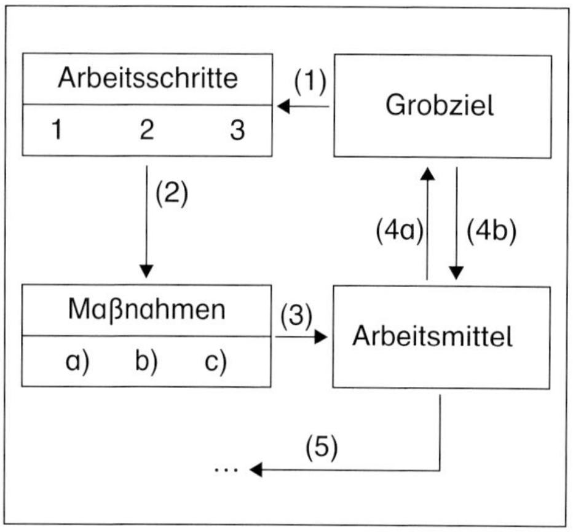

Abb. 28: Rückwärts- und Vorwärtsplanung

Die *Vorwärtsplanung* startet mit dem Beginn der gedachten Handlungsabfolge. „Vorwärtsplanung ist gewissermaßen die ‚natürliche' Form der Planung; man plant so, wie man auch tatsächlich handelt, und das geht nur vorwärts, weil man leider die Zeit nicht umkehren kann" (a. a. O.). Demnach ist die Planung von Unterricht ein typisches Beispiel für eine kombinierte Vorwärts- und Rückwärtsplanung. Rückkoppelungen können für die Präzisierung vorausgegangener Festlegungen (Zielbestimmungen) sorgen, da die gedachten Einzelaktionen in ihrer Sinnhaftigkeit immer wieder an den Vorgaben der pädagogischen Situation, der Sache oder den vorhandenen Arbeitsmitteln überprüft werden.

Verständlicherweise werden Lehrpersonen, die den Beruf erlernen, dazu tendieren, eine sehr detaillierte Planung des Unterrichts vorzunehmen. Das aber kann sich als Hemmnis für die situationsgerechte Unterrichtsführung erweisen. „Man kann zu grob planen und zu fein; es kommt darauf an, mit dem *richtigen* (i. O. kursiv) Auflösungsgrad zu planen. (Und was, bitte, ist richtig?) ... Gerade der Unsichere wird die Tendenz haben, zu genau zu planen" (Dörner 2000, S. 246f.). Auch in der Frage der Unterrichtsplanung sollte am Berufsbeginn der Rat der Personen gesucht werden, die für die Ausbildung verantwortlich sind.

2.1.2 Praktisches Beispiel

Am Beispiel der Symmetrie soll nun gezeigt werden, welche Feststellungen oder Überlegungen zu den vier wichtigen Entscheidungs- und Bedingungsfeldern getroffen werden können, wenn eine Unterrichtsreihe zu diesem Thema der Geometrie geplant wird.

a) Aspekt der Lehr-Lern-Situation
Zur Konkretisierung kann an dieser Stelle nur die Beschreibung einer fiktiven Situation durchgeführt werden.

Fachliches Wissen und Können

Die Schülerinnen und Schüler
- verfügen über ein gutes räumliches Vorstellungsvermögen (verschiedene Flächen und Körper, Lagebeziehungen) und verwenden dafür im Allgemeinen zutreffende Fachausdrücke oder Fachbezeichnungen;
- entwickeln Lösungsstrategien;
- erkennen Zusammenhänge;
- beschreiben ihre Wege zur Lösung eines Problems;
- begründen Lösungswege.

Interesse

Die Schülerinnen und Schüler zeigen in der Regel ein gutes Interesse an geometrischen Sachverhalten, insbesondere bei einer tätigkeitsorientierten Arbeit.

Arbeits- und Sozialverhalten

Die Schülerinnen und Schüler
- verfügen über mehrere eingeübte kommunikative Verhaltensweisen, die eine insgesamt gute Kooperation in der Klasse ermöglichen: Sie nehmen miteinander Kontakt auf; bilden selbstständig Gruppen; bestimmen einen Gesprächsleiter; geben situativ die Gesprächsführung an einen anderen Schüler ab; äußern sich in der Regel sachbezogen; stellen Fragen; nehmen auf den Gesprächspartner Bezug; teilen mit, dass sie etwas nicht verstanden haben;
- reflektieren in einer Gruppe über die gefundenen Ergebnisse; teilen mit, welche Sachverhalte für sie eine Neuigkeit darstellten;
- Die Organisation der Arbeitsplätze erfolgt nicht immer selbstständig; Hinweise und Regelungen dazu werden situativ von der Lehrperson gegeben;
- Die Kontrolle des eigenen Arbeitsverhaltens stellt insgesamt zufrieden.

Äußere Rahmenbedingungen

- Der Klassenraum ermöglicht eine altersgerechte Unterrichtsarbeit (Tische und Bestuhlung insgesamt ergonomisch, Beleuchtung gut, Belüftung noch zufriedenstellend, Platz für Kleingruppenarbeit ist ausreichend vorhanden);
- Sachbezogene Arbeitsmaterialien sind vorhanden (Scheren, Blätter aus verschiedenen Papiersorten, Nadeln zum Durchstechen, Malkasten, Geobretter, Bausteine aus Baukästen, ggf. rechteckige Handspiegel; Karteikarten mit Aufgabenstellungen zum Thema);
- Erforderliche Medien sind vorhanden (Arbeitsprojektor, Tafel).

b) Sachaspekt
Die Auseinandersetzung mit dem Thema „Symmetrie" bezieht sich in der Grundschule in der Regel auf die Achsensymmetrie. Die Achsenspiegelungen gehören neben den Punktspiegelungen, Drehungen und Parallelverschiebungen zu den Kongruenzabbildungen. Bei diesen Abbildungen bleiben die Größen aller Winkel und die Längen aller Strecken eines ebenen Gebildes erhalten. Im Falle der Achsenspiegelung ist die Lage der Punkte P zur Lage der Bildpunkte P' durch die Abbildungsvorschrift festgelegt: Ein Punkt P, der nicht auf der Geraden a (Spiegel- oder Symmetrieachse) liegt, wird so abgebildet, dass der Punkt P' auf der anderen Seite von a liegt und die Verbindungsstrecke von P und P' von a rechtwinklig geschnitten und halbiert wird. Die Ausgangsfigur und die Bildfigur kommen bei der Spiegelung an der Spiegelachse zur Deckung.
Eine weitergehende inhaltliche Verästelung außerhalb einer mathematischen Betrachtung – und damit möglicherweise Verkomplizierung des Themas Symmetrie – soll abschließend mit folgenden Hinweisen angedeutet sein: Der Begriff der Symmetrie ist einem historischen Wandel un-

terworfen. Im 15. Jahrhundert „bedeutet es noch die Vergleichbarkeit der Teile mit dem Ganzen, während man heute unter Symmetrie die Spiegelsymmetrie (oder Zentralsymmetrie) versteht" (Kaderàvek 1935/1992, S. 43). Diesem früheren Verständnis von Symmetrie entspricht auch noch die heutige Verwendung dieses Begriffs etwa im Bereich der Biologie oder der Musik. Symmetrie wird „mit einer Vielzahl von verschiedenen Begriffen in Verbindung gebracht, mit Begriffen wie Gleichmaß, Ebenmaß, Spiegelung, Zuordnung, Gleichheit, Regelmäßigkeit, Anordnung, Nichtunterscheidbarkeit" (Neunzert/Rosenberger 1991, S. 136). Ferner zeigt die Verwendung des Begriffs der „symmetrischen Kommunikation", dass hier keine Gleichheit, sondern nur eine Ähnlichkeit in der Positionierung der Gesprächspartner gemeint sein kann.

c) Didaktischer Aspekt

Unterrichtskonzept

Das Thema Symmetrie wird im Mathematikunterricht gerne behandelt, denn u. a. ergeben sich hier mehrere Schüleraktivitäten und es sind einige Erkenntnisse zur Geometrie zu erwarten. Indem die Kinder durch verschiedenartige Tätigkeiten oder Techniken (Falten, Schneiden, Klecksbilder herstellen) symmetrische Figuren vorliegen haben, bietet sich das ganzheitlich-analytische Unterrichtsverfahren an; an einem Objekt (Papier, gefaltet und dann zugeschnitten) ist „das Ganze" ersichtlich, und nun werden Einzelheiten daraus abgelöst (deckungsgleiche Teile, eine Achse). Es genügen diese wenigen Hinweise, um das Unterrichtskonzept zum Thema „Symmetrie" durch folgende Merkmale charakterisieren zu können:

- Handlungsorientierung,
- eigenaktives Lernen,
- ganzheitlich-analytisches Verfahren und
- Aufgabenorientierung.

Bildungsbedeutsamkeit

Das Thema „Symmetrie" besitzt Bildungswert, da es ein häufig anzutreffendes Phänomen ist; an ihm können Erkenntnisse gewonnen werden, die auf die Erscheinung einer Vielzahl realer Objekte anwendbar sind. Sie findet sich an Gegenständen des Alltags (Stuhl, Fenster, Gabel), an Gebrauchsgegenständen (Kochtopf, das Paar Schuhe, Schulranzen), an Gegenständen der gestalteten Umgebung (Kleidungsstücke, Bilderrahmen, Gärten), der Kommunikation (Verkehrsschilder, Buchstaben), der Architektur (Hausfront, Stadttor, Plätze), der Kunst (Bildaufteilung, Anordnung von Figuren, Ornamente in Mosaiken oder auf textilen Objekten), der Literatur (Schreibgestaltung von Gedichten, z. B. von Arno Holz oder Eugen Gorminger), der Technik (Automobil, Flugzeug, Brücken) oder der Natur (Insekten, Säugetiere, Blüten der Korbblütler).

Die Auseinandersetzung mit der Achsensymmetrie ist der Ausgangspunkt für das Verständnis weiterer mathematischer Abbildungen, wie Translationen, Rotationssymmetrie oder Drehspiegelsymmetrie. Die mathematische Auseinandersetzung mit der Symmetrie eröffnet den Einstieg in den offenen Begriff des „Gleichmaßes".

An konkreten Klapp- oder Faltfiguren, die eigentätig erstellt sind, werden Einsichten gewonnen. Diese stellen ein gedankliches Muster dar, mit dessen Hilfe das grundlegende Prinzip der „Gleichheit" sowohl an den vorliegenden Einzelfällen wie auch an vielen anderen strukturgleichen Gegenständen gezeigt werden kann. Das Thema „Symmetrie" ermöglicht es, ein grundlegendes Prinzip und ein häufig auftretendes Phänomen durch sinnhafte Erfahrungen zugänglich zu machen und Zusammenhänge zu beschreiben und zu verstehen.

Kompetenzorientierung

Folgende Kompetenzen (unter Orientierung an die Bildungsstandards der KMK 2004) können durch entsprechende Aufgabenstellungen erreicht werden:

- die Abbildungseigenschaften symmetrischer Figuren erkennen und Vermutungen entwickeln, auf welche Weise sie hergestellt werden können;
- ebene Figuren in Gitternetzen abbilden;
- Eigenschaften der Achsensymmetrie erkennen und beschreiben (z. B. „entsteht durch Klappen"), und entsprechende Fachbezeichnungen richtig verwenden (Faltachse, deckungsgleich, symmetrisch, ggf. spiegelverkehrt);
- Zeichnungen mit Hilfsmitteln sowie Freihandzeichnungen anfertigen;
- symmetrische Abbildungen darstellen und mit deren Merkmalen beschreiben;
- symmetrische Figuren in der Umwelt oder in Abbildungen wiedererkennen;
- ebene Figuren nach der Eigenschaft „symmetrisch" sortieren und entsprechend bezeichnen;

Abb. 29: Symmetrische Figuren können nicht nur zu optischen, sondern auch zu didaktischen Illusionen führen

- symmetrische Abbildungen von einer speziellen Darstellungsweise (z. B. im Gitternetz) auf eine andere Darstellungsweise (z. B. auf dem Geobrett) übertragen;
- ein geometrisches Muster, das symmetrische Elemente enthält, fortsetzen und selbst entwickeln und ggf. systematisch verändern.

Mögliche Hindernisse im Lernprozess

Die didaktische Betrachtung des Unterrichtsgegenstandes „Symmetrie" kommt an einer Problematisierung nicht vorbei (siehe auch Abb. 29). Sie betrifft Wahrnehmungen am Objekt und die Versprachlichung der hier möglichen Erkenntnisse. Aufgrund der Anschauung ist folgende Formulierung vonseiten der Schüler nicht abwegig: „Die Gerade teilt die Figur in zwei gleiche Hälften." Schon an dieser Stelle entstehen Probleme, wobei die Frage, ob nicht „Hälften" ohnehin schon „gleich" sind, gar nicht diskutiert werden soll.

Kann man von *Hälften* sprechen, wenn es sich um zwei *Figuren* handelt, die *zueinander* symmetrisch sind? Oder: Weshalb sind die zwei Teile beim großen **M** *gleich*, wenn im linken Teil der schräge Strich von links oben nach rechts unten verläuft und im rechten Teil entgegengesetzt? Also: Ein ebenes Gebilde heißt (achsen-)symmetrisch, wenn es durch eine Gerade in der Weise in zwei Teile zerlegt werden kann, dass diese durch Umklappen an dieser Geraden miteinander genau zur Deckung kommen. Die beiden Teile sind *deckungsgleich*. „Die beiden Teile decken sich genau, wenn ich das Blatt an der Geraden falte (und so die beiden Blatt-Teile aufeinanderliegen)."

d) Methodischer Aspekt

Der letzte Satz ist *methodisch* gesehen aufs Neue problematisch. Wie nämlich kann ich das jetzt behaupten, nachdem keine Figur mehr zu sehen ist? (Es sei denn, es würde ein Transparentpapier verwendet.) Es müsste

sich also eine Tätigkeit (z. B. durchstechen) anschließen, dessen Ergebnis die Aussage über die Deckungsgleichheit beweist. Wenn also die Entscheidung getroffen wird, dass bei der Erkenntnisformulierung der Begriff der *Gleichheit* benötigt wird, dann muss er über die *Deckungs*gleichheit herbeigeführt werden; als Tätigkeiten werden dazu das Falten und das Umklappen vorausgehen.
Es bieten sich eine Reihe ansprechender Tätigkeiten an: Figuren schneiden und ausschneiden; Figuren legen, am Geobrett spannen, durch Klecksbilder herstellen, zeichnen und nachzeichnen, ergänzen, suchen und finden; Bausteine zusammensetzen, Muster in Ornamenten (z. B. in Textilobjekten indianischer Herkunft) finden und abwandeln.
Eine größere Anforderung an das Vorstellungsvermögen und das flexible Denken (im Vergleich zur Herstellung von Klecksbildern) liegt beim Einstieg in das Thema vor, wenn die Kinder die Aufgabe haben, durch Schneiden ein Bild gemäß einer Vorlage herzustellen. Die Kinder erhalten Papierstücke in Form von Rechtecken; die Aufgabe lautet: „Gelingt es Dir, ein Bild herzustellen, das so wie die Vorlage aussieht? Du sollst aber nur zweimal einen Halbbogen und einmal einen Viertelbogen ausschneiden." (Die Vorlage ist in Abb. 30a ersichtlich.) Die Lösung über das Falten führt zu „Faltachse" und die ausgeschnittenen Formen haben eine „gleiche" Form und eine „gleiche" Platzierung. Selbstverständlich haben jetzt die Kinder Gelegenheit zur Herstellung von Bildern gemäß ihren eigenen Einfällen. Zu einem späteren Zeitpunkt setzen sich die Aufgaben mit einem fordernden Charakter fort, indem die Anzahl der Faltlinien erhöht (siehe Abb. 30b) und die Faltrichtung variiert wird (siehe Abb. 30c). (Weitere Anregungen dazu gibt ein Fachbeitrag von Schmitt/Blümelhuber 2008).
Die Handgriffe werden beschrieben und die Zusammenhänge erläutert. Da gibt es auch keine Überraschungen mehr, wenn ein Viertel mal zwei genommen, nicht ein Achtel ergibt, sondern ein Halbes. „Ein Viertelbogen ergibt beim Aufklappen einen Halbbogen." „Bei dem anderen Bild (Anm.: wie in Abb. 30c) wird zweimal verdoppelt. Aus dem Dreieck wird ein Viereck, das viermal so groß ist. Zweimal Verdoppeln ist wie Mal-Vier."

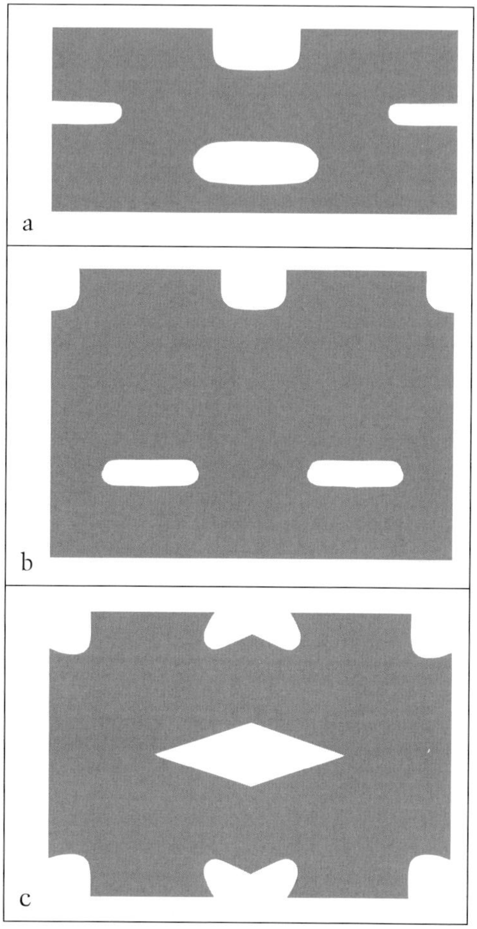

Abb. 30: Ein Bild gemäß Vorlage herstellen

Methodisches Problem: Vielfach zeigt es sich in der Praxis, dass es attraktiv, und vermutlich für die Schüler auch motivierend ist, für dieses Thema den Spiegel einzusetzen. Damit lässt sich „zaubern" und manch Erstaunliches hervorrufen. Der Ansatz des Lernprozesses zur Achsensymmetrie von der physikalischen Spiegelung her hat aber seine Tücken.

Zunächst ist die Aussage, die beiden Teile seien gleich, nur eine Behauptung, denn wer wollte schon für sich in Anspruch nehmen, die Stellung des Spiegels und die Blickrichtung so auszuführen, dass tatsächlich Deckungsgleichheit entsteht. Nun kann man dieses Argument sogar für den Fortgang der Anschauung außer Acht lassen, denn offensichtlich verarbeitet unser Gehirn die Wahrnehmung so, dass eine (exakte) „Gleichheit" zu Stande kommt. Die grundlegende Tücke im Lernprozess besteht darin, dass es gilt, den logischen Knoten zu lösen: Wie kann etwas gleich sein, wenn es außerdem verkehrt ist? Die Teile der (Gesamt-)Figur sind *deckungs*gleich, aber spiegelverkehrt. Wird also Achsensymmetrie über den Spiegel eingeführt, so muss didaktisch gesehen vor einer Erkenntnisformulierung eine Phase eingegliedert werden, in der aus dem Widerspruch ein erklärbarer Zusammenhang wird.
Ein weiteres Problem besteht beim Spiegeln mit dem „Ganzen": Es wird ein „ganzer" Apfel hingestellt und er spiegelt sich. Er wird aber jetzt zur Hälfte der Gesamtfigur.
Schließlich wäre noch der Frage nachzugehen, wie man als Lehrerin reagieren solle, wenn ein Schüler sich darauf versteift, die vorliegende Figur sei nicht symmetrisch, weil die linke Hälfte der Figur blau und die rechte Hälfte rot eingefärbt seien.

Das Beispiel „Symmetrie" führt zu einigen Einsichten über die Unterrichtsplanung: a) Die Klärung der Sache ist unerlässlich. b) Aus einer Sachklärung ergeben sich verschiedene Ansätze zur Festlegung der didaktischen Vorgehensweise und der methodischen Maßnahmen. c) Fachlich gesehen mag ein Sachverhalt kurz dargestellt werden können, die didaktische Aufbereitung für den Grundschulunterricht zeigt sich aber als eine sehr anspruchsvolle Aufgabenstellung. d) Mehrere Probleme in der Abschätzung der Lernprozesse zeigen sich erst, wenn sich die Schüler zu ihren Tätigkeiten im Unterricht äußern.

2.2 Unterricht planen und gestalten

Eine Vielzahl von Faktoren beeinflusst das jeweilige situative Unterrichtsgeschehen. Die Folge ist, dass die Planung um so mehr von dem unterrichtlichen Geschehen abweicht, je detaillierter sie vorgenommen wurde. Der tatsächlich sich ereignende Unterricht ist nicht planbar. Das Unvorhergesehene, das Überraschende, das Nicht-Planbare ist die Normalität von Unterricht. Die Verantwortung für die Bildung der Schülerinnen und Schüler gebietet es jedoch, dass Unterrichtssequenzen und Unterrichtsstunden erkennbare Schwerpunkte des Lehrens und Lernens vorweisen.

2.2.1 „Nun plant mal schön!"

Oder: Planung von Unterricht ist einerseits unerlässlich, und andererseits ist es zu akzeptieren, dass jeder Unterricht von der Planung abweicht.

Planung von Unterricht ist erforderlich

Allein aus der Sicht der unterrichtenden Lehrerin bedeutet es eine erhebliche psychische Entlastung, auf mögliche situative Probleme im Unterrichtsgeschehen vorbereitet zu sein. Sicherheit in Zielsetzungen, Organisation und in der Sache ist ein Beitrag zum Abbau oder zur Vermeidung von Stress. Insgesamt hat Unterrichtsplanung für folgende Bereiche eine wichtige Funktion:

- Information über Zielsetzungen; das Wesentliche der didaktischen Intentionen wird herausgestellt, damit eine Orientierung für die Beeinflussung individueller Lernprozesse gegeben wird;
- Grundlage für die Gewichtung von Inhalten und Verfahren (Unterrichtskonzept; Vorstellungen, Begriffe, Strukturen, Medien, Arbeitsweisen, Sozialformen);
- Hinweis auf vorzubereitende Arbeitsmaterialien;
- Mittel zur Überprüfung der getroffenen Maßnahmen (Nachbereitung);

- Übersicht über die wichtigen verbalen Äußerungen der Lehrerin: Formulierung von Impuls, Frage, Arbeitsauftrag, Arbeitsanweisung, Überleitung, Sachinformation, Lehrererzählung;
- Entlastung der Lehrerin für situationsbedingte Reaktionen: Detailfragen von Schülern beantworten, auf Argumente eingehen, Vorstellungen und Gedankengänge der Kinder aufgreifen und ggf. klären, Würdigung von Beiträgen, Betreuung einzelner Kinder, spontane Äußerungen nützen, angemessene Bewältigung von Störungen, erziehliche Maßnahmen.

Das Unterrichtsgeschehen ist nicht planbar

Das Unterrichtsgeschehen kann gedanklich entworfen werden; insofern ist Unterricht als *Vorstellung über den möglichen Verlauf* planbar. Unterricht als *tatsächliches Geschehen* ist dagegen nicht planbar. Dies gilt sowohl für einzelne Situationen, z. B. für den Fall der Unverständlichkeit eines Arbeitsauftrags oder noch einfacher für den Fall der Funktionsstörung eines technischen Geräts, als auch für die Prozess-Gliederung (Artikulation) des Unterrichts, z. B. für den Fall einer nur verschwommenen Zielvorstellung (Zielangabe) des unterrichtlichen Tuns.
Die Berechtigung für die Planung des Unterrichts besteht darin, dass es empirisch belegte Faktoren und Abläufe des Lernens gibt (z. B. emotionale Bedingungen, Arbeits- und Langzeitgedächtnis, verarbeitungsfähige Strukturen und Inhalte; operantes Konditionieren, Lernen am Modell) und erprobte didaktische Erfahrungen vorliegen (z. B. die genaue Zielangabe, die Einbeziehung des Vorwissens, die Bedeutung von Anschauung, Eigentätigkeit oder Passung, Rhythmisierung, Teilzusammenfassungen, das Isolieren von Schwierigkeiten oder präzise Aufgabenstellungen).
Was Lernen ist und wie es vor sich geht, ist nur modellhaft oder skizzenhaft zu beschreiben. Als Problem für die Planung bleibt: Erkennen, Denken, Lernen verläuft auch in Sprüngen, also vielfach nicht in Stufen, Phasen oder stets gleichen Abfolgen von Schritten.

2.2.2 „Zeig' mir dein Profil!"

Jeder Unterricht wird von einer Zielsetzung geleitet. Sofern eine Zielsetzung bewusst vorgenommen wird und deren Umsetzung nach zutreffenden, dem Ziel adäquaten Kriterien erfolgt, so erhält die Planung den Charakter einer Gestaltung.

Der Unterricht erhält eine besondere „Form"

Planung und Gestaltung lassen sich als eigene Vorgänge in diesem Zusammenhang nicht klar trennen. Die Gestaltung von Unterricht erfolgt bereits im Planungsbereich: in einer Planungsphase fließen schon Gestaltungsaspekte ein. Die Planung wirkt gestaltend auf das tatsächliche Unterrichtsgeschehen.
Mit dem Begriff „Gestaltung" wird auf das Geschehen selbst oder das Ziel der „Formung" eines Geschehens Bezug genommen. Das Geschehen erfährt seine charakteristische Ausprägung, ein „Gestaltungsgedanke" führt zu einem „gestalteten Ganzen". Wird die Zeit als Dimension hinzugefügt, so kann der geplante oder tatsächliche Unterricht als abgeschlossene Einheit mit jeweils charakteristischer Erscheinungsform aufgefasst werden. Unterrichtsgestaltung meint demnach das im Detail geplante oder tatsächlich durchgeführte Unterrichtsgeschehen, das inhaltlich und methodisch unter Beachtung der pädagogischen Situation, von festgelegten Lehrintentionen und zutreffenden Unterrichtsprinzipien geformt wird. Eine Unterrichtsgestaltung trifft in diesem Sinne auch auf offene Lernsituationen zu: Als Lehrintentionen gelten hier z. B. Selbsttätigkeit, Individualisierung, Passung und Handlungsorientierung.

Leitsätze für die Gestaltung von Unterricht

Planen besteht darin, „dass man einzelne Aktionen auf ihre Konsequenzen untersucht, Einzelaktionen probeweise zu Ketten zusammenfügt, um dann die Konsequenzen solcher Aktionsketten zu untersuchen" (Dörner 2000, S. 235). Das Untersuchen (oder Überprüfen) der unterrichtlichen Entscheidungen erfolgt an den vorhandenen Mustern didaktischer oder pädagogischer Konzepte; sie können bewusst in den Mittelpunkt gestellt werden. Vielfach beeinflussen aber auch unbewusst vorhandene Konzepte die Überlegungen, z. B. die hohe Wertschätzung einer Erziehung zur Selbstständigkeit, die spezielle Einstellung zu „Fehlern", zu Begabung und Intelligenz oder zur Bedeutsamkeit von Wissen. Konzepte erhalten bei dieser Vorgehensweise des „Untersuchens" die Funktion von Leitsätzen, sie steuern die Unterrichtsgestaltung.

Leitsätze, Konzepte oder Regeln der Unterrichtsgestaltung werden häufig als Unterrichtsgrundsätze oder -prinzipien aufbereitet. Als solche gelten etwa Kindgemäßheit, Sinnorientierung, Handlungsorientierung, Sachorientierung, Zielorientierung, Leistungsorientierung, Passung, Individualisierung, Strukturierung, Lebensnähe, Erfahrungsorientierung, Wissenschaftsorientierung oder Selbsttätigkeit – um nur einige wenige zu nennen. Leitsätze für eine Unterrichtsgestaltung ergeben sich ferner aus Forderungen an den Unterricht wie z. B. Erziehung zur Toleranz, Förderung der Persönlichkeitsentwicklung, Lernen lernen, ganzheitliches Lernen, Förderung der Ich-, Sach- und Sozialkompetenz, Kompetenzorientierung, Öffnung des Unterrichts, praktisches Lernen, Umwelterziehung oder Förderung der Kreativität.

Alle diese Leitsätze und Forderungen, zu denen im weiteren Sinne auch Unterrichtsgrundsätze gehören, zielen darauf ab, Unterricht eine besondere Qualität bzw. ein bestimmtes Profil zu geben.

2.2.3 „Überall regt sich Kompetenz und Streben"

Nach einer breit angelegten fachlichen und öffentlichen Diskussion über das als mäßig empfundene Abschneiden von Schülerinnen und Schülern aus Deutschland in internationalen Schulleistungsvergleichsstudien trat die Kompetenzorientierung als Leitvorstellung für einen effektiven Unterricht stark in den Vordergrund.

Bildungsstandards und Kompetenzen

Mit Beschluss der Kultusministerkonferenz vom 15.10.2004 wurde festgelegt, dass in den Ländern der Bundesrepublik Deutschland Bildungsstandards für den Primarbereich (Jahrgangsstufe 4) in den Fächern Deutsch und Mathematik „als Grundlagen der fachspezifischen Anforderungen

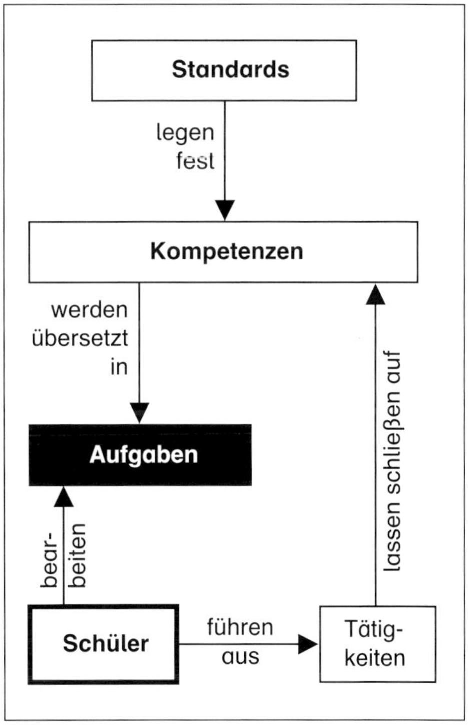

Abb. 31: Schüler führen kompetenzorientierte Aufgaben aus

für den Unterricht" (KMK 2004) übernommen werden. Dazu beschreiben die Standards die inhaltlichen und allgemeinen „Kompetenzen, die Kinder am Ende der Grundschulzeit erworben haben sollen" (KMK 2004b).
Beim Lösen „guter Aufgaben" führen die Kinder Tätigkeiten aus, die als Indikatoren für die Anbahnung und schließlich das Erreichen von Kompetenzen interpretiert werden können (siehe Abb. 31, S. 61). Das gezeigte Schülerverhalten kann unterschiedlichen Niveaus zugeordnet werden, die als Kompetenzstufen definiert sind.

Zum Begriff der Kompetenzorientierung

Nachdem sich der Begriff der Kompetenzorientierung etabliert hat, wird hier ein pragmatischer Standpunkt eingenommen. Er eignet sich als Leitvorstellung für einen effektiven Unterricht, da er verschiedene Aspekte eines effektiven Unterrichts bündelt und den Blick für einige didaktische Entscheidungen schärft. Nach F. E. Weinert versteht man Kompetenzen als „die bei Individuen verfügbaren oder durch sie erlernbaren kognitiven Fähigkeiten und Fertigkeiten, um bestimmte Probleme zu lösen, sowie die damit verbundenen motivationalen, volitionalen und sozialen Bereitschaften und Fähigkeiten, um die Problemlösungen in variablen Situationen erfolgreich und verantwortungsvoll nutzen zu können" (Weinert 2001, S. 17f.).
Diese Definition lässt erkennen, dass sich Kompetenzorientierung nicht auf wenige Merkmale wie etwa „gute Aufgaben" oder „Überprüfung durch Tests" reduzieren lässt. Sie verweist vielmehr auf a) Aufgabenstellungen mit weiterführendem, anspruchsvollem und niveauvollem Charakter, die eine hohe Transferleistung und flexibles Denken abverlangen, und b) eine Unterrichtskonzeption, in der das selbstständige Lernen einen hohen Stellenwert hat. Die Konsequenz aus diesen beiden Merkmalen ist die Einbeziehung weiterer didaktischer oder methodischer Aspekte wie Individualisierung, Lebensbezug, Lernen lernen, kooperatives Lernen oder Lernberatung durch Rückmeldungen.

Selbstständiges Lernen als Merkmal der Kompetenzorientierung

In ähnlichem Sinne skizziert auch H. Meyer den kompetenzorientierten Unterricht, der ein „offener und schüleraktiver Unterricht (ist), ... in dem die Schülerinnen und Schüler die Chance haben, ihr Wissen und Können systematisch und vernetzt aufzubauen ... und in dem sie den Nutzen ihres Wissens und Könnens in realitätsnahen Anwendungssituationen erproben können" (Meyer 2010, S. 23). Die Verbindung von kompetenzorientiertem und einem an Selbstständigkeit orientierten Unterricht zeigt sich bei der Konkretisierung von Tätigkeiten im Unterricht. Die Gegenüberstellung von Aktivitäten in einem entweder mehr von der Lehrperson oder mehr von den Kindern gesteuerten aufgaben- oder problemorientierten Unterricht (siehe Abb. 32, S. 63f.) lässt erkennen, dass im schülerorientierten Unterricht durchwegs Kompetenzen angesprochen sind.

Kompetenz und Performanz

Neben den Bedenken, dass durch die Orientierung an Kompetenzen die Inhalte in den Hintergrund (Fähigkeiten ohne Inhalt) und die Durchführungen von Tests in den Vordergrund (Output, Evaluation) rücken könnten, soll für den Bereich der Grundschule vor allem auf das Problem der Bewertung von Fähigkeiten hingewiesen werden. Beobachtbar sind Vorgänge, die sich nach außen hin zeigen (Performanz). Nur die Performanz kann wahrgenommen und bewertet werden. Problem: Wie soll man beispielsweise bei der Lösung von Aufgaben aus dem Fach Mathematik herausfinden, welcher Anteil an Lesekompetenz dabei abgefragt wird?

Grundstruktur	**Aktivitäten der Kinder werden überwiegend oder größtenteils gesteuert**	
	von der Lehrperson	**von den Kindern selbst**
Problem	nennt das Problem; gibt relevante Impulse (Text, Bild, Vergleich, Widerspruch, gedankliche Lücke) zur Problemstellung; lenkt auf die Frage hin; legt fest, dass diese Aufgabe oder dieses Problem jetzt zu lösen ist (Zielangabe)	nehmen Bezug auf eine eigenständige Beobachtung und formulieren daraus eine Aufgabe oder Frage; äußern ihr Interesse, die Aufgabe zu lösen oder Antworten auf eine Frage zu bekommen; führen eigenständig Versuche durch und formulieren dazu eine Frage und ggf. das Lernziel
Problemlösung	lässt vorbereitete Informationstexte und -bilder bearbeiten; führt vorbereiteten Versuch durch; gibt gezielte Beobachtungsaufgaben vor; lenkt die „Blickrichtung“; lenkt den Gang der aufeinanderfolgenden Gedanken; gibt Arbeitsschritte oder Lösungsschritte (Teilziele) vor; fordert nach jedem Teilschritt zu einer Zusammenfassung auf; gibt Arbeitszeit und Sozialform vor; nennt und erläutert die Kernbegriffe eines Erkenntnissatzes, einer Regel oder einer Einsicht	diskutieren darüber, auf welchem Weg die Frage beantwortet werden könnte; machen Vorschläge, welches Material (Informationstexte, -bilder, -filme, Gegenstände, Naturmaterial) gebraucht oder welche Erkundungen bzw. Versuche durchgeführt werden sollten; planen Informationsgewinnung, Versuche oder Erkundungen; stellen sich selbst Aufgaben; entwickeln Vorstellungen, wie die Lösung aussehen könnte; führen Informationsgewinnung, Versuche oder Erkundungen mit (selbst)beschafftem, ausgewähltem, gesammeltem oder hergestelltem Material durch; diskutieren ihre Beobachtungen oder den Inhalt der Informationsquellen; stellen die wichtigsten Ergebnisse dar (mündlich, schriftlich, bildlich, zeichnerisch), formulieren Einsichten oder Regeln und diskutieren darüber
Verarbeitung	gibt thematisch festgelegte Impulse zu Möglichkeiten der Anwendung, zu Grenzen der Regel oder Erkenntnis; stellt Aufgaben zur Überprüfung der Ergebnisse; stellt die Erkenntnis (die Regel) in einen größeren Zusammenhang; hebt das Neue der gefundenen Lösung hervor und grenzt sie zum bisherigen Wissen oder den bisherigen Fertigkeiten und Fähigkeiten ab	benennen die Sachverhalte, die als „neu“ erkannt werden; ordnen das neu Gelernte in einen größeren Zusammenhang ein; stellen zwischen Teilinhalten Verbindungen her; machen eine Aussage, was sie jetzt verstehen; benennen die Fähigkeiten und das Wissen, das sie in die Lage versetzt hat, die Aufgabenstellung bzw. das Problem zu lösen; äußern sich zu den Schwierigkeiten oder Fehlern bei der Bearbeitung der Aufgabe(n); machen Vorschläge zur Überprüfung der gefundenen Lösung

Anwendung	lässt vorbereitete Aufgaben, die sich mithilfe der neuen Erkenntnis lösen lassen, bearbeiten oder ausführen (gedankliche Lösung, schriftliche Arbeit; herstellen, bauen, gestalten, geändertes Material, umsetzen, umgestalten, ähnliche Strukturen, ähnliche Bewegungsabläufe, veränderte Situationen)	suchen nach Sachverhalten aus der eigenen Erfahrungswelt, die sich mit der neuen Erkenntnis erklären oder lösen lassen; formulieren dazu Aufgaben; erklären oder lösen die selbst gestellten Aufgaben; äußern sich zur Brauchbarkeit der gefundenen Lösung und Regel; bewerten deren Bedeutung für den Alltag
Übung	lässt vorbereitete Aufgaben bearbeiten oder ausführen; gibt die Zielsetzung der Übung vor (Festigung, Automatisierung, Steigerung von Sicherheit, Geschwindigkeit, Sorgfalt, Genauigkeit, Quantität)	treffen die Entscheidung, das neu Gelernte zu üben und zu festigen; formulieren Aufgaben zum Problemkreis; legen Schwerpunkte und Zielsetzungen für ihre geplanten Übungen fest; führen die Übungen durch; äußern sich über den Lernfortschritt und vergleichen diesen mit den Lernzielen

Abb.32: Übersicht über Aktivitäten in einem jeweils mehr von der Lehrperson bzw. den Schülern gesteuerten aufgaben- oder problemorientierten Unterricht

2.2.4 „Nun zerbrecht mir das Gebäude, seine Absicht hat's erfüllt"

Ablaufmuster geben Sicherheit

Erfahrungen über das Empfinden, Wahrnehmen, Denken oder Lernen der Kinder werden erst im Verlauf der Berufstätigkeit gesammelt. Das Problem, dass wir nicht sicher einschätzen können, wie Kinder in einer Lehr-Lern-Situation reagieren oder denken, zeigt sich vor allem zu Beginn der beruflichen Tätigkeit als Lehrperson. Eine Lösung des Problems besteht darin, das in der Vorstellung vorhandene Unterrichtsgeschehen in überschaubare Portionen zu zerlegen. Aus der Komplexität von Unterricht werden Elemente herausgelöst, also eine Gesamtwirklichkeit in Einzelteile gegliedert, die nun der Reihe nach bearbeitet werden können. In diesem Buch werden so genannte „Strukturmodelle" vorgestellt. Sie geben Hinweise, welcher Unterrichtsprozess im jeweiligen Fach grundsätzlich ablaufen könnte.

Der individuelle Charakter der Planung

Ein nach dieser Struktur durchgeführter Unterricht wird jedoch Hinweise geben, wie die situativen und inhaltlichen Gegebenheiten auf eine *Änderung des Modells* drängen. Durch Rückkoppelungen ergeben sich neue Varianten eines Strukturmodells. Das Ziel ist es, die auf die jeweilige Lehrerpersönlichkeit und die spezielle Lehr-Lern-Situation bezogene individuelle Gestaltung von Unterricht zu ermöglichen (siehe S. 67f.). Diese Eigenständigkeit der Gestaltung wird wesentlich davon beeinflusst, in welcher Weise es der Lehrperson gelingt, dem Denken der Kinder auf die Spur zu kommen, über die Effektivität der unterrichtlichen Entscheidungen zu reflektieren und daraus didaktische Konsequenzen zu ziehen.
Erst ausreichende Unterrichtserfahrung führt zu einer pragmatischen Handhabung der Unterrichtsplanung. Dazu zählt auch die Maßnahme, den ausführlichen Planungsentwurf auf eine Kurzfassung, wenige Stichwörter umfassend, zu kürzen.

2.3 Unterricht gliedern und darstellen

Ein Teilproblem der didaktischen und methodischen Aufbereitung bildet die Strukturierung des zu gestaltenden Unterrichtsablaufs. Dafür werden Begriffe verwendet wie methodische Struktur, Lernorganisation, Lernstufen, Lernschritte, Strukturbild, Strukturierung, Lehrverfahren, Arbeitsstufen, Artikulation. Nachdem auf den Begriff Artikulation traditionell zurückgegriffen wird, soll er auch hier im Sinne von Gliederung des Unterrichtsprozesses Verwendung finden.

2.3.1 Verlaufsschemata geben Struktur

Die Unterteilung des Unterrichtsverlaufs in Schritte bedeutet für die Lehrerin eine große Hilfe sowohl bei der Planung wie auch bei der Durchführung, für die Setzung von Schwerpunkten und für die Organisation, für die Klärung von Zielen und für die Sicherheit in der Unterrichtsführung. Lernprozesse bei Kindern anzuregen und zu fördern ist dabei die übergreifende Zielsetzung.
Die Bezeichnungen für die einzelnen Unterrichtsschritte präzisieren die unterrichtlichen Intentionen. Da es für die Gliederung von Unterrichtsabläufen eine Fülle von Lösungen gibt, so sollten auch die verwendeten Begriffe der Artikulation diese ganze Vielfalt der Möglichkeiten erfassen.
In der nachfolgenden Übersicht (siehe Abb. 33), formal nach Anfangs-, Mittel- und Schlussphase unterteilt, sind Bezeichnungen der Unterrichtsphasen aufgeführt. Hierbei ergeben sich Überschneidungen, wie es das Beispiel „Verarbeitung" zeigt.
Der Übersicht ist eine Auflistung der möglichen didaktischen Funktionen vorangestellt, die den Unterrichtsschritten in diesen drei Hauptphasen zugeordnet werden können. Ein Vergleich zeigt, dass mehrere Bezeichnungen für die Unterrichtsphasen von den Funktionen abgeleitet sind.

Funktionen der Unterrichtsphasen

- ***Anfangsphase***

Bereitmachen zur Arbeit, Zugang zum Thema eröffnen, Einstimmung auf den Inhalt, Vorbereitung zur Auseinandersetzung mit dem Lerngegenstand, Zielfindung, Weckung der inneren Teilnahme, Herausforderung der Aktivität, Bereitstellung des Lern- oder Arbeitsmaterials, Isolation des Problems, Abgrenzung des Sachbereichs, Einführung in die Arbeit, Vermittlung eines Eindrucks, Initiierung der Arbeit, Schaffung eines gemeinsamen Informationsstandes bzw. von ähnlichen Voraussetzungen, Rückgriff auf Erfahrungen aus der Lebenswelt der Kinder, Verknüpfung mit vorausgegangenen Unterrichtsinhalten, Erkennen des Vorhabens, Anstoß zum Nachdenken und zur Problemfindung, Schaffung eines Problembewusstseins, Mitteilung von Vermutungen, Wiederholung des Bekannten, Aufbau einer Motivation, Weckung des Interesses, Erzeugen einer Erwartungshaltung, Konzentration auf die Lernsache, Aktivierung, Herbeiführung der Aufnahmebereitschaft, Anregen zum aktiven Lernen, Aktivierung des Vorwissens, Hervorhebung bestimmter Aspekte, Aufbau einer intentionalen Spannung, Umgang mit der Lernsache (erstes Erkunden).

- ***Mittelphase***

Finden der Lösung, Möglichkeit zum Ausdruck, Durchdringung des Sachverhalts, Ausgestalten einer Situation, Umgehen mit Material, Integration in den Zusammenhang, Durchführung einer Operation, Bekanntmachen mit dem neuen Stoff, Sammeln von Gegenständen (Material, Informationen), Entnahme von Informationen, Gewinnung von Informationen, Darbietung von Informationen, Sensibilisierung für ... (z.B. Ausdrucksformen, Wahrnehmungen, Körperwahrnehmungen, Stimmungen, Sprachmelodie), Wecken der Fantasie, Aneignung von Leistungsformen, In-Beziehung-Setzen von Teilinformationen, Ausbildung des Könnens, Abruf oder

Nachweis von Kompetenzen, Entwicklung einer Lösung, Klärung des neuen Stoffs, kreative Gestaltung, Erfahrbar-Machen von Vorgängen, Aufbau von Begriffen, Auseinandersetzung mit der Lernsache, Sacherschließung, Bildung von Erkenntnissen, Erweiterung von Erfahrungen, Benennen und Klären verschiedener Lösungs- oder Lernwege, Prüfen von Beobachtungen (Aussagen), Lösung von Widersprüchen, Überprüfung von Fertigkeiten, Generalisierung von Einzelbeobachtungen oder -fakten, Überprüfen von Vermutungen, Erreichen einer Lernzielstufe (Einblick, Überblick, Kenntnis, Vertrautheit, Fähigkeit, Fertigkeit, Bewusstsein, Einsicht, Verständnis, Interesse, Bereitschaft) oder eines Kompetenzniveaus.

Anfangsphase	Hinführung	Anknüpfung	Einstieg
	Einführung	Einleitung	Einstimmung
	Eindruck	Anbahnung	Initiation
	Problemsituation	Problemformulierung	Problemstellung
	Problemstufe	Problembegegnung	Problementfaltung
	Fragestellung	Vermutungsphase	Hypothesenbildung
	Arbeitszielsetzung	Planung	Sachfall
	Aufgabenstellung	Vorbereitung	Fertigkeitsübung
	Ausgangssituation	Initialphase	Anwärmphase
	Begegnung	Eröffnungsphase	Klärung des Ziels
Mittelphase	Erarbeitung	Erschließung	Informationsgewinnung
	Begegnung	Darstellung	Informationsphase
	Darbietung	Auseinandersetzung	ungelenkte Auseinandersetzung
	Stellungnahme	Lösung	Verknüpfung
	Aneignung	Problemlösung	Arbeit an der Sache
	Durchdringung	Produktion	Informationsverarbeitung
	Begriffsbildung	Abstraktion	Erkenntnisbildung
	Verarbeitung	Ausführung	Gestaltungsphase
	Praxis	Integration	Durchführung der Arbeitsschritte
	Kernübung	Wertung	Klärung des Sachverhalts
Schlussphase	Anwendung	Ausklang	Ausblick
	Wertung	Beurteilung	Urteilsbildung
	Sicherung	Ergebnissicherung	Gestaltung
	Bewährung	Darstellung	Weiterführung
	Verarbeitung	Ausweitung	Lernzielkontrolle
	Festigung	Übung	Transfer
	Vertiefung	Übertragung	Arbeitsrückschau
	Integration	Reflexion	Prüfung der Ergebnisse

Abb. 33: Arbeitsschritte – Bezeichnungen

- ***Schlussphase***
Verstehen von Einzelheiten in ihrem Zusammenhang, Sicherung eines Könnens, Überprüfen des Lernzuwachses, Überprüfung der neuen Leistungsform, Üben der Leistungsform, Verknüpfung mit Erfahrungen aus dem Alltag, Reproduktion der gewonnenen Informationen, Herstellung des Lebensbezugs, Anregung zur Weiterarbeit, Integration erworbener Erkenntnisse, Fixierung von Erkenntnissen und neuem Wissen, Festigung des Gelernten, Bewusstmachen des Lernzuwachses, Herstellen des Neuen im Lernprozess, Stabilisierung, kritische Prüfung, Aufbau einer weiterführenden Erwartungshaltung, Planung einer individuellen oder gemeinsamen Fortführung des Themas.

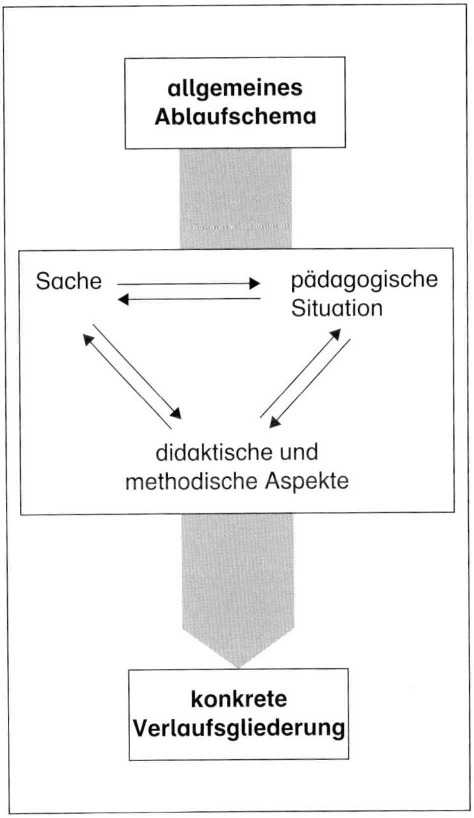

Abb. 34: Transformation eines Schemas

2.3.2 Strukturen und Modelle anpassen

Der Versuch, alle unterrichtlichen Beobachtungen und Erfahrungen auf *ein* Verlaufsschema zu reduzieren, mag zunächst verlockend sein und als Lösung des didaktischen Vermittlungsproblems erscheinen. Eine Auffassung von Lernen als ein schematischer oder linearer Prozess wird jedoch nirgendwo vertreten. Die äußeren Rahmenbedingungen, die individuelle Entwicklung der Kinder und die spezifische Struktur einer Lernsache erfordern einen je eigenen psychischen Zugang und methodischen Zugriff.

Das Schema verändern

Eine ausschließliche oder auch nur vorwiegende Verwendung *eines* Gliederungsschemas führt zur Erstarrung des Unterrichts. In diesem Fall geht er am Kind, an der Sache, am Lernprozess oder an Erziehungs- und Bildungsaufgaben der Grundschule vorbei. Auf die Gefahren der Verkürzung von Unterricht wurde dazu wiederholt und bereits zu Beginn der Verwendung von „Formalstufen" hingewiesen. „Gleichwohl ist ernstlich davor zu warnen, die ganze Stufenfolge zur unabänderlichen Regel zu machen und dadurch dem didaktischen Mechanismus zu verfallen ... Selbst die Verfasser der ‚acht Schuljahre' (Rein/Pickel/Scheller: Theorie und Praxis des Volksschulunterrichts, 1898; Anm. der Verfasser) bemerken in der ersten Auflage ihres Buches, dass die strenge Durchführung zur Künstelei führen müsse und fordern deshalb ‚Freiheit in der Anwendung'" (Böhm 1910, S. 73). Die Starrheit der Formalstufen *in der Schulpraxis* war Gegenstand der Kritik der Vertreter der Reformpädagogik.
Unter Berücksichtigung verschiedener Aspekte des Unterrichts lässt sich aus dem abstrakten Schema die konkrete Gliederung entwickeln (s. Abb. 34). Grundlegend sind dabei pädagogische, sachliche, didak-

tische, methodische und organisatorische Aspekte.
Es kann ein allgemeines Ablaufschema für ein Unterrichtsfach oder für einen Lernbereich (s. Abb. 35) erstellt werden. Aus der konkreten Gliederung kann vielfach die Schwerpunktsetzung entnommen werden (s. Abb. 35 unten; Variante links: Offensichtlich soll nach der Arbeit am Text das sprachgestaltende Vorlesen geübt werden; Variante rechts: Nachdem Inhalt und Gehalt geklärt sind, erhalten die Kinder Gelegenheit zu eigenen (kreativen) Sprachäußerungen). Ferner kann aus der Prozessstruktur entnommen werden, welcher Leistungs- und Funktionsbereich angesprochen werden soll (Abb. 35: vorwiegend Wissen; Abb. 36 und 37: vorwiegend Können). Das hier immer wieder vorgetragene Anliegen, das Artikulationsschema als *Ausgangspunkt für Modifikationen* zu sehen, wird verstärkt durch die Forderung nach einer Öffnung des Unterrichts.

Ablaufschema – allgemein
Begegnung
Erschließung
Anwendung

Ablaufschema – Lernbereich „Lesen"
Textbegegnung
Arbeit am Text
Gestaltung
Vertiefung

Konkretisierte Varianten zu „Lesen"

Einstimmung	Hinführung
Vorbereitung	Klärung des Inhalts
Texterarbeitung	Klärung des Gehalts
Leseübung	Sprachproduktion
Sicherung	Reflexion

Abb. 35: Das Schema wird angepasst

Anknüpfung
Wiederholung und Zielangabe

Übungsphase
Mehrere Aufgabenstellungen mit weiterführendem, übendem Charakter (z. B. S. 77, unten)

Abschluss
Lernfortschritte feststellen; Vertiefung; Auseinandersetzung mit ausgewählten Beispielen individueller Fortschritte oder Schwierigkeiten

Abb. 36: Bekanntes üben

Vorbereitungsphase
- Fertigkeitsübung
- Aufgabenstellung
- Lösung (Vorschläge, Vormachen, Begründen, Erklären, Aufstellung von Kriterien)

Hauptphase
- Erster Durchgang: eigenständige Durchführung der neu zu erlernenden Fertigkeit, Besprechung, ggf. Korrektur und Hervorhebung bestimmter Kriterien der sachgerechten Ausführung
- Zweiter Durchgang: eigenständige Durchführung unter Beachtung der Sachgerechtigkeit

Arbeitsrückschau
- Bewusstmachen des neu Gelernten
- Klärung individueller Lernwege
- die neu erlernte Fertigkeit im Gesamtzusammenhang

Abb. 37: Ein praktisches Tun lernen

Offene Unterrichtsplanung

Die Ansätze zu einem *offenen Unterricht* richten sich konsequent auf den individuellen Lernprozess des Kindes. Demzufolge bestimmen die Schülerinnen und Schüler etwa über die Inhalte sowie Art und Intensität der Auseinandersetzung.
Für den Fall der Entscheidung zur Durchführung eines offenen Unterrichts hat die Lehrperson veränderte Aufgaben zu erfüllen. Sie beziehen sich u. a. auf die Diagnostik des individuellen Leistungsstandes, auf Bereitstellung des Materials sowie auf Unterrichtsführung und -organisation. Nun wird zwar der Lernfortschritt der Kinder über größere Zeiträume hinweg beobachtet, damit entfällt jedoch nicht die Aufgabe, auch eine Unterrichtsstunde (mit 45 Minuten) zu gestalten. Die Änderung der Unterrichtskonzeption zeigt sich auch in der Artikulation (siehe Abb. 38).
Aus der Verlaufsgliederung können allerdings nicht zwangsläufig Rückschlüsse auf den Typ eines „geschlossenen" oder „schülerorientierten" Unterrichts gezogen werden. Ein Ablauf, wie er in Abb. 38a skizziert ist, kann für manche Unterrichtsinhalte sinnvoll sein, indem in den Teilschritten 1 und 2 enger geführt wird, um damit die Grundlage für eine Phase (Teilschritt 3) zu schaffen, in der die Schüler ein sehr hohes Maß an selbstständiger Sachauseinandersetzung praktizieren können.
Ferner ist zu bedenken, dass eine Strukturierung der Lerninhalte sowohl bei gebundener wie auch bei offener Organisation durchzuführen ist. Die bloße Sammlung von Informationen trägt nur in Ansätzen zur Förderung von Lernprozessen bei. „Eine ungegliederte Anhäufung von Informationen über diese oder jene Merkmale der Situation vermehrt ... noch die Unübersichtlichkeit und ist keine Entscheidungshilfe ... Man braucht ‚Strukturwissen' ..." (Dörner 2000, S. 70).
Im Falle einer gebunden Organisation werden die Inhalte vorwiegend *vor* dem Unterrichtsgeschehen strukturiert, im Falle einer offenen Organisation werden die Inhalte vorwiegend *im* Unterrichtsgeschehen (z. B. in der Phase „Ergebnisse klären") strukturiert.

Hinführung
1. Darstellung der Ausgangssituation
2. Zielsetzung

Erarbeitung
1. Teilschritt
2. Teilschritt
3. Teilschritt

Zusammenfassung (je nach Komplexität auch Teilzusammenfassungen)

Weiterführung
1. Wertung
2. Vertiefung

38a

Vorbereitung
- Anknüpfung
- Fragestellung
- Vorstellung der Arbeitsaufgabe

Durchführung
- Informationsquellen aussuchen
- Informationen entnehmen und bearbeiten
- Ergebnisse vorstellen und ggf. klären
- Ergebnisse fixieren

Arbeitsrückschau

38b

Abb. 38: Tendenz zu gebundener (38a) bzw. zu offener (38b) Organisation

2.3.3 Das Gedachte schriftlich fixieren

Das gedankliche Bild des möglichen Unterrichtsverlaufs bedarf einer schriftlichen Fixierung. Ein Darstellungsschema bietet dazu eine Strukturierungshilfe an. Fast alle Vorschläge zur Strukturierung bevorzugen die spaltenweise Anordnung. Den Spalten sind didaktische oder methodische Kategorien zugeordnet wie Inhalt, Lehreraktivität, Medien, Sozialformen, Interaktion oder didaktischer Kommentar. Je mehr Aspekte berücksichtigt werden sollen, desto differenzierter, aber auch umfangreicher wird die Darstellung.
Im Hinblick auf die praktische Verwendbarkeit im Unterricht muss jedoch die Form der Darstellung der Lehrperson eine rasche Orientierung ermöglichen: Die Spaltenzahl ist deshalb möglichst gering zu halten. Da Abläufe in der Regel von links nach rechts und von oben nach unten dargestellt werden, sollten auch in dieser Reihenfolge die Einzelmaßnahmen genannt werden.
Ferner sollten voneinander abhängige Maßnahmen in räumlicher Nähe bzw. aufeinander bezogene Hinweise in derselben Höhe stehen. Eine Verwendung von Kategorien wie „Methode" oder „Unterrichtsverlauf" ist davon abhängig zu machen, inwieweit diese Begriffe geklärt sind, denn sie benennen jeweils einen sehr umfassenden Sachverhalt.

Vor einer Entscheidung für das individuell passende Darstellungsschema sollten Richtigkeit, Logik und Brauchbarkeit geprüft werden. Die Klärung der formalen Seite der Verlaufsdarstellung hat ihre Berechtigung, denn die Auswahl eines bestimmten Schemas wirkt sich auf den Aufbau des Unterrichtsprozesses aus. Der Inhalt ist in vielen Fällen auch von der Form abhängig. Das Schema zwingt zur Reflexion über die festgelegten Aspekte des Unterrichts, es kann aber auch einengen oder wesentliche Elemente vernachlässigen oder die nötige Klarheit verhindern.
Die auf dieser Seite (siehe unten) gezeigten Schemata sind praktikabel und wurden oder werden zur Darstellung der Unterrichtsverlaufsplanung verwendet. Das unterste Darstellungsschema wird mehrfach in diesem Buch verwendet.

Dabei bedeuten
- *Artikulation:* die (vermutete) Gliederung des Unterrichtsprozesses;
- *Inhalt:* die angestrebten Lerninhalte, umfassend verstanden als Kenntnisse, Fertigkeiten, Fähigkeiten, Werthaltungen, Einsichten, Problemlösungen.
- *Unterrichtsaktivitäten:* die beabsichtigten Tätigkeiten von Lehrer und Lehrerin, Schüler und Schülerin.
- *Sozialformen* und *Medien*, siehe S. 340 ff. bzw. S. 344 f.

Phase/Zeit	Lehr-Lern-Aktivität	Sozialformen	Medien	Kommentar
				(Peterßen 2003, S. 91)

Artikulation	Unterrichtsverlauf/ Unterrichtsgegenstand	Sozialform	Medien

Artikulation/Inhalt	Unterrichtsaktivitäten/ Sozialformen/Medien

2.4 Unterrichtsvorbereitung – dargestellt an einem Beispiel

Am Beispiel der Arbeit an einem epischen Text (siehe S. 72) soll nun dargestellt werden, wie sich die grundsätzlichen Aussagen zur Planung *im Zusammenhang* eines konkreten Unterrichtsthemas zeigen. Als Text wurde „Die Geschichte von dem Zaunkönig und dem Adler oder auch – Die Mücke und der Elefant" von James Krüss gewählt. Die Vorüberlegungen sind ausführlich gehalten. Dadurch kann der Weg der didaktischen Aufbereitung anschaulich herausgestellt werden. Ferner wird dabei die besondere Leistung der Lehrperson sehr deutlich, da es nämlich häufig gilt, komplexe Sachverhalte zu vereinfachen und damit auf die Leistungsfähigkeit der Kinder abzustimmen.

2.4.1 Vorüberlegungen

Aspekt der Lehr-Lern-Situation

Die Darstellung einer Lehr-Lern-Situation kann im Rahmen dieses Handbuchs nur fiktiv geschehen und wurde bereits auf Seite 55 durchgeführt; hier wurden die Teilbereiche *Interesse, Arbeits- und Sozialverhalten* und *äußere Rahmenbedingungen* skizziert.

Der als „Situation" angenommene *fachliche Lernstand* der Schülerinnen und Schüler kann unten aus dem Abschnitt „Lehrziele" (S. 75) entnommen werden, da „Festigung" voraussetzt, dass diese Fertigkeiten und Fähigkeiten, Arbeitsweisen und -techniken zumindest eingeführt und angebahnt sind.

Entwicklungspsychologische Hinweise

Erst nach 7–8 Jahren werden sich die Kinder allmählich ihrer Denkprozesse bewusst. Vorher stellen sie widersprüchliche Aussagen nebeneinander und nehmen Eindrücke umfassend auf, ohne Einzelheiten zu unterscheiden. „Das Bewusstsein des Widerspruchs entsteht aus dem Bewusstsein der Denkoperationen und nicht aus einer Faktenkonstatierung ... Die kindlichen Urteile folgen ... noch bis zu 7–8 Jahren aufeinander, ohne Bewusstsein dessen, was sie implizieren ... Dagegen beginnt mit dem Alter von 7–8 Jahren ein Stadium, das bis zu 11–12 Jahren dauert und in dessen Verlauf sich folgende grundlegende Wandlungen ergeben. Das Kind macht sich nach und nach die Definitionen der Begriffe, die es gebraucht, bewusst, es wird teilweise fähig zur Introspektion in seine eigenen geistigen Erfahrungen" (Piaget 1972, S. 239). Die Fortschritte in der Logik in Verbindung mit dem Rückgang der kindlichen Egozentrik haben „einerseits zum Ergebnis, dass das Bedürfnis nach Beweis und Verifizierung entsteht, und andererseits, dass der Verlauf des Denkens relativ bewusst wird" (a. a. O.).

Sachaspekt

Kurze Inhaltsangabe

James Krüss macht uns in diesem Text einleitend mit dem zweigeteilten Reich der Vögel bekannt. Darin ordnen sich die Raubvogel jedoch keinem der beiden Könige, Adler und Zaunkönig, unter. „Eines Tages" erkrankt der Zaunkönig. Mit diesem Ereignis nimmt die Geschichte ihren Anfang: Der Falke nennt als Verursacher der Krankheit eine Mücke; Bussard, Eule, Käuzchen und Reiher geben die Nachricht weiter; dachte der Falke beim Wort „König" noch an den Zaunkönig, so versteht der Bussard darunter bereits den Adler; nun verändert sich der Inhalt der Nachricht; die „Mücke" wird über „Schnabeltier", „Säbeltiger" und „See-Elefant" schließlich zum „Elefanten".

Eine Geschichte mit fabelähnlichem Charakter

Gleich einer Fabel gibt auch diese Geschichte den Tieren Denkvermögen und Sprache. Allerdings fehlen die gewohnte explizite Belehrung und die antithetische Struktur. Zudem stellt James Krüss den

Die Geschichte von dem Zaunkönig und dem Adler oder auch – Die Mücke und der Elefant

Vor langer, langer Zeit war das Reich der Vögel noch aufgeteilt in zwei Königreiche: Über die großen Vögel, die Geier und Reiher, die Störche und Schwäne, die Kondore und die Kormorane, herrschte der Adler. Über die kleinen Vögel, die Spatzen und Stare, die Drosseln und Finken, die Gimpel und die Regenpfeifer, herrschte der Zaunkönig. Nur die Raubvögel, die Falken, Bussarde und Sperber, fühlten sich keinem König untertan. Sie waren freie Raubritter der Lüfte, und wenn sie von einem König redeten, dann konnte es geschehen, dass der eine den Adler und der andere den Zaunkönig meinte.

Eines Tages war der Zaunkönig krank. Alle Vögel redeten über diese Krankheit. So rief auch ein Falke einem Bussard zu: „Der König ist lebensgefährlich erkrankt. Eine Mücke hat ihn gestochen. Jetzt siecht er dahin an einer vergifteten Beule."

„Traurig, traurig", antwortete der Bussard und zog weiter seine Kreise, um nach Beute Ausschau zu halten. Aber unter dem Kreisen bedachte er noch einmal, was der Falke gesagt hatte, und es kam ihm merkwürdig vor. Er glaubte nämlich, der Falke habe mit dem König den Adler gemeint, und es wunderte ihn, dass der Adler von einem kleinen Insektenstich so schwer erkrankt sein sollte. „Wahrscheinlich habe ich schlecht hingehört", dachte der Bussard. „Sagte der Falke wirklich Mücke? Oder sagte er Schnake? Oder vielleicht Schnakentier? Oder gar Schnabeltier?"

Er kreiste weiter, dachte weiter nach und kam zu dem Ergebnis, der Falke müsse Schnabeltier gesagt haben. Also rief der Bussard einer vorbeifliegenden Eule zu: „Der König ist schwer krank. Ein Schnabeltier hat ihn gestochen." „Schlimm, schlimm", antwortete die Eule und flog wieder zum Wald, in dem sie tagsüber schlief.

Aber an diesem Nachmittag konnte die Eule keinen Schlaf finden. Sie dachte immerfort darüber nach, was der Bussard ihr zugerufen hatte. „Wieso kann der Adler von einem Schnabeltier gestochen worden sein?", dachte sie. „Schnabeltiere können doch gar nicht stechen. Wahrscheinlich habe ich schlecht hingehört. Sagte der Bussard wirklich Schnabeltier? Oder sagte er Säbeltier? Oder gar Säbeltiger?" Die Eule dachte weiter nach und kam zu dem Ergebnis, der Bussard müsse Säbeltiger gesagt haben. Also rief die Eule einem Käuzchen im Nachbarbaum zu: „Der König ist todkrank. Ein Säbeltiger hat ihn gestochen."

„Schrecklich, schrecklich", schrie das Käuzchen und flog dann zu einer alten Ruine, in der es gewöhnlich seine Tage verträumte.

Aber an diesem Tage kam das Käuzchen nicht zum Träumen. Es dachte darüber nach, was die Eule zu ihm gesagt hatte. „Säbeltiger sind doch ausgestorben", dachte sie. „Außerdem können Säbeltiger gar nicht stechen. Sollte ich schlecht hingehört haben? Sagte die Eule vielleicht See-Tiger? Oder sagte sie See-Tier? Oder vielleicht See-Elefant?" Das Käuzchen dachte weiter nach und kam zu dem Ergebnis, die Eule müsse See-Elefant gesagt haben. Also rief sie einem vorbeifliegenden Reiher zu: „Der König ist von einem See-Elefanten gestochen worden."

„Grässlich, grässlich", rief der Reiher. Dann flog er weiter zu einem Teich, um Fische zu fangen.

Aber als er am Rande des Teiches durch das Wasser stakte, vergaß er, dass er Fische fangen wollte; denn er dachte ständig darüber nach, was das Käuzchen ihm gesagt hatte. „Wie kommt der Adler mit einem See-Elefanten in Berührung?" dachte er. „Und wieso sollte er den Adler gestochen haben? Sagte es wirklich See-Elefant? Oder sagte es ganz einfach Elefant?" Der Reiher dachte weiter nach und kam zu dem Ergebnis, das Käuzchen müsse Elefant gesagt haben. Also erzählte er allen Vögeln, die es wissen wollten oder auch nicht wissen wollten: „Der Adler ist von einem Elefanten gestochen worden. Mit einem Stoßzahn. Er ist schwer krank."

„Grauenhaft, grauenhaft", riefen alle, die es hörten, und verbreiteten die Nachricht weiter.

So wurde, weil der Bussard den Zaunkönig mit dem Adler verwechselt hatte, aus einer Mücke nach und nach ein Elefant.

James Krüss

„Die Fabelinsel" von James Krüss (ISBN 978-3-414-82229-1)

Vorgang nicht knapp dar, wie es Eigenart der Fabel ist. Dennoch ist dieser Geschichte der fabelähnliche Charakter nicht abzusprechen. Der Text bietet es an, den äußeren Ablauf der Tier-Geschichte auf die Ebene der zwischenmenschlichen Kommunikation zu projizieren. Gerade das Fehlen einer ausdrücklichen Belehrung und die breite Darstellung der Erzählung ermöglichen es schon dem Schüler der 3. Jahrgangsstufe zur Sinnebene vorzudringen.

Ein Gerücht entsteht

„Die Geschichte von dem Zaunkönig und dem Adler" lässt sich abstrahieren auf „Entstehung eines Gerüchts" oder „Eine Information verändert sich beim Weitererzählen". Die Entstehung von Gerüchten kann auf verschiedene Ursachen zurückgehen. Eine Veränderung der Informationsverarbeitung rufen etwa eine depressive Stimmung und Angst, Hoffnung und Euphorie hervor. Ferner sind zu nennen Eitelkeit, der Wunsch in den Vordergrund zu treten, der Gebrauch angelernter Wertungsschemata (Vorurteile) oder das Streben nach eigenem Vorteil.
Fehler können nicht nur bei der Verarbeitung, sondern auch bei Aufnahme und Wiedergabe von Informationen auftreten. Wird der Arbeitsplatzspeicher des Gehirns überlastet, so nimmt das Gehirn nur mehr einen Teil der Informationen auf. Ferner haben die Vögel in unserer Geschichte schon die Erfahrung gemacht, dass die Empfangsorgane nicht immer zuverlässig sind oder die Aufmerksamkeit nicht immer vorhanden ist, denn „wahrscheinlich habe ich schlecht hingehört".
Schließlich verweist auch James Krüss noch auf das Problem des Mediums Sprache. Falke und Bussard ordneten dem Wort König einen jeweils anderen Inhalt zu: Zaunkönig und Adler konnten „König" sein. Bestimmte Wörter können verschiedene Bedeutungen hervorrufen.

Das Problem durch Nachdenken lösen

Bussard, Eule, Käuzchen und Reiher aus unserer Geschichte bemerken in der ihnen mitgeteilten Information Fehler oder Lücken. Dieses so entstandene Problem versuchen sie durch Denken zu lösen. Das, was mit den eigenen Vorstellungen nicht zu vereinbaren ist, wird strukturiert und zu einer individuellen Sinngebung konstruiert. Bei der Wiedergabe von Bildern, Bewegungsabläufen (z. B. Pantomime) oder akustischen Ereignissen (wie z. B. beim Konzentrationsspiel „Flüster-Post") müssen Wahrnehmungen aus der Erinnerung geschildert werden. Dabei wird häufig versucht, sofern logische Probleme vorliegen, der Information eine zusammenhängende, widerspruchsfreie Bedeutung zu geben.

Didaktischer Aspekt

Mögliche Schwerpunkte

Als Schwerpunkte einer Unterrichtsarbeit an diesem Text, ab 3. Klasse, bieten sich an:

- Beim Weitererzählen kann sich eine Nachricht verändern.
- Der Inhalt einer Aussage wird übertrieben.
- Das Sprichwort „Aus einer Mücke wird ein Elefant."
- Auch in meinem Kopf kann ein Gerücht entstehen.
- Das Unerklärliche erklärt sich selbst.
- Ein Gerücht als Ergebnis eines (negativen oder problematischen) Vorgangs bewerten.
- Wege zur Vermeidung von Gerüchten.
- Manche Konflikte können gelöst werden, wenn wir Missverständnisse entdecken und klären.
- Geschichten zur Entstehung von Redensarten erfinden.
- Schreiben einer Fantasiegeschichte (als Fortsetzungsgeschichte, nach Textbegegnung von „Vor langer, langer Zeit ..." bis „... merkwürdig vor").
- Wörter mit doppelter Bedeutung.

Bildungsbedeutsamkeit

Das Thema „Entstehung von Gerüchten" hat eine grundlegende Bedeutung für die zwischenmenschliche Verständigung. Es ist ein häufig anzutreffendes Phänomen; an ihm können Erkenntnisse gewonnen werden, die auf die Erscheinung einer Vielzahl realer Vorgänge der Kommunikation anwendbar sind. Das Problem der Sachrichtigkeit der mündlichen Weitergabe von Informationen findet sich bei Unterhaltungen im Alltag, der Beschreibung eines Geschehens, der Mitteilung von Gehörtem oder bei einer Meinungsbildung. Die Konsequenzen der Entstellung von Tatsachen sind oft sehr negativ zu bewerten, wie es Vorurteile gegenüber einzelne Mitmenschen oder Menschengruppen beweisen. Eine vertiefte Auseinandersetzung mit dem Text schließt mit ein, sich mit den Ursachen von Gerüchten zu befassen. Erst mit dieser Kenntnis ist die Vermeidung von Gerüchten – sofern sie nicht böswillig initiiert werden – möglich.
In der ausgewählten Geschichte sind die Gedankengänge der Nachrichtenübermittler, der verschiedenen Vögel, verbalisiert. Vermag es der Unterricht, die Schülerinnen und Schüler an der Gedankenentwicklung Anteil nehmen zu lassen, so kann dies zur Bewusstmachung des eigenen Denkens beitragen und die Erinnerung an eigene Erfahrungen bewirken.

Unterrichtskonzept

(Anm.: Die Erläuterung zum vorliegenden Unterrichtsbeispiel dient auch dazu, exemplarisch die Grenzen des selbstständigen Lernens im Unterricht der Grundschule aufzuzeigen.) Als eine Idealform für einen eigenaktiven Unterricht könnte folgendes Verlaufsmodell angesehen werden:
Phase I: Die Kinder erlesen in Alleinarbeit den Text; anschließend notieren sie ihre Überlegungen („Mein wichtigster Gedanke") und Fragen.
Phase II: In selbst zusammengestellten Gruppen bearbeiten die Kinder den Text gemäß der bereits gelernten Arbeitsweisen.
Phase III: Sie dokumentieren ihre Arbeit, präsentieren die Ergebnisse und reflektieren darüber.
Zur Arbeit am ausgewählten Text wird jedoch ein Konzept angewandt, das von dieser Idealform abweicht. Das Unterrichtskonzept ist durch *weitgehende Eigenaktivität* gekennzeichnet.

Zur Begründung:
a) In der Regel ist eine Differenzierung erforderlich. Sie ist bedingt durch die Unterschiede in Lesefähigkeit und Lesefertigkeit, in Arbeitsbereitschaft und Konzentration. Methodische und inhaltliche Probleme sind nicht immer absehbar. „Grenzen ergeben sich dann, wenn die Kinder mit dem Entscheidungsspielraum überfordert sind, etwa, wenn es ihnen nicht gelingt, die entscheidungsnotwendigen Informationen zu verstehen" (Carle/Howe 2011, S. 6).
b) Für diese Unterrichtseinheit ist ein Zeitraum von etwa einer Stunde vorgesehen.
c) Der vorliegende Text hat einen größeren Umfang.
d) Es ist beabsichtigt sicherzustellen, dass die Kinder die Aussage eines ausgewählten Schwerpunkts („Beim Weitererzählen kann sich eine Nachricht verändern") verstehen.

Methodischer Aspekt

Der Titel der Geschichte bietet sich gut für das Wecken des Interesses an. Die beiden Teile der Überschrift sind für die Schüler nicht vereinbar; das Problem lässt sich also nur durch das Lesen der Geschichte lösen.

Das *Erlesen von Hauptteil und Schluss* erfolgt in *Differenzierung*:
a) Die Lehrperson liest Kindern, die in der Lesefertigkeit (zusammenhängendes Lesen von Sätzen) Schwierigkeiten haben, diesen Textteil vor (eigene Sitzgruppe); Kinder, die sich im Verlauf ein eigenständiges Erlesen zutrauen (z.B. bei den Abschnittsenden, Zeilen 43, 62, 78), verlassen diese Gruppe.
b) Alle anderen Kinder lesen eigenständig.

Arbeit in situativ gebildeten Gruppen: Die Kinder notieren (gut lesbar) ihre Anliegen und Fragen auf einem Blatt; diese Mitteilungen (mit Namensnennung) werden an einem dafür bestimmten Ort (Seitentafel, gespannte Schnur) angebracht; in der Regel genügt das Angebot von fünf Themen – die Kinder ordnen sich selbst einem Thema (d.h. einer Gruppe) zu. Der Arbeitsbeginn ist erst, wenn der Abschluss der Gruppenbildung absehbar ist.

2.4.2 Zielsetzungen

1. Orientierung an Standards

Lesen – mit Texten und Medien umgehen: über Lesefähigkeiten verfügen; über Leseerfahrungen verfügen; Texte erschließen; Texte präsentieren.
Sprechen und Zuhören: zu anderen sprechen; verstehend zuhören; Gespräche führen; über Lernen sprechen; funktionsangemessen sprechen: informieren, argumentieren; gemeinsam entwickelte Gesprächsregeln beachten: z.B. andere zu Ende sprechen lassen, auf Gesprächsbeiträge anderer eingehen, beim Thema bleiben, Inhalte zuhörend verstehen, gezielt nachfragen, Verstehen und Nicht-Verstehen zum Ausdruck bringen; Lernergebnisse präsentieren; über Lernerfahrungen sprechen (vgl. KMK 2004a, Deutsch).

2. Zielsetzung der Unterrichtseinheit

Die Kinder erschließen sich den Inhalt der Fabel „Die Geschichte von dem Zaunkönig und dem Adler oder auch – Die Mücke und der Elefant" von James Krüss.

3. Schwerpunkte

a) Anwendung von Fertigkeiten und Fähigkeiten des Lesens.
b) Steuerung der Aktivitäten und des inhaltlichen und reflektierenden Zugriffs vorrangig durch die Kinder (falls Punkt 3c darin nicht enthalten ist, gibt die Lehrperson dazu entsprechende Impulse).
c) Erarbeitung des Sachverhalts, dass sich beim Weitererzählen eine Nachricht verändern kann; das Ergebnis dieses Vorgangs wird als Gerücht bezeichnet.

4. Lehrziele

a) Festigung von Fertigkeiten und Fähigkeiten, Arbeitsweisen und -techniken, dabei soll an Sicherheit, Beschleunigung und Differenzierung der Tätigkeiten gewonnen werden und eine situative Anpassung der Texterschließung bzw. der Textinterpretation an die Eigenart des Textes (Charakter einer Fabel; Veränderung einer Nachricht; Struktur der Wiederholung eines gleichen Ablaufs: Nachricht wird erhalten, Logik wird angezweifelt, Nachdenken mit dem Ziel einer stimmigen Aussage, neue Nachricht wird weitergegeben) erfolgen.
b) Darlegung der Struktur des äußeren Ablaufs der Erzählung in einer Übersicht (Übermittlung einer Nachricht; die beteiligten „Personen", Falke, Bussard, Eule, Käuzchen und Reiher, verändern den Inhalt der Nachricht).
c) Entwicklung eigener Gedanken zum Text (z.B. „König" hat doppelte Bedeutung; irgendetwas kommt den Vögeln komisch oder seltsam vor; sie beginnen darüber nachzudenken).
d) Übertragung des Vorgangs „eine Nachricht wird verändert" auf den Menschen.
e) Herstellung der Verbindung von Einsichten (z.B. beim Weitererzählen wird manchmal eine Nachricht verändert, Mitteilungen werden erfunden, Wahrnehmungen sind falsch, emotionale Befindlichkeiten) zu eigenen Erfahrungen.
f) Darstellung des Nachdenkens (Zweifelns, Bedenkens, Grübelns) durch sinngestaltenden Vortrag (Stimmführung, Sprechtempo und dessen Veränderung, Stimmlage, Pausen, Modulation, Lautstärke variieren) der entsprechenden Textstellen (Zeilen 31–35, 47–53, 64–70, 83–87).

2.4.3 Geplanter Verlauf

Artikulation/Inhalt	Unterrichtsaktivitäten/ Sozialformen/Medien
I. Einstieg	
Vorbereitete Tafelanschrift (Überschrift der Geschichte)	wird aufgedeckt
Zu dieser Überschrift einer Geschichte hast du vermutlich einige Ideen.	L
II. Textbegegnung	
1. Der Beginn der Geschichte	
Text, Zeilen 1 mit 27	L trägt vor, S äußern ihre Ideen
Tafelbild, Punkt 1a (vorbereitet: Symbol „Krone"; zwei Kreise mit Inschrift („große Vögel" bzw. „kleine Vögel"), „Raubvögel", Das Wort „König" (siehe Abb. 39) ...	wird vervollständigt
2. Hauptteil und Schluss Text, Zeilen 27 mit 100 Ideen, Überlegungen und Fragen zum Text	Differenzierung (siehe S. 74): S erlesen Text Alleinarbeit
III. Arbeit am Text	Gruppenbildung
1. Schwerpunkte nach individueller Entscheidung (Kinder aus Gruppen, die ihre Arbeit beendet haben, können sich vorbereitete Aufgaben abholen; im Lesen leistungsstarke Kinder erstellen an der Tafel eine Übersicht zum Handlungsablauf – Tafelbild, Punkt 1b (vorbereitet: „Falke", „Bussard", „Eule", „Käuzchen", „Reiher")	Arbeit in Gruppen
2. Darstellung der Ergebnisse	Plenum
3. Gehalt: Beim Weitererzählen kann sich eine Nachricht verändern (Dies kann entweder aus der vorausgehenden Phase (III.2) abgeleitet werden oder Impulse führen darauf hin.)	Sitzkreis
IV. Reflexion	Sitzkreis
Was ist für dich aus dieser Geschichte wichtig?	L
V. Präsentation des Textes	
Sinngestaltendes Vorlesen: Abschnitte, in denen „nachgedacht" wird; Vortrag im Zusammenhang (nicht geübte Textteile werden durch L oder S mit guter Lesefertigkeit vorgelesen)	Partner- oder Gruppenarbeit; Plenum

„Die Geschichte von dem Zaunkönig und dem Adler oder auch – Die Mücke und der Elefant" von James Krüss

1. Die Handlung der Geschichte

a) Das Wort „König" hat nicht für alle Vögel dieselbe Bedeutung.

Adler — Zaunkönig

große Vögel — Raubvögel — kleine Vögel

b) Ein Gerücht entsteht

	Das sagen die Vögel weiter:
Falke	„Mücke"
Bussard	„Schnabeltier"
Eule	„Säbeltiger"
Käuzchen	„See-Elefant"
Reiher	„Elefant"

2. Das ist für mich wichtig:

Wenn wir etwas nicht richtig verstehen, dann machen wir uns unsere eigenen Gedanken.

Abb. 39: Tafelbild zur „Geschichte von dem Zaunkönig …" (Text in Schwarz ist vorbereitet.)

2.4.4 Ergänzende Hinweise

1. Festigung von vorhandenem Können

Fertigkeiten und Fähigkeiten, Arbeitsweisen und -techniken, die eingeführt und angebahnt sein können:

- Überlegungen zum möglichen Inhalt des Textes (ausgehend von Überschrift und Textbegegnung, Zeilen 1 mit 27) anstellen und äußern;
- Impulse als Anregung zum Nachdenken verstehen und darauf inhaltsbezogen reagieren;
- den gelesenen Sätzen einen Sinn zuordnen;
- unbekannte Wörter aus dem Kontext heraus erklären;
- wichtige Einzelheiten im Text auffinden (Beleglesen);
- Fragen zum Text formulieren;
- nach dem Erlesen des Textes: sich für eine spezielle Arbeit am Text (inhaltliche Klärung, sinnbetontes Vorlesen, Auseinandersetzung mit dem Gehalt) entscheiden;
- in der (situativ entstandenen) Lesegruppe textbezogen arbeiten und dabei die vereinbarten Regeln der Kommunikation einhalten;
- das Wissen über Merkmale der Fabel (Personifizierung von Tieren, diese sprechen und denken) auf den vorliegenden Text anwenden;
- die eigenen Erfahrungen beim Lesen dieser Erzählung in Worten ausdrücken;
- das individuell als neu bewertete Wissen in Worte fassen und mitteilen.

2. Varianten der Arbeit am Text

Zur Abstimmung auf die Lehr-Lern-Situation werden einige Varianten der Durchführung aufgezeigt. Ferner ist eine weitreichende eigenständige Texterschließung durch die Kinder von deren Können und Wissen abhängig. Situativ oder grundsätzlich werden Hilfestellungen oder Impulse zur Bearbeitung notwendig.

a) Anfangsphase
- Bilder von Mücke und Elefant. Impuls: Wie gefährlich sie werden können.
- „Aus einer Mücke einen Elefanten machen."
- Zielangabe: Wir werden nun diese Geschichte lesen und darüber nachdenken.
- Die Kinder lesen in Alleinarbeit den Text und haben, bevor eine gemeinsame Arbeit beginnt, Aufgabenstellungen vorliegen (z. B. Das möchte ich zur Geschichte sagen/fragen; Das hat mir gefallen); nachfolgend freie Aussprache mit Klärung von Fragen.
- Begriffe, die möglicherweise erklärt werden müssen: Kondor, Kormoran, Gimpel, Regenpfeifer, siechen, staken.

b) Mittelphase
- Lesen einzelner Textstellen: Suche die Stelle ... bei der du etwas vom Reich der kleinen Vögel erfährst, ... die dir die Nachricht des Falken sagt, ... bei der der Bussard nachdenkt, ... bei der die Eule dem Käuzchen etwas zuruft, ... bei dem das Käuzchen zu einem neuen Ergebnis kommt, ... bei der der Reiher allen Vögeln eine große Neuigkeit erzählt.
- Aufgabe: Suche bitte zusammen mit deinem Partner die Stellen im Text. Welche Vögel geben die Nachricht weiter? Schreibe dazu auf, welchen Täter sie nennen.
- Ausführliche Zusammenfassung der Handlung der Geschichte: Verbalisieren des Schemas (siehe Tafelbild, Pkt. 1b); aus den Stichwörtern und den Pfeilen werden Sätze (kontinuierliche Texte) gebildet; ggf. ergänzt durch Bilder der Vögel.

c) Schlussphase
- Wodurch ist das Gerücht entstanden? Welche Ursache dafür kannst du finden?
- Der Schriftsteller findet ganz bestimmte Sätze, an denen du merkst, dass hier einer nachdenkt.
- Welche Situation taucht immer wieder auf?
- Was tun die Vögel, um die Nachricht zu verstehen?
- Bei jedem „Denker" ändert sich die Nachricht.
- Du kannst die Gedanken „lesen" und hören. Du bemerkst es schon an der Sprache, dass hier jemand denkt. Diese Stellen kannst du üben (klanggestaltendes Lesen).
- Versuche mit einer (sehr) einfachen Zeichnung das „Größer-Werden" des Tieres zu zeigen (z. B. Quadrate klein, dann groß).
- Du kannst jetzt die Redensart verstehen: „Aus einer Mücke einen Elefanten machen".
- Pantomime als Veranschaulichung eines Gerüchts.
- Flüster-Post als Veranschaulichung der Entstehung eines Gerüchts.
- Wie können wir Gerüchte vermeiden?
- Auch beim Lesen kann eine falsche Nachricht entstehen.

3. Inhaltliche Ausweitung

a) „denken"
Wortfeld: ausdenken, begreifen, (sich) besinnen, brüten, einleuchten, einprägen, einsehen, entscheiden, entschließen, grübeln, herumtüfteln, kapieren, klären, klarmachen, lernen, merken, nachdenken, planen, rätseln, studieren, prüfen, vermuten, verstehen, zweifeln, einen Einfall/eine Idee haben.
Redensarten: sich den Kopf zerbrechen; mir geht ein Licht auf, die Köpfe rauchen, sich etwas durch den Kopf gehen lassen.

b) „Gerüchte entstehen"
Wortfeld: ausschmücken, missdeuten, missverstehen, plausibel machen, verwechseln,

übertreiben, verdrehen, vereinfachen, verfälschen, verwechseln.
Redensarten: aus den Fingern saugen; einen falschen Anstrich geben; aus der Luft greifen; einen Bären aufbinden; blauen Dunst vormachen; einem etwas andichten; den Bogen überspannen; viel Lärm um nichts; mit halbem Ohr hinhören; sich vergaloppieren; auf dem Holzweg sein; in die Irre gehen.

c) Äußerungen zu einer Geschichte machen, bei der ein Gerücht entsteht
z. B. „An diesem Wochenende bekommen wir Besuch aus Afrika."

d) Wörter mit mehreren Bedeutungen
Auflauf, Ball, Bank, Blatt, Decke, Drache, Druck, Erde, Eselsohr, Feder, Flügel, Futter, Gang, Gericht, Glas, Hahn, Hof, Horn, Kamm, Karte, Kiefer, Kopf, Körper, Leiter, Mantel, Maus, Note, Pflaster, Schloss, Sprung, Stimme, Stock, Strauß, Strom, Tau, Ton, Tonne, Weide, Zug.

e) Äußerungen mit mehreren Bedeutungen
- Wir treffen uns an der Bank.
- Ich gehe mit dir zur Weide.
- Die Türe fiel ins Schloss.
- Sie kaufte sich eine neue Maus.
- Der LKW hatte mehrere Tonnen geladen.
- Die Überschrift zu diesem Arbeitsblatt lautet: Verschiedene Körper.
- Sieben auf einen Streich.

Abschließende Anmerkung zu „Unterricht vorbereiten"

Eine solide Unterrichtsvorbereitung ist Grundlage für eine positive Unterrichtsentwicklung. Allerdings kann eine Planung von diesem Umfang, wie oben dargestellt, nur in sehr seltenen Fällen vorgenommen werden; sie wird vor allem beim Erlernen des Lehrberufs erforderlich sein. Neben einer guten Unterrichtsplanung sind jedoch ebenso die Persönlichkeit der Lehrerin und des Lehrers wie auch die äußeren Rahmenbedingungen hervorzuheben. Zwei Hinweise sollen dies schlaglichtartig beleuchten:
- „Wenn es überhaupt ein Rezept gibt, dann dieses: Die Kunst der guten Lehrer besteht im großen UND. Sie haben besonders hohe Ansprüche UND besonders viel Verständnis, sie sind äußerst fachorientiert UND persönlich zugewandt, überaus konsequent UND unterstützend. Meister in der Steigerung vieler Dimensionen. Und blitzschnell im Erkennen, welches Verhalten jeweils sinnvoll ist" (Kucklick 2011, S. 39 f.).
- Die Einführung des Kopierers in den 70er-Jahren des letzten Jahrhunderts hatte einen größeren Einfluss auf die Unterrichtsgestaltung, sowohl positiv (z. B. zur Individualisierung) als auch negativ (z. B. in der Verstärkung eines reproduktiven Arbeitsverhaltens), als eine Reihe innovativer Unterrichtskonzepte.

Literatur:

1. Kaiser, Astrid/Pfeiffer, Silke (2007): Grundschulpädagogik in Modulen. Schneider Hohengehren, Baltmannsweiler; S. 112–146, 173–197, 198–204
2. Peterßen, Wilhelm H. (2003): Lehraufgabe Unterrichtsplanung. Das Weingartener Planungsmodell. Oldenbourg Schulbuchverlag, München
3. Sacher, Werner (2006): Didaktik der Lernökologie. Lernen und Lehren in unterrichtlichen und medienbasierten Lernarrangements. Klinkhardt, Bad Heilbrunn/Obb., S. 81–244
4. Sacher, Werner (2008): Von der Planung zur Gestaltung/Imagination. In: Jürgens/Standop 2008c, S. 183–194

3. Unterricht in den Unterrichtsfächern

3.1 Deutsch

3.1.1 Informationen zum Fach Deutsch *(R. Maras)*

Fachliche Grundlagen

1. Begriffe

a) Deutschunterricht „zielt auf den Erwerb von Kompetenzen, die für sprachlich-kommunikatives Handeln allgemein bedeutsam sind. Im Zentrum steht die produktive, rezeptive und reflektierte Auseinandersetzung mit Sprache und Sprachgebrauch. Zentrale Lernfelder sind Sprechen und Zuhören, Schreiben, Sprachreflexion, Lesen/Umgang mit Texten, insbesondere literarischen Texten aller Gattungen und verschiedener medialer Verfassungen. Deutschunterricht leistet einen Beitrag sowohl zur Reading Literacy als auch zu literarischen Rezeptionskompetenzen sowie zur Textkompetenz" (Tenorth/Tippelt 2007, S. 150f.).

b) Sprache ist „ein konventionell vereinbartes System von verbalen oder nicht verbalen Zeichen zu Kommunikationszwecken; im engeren Sinne eine dem Menschen angeborene Ausdrucksform des Denkens, Fühlens und Wollens sowie Mittel der sozialen Verständigung untereinander, die sich durch die Fähigkeit zu begrifflicher Abstraktion, metasprachlicher Reflexion und Kreativität von tierischen und künstlichen Sprachsystemen unterscheidet" (a.a.O., S. 687).

c) Sprachentwicklung meint die „wichtige Entwicklungsaufgabe in der frühen Kindheit. Das Verstehen und die Sprachproduktion ermöglichen erst die Vermittlung von eigenen Absichten an andere und die Teilhabe an der Kultur. Sprachentwicklung umfasst sechs Komponenten: Prosodie (Sprachmelodie und -rhythmus), Morphologie (Lautstruktur), Syntax (Regeln der Satzbildung), Lexikon und Semantik (Wort- und Satzbedeutung), weiter Regeln der Konversation im sozialen Kontext. Meilensteine der Sprachentwicklung sind erste Wörter (zehn bis 14 Monate), 50 Wörter (mit 18 Monaten) als Marke, der eine Benennungsexplosion folgt, danach schneller Worterwerb für Verben. ... grammatikalische Regeln der Muttersprache sind mit fünf Jahren implizit, mit acht Jahren explizit vorhanden" (a.a.O., S. 688).

d) Sprachbewusstheit „... bezeichnet ein bewusst analytisches Verhältnis zu Inhalten und Phänomenen einer Sprache. Darunter werden unterschiedliche Ausprägungen des analytischen Umgangs mit Sprache und des Wissens über sprachliche Phänomene und Sprachverhalten verstanden. Diese Ausprägungen treten bei der Verhaltenssteuerung in sprachlichen Lernprozessen in Erscheinung – insbesondere bei den späten, bewussten Spracherwerben (z.B. Grundtechniken und Strategien des Lesens, Rechtschreibens und Texte-Verfassens)" (Isaac u.a. 2009, S. 28).

e) Sprachkompetenz umfasst die „allgemeine Sprachfähigkeit im Sinne der generativen Transformationsgrammatik von N. Chomsky; Bezeichnung der für die Gesamtheit der im Spracherwerbsprozess erworbenen (auch unbewussten) mentalen Kenntnisse, die ein Individuum von seiner Muttersprache hat" (Tenorth/Tippelt 2007, S. 689).

2. Bedeutung

- Sprachliche Bildung ist wesentlicher Bestandteil der Entwicklung der Gesamtpersönlichkeit (Identitätsfindung, Wirklichkeitserschließung, Medium des Lernens).
- Sprache ermöglicht die Teilnahme an kulturellen Prozessen.
- Sprache dient der Weitergabe und Speicherung von Informationen und der Verständigung. Im Dialog wird eine Verständigung über Wahrnehmungen, Auffassungen, Begriffe, Problemlösungen, Einstellungen, Bewertungen, Regeln, Normen oder Ziele versucht oder herbeigeführt.
- „Mit der Entwicklung der Sprache ist auch die Entwicklung des Intellekts verbunden, und es entstehen Fantasie, abstraktes Vorstellungsvermögen und die Fähigkeit, innere Bilder zu formen" (Wechsler 2002).
- Sprache ist die Grundlage für den Erfolg in Schule, Berufslaufbahn und eigener Lebensführung.

3. Zielsetzungen

- Vermittlung einer grundlegenden sprachlichen Bildung
- Ausbildung und Entwicklung (Erweiterung, Differenzierung) der sprachlichen Fähigkeiten
- Beherrschung der Kulturtechniken Lesen und Schreiben
- Fähigkeit zum bewussten, schöpferischen, zielgerichteten, situationsgerechten sprachlichen Handeln
- Fähigkeit zur sprachlichen Kommunikation
- Einsicht in die Vielfalt und Regelhaftigkeit der Schriftsprache
- Wecken der Freude am Umgang mit Sprache und am Lesen
- Hinführung zur Standardsprache und Anerkennung des Eigenwerts von Mundart und Umgangssprache
- Hinführung zur Teilnahme an das von Sprache (Schriftlichkeit, Mündlichkeit) bestimmte gesellschaftliche Leben

4. Kompetenzbereiche und Standards (KMK)

a) Kompetenzbereiche des Faches Deutsch

„In der Grundschule erweitern die Kinder ihre Sprachhandlungskompetenz in den Bereichen des Sprechens und Zuhörens, des Schreibens, des Lesens und Umgehens mit Texten und Medien sowie des Untersuchens von Sprache und Sprachgebrauch.

- ***Sprechen und Zuhören:*** zu anderen sprechen; verstehend zuhören; Gespräche führen; szenisch spielen; über Lernen sprechen.
- ***Schreiben:*** über Schreibfertigkeiten verfügen; richtig schreiben; Texte planen; Texte schreiben; Texte überarbeiten.
- ***Lesen – mit Texten und Medien umgehen:*** über Lesefähigkeiten verfügen; über Leseerfahrungen verfügen; Texte erschließen; Texte präsentieren.
- ***Sprache und Sprachgebrauch untersuchen:*** grundlegende sprachliche Strukturen und Begriffe kennen; sprachliche Verständigung untersuchen; an Wörtern, Sätzen, Texten arbeiten; Gemeinsamkeiten und Unterschiede von Sprachen entdecken.
- ***Methoden und Arbeitstechniken:*** Methoden und Arbeitstechniken werden jeweils in Zusammenhang mit den Inhalten jedes einzelnen Kompetenzbereichs erworben" (KMK 2004a).

b) Ausgewähltes Beispiel für Standards für die Kompetenzbereiche des Faches Deutsch

Texte erschließen: „Verfahren zur ersten Orientierung über einen Text nutzen; gezielt einzelne Informationen suchen; Texte genau lesen; bei Verständnisschwierigkeiten Verstehenshilfen anwenden: nachfragen, Wörter nachschlagen, Text zerlegen; Texte mit eigenen Worten wiedergeben; zentrale Aussagen eines Textes erfassen und wiedergeben; Aussagen mit Textstellen belegen; eigene Gedanken zu Texten entwickeln; zu Texten Stellung nehmen und mit anderen über Texte sprechen; bei der Beschäftigung mit literarischen Texten

Sensibilität und Verständnis für Gedanken und Gefühle und zwischenmenschliche Beziehungen zeigen; Unterschiede und Gemeinsamkeiten von Texten finden; handelnd mit Texten umgehen: z. B. illustrieren, inszenieren, umgestalten, collagieren" (KMK 2004a).

Didaktische Grundsätze

1. Sprachliche Entwicklung auf individuellen Lernwegen

Die Sprache des Kindes entwickelt sich in der Wechselbeziehung zwischen den Verhaltensäußerungen des Kindes und seiner Umwelt. Sie ist deshalb abhängig vom kulturellen und sozialen Hintergrund, von der regionalen Herkunft und von der familiären Sprachsituation. Die individuelle Sprachsituation äußert sich in der Sprachverwendung, im Erkennen einer Sprachhandlungssituation, im Umfang des Wortschatzes, in Satzbau und Sprachmuster oder im Gebrauch von Redewendungen und abwechselnden Satzstrukturen.
Die Lehrperson erhält einen Einblick in die Sprachsituation des einzelnen Kindes durch dessen mündliche und schriftliche Äußerungen und auch durch die begleitenden non-verbalen Vorgänge. Die sprachlichen Voraussetzungen bilden den Ausgangspunkt für die individuelle weiterführende Arbeit im Deutschunterricht.
Verschiedene Maßnahmen unterstützen diese Arbeit:

- Bereitstellen von Situationen, in denen die Kinder Gelegenheiten zu sprachlichen Äußerungen haben, z. B. im Morgenkreis oder Notieren eigener Vorstellungen zu Bildern oder Texten (auch in einem „Sprach-Tagebuch").
- Eingehen auf Schüleräußerungen durch Impulse und Fragen. (Dadurch werden die Kinder angeregt, ihre Aussagen – neben der inhaltlichen Vertiefung – sprachlich zu differenzieren.)
- Lernberatung, z. B. Hinweis auf zutreffende und ähnliche Begriffe und Sprachmittel mit dem Ziel einer Ergänzung, Präzisierung oder Richtigstellung; weiterführende Anmerkung zu geschriebenen Texten und Hefteinträgen (hier: Schrift und Schreiben); Aufgabenstellung zu ausgewählten Übungsbereichen und -inhalten (z. B. Gesprächsregeln, aktives Zuhören, Wörter gliedern, sinngestaltender Vortrag, einen Schluss zu einer Geschichte erfinden).
- Führung von Aufzeichnungen zu Leistungen in den einzelnen fachlichen Lernbereichen; entsprechende Auswertung von Probearbeiten.

2. Lebensweltorientierung

Die Anlässe zu Sprachäußerungen, zur Sprachbegegnung, zur Auseinandersetzung mit Sprache und zur Reflexion über Sprache werden der Lebenswelt entnommen. Die neu erworbenen sprachlichen Kenntnisse und Fertigkeiten sind in verschiedenen Lebenssituationen anwendbar.
Beispiele:
Miteinander ein Gespräch aufnehmen und führen, sich etwas wünschen, jemanden fragen, ein Sachproblem oder ein Rätsel lösen; Geschichten erfinden; zu Bildern, zu Vorgängen, zu Erlebnissen mit Tieren (usw.) Texte schreiben oder lesen; Einladungen und Sachtexte schreiben und gestalten; Piktogramme oder Schlagzeilen deuten; das Verhalten von Figuren aus Geschichten nachempfinden, mit den eigenen Erfahrungen vergleichen und Alternativen dazu entwickeln; gezielt Informationen aus Gebrauchstexten entnehmen; Stichpunkte festhalten und für ein Kurzreferat zusammenstellen.

3. Kommunikatives Handeln

Sprache dient dem Verstehen und der Verständigung. Sie ist das wichtigste Mittel, um sich selbst Klarheit über Zusammenhänge, Handlungen, Verhaltensweisen, Ereignisse und Sachverhalte zu verschaffen. Die sprachliche Kommunikation ist ein interaktiver Vorgang, in dem der Mensch als Partner agiert, er ist Hörer und Sprecher, Leser und Schreiber, und in den Situationen der sprachlichen Kontaktaufnahme und Verständigung reagieren die Kommunikationspartner wechselseitig aufeinander. Somit enthält Kommunikation – vor allem im mündlichen Bereich – immer eine soziale Dimension.

Eine Vielzahl von Möglichkeiten, um kommunikatives Handeln anzuregen und zu reflektieren, bietet sich an, so z. B.

- Erzählen besonderer Erlebnisse aus Schulalltag, Familie, Freundeskreis;
- durch Diskussion einfache Gesprächsregeln oder Arbeitsregeln festlegen;
- auf Gesprächsbeiträge Bezug nehmen und diese weiterführen;
- aktives Zuhören;
- Konflikte erkennen und erfahren, dass sich durch Gespräche Möglichkeiten zur Lösung ergeben;
- die Verständigungsfunktion der Sprache bewusst machen (Erfinden und Verwenden von Zeichen);
- Schreiben von Briefen und Nachrichten (Klassenkorrespondenz);
- gemeinsames Verfassen und Überarbeiten von Texten;
- gemeinsames Erstellen einer Dokumentation über einen Sachverhalt;
- die Vorstellung eines Textinhalts durch die Klanggestalt zum Ausdruck bringen;
- Gestalten und Vergleichen von Schreibprodukten;
- die Wirkung sprachlicher Äußerungen und von Gestaltungsmitteln erproben und vergleichen;
- die Bedeutung unbekannter Begriffe aus einem Textzusammenhang entnehmen und die eigene Interpretation darlegen;
- Vermutungen über den möglichen Verlauf einer Geschichte darlegen;
- im Gespräch Verhaltensweisen der Personen einer Geschichte bewerten;
- Erklären von Sachverhalten, Stellung nehmen, begründen und argumentieren.

4. Ästhetisches Lernen

Im Deutschunterricht der Grundschule zeigt sich das ästhetische Lernen in einem unmittelbaren und intuitiven Zugang zur Sprache und in einem offenen und fantasievollen Umgang damit.
Beispiele:

- Zuhören lernen (bei einer Erzählung, einem Hörbild);
- symbolhaften Darstellungen Bedeutungen zuordnen;
- ritualisierte Sprachäußerungen sammeln, aussprechen und ihre Wirkung darlegen;
- Sprach- und Schreibspiele sammeln und durchführen;
- den Bewegungsablauf beim Spuren von Buchstaben und Buchstabengruppen als rhythmisch erfahren, seine beruhigende Wirkung spüren, mit Worten und Summen begleiten;
- Texte laut lesen (bereits in der Phase Text- oder Sprachbegegnung); die Empfindungen beim Sprechen oder Hören darlegen;
- Wortbedeutungen durch Schriftgestaltung zum Ausdruck bringen;
- sich der Bildhaftigkeit oder Mehrdimensionalität von Wörtern und Ausdrücken bewusst werden;
- dramatische oder lyrische Texte in Bewegungen oder Spielszenen umsetzen;
- themenorientierte Bücher verfassen, mit Texten und Bildern gestalten;
- zu literarischen Textvorbildern schreiben.

Literatur:

1. Bartnitzky, Horst (2010): Sprachunterricht heute – Sprachdidaktik, Unterrichtsbeispiele, Planungsmodelle. Cornelsen Scriptor, Berlin
2. Payrhuber, Franz-Josef (2009): Schreiben lernen. Texte verfassen in der Grundschule. Schneider Hohengehren, Baltmannsweiler, 5. vollst. überarb. und erw. Aufl.; unter Mitarbeit von Gabriele Gien und Martina Kreiner

3.1.2 Schriftspracherwerb
(J. Ametsbichler)

Fachliche Grundlagen

1. Begriff

Schriftspracherwerb ist eine Basiskompetenz in einem fortdauernden Lernprozess. Er bedeutet mehr als das Erlernen der Kulturtechniken des Lesens und Schreibens. „Schriftspracherwerb bedeutet Denkentwicklung, die auf den Erwerb umfassender Handlungskompetenz zielt" (Schründer-Lenzen 2009, S. 14).

2. Schriftsprache als eine weitere Sprachform

Die Schriftsprache ist eine andere Sprachform, die die Kinder neben der mündlichen Sprache erlernen und verstehen. Mit der Schriftsprache erweitern sich die Kommunikationsmöglichkeiten gegenüber der Mündlichkeit erheblich. Schrift fungiert als Medium der Kommunikation und als Gedächtnis. Das Geschriebene hat Bestand und kann jederzeit überprüft werden.
Lesen und Schreiben sind kognitive Umwandlungsprozesse. „Lesenlernen ist einerseits der Erwerb von Kenntnissen der wichtigsten Regeln der lautorientierten Schrift und ihrer Normen und Konventionen, andererseits die Bildung mentaler Modelle zu dem übermittelten Inhalt" (Jeuk/Schäfer 2009, S. 15). Beim Lesen versucht der Leser, die Aussageabsichten des Autors zu rekonstruieren. Den Prozess der Umwandlung von Schriftzeichen in Lautzeichen nennt man Decodieren. Schreiben ist die Umsetzung von Sprach- und Denkakten in Schriftzeichen. Die Umwandlung von Lauten gesprochener Sprache in Schriftzeichen nennt man Recodieren. Leser und Schreiber müssen die Regeln der Umwandlung kennen (vgl. a. a. O., S. 15). Kinder brauchen im Prozess des Schriftspracherwerbs individuelle Unterstützung.
Auf einer erfolgreichen Bewältigung des Schriftspracherwerbs können alle anderen Fächer und Lernbereiche aufbauen.

3. Phonetik und Phonologie

Die deutsche Schrift bezeichnet man als eine laut*orientierte* Alphabetschrift. Die Korrespondenz zwischen gesprochener und geschriebener Sprache besteht auf der Ebene der Phoneme und Grapheme (vgl. Schründer-Lenzen 2009, S. 49).
Viele Schreibanfänger orientieren sich bei ihren ersten Versuchen an ihrer individuellen Aussprache (Auslassung von Lauten, die im Lautschatten liegen, z. B. <e_le_t> für erlebt). Zu Beginn des Schreibprozesses müssen die Kinder lernen, genau auf ihre Aussprache zu achten und zu verschriften, was sie hören. Die so aufgebauten Lautschemata müssen in Schreibschemata umgewandelt werden. Das phonografische Prinzip stellt die Basis der Schreibung der Wörter dar. Das bedeutet, dass Kinder zuerst *schreiben* lernen müssen und erst dann *rechtschreiben* (vgl. Möckel, in Jeuk/Schäfer 2009, S. 47).
Die Laute, die als Buchstaben zu verschriften sind, werden isoliert anders wahrgenommen als im artikulatorischen Zusammenhang des Wortes. Das Isolieren der Phoneme muss erst gelernt werden (phonologische Bewusstheit im engeren Sinn). Nach Augst/Dehn muss ein Kind beim Schriftspracherwerb einerseits die Regel lernen: „Schreib, wie du sprichst", andererseits aber ebenso die umgekehrte Regel: „Sprich, wie du schreibst" (vgl. Augst/Dehn 2009, S. 81ff.). So wird zusammen mit dem Erwerb der Schrift der Gebrauch der deutschen Standardsprache gelernt und eingeübt.

4. Methodenkonzeptionen

Eine einheitliche Theorie des Schriftspracherwerbs liegt bis zum heutigen Zeitpunkt noch nicht vor. In den beiden traditionellen extremen Methodenkonzeptionen des synthetischen und des ganzheitlichen (analytischen) Verfahrens können am Anfang des Schriftspracherwerbs stärker die Elemente oder die Bedeutung von Schrift im Mittelpunkt stehen. Daneben gibt es als vermittelnde Methodenpositionen das analytisch-synthetisch orientierte bzw. das methodenintegrierende Verfahren. Analytisch-synthetische Verfahren gehen von sprachlichen Einheiten (Wörtern oder Sätzen) aus, analysieren die Laute und Buchstaben und verbinden diese in der Synthese wieder. Aktuelle Ansätze orientieren sich stärker an der gesprochenen Sprache und verbinden das Lesen- und Schreibenlernen zu einem integrierten Schriftspracherwerbsprozess. In der Schulpraxis hat sich die Druckschrift als einheitliche Anfangsschrift (Schreibdrucken) durchgesetzt.

Das Anliegen des *Spracherfahrungsansatzes* ist es vor allem, Kindern individuelle Zugänge zur Schriftsprache zu ermöglichen. Er verzichtet auf einen festgeschriebenen Lehrgang. Im Vordergrund steht der Schriftspracherwerb durch Schriftsprachgebrauch. Der Unterricht orientiert sich an den Lernwegen der Kinder und unterstützt ihre Such- und Lernprozesse in Richtung auf das Ziel des Lesenkönnens. Der Begriff des Spracherfahrungsansatzes wird für viele verschiedene Ansätze gebraucht und ist somit nicht eindeutig. Es gibt nicht *den* Unterricht nach dem Spracherfahrungsansatz. Der Grundsatz der Individualisierung darf aber nicht verabsolutiert werden. Es besteht sonst die Gefahr, dass die Gruppe bzw. Klasse als Anregungs- und Kommunikationsgemeinschaft übersehen wird (vgl. Speck-Hamdan 2008, S. 4–5).

Das besondere Kennzeichen des Verfahrens *„Lesen durch Schreiben"* (nach J. Reichen) ist eine Lauttabelle. Von Anfang an wird mit dem gesamten Laut- und Buchstabenbestand gearbeitet. Die Zuordnung eines Lautes zu einem Schriftzeichen erfolgt durch Vergleich mit einem bildlich dargestellten Referenzwort. Das Wort, das geschrieben werden soll, wird vollanalysiert. Teilanalysiert werden die Referenzwörter der Lauttabelle. Diese Methode bietet aber vor allem Kindern, die in besonderem Maße auf eine Hilfestellung angewiesen sind, keinen didaktisch-methodisch strukturierten Erwerb des Lesens. Problematisch ist auch das Fehlen von Vorbildern für das Richtig-Geschriebene (vgl. Schründer-Lenzen 2009, S. 126).

Situation des Kindes

1. Voraussetzungen des Schriftspracherwerbs

Ein gelingender Schriftspracherwerb ist von zahlreichen Bedingungen anhängig. Es sind dafür nicht nur Sprache und Kognition, sondern spezielle Fähigkeiten in fast allen Wahrnehmungsbereichen sowie sensorische Leistungen erforderlich.

Die phonologische Informationsverarbeitung ist eine Voraussetzung für den Schriftspracherwerb, die sich aus den beim Lesen und Schreiben beteiligten Prozessen ableiten lässt. Unter diesen Begriff fallen Prozesse der Aufnahme, der Speicherung, der Verarbeitung und des Abrufs phonologischer Informationen.

Zur phonologischen Informationsverarbeitung gehören folgende Teilbereiche:

1) die Einsicht in die Lautstruktur der gesprochenen Sprache (phonologische Bewusstheit)

2) das Bereitstellen von Lautfolgen im Arbeitsgedächtnis (phonologisches Arbeitsgedächtnis)

3) der Zugang zum inneren Lexikon durch die Umwandlung schriftlicher Symbole in lautsprachliche Repräsentationen (Zugriff auf das Langzeitgedächtnis) (vgl. Marx 2007, S. 43).

Wir unterscheiden die phonologische Bewusstheit in Bezug auf größere sprachliche Einheiten wie Wörter, Silben oder Reime (phonologische Bewusstheit im weiteren Sinne) von der phonologischen Bewusstheit in Bezug auf Phoneme (phonologische Bewusstheit im engeren Sinne). Die phonologische Bewusstheit im weiteren Sinne gilt als wichtigste Vorläuferfertigkeit für den Schriftspracherwerb.

Phonologische Bewusstheit hat auch Prognosekraft im Hinblick auf die Entwicklung des Schriftspracherwerbsprozesses.

	Fähigkeiten und Einsichten	Lesen	Schreiben	
1	Nachahmung äußerer Verhältnisse	*„Als-ob"-Vorlesen*	*Kritzeln*	1
2	Kenntnis einzelner Buchstaben an Hand figurativer Merkmale	*Erraten von Wörtern* aufgrund visueller Merkmale von Buchstaben oder -teilen (Firmenembleme benennen)	*Malen von Buchstabenreihen,* Malen des eigenen Namens	2
3	Beginnende Einsicht in den Buchstaben-Laut-Bezug, Kenntnis einiger Buchstaben/Laute	*Benennen von Lautelementen,* häufig orientiert am Anfangsbuchstaben, Abhängigkeit vom Kontext	*Schreiben von Lautelementen* (Anlaut, prägnanter Laut zu Beginn des Wortes), „Skelettschreibungen"	3
4	Einsicht in die Buchstaben-Laut-Beziehung	*Buchstabenweises Erlesen* (Übersetzen von Buchstaben- und Lautreihen), gelegentlich ohne Sinnverständnis	*Phonetische Schreibungen* nach dem Prinzip „Schreibe, wie du sprichst"	4
5	Verwendung orthografischer bzw. sprachstruktureller Elemente	*Fortgeschrittenes Lesen* Verwendung größerer Einheiten (z.B. mehrgl. Schriftzeichen, Silben, Endungen wie -en, -er)	*Verwendung orthografischer Muster* (z.B. -en, -er; Umlaute), gelegentlich auch falsche Generalisierungen	5
6	Automatisierung von Teilprozessen	*Automatisiertes Worterkennen* und Hypothesenbildung	*Entfaltete orthografische Kenntnisse*	6

Abb. 40: Entwicklungsmodell des Lesen- und Schreibenlernens nach Renate Valtin (Jeuk/Schäfer 2009, S. 77)

Kinder mit einem gering entwickelten phonologischen Bewusstsein gelten als „Risikokinder" des Schriftspracherwerbs (vgl. Schründer-Lenzen 2009, S. 34).

2. Elementare Schriftkultur

Kinder, die im Vorschulalter das Lesen in seinen sozialen, inhaltlichen und ästhetischen Bezügen kennenlernen, legen einen wichtigen Grundstein für den Spracherwerb und Schriftspracherwerb. Sie gewinnen erste Einsichten, dass es sich bei Schriftzeichen um Symbole handelt, die auf eine bestimmte Weise die gesprochene Sprache repräsentieren. Auch die kommunikative Funktion von Schrift wird entdeckt.

3. Stufenmodelle des Schriftspracherwerbs

Schriftspracherwerb wird allgemein als Entwicklungsprozess verstanden, der sich in Stufen vollzieht. „Nach neueren Erkenntnissen lässt sich sagen, dass es durchaus vergleichbare Phasen oder Schritte gibt, die

aber in der Dauer, den Ausprägungen und Schwierigkeiten heterogen und individuell sein können" (Jeuk/Schäfer 2009, S. 71).
Das Modell von Valtin (siehe Abb. 40) verdeutlicht, dass jedes einzelne Kind charakteristische Probleme beim Schriftspracherwerb hat, die allerdings nicht als individuelle Defizite gekennzeichnet werden dürfen.
Lehrpersonen können sich an Entwicklungsmodellen orientieren, um die Lernprozesse der Kinder besser zu verstehen. Insofern sind sie auch Hilfen zur Diagnostik. Die mangelnde Passung zwischen den Lernvoraussetzungen der Kinder und den schulischen Lernbedingungen ist eine Ursache für die Entwicklung von Lernschwierigkeiten.

4. Lesen und Schreiben als Problemlöseprozesse

Am Lese- und Schreibprozess ist das Kind durch Hypothesenbildung und Erprobung aktiv und konstruktiv tätig. Die Schriftaneignung wird als Problemlöseprozess verstanden, bei dem sich das Kind die richtige Schreibung nach und nach aneignet (vgl. Wildemann 2010, S. 72).
Die Regelhaftigkeit der Schriftsprache soll sich das Kind selbst erschließen. Beim freien Schreiben kann es Schrift und Text erfahrungsorientiert und konstruktiv gestalten.

5. Schriftspracherwerb bei mehrsprachigen Kindern

Der Anteil der zwei- und mehrsprachigen Kinder hat in den vergangenen Jahren zugenommen. Auch diese Kinder durchlaufen in der Regel einen Erstspracherwerb und verfügen damit über vergleichbare sprachliche Fähigkeiten in ihrer Erstsprache. Hinzu kommt nun aber noch der Erwerb der deutschen Sprache als Zweitsprache.

Aktuelle Erkenntnisse der Zweitspracherwerbsforschung und der deutschdidaktischen Diskussion lassen sich wie folgt kurz zusammenfassen:

- Im Erst- und Zweitspracherwerb sind ähnliche Entwicklungsschritte zu beobachten. Die Fähigkeit, eine Sprache zu erwerben, ist also angeboren.
- In einigen Fällen greifen mehrsprachige Kinder auf die Strukturen ihrer Erstsprache zurück. Das trifft vor allem für das Schreiben zu.
- Kinder erreichen unterschiedliche Kompetenzniveaus im zweisprachigen Spracherwerb.
- Mehrsprachige Kinder entwickeln „Lernersprachen", die Elemente der Erst- und der Zielsprache enthalten.

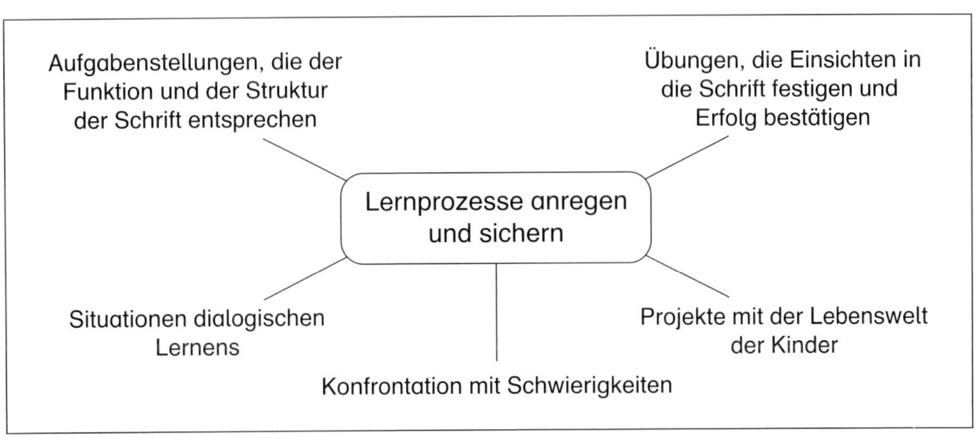

Abb. 41: Lernprozesse anregen und sichern

Zielsetzungen

1. Pädagogische Zielsetzungen

Schriftspracherwerb ist im Wesentlichen Denkentwicklung. Über eigenaktiven, problemlösenden Umgang mit Schrift gewinnen die Kinder Einsichten in die Bauprinzipien der Schriftsprache und ihren Zusammenhang mit der gesprochenen Sprache. „Teilhabe an Schriftkultur setzt *sinn-volles* Lernen voraus, erfordert die Bindung schulischer Lern- und Vermittlungsprozesse an die Funktion der Schriftsprache: etwas niederzuschreiben und mitzuteilen, von anderen etwas zu erfahren, Gedachtes festzuhalten, zu gestalten und aufzubewahren" (Helbig 2005 u.a., S. 19). Lerninhalte, die für die Kinder emotional positiv besetzt sind, fördern das Interesse am Lerngegenstand.

Bereits im Schriftspracherwerb sind Ansätze kreativen Schreibens realisierbar (z.B. freies (Er-)Schreiben erster Wörter, kleiner Sätze oder Texte). Dies setzt voraus, dass unkonventionelle Lösungen und Umwege, die Aufrechterhaltung der Neugier und Interesse zugelassen werden. Auch Grundschulkinder sind in der Lage selbstständig, selbstverantwortlich und zugleich zielorientiert und aufmerksam zu arbeiten, sofern geeignete Lernmaterialien und Aufgaben bereitgestellt werden. Die Kooperationsfähigkeit kann durch das gemeinsame Lösen von Problemaufgaben gefördert werden. Für spontanes kooperatives Lernen gibt es im Schriftspracherwerb viele Möglichkeiten (z.B. einen Brief gemeinsam entziffern). Am Schulanfang werden für die Entwicklung eines positiven Selbstkonzepts und Selbstwertgefühls entscheidende Weichen gestellt. Im Mittelpunkt stehen vor allem die Orientierung am Lernweg des Kindes und das Aufzeigen des individuellen Lernfortschritts (vgl. a.a.O., S. 18f.).

2. An das Sprachwissen der Kinder anknüpfen

Aufgabe des sprachlichen Anfangsunterrichts ist es, an den individuellen Bedingungen anzuknüpfen und diese für den kindlichen Lernprozess auszuschöpfen. Wichtig ist das Wissen über die (Schrift-)Sprache, das die Schulanfänger mitbringen. Eine entscheidende Rolle beim Verstehen der Schriftsprache spielt die Phonem-Graphem-Korrespondenz. Die Lernenden müssen sich Phoneme und Morpheme erst allmählich erwerben, da das Lautprinzip und das Stammprinzip große Bedeutung für das Schreiben und Lesen haben. Die sprachliche Einheit Silbe ist den Kindern durch sprechmotorische Übungen wie Abzählverse u.ä. zugänglich. Die sprachlichen Einheiten Laut/Buchstabe, Wort und Satz erschließen sich die Lernenden erst in der Schule. Die phonologische Bewusstheit ist die bedeutsamste Voraussetzung für einen erfolgreichen Schriftspracherwerb, die auch trainiert werden kann.

3. Entwicklungsorientiert diagnostizieren

Der individuelle Lernstand sowie die jeweilige Schreib- und Lesestrategie eines Kindes müssen sachgemäß diagnostiziert werden. Zur Diagnose des schriftsprachlichen Entwicklungsstandes stehen auch entsprechende Entwicklungsmodelle zur Verfügung (siehe Abb. 40, S. 86). Fehler werden als Denk-(Um-)wege zum Verständnis der Schriftsprache begriffen.

4. Inhaltsbezogene Kompetenzen

- Einblick gewinnen in die Bedeutung von Lesen und Schreiben (Schrift als Kommunikationsmittel und als ein System visueller Zeichen)
- Beherrschen des Aufbaus der Schriftsprache (Entwickeln einer differenzierten Wahrnehmungsfähigkeit; Laut-Buchstaben-Beziehungen)
- Beherrschen der Lesetechnik (Analyse und Synthese; Lesen von Wörtern, Sätzen und Texten)

- Kennen von Verfahren zum sinnverstehenden Lesen von Wörtern, Sätzen und Texten (sich Austauschen über Gelesenes; lautes, leises und stilles Lesen)
- Verwenden einer Druckschrift als Erstschrift (eigene Texte für andere lesbar aufschreiben)

Didaktische Überlegungen

1. Lernvoraussetzungen feststellen und Lernwege beobachten

Den Lehrpersonen steht eine große Vielfalt von Diagnoseinstrumenten, standardisierten Tests und Beobachtungsverfahren zur Verfügung, um sich von den Lernvoraussetzungen, aktuellen Lern(entwicklungs)ständen und Leistungen der Kinder ein Bild machen zu können. Beobachtungen geben Einblick in das individuelle Können und die Zugriffsweisen bei der Auseinandersetzung mit der Schrift. Grundlage dafür ist die Bereitschaft der Lehrenden, die sprachlichen Handlungen der Kinder verstehen und nachvollziehen zu wollen. „Eine ‚Diagnostik und Didaktik des Könnens' meint hier vor allem, dass die ‚Defizitbrille' abgelegt wird" (Wildemann 2010, S. 170).
Zentral sind die drei *förderdiagnostischen Leitfragen* von Dehn (vgl. Dehn/Hüttis-Graff 2010, S. 64):

- Was kann das Kind schon? (Lernprozess)
- Was muss es noch lernen? (Anspruch des Lerngegenstandes)
- Was kann es als Nächstes lernen? Was will es als Nächstes lernen? (didaktisch-methodische Entscheidung)

Auch das sprachliche Können zwei- und mehrsprachiger Kinder in der Erstsprache und Deutsch als Zweitsprache muss berücksichtigt werden. Sprachbewusstheit und Sprachwissen können dadurch zusätzlich gefördert werden. Andere Sprachen werden so auch für das eigene Lernen sichtbar. Kinder können beispielsweise Sprachstrukturen vergleichen („Bei uns heißt das so …") und individuelle Wörterbücher anlegen (Sammlung von Wörtern in verschiedenen Sprachen).

2. Förderung auf der Grundlage von diagnostischen Verfahren

Die folgende Übersicht soll helfen, die einzelnen Schritte der Lernstandserhebung und Förderung von Kindern zu planen und aufeinander abzustimmen (vgl. Jeuk/Schäfer 2009, S. 149):
1. Auswahl der Erhebungsinstrumente
2. Datenerhebung: Tests, informelle Verfahren, Unterrichtsbeobachtungen, Interviews, Lerntagebücher etc.
3. Datenanalyse: Was kann das Kind? Was muss es noch lernen?
4. Auswahl von Förderschwerpunkten: Was soll, will und kann das Kind noch lernen? Welcher dieser Lerngegenstände hat Vorrang?
5. Zielbestimmung: Wer soll welches Ziel mit welchen Mitteln erreichen, damit die Schreib- und Lesekompetenz des Kindes gefördert wird? Wie kann beobachtet werden, ob das Ziel erreicht wurde?
6. Methodenauswahl: Mit welchen Methoden können die oben bestimmten Ziele erreicht werden?
7. Durchführung der Förderung
8. Evaluation: Wurden die Ziele erreicht? Welche neuen Ziele sollen erreicht werden? Wurden Ziele nicht erreicht? Was muss am Handlungsplan geändert werden?

Differenzierungen sollten im Hinblick auf das Lernmaterial (z. B. Lesematerialien und Texte für unterschiedliche Leseniveaus) und die Lernanforderungen erfolgen. Teilfertigkeiten sollten regelmäßig geschult werden (kurzes tägliches Ritual).
Schwieriger als der Anlaut ist der Auslaut wahrzunehmen und zu kennzeichnen, da dieser oft unbetont ist. Ob ein Laut in der Mitte liegt, ist für die Kinder oft unklar, weil nicht immer eindeutig ist, was unter „Mitte" zu verstehen ist. Lautwerte können sich auch je nach den umgebenden Lauten unterscheiden (sog. Koartikulation). Von daher sind entsprechende Ankreuzübun-

gen nicht unproblematisch. Einfacher wäre die Frage, ob ein bestimmter Laut überhaupt vorkommt (vgl. a.a.O., S. 45).
Unterricht darf aufgrund extensiver Binnendifferenzierung (spezifische Lernangebote für spezielle Lernbedürfnisse) für Lehrperson und Kinder nicht unübersichtlich werden. Strukturen und Rituale bilden einen notwendigen Handlungsrahmen. Er gibt den Kindern Sicherheit.
Viele Aufgaben können allen Lernenden gleichermaßen gestellt werden, wenn sie auch in der Einschätzung der Kinder auf unterschiedlichen Niveaus gelöst werden.

3. Lehrgangsorientierung oder Lernwegsorientierung?

Die Mehrheit der heutigen Fibeln ist methodenintegrativ angelegt. Sie folgen aber weiterhin dem Lehrgangsprinzip. Eine Fibel erleichtert die Unterrichtsgestaltung durch die vorgegebene Struktur. Sie berücksichtigt jedoch dadurch weniger das individuelle Können und die Erfordernisse der Kinder. Lehrwerke versuchen zunehmend, differenziertes und selbstständiges Lernen in den Lernmaterialien für die Kinder umzusetzen. So basieren moderne Fibellehrgänge auf einem Bausteinprinzip unterschiedlicher Materialien, die die Lehrperson zum Differenzieren auffordern.

Die Lehrperson kann heute aus vielen Produkten des Lernmittelmarktes auswählen. Sie muss dabei aber besonders auf Überschaubarkeit, sachliche Richtigkeit und didaktische Qualität achten.

Als Alternative zum Fibeleinsatz gilt das Herstellen von Eigenfibeln. Das Kind verwendet Wörter aus seinem eigenen Wortschatz und kann sie mit Bildern und anderen Gestaltungsmitteln ergänzen. Die Lehrperson unterstützt und strukturiert das eigene Schreiben durch entsprechende Angebote (z.B. Wörterkartei, Wörterbuch), damit die Kinder lernen, frei und richtig zu schreiben. Eigene Textprodukte dokumentieren so die Fortschritte eines Kindes. „Eigenfibeln können begeistern mit ihrem methodischen und poetischen Einfallsreichtum. Sie können aber auch vor Unsystematik und linguistischen Fehlern strotzen und durch die Betulichkeit ihrer Texte abschrecken" (Menzel 2008, S. 51).
Für den Anfangsunterricht zum Lesen- und Schreibenlernen haben Brinkmann/Brügelmann ein Vier-Säulenmodell entwickelt, das Hinweise für die Strukturierung enthält (siehe Abb. 42). Dabei erweist sich das Wechselspiel von individuellen und gemeinsamen Aktivitäten als besonders produktiv.

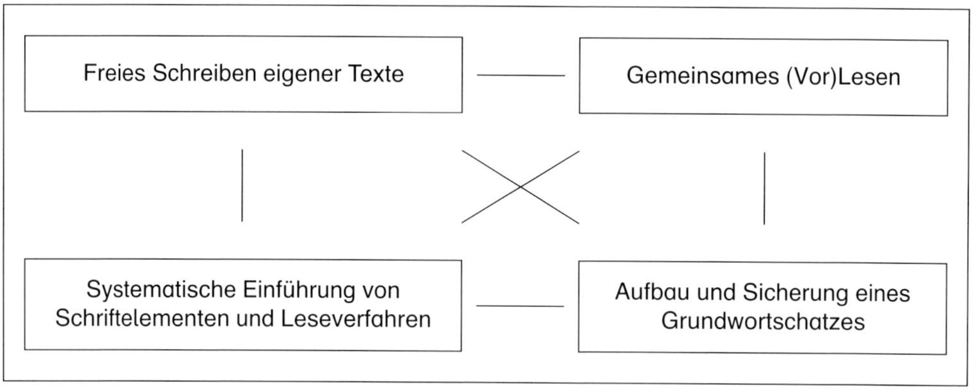

Abb. 42: Vier-Säulen-Modell für den Anfangsunterricht in Anlehnung an Brinkmann/Brügelmann (vgl. Jeuk/Schäfer 2009, S. 116)

4. Der Gebrauch der Lauttabelle

Kinder brauchen geeignete Hilfsmittel, damit sie das Schreiben- und Lesenlernen zunehmend als selbstbestimmtes Handeln und sinnvolles Tun erfahren können. Lauttabellen werden vor allem bei einem eher schreiborientierten Vorgehen eingesetzt. Sie gelten dabei als wichtiges Arbeitsmittel, um den Lernenden die Phonem-Graphem-Korrespondenz deutlich zu machen und sie zu einer eigenständigen Erarbeitung der Schrift anzuregen. Lauttabellen machen grundlegende Aussagen über die Lautung, die schriftlichen Elemente und das Verhältnis der beiden Ebenen zueinander. Für Kinder mit sehr unterschiedlichen Entwicklungsständen können sie ein geeignetes Arbeitsmittel sein.
Tipps für die Auswahl und den Einsatz von Lauttabellen:

- Die Unterscheidung in Kurz- und Langvokal ist für die Erstklässler schwierig. In fast allen gängigen Lauttabellen wird ein I oder i in Verbindung mit dem Bild eines Igels dargestellt. Für das lange /i:/ ist aber die Schreibung <ie> die häufigste. So können durch falsche unterrichtliche Inhalte Rechtschreibfehler verursacht werden (vgl. Thomé in Valtin 2000, S. 118). Da das Basisgraphem <ie> am Wortanfang nicht auftritt, muss man auf die Darstellung eines Wortes ausweichen, das beispielsweise das /i:/ als <ie> im Inlaut enthält (z. B. Biene).
- Die Lauttabelle muss eingeführt werden, die Arbeit mit Lautierungsübungen (Auf- und Abbau von Wörtern) unterstützt werden.

5. Sprechen über Verfahren

Das Sprechen über Vorgehensweisen hat auch für das Lernen Bedeutung. Die Kinder betonen in der Phase des Schrifterwerbs bei analytischen Äußerungen von sich aus den Zusammenhang von Denken („weil ich mir das überleg'"), Sprechen („weil ich mir das Wort immer vorsage") und Wissen („weil ich die Buchstaben kenn'"). Das Sprechen über die Vorgehensweise kann beim Schreiben und Lesen vielfältig thematisiert werden: Was ist an dem Wort schwer, wie hast du es dir gemerkt? Wie kannst du diese Wörter unterscheiden? Wie hast du das Wort anders herausbekommen? Was tust du, wenn du ein Wort nicht gleich herausbekommst? Kannst du mir beweisen, warum das Wort so ähnlich geschrieben wird (vgl. Dehn 2010, S. 156)? Für die Kinder ist es wichtig, (Selbst-)Sicherheit zu gewinnen.

6. Zum Schreiben und Lesen verlocken

Geeignete Schreib- und Leseanreize ermöglichen einen emotionalen Zugang und fördern Interesse und Lernfreude. Dazu gehören als besonderer Leseanreiz auch Texte, die vorher geschrieben wurden. Lese- und Schreibanlässe ermöglichen unterschiedliche Aufgabenlösungen. Das Klassenzimmer wird so gestaltet, dass es zum Lesen und Schreiben anregt: Schreibecke mit Tafeln, verschiedene Schreibgeräte, kleine Blankobücher, Pinnwand, Beschriftungen von Kästen und Regalen, Computer mit Drucker, Leseecke mit Bücherregal, Hörbücher. An einer CD-Station können mit Kopfhörern Reime und Hörbücher abgehört werden (vorbildlicher Sprachinput). Das Vorlesen in Verbindung mit begleitenden Vorlesegesprächen dient auch der Entwicklung von Lesemotivation. Schreibanlässe können auch aus faszinierenden Projekten hervorgehen (z. B. Märchenprojekt, Klassenzeitung).
Ein Text kann auch von der Lehrperson vor den Augen der Kinder aufgeschrieben werden. So wandert das Gesprochene sichtbar in die Schrift. Die Kinder beginnen silbisch zu artikulieren und überarbeiten beim Diktieren auch ihre Formulierungen. Sie fangen an, Wortendungen ausdrücklich zu artikulieren. Entscheidend ist „die Bindung des Textes an die Erfahrung der Kinder, die über den Dialog stattfindet" (Speck-Hamdan 2008, S. 7).

Abb. 43: Schülerarbeiten zum Unterrichtsbeispiel S. 95 f. (20. Schulwoche)

7. Der Umgang mit der Linkshändigkeit

Linkshändige Kinder sind genauso normal wie rechtshändige Kinder. Nach heutigen Erkenntnissen ist die Händigkeit des Menschen in der Hirnstruktur festgelegt und deshalb nicht zu verändern. Bei manchen Kindern ist nach Umschulungsversuchen der Eltern zu Schulbeginn die Händigkeit nicht eindeutig feststellbar. Für die Feststellung der Händigkeit sind einfache Tests und Beobachtungen von der Lehrperson selbst durchzuführen. Teilweise haben sich Kinder selbst zu Schuleintritt durch Nachahmung und Beobachtung so weit umgeschult, dass eine Rückschulung nur unter Hinzuziehung von Schul- und Kinderpsychologen ratsam erscheint. Von Anfang an ist auf eine unverkrampfte Schreibhaltung zu achten. Sitznachbarn sollen sich nicht mit den hantierenden Armen in die Quere kommen. Das Licht fällt möglichst von rechts ein. Neben dem Schreibgerät (Füller) sollte auch bei etlichen anderen schulgebräuchlichen Gegenständen, z. B. Schere oder Spitzer, auf die Linkshändigkeit Rücksicht genommen werden.

8. Vielfältige Hilfen einsetzen

Zum Einsatz von Graphemen eignen sich alle Angebote an Einzelbuchstaben: Buchstabenkarten, Setzkasten, Schablonen, Lebkuchen, Salzteig, Stempel und Druckerei. Im Anfangsunterricht arbeiten die Kinder an den Buchstabenformen mit Knete, Salzteig, Ton und allem formbaren und kindgerechten Material. Jedes Kind sammelt seinen Wortschatz in einer Wortkartei. Die Arbeit mit den (eigenen) Dosenwörtern dient der Sicherung der alphabetischen Strategie. Die Buchstaben bzw. Grapheme (z. B. <au>) werden auf kleine Plättchen (z. B. Rechenplättchen) geschrieben und in einer Filmdose aufbewahrt. Die Kinder durchgliedern die Wörter vollständig und lösen sich so von der Skelettschreibweise. Ein kleiner Spielzeugkoffer kann individuell mit Gegenständen oder Bildern gefüllt werden, in denen ein bestimmter Laut klingt – oder auch nicht. Spielerische Formen, die aus der Umfunktionierung von Kinderspielen stammen, bereichern den Unterricht zusätzlich, z. B. Leselotto, -domino, -memory. Der Computer bietet die Möglichkeit zur sofortigen Überarbeitung von Texterzeugnissen am Bildschirm.

Strukturmodelle: *1. Analyse von Lauten und Buchstaben*

Ausgangssituation	
Zugang über die gesprochene Sprache	Schülererlebnis, Bericht, Erzählung, Bildbetrachtung, sprachliche Anknüpfung an ein Thema des Sachunterrichts, Gespräch, Lehrererzählung, Beschreibung, Rätsel, Konfliktsituation
Einbettung	Emotionale und sinnliche Zugänge, Meinungen/Erinnerungen und Vorerfahrungen austauschen, Wiedererkennung, Ergänzungen, ausführliche Versprachlichung, z. B. im Sitzkreis
Analyse	*Die Analyse erfolgt entweder nach Variante A oder B*
A Vom Laut zum Buchstaben	
Lautgewinnung	aus der Situation heraus oder erlebnisbetont; die Kinder bewegen sich dabei am Platz, im Raum, zu Musik, in der Gruppe; moduliertes oder rhythmisiertes Sprechen
Einbettung	Finden von Wörtern und Sätzen; bekannte Wortbilder; Sprechen von Zungenbrechern
B Vom Schriftbild zum Laut/Buchstaben	
Präsentation des Wortmaterials	Text/Satzstreifen; zerschnittener Satz; Wortleiste, Wortkarten, Wörterturm
Gewinnung des Lautes/Buchstabens	Kennzeichnung im Material, Einkreisen, Anstrahlen (mit Taschenlampe) o. Ä.
Laut-Buchstaben-Zuordnung	Vorstellung der Buchstabenform; Beschreibung des Buchstabens; Bewegungsabläufe diskutieren, Luftschreiben; großformatiges Schreiben; dazu: Sprechen unter bewusster Artikulation/gegenseitiges Beobachten; Spiegel; Abtasten/bewusste Wahrnehmung der Artikulationsstellen, z. B. Lippen, Zähne
Erkennungsübungen	– mit auditivem Schwerpunkt (Anlautdomino, Lesekreisel) – mit optischem Schwerpunkt (Worttürme, Lesestall) – mit haptischem Schwerpunkt (Fühl-/Stickbuchstaben)
Anwendung/Sicherung	Syntheseübungen; Lesen einfacher Texte; Schreiben/Drucken; Einzug ins Buchstabenhaus o. Ä.

2. Erlesen und Verschriften von Wörtern, Sätzen und Texten

Ausgangssituation	
Hinführung	Motivation durch kindliche Lebenssituation, Spiel, Rätsel, Bild, Bild-Wort/Satz-Zuordnung; inhaltliche Vorentlastung durch Wortklärung; Vorgabe/Zuordnung von Signalwörtern; Vorwegnahme von Schlüsselbegriffen/Kernsätzen
Aktivierung	Spielerische Einbettung: Blitzlesen, Sinnveränderung durch Vertauschung von Buchstaben im Wort; Wörter im Spiel darstellen; ähnliche Bezeichnungen suchen
Wort-/Satz-/ Textbegegnung	Vortrag, Vorlesen durch Lehrperson oder Schüler; mitlesen; Inhaltserklärung; Klärung unbekannter Wörter oder Wortbedeutungen; Zusammentragen von Meinungen zum Ausgangsmaterial; abwechslungsreiches Lesen und Sinnerfassen
Arbeit am Wort, Satz und Text	
Schreibtraining	Wörter, Sätze, Texte schrittweise aufbauen; während des Aufschreibens deutlich sprechen; Übungen zur Worterkennung: Wortreihen, unvollständige Wörter; Übungen zur Durchgliederung von Wörtern: Groß-/Kleinschreibung, Anzahl der Buchstaben, Buchstabengruppen, dazu: Pilotsprache; Syllabieren, dazu: Robotersprache; Erkennen und Markieren von Signalgruppen und Teilgleichheiten; Verändern von Sätzen, Bilden neuer Sätze aus dem bereitgestellten Wortmaterial (Baukasten); eigenes oder Klassen-Wörterbuch ergänzen; einen Text aufschreiben, auch am PC
Lesetraining	Strukturwörter sicher erkennen; Beleglesen zur weiteren inhaltlichen Klärung; Suchübungen: kürzestes/längstes Wort, kürzester/längster Satz; sinngestaltendes Lesen, dabei Berücksichtigung der Satzzeichen
Vertiefung	Fragen zum Text mündlich und/oder schriftlich beantworten; inhaltliche Vertiefung; Text desselben Inhalts mit erhöhtem Anspruchsniveau; klanggestaltendes Rollenlesen; Weiterschreiben am Text/Ergänzung des Wortmaterials; Gestaltung am PC

Unterrichtsbeispiel:
Analyse des Lautes/Buchstabens W/w,
20. Schulwoche

Sequenz

1) Buchstaben- und Lautanalyse/Schreiben von W w
2) Üben an Stationen: W w drucken und richtig schreiben (drucken, legen, kleben, laufen, kneten, schreiben und gestalten)
3) Fragewörter und Fragezeichen (Schreibüb.)
4) Übung und Anwendung: Freiarbeit mit Wochenplan

Im Folgenden wird die Freiarbeit mit Wochenplan vorgestellt.

Beschreibung angestrebter Kompetenzen

Die Schülerinnen und Schüler
- nehmen den Laut /w/ und den Buchstaben W w bewusst wahr
- entnehmen einem Lesetext mit Bildern (Thema „Wale") Sachinformationen
- lesen und beantworten Fragen zum Sachtext
- schreiben „Rote-Faden-Geschichten"
- gestalten ein Walbuch (Leporello)
- verschriften auch mit Lauttabelle
- wählen Aufgabenstellungen/Übungsangebote innerhalb des Wochenplans aus und bearbeiten sie selbstständig (Unterschiede im Umfang, in der Freiheit der Formulierung, der Anlehnung an den Text, der Fähigkeit im Verschriften)

Vorbereitung

Einrichtung eines Bücher- und Ausstellungstisches zum Thema Wale
Gemeinsame Anknüpfung: Sachtext mit Bilder (Farbfolie – Auer Fibel 2008, S. 30/31) und Walgesang (CD) – freie Schüleräußerungen
Evtl. auch kurzer Videoausschnitt aus Tierfilm über Wale

Präsentation des Wochenplans

- Vorgegebene Aufgaben vorstellen
- Verpflichtende (☆) und freiwillige Aufgaben unterscheiden
- Fragen und Aufbewahrungsorte von Materialien sowie Möglichkeiten der Selbstkontrolle klären
- Kinder beschäftigen sich in bestimmten Zeitabschnitten mit den Arbeiten des Wochenplans
- Erledigte Aufgaben kennzeichnen

Aufgabenformate zur Auswahl

1. Sprich die Wörter deutlich. (Kurzform)
Wo hörst du ein W w? Kreuze das richtige Kästchen an. Schreibe jetzt die Wörter auf.

2. Übe Wörter mit W w im Setzkasten.

3. Sprich und schwinge die Silben. ☆

Wal – Wale – Wellen – Wasser – wollen – er will – warnen – er warnt

- Schreibe so in dein Heft: Waffel
- Du kannst auch eigene Wörter mit W w schreiben.
- Kontrolle: Rückseite – Wörterbuch

4. Wale singen ☆

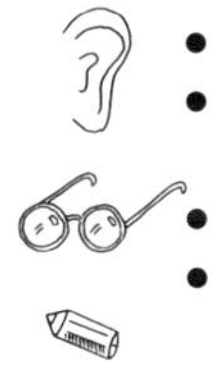

- Hör die Stimme der Wale.
- Lies dann den Spruch und ergänze ihn.
- Lerne ihn auswendig.
- Du kannst den Spruch auch in dein Walbuch schreiben und dazu zeichnen.

Material: CD-Player mit Kopfhörer, Spruch auf Streifen, Symbole

5. Mit Wörter malen (bekannte Technik) ☆

- Male mit den Wörtern Wal, Wellen, Wasser, Wolke, Wind und Sonne ein Bild in dein Walbuch.

6. Frage-Antwort-Spiel

- Wähle Fragen aus.
  Ein Kind liest eine Frage vor, ein anderes Kind findet die Antwort.
  – *Wo ist das Walkind?*
  – *Wie atmen Wale?*
  – *Wie lange können Wale unter Wasser bleiben? usw.*
- Schneide eine Frage aus und klebe sie in dein Walbuch.
  Schreibe deine Antwort dazu.

<u>Material:</u> CD-Player mit Kopfhörer, Spruch auf Streifen, Symbole

7. Walforscher lesen diese Texte

- Wähle eine Karteikarte aus und lies den Text.
- Was war neu für dich?
- Schreibe es in dein Walbuch (neue Seite).

<u>Material:</u> Karteikarten mit verschiedenen Sachtexten zum Thema Wale, jeweils Frage in der Überschrift (z. B. Was fressen die Wale?)

8. Geschichten erfinden

- Überlege dir für dein Walbuch eine eigene Geschichte.
- Schreibe sie in dein Walbuch.
- Zeichne dazu.

<u>Beispiel:</u>

Bild

Walmutter – Walkind – Taucher

Bild

Walmutter – Walkind – Haifisch

Abb. 44: Walbuch (Leporello)

Schüler ändern den Spruch „Im Meer wo Wind und Wellen klingen, hörst du auch die Wale singen" individuell ab.

Abb. 45: Schülerbeispiel

Abb. 46: Schülerarbeiten zum Thema „Wale“

3.1.3 Lesen und Literatur *(R. Maras)*

Fachliche Grundlagen

1. Begriffe

a) Lesen

„Linguistisch-kognitive Ansätze definieren Lesen als Wahrnehmung und Decodierung schriftlicher Zeichen, d.h. vorab als *mentale Aktivität*, und richten dementsprechend ihr Augenmerk auf die Lesekompetenz bzw. Literalität, ihre entwicklungspsychologische Entstehung sowie gesellschaftliche Verbreitung ... Im Unterschied dazu untersucht die moderne sozialwissenschaftlich orientierte und empirisch verfahrende Buchleseforschung Lesen primär als *medienbezogenes soziales Handeln*, d. h. als Nutzung der Printmedien in einem weiten und als Umgang mit dem *Medium „Buch"* im engeren Sinn, aus einer *personbezogenen Perspektive* (i. O. jeweils kursiv, Anm. d. Verf.) der Leserin und des Lesers" (Bonfadelli, in Stiftung Lesen 1998, S. 78).

b) Lesekompetenz

„... mit der PISA-Studie in öffentliche Aufmerksamkeit gerückte Modellierung einer basalen Kulturtechnik. In der Studie wurde Lesekompetenz in Anlehnung an Literacy-Konzepte von Basiskompetenzen so definiert: ‚Lesekompetenz (Reading Literacy) heißt, geschriebene Texte zu verstehen, zu nutzen und über sie zu reflektieren, um eigene Ziele zu erreichen, das eigene Wissen und Potenzial weiterzuentwickeln und am gesellschaftlichen Leben teilzunehmen.' Mit dieser Definition soll eine Vielzahl von Lesesituationen erfasst werden. Der Textbegriff ist weit, bezieht auch elektronische Texte oder z. B. Diagramme mit ein. Das Verstehen wird als interaktiver Prozess zwischen Textbasis und einem Rezipienten aufgefasst, der situationsangemessen sein Vorwissen in den Leseprozess mobilisiert" (Tenorth/Tippelt 2007, S. 484).

c) Literarisches Lernen

K. H. Spinner stellt die Frage, „ob für den Umgang mit literarischen Texten der Lesekompetenzbegriff nicht noch erweitert werden muss" (Spinner 2006, S. 9). Mit dem Hinweis auf das literarische Lernen führt er folgende Teilkompetenzen an:

- „Für das literarische Lesen ist die Vorstellungsbildung besonders wichtig ...
- Literarische Texte bieten nicht nur äußere Beschreibung und Handlung, sondern zeigen auch innere Regungen ... Es geht dabei u.a. um Empathie, also um die Fähigkeit, die Gefühle und Einstellungen von Figuren nachzuvollziehen, aber auch darum, eine Sprache zu finden, in der man sich über Nachempfundenes austauschen kann ...
- Zum literarischen Lesen gehört die subjektive Beteiligung ...
- Als eine eigene Zieldimension ist auch das Gespräch über literarische Texte anzusehen ... Das literarische Gespräch erfordert in diesem Sinne nicht nur die Bereitschaft, sich persönlich einzubringen, sondern auch auf die anderen zu hören, unterschiedliche Sichtweisen wahrzunehmen und beim Austausch von Begründungen zu akzeptieren, dass nicht immer ein einheitliches Urteil erreicht werden kann ...
- Zum literarischen Lernen gehört auch, dass die Kinder verschiedene literarische Textsorten kennen lernen ...
- Literarästhetische Sensibilität gründet in sinnlicher Erfahrung von Laut und Rhythmus ... Insbesondere im Lyrikunterricht sollen solche ästhetischen Erfahrungsqualitäten weiter differenziert werden. Das ausdrucksstarke Sprechen von Gedichten, bei dem auf Intonation und Rhythmus geachtet wird, kann dazu beitragen.
- Schließlich soll im Unterricht ein Verständnis für die Symbol- und Bildhaftigkeit literarischer Sprache angebahnt werden" (Spinner 2006, S. 9–11).

d) Lesefertigkeit

Lesefertigkeit bezeichnet das durch Übung erworbene Können im fehlerfreien Erfassen von Schriftzeichen und im Zusammenfügen dieser Schriftzeichen zu Silben und Wörtern verbunden mit einer Steigerung der Sicherheit und der Geschwindigkeit des Vorgangs. Die verschieden gestalteten Schriftzeichen werden visuell unterschieden und einem Klangbild zugeordnet. Bei bekannten Wörtern werden mehrere Schriftzeichen zu Einheiten (Buchstabengruppen, Silben, Wörtern) zusammengefasst. Bei unbekannten Buchstabengruppen, Silben und Wörtern erfolgt nur die äußerliche Zuordnung von Graphem und Morphem.

e) Leseverständnis

Leseverständnis bezeichnet das Erfassen der Bedeutung von Wörtern, Wortgruppen, Sätzen oder Texten. Sinnverstehendes Lesen zeigt sich in der selbstständigen Verarbeitung von Texten. Dabei werden z.B. textbezogene Fragen beantwortet, Hauptgedanken formuliert, zusätzliche Informationen beschafft, zutreffende eigene Erfahrungen und Vorstellungen ergänzt und entwickelt, Teilinhalte zu einer Gesamtinformation zusammengefügt oder Sachverhalte gedeutet.

2. Lesen als mentale Aktivität

a) Sinnerfassung und technische Grundfertigkeit

„Beim Lesen haben wir es mit unterschiedlichen Fähigkeiten und Teilleistungen zu tun. So haben wir es einerseits mit Vorgängen der Informationsaufnahme und Informationsverarbeitung zu tun, andererseits mit einem technischen Vorgang des Zusammensetzens von einzelnen Buchstaben und der Fähigkeit der Synthese. Beim Lesen handelt es sich daher um die zwei miteinander verknüpften und aufeinander bezogenen Prozesse der Sinnerfassung (semantischer Aspekt) und der technischen Grundfertigkeit (mechanischer Aspekt) … Wenn ein Kind ein Wort sieht, erfasst es zunächst einmal die orthographische Struktur, aber gleichzeitig wird auch die phonologisch-artikulatorische Information aktiviert. Das Kind spricht das Wort leise oder laut aus und erkennt auf Grund der semantischen Information die Bedeutung des gelesenen Wortes. Dieser Weg des Lesens wird mit zunehmendem Alter immer mehr genutzt. Die Kinder, die mit dem Lesen in der Grundschule beginnen, gehen jedoch den zweiten, den indirekten Weg. Sie übertragen Buchstabe für Buchstabe in die entsprechenden Laute bzw. Lautverbindungen und setzen dann die einzelnen Elemente zu einem ganzen Wort zusammen" (Günther 2002, S. 70).

b) Konstruktive Aktivität

„Grundsätzlich wissen wir heute, dass Lesen keine Übersetzungsarbeit von Zeichen in Sprache ist, sondern ein interaktiver Prozess zwischen Text und Leser … Das aktive Konstruieren von Bedeutung beginnt schon beim einzelnen Buchstaben, betrifft aber auch das ganze Wort und schließlich den Text … Eine wesentlich neue Erkenntnis zum Lesevorgang besteht also erstens darin, dass das Lesen an das Denken geknüpft ist, zweitens, dass dieses Denken medial mit der geschriebenen Sprache verbunden ist und schließlich drittens, dass die Leserinnen und Leser aktiv sind und sich in der Auseinandersetzung mit dem Text mögliche Bedeutungen vergegenwärtigen" (Kruse 2010, S.5).

3. Kompetenzstufen nach IGLU

Vier Kompetenzstufen zur genauen Erfassung der Lesekompetenz:

„Verstehensebene I: Informationen ermitteln

Betrifft die Wiedergabe einzelner Informationen, die dem Text direkt zu entnehmen sind. Das sind zum Beispiel Zahlen, Namen und Geschehnisse, die im Text genannt werden.

Verstehensebene II: Weitgehende Informationen ermitteln

Betrifft die Wiedergabe weitgehender Informationen, die dem Text indirekt zu entnehmen sind. Sinnzusammenhänge werden erfasst.

Verstehensebene III: Textbezogen interpretieren

Betrifft die Interpretation und Schlussfolgerungen sowie deren Begründungen aus dem Text heraus. Es wird eine eigene Meinung gebildet und begründet, ein tieferer Sinn entnommen und wiedergegeben. Das Gelesene wird mit eigenen Gedanken verknüpft.

Verstehensebene IV: Textbezogen reflektieren und bewerten

Betrifft die Prüfung und Bewertung von Inhalt und Sprache. Es wird eigenes Wissen in die Reflexion eingebracht und verknüpft. Gestaltungsmerkmale werden erkannt. Mit einer Distanz zum Text wird er auf der Meta-Ebene behandelt" (msw-nrw 2007).

4. Vorlesen und Lesemotivation

„Das Vorlesen als Lehrtätigkeit im Deutschunterricht war ein Baustein des Leseunterrichts auch schon vor den Leistungsvergleichsstudien ... Allerdings ist die Leistung des Vorlesens für literarische Sozialisationsprozesse erst mit einer Reihe von empirischen Untersuchungen nachhaltig klar geworden ... Das Vorlesen durch Lehrpersonen bleibt eine Zugangsmöglichkeit zu Geschichten auch für Kinder, die basale Lesefähigkeiten längst entwickelt haben. Vorleseerlebnisse ermöglichen für alle Kinder einer Klasse gleichermaßen literarisch-ästhetische Erfahrungen mit Geschichten, ihrer Sprache, ihrer Narrativik und vor allem ihren Figuren und Handlungskonstellationen, sodass sich Motive zum eigenen Lesen entwickeln durch die Begegnung mit literarisch-poetisch gestalteten Stoffen. Das Vorlesen kann zu einer Scharnierstelle werden, an der Kinder vom Vorlesen zum Selbstlesen motiviert werden" (Kruse 2010, S. 6f.).

„Lesemotivation kann allerdings geschlechtsspezifisch unterschiedlich ausgeprägt sein. Aus der Lesesozialisationsforschung wissen wir, dass die Motivation zum Lesen geschlechtsspezifisch entwickelt ist. Fragt man Mädchen und Jungen, ob sie in der Freizeit lesen, ist zu erfahren, dass zwei Drittel der Mädchen in ihrer Freizeit lesen, die Hälfte der Jungen aber nicht"(a.a.O., S. 7).

5. Bedeutung

- Gewinnung von Informationen über reale Dinge und Vorgänge der Lebenswelt
- Erschließung von Verhaltens- und Denkweisen anderer Menschen
- Erweiterung der Vorstellungswelt, der Fantasie und der Gefühlswelt
- Beitrag zur persönlichen Bereicherung, zur Unterhaltung und zur Freizeitgestaltung
- Förderung des Selbstverständnisses und der eigenverantwortlichen Lebensführung und Lebensbewältigung
- Initiierung von Denkprozessen
- Grundlage der Medienerziehung
- Sicherung und Erweiterung der Sprachkompetenz
- Lesefähigkeit als Voraussetzung zur Lösung schulischer Aufgabenstellungen, z.B. Erlesen von Arbeitsaufträgen, von Sachtexten oder von Textaufgaben; Suche nach weiteren Informationsquellen
- „Die grundlegenden Wahrnehmungsschemata des Menschen werden im Reden, durch Sprache, später durch Lesen gebildet ... wie die Sprache induziert auch das Lesen die Entwicklung der entsprechenden Gehirnstrukturen ... Sprache und Lesen sind ... nicht nur Vermittler und Träger von Kenntnissen und Bildung, sondern schaffen überhaupt erst die biologischen Voraussetzungen für unsere Lern- und Bildungsfähigkeit" (Wechsler 2002).

Didaktische Grundsätze

1. Die Auswahl der Texte orientiert sich an der Lebens- und Lernsituation der Kinder

Der Text bezieht sich inhaltlich auf die Interessenslage und den Lebens- und Erfahrungsbereich der Kinder; dabei wird die Abstraktionsfähigkeit der Schüler berücksichtigt, d.h. die Darstellung ist konkret, die Handlung überschaubar und die Zusammenhänge sind durchschaubar. Sprachlich knüpft der Text an den Wortschatz der Schüler an. Die Satzkonstruktionen sollen ohne besondere Hilfestellungen erschlossen werden können; der Textumfang sollte so bemessen sein, dass die Lesemotivation aufrechterhalten bleiben kann. Didaktisch soll sich der Text in eine Lernsequenz eingliedern, sodass bereits erlernte Arbeitsweisen, Arbeitstechniken und Inhalte zum Verstehen und zur Erschließung des Textes und zum produktiven Umgang mit dem Text genutzt werden können.

2. Der Schüler soll bereit werden, sich mit dem Text zu befassen

Die Reaktion von Kindern auf Texte kann von Erwachsenen nicht immer realistisch eingeschätzt werden. Auch nach längerer Berufserfahrung zeigt es sich für Lehrerinnen immer wieder, dass die Kinder auf den Inhalt oder auf Details in überraschender Weise, d.h. in der Regel mit unerwarteten Assoziationen, reagieren. Die oben genannten Aspekte zur Textauswahl sind also als Anhaltspunkte für die Entscheidung für einen Text anzusehen, der Kinder motivieren *kann.*

Unabhängig von der Motivation, die inhaltlich oder sprachlich von einem Text ausgehen kann, bieten sich als weitere Maßnahmen an, die Kinder für das Lesen zu interessieren: Einführung in den Erzählbereich durch ein Bild, durch die Vorgabe der Überschrift, durch die Vorgabe eines (provozierenden) Satzes aus dem Text oder durch eine Lehrererzählung. Eine langfristige Motivation wird aufgebaut, wenn der Schüler positive Erfahrungen im Umgang mit Texten gemacht hat, z.B. durch abwechslungsreiche Aktivitäten, die zu erkennbaren Erfolgen führen, durch positive Erfahrungen beim Lesen selbst, durch das Erleben von Sprache als rhythmisch und ausdrucksstark vorgetragenes Hörereignis.

3. Der Schüler soll sich den Text erschließen

Im Begriff des Erschließens sind verschiedene Wege und Ergebnisse der Auseinandersetzung enthalten. Die Erschließung eines Textes umfasst also das Verstehen, das Herstellen von Zusammenhängen mit dem eigenen Vorwissen oder den eigenen Erfahrungen, Erlebnissen und Bewertungen, das Eingliedern in das Ganze, das Ausgliedern in Teilaspekte und das Interpretieren.

Der Texterschließung geht die Textbegegnung voraus. Die äußeren Formen der ersten Textbegegnung können grundsätzlich in dreifacher Weise unterschieden werden: a) Kennenlernen des Textes als Ganzes oder in Teilen, b) Aufnehmen des Textes visuell oder akustisch und c) Kennenlernen des Textes alleine oder in Zusammenarbeit.

Die inhaltliche und sprachliche Erschließung kann im Einzelnen sehr abwechslungsreich geschehen:

- sich unmittelbar nach dem Lesen zum Text äußern („Dem Eindruck folgt der Ausdruck."); oft wird hier schon der Kerngedanke angesprochen; Aussagen dieser Art werden dann im weiteren Verlauf wieder aufgegriffen
- Bearbeiten von Leitfragen oder Reagieren auf Impulse
- Aufsuchen von Textstellen, z.B. „Suche die Stelle, bei der … eine besondere Idee hat."
- Zeichnen eines Bildes zu einer ausgewählten Textstelle, z.B. mit der Zielsetzung, das Textverständnis mitzuteilen
- Nennen der Stellen, die besonders anschaulich (wichtig) für den Verlauf sind

- Nennen der Stellen, die neugierig gemacht haben, wie die Geschichte weitergeht
- Verdeutlichen von Textstellen oder des Textes durch szenische Darstellungen oder durch Standbilder
- Erweiterung von Textteilen oder Textstellen; z. B. „Versuche Wörter zu finden, die eine ähnliche Bedeutung haben" (etwa Auffinden eines Wortfelds). „Was wohl manche der Zuschauer in diesem Augenblick gedacht haben?"
- Aufzeigen der Zusammenhänge in einer grafischen Darstellung (Tafelbild)
- Begründen eigener Deutungen, auch verbunden mit dem Nachlesen entsprechender Textstellen
- lautes Lesen des Textes (etwa mit der Zielsetzung, den Sprachrhythmus zu erspüren); begleitet von Mimik, Gestik und Bewegung
- Die Sicherheit in der Durchführung, zunächst weniger und später mehrerer Arbeitstechniken und Lesestrategien, führt dazu, dass die Kinder in Lesekonferenzen in einem eigenständigen Zugriff Inhalt und Gehalt eines Textes bearbeiten. Arbeitsaufträge und didaktisch vorbereitetes Arbeitsmaterial sind dann quantitativ stark reduziert.

4. Das eigenständige Lesen soll zur Sache des Schülers werden

Eine positive Einstellung zur Arbeit mit Texten entwickelt das Kind, wenn es Gelegenheit zum tätigen Umgang und zur produktiven Auseinandersetzung erhält. Lesekompetenz schließt mit ein, dass die Kinder die Bereitschaft entwickeln, sich eigenständig Texte zu erschließen und sie zu nutzen, sodass über die Schule hinaus auf das Leben verwiesen wird. Das Kind soll im Bewusstsein behalten, woran es Freude hatte, was es beeindruckte, woran es Anteil nahm und was ihm gefallen hat. Dies verlangt Maßnahmen, die eine gründliche, tief gehende, aspektreiche oder erfolgversprechende Bearbeitung erfordern:

- Umgestalten von Textteilen, z. B.: Aus der Strophe eines Gedichts wird ein Vers gestrichen und durch eigene Sprachäußerungen ersetzt
- zum Ausdruck bringen oder Hervorheben von Textstellen durch nicht-textliche Medien (z. B. Zuordnen von Bildern, Anfertigen von Collagen, Vertonen mit Orff-Instrumenten, Begleiten mit akustischen Elementen, Zuordnen vorgegebener Musikstücke)
- Vergleiche mit Texten derselben Thematik durchführen
- Benennen von Anwendungsbeispielen
- Gestaltendes, ausdrucksvolles Vorlesen
- Mitteilen der emotionalen Wirkung
- Stellungnehmen durch wertende und begründende Aussagen
- Unterrichtsergebnisse darstellen und bewusst machen

5. Die Maßnahmen zur Arbeit am Text sind abhängig vom Kontext

Die Lernvoraussetzungen sowie Inhalt und Gehalt des Textes bestimmen die didaktischen Intentionen und die Entscheidungen über die unterrichtlichen Maßnahmen.
Zur Klärung des Schwerpunkts der unterrichtlichen Arbeit mit dem jeweiligen Text ist es sinnvoll, die Funktion innerhalb der Unterrichtssequenz festzulegen oder zumindest abzugrenzen. Eine Unterrichtssequenz im Lernbereich Lesen und Literatur umfasst mehr als *ein* Lesestück (siehe S. 22, Abb. 8 und 9) und bezieht fachliche Arbeitsweisen mit ein.

Praktische Hinweise

1. Arbeitsweisen schrittweise aufbauen

Am Beispiel der Arbeitsweise „Teilüberschriften formulieren" wird exemplarisch aufgezeigt, wie Fertigkeiten angebahnt und entwickelt werden können.

1. Wörter gemäß (zunächst eng gefasster) Aufgabenstellung markieren
2. Begriffe markieren, die zu einem Thema (Sachfeld) gehören

3. Sätze markieren, die über eine bestimmte Sache informieren
4. Sätze verkürzen, sodass das Wichtigste stehen bleibt
5. Überschriften zu einem Textganzen formulieren
6. einen Text in Abschnitte gliedern
7. Zusammenhänge zwischen Abschnitten herstellen
8. einen Abschnitt mit wenigen Sätzen zusammenfassen
9. das Wichtigste eines Textabschnittes durch einen Satz ausdrücken
10. Teilüberschriften formulieren

2. Vorgänge bei der Arbeit mit Texten bewusst machen

In Übungsstunden wird dem einzelnen Kind oder einer Schülergruppe der Lernfortschritt in einem begrenzten Übungsbereich mitgeteilt. In Unterrichtszeiteinheiten, deren Schwerpunkt die Texterschließung ist, werden häufig die Ergebnisse in Wort und Bild (auf Tafel oder Folie) fixiert. In einer Reflexionsphase bietet es sich häufig an, dass sich die Kinder die individuellen Voraussetzungen, Fortschritte oder Schwierigkeiten bei der Arbeit mit Texten bewusstmachen.

Beispiele:

„Die Überschrift für den zweiten Abschnitt konnte ich gut finden, weil ich dort vorher die wichtigen Wörter unterstrichen habe."

„Dieser Text hat mich daran erinnert, dass ich schon etwas ähnliches gelesen habe."

„Ich kann schon gut unterscheiden, was in einem Text wichtig und weniger wichtig ist."

„An der Stelle ... habe ich mir überlegt, wie es weitergehen könnte."

„Die anderen Informationen aus dem Text haben mir geholfen, dass ich das Wort ... erklären kann."

„Je länger ich probierte (eine neue Strophe zu formulieren), desto mehr ist mir eingefallen; und darüber habe ich mich gefreut."

„Ich hatte noch Schwierigkeiten, diesen langen Satz zu verstehen."

3. Umgang mit Kinder- und Jugendliteratur

1. Schritt: Vorarbeit

Verwendung von Auswahllisten, Katalogen, Karteien, Buchempfehlungen und Buchbesprechungen; sich in Büchereien informieren; Auswahl der Ganzschrift in gemeinsamer Arbeit.

2. Schritt: Lektüre

a) Vorstellen der Ganzschrift.
b) Lesen der Ganzschrift:
   Das Erlesen kann in unterschiedlichen Zugriffsweisen erfolgen: freies Lesen – Lesen mit Arbeitsaufträgen; Lesen zu Hause – Lesen in der Schule; Lesen in Etappen. Beispiele für Aktivitäten: Gemeinsames Lesen zentraler Stellen; Fragen oder Briefe an Figuren des Buches schreiben; Fragen über den Textinhalt an die Mitschüler formulieren; führen des Lesetagebuchs oder eines Lektürebegleithefts.

3. Schritt: Weiterführung

Veröffentlichen einer Buchbesprechung; Schreiben von Fragen und Überlegungen an den Autor; Vorstellen von Ganzschriften mit ähnlichen Inhalten, Motiven oder Wirkungen.

Literatur:

1. Bartnitzky, Horst (2010): Sprachunterricht heute – Sprachdidaktik, Unterrichtsbeispiele, Planungsmodelle. Cornelsen Scriptor, Berlin, S. 142–215
2. Günther, Herbert (2002): Leserechtschreibschwache Kinder in der Grundschule. Hinweise zur Diagnose und Förderung. Ernst Klett Grundschulverlag, Leipzig u. a.
3. Spinner, Kaspar H. (Hrsg.) (2006): Lesekompetenz erwerben, Literatur erfahren. Cornelsen Scriptor, Berlin.

Strukturmodelle: *1. Erzähl- und Sachtexte*

Hinführung	
Einführung in den Erzähl- oder Sachbereich	Anknüpfen an den Erfahrungs- und Erlebnisbereich der Kinder; Verknüpfung mit anderen Fächern; Präsentieren der Überschrift; Assoziationen zu Begriffen aus dem Text.
Vorbereitung der Arbeit mit dem Text	Formulieren von Fragen an den Text; Mitteilen des Vorwissens; selbstständiges Aufsuchen des Textes; vorausgehende Klärung von Wörtern; Informationen zur Sache (zu Gegenständen, Vorgängen, Gegenständen, geschichtlichem (...) Hintergrund); ggf. auch Vorzeigen von Gegenständen usw.; Vorausdenken: Was könnte ... ?; bei Sachtexten: Hinweisen auf andere Informationsquellen.
Textbegegnung	
Kennenlernen des Textes	Erlesen des gesamten Textes oder schrittweises Erlesen; auch: Vorlesen kombiniert mit Erlesen (dazwischen platziert: Vermutungen der Kinder über den möglichen Fortgang); Übergabe des Textes durch ein technisches Medium.
Spontane Aussprache	Kinder mit rascherem Lesetempo erhalten (vorbereitete) Arbeitsaufträge; die Kinder äußern sich; in dieser Phase hält sich die Lehrperson betont zurück, jedoch sollte eine Moderation bezüglich der Beibehaltung des Sach-Themas erfolgen.
Erschließung des Textes	
Klärung des Inhalts Betrachtung der Sprache Erfassen des Gehalts	Festhalten der wesentlichen inhaltlichen Aspekte; Markieren wichtiger Tätigkeiten, Personen usw.; bei Sachtexten: Finden von Überschriften zu – auch selbst ermittelten – Abschnitten; Aufsuchen von Textstellen aufgrund von Arbeitsaufträgen; Feststellen von Textteilen, die besonders ... (anschaulich) sind; Beantworten von Leitfragen in Gruppenarbeit; Herausarbeiten der wesentlichen Aussage des Hauptgedankens; in einer Lesekonferenz steuern die Kinder die inhaltliche Bearbeitung und die Arbeitsweise; Veranschaulichen des Kerngedankens in einem Schaubild; Niederschreiben von Kernsätzen; Erweiterung des Textes; Markieren treffender Wörter und Sätze; lautes Lesen als Mittel der Erschließung; Belegen von Aussagen durch wiederholtes Nachlesen im Text.
Vertiefung	Ebenso: Ausklang, Anwendung, Leseübung, Sicherung; auch besondere Betonung einer Wertung; Herstellen des Bezugs zum eigenen Denken, Verhalten und Erfahrungshintergrund; ggf. Beantworten der eingangs gestellten Fragen; kritische Betrachtung.

2. Lyrik

Phase	Hinweise
Vorbereitung	
Einstimmung in den Erlebnisbereich	Vorstellen eines Bildes oder einer mündlich vorgetragenen Situation; erste Mitteilungen über eigene Erfahrungen; Meditation; Formulieren von Vorstellungen zu einem vorgegebenen Begriff; eine zergliedernde Darlegung der vorgestellten Situation ist zu vermeiden.
Informationen zum Text	Ggf. können Hinweise zu Begriffen und zu einem unbekannten Sachverhalt gegeben werden; Informieren über den Autor; kurze Zielangabe.
Begegnung mit dem (lyrischen) Text	Hören des Textes (z. B. Vortrag der Lehrperson); in der Regel ist die Begegnung mit dem Textganzen zu bevorzugen; spontane, ungelenkte Aussprache; häufig ist zur Intensivierung des Eindrucks ein nochmaliges Lesen günstig.
Erschließung des Textes	
Inhaltliche Klärung	Diese Phase wird des Öfteren – in Bezug auf die Eigenart des Textes – Textproduktion und klanggestaltendes Lesen enthalten; Unterstreichen wichtiger Aspekte (Handlungen, Vorgänge, Eigenschaften, Gegenstände); Impulse geben, die das Aufsuchen von Textstellen provozieren.
Textdeutung	Die Kinder erhalten die Möglichkeit, Assoziationen und Ideen zur Arbeit am Text eigenständig zu entwickeln; Vorlesen des Textes (begleitet von Mimik, Gestik, Bewegung); Initiieren von Überlegungen durch Impulse; Vorstellen von Interpretationen, ggf. Klärung individueller Gedankengänge; Betonung des Werts individueller Auffassungen *und* Hinführung zu einer übertragbaren Aussage.
Sprachliche Betrachtung	Erfahren von Sprachwirkung und Sprachrhythmus; Herausarbeiten sprachlicher Mittel; Herstellen des Zusammenhangs Sprache – Inhalt; klanggestaltendes Vorlesen (Stimmführung, Betonung, Lautstärke, Stimmhöhe, Tempo, Pausen).
Abschluss	
Reflexion Bewertung Ausdruck Transfer	Bewusstmachen der Verbindung zu den eigenen Erfahrungen; Veränderung des Textes: Umschreiben, Erfinden neuer Passagen; Schreibgestaltung, szenische, zeichnerische oder musikalische Gestaltung; Hilfen zum Auswendiglernen.

Unterrichtsbeispiel: *„Winternacht" von Joseph von Eichendorff*, 4. Jahrgangsstufe

1. Unterrichtsskizze – offene Unterrichtsgestaltung

a) Hinführung
Titel: „Winternacht" und Präsentation einer Tafelzeichnung (verschneiter Baum); Schüler schreiben eigene Vorstellungen auf (siehe Abb. 50, S. 108).

b) Textbegegnung
Erlesen des Gedichts
S notieren auf: *Das will ich dazu sagen: …* und *Das will ich dazu fragen: …* (diese Arbeitsweise ist eingeschult; Alleinarbeit)

c) Auseinandersetzung mit dem Text
Darstellung eigener Gedanken und Fragen (Lesekonferenz); Aufgreifen und Weiterführung von Überlegungen der anderen Kinder

d) Erschließung des Textes
Arbeit im Plenum
Aussagen der Schüler werden aufgegriffen und weitergeführt.
Zur Texterschließung in dieser Phase sind folgende Impulse vorbereitet:

1. Diese Geschichte passiert in einer bestimmten Jahreszeit.
2. Auch eine bestimmte Tageszeit ist hier wichtig.
3. Der Baum stellt sich mitten im Winter eine andere Jahreszeit vor.
4. Der Baum kann hier träumen.
5. Du findest in diesem Gedicht noch eine andere „Person".
   (Die Ergebnisse der folgenden Anregungen zur weiteren Klärung werden an der Tafel oder auf der Folie notiert; siehe Abb. 47.)
6. Damit wir dieses Gedicht gut verstehen können, müssen wir über den Inhalt Bescheid wissen.
7. Jetzt haben wir eine Übersicht über den Inhalt. Lest das Gedicht nun noch einmal.
8. Du hast das Gedicht nochmal gehört. Sind dir dabei neue Gedanken gekommen?
9. In diesem Gedicht gibt es eine Stelle, an der die „Person" wechselt.
10. Könnte es uns ähnlich wie diesem Baum ergehen?

e) Ausweitung
- Informationen zu Joseph von Eichendorff als Dichter
- Die Kinder entwickeln Vorschläge zur wei-

1. Inhalt	*2. Wir denken darüber nach*
Der einsame Baum im Winter.	Ich bin einsam.
Der Wind rüttelt am Baum.	Es spricht jemand mit mir.
Der Baum träumt vom Frühling.	Ich beginne zu hoffen.

Abb. 47: Tafelbild zu „Winternacht" in der Phase der Erschließung

teren Arbeit mit dem Gedicht (ausdrucksstarkes Vorlesen, Schreiben eigener Texte).

- Darstellung der Befindlichkeiten von "Baum" und „Ich":
- Auf zwei Folien werden die jeweiligen Schemata aufgetragen (siehe Abb. 48; die Folien werden übereinandergelegt – das „Gemeinte" wird *transparent*).

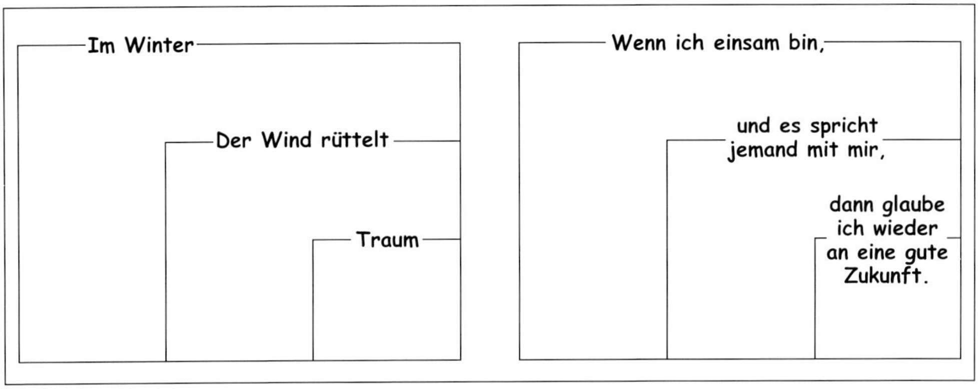

Abb. 48: Folien zur Darstellung des „Ineinander-Greifens" der Ebenen (eine Variante bietet dazu die Ergänzungstechnik, siehe Abb. 49)

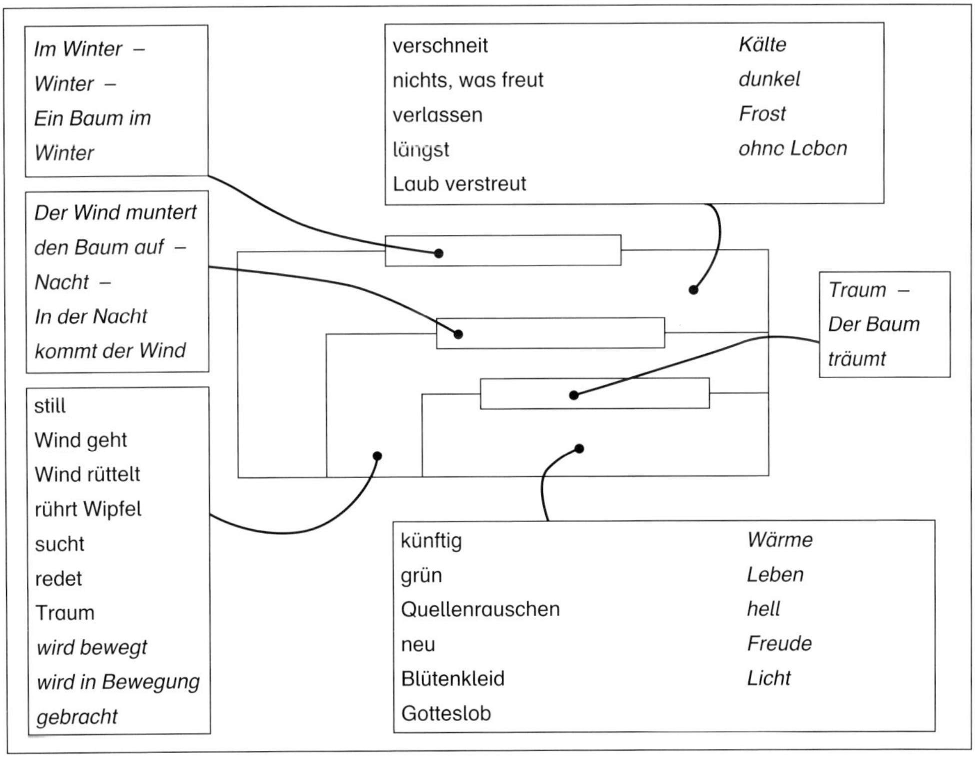

Abb. 49: Ergänzungstechnik; die Beiträge der Kinder sind kursiv gesetzt; Wörter aus dem Text in Druckschrift; Hinweis: die Überschriften werden alternativ ausgewählt.

2. Anregungen für eine Unterrichtsgestaltung zu „Winternacht", mit teilweiser Lenkung

a) Angestrebte Kompetenzen

Die Kinder

- notieren ihre eigenen Gedanken zum Begriff „Winternacht" (Beispiele siehe Abb. 50);
- äußern spontan ihre Vorerfahrung und ihr Vorwissen nach dem Hören des Gedichts „Winternacht" (Joseph von Eichendorff) im Klassengespräch;
- legen zu einer selbst gewählten Stelle des Gedichts Gedanken oder Vorstellungen dar (z. B. zu Winter, Traum, Baum, Baum redet, Baum – ich) oder formulieren Fragen (z. B. zu Wipfel, künft'ger, Quellenrauschen, „ich");
- nennen aufgrund von Impulsen stoffliche Komponenten des Gedichts (Winter – Nacht – „Frühling" – Anthropomorphisierung bzw. „Märchenhaftes" – „ich" als weitere „Person");
- formulieren in Gruppenarbeit den wesentlichen Inhalt des Gedichts als Überschriften zu den drei Strophen (sinngemäß: Baum ist verlassen – Wind rüttelt am Baum – Baum träumt);
- beziehen den im Gedicht beschriebenen Vorgang (Baum verlassen – von außen angestoßen – träumt) auf den Menschen und beschreiben diesen analogen Vorgang durch korrespondierende Sätze (z. B. Ich bin einsam – es spricht jemand mit mir – ich beginne zu hoffen);
- nennen zu dieser Erkenntnis über den analogen Vorgang bei Menschen Beispiele mit eigenen Erfahrungen (mögliches Ergebnis siehe Abb. 47, S. 106).

b) Aufgaben für eine Gruppenarbeit

„Versucht in der Gruppe, das Wichtigste zu einer Strophe in einem Satz auszudrücken." (Siehe Arbeitsblatt, Abb. 51.)

Drei verschiedene Aufgabenstellungen:

- Aufgabe 1 – Gruppe 1: siehe Arbeitsblatt, Abb. 51;
- Aufgabe 1 – Gruppe 2: wie Arbeitsblatt für Gruppe 1; abweichend dazu folgende Aufgabe: In der dritten Strophe wird uns gesagt, dass der Baum träumt.
  Versuche nun in der Gruppe, folgende Frage zu beantworten: Wie kommt es dazu, dass der Baum zu träumen beginnt?
  Bei der Antwort auf diese Frage hilft es dir, wenn du in der zweiten Strophe nachliest.
- Aufgabe 1 – Gruppe 3: wie Arbeitsblatt für Gruppe 1; abweichend dazu folgende Aufgabe: Arbeitet bitte in der Gruppe an der *dritten* Strophe ...

c) Aufgaben zur Textproduktion

Nach einer inhaltlichen und gehaltlichen Arbeit am Gedicht formulieren die Schüler eigene Texte. (Siehe dazu Aufgabe 2, Arbeitsblatt, Abb. 51).

Beispiel:
Verschneit liegt rings die ganze Welt,
ich weiß nicht, was ich machen soll.
Wir sitzen an dem Ofenloch
und reden vor dem Feuer.

- Es war eine dunkle, stille und klare Winternacht. Ein Baum ist schneebedeckt.
- In einer lauen Winternacht stand mitten in der Wiese ein kahler Baum. Der Wind verwehte die Äste des Baumes.
- Es könnte dunkel sein. Es könnte kalt sein.
- Es könnte leblos sein. Es könnte still sein.
- Es könnte sein, dass in einer eiskalten Winternacht ein furchtbarer Sturm aufgekommen ist, und die kleinen Tiere sich in ihre Nester zurückziehen.
- Es könnte sein, dass es ein Wintertraum ist. Es könnte sein, dass der Baum alleine ist. Der Baum schwingt im Wind. (!)
- Es könnte sein, dass es schneit und kalt ist, und dass die Straßenlaternen leuchten. Alles ist still und die Lichter gehen in den Häusern aus.

Abb. 50: Schüleräußerungen zum Impuls „Winternacht"

Winternacht

Verschneit liegt rings die ganze Welt,
ich hab nichts, was mich freuet,
verlassen steht der Baum im Feld,
hat längst sein Laub verstreuet.

Der Wind nur geht bei stiller Nacht
und rüttelt an dem Baume,
da rührt er seinen Wipfel sacht
und redet wie im Traume.

Er träumt von künft'ger Frühlingszeit,
von Grün und Quellenrauschen,
wo er im neuen Blütenkleid
zu Gottes Lob wird rauschen.

Joseph von Eichendorff

Aufgabe 1 **Gruppe 1**

Arbeitet bitte in der Gruppe an der ersten Strophe.
Was ist nach eurer Meinung das Wichtigste in dieser Strophe?
Könnt ihr das in einem Satz ausdrücken?

a) Schreibt hier eure Ideen auf:

____

____

b) Entscheidet euch dann für einen Satz.

Aufgabe 2 – Alleinarbeit

Versuche den Anfang des Gedichts mit deinen eigenen Gedanken fortzusetzen.
Verschneit liegt rings die ganze Welt,

____

____

____

Abb. 51: Arbeitsblatt zu „Winternacht" (Gruppe 1)

3.1.4 Schrift *(R. Maras)*

Fachliche Grundlagen

1. Begriffe

a) Schrift
„Schrift ist optisch fixierte Sprache. Durch die Schrift ist es möglich, Gedachtes und Gesprochenes und somit individuelle und gesellschaftliche Erfahrungen räumlich und zeitlich unabhängig zu übermitteln. Als Mittel der Kommunikation und der Erkenntnisgewinnung kann ihre Bedeutung für die gesellschaftliche Entwicklung kaum überschätzt werden“ (Kaestner/Tost 1990, S. 5).
„Schrift ist ein System grafischer Zeichen, mit dem ein sprachlicher Bedeutungsgehalt encodiert und wieder decodiert werden kann. In unserer Kultur gib es neben der Lautschrift noch andere Zeichensysteme, wie z.B. Ziffern, Noten, Verkehrszeichen, Symbole und Landkarten“ (Schenk 1997, S. 21).

b) Schreiben
„Schreiben ist optisches Fixieren der Sprache mittels konventioneller Zeichen, die mit Hilfe eines Schreibgeräts durch mehr oder weniger flüssige, rhythmische Bewegungen der Hand grafisch dargestellt werden“ (Kaestner/Tost 1990, S. 5).
Schreiben bezeichnet den Vorgang, Schrift herzustellen; sie wird mit einem Schreibgerät auf einem Schreibgrund erstellt. Das Produkt des Schreibens ist das Geschriebene, das in der motorisch erzeugten Spur zu sehen (oder zu ertasten) ist und dem eine Bedeutung zugewiesen ist. Schreiben beinhaltet begrifflich nicht nur das Hervorbringen einer optisch oder taktil wahrnehmbaren Spur, sondern auch die Vermittlung einer Information. Die Zeichen werden in der Weise angeordnet, dass aus ihrer Abfolge Zeichen-Einheiten (Wörter, Sätze, Texte) entstehen, aus denen Bedeutungen entnommen werden können.

2. Psychische und motorische Prozesse

Schreiben setzt Kenntnis und Verstehen von Sprache und von Schriftzeichen sowie die Leistungsfähigkeit des Wahrnehmungsapparates und der geistigen und motorischen Funktionen und Fähigkeiten voraus. Geschrieben wird aus der Vorstellung oder nach einer optischen oder akustischen Vorgabe. Das manuelle Tun des Schreibens wird von einem inneren Mitsprechen begleitet, jedoch nicht Zeichen für Zeichen, sondern in Einheiten, die von der Automatisierung der Schreibhandlung abhängig sind. So wird etwa ein 7-jähriges Kind beim Wort *Schrift* das *Sch* als „Ganzes“ (automatisiert) schreiben und nachfolgend das *-r-i-f-t* in bewussten Einzelakten aneinanderfügen (ggf. sich dabei die einzelnen Laute vorsprechend).
Bei der Analyse des Schreibprozesses sind also optische, lautliche, schreibmotorische und kognitive Aspekte zu berücksichtigen; Schreiben als Bewegungsvorgang ist eine komplexe Aktivität. Es lassen sich dafür verschiedene Teilvorgänge wie folgt beschreiben:

- Optische Wahrnehmung der Struktur der sichtbaren Spur: Einzelformen, Buchstaben, Buchstabenverbindungen, Wörter, Sätze;
- Entstehung von Reizmustern im Gedächtnis;
- Aufbau von Verbindungen zwischen Sprechen, Sprechbewegungen, Form, Bedeutung, Bewegungsablauf und Handmotorik;
- Zusammenfügen von optischen oder akustischen Reizmustern mit Bedeutungsinhalten;
- Automatisieren von Bewegungsvorgängen, Bewegungsempfindungen und Bedeutungsinhalten;
- Umsetzen von Bewegungsmustern in Bewegung durch Aktivierung des Nerven-Muskel-Systems.

Die manuelle Ausführung der verbundenen Schrift ist gekennzeichnet von Formdifferenzierungen auf kleinstem Raum und der gleichzeitig weiterlaufenden Vorwärtsbewegung.

Lernbereich „Schrift“

1. Bedeutung von Schrift und Schreiben

- Schrift als ein Mittel zur Verständigung und Informationsvermittlung
- Förderung der sozialen Kontakte und der Kommunikation
- Schrift und Schreiben als Teil einer ästhetischen Erziehung
- Entlastung des Kurzzeitgedächtnisses: Es werden Überlegungen, Fragen, Vorwissen, Vorschläge, Ergebnisse und Beobachtungen notiert; der bereits fixierte Text dient als Basis für weiterführende Gedankengänge.

2. Stellenwert der Handschrift

Schrift ist Bestandteil der menschlichen Kultur. Allerdings ergibt sich aktuell ein schulisches Problem mit der Art der Herstellung von Schrift: Welchen Stellenwert hat die *von Hand erstellte Schrift*?

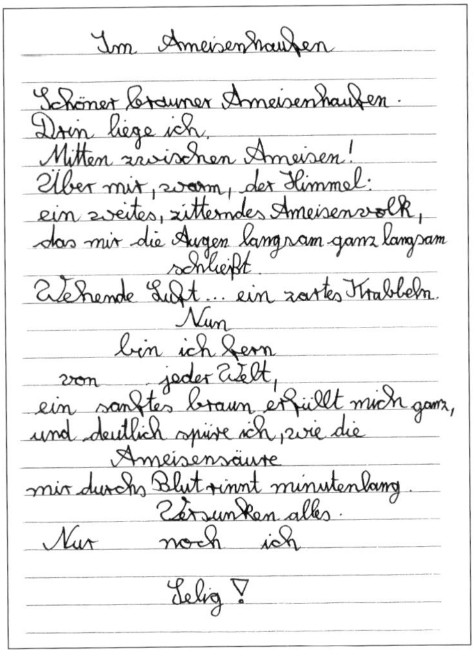

Abb.52 : Eigene Texte spontan erstellen, Schülerarbeit (1999)

a) Beobachtungen und Anmerkungen

Das Problem der verbundenen Schrift besteht darin, dass die schreibende Hand – oft im Bruchteil einer Sekunde – Richtungsänderungen, Verstärkung und Minderung des Auflagedrucks, Verzögerungen und Beschleunigungen auf engstem Raum durchführt oder durchführen sollte. Es ergeben sich stets individuelle Schriftbilder. Das zeigen die Abbildungen 52 und 53; die abgebildete Schülerschrift aus dem Jahr 1999, Michael (10 J.), geht auf die Lateinische und diejenige aus dem Jahr 2011 auf die Vereinfachte Ausgangsschrift zurück (Abweichungen von der „Norm“ sind jeweils gut erkennbar); „Im Ameisenhaufen“ wurde ausgewählt, da dies ein schönes Beispiel für die Kreativität unserer Kinder ist (der Text entstand spontan in Partnerarbeit, von Michael und Florian, nach der Arbeit an dem lyrischen Text von Arno Holz „Im Gras“).

Für jede der verbundenen Ausgangsschriften gilt, dass das Erlernen von vielen Kindern als anstrengende Prozedur empfunden und deren sichere Beherrschung frühestens nach zwei Jahren erreicht wird.

Der Mühe des Erlernens der Schreibschrift stehen verschiedene Fragen gegenüber: Welche Bildungsbedeutsamkeit hat die Schreibschrift im Hinblick auf die vorhandenen und zu erwartenden technischen Möglichkeiten der Fixierung von Sprache? Wird sich die Bedeutung der Schreibschrift

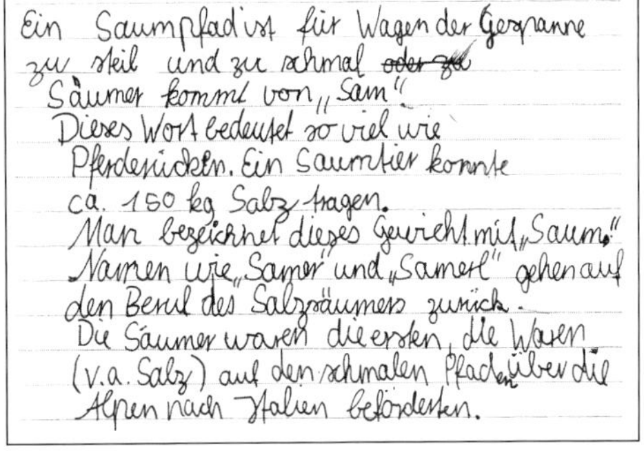

Abb. 53: Das Spuren der Schrift erhöht das Behalten, Schülerarbeit (2011)

nur noch auf ihren Einsatz in Schule und ggf. Ausbildung und bei Leistungskontrollen und Prüfungsarbeiten beschränken? Könnten sich nicht die Kinder in der frei gewordenen Zeit mit Lernsachen auseinandersetzen, die bildungswirksamer sind? Auf diese Fragen lassen sich jedoch keine klaren Antworten finden. Ferner bleibt die Frage zu klären, welcher Weg von der Druckschrift zur persönlichen Handschrift zu beschreiten ist. „Die eigentliche *Ausgangsschrift* (i. O. kursiv) ist in der Bundesrepublik also die Druckschrift. Die verbundenen Ausgangsschriften wie die Lateinische Ausgangsschrift, die Vereinfachte Ausgangsschrift oder die Schulausgangsschrift sind ein zusätzlicher Zwischenschritt für die Kinder, bevor sie ihre persönliche Handschrift entwickeln dürfen. Ob dies tatsächlich eine Hilfe oder doch eher ein Umweg ist, ist in der Fachwelt umstritten" (Brinkmann 2010, S. 23). Die Diskussion wird wohl schließlich bei der Kernfrage münden, ob eine „persönliche Handschrift" noch die Funktion der Kommunizierbarkeit haben solle.

Zur Behebung der Probleme wurde und wird mit deutlichen Worten nicht gespart. Die Lateinische Ausgangsschrift habe „ausgedient" (Erichson 1976), und nachdem die favorisierte Vereinfachte Ausgangsschrift nicht den erhofften Erfolg hatte, solle diese nun „ins didaktische Museum" (Bartnitzky 2010, S. 3; siehe S. 114). Offensichtlich sprechen schließlich die Befürworter der „Grundschrift" von der „Befreiung der ABC-Schützen von einer überflüssigen Pein" (Müller 2011, S. 1).

Tatsächlich geht es im Falle der verbundenen Handschrift um Schulung und Übung – sie zu lehren oder zu erlernen bedeutet Anstrengung und Konsequenz. Die Frage, ob Maßnahmen des Schreibunterrichts die kindliche Psyche belasten, ist selbstverständlich sorgsam zu erörtern. Allerdings beweisen Kinder und Lehrpersonen in vielen anderen Lernbereichen, dass sie mit Anstrengung und Konsequenz Leistungen erzielen. Freude an der eigenen Schrift zu haben, ist ein lohnendes Ziel.

b) Bedeutung der Handschrift in der Schule

Lehrpläne enthalten die Forderung nach der Entwicklung der Handschrift. Dafür lassen sich einige Argumente für den Gebrauch in der Schule anführen:

- Erstellen von eigenen Texten (Geschichten, Mitteilungen, Berichte; Fixierung von Ergebnissen, Beobachtungen, Fragen und Überlegungen; siehe Abb. 52 und 53).
- Erstellen von externen Informationsspeichern (Hefteinträge u. Ä.) und Leistungskontrollen.
- Das Behalten der Schriftgestalt eines Wortes wird durch prägnante, gut unterscheidbare Schriftformen erhöht (Rechtschreiben, Richtig schreiben).
- Beitrag zur Erhöhung der sinnlichen Wahrnehmung (visuell, taktil) und von Bewegungsabläufen (motorisch) und zur Förderung der Selbstwahrnehmung.
- Förderung der Fähigkeit, sich zu konzentrieren und ausdauernd zu arbeiten.
- Beitrag zum ästhetischen Lernen.

3. „Schrift" als Lernbereich des Faches Deutsch in der Grundschule

Das Ziel einer gut lesbaren, zügig ausführbaren und ansprechend gestalteten manuell ausgeführten Schreibschrift lässt sich nur erreichen, wenn die Entwicklung dieser Schrift mindestens in den ersten drei Schuljahren *zielgerichtet* beobachtet und gefördert wird.

a) Begründung für „Schrift" als Lernbereich

- Der Erwerb einer sicheren Gebrauchsschrift ist innerhalb eines Schuljahres nicht zu bewältigen.
- Der Knochenbau der Hand, sowohl in der Beschaffenheit der Knochen wie auch in den Proportionen, ändert sich bis in die Jugendzeit hinein. Erst nach der Pubertät stabilisiert sich die Schrift.
- Der im Erstschreibunterricht erworbene Formenschatz und die Bewegungsabläufe verlieren an Prägnanz und Geläufigkeit, wenn sie nicht weiter gefestigt werden.

- In weiterführenden Schulen besteht oft die Gefahr einer Überbeanspruchung des Schreibens, indem ein hohes Schreibtempo und große Mengen an abzuschreibendem Text zugemutet werden. Die Kinder sollten deshalb in der Grundschule so weit geführt werden, dass sie ihre eigene, individuelle und gut lesbare Handschrift bewusst gestalten, beeinflussen und entwickeln können.

Für die Verwirklichung der genannten Zielsetzung sind lehrgangsorientierte Unterrichtseinheiten, Konsequenz und Beharrlichkeit erforderlich. Dies lässt sich jedoch nur umsetzen, wenn administrative Festlegungen den nötigen Rückhalt geben. Entsprechende wissenschaftliche Untersuchungen dazu sind die Voraussetzungen. Nach unseren Erfahrungen ist die persönliche und gut lesbare Handschrift auf dem Weg von der Druckschrift über die Schreibschrift zu erreichen. Es ist nicht geklärt, wie aus einer der Druckschrift ähnlichen „Grundschrift" eine Handschrift entstehen soll, die allgemein eine gute Lesbarkeit besitzt.
Das Ziel für die Ausprägung einer persönlichen Handschrift ist das *situationsgerechte Schreiben* – manchmal schreibt man so, dass man es nur noch selbst lesen kann und manchmal soll sich der Adressat bereits vom gestalteten Schriftbild angesprochen fühlen.

b) Zielaspekte im Einzelnen
Schreibsicherheit:
Automatisieren der Zuordnung einer bestimmten Schreibspur zu einem Buchstaben und von Bewegungsabläufen bei der Formung von Buchstaben, Buchstabenverbindungen, Silben, Endungen, Wörtern.

Schreibgeläufigkeit:
Bewusst machen und Messen des individuellen Schreibtempos; Entwicklung der Fertigkeit, einen vorgegebenen Schreibtext in einer festgelegten Zeit anzufertigen; Schwingen als rhythmisches Auf und Ab erfahren (vgl. Hasert 2009).

Gute Lesbarkeit:
Buchstaben, Buchstabenverbindungen, Wortteile und Wörter sind durch die Formgebung in ihrer Bedeutung eindeutig zu identifizieren. Die Buchstaben besitzen eine prägnante Form, wenn die festgelegten Merkmale des jeweiligen Buchstabens enthalten sind und eine klare Unterscheidung von anderen Buchstaben möglich ist.

Ansprechende Gestaltung:
Die Gestalt des Wortes ergibt sich aus der Formung und den Proportionen der einzelnen Elemente wie Abstand der Abstriche, Neigung der Ab- und Aufstriche, Bogenform, Größe von Mittelhöhe, Unter- und Oberlängen und Abstände der Buchstaben.

Didaktische Grundsätze

1. „Schrift" als Unterrichtsprinzip

- Stützende Funktion anderer Fächer und Lernbereiche: Rechtschreiben (Bereitstellen des Wortmaterials), Sprachbetrachtung (Einsicht, Bedeutung), Lesen (Wort- und Sinnerfassung), Sprachgebrauch (Sprechen, Schrift als Bedeutungsträger), Sachunterricht (Begriffe), Kunsterziehung (Formen, kreativer Umgang); Hefteinträge.
- Dokumentationen und Präsentationen von Unterrichtsinhalten aus anderen Fächern oder Lernbereichen sind Anlass für gezielte Übungen zur Nacharbeit.
- Einbeziehung technischer Möglichkeiten.

2. Aktive Unterstützung der individuellen Schreibentwicklung

Die Entwicklung der individuellen Handschrift zu einer prägnanten, sicheren, geläufigen und gefälligen Schrift wird vonseiten der Lehrerin begleitet und betreut. Dies geschieht durch Beobachtung und steuernde Hinweise (Bestätigung, Korrektur oder Anregungen) und Aufgabenstellungen (Übungen zur Festigung, Klarheit und Geläufigkeit).

3. Der kommunikative Charakter der Schrift wird bewusst gemacht und in praktischen Anwendungen verdeutlicht

- Schüler erhalten Gelegenheit, andere Handschriften zu lesen, und beurteilen dabei die „gute Lesbarkeit".
- Schüler nehmen zur schriftlichen Gestaltung von Kinder- und Jugendbüchern Stellung und entdecken Gestaltungselemente, die „für das Auge" angenehm sind.
- Anwendungen: Einladungen, Glückwünsche, Briefe, Postkarten, Wandzeitung, Collage, Plakat, Karteikarten, Bestimmungsbuch, „Mein ... (Wiesen-)Buch", Programme, konkrete Poesie, eigene Geschichten.

4. Die Handschrift des Schülers wird durch das Vorbild der Lehrerin beeinflusst

- Bei Schreibtexten auf Folie, Tafel und Arbeitsblättern wird beachtet: Lesbarkeit, enge Orientierung an den Schreibformen der Ausgangsschrift, Sauberkeit, Einteilung und Aufgliederung.
- Erkennbarkeit der Bemühungen der Lehrerin um die Schrift.

Praktische Hinweise

1. Äußere Voraussetzungen

Geeigneter Arbeitsplatz (Tisch, Stuhl, Beleuchtung), Schreib- und Sitzhaltung (Handhaltung, Heftlage, Haltung von Armen und Oberkörper), Schreibmaterial (Schreibgeräte, Papierqualität, Art des Heftes, Block, Lineatur).

2. Motivationen zum Schreiben

Motivierende Anlässe (z.B. Anfertigen von Lesezeichen, s.o. „Anwendungen"); Verwendung von Textverarbeitungsprogrammen am Computer; Freude am Tun (z.B. durch Umgang mit verschiedenen Schreibgeräten und Papiersorten; Spiele mit Schrift); positive Erfahrungen mit der Schreibarbeit (z.B. Anerkennung der Leistung durch schriftliche Anmerkungen der Lehrerin, Aufstellen individueller Ziele und Übungen).

3. Abstimmung der Maßnahmen auf den einzelnen Schüler

- Beobachtung der Schülerschrift: Diagnose der zugrundeliegenden Fehlform (Knicke, linkslagig, Bogigkeit) – entsprechende Therapie: Schleifenschwünge, Aufstrich strecken, Abstrich gerade, enge Bögen, Vereinfachungen; Schreibgerät wechseln, Schreibhaltung korrigieren;
- Didaktischer Ort: im Anschluss an den geschriebenen Text, tägliche 10-Minuten-Übung, gelegentliche Übungen mit speziell abgestimmtem Übungsaufgaben.

4. Linkshändigkeit

Die verbundenen Schriftzüge der Lateinischen Schrift sind im Bewegungsablauf durch die *rechts*läufige Schreibrichtung auf die Ausführung durch die *rechte* Hand abgestimmt. Deshalb bereitet die Ausfertigung dieser Schreibschrift mit der linken Hand Probleme. Eine Umschulung eines Kindes mit ausgeprägter Linkshändigkeit ist zu unterlassen. Da der Umgang mit der Linkshändigkeit sensibel erfolgen sollte, muss hier auf die Literatur verwiesen werden. (Siehe auch S. 92; einen raschen Überblick gibt Schenk 1997, S. 246–252).

Literatur:

1. Bartnitzky, Horst (2010): „Schreiben mit Schwung" – mit der Grundschrift die eigene Handschrift entwickeln. In: Grundschule aktuell. Zeitschrift des Grundschulverbandes, Heft 112, S. 3–6
2. Kaestner, Elisabeth/Tost, Renate (1990): Schreibunterricht. Volk und Wissen, Berlin, 10. Aufl.
3. Maras, Rainer (2004): Schreibübungen individuell gestalten. Fachliche Überlegungen und Praxis. In: Grundschulmagazin 3/2004, S. 39–48.

Strukturmodell: *Schreibübung*

Vorbereitung	
Hinführung zur Schreibübung	Kurze Einstimmung durch ein Musikstück, das rhythmische Motiv wird aufgegriffen und in eine Bewegung des Arms oder des Körpers umgesetzt. Erfinden von Sprechsilben, die zum rhythmischen Modell passen, Unterstützen durch Klatschen. Allgemeine Lockerung des Körpers, des Arms und speziell der Hände und Finger.
Erkennen der Schreibaufgabe	Rückgriff auf Schülerarbeiten: Vorzeigen durch Projektion von Schriftproben; Herauslösen der Schwierigkeit oder der Besonderheit des Buchstabens, der Buchstabenverbindung oder des Wortes; Formulieren der Schreibaufgabe, die sich aus dem dargestellten Schriftbeispiel ergibt (Formgebung, Bewegungsablauf, Druckstärke; der individuell gesicherte Bestand von günstigen Bewegungsabläufen und Buchstabenformen wird betont).
Durchführung	
Gezielte Vorarbeit	Auseinandersetzung mit dem Schreib-Gegenstand: Benennen einzelner Elemente, Hinweisen auf die schwierigen oder besonderen Schriftelemente oder auf die individuell Schwierigkeiten bereitenden Stellen oder Bewegungsabläufe; Feststellen möglicher Ursachen für ungünstige Bewegungsabläufe oder Fehlformen; Markieren des entsprechenden Elements. (Hier kann bereits eine qualitative Differenzierung einsetzen; die Kinder bestimmen die jeweils für sie zutreffende Übungsaufgabe selbst.) Darstellen der schreibrichtigen Form bzw. Vorzeigen des bewegungsgünstigen Ablaufs. Ggf. grobmotorische Bewegungsübungen, begleitendes Sprechen (2. Jgst.). Spuren mit verschiedenen Schreibmaterialien auf verschiedenen Unterlagen nach einer Vorlage; anschließend Spuren oder Schreiben aus der Vorstellung. Bewegungsübungen, feinmotorisch; Kontrolle; Besprechen guter Formen.
Kernübung	Schreiben mit Füller in das Heft; Schreiben im Zusammenhang; Kontrolle gemäß Muster; Differenzierung (auch unter Verwendung einer Schreibkartei); Gestaltungsaufgaben.
Anwendung	Verwendung neuen Wortmaterials; Besprechen guter Ergebnisse und Übungsmaßnahmen; Ausgestalten des Heftes; Eingliederung in ein größeres Schreib-Vorhaben.

Unterrichtsbeispiel:
Meine Lernziele für meine Schrift,
ab 2. Jahrgangsstufe

Artikulation/ Inhalt	Unterrichtsaktivitäten/ Sozialformen/Medien
I. Vorbereitung	
1. Lockerungs- und Bewegungsübungen	
z. B. Arme kreisen, strecken – Handflächen drehen – Faust ballen und Unterarm drehen – Arme vorstrecken und konzentriert Hände kreisförmig bewegen – jeden Finger einzeln einknicken und wieder ausstrecken.	S stehen hinter dem Stuhl an ihrem Arbeitsplatz; Vorzeigen durch L oder S
2. Aufgabenstellung	
Präsentation von zwei oder drei ausgewählten Schriftproben (günstig: Schriftproben nicht aus dieser Klasse). Erkennen der Notwendigkeit des Übens (Formgebung, Verbundenheit, Schriftlage, Zügigkeit, Raumgliederung); Betonung der individuellen Zielsetzung.	Folie; S äußern sich
II. Durchführung	
1. Teilziel: Die eigene Schrift erkunden	
a) Anfertigen einer Schriftprobe „Meine Schrift am (Datum)" (siehe Abb. 55)	S schreiben insgesamt drei oder vier Sätze
b) Maßnahmen zur Erkundung: Wortabstände kennzeichnen; Schleifen ausfüllen; Richtung des Abstriches markieren (siehe Abb. 55)	S bearbeiten die soeben erstellten Schriftproben
2. Teilziel: Lernziele aufstellen	
a) Mitteilung von Erfahrungen mit der eigenen Schrift (Aufgaben siehe Abb. 54)	Partnerarbeit; Austausch der Schriftproben usw.
b) Festlegung von Lernzielen für die weitere Arbeit an der eigenen Schrift (siehe Abb. 55 und 56)	Partnerarbeit
III. Schreibübung	
Auswahl geeigneter Übungen (je nach Leistungsfähigkeit: selbst erstellte oder vorbereitete Aufgaben)	Alleinarbeit
IV. Arbeitsrückschau	
Mitteilung der gemachten Erfahrungen; Vergleich der gewählten Lernziele; Vormachen einiger gewählter Schreibbewegungen (großformatig, an der Wandtafel) – Vergleich der Ergebnisse; ggf. Modifizierung oder Präzisierung von Lernzielen.	Plenum

Erkunde deine Schrift – Aufgaben

1. Schreibe insgesamt drei Sätze. Wenn du willst, wähle aus folgenden Sätzen aus:
   Anton angelt alte Aale.
   Rafael reinigt rote Roller.
   Nina nimmt neun Nudeln.
   Beni bäckt bunte Brote.
   Der Frosch frisst fette Fliegen.
   Lisa lernt lustige Lieder.
   Mäuse machen manchmal Mist.
   Nico nascht niedliche Nashörner.
   Tina trainiert ein tolles Team.
2. Erkunde nun deine eigene Schrift. An der Tafel findest du Anregungen dazu.
3. Tauscht euere Blätter aus. Lege dann das durchscheinende Papier auf die Schrift und fahre sie mit Bleistift nach.
4. Wenn ihr fertig seid:
   a) Überlege dir, welche Entdeckungen du an der Schrift gemacht hast.
   b) Überlege bitte mit dem Partner, welche Übungen für <u>deine</u> Schrift sinnvoll sind.

Abb. 54: Aufgaben für die Partnerarbeit zum Thema „Erkunde deine Schrift“

Gut lesbar und flott

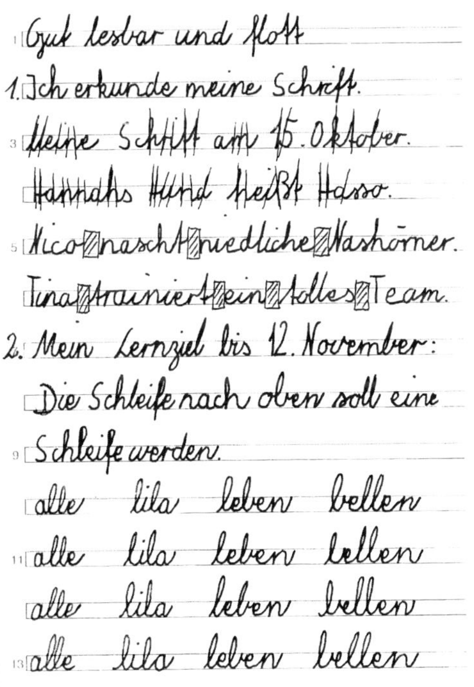

(Anm.: Derselbe Text wird nach etwa vier Wochen nochmals geschrieben; das Schriftbild und Schreibformen in beiden Versionen werden verglichen.)

Abb. 55: Individueller Eintrag in Heft oder Mappe zum Thema „Meine Lernziele für meine Schrift“

Weitere Möglichkeiten für individuelle Lernziele

Girlanden zügig, den Abstrich betonen:
um, üben, ver, verlieren, wie, wiegen

Arkaden zügig, schlanke Kehren:
na, nähen, mu, mutig, pa, packen, pumpen, hin, hinab, hundert

Einzelne Buchstaben, Formgebung:
x: mixen, boxen, Hexe
ß: Fuß, Gruß, weiß
r: rot, her, irren
L: Land, Last, Luft

Buchstabenverbindungen:
se: sein, sehr, lesen
rz: Herz, Harz, Herzog
lz: Filz, Salz, Holz

Abb. 56: Weitere Varianten zu „Meine Lernziele …“

3.1.5 Sprechen und Zuhören
(J. Ametsbichler)

Fachliche Grundlagen

1. Begriff

Sprechen ist eine gemeinschaftliche Verständigungshandlung. Beim kommunikativen Handeln mithilfe der gesprochenen Sprache werden Informationen situationsbezogen an einen Partner weitergegeben. Dabei werden auch oft nichtsprachliche Mittel (z. B. Mimik, Gestik) eingesetzt (s. auch Definitionen zum Begriff „Gespräch", S. 354).

2. Stellenwert der Mündlichkeit

Durch den konstruktivistischen Ansatz erhalten informelles Sprechen und Alltagssprache eine besondere Wertschätzung, die Gesprächskultur wird weiterentwickelt und das mündliche Erzählen als geselliges Erzählen bekommt eine eigene Bedeutung. Metakommunikation als reflexive Meta-Ebene des Lernens trägt zur Entwicklung der Lernkompetenz bei. All diese Aspekte finden sich auch in den Bildungsstandards wieder.

3. Zusammenhang zwischen Mündlichkeit und Schriftlichkeit

Die Schriftsprache unterscheidet sich von der mündlichen Sprache. Man konzipiert einen Text in der Mündlichkeit
- *dialogisch*: mindestens ein zweiter ist anwesend („face-to-face-Interaktion");
- *situativ:* aus einer Kommunikationssituation heraus;
- *spontan*: ohne mir vorher etwas zurechtzulegen, was ich unbedingt sagen muss (vgl. Abraham 2008, S. 16).

Folgende Aspekte betonen die Leistung des Sprechens gegenüber dem Schreiben: Nähe schaffen, Verständigungsvorgänge abkürzen, ohne rigide Normierung die Sachen klären und mit Menschen sprechen (Beziehungen klären).

Die Sprachwissenschaft unterscheidet zwischen medialer und konzeptioneller Mündlichkeit bzw. medialer und konzeptioneller Schriftlichkeit.

	Mündlich	**Schriftlich**
Medial	Es wird gesprochen.	Es wird geschrieben.
Konzeptionell	Die Art des Sprechens folgt den Bedingungen der mündlichen Sprache.	Die Art des Schreibens folgt den Bedingungen der Schriftsprache.

Abb. 57: Mündlichkeit als „Sprache der Nähe" (Schilcher 2010, S. 7)

„Medialität und Konzeptionalität fallen in nicht wenigen Texten auseinander. So ist ein Vortrag zwar medial mündlich, jedoch oft konzeptionell schriftlich, da er vorab schriftlich ausgearbeitet wurde; im Chat oder der E-Mail wird dagegen zwar geschrieben, jedoch weitgehend so, wie gesprochen wird" (a. a. O, S. 6). Wenn mündliche Äußerungen geplant werden, folgen sie bis zu einem gewissen Ausmaß den Konventionen konzeptioneller Schriftlichkeit. Es gilt einen angemessenen Grad zwischen konzeptioneller Mündlichkeit und Schriftlichkeit zu treffen, damit mündliche Situationen (z. B. ein Vortrag) gelingen (vgl. a. a. O., S. 9).

4. Sprachen in der Sprache

Innerhalb der Mündlichkeit gibt es nicht *die* deutsche Sprache. Wir sollten eigentlich von einem mündlichen Sprach*en*gebrauch sprechen. „(Gesprochenes) Deutsch wird von seinen Sprechern ... nur in begrenztem Umfang als Einheitssprache erfahren" (Klotz/Sieber, in Abraham 2008, S. 20). Vor allem im Süden Deutschlands spielt der Dialekt nach wie vor eine wichtige Rolle. Die Kinder sprechen in den Familien im Dialekt (regional gefärbte Variante der sogenannten Standardsprache). „Betrachtete man früher den Dialekt als defizitär gegenüber der Hochsprache, so hat sich mittlerweile die *Differenzhypothese* durchgesetzt und in der Konsequenz die Zielvorstellung einer ‚inneren Mehrsprachigkeit'. Man geht davon aus, dass Sprecher, die ‚mehrsprachig' sind, also neben der Hochsprache ... auch eine dialektal gefärbte aktiv beherrschen, solchen überlegen sind, für die das nicht gilt: Sie können auf die jeweilige soziale Situation, in der sie kommunizieren (jemanden beschwichtigen, überreden, überzeugen, trösten usw.) wollen, flexibler reagieren. Dialekt signalisiert deutlicher als andere Varietäten soziale Zusammengehörigkeit und emotionale Beteiligung" (Abraham 2008, S. 20f.). Wichtig ist, dass die Sprachdifferenz bewusst herausgestellt wird (z. B. Ansatz beim Wortschatz/Wortwahl).

Probleme treten für Dialektsprecher auf, wenn sie nicht in der Lage sind, zur erwarteten und funktionalen Standardvarietät zu wechseln, weil eine solche fehlt. In der Schule ist aber die standardsprachliche Umgangssprache unumgänglich. Die Schule muss allen Kindern die Standardvarietät vermitteln. Zu fordern ist eine „innere Mehrsprachigkeit".

5. Einzelaspekte nonverbaler Kommunikation

Verhaltensaspekte nonverbaler Kommunikation, die vor allem für den Unterricht relevant sind, sind Mimik, Gestik, Blickkontakt und räumliche Orientierung. Sie sind jeweils nur in Abhängigkeit von verbalen Elementen und der Situation interpretierbar. Menschliches Körperausdrucksverhalten ist ein sehr komplexes System, das eindeutig, aber auch vieldeutig sein kann.

- Mimik (sichtbare Bewegung der Gesichtsoberfläche) ist eng an Emotionen gebunden und kann eine Situation mit steuern.
- Das Blickverhalten ist eng an kognitive Prozesse gebunden. Es hat Überwachungs-, Regulations- und Ausdrucksfunktion und signalisiert Kommunikationsbereitschaft oder -vermeidung.
- Die Gestik umfasst die Gebärden der Arme und Hände. Sie ist von allen nonverbalen Kommunikationssignalen am besten durch Übung zu schulen.
- Aus der Körperhaltung gewinnen wir wichtige Eindrücke über die Einstellung der Interaktionspartner.

Da Körpersprache im Kommunikationsprozess so wichtig ist, muss sie auch zum Gegenstand des Unterrichts werden (z. B. Pantomime, Rollenspiel, Interaktionsspiel).

6. Der pädagogische Stellenwert des Zuhörens

Die mündliche Sprache erlaubt es, Informationen in enger Rückkoppelung an die Reaktionen anderer abzustimmen und zu modifizieren. „Wer hinhört, will etwas heraushören, wiedererkennen. Zuhören geht noch weiter: Man hört zu, um etwas Neues zu erfahren, um etwas zu lernen" (Kahlert, in Huber/Odersky 2000, S. 11). Nach Schulz von Thun hat die Psychologie des guten Zuhörens zu berücksichtigen, dass in jeder Äußerung, die uns erreicht, vier Aspekte (Sachinhalt, Selbstkundgabe, Beziehungsbotschaft, Appell) gleichzeitig und prinzipiell gleichwertig enthalten sind, auf die der Empfänger achten kann. Dabei wird immer ein Aspekt offensichtlich ausgedrückt. Die anderen drei Anteile einer Botschaft werden gewissermaßen unter der Wasseroberfläche mit gesendet (vgl. Stierlin/Schulz von Thun, in Huber/Odersky 2000, S. 26). Deshalb können wir im Gespräch damit rechnen, dass unterschiedliche Reaktionen auftreten. Die bewusste Handhabung dieser Auswahl macht das gute Zuhören aus. Als Inbegriff des guten Zuhörens gilt das „aktive Zuhören". Das Ergebnis meines Zuhörens mache ich zum Gegenstand meiner Rückäußerung. Dabei vermeide ich eigene Wertungen und wähle Formulierungen, die der andere annehmen kann (vgl. a. a. O., S. 30).

7. Kompetenzen im Bereich der Mündlichkeit

Im Bereich der Mündlichkeit können wir folgende sich gegenseitig überlappende Kompetenzen unterscheiden:

- Erzählkompetenz
- Informationskompetenz
- Spielkompetenz
- Gesprächskompetenz
- Redekompetenz
- Präsentationskompetenz

Im Folgenden werden diese Kompetenzen jeweils näher erläutert.

a) Erzählen

Erzählen ist immer Erzählen für jemanden (adressenbezogen). Alltagsgeschichten beim spontanen Erzählen teilen etwas mit und haben einen sozialen Bezug. „Indem ich sie erzähle, leiste ich ein Vergegenwärtigen, Ordnen und Deuten von Alltagserfahrung" (Abraham 2008, S. 45).

- ***Geselliges Erzählen als Eigenwert***

Das Erzählen meint hier nicht das gelegentliche Geschichtenerzählen vor Weihnachten oder als Vorübung für einen schriftlichen Text. Gemeint ist auch nicht ein Erzählkreis, in dem unreflektiert eine Erzählsituation geschaffen wird, in der weder das Thema ansprechend ist, noch Anforderungen geklärt sind. Erzählen soll einen Eigenwert haben. Das afrikanische Sprichwort „Das gesprochene Wort gehört zur einen Hälfte dem Erzähler und zur anderen Hälfte dem, der es hört" verdeutlicht die Interaktion zwischen Erzählenden und Zuhörenden.

In der Schule kann die Erzählfähigkeit (weiter-)entwickelt werden. Unter Verwendung von Erzählmitteln und Erzählmustern können die Kinder kreativ sein. Sie lernen, wie man verständlich und spannend erzählt. Entsprechend erarbeitete Kriterien können sich auf den Inhalt der Geschichte beziehen (z.B. Reihenfolge), auf die Wortsprache (z.B. Einhaltung der Erzählzeit), auf die sprachlichen Mittel (z.B. Betonung) und auf nonverbale Mittel (z.B. Mimik).

Das folgende Handlungsfeld für die Erzählpraxis von Claus Claussen zeigt vielfältige Gelegenheiten zum mündlichen Geschichtenerzählen auf:

Abb. 58: Handlungsfeld für die Erzählpraxis (Claussen 2006, S. 31)

b) Informieren

Das Thema „Informieren" ist ein weites Feld (Informieren in Alltag, Medien und Unterricht). Im Folgenden wird vor allem auf die informierenden Sprechtätigkeiten eingegangen (vgl. Abraham 2008, S. 63f.). Weitergabe von Fakten, Aufklärung über Möglichkeiten und Konsequenzen von Entscheidungen, Übermittlung von Neuigkeiten, die mich unmittelbar betreffen, sind verschiedene Aspekte informierender Sprechtätigkeiten. Berichten, Beschreiben, Schildern (Nähe zum Erzählen) und Erklären (Nähe zum Reden) sind verschiedene Formen informierenden Sprechens. Informierendes Sprechen bringt Beobachtetes/Erlebtes oder Gelesenes/Gehörtes in eine *Ordnung* (chronologisch bei Berichten, räumlich bei Beschreibungen). Insofern fördert dies auch die kognitive Entwicklung des Sprechers. In diesem Zusammenhang wird auch die Notwendigkeit eines fächerübergreifenden Sach- und Sprachlernens deutlich. „Sachunterricht ist Sprachunterricht und umgekehrt" (a.a.O., S. 70).

Erklären als sprachliche Handlung und als Kompetenz wird in der Literatur bisher eher vernachlässigt. Die Formulierung aus den KMK-Standards „Inhalte zuhörend verstehen" macht deutlich, dass auf der Gegenseite etwas fehlt: „Erklären, als das verstehensorientierte Vermitteln von Wissen und mentalen Modellen zum Verständnis von Information, macht verstehendes Hören leichter" (a.a.O., S. 75).

c) Szenisch spielen

Die Erweiterung der sprachlichen und nichtsprachlichen Ausdrucksmöglichkeiten ist Ziel dieses Kompetenzbereichs. Zum szenischen Spielen gehören reproduktive Formen, bei denen mit einer Textvorlage gearbeitet wird (z.B. Vorlesen oder das Darstellende Spiel) und produktive Formen, bei denen die Texte mehr oder weniger spontan gestaltet werden (z.B. szenische Improvisation und Rollenspiel). Im Zentrum des Rollenspiels steht der Prozess. Es ist ein Probehandeln in einem vergleichsweise sanktionsfreien Raum. Empathie und Rollendistanz sind wichtige Ziele des Rollenspiels.

d) Gespräche führen

Im Unterricht können die Kinder Sprechen und Zuhören erleben und wahrnehmen. Sprechhandlungen werden reflektiert und Sprechhandlungsalternativen werden erprobt und geübt. Gesprächskompetenzen der Lernenden können nach Potthoff nach folgenden Kriterien untergliedert werden (Potthoff u.a. 2008, S. 26): *Einstellungen und Haltungen* (z.B. In Konflikten suchen sie gemeinsam nach Lösungen), *Fähigkeiten und Fertigkeiten* (z.B. Sie äußern eigene Gefühle und verstehen die Befindlichkeit anderer Kinder) und *Kenntnisse* (z.B. Sie kennen grundlegende Begriffe, um sich über Sprache und Sprechen miteinander zu verständigen).

- ***Teilnehmerorientierte Gesprächsführung***

Gespräche führen lernt man, indem man Gespräche führt. Sie sind ein Übungs- und Erfahrungsfeld für angenäherte symmetrische Kommunikation. Die Kinder nehmen sich als Gesprächsteilnehmer gegenseitig ernst, hören einander aktiv zu und stellen eine Balance von Sachgegenstand, eigenen persönlichen Bedürfnissen und Bedürfnissen der Gesprächspartner her (vgl. a.a.O., S. 13). Diese Methode der themenzentrierten Interaktion (TZI) von Ruth Cohn wird neben anderen Ansätzen der humanistischen Psychologie für eine teilnehmerorientierte Gesprächsführung in Anspruch genommen. Auf dieser Grundlage werden Kinder auch fähig, Probleme und Konflikte sprachlich zu bewältigen und darüber zu reflektieren. Sie verbalisieren Probleme und damit verbundene Gefühle und lernen, sich in die Gefühlslage anderer Kinder hineinzuversetzen (Empathiefähigkeit).

- ***Gesprächsregeln***

Grundpostulate der TZI (z.B. Störungen haben Vorrang; jede Person ist für sich selbst, für die Gruppe und für das Thema verantwortlich) und einzelne Regeln (z.B. Vertritt dich selbst in deinen Aussagen – „ich" statt „wir") fließen in altersgemäßer Weise auch in Aufstellungen von Gesprächsregeln ein. Kinder brauchen eine Orientierung für ihr Verhalten, damit sie selbstständig zusammenarbeiten können. Diese Regeln werden gemeinsam gefunden, aufgestellt, erprobt und evtl. wieder verändert. In einem Reflexionsgespräch wird das Nicht-funktionieren des Gesprächs thematisiert. Störungen werden gesucht und Ursachen erforscht. Probleme werden als Lernchancen auf dem Weg betrachtet.

e) Reden

Mit Reden ist vor allem das freie Sprechen und Zuhören bzw. das Einbringen von Redebeiträgen gemeint. In der Grundschule können die Kinder eigene Standpunkte und Meinungen sprachlich darstellen. Es geht hier auch um die Überwindung von Sprechangst.

f) Präsentieren

Durch die Bildungsstandards wurde die Präsentation als schulische Leistung aufgewertet.

Die Begriffe Sprechvorlage und Visualisierung werden damit in Zusammenhang gebracht. Neben der inhaltlichen Information werden auch nonverbale Darstellungsfunktionen in den Blick genommen (sprecherische Kriterien). Präsentation lässt sich „als komplexes Zusammenspiel von Rede und Veranschaulichung mit eindeutigem Adressatenbezug kennzeichnen. Das Präsentieren erfordert eine Reihe von einzelnen sich entwickelnden Kompetenzen, die miteinander kombiniert werden müssen" (Speck-Hamdan 2010, S. 44). Präsentationskompetenzen müssen kontinuierlich entwickelt, erprobt und eingeübt werden. Die Aktivität der Lernenden muss bei jeder Präsentation im Mittelpunkt stehen. (siehe Punkt 5.6, S. 362f.)

Situation des Kindes

1. Erwerb mündlicher Sprach- und Kommunikationsfähigkeiten

Gesunde Kinder verfügen bei der Einschulung bereits über erhebliche sprachliche und kommunikative Fähigkeiten, ohne dass sie jemand unterrichtet hätte. Sie bildeten ihre Fähigkeiten, Sprache kommunikativ zu verwenden, entwickelten ihren Wortschatz und ihre syntaktischen Fähigkeiten zur Bildung von Wörtern, Sätzen und Texten. Insofern werden die Erwerbsmechanismen des Alltags auch für fachdidaktische Überlegungen interessant. Bei der Sprachentwicklung von Kindern zwischen 5 und 14 Jahren im Bereich des Erwerbs von über den Satz hinausgehenden Strukturierungsfähigkeiten (in Gesprächen erzählen, argumentieren, ... können) gibt es einerseits in der Aneignung eine klare Erwerbsfolge: die Fähigkeit im Gespräch größere Einheiten zu initiieren, sie intern gemäß den Erwartungen der erwachsenen Gesprächspartner aufzubauen und sprachlich-formal angemessen zu kontextualisieren. Andererseits sind die mündlichen Äußerungen von Kindern in einem erheblichen Maße ko-konstruiert, d.h. von erwachsenen Gesprächspartnern strukturell geprägt (vgl. Quasthoff 1999, S. 63). Der Erwachsene behandelt die kindlichen Aktivitäten unter dem Gesichtspunkt ihrer Entwicklungsbedürftigkeit. Die regelhafte Struktur übersatzmäßiger Einheiten (z.B. Wegbeschreibungen) entwickelt sich also im Zusammenspiel zwischen Anforderung und struktureller Unterstützung. Das Kind lernt sprechen, indem es die Sprache im Prozess der Verständigung anwendet. Diese natürlichen Erwerbsprozesse weisen aber große individuelle Unterschiede auf.

2. Gesprächsfähigkeit

Die Gesprächsfähigkeit der Kinder ist wie ihr gesamter Entwicklungsstand unterschiedlich ausgebildet und muss differenziert gefördert werden. Schritte zur Gesprächsfähigkeit sind mit Umwegen und Rückgriffen verbunden. Gesprächsfähig sind Kinder, wenn sie sich in verschiedenen Gesprächssituationen zurechtfinden und dabei sowohl Sprecher- als auch Hörerrollen einnehmen können. Sie sprechen sachangemessen und partnerbezogen miteinander, können einen Sachverhalt richtig erfassen, verständlich wiedergeben und sich dabei an vereinbarte Regeln halten. In besonderen Situationen ergreifen sie die Möglichkeit zur Metakommunikation. Gesprächsfähigkeit anzubahnen, ist ein lebenslanger Lernprozess (vgl. Potthoff u.a. 2008, S. 22).

3. Entwicklung der Erzählkompetenz

Die erforderlichen Kompetenzen für das alltägliche Erzählen werden schrittweise erworben (vgl. Abraham 2008, S. 51):

1. Stufe: „Basis-Sprechakte", z.B. beschreiben, schildern
2. Stufe: geflechthaftes Erzählen in einer „Lebens- und Erzählgemeinschaft"
3. Stufe: selbstständig-monologisches Erzählen für andere (ab 9–10 Jahren)

Diese Schritte legen die Kinder allerdings in individuell unterschiedlicher Zeit (z.B. auch mit individuellen Verzögerungen) und bezüglich der Ergebnisse auch in individuell unterschiedlicher Ausprägung zurück. Die Erzählschemata der drei Stufen lernt das Kind, weil ihm erzählt wird.

Zielsetzungen

1. Bildungsstandards im Bereich der Mündlichkeit

Die Mündlichkeit im muttersprachlichen Unterricht erhält als zentrales Mittel der Kommunikation in den Bildungsstandards eine besondere Bedeutung. Die wichtigsten Ziele des Kompetenzbereichs „Sprechen und Zuhören" sind die *Entwicklung einer demokratischen Gesprächskultur und die Erweiterung der individuellen mündlichen Sprachhandlungskompetenz*. So heißt es in den Bildungsstandards: „Die Kinder entwickeln eine demokratische Gesprächskultur und erweitern ihre mündliche Sprachhandlungskompetenz. Sie führen Gespräche, erzählen, geben und verarbeiten Informationen, gestalten ihr Sprechen bewusst und leisten mündliche Beiträge zum Unterricht. Sie drücken ihre Gedanken und Gefühle aus und formulieren ihre Äußerungen im Hinblick auf Zuhörer und Situation angemessen, hören aufmerksam und genau zu, nehmen Äußerungen anderer auf und setzen sich mit diesen konstruktiv auseinander" (KMK 2004a). Diese miteinander vernetzten Kompetenzen sind nicht nur für die mündliche Kommunikation bedeutsam (siehe Abb. 59).

Sprechen und Zuhören sind unterscheidbare Kompetenzen und sollten gezielt entwickelt werden. Die Kategorie „Methoden und Arbeitstechniken" zielt vor allem auf die Bewusstheit des eigenen Kompetenzerwerbs. „Verstehend zuhören" ist für alle genannten Sprechtätigkeiten wichtig und keine selbstständige Kompetenz (vgl. Abraham 2008, S. 31).

<table>
<tr><td>Gespräche führen</td><td>Sich an Gesprächen beteiligen, gemeinsam entwickelte Gesprächsregeln beachten, Anliegen und Konflikte gemeinsam mit anderen diskutieren und klären</td><td rowspan="5">Erwerb von entsprechenden Methoden und Arbeitstechniken</td></tr>
<tr><td>Zu anderen sprechen</td><td>An der gesprochenen Standardsprache orientiert und artikuliert sprechen, Wirkungen der Redeweise kennen und beachten, funktionsangemessen sprechen (erzählen, informieren, argumentieren, appellieren), Sprechbeiträge und Gespräche situationsangemessen planen</td></tr>
<tr><td>Verstehend zuhören</td><td>Inhalte zuhörend verstehen, gezielt nachfragen, Verstehen und Nicht-Verstehen zum Ausdruck bringen</td></tr>
<tr><td>Szenisch spielen</td><td>Perspektiven einnehmen, sich in die Rolle hineinversetzen und sie gestalten, Situationen in verschiedenen Spielformen szenisch entfalten</td></tr>
<tr><td>Über Lernen sprechen</td><td>Beobachtungen wiedergeben, Sachverhalte beschreiben, Begründungen und Erklärungen geben, Lernergebnisse präsentieren und dabei Fachbegriffe benutzen, über Lernerfahrungen sprechen und andere in ihren Lernprozessen unterstützen</td></tr>
</table>

Abb. 59: Kompetenzbereich „Sprechen und Zuhören" (vgl. Bremerich-Vos u.a. 2009, S. 16f.)

Das Zuhören wird hier schwerpunktmäßig als Verstehen aufgefasst (Beziehung zum Hörverstehen und Textverstehen). Eine besondere Aufmerksamkeit erhalten auch erzählerische und rhetorische Fähigkeiten. Präsentative Kompetenzen (z. B. Vortragsstil, Verständlichkeit) sind für die Kinder zukunftsbedeutend. „Über Lernen sprechen" ist metakognitiv und bezieht sich auf alle Kompetenzen. So wird die Reflexion von kommunikativen Erfahrungen zum Unterrichtsgegenstand.

2. Im Einzelnen angestrebte Kompetenzen der Mündlichkeit

Unter der Leitidee „Zur Entwicklung einer Kultur des verständigen und verantwortlichen Miteinanders beitragen und sie praktizieren" hat Bartnitzky eine entsprechende Übersicht erstellt (siehe Abb. 60, S. 125).

Didaktische Grundsätze

1. Förderung des mündlichen Ausdrucks ist Unterrichtsprinzip

Die Entfaltung und Durchdringung der Fachinhalte ist an die Entfaltung der Sprache gebunden; insofern ist der mündliche Ausdruck mit allen Fächern verbunden.
Die Eigenständigkeit und besondere Bedeutung des Lernbereichs *Sprechen und Zuhören* wird durch die aufbauenden und weiterführenden Inhalte deutlich. Dieser systematische Aufbau ermöglicht die individuelle Erweiterung des Sprachhandlungsrepertoires beim Kind.

2. Sinnvolle Rituale strukturieren den Unterricht und schaffen eine anregende Lernatmosphäre

Rituale sind ihrer Bedeutung nach bestimmte, gleich bleibende Handlungsabläufe nach festgelegter Ordnung. Sie sollen Kindern und Lehrpersonen etwas bedeuten und freiwillig praktiziert werden. Deshalb müssen sie immer wieder auf ihren sinnbringenden Inhalt überprüft werden. Rituale, die das Gefühl der Zuverlässigkeit, Geborgenheit, Ruhe, Überschaubarkeit und Zusammengehörigkeit geben, wirken sich sehr häufig positiv auf das Sprechen und das Führen von Gesprächen aus. Sie ermöglichen es, ein bestimmtes Verhalten zu zeigen, ohne dass die Situation oder das Verhalten erst jedes Mal durchdacht werden muss. Bei Ritualen im Gespräch ist den Kindern die Handlungsfolge klar und sie können sich selbst organisieren.

3. Das Sprachverhalten der Lehrperson muss für den mündlichen Ausdruck der Kinder förderlich sein

- Das Lehrervorbild ist einprägender Faktor. Die Kinder orientieren sich an der Sprache der Lehrperson. Sie sollte natürlich, altersadäquat, präzise und sachangemessen sein. Wichtig ist die Parallelität zwischen gesprochenem Wort und nonverbalen Verhaltensweisen. Die Lehrperson achtet auch auf die Reversibilität der eigenen Äußerungen.
- Eine permanente Reflexion des eigenen Sprech- und Gesprächsverhaltens ist Voraussetzung für eine entsprechende Modifikation (Selbstwahrnehmung und Selbstreflexion).
- Die Lehrperson sollte in Arbeitsprozessen nach Befindlichkeiten fragen und den Kindern das Gefühl vermitteln, dass um den mündlichen Ausdruck gerungen werden kann.
- Die Lehrperson ermuntert und bestärkt schüchterne und zurückhaltende Kinder zum Mitreden. Mit Sensibilität und Empathie kann sie „Vielredner" abbremsen.
- Durch prozessorientiertes Beobachten gewinnt die Lehrperson diagnostische Informationen. Individuelle und gruppenspezifische Lern- und Unterrichtsprozesse in diesem Lernbereich werden differenziert beschrieben. Sie geben der Lehrperson Hinweise, wie sie dem Kind zur Seite stehen kann.

Kompetenzen	Integrierte Fähigkeiten, Fertigkeiten und Kenntnisse, Strategien und Arbeitsweisen
Alltäglich miteinander sprechen • In den Situationen des Schullebens und des Unterrichts verständnisvoll und verantwortlich miteinander sprechen • Sprachkonventionen in Standardsituationen beachten, wie bei der Begrüßung, bei Entschuldigungen, bei der Bitte um Hilfe • Gesprächsregeln für kleine und größere Teilnehmergruppen beachten und gegebenenfalls neu fassen ***Erzählen*** • Erlebnisbezogen und fabulierend unterhaltsam erzählen • Gesellig erzählen • Sachbezogen sprechen • Über einen Sachverhalt sachlich klar und für die Zuhörer verständlich informieren • Einen Vortrag sachlich kompetent, verständlich und für die Zuhörer motivierend gestalten • Demokratisch miteinander sprechen • Ergebnisoffene Gespräche über Situationen ihres Alltags, über Sachinhalte, Leseerfahrungen, Sinnfragen miteinander führen • Über Klassenleben und Unterricht Meinungen und Argumente fair austauschen und am Ende mitentscheiden • In geregelten Formen wie Konferenzen oder Klassenrat, in formalisierten Sprechsituationen nach den Regeln und in den Ritualen sprechen und zuhören ***Szenisch spielen*** • Texte allein oder mit anderen gemeinsam gestaltend vortragen • In Rollenspielen Handlungsmöglichkeiten erproben • Fiktive Situationen spielen und dabei mit fiktiven Möglichkeiten experimentieren • Theaterspiel von der Textidee bis zur Aufführung mit entwickeln ***Medien nutzen*** • Möglichkeiten praktizieren, Gesprochenes festzuhalten und zu reproduzieren, z. B. mit Tonaufnahmen bei Interviews, zur Eigenkontrolle bei Vorträgen ***Metakommunikativ miteinander sprechen*** • Redesituationen miteinander klären mit dem Ziel des verständigen und verantwortlichen Miteinandersprechens • Aktiv zuhören, förderliche Rückmeldungen zur Sache und zur Person geben • Regeln einhalten, erproben, reflektieren, gegebenenfalls verändern	***Zu den Sprechakten*** • beim Erzählen: mitteilen, erzählen, anknüpfen, nachfragen, ausgestalten • beim sachbezogenen Sprechen: informieren, beschreiben, erklären, vermuten, nachfragen, Fragen beantworten • beim demokratischen Sprechen: begründen, argumentieren, nachfragen, sich vereinbaren ***Zu den Sprachmitteln*** • Ideenfelder entwickeln, strukturieren, verwenden Wortfelder füllen, strukturieren, verwenden • Redepläne entwickeln mit Redekarten, Erzählkarten o. ä. und sich beim Sprechen davon leiten lassen • Kommunikative Mittel in Spielsituationen erproben, erkennen, wiederholt anwenden, auf andere Situationen übertragen ***Zur Sprechweise*** • Die Lehrerin oder den Lehrer als Sprachvorbild wahrnehmen (was diese wiederum verpflichtet, dies auch zu sein) • Sprechsituationen öffentlicher Rede nutzen, wie tägliche Tagesansage oder Vortrag von Ergebnissen • Sich den Zuhörern zuwenden – innerlich, körperlich, sprachlich • In Vortragstexten Pausen und Kernwörter markieren, Vortragen üben • Bei Sachvorträgen frei zu Stichwörtern reden, die Inhalte visualisieren durch Bilder oder Gegenstände ***Zur Mediennutzung*** • Mit Mikrofon und Aufnahmegerät umgehen

Abb. 60: Im Einzelnen angestrebte Kompetenzen der Mündlichkeit (Bartnitzky 2010b, S. 30)

Strukturmodell:

Vorstellen der Sprach- und Sachsituation	
Sprechanlass	Erzählen einer Situation aus der Erlebniswelt der Kinder (z. B. im Pausenhof); Anknüpfen an aktuellem Geschehen; aktuelle Konflikte aufgreifen; spontane Äußerungen der Kinder; auch Texte, Bilder, Musik, Filme, Materialien, Sinneseindrücke regen das Sprechen und das Mitteilungsbedürfnis an
Zielangabe	Hinweisen auf das Problem, auf erforderliche Lösung einer Konfliktsituation; Notwendigkeit, eine Situation (allgemein) durch Sprechen zu bewältigen
Sprachhandlung	
Vorbereitung	Klären der Situation; Kontrollieren des Problemverständnisses (z. B. Situation nachspielen lassen, Fragen stellen); Schwierigkeit der Situation bewusst machen
Begegnung mit Ausdrucksformen	Sammeln zutreffender Wörter, Sprechmuster oder Ausdrücke; Gestaltungsversuche (Probieren der Sprachmittel); Nachspielen von quasi-realen Konflikten; im Stegreif- und Rollenspiel (verschiedene) Lösungsmöglichkeiten erproben; Körpersprache bewusst in die sprachlichen Ausdrucksformen integrieren; Gesprächsphasen reflektieren: im Wechselspiel von Spielszenen und Gesprächen Situation und Verhalten der Kinder besprechen; „Lernspuren" und Materialien für Einzel- und Gruppenarbeit zur Verfügung stellen; Pro-Contra-Gespräche (Sprechakte wie Begründen und Argumentieren); verschiedene Sichtweisen unterscheiden; Umgangssprache, Mundart und Standardsprache situationsbezogen verwenden; auf Tonträger sprechen
Erkennen der Funktion sprachlicher Mittel	Beurteilung der geeigneten Sprachmittel zur Lösung der Sprech- und Sachsituation; Vergleich mit eigenen Lösungsversuchen; geeignete Sprachkonventionen herausstellen; Fixierung der Kriterien für situations-, sach- und partnergemäßes Sprechverhalten; Handlungsmöglichkeiten herausstellen, die für alle Beteiligten akzeptabel sind; Leitfaden für angemessenes Gesprächsverhalten bei Konfliktsituationen entwickeln (Was bzw. wie spreche ich, wenn ...)
Vertiefung	weitere Situationsanalyse: Aufzeigen von Abhängigkeiten; Variation der Gesprächssituation analoge Situationen werden gefunden und beurteilt; Einübung der erarbeiteten Kriterien für situations-, sach- und partnerbezogenes Gesprächsverhalten

Unterrichtsbeispiel:
„Ich will auch mitspielen!",
3./4. Jahrgangsstufe

Es handelt sich hier um eine fächerübergreifende Thematik: Miteinander sprechen und miteinander umgehen, Zusammenleben, mit Konflikten umgehen. Das Unterrichtsbeispiel orientiert sich an den zentralen Zielen des Kompetenzbereichs „Sprechen und Zuhören": demokratische Gesprächskultur entwickeln und Sprachhandlungsfähigkeit erweitern.
Die Kinder werden für die Thematik „Ausgegrenztsein" und „Ausgrenzen" sensibilisiert. Die grundlegende Voraussetzung für Konfliktbearbeitung ist, dass Kinder lernen, Probleme und die damit verbundenen Gefühle zu verbalisieren, und dass sie lernen, sich in die Gefühlslage anderer Kinder hineinzuversetzen (Empathiefähigkeit). Das Miteinander-sprechen ist Grundlage der Konfliktbearbeitung. Konflikte werden gemeinsam diskutiert und geklärt. Die Kinder werden zum Ausprobieren verschiedener Sprechhandlungen angeregt. Das Konfliktrollenspiel legt den Schwerpunkt auf die Fähigkeit zur selbstständigen Lösung des (Sprachhandlungs-)Problems. Wichtig ist es, sich die Situation und das Sprechproblem vorzustellen.

I. Kurze einführende Übung

Je nach klassenspezifischer Situation:
- Entspannungsübung oder
- Übung zum Sozialverhalten (Pantomime, Kooperation, Musikeinsatz): Alle Kinder stehen durcheinander im Raum und sollen mithilfe eines pantomimischen Spiels zu ihrem Partner finden. Jeder erhält ein Kärtchen. Jedes Kärtchen gibt es zweimal. Auf den Kärtchen stehen Tätigkeiten, die auf ein akustisches Signal hin pantomimisch dargestellt werden sollen. Daraufhin sollen sich die entsprechenden Partner finden.

II. Hinführung zum Thema – Sprechsituation

1. Problemstellung – Sprechanlass

- Aufgreifen eines aktuellen Falles (z. B. Situation Schulpausenhof, Sportunterricht),
- Aufgreifen eines Eintrages im Störungsbuch (rechts ist Platz für die Störungszettelchen der Kinder, links für die in Gesprächen aktuell erarbeiteten Regeln).
- Der ausgewählte Fall für die folgende Unterrichtseinheit soll anhand eines Bildes (Tafel) für die Thematik des Ausgegrenztseins und des Ausgrenzens sensibilisieren.

Sukzessives Vorgehen:
Gruppe von spielenden Kindern – Amelie steht allein daneben – sieht nicht glücklich aus/Kinder sprechen zu der Situation, gehen auf nonverbales Verhalten ein/L zeichnet zum Bild (Amelie) eine Gedankenblase – Kinder haben Zeit zum Nachdenken … „Amelie denkt sich …, wünscht sich …"

2. **Zielfestlegung:** Ich will auch mitspielen! (Tafel)

III. Problemlösung – Sprachhandlung

1. Erkennen des sozialen Problems

a) Überleitung durch L bzw. CD-Einsatz mit dargestellter Situation: Amelies Wunsch wird nicht erfüllt. Die anderen Kinder lassen sie nicht mitspielen.
b) Kinder nennen Gründe für Situation des Ausgegrenztseins bzw. Ausgrenzens (Beispiel s. TA) und warum Amelie mitspielen will (Absicht – z. B. Wunsch, Freund(e) zu haben …)

2. Darstellen der problemhaltigen Situation im Rollenspiel

a) Erarbeiten von Lösungsmöglichkeiten in Gruppen (evtl. Gruppen verschiedene Situationen anbieten: Amelie reagiert zuerst, Gruppe reagiert zuerst, …, Wie kann Amelie sich verhalten, wenn sie nicht mitspielen darf? …)

Überlegen und Festlegen der Handlungsschritte:
- Was erwarte ich/erwarten wir vom anderen?
- Was bin ich/sind wir bereit zu tun?

Nachspielen beider Situationen: die des Ausgegrenztseins und die des Ausgrenzens (Empathieübung)

Auftrag für eine Gruppe:
- Stellt euch folgende (oder eine eigene) Situation vor:
  Kinder spielen zusammen Gummitwist. Amelie steht daneben und möchte auch gerne mitspielen. Sie traut sich aber nicht, weil sie allein ist. Außerdem ärgern sie sie ...

Plötzlich nimmt Amelie doch all ihren Mut zusammen. Was könnte passieren?
- Spielt die Situation nach und überlegt euch einen Schluss!
- Achtet darauf, dass jedes Kind in der Gruppe auch einmal Amelies Rolle erleben kann!
- Überlegt euch, wie ihr euren Fall präsentiert!
  - Denkt dabei an die Zuhörer!
  - Laut und deutlich sprechen
  - Mimik, Gestik, Körperhaltung beachten

b) Präsentation der Lösungsvorschläge
- Beobachtungsaufträge für die Zuhörer/Zuschauer (verbales und nonverbales Gesprächsverhalten; Varianten analysieren)
- spontane Bewertung des Rollenspiels und Auswertung der Beobachtungsaufträge
- jeweils kurze Zusammenfassung des Gesprächsinhalts (Lösungsvariante)
- Empathieübung: Wie hast du dich in deiner (jeweiligen) Rolle gefühlt? („Als Amelie wollte ich ..., weil ...")

c) Metagespräch über Prozess des Rollenspiels in den Gruppen (setzt auch Beobachtung der Gruppenprozesse durch L voraus)

3. Urteilsbildung mit Begründung

a) Zusammenfassung der Lösungsvorschläge (Tafel oder Plakat)

b) Wertung der Lösungsvorschläge:
- Welcher Lösungsvorschlag gefällt dir am besten?
- Kinder begründen ihre Meinung, warum sie den einen gut finden und den anderen nicht.
- Warum ist es oft so, dass nicht die Gruppe zuerst auf den einzelnen zugeht?
- Zuhören wollen der Gruppenmitglieder ist wichtig.
- Anwendung von (gelernten) Sprachkonventionen (z.B. Kontakt aufnehmen, höflich fragen, Wünsche äußern, persönliches Anliegen vorbringen).

c) Mögliche Erkenntnisse:
- Wir gehen fair miteinander um.
- Gesprächsregeln können helfen (Wir verletzen niemanden, vermeiden Schimpfwörter, hören zu, fragen höflich).
- Jeder einzelne muss einen Beitrag zum friedlichen Miteinander leisten.

IV. Sicherung

Zusammenfassung und Fixierung der Erkenntnis (Tafel oder Plakat)

V. Transfer

Weiteres Fallbeispiel durch vorbereitetes Rollenspiel (z.B. Gruppenbildung, Zusammenarbeit in der Gruppe als Problemsituation) regt zur Anwendung von Konfliktlösungsstrategien an.

VI. Fortsetzung

Kinder denken darüber nach, welche Eigenschaften ein Kind haben soll, mit dem es gern spielen möchte (unabhängig vom Geschlecht). Sie schreiben ihre Gedanken auf (Ich würde gerne mit einem Kind spielen, das ...). Kinderaussagen bieten neue Gesprächsanlässe.

So könnte es weitergehen:

- ● Amelie fragt zuerst
- ○ Gruppe berät sich und fragt
- ○ …

Wir gehen fair miteinander um.

Abb. 61: Tafelbild zum Thema „Ich will auch mitspielen“ (Mitteltafel)

Mögliche Gründe, warum die Kinder nicht mit Amelie spielen:

- Amelie ist umgezogen und hat noch keine Freunde
- Kinder haben gestritten
- schüchtern
- …

Euer Spiel gefällt mir. Darf ich bitte mitspielen?

Kannst du auch „Schneewittchen und die 7 Zwerge“ hüpfen?

▷ freundlich Kontakt aufnehmen
▷ Schimpfwörter vermeiden

Abb. 62: Tafelbild zum Thema „Ich will auch mitspielen“ (linker und rechter Flügel)

3.1.6 Texte verfassen *(J. Ametsbichler)*

Fachliche Grundlagen

Das Verständnis und die kritische Verwendung der zahlreichen Methoden in diesem Lernbereich erfordern einen Einblick in die Entwicklung der Schreibdidaktik und in die Auswirkung der aufsatzdidaktischen Diskussion auf die Grundschule.

1. Von der Aufsatzerziehung zur Schreibdidaktik

Im Folgenden soll die Geschichte der Schreibdidaktik kurz dargestellt werden. Dabei geht es nicht um eine chronologische Darstellung einzelner Epochen, die sich einander ablösen.
Es soll deutlich werden, dass immer wieder neue Ansätze auftreten und sich mit bestehenden vermischen und so wieder neue Konzeptionen entstehen. Die alte „Aufsatzerziehung" wurde durch die „Schreibdidaktik" („Didaktik des Textschreibens") abgelöst.
Traditionelle schulinterne Aufsatzarten hatten sich seit dem Ende der 20er Jahre im Rahmen der die Schulpraxis sehr lange bestimmten Epoche des „sprachgestaltenden Aufsatzes" herausgebildet. Die Vermittlung von Darstellungsformen war das kennzeichnende Merkmal des traditionellen Aufsatzunterrichts.
Ausgangspunkt der massiven Kritik an der traditionellen Aufsatzdidaktik Anfang der 70er Jahre war der fehlende Adressatenbezug des Schreibens.

Ziel des kommunikativen Schreibens waren nicht idealtypische, an literarischen Texten orientierte Aufsatzformen, sondern die Bewältigung kommunikativer Schreibsituationen (z.B. Anleitung für ein Spiel, das Kinder für andere entwickelt haben). Die kommunikative Wende hat jedoch vor allem auf folgende drei Aspekte aufmerksam gemacht, die auch für die weitere Entwicklung bedeutsam wurden: das zweckgebundene Schreiben, die sprachliche Grundintention des Appells und die Bedeutung des Schreibprozesses.

Nach der kommunikativen Wende wirken in den 80er Jahren neue Sichtweisen auf den Deutschunterricht ein. Subjektivistische Ansätze und Auswirkungen der kognitiven Wende in der Lernpsychologie führten zu neuen Sichtweisen auf die Schreibentwicklung von Kindern und zu neuen Schreibsituationen. Es folgten bildungstheoretisch geprägte Formen wie das „freie Schreiben", das „personale Schreiben", das „kreative Schreiben", das „Schreiben als Prozess" und das „Schreiben von Anfang an". Stets werden der Schreibprozess, die Schreiberpersönlichkeit sowie deren Schreibentwicklung betont. Die Schreiberpersönlichkeit bringt sich selbst in den Prozess des Schreibens ein. Somit gewinnen Subjektivität und Individualität der Kinder an Bedeutung. Die Tendenzen in den 80er Jahren werden unter dem Begriff des *personalen Schreibens* zusammengefasst. Sie sind notwendige Ergänzungen zur Einseitigkeit des zweckgebundenen Schreibens.

Fix charakterisiert die aktuellen schreibdidaktischen Ansätze zu Beginn des 21. Jahrhunderts vereinfachend mit drei Adjektiven: *kreativ, prozessorientiert* und *integrativ* (vgl. Fix 2008, S. 115). Auch aufgrund von Forschungen zum kindlichen Schreiben findet eine Schwerpunktverlagerung von der objektiv-normorientierten Didaktik traditioneller Aufsatzschulung hin zu produktiven und subjektiv-ästhetischen Spracherfahrungen statt. Die schreibdidaktischen Ansätze des kreativen und freien Schreibens erhalten dadurch eine besondere Bedeutung. Es lassen sich damit aber auch Aspekte des kommunikativ-sachlichen Schreibens, personale Schreibsituationen und literarische Schreibanlässe verbinden. Grundschüler sollten die Vielfalt der Schreibanlässe, Schreibweisen und Textsorten unserer Schriftkultur kennenlernen und erlernen.

2. Typen von Schreibsituationen

Kinder brauchen gute Gründe zum Schreiben, damit sie Schreibhaltungen entwickeln und verschiedene Textsorten kennenlernen.
Wir unterscheiden sechs Typen von Schreibsituationen (vgl. Bartnitzky 2010a, S. 74 f.):

a) Schreiben von Unterrichtstexten
In der Verbindung von Sprache und Sache entstehen zahlreiche geeignete Schreibsituationen, die zur Verwendung vielfältiger Textsorten anregen (z. B. Langzeitbeobachtungen notieren, Aufrufe und Hinweistexte im Rahmen einer Themenarbeit).
Die Kinder fördern ihre Sprachkompetenz durch das Verfassen von verständlichen Sachtexten über Lebewesen, Dinge und Vorgänge. Sachverhalte werden folgerichtig und genau dargestellt. Arbeitsergebnisse können auch in Stichpunkten zusammengefasst und für einen Sachtext verwendet werden. Sachkenntnis und entsprechende Fachbegriffe sind Grundlage der schriftsprachlichen Äußerung. Häufig wird auch ein Ausschnitt aus der Sache als Gegenstand des Sachtextes ausgewählt. Sachtexte können in Einzelarbeit, Partner- oder Gruppenarbeit verfasst werden.

Abb. 63: Sachtext eines Kindes

b) Schreiben von Texten zum Klassenleben
Je vielfältiger das Klassenleben und das Schulleben mit den Kindern gestaltet wird, desto häufiger entstehen geeignete Schreibsituationen: Vereinbarungen für die Nutzung der Computer, Zimmerregeln für den Schullandheimaufenthalt, Festhalten von Konfliktlösungen.

c) Schreiben von Lerntexten
Die Entwicklung der Lernkompetenz ist eine Schlüsselqualifikation. Die Lernenden denken über das eigene Denken, Lernen, Meinen und Erkennen nach. Lerntexte im Sinne von eigenen Lernspuren dokumentieren eigene Entscheidungen und Lösungswege. Es sind zunächst Texte personalen Schreibens mit erkenntnisfördernder Funktion. Lerntexte können in vielen Fächern entstehen:

- In der Verbindung von Sprache und Mathematik halten Kinder ihre Rechenstrategien fest (siehe S. 211).
- Im Bereich Umgang mit Texten können die Kinder in Lesetagebüchern ihre persönlichen Lernspuren verschriften.

d) Angeregtes und angeleitetes Schreiben
Dieser Typ von Schreibsituationen umfasst vielfältige Textsorten und Textfunktionen. Kinder brauchen für ihre Schreibentwicklung geeignete Anregungen und Anleitungen. Sie unterscheiden sich jedoch in ihren sprachlichen Fähigkeiten, ihrem Textwissen und ihren Interessen erheblich.

1. *Schreibanregungen durch inhaltliche Impulse*

Anhand eines aussagekräftigen Fotos wird ein optischer Eindruck in Sprache umgesetzt. Es kann ein Anstoß zu einem eigenen Schreibthema sein. Eigene Erfahrungen können assoziiert werden.

2. *Schreibanregungen durch gedankliche Strukturen*

Anhand von Ideenfeldern können Gedanken, Ideen und Zusammenhänge dokumentiert werden. Eine Ausgangssituation regt persönliche Assoziationen an. In der Gruppe führen die Assoziationen der anderen zu eigenen Ergänzungen. Aus den gedanklichen Strukturen entwickeln sich Textstrukturen (Clustern, Brainstorming und Mindmapping).

3. *Schreibanregungen durch literarische Vorgaben*

Mechthild Dehn hebt besonders die Verbindung von Lesen und Schreiben hervor. „Wer schreibt, fasst Vorgegebenes, Gewusstes, Erfahrenes für sich und gibt es anderen wiederum zum Lesen. Der Text der dabei entsteht, ist immer ein Text zwischen den Texten. Er adaptiert andere Texte und korrespondiert mit ihnen, mit Formen und Mustern, in denen Inhalte, Themen, Bedeutungsstrukturen gestaltet, Erfahrung und Erkenntnis formuliert ... werden" (Dehn 1999, S. 36). Die Schreibfähigkeiten werden dadurch gefördert, dass Kinder bereits bekannte (literarische) Muster aufnehmen und sie schreibend modifizieren.

e) Freies Schreiben

Freies Schreiben weckt die Schreibfreude und fördert die Selbst- und Lernkompetenz der Kinder. Jedes Kind bestimmt über sein Schreiben eigenverantwortlich und entscheidet selbst, ob, was, wann, wo und wie es schreiben will. Das freie Schreiben trägt sich jedoch nicht von selbst. Die Lehrperson schafft entsprechende Schreibanlässe und vermittelt notwendige Fähigkeiten, Arbeitstechniken und Schreibhaltungen. Alle bisher erläuterten Schreibsituationen können berücksichtigt werden. Die Kinder können sich Anregungen für ihre individuellen Schreibaktivitäten holen. Jederzeit können sie auf die Hilfsangebote zurückgreifen. Die Lehrperson hat eine beratende Funktion. Entscheidend ist es, neugierig zu sein auf das, was ein Kind geschrieben hat.

f) Schreibprojekte

Im Projekt planen, gestalten und reflektieren alle Kinder von Anfang an mit. Sie tragen Verantwortung für die Arbeit und das vorzeigbare Ergebnis. In Schreibprojekten ist das Texteschreiben selbst Gegenstand des Vorhabens. Das Projekt hat den gestalteten und präsentierten Text zum Ziel (z. B. Buch, Klassenzeitung). Das Projektziel bleibt stets das Korrektiv für das Schreiben, für die Überarbeitung und die abschließende Gestaltung.

3. Kreatives Schreiben

a) Begriff

Das kreative Schreiben ist eine methodische Variante des Schreibunterrichts. Von den drei Hauptaspekten der Kreativitätsforschung (kreative Persönlichkeit, kreativer Prozess, kreatives Produkt) ist vor allem der kreative Prozess unter pädagogisch-didaktischen Gesichtspunkten die relevanteste Kategorie. Spinner grenzt den Begriff kreatives Schreiben ein, indem er drei miteinander verbundene Leitprinzipien als Kennzeichen festhält (vgl. Spinner 1996, S. 82f.).

- ***Prinzip: Irritation***

Der Kreativitätsbegriff der 70er Jahre betonte vor allem das divergente Denken, das neue überraschende Problemlösungen ermöglicht. Spinner spricht hier von Irritation. Für das kreative Schreiben werden Verfahren gesucht, mit denen man die Schreibenden aus ihren gewohnten Denk- und Vorstellungsbahnen herauslocken kann. Wenn Bekanntes oder Gegebenes in ungewohnte Zusammenhänge gebracht wird, werden neue Problemlösungsprozesse angestoßen. Dies führte zu zahlreichen methodischen Ideen für kreatives Schreiben: ungewöhnliche Reizwortketten, Figuren aus bekannten Texten in Texte mit anderer Struktur einfügen, Geschichten aus verschiedenen Perspektiven erzählen.

- ***Prinzip: Expression***

In den 80er Jahren wird die Entfaltung der individuellen Kräfte betont. Unter kreativem Schreiben wird vor allem der Ausdruck von Subjektivität verstanden (z. B. persönliche Gefühle, Vorstellungen). Methoden, die den Weg zum Selbstausdruck ebnen: Clustern, assoziatives Schreiben (z. B. zu einem Ausgangswort aus der Wortkiste schreiben), poetisches Schreiben (z. B. Elfchen).

Prinzip: Imagination

Dieses Prinzip verbindet die Prinzipien Irritation und Expression. „Imaginieren heißt,", so Spinner, „dass man sich etwas nicht unmittelbar Vorhandenes vorstellt und dass man seinen eigenen Standort verlässt, sich in den fiktionalen Raum versetzt und z. B. in der Perspektive einer anderen Person schreibt. Imagination beim Schreiben reicht von der Rekonstruktion von Wahrgenommenem über das Hineindenken in Vergangenes, Entferntes und Fremdes bis zur Faszination des Entwurfs imaginärer Welten" (Spinner, in Nußbaum 2000, S. 108). Methodisch lässt sich dieses Prinzip z. B. in Fantasiereisen oder in der Kombination verschiedener Verfahren kreativer Arbeit realisieren.

b) Methodengruppen des kreativen Schreibens

Verfahren des kreativen Schreibens	Beispiele
Assoziatives Verfahren	Cluster (spielerisch – experimentell), Fantasiereise (meditativ)
Schreibspiele	Geschichten reihum, Wörter finden (z. B. Wörterkiste)
Schreiben nach Vorgaben, Regeln und Mustern	Elfchen, Zeilenumbrechen, Schreiben zu mathematischen Vorgaben
Schreiben zu und nach (literarischen) Texten	Textreduktion, zu Ende schreiben, Werbetexte, Bilderbücher
Schreiben zu Stimuli (geben keine sprachlichen Gedankenbahnen vor)	Musik, Bild, Musik und Bild, Orte (z. B. Museum), vier Elemente (z. B. Wasser)
Weiterschreiben an kreativen Texten	Über den Rand hinaus schreiben (Revisions- und Produktionsverfahren), Textlupe, Operieren mit Textteilen

Diese Verfahren (vgl. Böttcher 1999, S. 21f.) können in unterschiedlichen thematischen Zusammenhängen und in allen Fächern eingesetzt werden. Sie lassen sich miteinander verbinden und sind nicht überschneidungsfrei. Während beim freien Schreiben die Kinder selbst über Ort, Zeit und Thema des Schreibens bestimmen, werden beim kreativen Schreiben durchaus bestimmte Anregungen gegeben, um kreative Prozesse auszulösen. Alle Anregungen des kreativen Schreibens können auch beim freien Schreiben verwendet werden.

c) Kreative Schreibszenarien

Nach Kohl/Ritter fördern „Schreibszenarien" das kreative Schreiben. „Als ‚Szenarien' verstehen wir all das, was bei der Anregung kindlicher Schreibprozesse im pädagogischen Raum bedacht und ein Stück weit auch geplant werden muss" (Kohl/Ritter 2010, S. 7). Geeignete Materialien werden als Schreibimpulse von der Lehrperson bereitgestellt. „Sie hat den Raum ‚abzudichten', das heißt, sie muss den Übergang vom Alltag in die besondere Welt der Fantasien und Fiktionen organisieren und eine besondere Atmosphäre schaffen, die die Imaginationskraft der Kinder herausfordert und stärkt ... Der Schreibvorgang der Kinder ist die Aufführung der von der Lehrerin und den Kindern bearbeiteten und in den Schreibszenarien bereitgestellten Intentionen" (a. a. O., S. 7). In einem gestalteten Schreibspielraum können die Kinder experimentieren, sinnlich, gestalterisch und handwerklich tätig sein. Das Schreiben wird zum Medium der Artikulation von Gedanken, Gefühlen, Fantasien und Fiktionen. Auch „scheinbar wirklichkeitsfremde Fanatasie- und Nonsenstexte der Kinder bieten ein interessantes Potential für die Artikulation eigener Inhalte im Schreiben" (a. a. O., S. 12). So werden auch Bedürfnisse, Wünsche, Sehnsüchte und Ideale angesprochen. Persönliche Inhalte verbergen sich hinter einer Gestalt der Geschichte, hinter ihren Bildern und Symbolen. Außerdem werden bei Fantasieerzählungen im Vergleich zur Erlebniserzählung qualitativ höherwertige Texte produziert (verstärkter Gebrauch von schriftsprachlichen Wendungen). Bei Erlebniserzählungen besteht die Gefahr des Abgleitens in das konzeptionell Mündliche (vgl. Pronold-Günther 2011, S. 15).

4. Individuelle Schreibförderung mithilfe der Textlinguistik

Das wesentliche Ziel der Schreiberziehung besteht darin, „Kinder dazu zu führen, stimmige schriftliche Texte zu produzieren" (Altenburg et al. 2010, S. 10). Textlinguistisch orientierte Wege können dem Schreiber helfen, eigene Schreibhandlungen zu reflektieren.
Für die Lehrperson ist es schwierig, Einblicke in den kindlichen Schreibprozess zu gewinnen. Aber sie kann den geschriebenen Text analysieren und so erkennen, was das Kind kann bzw. noch üben muss. „Die Erkenntnisse, die wir ... gewinnen, beziehen sich zuerst einmal auf den konkret vorliegenden Text und dürfen nicht ohne Weiteres verallgemeinert werden" (a.a.O., S. 11). Die wort- und satzbezogene Grammatik wurde zugunsten einer textbezogenen Grammatik überwunden. „Ein moderner Grammatikbegriff umfasst auch die Textlinguistik, d.h. die Untersuchung der regelhaften Strukturen von Texten" (a.a.O., S. 11).
Was ist ein im textlinguistischen Sinne korrekter stimmiger Text? Nach aktuellem Forschungsstand versteht man heute unter einem Text „alle kommunikativ funktionierenden Äußerungen, also sowohl mündliche als auch schriftliche und bildlich vermittelte. Ein Text ist eine kognitive Einheit. Danach hat jeder Text einen Anfang und ein Ende ... Jeder Text besteht außerdem aus verschiedenen ‚Strängen', sozusagen ‚Untertexten' ... Erst wenn auch diese Textteile miteinander verknüpft und mit einer Vorstellung verbunden werden, kann man beim Lesen wie beim Schreiben zum Gesamtergebnis kommen. Dieses Gesamtergebnis ist dann die über die Einzelteile hinausgehende Textaussage, die mit dem Fachbegriff ‚Textkonsequenz' bezeichnet wird" (a. a. O., S. 12).
Auf der thematischen Ebene geht es darum, was der Schreiber verwenden sollte, damit er seine Aussage möglichst gut mit seinem Text herausarbeiten kann (thematischer und konzeptioneller Zusammenhang). Aus den Zielsetzungen und Absichten des Schreibers ergibt sich weitgehend die Textsorte (z.B. Beschreibung). Die grammatische Ebene bezieht sich auf die Verknüpfung von Textteilen und Sätzen mit entsprechenden sprachlichen Mitteln.
Das folgende Textmodell (siehe Abb. 64) verdeutlicht, dass ein Text mehr ist als die Summe von Wörtern und Sätzen.

Textmodell	Verknüpfung (Konnexion/ Kohärenz)	Vorstellung (Referenz)	Textaussage (Textkonsequenz)
Syntax (Satzbau)	X		
Semantik (Bedeutung)	X	X	
Pragmatik (sprachliches Handeln)	X	X	X

Abb. 64: Textmodell (Altenburg in Altenburg et al. 2010, S. 13)

Nach Altenburg erfordert es ein Umdenken, „Kindertexte nicht inhaltsbezogen im Rahmen einer speziellen Aufgabenstellung zu betrachten, sondern im textualen Sinne zu analysieren und zu bewerten" (a.a.O., S. 14). Das Textmodell lässt sich auf alle Textprodukte anwenden.
Die fach- und sachkundige Lehrperson versucht sich in die Strukturen des Textes während des Schreibprozesses hineinzudenken und gibt entsprechende Rückmeldung.

5. Schreibkompetenz

Das Schreiben eines Textes erfordert vom Verfasser vielfältige Kompetenzen. Will man im Bereich „Texte verfassen" entsprechend kompetenzorientiert unterrichten, stellt sich die Frage: Was macht kompetentes Handeln beim Verfassen von Texten aus?

Das Schreiben als Verfassen von Texten ist eine komplexe Fähigkeit, die sich aus verschiedenen Teilkompetenzen zusammensetzt. Für einen kompetenzorientierten Schreibunterricht sind der Schreibprozess und das Schreibprodukt relevant. Nach Baurmann/Pohl lassen sich aus diesen beiden Perspektiven zentrale schreibprozessorientierte und schreibproduktorientierte Teilkompetenzen ableiten, die durch entsprechendes didaktisches Handeln angebahnt, gefördert und ausgebaut werden sollten (vgl. Baurmann/Pohl in Bremerich-Vos et al. (Hrsg.) 2009, S. 94f). Der Begriff „Schreibkompetenz" stellt im Gegensatz zum Begriff „Textkompetenz" diese Prozesshaftigkeit stärker in den Vordergrund. Die folgende Definition betont vor allem die Vielschichtigkeit von Schreibanlässen und Textsorten. So verstehen Harsch u.a. Schreibkompetenz als die Fähigkeit, „[...] Texte adressatengerecht zu formulieren und, je nach Zielsetzung, präzise zu informieren, überzeugend zu argumentieren oder Sprache ästhetisch ansprechend und kreativ einzusetzen" (Harsch et al., in Granzer et al. (Hrsg.) 2009, S. 292).

Kindern gelingen Texte vor allem, wenn sie sich auf inhaltlich-thematisches Wissen stützen können. Prozedurales Wissen brauchen sie, um Teilprozesse beim Schreiben zu koordinieren.

Die Lehrperson muss jede Gelegenheit wahrnehmen, die Schreibkompetenz zu festigen und zu erweitern, denn Schreiben lernt man nur durch Schreiben. Besondere Aufmerksamkeit gilt dabei den Phasen des Schreibprozesses.

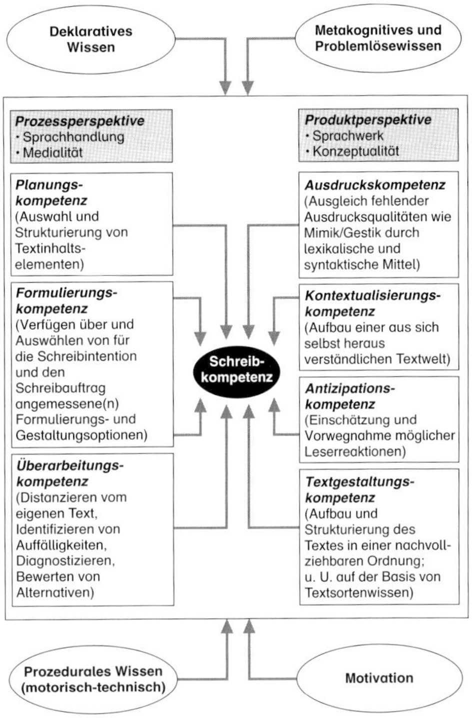

Abb. 65: Schreibkompetenzmodell (Baurmann/Pohl in Bremerich-Vos et al. (Hrsg.) 2009, S. 96)

Situation des Kindes

Forschungen der Deutschdidaktik führen in den vergangenen Jahren zu neuen grundlegenden Erkenntnissen über das Schreiben.

1. Unterschied zwischen Schreiben und Sprechen

Gerade bei Grundschulkindern ist der Äußerungsprozess beim Schreiben gegenüber dem Sprechen erheblich verlangsamt. Für die Deutschdidaktik ist besonders Wygotskis Konzept der „Inneren Sprache" interessant. Auf die innere Sprache greifen wir bei mündlichen und schriftlichen Textproduktionen zurück. Ein Kind kann beim mündlichen Erzählen wichtige Einfälle für das Schreiben haben. Es kann diese jedoch nicht gleich ins Medium Schrift übertragen, sondern muss bei seinem Schreibakt neu ansetzen. Der Weg vom Sprechen zum Schreiben erfolgt auf dem Umweg über die innere Sprache.

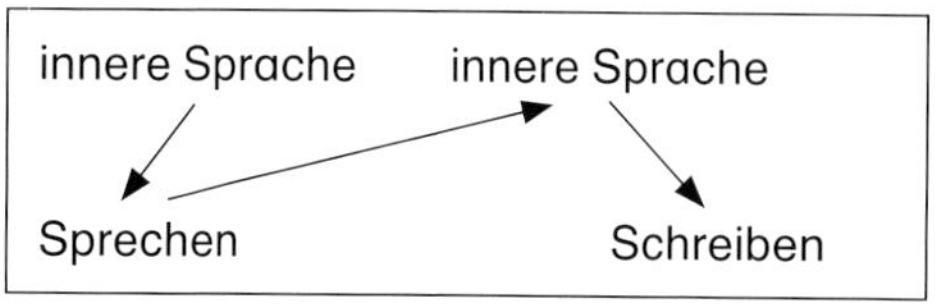

Abb. 66: Vom Sprechen zum Schreiben (Wild, in Schober 1998, S. 76)

2. Entwicklung schriftsprachlicher Fähigkeiten

Eine Kernfrage der schreibdidaktischen Diskussion lautet: Erfolgt die Entwicklung der Schreibkompetenz in abgrenzbaren Stufen oder werden diese Stufen durch die Schule entsprechend geprägt? Nach Becker-Mrotzek entwickeln sich Schreibkompetenzen nicht in Abhängigkeit vom „Lebensalter". Sie sind auf die „Schreiberfahrungen" und das „Lernalter" zurückzuführen (vgl. Merz-Grötsch 2010, S. 42). Das heißt, dass das Kind vor allem das lernt, was ihm in der Schule angeboten und abverlangt wird. Entscheidend ist also das „Schreibalter" (individuelle Erfahrungen im Umgang mit Schriftlichkeit). Schreibaufgaben sollten deshalb möglichst komplex und vielschichtig angeboten werden und so die möglichen Potentiale und Interessen der Kinder nutzen. Das Modell von Bereiter kann den Schreibunterricht in der Grundschule bereichern, wenn es nicht entwicklungspsychologisch interpretiert wird (siehe Abb. 67). Es ermöglicht eine differenzierte Betrachtung des aktuellen Leistungsstandes und kann so Grundlage für gezielte und individuelle Lernangebote sein. Damit hat es auch Auswirkungen auf die Auswahl von Schreibaufgaben.

Schreibmodus	**Teilkompetenzen**	**Beispiele**
• assoziatives-expressives Schreiben	Gedanken werden verschriftet, Ideen sammeln und aufschreiben	Spontanschreibung
• normatives Schreiben	Beachten von Schreibkonventionen (orthografisch, grammatisch, stilistisch)	Erarbeitung von Schreibhinweisen, Veröffentlichungstexte
• funktionales bzw. kommunikatives Schreiben	Sich adressatenorientiert verhalten können, Orientierung am Leser – für jemanden und an jemanden etwas schreiben	Korrespondenzen Schreibprojekte
• subjektiv-authentisches Schreiben	Persönliche Schreibpräferenz, Orientierung am Schreiber – für sich, über sich schreiben, Entwicklung eines eigenen Schreibstils	Freies Schreiben Persönliches Tagebuch
• epistemisches bzw. heuristisches Schreiben	Schreiben als Mittel zur Erkenntnisgewinnung einsetzen können, Schreiben als Medium der Gedankenerzeugung und -formulierung, Orientierung auf Sache und Inhalt hin – über etwas schreiben	Cluster Lerntexte Forschertexte Nachdenktexte

Abb. 67: Aufteilung der Schreibkompetenz in ihre Teilkompetenzen (vgl. Bartnitzky 2010a, S. 104f.)

3. Der Schreibprozess

Erkenntnisse der Schreibforschung haben dazu geführt, dass neben dem fertigen Text die Momente der Planung und der Überarbeitung stärkeres Gewicht erhalten. Hier vollzieht sich vor allem das Schreiben*lernen*. Deshalb sollen auch schon Grundschulkinder ihre Formulierungen und ersten Texte noch einmal bearbeiten. Die moderne Schreibforschung untersucht vor allem die Teilprozesse der Textproduktion. Die Teilprozesse planen – aufschreiben – überarbeiten verlaufen nicht streng sukzessiv, sondern bewegen sich interaktiv auf verschiedenen Ebenen. Den Textproduktionsprozess bestimmen außerdem emotionale, kognitive, soziale und sprachliche Aspekte sowie das Wissen und die Fähigkeiten des Schreibers.

Der Schreibprozess durchläuft verschiedene Phasen:
(1) Schreibidee/Schreibziel
(2) Ineinandergreifende und wiederholbare Teilprozesse:

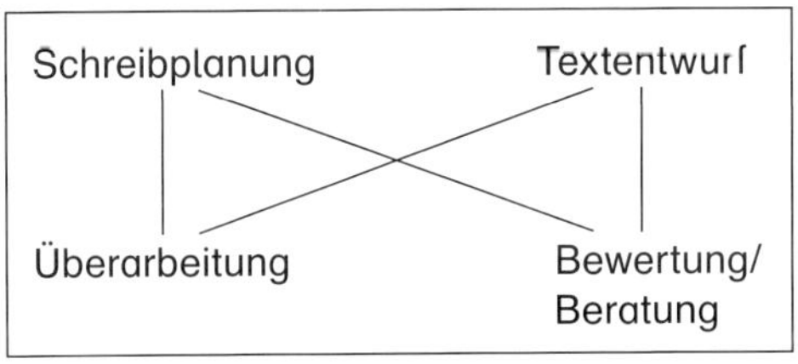

(3) Präsentation/Veröffentlichung

Das Schreibziel legt fest, in welcher Hinsicht Ideen ausgedacht werden. Beim Planen ruft der Schreiber Vorwissen ab, erzeugt Vorstellungen und strukturiert. Beim Formulieren werden Gedanken auf eine sprachliche Ebene übersetzt und weiterentwickelt. „Die ‚Zerdehnung' von Kommunikation zwingt zur Ausformulierung und Erklärung" (Abraham 2007, S. 9), da Schreiber und Leser zeitlich versetzt agieren. Sprachlich Gefaßtes wird überdacht, bereits Geschriebenes wird wieder gelesen, überprüft und bei Bedarf abgeändert. Die einzelnen Phasen müssen nicht bei jedem Text durchlaufen werden (z.B. Gruppenbericht zu einem Experiment, spontanes Schreiben). Wenn die Texte präsentiert werden, erhalten sie einen höheren Grad an Aufmerksamkeit und sollten deshalb auch möglichst optimal sein. Dieses ständige Wechselspiel von Planen und Verwerfen, Ausprobieren und Überarbeiten spielt sich häufig auch nur im Kopf ab. Grundschulkinder haben hier noch wenig Erfahrung. Aber auch Erstklässler wählen bei ihren Spontanschreibungen aus.
Baurmann hat den Schreibprozess als komplexes Phänomen in einem Modell dargestellt. Beim Schreiben werden gleichzeitig und fortlaufend Entscheidungen getroffen und die verschiedenen Tätigkeiten aufeinander abgestimmt (siehe Abb. 68).

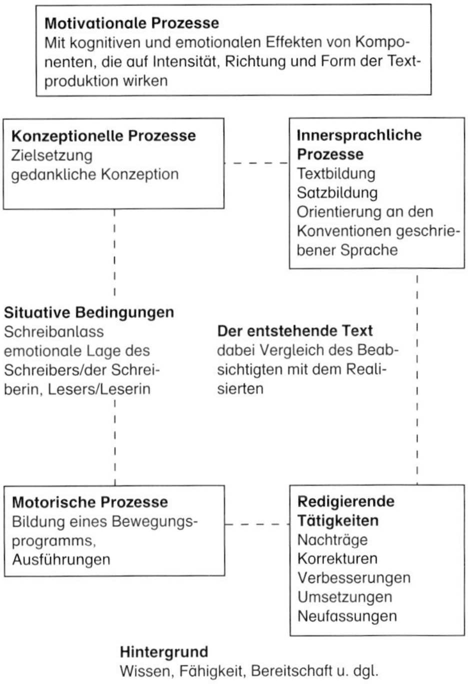

Abb. 68: Schreibprozessmodell (Baurmann, in Abraham/Kupfer-Schreiner (Hrsg.) 2007, S. 10)

Je bewusster das lernende Kind diese Teilprozesse beherrscht, desto schreibkompetenter ist es.

Zielsetzungen

1. Schreibkompetenz in den Bildungsstandards

In den Bildungsstandards wird die erwartete Schreibkompetenz am Ende der Grundschule wie folgt erläutert: „Die Schülerinnen und Schüler nutzen Schreiben zur Kommunikation, zur Aufbewahrung von Informationen, zur gedanklichen Auseinandersetzung sowie zum kreativen und gestalterischen Umgang mit Sprache. Sie gestalten den Schreibprozess selbstständig und verfassen ihre Texte bewusst im Zusammenhang von Schreibabsicht, Inhaltsbezug und Verwendungszusammenhang" (KMK 2004a). Die Teilkompetenz „Texte verfassen" umfasst als Substandards die ineinander greifenden Komponenten Planen, Verfassen und Überarbeiten (siehe Abb. 69).
Die Fähigkeiten der Kinder, ihren Schreibprozess mitzugestalten und zu selbstbestimmten Texten zu kommen, werden kontinuierlich weiterentwickelt.

2. Kompetenzorientierte Schreibaufgaben entwickeln

Im Mittelpunkt der Schreibförderung stehen die Wege zum Text. „Statt um Aufsätze geht es um Schreibaufgaben, die bestimmte Kompetenzen, die für das erfolgreiche Bewältigen des Schreibprozesses notwendig sind, erfordern und fördern" (Abraham/ Kupfer-Schreiner 2007, S. 14). Dies erfordert einen Perspektivenwechsel beispielsweise von den Formen (z.B. Erlebniserzählung) zu den Funktionen des Schreibens (z.B. Informieren wollen). Schreibaufgaben erwachsen aus vielfältigen Schreibanlässen. „Eine gute Schreibaufgabe fordert von den Kindern, aus routinierten Denk- und Sprachmustern auszubrechen, auf Ungewohntes und Überraschendes zu reagieren, zu versuchen, ein Problem schreibend zu lösen. Je komplexer und weiter eine Aufgabe ist, umso mehr wird bei den Kindern ein auf Mehrperspektivität zielender, Denkprozesse strukturierender Zugriff provoziert. Anfangs vielleicht Irritierendes regt dazu an, Textentwürfe und Texte zu pro-

Substandards	***Charakterisierung***
Texte planen	Schreibabsicht, Schreibsituation, Adressaten und Verwendungszusammenhang klären
	Sprachliche und gestalterische Mittel und Ideen sammeln: Wörter und Wortfelder, Formulierungen und Textmodelle
Texte schreiben	Verständlich, strukturiert, adressaten- und funktionsgerecht schreiben: Erlebtes und Erfundenes; Gedanken und Gefühle; Bitten, Wünsche, Aufforderungen und Vereinbarungen; Erfahrungen und Sachverhalte
	Lernergebnisse geordnet festhalten und auch für eine Veröffentlichung verwenden
	Nach Anregungen (Texte, Bilder, Musik) eigene Texte schreiben
Texte überarbeiten	Texte an der Schreibaufgabe überprüfen
	Texte auf Verständlichkeit und Wirkung überprüfen
	Texte in Bezug auf die äußere und sprachliche Gestaltung und auf die sprachliche Richtigkeit hin optimieren
	Texte für die Veröffentlichung aufbereiten und dabei auch die Schrift gestalten

Abb. 69: Teilkompetenz „Texte verfassen" in den Bildungsstandards (KMK 2004a)

duzieren, die durch Überarbeitung ... zu subjektiv und objektiv wertvollen Texten werden, weitab von nur sich leicht sprachlich unterscheidenden, oft klischeehaften Variationen eines vor- und durchbesprochenen Plots oder einer eindeutigen Bildergeschichte. Eindeutige ‚Lösungen' gibt es kaum, also auch kein simples ‚Richtig' oder ‚Falsch' – das macht das abschließende Veröffentlichen der Texte umso spannender" (Metzger 2011, S. 10). Wir unterscheiden zwischen *vorlagengebundenen* (Impulse wie Bild, Musik, literarische oder mediale Texte), *kontextgebundenen* (orientieren sich an Unterrichtsthemen und -inhalten) und *freien* Aufgaben (Vorlagen und Kontext nicht genau festgelegt).

Baurmann/Pohl haben einen *Leitfaden für die Aufgabenkonstruktion* erstellt (Baurmann/Pohl 2009, S. 15):

- Didaktisches Ziel: Wofür wird das Verfassen eines Textes geplant? (gezielte Förderung oder Test, Projektarbeit oder Übung)
- Schreibbedingungen: Entstehen die Schreibprodukte in Einzelarbeit oder in der Gruppe? Welche Vorgaben bestehen hinsichtlich der Zeitdauer und der Textlänge?
- Prozess-Status: Werden Entwürfe, Skizzen, Überarbeitungen und/oder Endfassungen erwartet? Ist eine Veröffentlichung vorgesehen? Stützt sich das Schreiben auf ein vorbereitendes Sammeln von passenden Formulierungen oder auf die Klärung von Textsortenmerkmalen?
- Wissensquellen: Reicht für das Schreiben das vorhandene Wissen aus oder müssen sich die Schreibenden noch Wissen aneignen?

Der Schreibauftrag lässt sich zur weiteren Konkretisierung in „Thema/Material/Impuls", „Adressat" und „Textfunktion" auffächern (siehe Abb. 70). Schreibaufgaben führen nicht immer zu den reinen, schulischen Textsorten wie Bericht und Beschreibung. Sie bestehen zum Teil aus Funktionsmischungen. Auch die Textwirklichkeit ist vielschichtig, d.h. die kommunikativen Funktionen überlagern und mischen sich vielfältig. So können Texte über einen Sachverhalt informieren und zugleich den Leser zu einem bestimmten Handeln auffordern. „Worauf es aber immer ankommt, ist, dass die Kinder *aus dem Vollen schöpfen*, dass sie Wissen und Erfahrung verbinden können" (Dehn/Schüler 2010, S. 29).

3. Reflexives Schreiben anregen

„Von Anfang an muss ein Ziel der Schreibförderung darin bestehen, Schülerinnen und Schüler zum reflexiven Schreiben, zum Nachdenken über das eigene Schreiben, zu befähigen, Wissen über die den Schreibprozess begleitenden Schreibstrategien, Handlungen und Gefühle aufzubauen" (Abraham 2007, S. 11). Wenn verschiedene Lösungen derselben Aufgabe miteinander verglichen werden, kann ein Bewusstsein für mögliche Freiräume entstehen. Schreiber können erklären, wie sie an ihre Aufgabe herangegangen sind und sprachliche Fähigkeiten eingesetzt haben.

Thema, Material, Impuls:	**Adressat:**	**Textfunktion:**
• Bild(er) • Reizwörter • Streitfragen • fremder Text • Jahreszeiten • Gesellschaftsspiel usw.	1. personales Schreiben (für sich selbst) 2. kommunikatives Schreiben (für andere) a) gleichaltrige Kinder b) Erwachsene (nahe stehend oder fremd)	• Schreibanlässe (z. B. Geschichtenbuch) • Textsorte (z. B. Gebrauchsanweisung) • Schreibziel (einen Adressaten überzeugen)

Abb. 70: Schreibauftrag (vgl. Baurmann/Pohl, in Bremerich-Vos et al. (Hrsg.) 2009, S. 100)

4. Grundschulrelevante Schreibfunktionen aufgreifen

Schreiben ist in einen Kommunikationszusammenhang eingebunden (Schreiber und Leser). Es verhilft dem Kind zum Abbilden und Aufbewahren seiner Erlebnisse, Gedanken und Gefühle. Schon für die Grundschule gilt es Einseitigkeiten zu vermeiden. Folgende Funktionen des Schreibens sollen sich im Unterricht auswirken:

- Psychische Funktion (Schreiben für sich): Erlebnisse, Wünsche, Gefühle artikulieren
- Soziale Funktion (Schreiben für und an andere): unterhalten, informieren, appellieren
- Kognitive Funktion (Schreiben für das Denken): Erlebnisse, Beobachtungen und Gedanken ordnen und zum Gegenstand des Nachdenkens machen
(vgl. Ossner, in Schober 1998, S.83)

Die Schreibfunktionen Erzählen/Unterhalten – Informieren – Appellieren bilden den Mittelpunkt des Unterrichts, nicht das Einüben verschiedener Darstellungsformen.

5. Freies und angeleitetes Schreiben ermöglichen

Die Kinder brauchen vielfältige Gelegenheiten zum (mehr) freien und (mehr) angeleiteten Schreiben. In angebotenen Freiräumen können sie Schreibanlässe möglichst oft selbst finden und eigene Gestaltungsideen entwickeln. In Schreibkonferenzen denken die Kinder selbstbestimmt und selbstverantwortlich gemeinsam mit anderen Kindern über ihre Texte nach (Inhalt, Sprache, Textwirkung, Entstehungsmotivation).

6. Sprachliche und gestalterische Mittel zunehmend bewusst einsetzen

Die sprachlichen Mittel regen die schriftlichen Ausdrucksmöglichkeiten der Kinder an und bereichern sie. Sie werden für die jeweiligen Texte erarbeitet und beziehen sich auf das Schreibziel. Die Kinder setzen die sprachlichen und gestalterischen Mittel, die sie im Umgang mit Sprache lernen, zunehmend planvoll ein. In Verbindung mit dem Lernbereich „Sprache untersuchen“ können sprachliche Mittel bewusst gebraucht und mit zunehmendem Alter gezielt ausgewählt werden: passende Ausdrücke sammeln, treffende Wörter wählen (z.B. Wortfelder erstellen); sich für eine Zeitstufe entscheiden; Gedanken, Gefühle, Stimmungen ausdrücken; wörtliche Rede einsetzen. Vielfalt und Reichtum der Sprache können dabei entdeckt und genutzt werden. Die Textwirkung wird auch von der äußeren Form beeinflusst. Gestalterische Mittel werden auch in Verbindung mit dem Fach Kunsterziehung bewusst eingesetzt: Schriftgestaltung, optische Gliederung, Gestaltungsmöglichkeiten für ein Plakat oder einen Brief.

Didaktische Grundsätze

1. Lernbereichs- und fächerübergreifend vernetzen

Sprachliches Handeln vollzieht sich in komplexen Situationen. Sprechen, Schreiben und Lesen sind kommunikative und handlungsorientierte Funktionen der Sprache, die aufeinander bezogen sind. Nur so ist eine ständige Erweiterung der Sprachhandlungsfähigkeit möglich. Die Lernbereiche im Fach Deutsch sind deshalb sinnvoll und sachgerecht zu vernetzen.

2. Überarbeitungsbereitschaft und -kompetenz anbahnen

Das Überarbeiten als Teilhandlung beim Verfassen von Texten muss in der Grundschule langfristig angebahnt werden. Überarbeiten meint, Texte zu überdenken im Zusammenhang von Schreibabsicht, Inhaltsbezug und Verwendungszusammenhang.

Die Überarbeitung beginnt schon beim ersten Gedanken, der verworfen wird, und zeigt sich in durchgestrichenen Wörtern, Formulierungen und Texteinschüben. Die

Überarbeitungsfähigkeit unterliegt einer altersbedingten Entwicklung. Der Text muss überhaupt auch erst einmal als überarbeitungsbedürftig erkannt und akzeptiert werden. Voraussetzung für die Arbeit am Text ist, dass die Kinder die Wirkung auf andere erfahren. Der Austausch der Texte untereinander und das Präsentieren im Vorlesen hat sowohl für die Schreiberin und den Schreiber des jeweiligen Textes als auch für die Zuhörer (als Verfasser der anderen Texte) Bedeutung. Sie erfahren die Wirkung ihres Textes, indem das Textverständnis anderer Personen zurückgespiegelt wird. Die Kinder lernen verschiedene Möglichkeiten der Überarbeitung kennen und erproben diese. Sie überarbeiten ihre Texte zunehmend selbstständig und kooperativ.

3. Feedback geben lernen

Die Kinder sollen lernen, die Qualität von Texten einzuschätzen und zu verbessern. Deshalb ist es wichtig, dass sie Rückmeldungen zum eigenen Text erhalten und sie lernen, selbst Feedback zu geben. Begründete Stellungnahmen können die Kinder erst abgeben, wenn sie Kriterien zur Einschätzung der Textqualität kennen und über ein Repertoire an sprachlichen Ausdrucksmöglichkeiten verfügen, mit dem sie Kritik und Anregungen so kommunizieren können, dass der Mitschüler sie annehmen kann.

a) Schriftliche Rückmeldungen

Beispiel: Textlupe

Text von ___ Überschrift: ____________

Beraterkinder	Das hat mir an dem Text besonders gut gefallen	Hier fällt mir etwas auf. Hier habe ich Fragen.	Hier meine Vorschläge, was du ändern kannst.

Zurück an:

Abb. 71: Beispiel Textlupe (Bartnitzky 2010b, S. 88)

b) Mündliche Rückmeldungen

Beispiel: Schreibkonferenz

„Schreibkonferenzen sind Versammlungen, die aber auf wenige Teilnehmer begrenzt sind, die der Autor oder die Autorin ausgesucht hat" (Bartnitzky 2010a, S. 95). Die Kinder können eigenaktiv und handlungsorientiert lernen. Schreibkonferenzen stellen hohe Anforderungen an die Konzentration und Ausdauer der Kinder. Die Rituale müssen mit den Kindern entwickelt werden. Die Schreibkonferenz kann während der Einführungsphase modellhaft unter Beteiligung der Lehrperson im Rollenspiel erprobt werden. Für Grundschüler ist die Gesprächssituation oft noch zu komplex. Die Auseinandersetzung mit dem Text wird dadurch erschwert, dass der Text nur vorgelesen wird und entsprechende Überarbeitungsvorschläge nur mündlich geäußert werden. Schreibkonferenzen sollten deshalb behutsam eingesetzt werden.

	Autorenkind	Beraterkinder
1. Schritt	Ein Kind hat einen Text geschrieben und lädt zwei oder drei Kinder zur Schreibkonferenz ein.	Die Kinder setzen sich zusammen.
2. Schritt	Das Autorenkind liest den ganzen Text langsam und deutlich vor.	Die Kinder hören zu. Sie sagen, was sie gut fanden. Sie fragen, wenn sie etwas nicht verstanden haben. Sie machen vielleicht Vorschläge.
3. Schritt	Das Autorenkind liest Satz für Satz vor. Es schreibt Vorschläge und Änderungen in die freie Zeile über dem Text.	Die Kinder hören zu. Sie sagen nach jedem Satz, ob sie etwas ändern würden oder ob der Satz so gut ist.
4. Schritt	Das Autorenkind bedankt sich für die Beratung.	

Abb. 72: Schritte der Schreibkonferenz (Bartnitzky 2010b, S. 89)

Strukturmodell:

Schreibaufgabe	Schreibaufgaben in Form von genauen Anweisungen oder offenen Schreibaufforderungen oder Schreibimpulsen; offene Aufgabenstellungen provozieren meist verschiedene Textsorten; Auswahlmöglichkeiten bieten (z.B. in Bezug auf Inhalt, Schreibblatt, Aufgabenstellung); Schreibaufgabe gründlich klären (Ziele besprechen, Missverständnisse ausräumen, Zeitrahmen klären); Schreibaufgabe gibt dem Schreiben ein Ziel (Erzählen – Informieren – Appellieren/lustig, traurig, spannend, fantastisch) und steckt den Rahmen ab, wie die Textproduktion ablaufen soll; Schreibaufgabe „inszenieren", „wichtig machen"; Kriterien, die an den Text gestellt werden, im Vorfeld klären bzw. mit den Kindern gemeinsam entwickeln; überlegen, in welcher Weise die Leserrolle berücksichtigt werden soll; Kontexte schaffen: Schreibanlässe in thematische Zusammenhänge einbetten; Anregungspotential literarischer Texte nutzen (z.B. Ganzschrift als Vorlage für Parallelgeschichten, Bilderbücher); Requisiten, die den Erzähl- und Schreibprozess begleiten (z.B. Gegenstände, Figuren); nach Auseinandersetzung mit der Sache einen Ausschnitt aus der Sache auswählen
Schreibvorbereitung	Aus gedanklichen Strukturen Textstrukturen entwickeln; Absicht und Adressat berücksichtigen; Stichpunkte festhalten (z.B. für Forscherbericht); Fachbegriffe ordnen; Sachkenntnis und zutreffende Begriffe als Grundlage; Bereitstellen des erforderlichen Vorwissens (z.B. Internetrecherche, Expertenbefragung, Textauswertung); Ideenfelder entwickeln (Cluster, Mindmap, Brainstorming), die die Ausgangsidee gedanklich weiterspinnen; passende Ausdrücke sammeln; Wortfelder erstellen; Gefühle, Stimmungen ausdrücken; in die Geschichte hineindenken (wörtliche Rede, Gedankenrede); szenisches Spiel, Rollenspiel; bei erzählenden Texten „roten Faden" erarbeiten; bei Sachtexten Gliederung erarbeiten; Strukturierungshilfen vor allem für leistungsschwächere Kinder (z.B. vorgegebene Satzanfänge, Satzmuster, satzübergreifende Bezüge, Textteile); Erfahrungen aus bisherigen Textüberarbeitungen einbeziehen (z.B. Merkhilfen, Aufsatzkartei)
Formulierungs- und Schreibphase Textentwurf	Konzentration vorwiegend auf den Textinhalt ermöglichen; Text schriftlich entwickeln, dabei evtl. auch Klärung planerischer Aspekte (Abfolge der Darstellung, Wortwahl); überprüfendes Lesen von Textteilen: Verständlichkeit überprüfen, Leser antizipieren; erste Überarbeitungen (z.B. Texteinschübe); Überschrift suchen; gebundene oder freiere Darstellung; spontanes Schreiben ohne Schreibvorbereitung; überprüfendes Lesen des eigenen Textes mit zeitlichem Abstand (Distanz zum eigenen Text entwickeln)
Überarbeitungsphase Schreibberatung	Text würdigen; Text auf das Schreibziel und die Schreibplanung überprüfen; Veröffentlichung des ersten Entwurfs (Gruppe, Klasse vorlesen) und Textwirkung an den Reaktionen anderer prüfen; kriterienbezogene Schreibkonferenz; kreative Bearbeitungsmethoden (z.B. Über den Rand hinaus schreiben), Lehrerkorrektur
Individuelle Überarbeitung	Text wird aufgrund der Beratung überarbeitet; Text sich selbst halblaut vorlesen; Sammeln von Überarbeitungsstrategien (z.B. Aufsatzkartei); Einsatz des Wörterbuches; Überarbeitungsstrategien zunehmend selbstständig anwenden (z.B. Textstellen unter bestimmten Gesichtspunkten verändern: Umstellprobe durchführen); Überarbeitung auch am Computer; Texte für sich und andere gestalten
Präsentation/ Veröffentlichung	Vorlesen; Klassenbuch; Plakat; Karten; Schülerzeitung; Homepage

Unterrichtsbeispiele: 1. *„Mein Erlebnis im Traumschloss" (Fantasiereise),* 3./4. Jahrgangsstufe

Diese komplexe Aufgabenstellung ist so angelegt, dass sie einerseits Anregungen zur Planung und Formulierung anbietet, andererseits aber eine vielfältige Herangehensweise und Freiräume für die eigene kreative Textproduktion ermöglicht. Das Kind muss Entscheidungen über Arbeitsschritte und Vorgehensweisen wie auch über inhaltliche und sprachliche Gestaltungsmöglichkeiten treffen.

Standardbezug – Texte verfassen
(siehe Abb. 69, S. 138)

- Auf eine Anregung hin (Fantasiereise – Traumschloss – meditative Musik) eine spannende oder lustige Geschichte erfinden und damit die Mitschüler unterhalten
- Beim Erzählen gestalterische Mittel beachten (Handlungsort, Aufbau einer spannenden oder lustigen Handlung, die die Leser überrascht)
- Für den Formulierungsprozess eine sprachliche Basis finden (Cluster als spielerisch-experimentelles Assoziationsverfahren, situationsgemäßer Einsatz der wörtlichen Rede und Gedankenrede)

Unterrichtsskizze

I. Schreibvorbereitende Phase

1. Einstimmung durch Fantasiereise

Traum – Wiese – Schloss (freie Lehrererzählung untermalt mit leiser meditativer Musik, Kinder schließen die Augen)
„... vor mir stand plötzlich etwas Wunderschönes ..."
Schlosstüre als Bildimpuls an der TA (siehe Abb. 73)
Partnerarbeit: Wer wohnt in dem Schloss? (Ideen an der Tafel festhalten)
Lehrperson erzählt weiter von ihrem Traum (Musikeinsatz) Schloss genau angesehen ... große schwere Schlosstüre ... Ob ich klopfen soll? ... mit Kindern anklopfen ... geärgert, weil an der spannendsten Stelle aufgewacht.

2. Schreibaufgabe

> Du stehst vor der Schlosstüre. Neugierig öffnest du die Türe. Träume weiter!
> Schreibe deine Fantasiegeschichte für die Mitschüler auf. Sie kann spannend oder lustig sein. Schreibe deine Geschichte in eine aufklappbare Schlosstüre.

3. Inhaltliche und sprachliche Vorbereitung

a) Ideenfelder in der Gruppe entwickeln: Ideen, Gedanken und Bilder im Kopf auf verschieden große Karten (evtl. pro Gruppe andere Farbe) schreiben, ähnliche oder gleiche Ideen zusammenlegen, clustern, auf Plakat aufkleben oder an die Tafel heften; auch Wege mit Entscheidungsmöglichkeiten zulassen
b) Lebendige und abwechslungsreiche Gestaltung durch den bewussten Einsatz adäquater sprachlicher Mittel: Wörtliche Rede und Gedankenrede (Wiederholung: Erkenntnis aus vorausgehender Textüberarbeitung, Verbindung zu Sprache untersuchen und Rechtschreiben)

II. Formulierungs- und Schreibphase

Kinder träumen zu meditativer Musik weiter. Jedes Kind bekommt eine „Schlosstüre". Auf dem Platz öffnen sie die Tür und schreiben ihren Traum hinein. Alle beginnen mit der Leitidee (siehe TA).
Differenzierung für leistungsschwächere Schüler: Briefumschläge z. B. mit Satzanfängen (Drehscheibe), Satzstreifen, Anfangssätze

III. Präsentation

Vorlesen und erste Würdigung einzelner Fantasiegeschichten (Sitzkreis)

IV. Ausklang

Lied vom Geisterschloss
(mögliche Ausweitung: Ganzschrift „Das kleine Gespenst" – Lesenacht)

Mein Erlebnis im Traumschloss	
Neugierig öffnete ich die Türe ... (Schreibauftrag)  • Wer wohnt in diesem Schloss? ...	• Fantasiegeschichte lebendig erzählen: – wörtliche Rede – Gedankenrede (jeweils mit Beispiel an TA oder Plakat im Klassenzimmer)

Abb. 73: Tafelbild zum Thema „Mein Erlebnis ...“ (linker und rechter Tafelflügel)

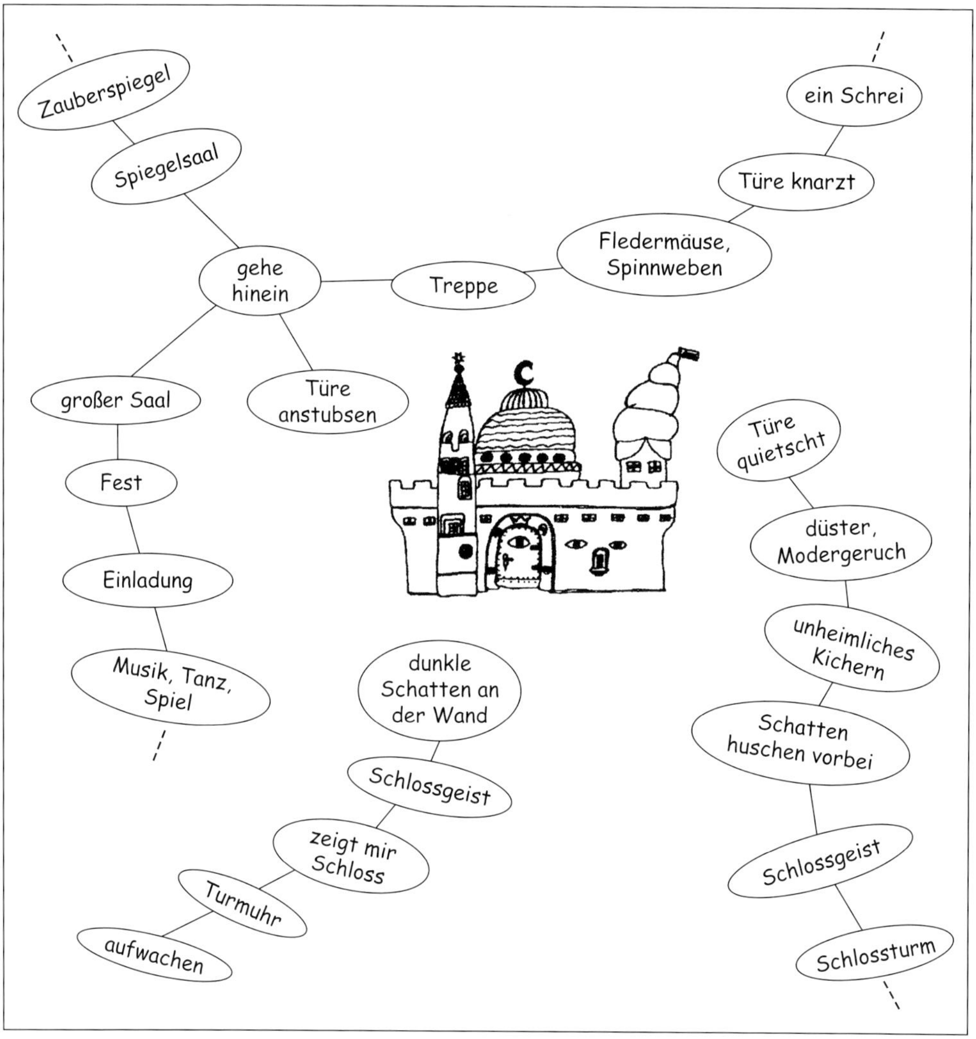

Abb. 74: Tafelbild zum Thema „Mein Erlebnis ...“ – Cluster (Mitteltafel)

2. Brief an „Russell das schlaflose Schaf" von Rob Scotton,
2. Jahrgangsstufe

Standardbezug

Die Kompetenzbereiche sind im Sinne eines integrativen Deutschunterrichts aufeinander bezogen (Sprechen und Zuhören, Schreiben und Lesen) (siehe S. 81). Das Schreiben wird mit dem Vorlesen und Lesen eines Bilderbuches verknüpft.

Didaktische Vorüberlegungen

Das mit Witz und Charme geschriebene und illustrierte Bilderbuch zum Thema „Nicht-Einschlafen-Können" spricht den Erfahrungsbereich der Kinder an. Jedes Kind kann aus seiner persönlichen Erfahrung einen Brief mit seinen eigenen Einschlaftipps an Russel schreiben (Informieren, Appellieren).
Bilderbücher erzählen in Wort und Bild. Die Bilder verlocken zum verweilenden Anschauen. Von hier aus führt der Weg zum Schreiben. Die Vorstellungskraft wird angeregt, Zusammenhänge werden erschlossen. Wörter, Formulierungen und Textmuster werden bereitgestellt. Die Wirkung der Bilder wird durch die großformatige Ausführung eindrucksvoll verstärkt. Die Schreibaufgabe kann von den Kindern auf unterschiedlichem Niveau bearbeitet werden. Schwächere Kinder können ihre Einschlaftipps auch ohne Briefform schreiben. Eine eigene kriterienorientierte Überarbeitungsphase findet am folgenden Tag statt.

Unterrichtsskizze

I. Schreibvorbereitende Phase

1. Hinführung

a) „Märchenwolle-Schäfchen" als visueller Impuls (TA)
b) Einführung in das Bilderbuch (Beamer)
   (1) Lehrperson liest die Geschichte zu den Bildern vor bis zur Stelle: „Wie bekommt ein Schaf eine Mütze voll Schlaf?"
   (2) Spontane Schüleräußerungen

2. Schreib- und Gestaltungsaufgabe vorstellen und klären

> Schreibe einen Brief an Russell und verrate ihm deinen besten Einschlaftipp! Russell wäre froh darüber, wenn er deine Idee erfahren könnte.
>
> Überlege dir auch einen treffenden Schlusssatz!
>
> Male nach dem Schreiben Russell auf und fülle ihn mit Märchenwolle aus.

3. Sprachliche Vorbereitung

Wiederholung: Merkmale eines Briefes (siehe evtl. Plakat im Klassenzimmer)

II. Formulierungs- und Schreibphase

III. Präsentation

Vorlesen und würdigen einzelner Einschlaftipps

IV. Anknüpfung und Abschluss

Fortsetzung der Bildergeschichte (Beamer) durch Lehrperson (Wie Russell zum Einschlafen kommt)

Abb. 75: Brief von Jasmin an Russel

3.1.7 Rechtschreiben *(J. Ametsbichler)*

Fachliche Grundlagen

1. Die Funktionsweise der deutschen Rechtschreibung

Die immer gleiche Schreibung (Normierung) erleichtert dem Leser die Sinnentnahme und ist auf Verständnissicherung ausgerichtet (Leseorthografie). „Rechtschreibung heißt: Der Schreiber macht den Wortaufbau und den Satzaufbau – und damit die Bedeutung und Funktionsweise des Wortes – für den Leser sichtbar auf der Basis von Laut-Buchstaben-Zuordnungen oder gespeicherter Schreibschemata" (August/Dehn 2009, S. 11).
Die regelhaften Schreibungen werden mithilfe von vier Grundprinzipien (= Funktionen) dargestellt. Prinzipien verdeutlichen die allgemeinen Grundsätze und wesentlichen Zusammenhänge des Schriftsystems. Dabei wird auch die Leserfreundlichkeit des Schriftsystems deutlich. In ihrem Kernbereich ist die deutsche Orthografie von hoher Systematik geprägt.

a) Das phonografische Prinzip
Das phonografische Prinzip ist grundlegend für die Alphabetschriften. Mit einem relativ begrenzten Zeicheninventar lassen sich eine unbegrenzte Anzahl von Wörtern verschriften. „Das phonographische Prinzip besagt, dass Phonemen nach bestimmten Regeln Grapheme zugeordnet werden können und umgekehrt. Phoneme sind die kleinsten bedeutungsunterscheidenden Einheiten in der gesprochenen Sprache. Analog dazu haben Grapheme bedeutungsunterscheidende Funktion in der geschriebenen Sprache … Wenn man diese Systeme der Grapheme und der Phoneme aufeinander bezieht, erhält man ‚Graphem-Phonem-Korrespondenzregeln' (GPZ-Regeln), die die Grundlage jeder Alphabetschrift bilden. Sie zeigen, dass Schriftzeichen einen Bezug zu Zeichen der gesprochenen Sprache haben, aber nicht ihre visuelle Entsprechung sind" (Müller 2010, S. 38 f.). Nach Eisenberg erklären diese Zuordnungsregeln, „welches Segment des Geschriebenen einem bestimmten Phonem im Normalfall entspricht" (Eisenberg 2005, S. 68). Da die unterschiedliche Vokalqualität und -quantität im Geschriebenen nicht durchgehend regelhaft durch Grapheme gekennzeichnet wird, brauchen wir im deutschen silbische Schreibungen.

b) Das silbische Prinzip
Nach den Buchstaben bzw. Graphemen sind die Silben im Geschriebenen die nächstgrößere Einheit. „Für das Deutsche ist das silbische Prinzip von grundlegender Bedeutung, denn es regelt die Vokalqualität (Gespanntheit und Ungespanntheit von Vokalen) und die Vokalquantität (Länge und Kürze von Vokalen)" (Müller 2010, S. 42).
Die Silbenstruktur ist geeignet, die Gegliedertheit der Wörter (Wortstrukturen) und bestimmte Rechtschreiberscheinungen den Kindern besonders deutlich zu machen. Dieses Basiswissen hilft den Kindern beim Rechtschreiben (z. B. In jeder Silbe steckt ein vokalischer Kern: nicht Ta – fl, sondern Ta – fel).

c) Das morphologische Prinzip
Das Lautprinzip wird am häufigsten durch das morphematische Prinzip durchbrochen. Es zeigt am deutlichsten den starken Leserbezug der deutschen Orthografie. Dieses Prinzip ermöglicht dem Leser eine rasche Sinnentnahme (z. B. Unterschiedliche Schreibung bedeutungsverschiedener, aber gleich klingender Wortstämme: mahlen – malen). Morpheme ermöglichen als kleinste bedeutungstragende Einheiten von Wörtern einen ganzheitlichen Zugriff auf die Bedeutung. Der Umweg über den Lautbezug ist nicht erforderlich.
Grundschulrelevante Hauptbereiche sind beispielsweise Auslautverhärtung und Umlautung, z. B. Hund – Hunde, fährt – fahren, härter – hart oder die Arbeit mit Wortfamilien.

d) Das syntaktische Prinzip
Dieses wortübergreifende Prinzip betrifft in der Grundschule die Großschreibung der Nomen und den Satzbeginn.

e) Besondertheiten der Rechtschreibung (Merkwörter)
Als Ausnahmen bleiben vor allem die bezeichnete Dehnung, Wörter mit ß, v und ä im Wortstamm sowie solche, die den <ks>-Laut enthalten, und Fremdwörter.

2. Bedeutung und Einführung von Rechtschreibstrategien

Regelgeleitetes Handeln wird zu einer Strategie, wenn die erkannten Regeln zunehmend systematisch das Handeln der Kinder steuern. Unter *Rechtschreibstrategien* versteht man einerseits die Gedankenschritte zur Konstruktion der richtigen Schreibung eines Wortes oder zu ihrer nachträglichen Kontrolle und andererseits auch die Darstellung der Überlegungen zu normgerechtem Schreiben. Die Vorstellungen über orthografische Zusammenhänge, denen die Kinder beim Schreiben folgen, können letztlich nur im Gespräch mit dem einzelnen Kind herausgefunden werden. Die Kinder müssen bei der Umbildung ihrer individuellen Regeln in normgerechte unterstützt werden.

a) Strategie der lautgetreuen Schreibung
Der Rechtschreibunterricht beginnt mit den ersten Abhörübungen im ersten Schuljahr, bei denen die Schriftlerner versuchen, einzelne Laute in einem Wortganzen zu erkennen. Diese Abhörstrategie sollen sie allmählich verkürzen und das rhythmisch-synchrone Sprechschreiben erlernen. Dabei sprechen die Kinder die Wörter, die sie schreiben wollen, langsam und klar in Silben gegliedert. Gleichzeitig schreiben sie silbenweise mit. Erst wenn dieses Sprechschreiben weitgehend automatisch abläuft, wird Aufmerksamkeitskapazität für übergeordnete Rechtschreibstrategien frei. „Jeder Versuch, den Schüler/innen über Regeln eine bessere Rechtschreibung beizubringen, bevor die lautgetreue Schreibung gefestigt ist, ist sinnlos" (Mann 2010, S. 32).
Um eine sichere Grundlage für das Rechtschreiben aufzubauen, muss das Erlernen der *Rechtschreibsprache* hinzukommen. Es ist sinnvoll den Übersetzungsprozess von der Umgangssprache in die Rechtschreibsprache ab Mitte des ersten Schuljahres zu thematisieren: „Wie muss man das Wort sprechen, um es richtig zu schreiben?" (a. a. O., S. 33).

Beim Schreiben werden die Wörter so in Silben gegliedert, dass zwischen den Silben nichts zu hören ist (Mitlautverdoppelungen an der Silbenfuge doppelt sprechen). Mit einer günstigen Lesestrategie lernen die Kinder die Rechtschreibsprache weitgehend beim Lesen. „Kinder, die gelernt haben, sich Wörter synthetisch zu erlesen und das Lesen eines Wortes erst als abgeschlossen zu betrachten, wenn sie ihnen den Sinn und damit implizit den umgangssprachlichen Klang zugeordnet haben, erwerben beim Lesen das der Schriftsprache zugrunde liegende Lautsystem, also die Rechtschreibsprache" (a. a. O., S. 36).

Kinder mit einer ungünstigen Lesestrategie müssen die Rechtschreibsprache der Wörter allerdings mühsam erlernen.

b) Übergeordnete Strategien zum Bewältigen ungeübter Schreibungen
Da nur ein kleiner Teil der Wörter unserer Sprache geübt werden kann, müssen die Kinder auch ungeübte Wörter und Wortformen richtig schreiben können. Den Nachdenkwörtern mit Rechtschreibbesonderheiten liegen regelhafte Prinzipien zugrunde. Das Lautprinzip wird vom Stammprinzip oder übergeordneten Regeln überlagert. Die Fähigkeit, den Wortaufbau zu durchschauen, wird durch gezieltes denkendes Durchdringen angebahnt. Einsichtig gewonnene Regeln werden zusammen mit den Wörtern

gelernt (Beispiel: rollt kommt von rol – len, also mit Doppel-l). Das Anwenden übergeordneter Rechtschreibstrategien muss deshalb bei nicht geübten Schreibungen systematisch trainiert werden. Die Kinder sollen sich die Schreibweise über die Anwendung der erlernten Strategie erschließen können. „Nicht das Regel*wissen* ist entscheidend für die Rechtschreibfähigkeit, sondern die Strategie der Regel*anwendung*" (a.a.O., S. 16).

c) Das Einprägen nicht ableitbarer und nicht lautgetreuer Merkwörter mithilfe von Lernstrategien

Die strukturellen Rechtschreibbesonderheiten werden klar herausgestellt, mit dem Lautschema und der Wortbedeutung abgespeichert und mithilfe von geeigneten Lerntechniken geübt und visuell, auditiv und schreibmotorisch eingeprägt.
Wörter mit orthografischen Aufpass-Stellen sind z.B. Wörter mit Dehnungs-h und Wörter mit <v> im Wortstamm.
Die für die Grundschule akzeptierten Bezeichnungen Mitsprechwort, Nachdenkwort und Merkwort müssen immer im Zusammenhang mit dem Lernniveau des Kindes gesehen werden.

3. Arbeit mit dem Grundwortschatz

Unter Rechtschreibgrundwortschatz versteht man einen Grundbestand an rechtschriftlich gesicherten Wörtern, der den Kindern für ihre eigenen Texte zur Verfügung stehen soll.
Die Abgrenzung eines speziellen Schreibwortschatzes soll den Lerngegenstand überschaubarer machen und insofern eine Lernhilfe für die Kinder sein (vgl. Augst/Dehn 2009, S. 203). Es gibt jedoch nicht **den** Grundwortschatz für alle Kinder. Wörter, die von den Kindern verwendet werden, können auch Modelle für das Strategielernen sein. Diese Rechtschreibwörter können eine Doppelfunktion haben: als *Gebrauchswörter* und als *Modellwörter*. So kann das Verb „fahren" in der Radfahrausbildung ein wichtiges Lernwort sein. Zugleich kann es Modell dafür sein, zu einem Wort verwandte Wörter zu finden und die Gleichschreibung zu erkennen und zu nutzen. So greifen Wörterwissen (z.B. Morphem-Kenntnis) und Regelwissen ineinander. Rechtschreibarbeit ist auch immer exemplarische Arbeit.

Mögliche Kriterien für die Auswahl eines Grundwortschatzes:
- Häufigkeit des Gebrauchs
- Modellwortschatz für die Stärkung und Sicherung der verschiedenen Rechtschreibstrategien
- Bedeutsamkeit für das Kind (kommunikativer Aspekt)
- Relevanz für den Fachunterricht (Unterrichtswortschatz)

Die Grundwortschatzarbeit muss an den aktuellen Lernnotwendigkeiten der Kinder ansetzen und die individuellen Fehlerschwerpunkte berücksichtigen.

4. Rechtschreiben üben

Das Schreiben eigener Texte begründet für die Kinder das Rechtschreibüben. Rechtschreiben erfordert (bewusste) Übung (siehe Übung, S. 346f.). Der Schreiber soll nicht durch langwieriges Nachdenken über die Normrichtigkeit der Schreibweisen vom Niederschreiben und sprachlichen Gestalten eines Textes abgehalten werden. Wiederkehrende Übungsformen ermöglichen es den Kindern, sich intensiv mit der Anwendung bestimmter Regeln auseinanderzusetzen.
Die Kinder können nur das sinnvoll üben, was sie auf ihrem jeweiligen Lernniveau verstehen können. Folgender Übungsgrundsatz ist zu beachten: *Nur üben, was man versteht!* Der Unterricht muss vor allem auf das verstehende Lernen ausgerichtet sein. Deshalb sollte der Unterricht Lernmöglichkeiten eröffnen, die an das aktuelle

Verständnis der Lernenden anknüpfen, und dieses schrittweise erweitern.
Auf die *Vermittlung wichtiger Arbeitstechniken* muss besonderer Wert gelegt werden (Lernen lernen). Arbeitstechniken müssen im Unterricht gezielt erarbeitet, eingeübt und angewendet werden.
Beispiel: Richtiges Abschreiben

1. Genau anschauen und überdeutlich nach der geschriebenen Vorlage sprechen
2. Aufpass-Stelle(n) entdecken und kommentieren
3. Das Wort mit Augen, Ohren und silbischem Mitsprechen einprägen und das innere Bild des Wortes mit der Vorlage vergleichen
4. Auswendig aufschreiben
5. Sorgfältig überprüfen, Fehler berichtigen

Zielsetzungen

1. Standards zum Lernbereich Richtig schreiben

Die Rechtschreibung ist in den Bildungsstandards der KMK kein eigener Kompetenzbereich. Sie ist dem Kompetenzbereich Schreiben zugeordnet und ist somit eine Teilfähigkeit des Schreibens.
Die folgenden Standards beschreiben die am Ende der 4. Jahrgangsstufe erwartete Rechtschreibkompetenz (KMK 2004a).

a) Erläuterungen zum Kompetenzbereich „Schreiben" mit dem Schwerpunkt „Richtig schreiben"

Die Kinder verfügen über grundlegende Rechtschreibstrategien. Sie können lautsprechend verschriften und berücksichtigen orthografische und morphematische Regelungen und grammatisches Wissen. Sie haben erste Einsichten in die Prinzipien der Rechtschreibung gewonnen. Sie erproben und vergleichen Schreibweisen und denken über sie nach. Sie gelangen durch Vergleichen, Nachschlagen im Wörterbuch und Anwenden von Regeln zur richtigen Schreibweise. Sie entwickeln Rechtschreibgespür und Selbstverantwortung ihren Texten gegenüber.

b) Standards

- Geübte, rechtschreibwichtige Wörter normgerecht schreiben
- Rechtschreibstrategien verwenden: Mitsprechen, Ableiten, Einprägen
- Zeichensetzung beachten: Punkt, Fragezeichen, Ausrufezeichen, Zeichen bei wörtlicher Rede
- Über Fehlersensibilität und Rechtschreibgespür verfügen
- Rechtschreibhilfen verwenden:
  - Wörterbuch nutzen
  - Rechtschreibhilfen des Computers kritisch nutzen
- Arbeitstechniken nutzen:
  - Methodisch sinnvoll abschreiben
  - Übungsformen selbstständig nutzen
  - Texte auf orthografische Richtigkeit überprüfen und korrigieren

Die Standards legen keine Liste von rechtschreibwichtigen Wörtern vor. „Wortstämme" und „Wortbausteine" in der Liste „Grundlegende sprachliche Strukturen und Begriffe" verweisen auf die Morpheme, die das Schreibenlernen unterstützen.

2. Entdeckendes und experimentierendes Umgehen mit der Schriftsprache

Auch Lerner mit Schwierigkeiten können durch vorstrukturierte Lernangebote Grundlegendes in der Schriftsprache entdecken und sich aneignen. Durch den Aufbau wichtiger Strategien über das wortspezifische Lernen erlangen sie eine elementare Rechtschreibkompetenz.
„Rechtschreibkompetenz ... zeigt sich im Können, das zwar im Tun ausgebildet wird, aber keineswegs durch ein ‚learning by doing' allein entsteht. Entfaltung der Rechtschreibkompetenz setzt Motivation, Einsicht in Funktion und Aufbau der Schrift, rechtschriftliches Problembewusstsein und bewusste metakognitive Kontrolle durch

metasprachliche Handlungen voraus" (Hinney, in Müller 2010, S. 90).
Der Einsatz von dialogischen und kooperativen Arbeitsformen unterstützt die eigenaktive Hypothesen- und Regelbildung. Gemeinsam können die Kinder Ordnungen erst einmal wahrnehmen, Hypothesen und Regeln formulieren, überprüfen und gegebenenfalls verändern.

Didaktische Grundsätze

Die Qualität des Rechtschreibunterrichts hängt vor allem davon ab, wie es der Lehrperson gelingt, Kinder in ihren Schwierigkeiten mit der Rechtschreibung zu verstehen.

1. Eigenständiges Erproben, Vergleichen und Nachdenken über Schreibweisen

Die Kinder lernen Rechtschreiben durch eigenständiges, richtiges Schreiben. Zu berücksichtigen sind die unterschiedlichen Lernweisen und Lernzugänge der Kinder (z. B. selektive Wahrnehmung, situative Bevorzugung individueller Lernkanäle). Die Wahrnehmung des Rechtschreibens ist besonders zu fördern. Dazu ist es notwendig, dass die Aufmerksamkeit zunächst auf das eigene Vorgehen beim Schreiben gerichtet wird (Selbstwahrnehmung).
Gerade geltende Eigenregeln werden von der Lehrperson erkannt und wenn immer möglich vom Kind versprachlicht. Der Unterricht muss sich auch für falsche und abwegige Erklärungen interessieren. Zum Erforschen gehört die verbesserbare eigene Hypothese. Wir sprechen von innerer, intuitiver Regel- und Musterbildung. Diese inneren Regelbildungsprozesse sind systematisch zu erweitern. Wenn Kinder ihre Eigenregeln formulieren, werden ihnen diese dadurch oftmals erst bewusst. Wer die Rechtschreibung in ihren Zusammenhängen, ihrer Regelhaftigkeit selbstständig und möglichst im Austausch mit anderen durchschaut, für den verliert sie ihre Undurchschaubarkeit. Deshalb sollen die Kinder an diese Forschertätigkeit herangeführt werden.

2. Aus Fehlern lernen

Eine kontinuierliche Erfassung, Analyse und sinnvolle Verbesserung der Rechtschreibfehler in allen schriftlichen Arbeiten sind wichtige Voraussetzungen für einen lernwirksamen, differenzierten Rechtschreibunterricht. Fehler geben Hinweise auf den Lernprozess und individuelle Rechtschreibstrategien der Kinder. Die Lehrperson sollte sich im Gespräch mit den Kindern vor allem für deren „innere Regeln" interessieren. Dabei sollte auch über richtig Geschriebenes geredet werden.

3. Rechtschreiben ist Unterrichtsprinzip

Der Rechtschreibunterricht ist vor allem integriert in den Schreibunterricht. Das Verfassen von Texten ist die weitaus beste Grundlage zum Erlernen der Rechtschreibung. Die Kinder sollen durch das freie bzw. angeleitete Schreiben viele Gelegenheiten bekommen, eigene Inhalte zu verfassen, die dann von anderen gelesen werden. Das fördert ihre Schreibmotivation. Da ein Text leichter gelesen werden kann, wenn er die Orthografie beachtet, werden die Kinder eher bereit sein, den Text zu überarbeiten. Außerdem üben die Kinder vor allem auch die Wörter, die sie selbst häufig gebrauchen und die ihnen wichtig sind. Akustisch-sprechmotorische Übungen zeigen die Verbindung zum mündlichen Ausdruck auf.

Strukturmodelle: ***1. Phasen einer Sequenz zur Arbeit mit einem thematischen Wortschatz***

Begegnung mit dem Wortmaterial	Zusammenstellung von *Gebrauchs- und Modellwörtern* Vorgegebener Wortschatz, z. B. zum Thema Fernsehen Individueller Wortschatz: vielfältige Schreibgelegenheiten, Plakate und Steckbriefe z. B. zu Lieblingssendungen, aus den Vorschlägen der Kinder werden noch Wörter in dieser Phase oder später entnommen und entsprechend ihrer wortspezifischen Information eingeordnet; besondere Berücksichtigung sprachlich schwächerer Kinder, z. B. Zuordnen von Bildern, Umschreibung, szenische Darstellung
Klärung von Wortbedeutungen	
Erarbeitung wortspezifischer Merkmale	
Vielfältige Wahrnehmung des Wortmaterials und Erkennen von Strukturen	Optisch, auditiv, artikulatorisch, kognitiv Bewusstmachen der individuellen Lernstrategie zum Einprägen, Rechtschreibsprache
Aufbau von Rechtschreibstrategien	Arbeit an Modellwörtern (Muster und Regelungen sowie Strategien zum Erkennen und Transferieren der Schreibweisen bewusst machen); Systematisierung der Lernwörter nach Mitsprech-, Nachdenk-, Merkwörter
Übung	Selbstständiges, differenziertes und vielfältiges Üben an Rechtschreibtheke, an Stationen, nach Wochenplan
Schwerpunkt: Einübung wortspezifischer Merkmale	Übungsmethoden und Übungsrunden: Abschreiben mit Methode, Setzen mit dem Buchstabenkasten, verwandte Wörter finden (morphematische Arbeit), Schreibweisen begründen anhand der Modellwörter, Prüfstrategien einsetzen (z. B. grammatisches t in der Verbindung als t-Signal), Vokaldauerbestimmung, Übung: Groß oder klein? Nachschlagen, Partnerdiktat Regelmäßiges Zehnminutentraining
Schwerpunkt: Einordnen in einen Sinnzusammenhang	Freies Schreiben von Sätzen und Texten mit dem geübten Wortmaterial; gegenseitiges Diktieren selbst verfasster Sätze; selbstständiges Üben entsprechend individuellem Lernstand und der erarbeiteten Arbeitstechniken (z. B. Finden bzw. Nachschlagen von Ableitungen)
Lernstandsbestimmung Leistungsmessung	Fehleranalysebogen, Rechtschreibgespräch mit dem Kind

2. Erarbeitung einer rechtschriftlichen Regelmäßigkeit

Vorübung

Schulung der Wahrnehmung und Erkennen von Strukturen, z. B. Lautqualitäten erkennen und unterscheiden (langer – kurzer Vokal, offene – geschlossene Silbe), Wörter nach ihrer Lautfolge abhören und in Schrift umsetzen, Wörter strukturieren (Sprech-, Schreibsilben, Wortbausteine)

Begegnung mit dem Rechtschreibfall

Ausgangsituationen als Handlungskomplexe, in denen Rechtschreibprobleme auftreten, die der Lösung bedürfen

Sprachsituationen aus dem Lebensbereich der Kinder, fehlerhafte (Schüler-)Texte, Wörter von Kindern
Lesen eines gegebenen Textes
Erkennen des Rechtschreibproblems mit entsprechender Markierung

Erkennen der Regelhaftigkeit

Aufbau von Strategien
Von der Eigenregel zur allgemeingültigen Regel
Eigenproduktionen
Vorgehen auch abhängig von der Sprache der Kinder (Dialekt)
Lautes, deutliches Sprechen, Wörter in Tabelle einordnen, Wörter verändern
Zweckmäßigkeit erkennen, z. B. Stammschreibung (Häuser – Haus: Es handelt sich um ein und dasselbe Wort, was wir nicht so gut erkennen könnten, wenn wir Heuser mit eu schreiben würden.)

Übung und Sicherung

Automatisierung der regelhaften Schreibung
Übungsreihen, in denen Strategien trainiert werden
Vor dem Aufschreiben eines Wortes Regel sprechen
Sammeln und Bündeln von Wörtern mit gleicher Regelhaftigkeit in Wörterlisten
Rechtschreibspiele
Gegenseitige Diktate, dabei vor der genauen Kontrolle entsprechende Stellen im diktierten Text markieren

Unterrichtsbeispiele:
1. Wörter mit Sp/sp und St/st,
2. Jahrgangsstufe

In der deutschen Orthografie steht am Silbenanfang kein <scht> oder <schp>. Die Schreibweise <st, sp> für /scht, schp/ ist regelhaft und es gibt im Anlaut keine Ausnahme (phonologische Regelhaftigkeit). Von einigen norddeutschen Sprachgebieten abgesehen, klingt die Lautverbindung am Wortanfang wie „scht/schp". Durch zunehmende Automatisierung entwickeln sich Nachdenkwörter mit phonologischer Regelhaftigkeit zu Mitsprechwörtern.

I. Vorübung

Wörter nach ihrer Lautfolge abhören und in Schrift umsetzen, Einsatz von Muggelsteinen oder Lautketten

II. Begegnung mit dem Rechtschreibproblem

1. Situation an einem Bahnhof (Fremdenverkehrsregion)

a) Bild (Bahnhof mit Alpenexpress „Königssee": Hamburg – Berchtesgaden) als Sprechanlass
b) Familie Brandner holt mit den Kindern ihren neuen Feriengast, Fr. Klose, aus Hamburg ab
Anhören der Begrüßung auf Kassette/CD (u.a. mit folgenden verwendeten Begriffen: Stunde, spät, Stefan, stolz, steigen ein, Sparschwein) und spontane S-Äußerungen
c) Wiederholtes Vorspielen der Begrüßungsszene. Kinder heben die Hand, wenn Fr. Klose ein Wort anders spricht, als sie es gewohnt sind.

2. Zusammenstellung des Wortmaterials

a) Kinder schreiben mit Partner (mindestens) ein solches Wort auf (Folienstreifen)
b) Festhalten der Wörter an der Tafel
Unterstreichen der schwierigen Stellen

III. Erkennen der Regelhaftigkeit

a) Selbstständiges Finden einer passender Regel
Auftrag für Partner oder Gruppenarbeit:

1. Lest euch die geschriebenen Wörter laut und deutlich vor! Achtet dabei auch auf die Mundstellung!
2. Ordnet sie nach Sp/sp und St/st !
3. Sind es Mitsprechwörter, Nachdenkwörter oder Merkwörter?
4. Findet eine passende Regel! (Folie oder Plakatstreifen)

b) Präsentation der Eigenregeln
Kinder begründen ihre gefundenen Regeln, werten andere Regeln, erproben diese Regeln

Vor dem t und p sprechen wir ein sch. Wir schreiben aber nur s.

Wir sprechen am Anfang ein scht und schp. Aber wir schreiben st und sp.

Wir hören scht und schreiben st.
Wir hören schp und schreiben sp.

Es sind keine Mitsprechwörter weil wir anders schreiben wie wir sprechen.

c) Zusammenfassung: allgemeingültige Regel an der Tafel

Wir sprechen und hören am Wortanfang
scht und schp
aber wir schreiben St/st oder Sp/sp.

IV. Übung und Anwendung

Differenzierte Aufgabenstellungen

2. Üben an Stationen – Ableitungen: Umlaute ä/äu,
3. Jahrgangsstufe

I. Hinführung

1. Konzentrationsübung Je nach Klassensituation, z. B. KIM-Spiel oder Silbenübungen	**2. Problemstellung** L diktiert: läuten – die Leute die Scheune – die Zäune S schreibt auf Folie Rechtschreibgespräch	**3. Anknüpfung an vorausgegangene UE** TA: Wörter mit ä/äu Wiederholung der erarbeiteten Rechtschreibregel (Plakat) Hinweis auf Doppelpunkte bei ä und äu

4. Zielangabe Wir üben die Wörter mit ä/äu an Stationen	**5. Vorstellen der Stationen** Überblick an der TA Hinweis auf Station(en) mit noch nicht geübter Arbeitsform	**6. Verhaltensschwerpunkt** Bei der Kontrolle meiner Arbeit hake ich Richtiges ab oder verbessere meine Fehler mit einem grünen Farbstift.

II. Üben an Stationen

Station 1 Mehrzahl bilden	**Station 2** Wörter bilden Wortfamilien	**Station 3** Verben in verschiedenen Formen	**Station 4** Arbeit mit dem Wörterbuch
Einzahl und Mehrzahl zuordnen	Wortfamilien zusammenstellen und Wortstämme kennzeichnen	Grundformen und Personalformen bilden und zuordnen	Wörter nachschlagen und Wortschatz erweitern

Station 5 Memory spielen	**Station 6** Arbeit mit dem Computer	**Station 7** Partnerdiktat	**Station 8** Merkwörter einprägen
Wortpaare zuordnen	Individuelles Üben der Wörter nach dem Karteikartenprinzip (GUT 1)	Sätze diktieren und Fehlerstellen beim Schreiben bewusst machen	Nichtableitbare Wörter richtig aufschreiben und einprägen

III. Kontrolle

1. Partnerdiktat Kinder lassen sich Wörter bzw. Sätze aus dem eigenen Heft vom Partner diktieren (Partner- und Lehrerkorrektur)	**2. Rechtschreibgespräch** anhand von aktuellen Rechtschreibfehlern (Lehrperson als Beobachter notiert Fehlerwörter auf Folie)	3. Aufgegebene und selbst erstellte **Forscheraufgaben** aufgreifen und besprechen

IV. Reflexion

Kinder beschreiben und bewerten ihre Allein- bzw. Partnerarbeit	**Herausstellen des Lernzuwachses bzw. Lern- und Übungsbedarfs** • Welche Hilfen wünschen sich S? • Welche Lösungsansätze zur Bewältigung ihrer Schwierigkeiten sehen S selbst?	**Verhaltensschwerpunkt:** • Wie ist es dir dabei ergangen? • Vorschlag für nächsten Verhaltensschwerpunkt

Hinweise zur Unterrichtseinheit

Die folgende Übungseinheit beschränkt sich auf eine Strategie. Bei Wörtern, deren Schreibung man von anderen ableiten kann, geht man strategisch vor. Man lernt sie besser in rechtschriftlichen Zusammenhängen als in thematischen Zusammenhängen. Diese Strategie muss in einem eigenen Schritt eingeführt werden, der das morphematische Denken intensiv vorbereitet.
Bei der Schreibung von Wörtern mit ä/äu müssen die Kinder zunächst das Problem, das sie schon beim Erstlesen kennengelernt haben, auch benennen können. Diese Wörter stehen in Konkurrenz mit vokalisch gleichlautenden Wörtern mit e/eu, z. B. Leute – läuten, Zäune – Scheune. Die Kinder sollen lernen, dass Wörter mit ä/äu bis auf wenige Ausnahmen (z. B. Säule) stets ableitbar sind von verwandten Wörtern mit a/au.
Das Herleiten als ein Verfahren des Aufsuchens einer kürzeren Wortform (z. B. bläulich – blau, läuten – laut) muss geübt werden. Nur so führt man zu Selbstständigkeit hin. Die zugrundliegende Strategie lautet: „Ich suche ein verwandtes Wort mit a/au" oder „Ich schreibe ä/äu, wenn es in der Wortfamilie eine Grundform mit a/au gibt". So gelingt es auch leistungsschwächeren Kindern mit der Zeit einen gewissen Automatismus in der Beweisführung zu entwickeln.
Jedes Kind behält anhand eines Laufzettels den Überblick über die Stationen (Station-Nr., Thema, Pflichtstation, Sozialform, Kontrolle). Pflichtstationen werden individuell eingeteilt.
Arbeitsaufträge können auch in zwei verschiedenen Farben (z. B. weiß/☾ für leistungsstärkere S – gelb/☆ für leistungsschwächere S) verteilt werden. An den Stationen sollte zeitversetzt in sinnvollen Zeiteinheiten geübt werden.

Im Folgenden wird eine Auswahl von Stationen dargestellt:

Station 1: Mehrzahl und Verkleinerungsform ☾

Apfel – Zaun – Strauß – Stadt – Mantel

1. Schreibe die Nomen mit Begleiter in der Mehrzahl und in der Verkleinerungsform untereinander in dein Heft.
   Markiere jeweils a/ä und au/äu farbig.
   Sprich die Wörter halblaut!
   Beispiel: *das Haus – die Häuser – das Häuschen*
2. Ergänze eigene Nomen mit a/ä und au/äu! Wenn du unsicher bist, schau im Wörterbuch nach!
3. Bilde mit einigen dieser Nomen Sätze in der Einzahl, Mehrzahl oder in der Verkleinerungsform.
   Beispiel: *Die Katze fängt eine Maus.*
   Die Katzen fangen Mäuse.

- Selbstkontrolle nicht vergessen!

Station 2: Wörter bilden Wortfamilien ☾

bauen – räumen – wählen – backen

1. Stelle mit diesen Verben Wortfamilien zusammen und schreibe sie in dein Heft.
2. Kreise jeweils den Wortstamm ein und unterstreiche a/ä und au/äu farbig.
   Beispiel: *Wortfamilie fallen*
   fallen – er fällt – Wasserfall
3. Wer hat recht? Begründe deine Meinung und schreibe sie ins Heft!

   Wortfamilien nützen mir doch nichts!

   Wortfamilien sind prima!

4. Sprachforscherauftrag:
   Warum schreibt man das Wort „Fähre" mit ä?
   Schreibe deine Begründung ins Heft.
5. Kannst du auch für deine Mitschüler einen Forscherauftrag erstellen? Schreibe ihn auf eine Karteikarte.

Station 6: Arbeit mit dem Computer ☆

1. Setze den Kopfhörer auf und wähle am Computer den Wortschatz „Ableiten: ä von a, äu von au"!
2. Spiele eine Strickleiter!
3. Bereite den Computer für den Nächsten aus deiner Gruppe vor!

3.1.8 Sprache untersuchen
(J. Ametsbichler)

Fachliche Grundlagen

1. Begriff

Sprache ist Träger von Sinn und Überlieferung sowie Mittel zwischenmenschlicher Verständigung. Sie ist Medium des Denkens, Lehrens und Lernens. Deshalb ist es wichtig, in der lebendigen Sprache eine Systematik zu entdecken und zu konstruieren.

In der Schule sollen die Kinder die Sprache untersuchen und erforschen. Sie sollen etwas über Geregeltheit und Besonderheit sprachlicher Äußerungen herausfinden. Sie denken über Sprache nach: über die Bedeutung von Wörtern, über die Wirkung von Aussagen, über den Sinn von Texten. Wenn Kinder beispielsweise erkennen, wie Verben in Vergangenheitsformen gebildet werden, kann das für das eigene Sprachhandeln Vorteile bringen. Damit ergibt sich ein direkter Bezug auf den Kompetenzbereich „Sprache und Sprachgebrauch untersuchen" in den Bildungsstandards im Fach Deutsch für den Primarbereich. In der Didaktik, den Kerncurricula und in den Sprachbüchern wird dieser Kompetenzbereich fälschlicherweise mit Sprachlehre, Sprachbetrachtung oder Reflexion über Sprache gleichgesetzt (vgl. Kühn 2010, S. 7). Auch die konzeptionelle Ausrichtung des Kompetenzbereichs „Sprache und Sprachgebrauch untersuchen" ist noch in der Diskussion. Es erscheint schwierig, den Anspruch im Grundschulunterricht zu verwirklichen, Spracharbeit funktional, integrativ und induktiv anzulegen und umzusetzen. Es ist auch eine Herausforderung, das Textverständnis über das Operieren mit grammatischen Kategorien, Formen und Mustern zu optimieren.

Der Bereich „Sprache und Sprachgebrauch untersuchen" fordert *Sprachbewussheit* in allen Aufgabenbereichen. Deshalb ist er in allen Kompetenzbereichen als metasprachliche Ebene integriert. „Der Begriff Sprachbewusstheit bezeichnet ein bewusst analytisches Verhältnis zu Inhalten und Phänomenen einer Sprache. Darunter werden unterschiedliche Ausprägungen des analytischen Umgangs mit Sprache und des Wissens über sprachliche Phänomene und Sprachverhalten verstanden" (Issac/Metzeld/Eichler 2009, S. 28). Sprachbewusstheit schärft oder korrigiert das *Sprachgefühl*. Dies wiederum kategorisiert Wahrnehmungen ohne unser bewusstes Wissen darüber. „Das Sprachgefühl weiß immer mehr als das Sprachbewusstsein" (Bartnitzky 2005, S. 21).

„In allen Kompetenzbereichen kommt dem Textbegriff eine zentrale Rolle zu, da Texte als Produkte sprachlichen Handelns angesehen werden müssen. Wir kommunizieren nicht mit Wörtern und Sätzen, sondern mit Texten, der Text ist die Äußerungsform, mit der sich Kommunikation vollzieht. Der Textbegriff wird dabei weit gefasst: Texte sind schriftlich oder mündlich realisierte komplexe Handlungen. Damit gehören auch alle mündlichen Äußerungen, Gespräche oder Diskurse zu den Texten, inklusive der parasprachlichen Ausdrucksmittel wie Intonation, Lautstärke, Pausen, Gestik, Mimik oder Bilder ... Sprachenunterricht ist Arbeit mit und an Texten" (Kühn 2010, S. 22).

Handeln und *Reflektieren* sind in diesem Zusammenhang besonders wichtig. Handeln meint hier den situativen Sprachgebrauch und Methoden des Operierens und Experimentierens mit Sprache. „Bei den Handlungen werden Gemeinsamkeiten, Besonderheiten, Strukturen auffällig, sie werden reflektiert, das Experimentieren wird bewusster, Kategorien entwickeln sich. Das Handeln wird reflektiert und die Reflexion führt zum Handeln zurück" (Bartnitzky 2005, S. 21). Gemeint ist ein handelnd-reflektierender Grammatikunterricht.

2. Verschiedene Ausrichtungen des Grammatikunterrichts

- Der Grammatikunterricht lässt sich differenzieren in einen eher formalen (Vermittlung sprachlicher Kategorien, Formen und Strukturen auf der Wort- und Satzebene) und in einen eher funktionalen Grammatikunterricht (Verhältnis von Form und Funktion der grammatischen Kategorien auf der Text-, Satz- und Wortebene).
- Der systematische Grammatikunterricht beschreibt die grammatischen Teilsysteme und der situative Grammatikunterricht thematisiert einzelne Kategorien und Strukturen, wenn es eine Äußerung oder ein Text erfordern.
- In Bezug auf die Methoden unterscheidet man einen deduktiv-benennenden von einem induktiv-erarbeitenden (operativen) Grammatikunterricht. Während der deduktiv angelegte Grammatikunterricht von isolierten Beispielen ausgeht, operiert der induktiv-erarbeitende Unterricht mit unterschiedlichen Verfahren und Methoden, um zu den grammatischen Kategorien und Strukturen zu gelangen (vgl. Kühn 2010, S. 62).

In der Praxis kommen diese verschiedenen Richtungen in unterschiedlichen Kombinationen vor. Die Bildungsstandards betonen vor allem den funktionalen und operativen Ansatz. Im Vordergrund steht die Förderung der Sprachhandlungsfähigkeit. Ein interessengeleitetes kritisches Reflektieren über Sprache ist aber ohne eine systematische Fundierung von Grammatik nicht zu erreichen.

3. Operativer Grammatikunterricht

Glinz hat sprachwissenschaftliche Proben erarbeitet, die bei der Entwicklung einer Grammatik helfen können (z. B. Ersetzen, Erweitern). Kinder können so auf induktivem Weg Sprachstrukturen entdecken. Eisenberg/Menzel bezeichnen sie als Methoden einer Grammatik-Werkstatt. Im Umgang mit operativen Verfahren gelangen die Kinder vom Konkreten zu Kategorien (Kategorisieren).
Die aufgeführten Übungen dürfen nicht mechanisch durchgeführt werden. Die Proben müssen stets zum Nachdenken anregen (Was tun wir? Was ändert sich? Entsteht ein sinnvolles Wort/ein sinnvoller Satz? Was passt nicht?). Eine einseitige Orientierung der Proben auf die Wort- und Satzlehre ist zu vermeiden. Bei der Sprachprobenarbeit kommt es vor allem darauf an, den Nutzen beim Schreiben deutlich zu machen.
Der Umgang mit diesen Verfahren („Werkzeugen") setzt entsprechendes Vorwissen voraus. Der Lernende muss z. B. bei der Umstellprobe schon eine Menge davon können, was er nachher genauer weiß. Er muss sich in der deutschen Sprache soweit auskennen, dass die Experimentierregel (der Sinn des Satzes darf sich nicht verändern) funktioniert. Anhand von sprachanalytischen Handlungen machen die Kinder ihr implizites sprachliches Können und Wissen explizit. Zu bedenken ist, dass grammatische Proben komplexer sind als es die Schulgrammatik nahelegt.
Letztlich muss man die Operationen immer wieder aufgreifen, bis sie für viele Kinder zum gesicherten Wissen im Umgang mit Texten geworden sind.

4. Kategorien und Begriffe

- ***Wortarten und Wortbildungen***

Deutsche Begriffe werden verwendet, wenn sie für die Kinder unmissverständlich sind, z. B. Einzahl und Mehrzahl. Ein irreführender Begriff ist z. B. das Zeitwort. Die Kinder gelangen in der Regel über den eng gefassten Begriff Tunwort zu dem lateinischen Begriff Verb. Der Nomenbegriff wird häufig über den deutschen Begriff Namenwort eingeführt. Maria, Robert und Hund dürfen jedoch nicht in einen begrifflichen Topf geworfen werden. So wird den Nomen eine Einmaligkeit und Bedeutsamkeit zugewiesen, die sie im konkreten Fall nicht haben müssen (vgl. Menzel 1999, S. 32). Namen individualisieren, Nomen generalisieren.

Wichtig ist vor allem der Weg, der zur grammatischen Begriffsbildung hinführt. Im Unterricht sollte zu rasches regelorientiertes Anwenden vermieden und stattdessen gründlicher betrachtet und untersucht werden.

- ***Satzbildungen und Satzglieder***

Alle Satzglieder beziehen sich auf das Verb. Sie können vom Verb aus erfragt werden (wer? wohin? ...). Manche Verben erfordern eine Ergänzung. In der Schulgrammatik ist das Verb ein Satzglied, obwohl es eigentlich kein Satzglied ist, weil die Satzglieder vom Verb abhängig sind.

5. Vergleichender Sprachunterricht

Durch die Zuwanderung von Kindern aus anderen Herkunftsländern und durch die Einführung von fremdsprachlichem Unterricht ergeben sich zusätzliche Chancen zur Entwicklung eines Sprachbewusstseins. Zwischen der eigenen Sprache und fremden Sprachen werden Verbindungen hergestellt (Language-Awareness, siehe auch Fremdsprachen S. 286 f.). Aus den Differenzen der verschiedenen Sprachen werden allgemeine Einsichten in Sprachstrukturen ermöglicht. Durch vergleichende Sprachuntersuchungen (auch mit Mundart und Umgangssprache) erkennen die Kinder sprachliche Phänomene, z. B. den Lautcharakter von Sprache, Sprachverwandtschaften und Satzstrukturen. Gelegenheiten für das Nachdenken über Sprachen bieten Situationen des schulischen Alltags (z. B. Begrüßungen, Glückwünsche, Redewendungen, Korrespondenzen) und Unterrichtsthemen (z. B. Sammeln und Untersuchen von Urlaubswörtern, Lesen und Vergleichen von Bilderbüchern, Austausch zwischen dem Deutschunterricht und dem sogenannten muttersprachlichen Unterricht).

Situation des Kindes

Ein Kind, das seine Sprache erlernt, experimentiert mit Sprache, bevor es in die Schule kommt: spielt mit ihr, erprobt sie, bildet Hypothesen. Die Kinder haben also bereits Sprachkompetenzen, wenn sie in die Schule kommen (z. B. mündliche Verständigung, Mediennutzung). Sie verfügen auch über ein Sprachgefühl für grammatische Abhängigkeiten und Zusammenhänge. Im Sprachunterricht müssen vorhandene Kompetenzen wahrgenommen und herausgefordert werden. Die Fähigkeiten des Kindes werden der Ebene des Unbewussten, Automatischen enthoben und in die des Bewussten, Absichtlichen verlegt. Auch für die sprachlichen Lernprozesse gilt, dass das Kind seine Erfahrungen und entsprechende Schlussfolgerungen selbstständig sammelt, ordnet, systematisiert und korrigiert. Es verbindet sie mit bereits vorhandenen Denk- und Handlungsmustern. Das Kind muss seine Sprache selbst entwickeln (eigenaktives Lernen), es braucht dafür aber auch Unterstützung. Der Regelfindungsprozess muss in der Schule geübt und gelernt werden. Gewonnene Erkenntnisse kann das Kind beispielsweise auf Dialekte beziehen und für die Lösung sprachlicher Probleme in anderen Bereichen (z. B. Lesen und Schreiben) nutzen.

Zielsetzungen

1. Beschreibung des Kompetenzbereichs in den Bildungsstandards

In der Beschreibung des Kompetenzbereichs werden folgende Ziele als zentral herausgestellt:

- Weiterentwicklung des Sprachgefühls
- Bewusster Umgang mit Sprache (Sprachbewusstsein)
- Förderung der produktiven und rezeptiven Sprachhandlungskompetenz

Die *sprachpraktischen*, *sprachanalytischen* und *sprachreflexiven* Kompetenzen sollen die Kinder in vier Bereichen (Substandards) entwickeln (KMK 2004a). In der abgebildeten Aufstellung wird auch die jeweilige Intention zugeordnet (s. Abb. 76):

Bereiche (Substandards)		Intention
Sprachliche Verständigung untersuchen	Beziehungen zwischen Absicht-sprachlichen Merkmalen-Wirkungen untersuchen, Unterschiede von gesprochener und geschriebener Sprache kennen, Rollen von Sprecher/Schreiber – Hörer/Leser untersuchen und nutzen	Reflektierter Sprachgebrauch
An Wörtern, Sätzen, Texten arbeiten	Wörter strukturieren und Möglichkeiten der Wortbildung kennen, Wörter sammeln und ordnen, sprachliche Operationen nutzen (umstellen, ersetzen, ergänzen, weglassen), die Textproduktion und das Textverständnis durch die Anwendung von sprachlichen Operationen unterstützen, mit Sprache experimentell und spielerisch umgehen	Sprachsystematik und Funktion
Gemeinsamkeiten und Unterschiede von Sprachen entdecken	Deutsch – Fremdsprache, Dialekt/Umgangssprache – Standardsprache; Deutsch – Muttersprachen der Kinder mit Migrationshintergrund; Deutsch – Nachbarsprachen; gebräuchliche Fremdwörter untersuchen	Variation, Kontakt und Vergleich in und von Sprachsystemen
Grundlegende sprachliche Strukturen und Begriffe kennen und verwenden	Die Bezeichnungen können unterschiedlich sein (siehe Liste für Begriffe und Strukturen KMK 2004a).	Begrifflichkeit, Hilfsmittel, Arbeitstechniken

Abb. 76: Substandards des Kompetenzbereichs „Sprache und Sprachgebrauch untersuchen“

2. Erläuterungen zum Kompetenzbereich

- Der Schwerpunkt liegt auf den operativen Verfahren.
- Grammatikunterricht hat dienende Funktion für die Basiskompetenzen „Lesen“, „Schreiben“, „Sprechen“ und „Hören“.
- Mit der Förderung der Sprachhandlungskompetenz rückt der Text in den Mittelpunkt der Spracharbeit (z.B. mündliche und schriftliche Texte und Textsorten, literarische Texte, Sach- und Gebrauchstexte).
- Die anderssprachige und fremdkulturelle Perspektive wird besonders herausgestellt.
- Ein besonderer Akzent wird auf die Arbeit am Satz gelegt (Anlehnung an die Proben von Glinz). Die Probenarbeit unterstützt die Textproduktion und Textrezeption.
- Erfolgversprechender als die Textüberarbeitung nach der Fixierung des Textes sind „sogenannte ‚Prätextrevisionen', die rekursiv während des Schreibens vor der endgültigen Textfixierung vorgenommen werden. Die Arbeit an Wörtern, Sätzen und Texten muss beispielsweise auf solche Prätextrevisionen bezogen werden und darf nicht auf die Beschäftigung mit Proben beschränkt bleiben“ (Kühn 2010, S. 40).

Didaktische Grundsätze

1. Situationsorientierung

Das Prinzip der Situationsorientierung versucht den Zusammenhang von Leben und Lernen aufrechtzuerhalten. Solche Situationen können sich zufällig als didaktisch fruchtbare Momente ergeben, sie

können aber auch planmäßig arrangiert werden. Entscheidende Kriterien bei der Wahl und Planung der Sprachsituation sind die Lebensnähe, die Zielorientierung und die motivierende Gestaltung.
Ausgangspunkt und Gegenstand sind vorwiegend lebensnahe entwicklungsgemäße Sprachhandlungs- und Kommunikationssituationen aus dem Alltagsleben und aus der Lebenswelt der Kinder, die das metasprachliche Nachdenken herausfordern (z.B. Verständigungsschwierigkeiten, Normverstöße, Auffälligkeiten, Befremdliches, lustige Versprecher). Die Kinder entdecken Sprache in ihrem Verwendungszusammenhang.

2. Experimenteller und forschender Umgang mit Sprache

Die unterrichtliche Arbeit in diesem Kompetenzbereich erfolgt problemorientiert. Die Kinder entwickeln selbst oder mit der Lehrperson Fragestellungen und versuchen, Lösungen zu finden. Von zunächst unreflektiertem Sprachgebrauch gelangt das Kind zu einem reflektierten Gebrauch der Sprache. Die Kinder erkennen die Leistung und die Funktion der verwendeten Mittel. Dies erfordert ein induktives, spielerisch-experimentelles Vorgehen und entsprechende Sprachübungen, mit deren Hilfe das grammatisch richtige Sprechen und Schreiben gelernt werden sollen. Die Kinder sollten sich selber in die Lage von Sprachforschern begeben dürfen, um Gesetzmäßigkeiten, Besonderheiten der Sprache zu entdecken und darüber nachzudenken. Dabei dürfen sie eigene, noch unvollständige Teilgrammatiken aufstellen. Wenn Kinder Sprachbildungsprozesse erleben, gestalten und darüber reflektieren, wird ihnen auch aufgezeigt, was sie sprachlich bereits können, ohne es zu wissen.
Vorrangig geht es darum, „Forscherinteresse" zu wecken, um das System der gesprochenen und geschriebenen Sprache im eigenaktiven Zugriff zu entdecken. Dieses auf Entdecken ausgerichtete Lernen muss durch die fachspezifischen Arbeitstechniken unterstützt werden. Wenn das methodische Repertoire für sprachliche Entdeckungen bereitgestellt wird, wird operatives Problemlösungswissen vermittelt. Solche Kompetenzen sind für den selbstständigen Wissenserwerb besonders wichtig (Lernen lernen).
Das Erforschen und Entdecken von Wortbedeutungen und Bedeutungsverflechtungen kann eine spannende und bereichernde Erfahrung darstellen. Kinder werden auf Wörter aufmerksam, wenn sie aus dem Rede- oder Textzusammenhang heraustreten, wenn sie auffallen, stören oder belustigen. Wenn sie in Gedichten versteckt werden bzw. die Kinder selbst in Gedichten verstecken, kommt es noch mehr auf jedes einzelne Wort an.

3. Integration in andere Kompetenzbereiche des Deutschunterrichts

Die Hinführung zur Sprachhandlungsfähigkeit ist die zentrale Bildungsaufgabe. Das Kind soll zum Sprecher, Schreiber, Leser und Denker erzogen werden. Sprache kann nur durch integratives Arbeiten im Deutschunterricht mit einer sinnvollen Vernetzung der Lernbereiche in ihrer Komplexität erfahren werden. Der Bereich „Sprache untersuchen" ist von grundlegender Bedeutung. Im ständigen wechselseitigen Bezug zum Rechtschreiben, Lesen (z.B. Probleme beim Textverständnis) und mündlichen und schriftlichen Ausdruck (z.B. Satzbildung, Wortfelder) sollte grammatisches Wissen aufgebaut und genutzt werden. Die Unterscheidung von Zeitformen (Präsens, Perfekt, Präteritum) kann zum Ausbau des Wissens über mündlichen und schriftlichen Ausdruck und zum angemesseneren Verfassen von Texten bzw. zum besseren Verstehen von Texten führen. In der orthografischen Praxis haben sich grammatische Züge durchgesetzt. Gerade die Strategiebildungen bei den Nachdenkwörtern basieren auf solchen Verknüpfungen. Die Begriffsbildung im Sachunterricht ist ein Beispiel für das notwendige fächerverbindende Lernen.

Strukturmodell:

Sprachbegegnung	
Darstellen der Sprachsituation	Eigenes Sprachhandeln als Ausgangspunkt; sprachbezogene Schwierigkeit, eine Auffälligkeit, unstimmige Verständigungssituation (z.B. unzureichende Beschreibung); Darstellen einer alltäglichen Situation im Spiel; Medieneinsatz: Vorgeben eines Gesprächs bzw. geeigneter Situation; Darstellen unterschiedlichen Sprachverhaltens in derselben Situation; Ausgehen von Schülerfehlern; mündliche und schriftliche Texte
Zielsetzung	Problem klar herausstellen und fixieren; erste Lösungsvorschläge; Herauslösen der geforderten Sprachmittel in der konkreten Situation; sachliche Zielstellung; sprachliche Erkenntnis nicht vorwegnehmen
Sammeln entsprechender Sprachbeispiele	Nennen von Wörtern, Ausdrücken, Satzteilen, Sätzen aus dem Vorwissen der Kinder; Finden von Wörtern aufgrund von Hilfen: Bilder, konkrete Gegenstände, Wörterbuch, Text; Wörter sammeln und netzwerkartig anordnen (Wortvernetzung)
Sprachbesinnung	
Vorbereitung der Spracherkenntnis	Fachspezifische Arbeitstechniken: Ersetzen, Erweitern, Weglassen, Umstellen, Klangprobe; Erkennen eines Ordnungsprinzips; Leistung der Sprachform durch Vorzeigen oder Vormachen verdeutlichen (Veranschaulichung der Leistung); farbiges strukturiertes Festhalten
Formulierung der Spracherkenntnis	Ableiten der Funktion der Sprachform aus der Ausgangssituation und der durchgeführten Veranschaulichung; Finden eigener Bezeichnungen für die Sprachform (Formulierungsversuche); kindgemäße sprachliche Fassung der Erkenntnis fixieren; viele Kinder beteiligen, Sozialformen einplanen; gewonnene Erkenntnis sichern und bestätigen; Verknüpfung mit dem bisherigen Sprachwissen
Sprachübung und -anwendung	Das sprachlich Erkannte, Regelhafte in kommunikativen Situationen wiedererleben, benennen und sprachlich selbst artikulieren; adressaten-orientierter, intentionsadäquater, situationsspezifischer Gebrauch der Wörter in mündlichen und schriftlichen Texten; Inhaltsbezug beachten und Leistungsbezug herausstellen; Einüben der erarbeiteten Sprachform, z.B. im Rollenspiel, Entscheidungen für adäquate Sprachäußerungen; spielerische Formen, Einsatz von Lernmaterialien; produktiv-kreatives Sprachverhalten; Frage nachgehen: Was wäre, wenn man z.B. Adjektive wegließe bzw. nicht hätte?; Sprachhandeln zielt auf andere Lernbereiche

Unterrichtsbeispiele:
1. Wiewörter beschreiben, wie Tiere aussehen oder sind,
2. Jahrgangsstufe

Das Adjektiv wird als Wortart zum Beschreiben und Unterscheiden von Lebewesen und Dingen verwendet und bereichert so den mündlichen und schriftlichen Ausdruck. Es wird zunächst als „Wiewort" bezeichnet. In dieser Unterrichtseinheit erfolgt eine Beschränkung auf die Beschreibung und Unterscheidung von Tieren. Den Kindern soll deutlich werden, dass man oft erst an den Adjektiven erkennen kann, um welche Tiere es sich handelt. Die Kinder sollen die Leistung dieses sprachlichen Mittels entdecken und bewusst anwenden. Ausgewählt wurde eine natürliche Sprachhandlungssituation, in die sich das Kind hineinversetzen kann und in der es sprachlich agieren kann. Im Rahmen des integrativen Ansatzes wird auch auf die Kleinschreibung geachtet.

Unterrichtsskizze

I. Sprachbegegnung

1. Sprachsituation

Hörspiel:
Familie Weber hat sich einen Hund gekauft. Stefanie kommt von der Schule heim und freut sich schon auf ihren Hund Stupsi. Doch ihre Mutter teilt ihr die traurige Nachricht mit, dass Stupsi beim Ausführen weggelaufen ist.

Unterrichtsgespräch/S äußern sich

Sammeln von Vorschlägen zur Lösung des Problems
Partnerarbeit > Unterrichtsgespräch: S besprechen sich, was Stefanie tun kann, um Stupsi wiederzufinden
Möglicher Lösungsvorschlag: Suchanzeige aufgeben

Impuls/Folie

> Wer hat unseren Stupsi gesehen?
> Wer ihn findet, soll ihn bitte bei
> Stefanie Weber in ...
> Finkenstr. 10, abgeben!
> Tel.: ...

S lesen Suchanzeige laut vor und nehmen dazu Stellung

Beispiel:
Diese Suchanzeige ist ungenau. Man muss wissen, wie Stupsi aussieht.
Man sollte sich von dem Hund ein „Bild" machen können.

2. Zielsetzung

TA/Bild von Stupsi als Ergänzung zur Suchanzeige auf der Folie
Unterrichtsgespräch/S machen erste Vorschläge zur Verbesserung der Suchanzeige

3. Sammeln von entsprechenden Sprachbeispielen

a) Merkmale des Hundes
S nennen die zu beschreibenden Merkmale/Körperteile des Hundes (evtl. Anknüpfen an erste Verbesserungsvorschläge der S)
Ergänzung der Begriffe (Größe, Fell ...) auf Plakat an der Tafel

b) Zuordnen von Adjektiven
S ordnen Adjektive an der Seitentafel den entsprechenden Merkmalen auf dem Plakat zu („Diese Wörter helfen dir.") und verwenden dabei die Adjektive in Sätzen („Stupsis Ohren sind lang.")

c) Handelnder Umgang mit dem gesammelten Wortmaterial
Partnerarbeit mit qualitativer und quantitativer Differenzierung: S bilden mit zerschnittenen Satzstreifen (enthalten verwendete Adjektive) sinnvolle Sätze. Sie lesen sich die Sätze abwechselnd halblaut vor.

Alleinarbeit: S notieren Sätze auf den Block bzw. ins Heft

Mit Satzstreifen Sätze in Anlehnung an vorher mündlich formulierte Sätze bilden
(z.B. Stupsis Fell ist weich.
Stupsis Pfoten und Schnauze sind hellbraun.)

Satzstreifen auch mit veränderten Adjektiven
(z.B. Stupsis Fell ist weich.
Stupsi hat ein weiches Fell.
Stupsi hat hellbraune Pfoten und eine schwarze Schnauze.)

Für Sprachforscher!

> Vergleicht die Sätze und schaut die Wörter genau an!
> Was fällt euch auf?

Auswertung und Kontrolle der PA

II. Sprachbesinnung

1. Teilschritt: Wiewörter beschreiben, wie Tiere aussehen oder sind

a) Vorbereitung der Spracherkenntnis

L: Stefanie hängt mit ihrer Mutter die Suchanzeige an verschiedenen Stellen auf. Was meinst du, kann Stupsi jetzt gefunden werden?
Hörspiel:
Es klingelt an der Haustür. Hundegebell ist zu hören … Stefanie rennt vor Freude zur Türe. Der Mann sagt: „Ich habe die Suchanzeige gelesen. Dann habe ich sofort erkannt, dass das dein Hund ist."
S lesen Wiewörter auf dem Plakat vor, an denen der Mann Stupsi erkannt hat. (sprachliche Mittel nennen)

b) Formulierung der Spracherkenntnis

S erklären, welche Aufgaben diese Wörter auf der Suchanzeige haben.
TA: *Diese Wörter beschreiben, wie der Hund aussieht.*
S machen Vorschläge, wie diese Wörter heißen könnten, die beschreiben, wie der Hund aussieht.

TA: *Wiewörter*
S überlegen mit dem Partner, wie sie nach den Wiewörtern fragen können, damit sie diese Wörter auch immer wieder erkennen können.
TA ergänzen
Alternative für entsprechend geschulte bzw. leistungsfähige Klassen/Gruppen:
Arbeitsauftrag für Partnerarbeit:

> 1. Welche Aufgaben haben diese Wörter in der Suchanzeige?
> 2. Habt ihr eine Idee, wie die Wörter heißen könnten, die uns beschrieben haben, wie Stupsi aussieht?
> 3. Überlegt, wie ihr nach diesen Wörtern fragen könnt!

2. Teilschritt: Wiewörter schreiben wir klein

S achten auf die Schreibweise der Wiewörter, farbige Markierung des Anfangsbuchstabens

Formulierung der Spracherkenntnis
TA: *Wiewörter schreiben wir klein.*
Aufgreifen des Sprachforscherauftrages für leistungsstärkere S (Folie):
- Wiewort hat sich in dem Satz verändert (mit Endung)
- Wiewort steht zwischen Begleiter und Namenwort (Nomen)

III. Zusammenfassung – Sicherung der Spracherkenntnis

Verbalisierung durch S
Beispiel: Wie ist das Fell?
Das Fell ist dunkelbraun.
Dunkelbraun ist ein Wiewort.
Es beschreibt, wie das Tier aussieht.
Ich schreibe es klein.
S wiederholen, was sie gelernt haben (siehe TA)

IV. Sprachübung und -anwendung

1. Aufgaben mit qualitativer und quantitativer Differenzierung

Partnerarbeit: Anderen Tieren passende Wiewörter zuordnen
S arbeiten mit Bild- und Wortkarten. Sie legen jeweils zu einem Tierbild zwei oder drei passende Wortkarten.
Beispiel:

glitschig
nass
wendig

Zusatzaufgabe:
Ein Partner schließt die Augen und der andere stellt ihm ein Tierrätsel.

Alleinarbeit: Zettel für ein Wunschtier schreiben

Hamster
Fell:
Farbe:
Größe:
Wesen:

Alternative:
Partnerarbeit: Quizspiel für die Freiarbeit herstellen, Tierrätsel auf Karteikarten, Lösung auf die Rückseite der Karte, Wiewörter grün unterstreichen
Beispiel:

Fisch

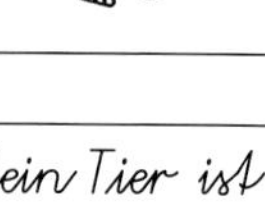

Mein Tier ist
lang, schmal
und hat eine
schuppige Haut.

2. Auswertung und Kontrolle

Sprechreihen: Bild- und Wortkarten an TA

Jeweils Präsentation als Tierrätsel

Abschlussfrage: Was wäre, wenn man die Wiewörter wegließe?

Folie (siehe Arbeitsauftrag für Sprachforscher)

Stupsis Fell ist weich.
Er hat ein weiches Fell.
Seine Ohren sind lang
und dunkelbraun.
Stupsi hat lange und
dunkelbraune Ohren.

V. Weiterarbeit

- Eintrag ins Lernheft
- Arbeitsblatt zum differenzierten Üben und Anwenden
- An der Erstellung des Freiarbeitsmaterials weiterarbeiten
- Freiarbeit/Wochenplan mit entsprechenden Übungen

Fragen zum kritischen Rückblick auf das Unterrichtsgeschehen
(Reflexion als Grundlage der weiteren unterrichtlichen Arbeit):

1. War die Zielsetzung klar?
2. Konnten die Kinder die Leistung dieses sprachlichen Mittels wirklich entdecken?
3. War die Präsentation der Ergebnisse effektiv?
   Wurden jeweils die Mitschülerinnen und Mitschüler einbezogen?
4. Inwiefern haben die Kinder einen Lernzuwachs zu verzeichnen?
   - Waren die Anregungen vielfältig?
   - War das Anspruchsniveau variativ?

Wir schreiben eine Suchanzeige

1. Wo ist Stupsi?

2. Eine Suchanzeige schreiben

Unser Hund Stupsi ist entlaufen!

Größe: ...

Fell: ...

Ohren: z. B. lang, dunkelbraun

Pfoten und Schnauze: ...

Bitte abgeben bei ...

Wiewörter beschreiben, wie Tiere aussehen oder sind.

Wir fragen: Wie ist ...?

Wiewörter schreiben wir klein.

3. Wir verwenden passende Wiewörter

lang
wendig
giftig

schwer
riesig
grau

flink
klein
grau

4. Mein Wunschtier

Hamster

(S malen ein Bild vom Hamster)

Größe:
Fell:
Farbe:
Wesen:

Abb. 77: Tafelbild zum Thema „Wiewörter beschreiben, wie Tiere aussehen oder sind.“

Name: ______ Datum: ______ Nr.: ______

Wiewörter helfen Tiere zu beschreiben

1. Wie Tiere sein können

bissig, glitschig, klein, groß, dick, grün, schlank, freundlich, lieb

Ordne die Wiewörter den Tieren sinnvoll zu!

Frösche	Katzen	Hunde	…
grün			

2. Welches Wiewort passt?

Schreibe den Satz auf und unterstreiche das Wiewort grün

stumpfen – kurzen – spitzen

Der Eisvogel hat einen ______ Schnabel.

rau – schleimig – blau

Die Haut der Schnecke ist ______.

flauschige – lockige – glitschige

Die Küken haben ______ Federn.

Eichhörnchen – Schwanz – klein, samtartig, buschig

Abb. 78: Arbeitsblatt zum Thema „Wiewörter beschreiben, wie Tiere aussehen oder sind."

2. Wortarten erforschen und bestimmen,

4. Jahrgangsstufe

Das folgende Beispiel zeigt, wie sich Wortschatz- und Grammatikarbeit für die Textrezeption und Textproduktion einsetzen lassen. (Kühn 2010, S. 133 und S. 147)

Da die Wörter der Wortarten Nomen, Verb und Adjektiv im Text: *„Im Schlumperwald"* verfremdet sind, können die Schüler sprachspielerisch ein Bewusstsein für die Merkmale dieser Wortarten entwickeln (Wortbildung, Deklination, Konjunktion).

Standards: Grundlegende sprachliche Strukturen und Begriffe kennen und verwenden; über Verstehens- und Verständigungsprobleme sprechen; mit Sprache experimentell und spielerisch umgehen

> Gestern war ich im Schlumperwald. O Gott, war das schrugl! Ich bin jetzt noch ganz zerbriselt davon! Der Wald war so schlumper, und alles war so schierlig, und ich ganz allein mitten drin! In der Ferne hab ich den Gmork harruchzen gehört, und die Zirrelise hat ganz grabl genötscht! Und rund um mich sind die ganze Zeit lauter kleine Zwinken herumgezirgelt, dass mir ganz zimpel davon geworden ist. Ich bin gegangen und gegangen, und der Wald ist immer schlumperer und schlumperer geworden. Und plötzlich steht vor mir ein Garlwocht. Ein richtig zumpler Garlwocht und plunkt mich an mit seinen girren Strugen! „Jetzt ist's stragl mit mir!" hab ich mir gedacht. „Der gwacht mich jetzt, und dann bin ich krumpl!" Aber er hat mich nur böse angeplunkt und ist davongehimpert. Auf einmal bin ich in einen Krommach gekommen. Rund um mich riesige Stirzen und Frimpe, in denen die Murken gewimst haben. Da seh ich in der Ferne ein kleines Stiriwink zwiegeln. Zum Glück, hab ich mir gedacht, wenigstens ein Stiriwink! Aber wie ich ihm nachgeh, verhubelt es sich immer mehr, und ich denk mir: „Warum verhubelt es sich so?" Da bin ich über eine Wrumsel geflonzt. Rund um mich wird alles munkel, die Störze kriesen, die Mömpe gmugeln, die Umpe kwazen, und da ist sie erschienen. Die große Humsa!

I. Sprachbegegnung

1. Vermutungen zur Überschrift
2. Text leise und laut lesen
3. Vorstellungen zum „Schlumperwald" individuell beschreiben
4. Überlegen, warum der Autor so ungewöhnliche Wörter verwendet

II. Sprachbesinnung

1. Text in Partnerarbeit in „normales Deutsch" übersetzen und Lösungen vergleichen
2. Herausfinden, zu welchen Wortarten neue Wörter gebildet wurden
3. Merkmale von Nomen, Verben und Adjektiven anhand der neuen Wörter beschreiben

III. Sprachanwendung

1. Geschichte zu Ende schreiben und selbst ungewöhnliche Nomen, Verben und Adjektive verwenden
2. Ein „Schlumperwald"-Wörterbuch anlegen

Arbeitsaufträge mit Schülerbeispielen

1. Übersetze mit deinem Partner den Text „Im Schlumperwald" in normales Deutsch

> Im Gruselwald
>
> Gestern war ich im Gruselwald. O Gott, war das schrecklich! Ich bin noch ganz verwirrt davon! Der Wald war so gruselig, und alles war so unheimlich, und ich ganz allein mittendrin! In der Ferne hab ich den Waldgeist schreien gehört, und die Koboldin hat ganz laut geniest! Und rund um mich sind die ganze Zeit lauter kleine Zwerge herumgetanzt, dass mir ganz schwindlig davon geworden ist. Ich bin gegangen und gegangen und der Wald ist immer gruseliger und gruseliger geworden. Und plötzlich steht vor mir ein Riese. Ein richtiger wuchtiger Riese und starrt mich an mit seinen gierigen Augen! „Jetzt ist's aus mit mir!" hab ich mir gedacht, „der packt mich jetzt und dann bin ich tot!" Aber er hat mich nur böse angestarrt und ist dann davongetrottet ...

Abb. 79: Schülerbeispiel für eine Übersetzung

2. Martin Auer hat zu Wortarten neue Wörter gebildet. Wählt jeweils ein Wort aus und erklärt, woran ihr das erkannt habt.

Merkmale von

Nomen	Verben	Adjektive
Schlumperwald	zerbriselt	schlumper
groß schreiben	mit Vorsilbe	Wie ist was?
mit Artikel	Verb beugen:	Steigerung möglich
Einzahl/Mehrz.	du zerbriselst	Zwischenwort,
lässt sich	verschiedene Zeit-	Ergänzung
zusammensetzen	formen	zu Namenwort
	Grundform bilden	

Abb. 80: Merkmale von Nomen, Verben und Adjektiven

3. Schreibe zur Geschichte und zu deiner Arbeit deine Meinung auf.

> Wir haben an den Fantasiewörtern Nomen, Verben und Adjektive erkannt. Es war ganz schön knifflig.
>
> Ich war überrascht, dass man den Text mit Fantasiewörtern wieder in einen sinnvollen deutschen Text übersetzen kann.

Abb. 81: Schülermeinungen

3.2 Mathematik *(J. Ametsbichler)*

3.2.1 Informationen zum Fach Mathematik

Fachliche Grundlagen

1. Unterrichtsgegenstand

Aus dem großen Gegenstandsbereich der Mathematik, die z. B. Ziffernsysteme, Algebra, Arithmetik, Funktionen und Geometrie beinhaltet, werden für die Grundschule drei elementare Bereiche ausgewählt: Zahlen, räumliche Vorstellungen und mathematische Denkweisen.

a) Zahlbegriff
Die Zahl ist kein konkretes Objekt, sondern ein abstrakter Begriff. Man erfasst immer nur einen Aspekt (eine Erscheinungsform) der Zahl. Die Vielzahl der Zahlaspekte führt zur Komplexität des Zahlbegriffs (s. Abb. 86, S. 176): Kardinal-, Ordinal-, Maß-, Rechenzahl-, Operator- und Kodierungsaspekt.

b) Rechenoperationen
Mit Zahlen können Operationen durchgeführt werden; in der Grundschule sind dies Addition und Multiplikation mit den entsprechenden Umkehrungen Subtraktion und Division. Eine Zahl kann auch selbst als Operator betrachtet werden, etwa in einer Vervielfachungsabbildung. Die verschiedenen Funktionen der Zahl werden begrifflich fassbar, wenn man beispielsweise Abziehen und Ergänzen oder Verteilen und Aufteilen unterscheidet.

c) Normalverfahren
Das Ergebnis einer bestimmten Rechenoperation kann durch exakt beschriebene Anweisungen schrittweise gefunden werden. Ein solches System von Regeln wird als schriftliches Normalverfahren bezeichnet. Der systematische Rechengang ist so schematisiert, dass er sogar ohne Einsicht in die mathematische Struktur durchgeführt werden kann.

d) Größen
Gegenstände können gezählt oder gemessen werden. Das Messen bezieht sich auf verschiedene Phänomene (Inhalt, Fläche usw.) und geschieht mittels festgelegter Maßeinheiten. Das Rechnen mit Größen ist der Anwendungsbereich des Mathematikunterrichts. Die in der Grundschule verwendeten Größen sind Stückzahlen, Geldbeträge, Längen, Flächeninhalte, Rauminhalte, Gewichte und Zeitspannen.

e) Sachsituationen
In vielen Sachsituationen sind Probleme enthalten, die eine zahlenmäßige Lösung erfordern. Aufgabenstellungen dieser Art gehören dem Sachrechnen an, das eng mit dem Rechnen mit Größen verbunden ist.

f) Geometrie
Die Auseinandersetzung mit räumlichen Phänomenen bezieht sich in der Grundschule auf Lagebeziehungen, Flächenformen, Raumformen und Abbildungen. Gegenstände haben zueinander eine bestimmte Lage; an Gegenständen werden Flächen verschiedener Formen festgelegt; die Gegenstände selbst lassen sich mit modellhaften Körpern (z. B. Kugel) vergleichen. Die Gegenstände können auch bezüglich einer bestimmten Flächen- oder Körperform geordnet werden.

g) Daten, Häufigkeit und Wahrscheinlichkeit
Hinter den Aufgaben dieses Typs verbergen sich drei Teilgebiete der Mathematik: Statistik (Daten), Kombinatorik (Häufigkeiten) und Wahrscheinlichkeitsrechnung. In der Grundschule ist die Wahrscheinlichkeits*rechnung* nicht Unterrichtsgegenstand. Dieser Themenbereich verbindet verschiedene mathematische Sachgebiete miteinander (z. B. wechselseitige Bezüge zwischen Darstellungen von Zahlen, Größen und Daten).

2. Entwicklungspsychologische Hinweise

Laut Piaget erfolgt die Entwicklung des logischen Denkens beim Kind in Entwicklungsstufen (siehe Abb. 82). Das kindliche Denken verändert sich vom Konkreten zum Abstrakten, vom Einfachen zum Differenzierten. Operationen (Denkhandlungen) entwickeln sich durch die aktive Auseinandersetzung des Individuums mit der Umwelt. Es bilden sich kognitive Strukturen („Schemata"). Hinsichtlich des Tempos der Entwicklung und der Anwendung bereits entwickelter Strukturen gibt es beträchtliche interindividuelle Unterschiede. Gerade der mathematische Anfangsunterricht sollte einen erheblichen Beitrag zur Entwicklung des konkretoperativen Denkens leisten. Die Verankerung von Lernerfahrungen in konkreten Sachhandlungen und Erfahrungen zum Ordnen und Vergleichen in genügend umfangreichen und repräsentativen Beispielmengen sind für den Abstraktionsprozess besonders wichtig.

Stadium des Denkens	Ungefähres Alter	Kennzeichen
voroperativ-anschaulich	4–6	Begriffe sind an die reale Anschauung und die konkrete Handlung gebunden; Denkhandlungen sind nicht reversibel und noch nicht verknüpfbar; Invarianz von Mengen wird vereint
konkret-operativ	6–12	Denkhandlungen sind nun reversibel und kompositionsfähig; Koordination von konkreten Handlungen in der Vorstellung; Lösung kann allmählich auf verschiedenen Wegen erreicht werden
formal-operativ	ab 11	Denken ist hypothetisch, deduktiv und abstrakt; es ist nicht mehr an die konkrete Vorstellung gebunden

Abb. 82: Phasen der Entwicklung des Denkens in stark vereinfachter Form

3. Mathematischer Lernprozess

a) Prozessmerkmale

„Mathematiklernen ist ein individueller, sozial vermittelter Prozess der eigenen Konstruktion von Wissen, Fertigkeiten und Fähigkeiten" (Schipper 2009, S. 33). Diese Definition spiegelt sich auch in den Bildungsstandards im Fach Mathematik für die Grundschule wider (KMK 2004b): „Das Mathematiklernen in der Grundschule darf nicht auf die Aneignung von Kenntnissen und Fertigkeiten reduziert werden. Das Ziel der Anwendung bereits entwickelter Strukturen ist die Entwicklung eines gesicherten *Verständnisses* mathematischer Inhalte. Die allgemeinen mathematischen Kompetenzen verdeutlichen, dass die Art und Weise der Auseinandersetzung mit mathematischen Fragen ein wesentlicher Teil der Entwicklung mathematischer Grundbildung ist. Deren Entwicklung hängt nicht nur davon ab, *welche* Inhalte unterrichtet wurden, sondern in mindestens gleichem Maße davon, *wie* sie unterrichtet wurden, d. h. in welchem Maße den Kindern Gelegenheit gegeben wurde, selbst Probleme zu lösen, über Mathematik zu kommunizieren usw."
Der Zuwachs an mathematischer Kompetenz wird durch die Verknüpfung von aktu-

ellen und früheren Inhalten, Methoden und Betrachtungsweisen erfahrbar gemacht. Das Kind konstruiert neues Wissen in Verknüpfung mit einer bestimmten Lernsituation. Durch die gemeinsame Auseinandersetzung mit mathematischen Problemen kommuniziert und interagiert jedes Individuum mit anderen (siehe Abb. 83). Die Kinder suchen zielgerichtet Lösungswege und erproben diese. Fehler und nicht zum Erfolg führende Wege sind notwendige Begleiterscheinungen im mathematischen Lernprozess.

Unverzichtbar für die mathematische Bildung ist die Entwicklung von Einstellungen und Haltungen. „Die allgemeinen mathematischen Kompetenzen sind mit entscheidend für den Aufbau positiver Einstellungen und Grundhaltungen zum Fach. In einem Mathematikunterricht, der diese Kompetenzen in den Mittelpunkt des unterrichtlichen Geschehens rückt, wird es besser gelingen, die Freude an der Mathematik und die Entdeckerhaltung der Kinder zu fördern und weiter auszubauen"(a. a. O., S. 22).

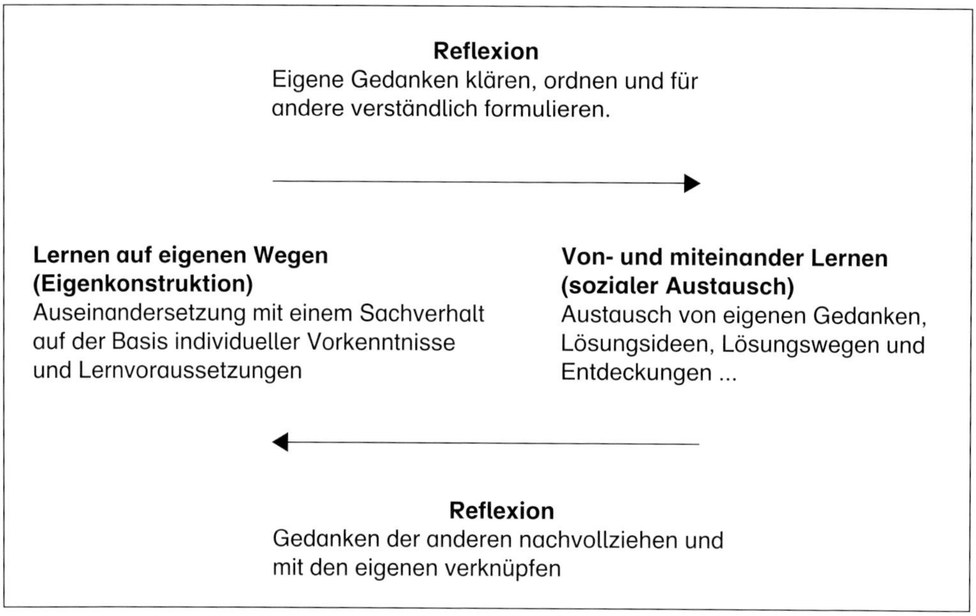

Abb. 83: Zusammenhang zwischen Eigenkonstruktion und sozialem Austausch (vgl. Rathgeb-Schnierer 2010, S. 4)

b) Abstraktionsprozess und Modellbildung

1. Repräsentations- bzw. Darstellungsformen
   Beim Aufbau von Wissen und Können, beim Denken und Problemlösen werden mathematische Sachverhalte im Gehirn in unterschiedlichen Repräsentations- bzw. Darstellungsformen verarbeitet:

- Enaktiv (handelnd): Operationen mit konkreten Gegenständen
- Ikonisch (bildlich): Erfahrungen mit bildhaften Darstellungen
- Symbolisch: Umgang mit Zeichen bzw. Sprache

Formale und konkrete Operationen sind so miteinander zu verbinden, dass sie sich gegenseitig stützen und ergänzen.

„Unterricht hat ... **nicht** die Aufgabe, Schüler von konkreten und anschaulichen Erfahrungen wegzuführen, sondern verschiedene Formen der Erkenntnis **miteinander zu verbinden** (i.O. jeweils fett)!" (Baireuther 1999, S. 52).
Die Reihung der verschiedenen Formen ist in Abhängigkeit vom Lerngenstand variativ zu handhaben. Sie kann mehrfach – auch in wechselnder Richtung – durchlaufen werden. Es handelt sich um verschiedene Ausprägungen derselben Sache. „Mathematische **Grundvorstellungen** bilden sich heraus, wenn **wesentliche Lernerfahrungen** in allen drei Repräsentationsformen **zusammenpassen** (i.O. jeweils fett)" (a.a.O., S. 53). Durch Versprachlichung werden die Handlungen am Material bewusster. Verschiedene Kinder durchlaufen die einzelnen Phasen zu unterschiedlichen Zeiten. Im mathematischen Anfangsunterricht darf man auf anschauliche Darstellungen nicht verzichten, bevor wirklich tragfähige mentale Bilder vom Kind konstruiert und genutzt werden können.

2. Beispiel für den mathematischen Abstraktionsprozess
   Der Würfel als geometrische Körperform
   1. Enaktive Phase: Würfelmodelle (Kanten-, Massiv- und Flächenmodelle) herstellen, Eigenschaften erschließen
   2. Ikonische Phase: Würfelnetze zeichnen
   3. Symbolische Phase: Würfelnetze erkennen; Zusammenhang zwischen Netz und Würfel in der Vorstellung erkunden

Zielsetzungen

Die Ziele des Mathematikunterrichts orientieren sich an den Kompetenzen, die die Lernenden erreichen sollen.
Bildungsstandards und die jeweiligen Lehrpläne enthalten fach- und inhaltsspezifische Ziele.

1. Orientierung an inhalts- und prozessbezogenen mathematischen Kompetenzen

Die zentrale Intention der Bildungsstandards Mathematik für die Grundschule ist die Orientierung an der Entwicklung und Festigung von inhaltsbezogenen mathematischen Kompetenzen in enger Verbindung mit allgemeinen mathematischen Kompetenzen unter Berücksichtigung der kognitiven Anforderungsbereiche (Reproduktion, Herstellen von Zusammenhängen, Reflektieren und Verallgemeinern) (vgl. Walther u.a. 2007, S. 18).

In einem vernetzten und auf Verstehen ausgerichteten Lernen kommt den allgemeinen mathematischen Kompetenzen eine zentrale Bedeutung zu. Das darf aber nicht zu einer Aushöhlung der Basiskompetenzen führen.

Die Standards orientieren sich inhaltlich an mathematischen Leitideen (z.B. Zahlen und Operationen). Das Sachrechnen ist in die Leitideen und allgemeinen mathematischen Kompetenzen (z.B. Modellieren) integriert. Der Standard „Muster und Strukturen" (z.B. Gesetzmäßigkeiten erkennen, beschreiben und darstellen) durchdringt die übrigen Leitideen und hat grundlegende Bedeutung. In Lehrplänen, die sich auf die Bildungsstandards beziehen, wird dieser (übergeordnete) Bereich nicht eigens aufgeführt.

Es wird deutlich, „dass *Muster und Strukturen* nicht weniger als das *Wesen* der Mathematik bezeichnen und dass die neuen Aufgabenformate und Unterrichtsformen ... den Weg für einen fachlich authentischen Unterricht eröffnen, der zudem das Lernen erheblich erleichtert" (Wittmann/Müller, in Walther u.a. 2007, S. 42). Muster schaffen die nötige Verständnisgrundlage für die Automatisierung grundlegender inhaltsbezogener Wissenselemente und Fertigkeiten.

Inhaltsbezogene Kompetenzen		Prozessbezogene Kompetenzen
Inhaltsbezogene Kompetenzen • Zahlen und Operationen • Raum und Form • Muster und Strukturen • Größen und Messen • Daten, Häufigkeiten und Wahrscheinlichkeit	→ ←	**Prozessbezogene Kompetenzen** • *Problemlösen* (z. B. Lösungsstrategien entwickeln und nutzen; Zusammenhänge erkennen, nutzen und auf ähnliche Sachverhalte übertragen) • *Kommunizieren* (z. B. eigene Vorgehensweisen beschreiben, Lösungswege anderer verstehen und gemeinsam darüber reflektieren, mathematische Fachbegriffe und Zeichen sachgerecht verwenden) • *Argumentieren* (z. B. mathematische Aussagen hinterfragen und auf Korrektheit prüfen; Begründungen suchen und nachvollziehen) • *Modellieren* (z. B. Sachtexten und anderen Darstellungen der Lebenswirklichkeit relevante Informationen entnehmen; Sachprobleme in die Sprache der Mathematik übersetzen, innermathematisch lösen und diese Lösungen auf die Ausgangssituation beziehen)

Abb. 84: Bildungsstandards im Fach Mathematik für den Grundschulbereich (KMK 2004b)

2. Auseinandersetzung mit Aufgaben unterschiedlicher Anforderungsbereiche

Die Anforderungsbereiche (auch Kompetenzniveaus) der Bildungsstandards beschreiben die kognitiven Anforderungen an Schüler.

Anhand der Anforderungsbereiche kann man Aufgaben hinsichtlich Angemessenheit, Qualität und Komplexität einschätzen.

Für den Unterricht „eignen sich besonders Aufgaben, die der Leistungsheterogenität von Grundschülern dadurch Rechnung tragen, dass sie im gleichen inhaltlichen Kontext ein breites Spektrum an unterschiedlichen Anforderungen und Schwierigkeiten abdecken" (Walther u. a. 2007, S. 21). Die Klasse arbeitet am gleichen Inhalt, aber nicht alle Schüler lösen unbedingt dieselben Aufgaben.

Anforderungsbereich I	Anforderungsbereich II	Anforderungsbereich III
Reproduzieren Grundwissen Gelernte Verfahren direkt anwenden	*Zusammenhänge herstellen* Kenntnisse, Fertigkeiten und Fähigkeiten miteinander verknüpfen	*Verallgemeinern und Reflektieren* Strategien entwickeln Eigene Lösungen Interpretationen und Wertungen

Abb. 85: Anforderungsbereiche der Bildungsstandards (vgl. Walther u. a. 2007, S. 21)

Didaktische Grundsätze

Die didaktischen Prinzipien orientieren sich an den Inhaltsbereichen und an dem Grundsatz, inhaltsbezogene und prozessbezogene Kompetenzen gleichzeitig und parallel zu entwickeln.

1. Orientierung am Vorwissen

Vorerfahrungen der Kinder sind in der Regel sehr heterogen und dürfen nicht ignoriert werden. Die Lehrperson kann den Unterricht eigentlich nur dann erfolgreich organisieren, wenn sie versucht, prinzipiell am Vorwissen der Kinder anzusetzen. Es geht um eine bewusste Erhebung der jeweiligen Lernausgangslage. Bei diesen Standortbestimmungen sollen vor allem die individuellen Leistungsstände, Vorerfahrungen und Denkweisen ermittelt werden. Fehler bieten die besondere Chance zu erkennen, wie Kinder rechnen und an welcher Stelle sie sich innerhalb eines Lernprozesses befinden.

2. Operatives Prinzip

Geistige Schemata werden nicht durch isolierte Einzelhandlungen, sondern durch vernetzte Handlungen (Aufgaben) ausgebildet. Geistige Operationen organisieren sich zu Systemen (Gruppierungen), die beweglich und flexibel sind (vgl. Baireuther 1999, S. 76).
Um bewegliches Denken zu erreichen, müssen auch die Denkhandlungen, die wiederum auf tatsächlichen Handlungen basieren, bestimmte Merkmale erfüllen.

- Reversibilität (Umkehrbarkeit, Inversion): Die konkret oder innerlich vollzogene Handlung kann durch eine inverse Handlung wieder rückgängig gemacht werden; dementsprechend soll die Umkehroperation frühzeitig mit einbezogen werden.
- Assoziativität (variable Gruppierbarkeit): Eine Gesamtoperation kann auf verschiedene Weise aus Teiloperationen aufgebaut werden; das Ergebnis ist unabhängig vom Lösungsweg; es sind also verschiedene Variationen in Zusammensetzung und Abfolge von Teiloperationen zu berücksichtigen.
- Kompositionsfähigkeit (Verknüpfungsfähigkeit): Mehrere Operationen lassen sich durch eine neue ersetzen.

Entscheidend bei der Ausführung der Operation ist die Einsicht in die Struktur des geistigen Aktes.

3. Forschend-entdeckendes und soziales Lernen

Offene Lernsituationen aus der Erfahrungswelt der Kinder bieten Anlässe zum Mathematisieren und entdeckenden Lernen. Problemlösestrategien entwickeln die Kinder in problemorientiert gestalteten und mathematisch gehaltvollen Lernumgebungen. Ihnen wird zugemutet, Probleme zu lösen, für die sie noch keine festen Verfahren zur Verfügung haben. Diese entwickeln sie dabei selbst. Die Kinder machen die Erfahrung, dass verschiedene Wege zur Lösung führen können und entwickeln dabei auch ein Repertoire an Lösungshilfen. Eigene Wege, Umwege und auch Irrwege sind Ausgangspunkt für einen langfristigen Lernerfolg.

Die Kinder gewöhnen sich auch daran, mit Denkwiderständen umzugehen. Der Fehler darf im Unterricht aber nicht wichtiger werden als die korrekte Lösung. Auch entdeckendes Lernen läuft in strukturierten Bahnen. Die Lernergebnisse der Kinder werden in einen Zusammenhang gebracht, um ein tiefer gehendes Verständnis zu ermöglichen. Die Analyse der Lernprozesse kann auch ein Steuern und Eingreifen der Lehrperson erfordern. Wenn die individuellen Rechenwege der Kinder hinsichtlich der Möglichkeiten des Weiterlernens in eine Sackgasse führen, so müssen der Offenheit durch Zielorientierung auch Grenzen gesetzt werden (z. B. beim zählenden Rechnen) (vgl. Schipper 2001, S. 10).

4. Entwicklung einer Meta-Sprache

Dem wechselseitigen Bemühen um Verständnis und Verstanden werden, kommt eine Schlüsselfunktion im Lernprozess zu. Man vergewissert sich als Lehrperson: *Was meinst du? Habe ich dich richtig verstanden? Ich habe dich jetzt so verstanden: ...* (Schüleräußerung zurückspiegeln).
„Mathematische Gespräche können Brücken schlagen zwischen dem ‚singulären' eigenen Denken und dem ‚divergenten' Denken der anderen und so zum ‚regulären' Fachlichen führen" (Schütte 2008, S. 168). Schütte unterscheidet verschiedene Formen und Funktionen mathematischer Gespräche (a. a. O., S. 169):

- Erkundung des anderen Denkens
- Verständigung über Aufgaben und über Fachbegriffe
- Austausch über Erfahrungen, Aushandeln von Bedeutungen
- Gemeinsames Weiterdenken an mathematischen Fragestellungen
- Lernberatung (Kombination von Denkerkundung und gemeinsamer Arbeit an mathematischen Fragestellungen)

Während der Bearbeitung einer Aufgabe sollen die Kinder oft ihre Lösungsstrategien gleichzeitig verbalisieren („laut denken"). Damit die Kinder ihre eigenen Denkweisen und Strategien darstellen können, müssen sie erst lernen, sich beim Denken „zuzuschauen". Sich über das eigene Denken zu äußern, erfordert Distanz zu sich selbst und damit die Einübung von Selbstreflexion. Die Fähigkeit dazu muss gelernt werden. Nützlich wäre es, von Anfang an die Kinder an das Notieren ihres Denkens zu gewöhnen. Solche Protokolle des eigenen Vorgehens unterstützen die erwünschte Distanzierung vom spontanen Handlungsfluss. Die Kinder können durch die Verbalisierung ihrer Denkweisen auch ein tieferes Verständnis für die mathematischen Sachverhalte gewinnen. Zu bedenken ist, dass die Komplexität des Denkens die sprachlichen Darstellungsmöglichkeiten der Kinder übersteigen kann. Sie sollen deshalb zunächst ihren Rechenweg und das Ergebnis nach eigenem Können und Verständnis notieren. Sie sollen aber auch lernen, ihre mathematischen Gedankengänge so aufzuschreiben, dass die Leser sie rekonstruieren können. Die Lehrperson kann die Kinder durch geeignete Formulierungshilfen und individuelle schriftliche Rückmeldungen unterstützen. Sie kann das mathematische Potential in den Denkansätzen der Kinder erkennen.

Kindliche Gedankengänge und Lösungswege können in sogenannten Lerntagebüchern dokumentiert werden. Sie „dienen der schriftlichen und chronologischen Dokumentation von Gelerntem, bieten Raum für eigene Denkweisen und Rechenwege und motivieren Kinder, Aufgaben gemäß ihrer eigenen Fähigkeiten zu bewältigen und darzustellen" (Fabricius 2010, S. 32). Gerade weil das Verschriften schwer und oft noch ungewohnt ist, sollte es besonders gefördert werden. Auch durch diese Methode können die Kinder behutsam zu einer adäquaten Verwendung der mathematischen Sprache hingeführt werden.

5. Differenzierung durch offene Aufgabenstellungen

Die Förderung aller Kinder entsprechend ihrer individuellen Leistungsfähigkeiten ist ein vorrangiges Ziel des Mathematikunterrichts und eine große Herausforderung für die Unterrichtenden. Die klassischen Formen der inneren Differenzierung sind die quantitative (z. B. unterschiedliche Zeit für den gleichen Inhaltsumfang) und die qualitative Differenzierung (z. B. unterschiedliche Anforderungen zu einem inhaltlichen Kontext). Vor allem bei der qualitativen und quantitativen Differenzierung besteht das Problem einer falschen Einschätzung, da die Lehrperson vorab entsprechende Maßnahmen (auch durch das Materialangebot) ergreift. Oft stehen die organisatorisch-methodischen Aspekte im Vordergrund und weniger das Fach und seine Besonderheiten. Hier setzt eine Differenzierung an, die in der Sache angelegt ist und bewusst genutzt wird. Dieses Konzept wird als „natürliche Differenzierung" bezeichnet und ergänzt die Formen der inneren Differenzierung. Die Lehrersteuerung verringert sich und gleichzeitig nimmt die Verantwortung des Schülers für seinen Lernprozess zu. Entsprechende Lernangebote kennzeichnen folgende Merkmale (vgl. Krauthausen/Scherer 2010, S. 5f):

- Für alle Kinder gibt es ein gleiches Lernangebot.
- Es ist eine komplexe, (inhaltlich) ganzheitliche Aufgabe.
- Aufgrund der Komplexität der Aufgabe ergeben sich unterschiedliche Schwierigkeitsgrade.
- Eine niedrige Zugangsschwelle ermöglicht ein Bearbeiten durch *alle* Kinder (gemeinsamer Beginn).
- Eine fachliche Rahmung erfolgt durch eine fachkompetente Lehrperson. Fragestellungen unterschiedlicher Schwierigkeitsgrade sind *naturgemäß* enthalten. Sie werden nicht vorab festgelegt. Das jeweils zu bearbeitende Niveau bestimmt das Kind. Dies fördert eine realistische Selbsteinschätzung. (Was traue ich mir zu? Was nehme ich mir vor?)
- Außerdem sind den Kindern die Wege, Hilfsmittel, Darstellungsweisen und in bestimmten Fällen auch die Problemstellungen selbst freigestellt. Geeignete Darstellungsformen müssen die Kinder erst kennenlernen (können sie nicht allein „entdecken").
- Von der Sache her ergeben sich unterschiedliche Zugangsweisen, Bearbeitungen und Lösungen. Dies fördert das soziale Mit- und Voneinanderlernen.

Es geht darum, „das eigene Gestalten, das ‚Neu-Erfinden' und das ‚Wieder-Erfinden' so weit einzubeziehen, dass die Kinder das Erarbeitete als ihr Eigenes ansehen und auf dieser Basis bereit sind, ergänzende Informationen und allgemein akzeptierte Konventionen anzunehmen, ohne dass dieses Eigene verloren geht" (Hirt/Wälti 2010, S. 14). Solche Aufgaben verbinden die Entwicklung und Festigung von inhalts- und prozessbezogenen Kompetenzen. Klarheit, fachliche Korrektheit und Strukturiertheit sind grundlegende Gütemerkmale.

Bei natürlich differenzierenden Lernumgebungen mit arithmetischen Übungsformaten und Problemstellungen (z. B. Rechendreiecke, Zahlenmauern) ermöglichen folgende Standardfragen eine Niveaudifferenzierung und stehen immer allen Kindern offen: *Was fällt auf? Kannst du das erklären? – Warum ist das so? Findest du Beispiele? – Findest du alle Beispiele? – Wie viele kann es geben? Kannst du beweisen, dass es nicht mehr geben kann?*

Eine Herausforderung für die Lehrperson ist es, die Anforderungen der Aufgabe und die Voraussetzungen und Vorkenntnisse der Kinder aufeinander abzustimmen. Es gilt auch, einen Spagat zwischen individueller Förderung und effektiver Arbeit mit der ganzen Klasse zu bewerkstelligen.

6. Überlegte Auswahl von Arbeitsmitteln

Die Individualisierung des Lernens erfordert den Einsatz von Arbeitsmitteln. Die Qualität eines Arbeitsmittels hängt davon ab, welche Handlungen es ermöglicht. „Denn nicht die Materialien selbst, sondern die Handlungen an ihnen sind die Grundlage für Lernprozesse. Das mentale Bild im Kopf des Kindes bei der materialunabhängigen Lösung soll nicht eine ‚Kopie' des konkreten Materials sein, an dem dann vorgestellte Handlungen ausgeführt werden. Vielmehr sollen diese mentalen Bilder Strukturen der Handlungen enthalten und so das Denken beim Lösen weiterer Aufgaben steuern" (Schipper 2009, S. 293). Im Unterricht sollten deshalb einige wenige, didaktisch wohlüberlegte Arbeitsmittel ausgewählt werden.

3.2.2 Zahldarstellungen und Zahlbeziehungen

Zahlbegriff

Die Komplexität des Zahlbegriffs ist mit der Vielzahl der Zahlaspekte verbunden.

Zahlaspekte	Beschreibung	Beispiele	Addition	Subtraktion
Kardinalzahlaspekt	Zahlen beschreiben die Anzahl von Elementen einer Menge	3 Birnen	Vereinigen, Zusammenlegen	Wegnehmen, Fehlendes berechnen
Ordinalzahlaspekt	Zählzahl: Folge der nat. Zahlen, die beim Zählen durchlaufen werden	„Eins, zwei, drei, ...“	Weiterzählen	Rückwärts zählen
	Ordnungszahl: Rangplatz in einer geordneten Reihe	„Ich bin der sechste im Wartezimmer.“		
Maßzahlaspekt	Maßzahlen für Größen	20 Minuten, 10 Euro	Aneinander legen entsprechender Repräsentanten	Abtrennen entsprechender Repräsentanten
Operatoraspekt	Bezeichnung der Vielfachheit einer Handlung	Noch viermal schlafen bis zu den Ferien.	Nacheinander vervielfachen	Umkehroperator Wie oft noch?
Rechenzahlaspekt	Algebraischer Aspekt	Kommutativität/ Assoziativität 36 + (17 + 4) = (36 + 4) + 17	Statt Rechnen mit Zahlen (halbschriftliche Strategien) Rechnen mit Ziffern (schriftliches Rechenverfahren)	
	Algorithmischer Aspekt	727 + 462 1 189		
Kodierungsaspekt	Bezeichnung von Objekten	83471 Berchtesgaden ISBN 3-8275-1029-4	(macht keinen Sinn)	

Abb. 86: Aspekte des Zahlbegriffs (in Anlehnung an Krauthausen/Scherer 2001, S. 8)

Didaktische Grundsätze

a) Stabilisierung und Systematisierung der Vorkenntnisse
b) Einbeziehung der verschiedenen Aspekte der Zahl
c) Ganzheitliche Einführung in den Zahlenraum (nicht sukzessiv)
d) Anschauungsgestützter Zugang zu den verschiedenen Zahlenräumen
e) Offener Zählraum (Differenzierung), zunächst auf den Zahlenraum bis 10, dann bis 20 beschränkter Rechenraum
f) Vermittlung einer nicht zählenden Rechenstrategie
Die Kinder sollen sich auf der Basis entwickelter Zählstrategien allmählich vom zählenden Rechnen lösen. Struktu-

riertes Zählen führt zu einer vertieften Zahlvorstellung. Die Kinder arbeiten handelnd mit festen und flexiblen Mengendarstellungen in Verbindung mit schriftlichen Aktivitäten. Das fördert das (simultane) Erfassen kleiner Gruppierungen und unterstützt die Ablösung vom zählenden Rechnen.
„Das Auswendigwissen der Zerlegungen aller Zahlen bis 10 ist die wichtigste Voraussetzung für die Ablösung vom zählenden Rechnen durch das schrittweise Rechnen" (Schipper 2009, S. 94).

g) Unterstützung der Entwicklung und Festigung des Zahlverständnisses durch geeignete Arbeitsmittel (z.B. Würfelbilder, weitere Punktmuster, Plättchen, Zehnergitterfeld).

Strukturmodell:

Vorbereitung	
Darstellung der Situation	Bewegungs- und Konzentrationsübungen; Anknüpfen an das Vorwissen; Einführung in eine konkrete, emotional ansprechende Ausgangs- bzw. Handlungssituation aus der Lebenswelt der Schüler; gemeinsames genaues Betrachten und freies Erzählen
Zielangabe	
Durchführung	Handlungen durch- und nachspielen; Lernmaterialien mit offenen Lernangeboten; Vergleichen, Zerlegen und Zusammenfassen konkreter Dinge unter verschiedenen Gesichtspunkten; Beachtung der verschiedenen Zahlaspekte; Zahlen auf verschiedene Weise darstellen, zerlegen, vergleichen und ordnen; selbst gefundene Anordnungen legen, zeichnen, notieren, ausstellen; Integration der Ziffernschreibweise; Übung der Simultanerfassung; die für sich „günstigste" Zahldarstellung finden; genaues Verbalisieren, z. B. Wie hast du deine Steine angeordnet? Warum kann man sie auf einen Blick zählen?
Rückbesinnung	Was hast du heute entdeckt?
Anwendung und Sicherung	Anwendung von Behaltensstrategien; spielerisches materialgeleitetes Üben; Üben an Stationen; Freiarbeitsphasen; Aktionen (Zahlenausstellung, Zahlendetektive); Förderaktivitäten der Lehrperson mit einzelnen Schülern

Unterrichtsbeispiel:
Zerlegungen von Zahlen entdecken und notieren,
1. Jahrgangsstufe

Didaktische Überlegungen

- Es handelt sich hier um ein komplexes, flexibles Aufgabenformat.
- Zahlzerlegungen dienen dem Aufbau der Zahlvorstellung.
- Die Kinder entdecken verschiedene Zerlegungen von Zahlen und notieren sie mit dem Zeichen „+".
- Die verschiedenen Zerlegungen und die entsprechende Notation helfen dem Kind, die einzelnen Zahlen in ihrer operativen Struktur zu durchdringen und sie innerhalb des behandelten Zahlenraumes einzuordnen.
- Die Zahl 0 verwenden die Kinder als Zahl für eine Menge ohne Elemente („leere Menge").
- Mithilfe der Schüttelschachteln (mit halb offenen Trennwänden) können Handlungen konkret ausgeführt werden und die Ergebnisse der Handlungen lassen sich direkt ablesen.
- Handlungen, Zeichnungen und symbolische Schreibweisen begleiten bei jedem Kind den Prozess der Verinnerlichung.

Artikulation/Inhalt	Unterrichtsaktivitäten/Sozialformen/Medien
I. Vorbereitung	
Spiel: Achtung – Zahlenblitz	
Anzahl in strukturierter Form jeweils nur kurz zeigen („blitzen" kurz auf)	Materialien, z. B. Muggelsteine auf Overhead-Projektor (OHP), Fingerbilder, Würfelbilder, Anzahl aus dem Zwanzigerfeld ganze Klasse, Partnerspiel oder Kleingruppe
II. Durchführung	
1. Teilschritt: Handlungssituation führt zu mathematischen Operationen	Vorstellen der Schüttelschachteln im Sitzkreis (Schülerschachteln, eine große Schüttelschachtel; Füllmaterial: Erbsen, Perlen, Linsen, ...)
Aktivität wird im Unterrichtsgespräch beispielhaft erklärt	Ein S schüttelt, öffnet die Schachtel und nennt die Anzahl der Erbsen in beiden Kammern. Dann schließt er die Schachtel und gibt sie weiter. Die zuhörenden S denken beide „Teile" zu dem „gleichen Ganzen" zusammen und nennen die passende Zahl.
2. Teilschritt: Gesamtmenge bekannt, Teilmengen (Zerlegungen) „erschütteln"	Partnerarbeit (enaktiv) Ein Partner schüttelt, der andere öffnet die Schachtel und nennt die Zerlegung.

Artikulation/Inhalt	Unterrichtsaktivitäten/Sozialformen/Medien
individuelle Verschriftlichung	Alleinarbeit S malen und schreiben so auf: (Beispiel im Schulbuch oder auf Folie)

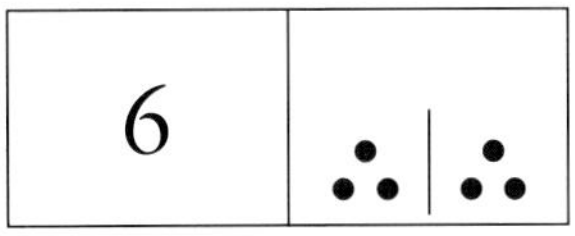

3 + 3

einzelne S notieren Beispiel auf Plakat bzw. Folie

Leistungsstärkere S können den Rahmen der vorgegebenen Zahlen überschreiten (Chance zum eigenaktiven Lernen).

Präsentation und Vergleich der Lösungen Verstehen anderer Lösungen	auch mit Rückübersetzung der Ikonisierung ins konkrete Handeln
Einführung des Pluszeichens: Altersgemäße Interpretation des Pluszeichens vor Bekanntgabe der normierten Sprechweise „plus"	z. B. 4 und 3 gibt 7
3. Teilschritt: Von gegebenen Zahlen auf die Ausgangsmenge zurückschließen	Partner- oder Gruppenarbeit Einsatz der Schachteln in veränderter Form: Das Zahlzeichen befindet sich auf der unteren Seite der Schachtel. Wieder wird eine Schachtel ausgesucht, geschüttelt, geöffnet, die Zerlegung abgelesen und auf die Gesamtmenge geschlossen. Selbstkontrolle durch das Umdrehen des Deckels neue Aufgabenstellung durch Tauschen der Schachteln in der Gruppe
4. Teilschritt: Ordnen bzw. Systematisieren von Schüttelergebnissen/Zahlzerlegungen • Wer findet zu einer Zahl alle Schüttelergebnisse? (Forscherfrage) • Schreibe jede Zerlegung nur einmal auf! • Ordne(t) eure/deine Ergebnisse! • Leistungsstärkere Kinder können auch schon „im Kopf" die möglichen Zahlzerlegungen finden. • Warum bist du dir so sicher, dass du alle Ergebnisse gefunden hast?	Partner- oder Gruppenarbeit

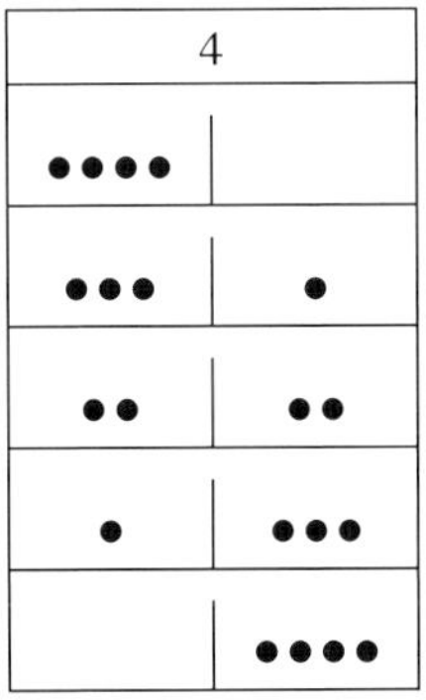

4
4 + 0
3 + 1
2 + 2
1 + 3
0 + 4

Artikulation/Inhalt	Unterrichtsaktivitäten/Sozialformen/Medien
III. Rückbesinnung	z. B. Was hast du heute entdeckt?
IV. Sicherung	
1. Darstellen der Zahlzerlegungen im Lernheft	Zerlegungen (z. B. von 3–10) ins Lernheft eintragen; jede Zahl auf eine eigene Seite
2. Fortsetzung als Hausaufgabe bzw. Wochenplanarbeit	S üben in Alleinarbeit bzw. Partnerarbeit mit dem Lernheft
3. Zusammenführung aller Zerlegungen auf Plakat im Klassenzimmer (jeweils eine Zahl, ikonische und symbolische Darstellung; siehe Abb. 87 und 88)	

1	2	3	4	5	6	7	8	9	10
1 + 0	2 + 0	3 + 0	4 + 0	5 + 0	6 + 0	7 + 0	8 + 0	9 + 0	10 + 0
0 + 1	1 + 1	2 + 1	3 + 1	4 + 1	5 + 1	6 + 1	7 + 1	8 + 1	9 + 1
	0 + 2	1 + 2	2 + 2	3 + 2	4 + 2	5 + 2	6 + 2	7 + 2	8 + 2
		0 + 3	1 + 3	2 + 3	3 + 3	4 + 3	5 + 3	6 + 3	7 + 3
			0 + 4	1 + 4	2 + 4	3 + 4	4 + 4	5 + 4	6 + 4
				0 + 5	1 + 5	2 + 5	3 + 5	4 + 5	5 + 5
					0 + 6	1 + 6	2 + 6	3 + 6	4 + 6
						0 + 7	1 + 7	2 + 7	3 + 7
							0 + 8	1 + 8	2 + 8
								0 + 9	1 + 9
									0 + 10

Abb. 87: Die Zahlzerlegungen von 1–10 (mit Tauschaufgaben)

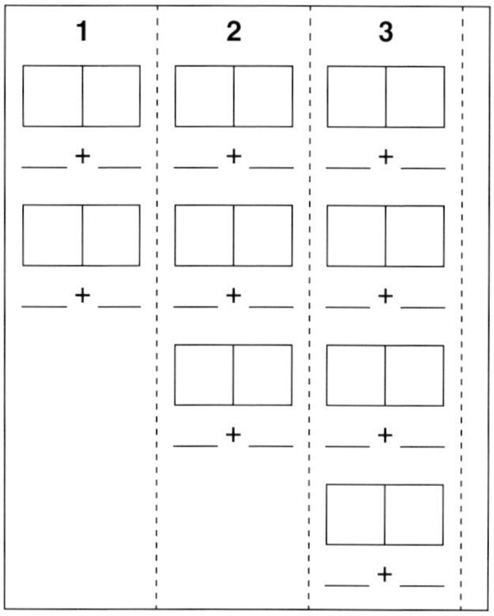

Abb. 88: Auszug aus Plakatvorlage

Besondere Zusatzübungen aufgrund von Schülerbeobachtungen:

- Übungen zum simultanen Mengenerfassen für Kinder, die auch noch kleinere Mengen (4, 5) abzählen
- Zusätzliche Übungszeit mit den Schüttelschachteln und parallele Notation (evtl. auch mit Eigenikonisierungen) für Kinder, bei denen Probleme auf der symbolischen Ebene auftreten

3.2.3 Rechenoperationen

Fachliche Grundlagen

1. Der Begriff

„Eine Operation ist eine effektive, vorgestellte (innere) oder in ein Zeichensystem übersetzte Handlung, bei deren Ausführung der Handelnde seine Aufmerksamkeit ausschließlich auf die entstehende Struktur richtet. Abgekürzt sagen wir: Eine Operation ist eine abstrakte Handlung" (Aebli, in Glötzl 2000, S. 209). Das Ergebnis dieses inneren Probehandelns ist eine Struktur. Wird eine solche Struktur auf verschiedenen Wegen durchlaufen, dann operieren wir. Jede Operation bildet mit anderen ein System an Operationen (vgl. Glötzl 2000, S. 187).

Der Begriff „Rechenoperationen" umfasst in der Grundschule die vier sog. Grundrechenarten: Addition, Subtraktion, Multiplikation und Division.

Grundvorstellungen der verschiedenen Rechenoperationen:

- Addition: Zusammenzählen oder Weiterzählen
- Subtraktion: Wegnehmen oder Ergänzen (Umkehrung der Addition)
- Multiplikation: mehrfache Addition – ein- und zweidimensional
- Division: gerecht Verteilen oder Messen (Umkehrung der Multiplikation)

Rechengesetze:
Die wichtigsten Rechenstrategien ergeben sich aus der Anwendung von Rechengesetzen. Geschicktes Rechnen beruht wesentlich auf dem Ausnutzen struktureller Merkmale der konkreten Aufgabenstellung auf der Basis von Rechengesetzen.

- Kommutativgesetz (Vertauschungsgesetz) der Addition und Multiplikation
  $a + b = b + a$ bzw. $a \cdot b = b \cdot a$
- Assoziativgesetz (Verbindungsgesetz)
  $(3 + 8) + (4 + 2) = 3 + (8 + 4) + 2$
- Distributivgesetz (Verteilungsgesetz)
  $3 \cdot 8 = 3 \cdot (5 + 3) = 3 \cdot 5 + 3 \cdot 3$
- Konstanzsätze (Ausgleichsgesetze)
  $87 - 28 = 89 - 30$

(vgl. Krauthausen/Scherer 2001, S. 37f.)

2. Mit Zehnerüberschreitung addieren und subtrahieren

„Klassischer Zehnerübergang":
$8 + 5 = 8 + 2 + 3$
„Die Alternative ist vielmehr, auch andere Wege (z. B. über das Verdoppeln) und andere Notationsformen zu akzeptieren, selbst das zählende Rechnen zeitlich befristet bei denjenigen Kindern hinzunehmen, denen andere Wege noch nicht zur Verfügung stehen, zugleich aber alle Anstrengungen zu unternehmen, den Kindern im Sinne einer Zielorientierung alternative Wege aufzuzeigen, die längerfristig günstiger sind" (Schipper 2001, S. 11). Dabei sind Handlungen an geeigneten Materialien die Basis für die Verinnerlichung von Rechenstrategien. Das schrittweise Rechnen mit Zerlegung des zweiten Summanden ist ein besonders wichtiger Weg, weil diese Strategie des Zerlegens und Zusammensetzens eine operative Grundstrategie für das weiterführende Rechnen ist.

Didaktische Grundsätze

1. Grundlegung des Operationsverständnisses

Im Vordergrund steht die Entwicklung eines grundlegenden Operationsverständnisses. Die Kinder sollen überlegen, welche Situationen bzw. Handlungen mit der Addition, der Subtraktion, der Multiplikation und der Division in Zusammenhang gebracht werden. „Die Aufforderung ‚*Stell dir vor*' gehört zu den wichtigsten Anforderungen in einem handlungsorientierten Mathematikunterricht, denn das Ziel jeder Handlung ist der Aufbau von Vorstellungen" (Schipper 2005, S. 45).

Erst wenn Grundvorstellungen (z.B. zur Multiplikation) aufgebaut sind, kann man mit Automatisierungsübungen beginnen.

2. Vernetzung mit den prozessbezogenen mathematischen Kompetenzen

a) Problemlösen (Aufbau flexibler Rechenkompetenzen)

Die Kinder können sich das Rechnen durch mathematisches Denken erleichtern. Schütte versteht unter Schulung des *Zahlenblicks* im engeren Sinne „Übungen, bei denen es darum geht, Zahlen und Aufgaben anzuschauen und einzuschätzen, bevor man rechnet. Bei manchen kann man die Lösung ‚sehen', manche kann man geschickt umformen, sodass das Rechnen ganz einfach wird, und bei dem Rest helfen strategische Werkzeuge und Verfahren, um zu einer Lösung zu kommen" (Schütte 2008, S. 124). Strategische Werkzeuge sind beispielsweise geschicktes Zählen, Zerlegen und Zusammensetzen von Zahlen und das Nutzen von Analogien. Die Kinder sollen die Aufgaben also zunächst anschauen, bewerten und ihr eigenes Leistungsvermögen einschätzen. (*Das kann ich im Kopf. Dafür brauche ich Notizen.*) „Aufgaben, die mit dem Zahlenblick im Kopf gelöst werden können, bedürfen keiner Rechenwegnotation" (a.a.O., S. 128), da dies das „Sehen" von Lösungen verhindert.
Frageformate wie „Was passiert eigentlich, wenn …?" regen zum Experimentieren und Erforschen an.

Flexibles aufgabenadäquates Rechnen ist durch folgende Merkmale gekennzeichnet: Experimentieren mit Lösungswegen, Darstellen von Lösungen in unterschiedlicher Form, Erkennen und Nutzen von Zahleigenschaften und Zahlbeziehungen, beweglicher Umgang mit strategischen Werkzeugen, Begründung von Rechenwegen und Einsatz von metakognitiven Kompetenzen.

Die Kinder brauchen offene Aufgabenstellungen, Wahlaufgaben und einen zum Ausprobieren anstiftenden Unterricht, damit sie von ihrer jeweiligen individuellen Ausgangslage aus entsprechende Kompetenzen aufbauen können.

b) Kommunizieren und Argumentieren

Im Unterricht kommt es sehr darauf an, wie die Kinder ihre Ergebnisse präsentieren und mit anderen (z.B. in Rechenkonferenzen) austauschen. Rasch/Schütte unterscheiden zwischen „Erforschen", „Entdecken" und „Erfinden" (vgl. Rasch/Schütte in Walther u.a. 2007, S. 86). „Forscheraufgaben eignen sich gut, um mathematische Zusammenhänge zu erkennen und Vermutungen anzustellen und zu prüfen, wie auch Begründungen zu suchen und nachzuvollziehen" (a.a.O., S. 86). (Beispiel: *Was passiert, wenn man bei Minusaufgaben die Einer vertauscht? 77 – 42, 72 – 47*). In Aufgaben können die Kinder Regelhaftes entdecken (siehe Abb. 89, S. 185). Beim Suchen von Fehlern können sie „Denkfehler" entdecken und richtige Strategien begründen (z.B. 84 – 35 = 51 *Wo steckt der Fehler?*). Sie können auch entdeckte Prinzipien auf selbst erfundene Aufgaben übertragen (Anlass für mathematische Gespräche).

c) Darstellen

Die Darstellung mathematischer Inhalte erfordert die (anspruchsvolle) Übersetzung zwischen verschiedenen Abstraktionsebenen. „Darstellen setzt das Erkennen der wesentlichen (mathematischen) Beziehungen voraus, die dann in einer anderen modalen Ebene, sei es einer Skizze, einer Tabelle, einer verbalen Beschreibung oder einer symbolischen Gleichung zum Ausdruck gebracht werden. Solche Übersetzungen dienen entweder der Veranschaulichung … oder … zur Unterstützung des Rechnens" (a.a.O., S. 88).

Strukturmodell:

Vorbereitung	
Anknüpfung	Rechenfertigkeitsübungen; Wiederholung bekannter Zahlenoperationen, Blitzrechnen
Einführung in die Handlungsituation	Konkrete Situation; Klärung des Sachverhalts; Entdecken eines Problems; offene Aufgabe (mehrere Lösungen mit unterschiedlichem Schwierigkeitsgrad) Zielangabe
Aufbau der Zahloperation	
Lösung der Handlungssituation	Umgang mit Arbeitsmaterialien; selbstständiges Entdecken von Lösungsmöglichkeiten; Sprechen in Verbindung mit dem Tun, Modellhandlungen verbalisieren
Bildhafte Darstellung der Operation	Das konkrete Tun soll in Erinnerung bleiben: Ordnen, Austauschen, Halbieren, Dazulegen, Trennen, Einteilen, Verteilen, Verdoppeln, Zerlegen, Ergänzen, Vermindern, Bündeln; Aufgaben anschaulich und durch Probieren lösen
Mathematische Darstellung der Operation	Notieren von Rechenausdrücken und Gleichungen; Zulassen von schülergerechten Notationsformen; Erklären der Funktion von mathematischen Zeichen; Formulieren der mathematischen Einsicht; Vergleichen von Lösungswegen (Strategiekonferenzen); Beurteilen einzelner Strategien bzgl. der Effizienz; Entwicklung eines Strategienrepertoirs flexiblen Rechnens
Rückbesinnung	Schwerpunkt: Prozessbezogene mathematische Kompetenzen (z.B. selbstständig argumentieren, Argumentationen anhand von Beispielen üben, schriftliche Begründungen)
Sicherung	
Operative Übung	Aufgabentypen: Umkehr-, Tausch-, Nachbar-, Zerlegungs-, Analogie-, Invarianzaufgaben; Muster entdecken, begründen und austauschen; offene Aufgaben; individuelle Auswahl von Aufgaben
Anwendung	Lösungswege individuell anwenden; Mathematisieren von Sachsituationen; Fehlersuche; Anlegen einer Lernkartei zum individuellen Üben; spielerische Übungsformen

Unterrichtsbeispiel:
***„Das Einmaleins mit 9"*,**
2./3. Jahrgangsstufe

I. Rechenfertigkeitsübung

1. Verdoppeln

Außentafel

verdoppeln	
3	6
6	...

„Wenn ich die Dreierzahlen verdopple, erhalte ich die Sechserzahlen."

2. Kettenrechnungen (Verbindung der Grundrechenarten)

Qualitative Differenzierung
(z. B. 2 · 6 – 8 bzw. (55 – 7) : 6)
S notieren Ergebnisse

II. Einführung in die Handlungssituation

Maria spielt mit ihrer Oma Rommé. Wer 40 Punkte hat, kann auslegen. Sie hat vier Neuner. Kann sie auslegen?
Rommékarten (9er) auf Folie

Lösungsvorschläge:
Wie hast du gerechnet?
Mit welchen 4 Karten hätte sie auslegen können?

Zielangabe: Schneller rechnen mit dem Einmaleins mit 9

III. Aufbau bzw. Ausbau der Zahloperation

1. Teilschritt: Selbstständiges Erarbeiten der Neunerreihe

Partner- oder Gruppenarbeit:

1. Stellt die Neunerreihe zusammen. Bereits gelernte Einmaleinsreihen helfen dir.
2. Denkt über die folgenden Fragen nach. Schreibt auch einige Gedanken auf (Folie/Plakat)!

- Wie habt ihr die einzelnen Aufgaben gefunden?
- Wie könnt ihr euch die Neunerreihe gut merken?
- Was ist an der Neunerreihe besonders auffällig?

2. Teilschritt: Herausstellen der Strategien

Präsentation der Ergebnisse (Folie/Plakat/TA)

- Mitteilen und Nachvollziehen individueller Strategien und Entdeckungen
- operative Beziehungen herausstellen, z. B. von den Kernaufgaben zu den restlichen Aufgaben
  Strategien: Verdoppeln, Halbieren, Tauschaufgabe, Nachbaraufgabe, Zerlegen
- Darstellung an der Tafel durch sinnvolle und begründete Zuordnungen der Einmaleinsaufgaben (Karten vom linken Tafelflügel in die Mitteltafel)
- Welche Einmaleinszahlen sind wirklich neu?

Beispiele für Versprachlichung und Begründung durch die Kinder:

- Ich habe zuerst 5 · 9 gerechnet und dann noch 1 · 9 dazugezählt.
- Wenn 7 · 10 = 70 ist, dann ist 7 · 9 = 63. (S demonstriert am Punktefeld/Folie)
- 8 · 9 ist das Doppelte von 4 · 9

IV. Rückbesinnung

Herausstellen des Lernzuwachses
Reflexion des Lernprozesses:

- Welche Aufgabe fällt dir noch schwer?

- Inwiefern halfen dir die Kernaufgaben?
- Welche Entdeckung hat dich überrascht?

V. Sicherung

1. Differenziertes Übungsangebot für Alleinarbeit

Operative Übung (Lernangebote für leistungsstärkere Kinder, siehe z.B. Abb. 89)
L arbeitet mit leistungsschwächeren Kindern (z.B. Ableitungen noch einmal verbalisieren, zeitlich sukzessiver Malbegriff – Wie viele Punkte kann man mit allen Neunerkarten des Rommèspiels holen?; Lösen von Aufgaben mithilfe von Punktefeldern)

2. Auswertung der Arbeitsaufträge auf dem Arbeitsblatt

Ergänzung von weiteren möglichen Strategien, z.B. auch auf „Rechentrick-Plakat"

3. Eintrag ins Lernheft

(Alleinarbeit, z.B. individuell bedeutsame Entdeckungen, „So merke ich mir die Neunerzahlen")

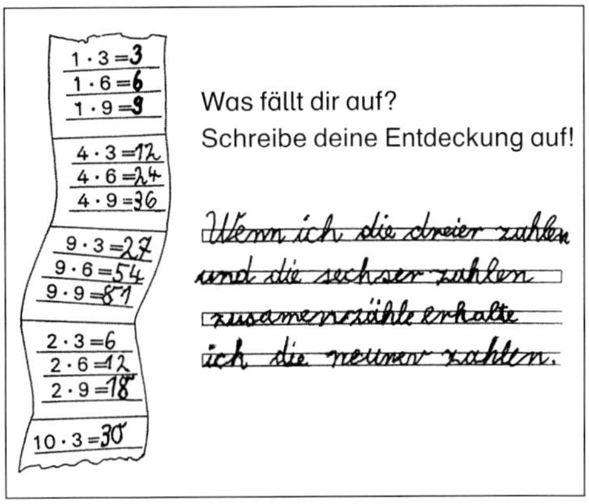

Abb. 89: Ein Muster wird erkannt

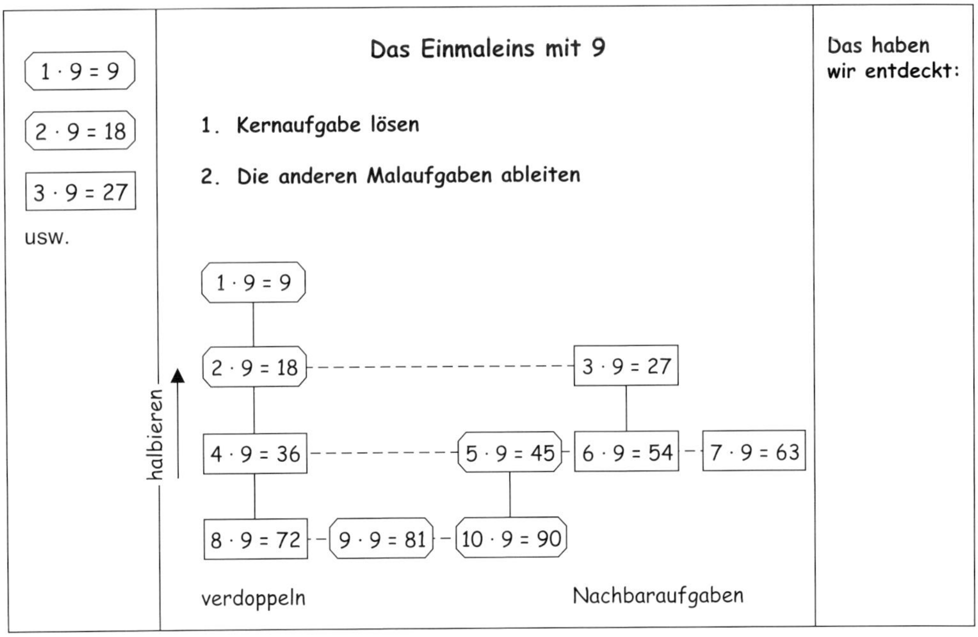

Abb. 90: Tafelbild – mögliches Endergebnis

3.2.4 Schriftliche Rechenverfahren

Fachliche Grundlagen

1. Begriff

„Beim schriftlichen Rechnen handelt es sich im Wortsinn um ‚Verfahren' bzw. Algorithmen. Ein Algorithmus ist ein für seine spezifischen Anwendungsfälle (z. B. Multiplikationen) allgemein gültiges, in seiner Abfolge festgelegtes, eindeutig beschriebenes Verfahren, das nach endlich vielen Schritten und unabhängig von der Person, die diesen Algorithmus durchführt, zur Lösung führt" (Krauthausen/Scherer 2001, S. 46).
Im Gegensatz zu den halbschriftlichen Strategien sind bei schriftlichen Rechenverfahren der Lösungsweg, die Sprechweise und die Notation festgeschrieben (Konventionen einzelner Länder). Ein weiterer Unterschied besteht darin, dass die Zahlenganzheiten in Ziffern zerlegt und miteinander verknüpft werden (Ziffernrechnen).

2. Schriftliche Subtraktion

Die verschiedenen Subtraktionsverfahren kann man nach zwei Gesichtspunkten gliedern (vgl. Radatz u. a. 1999, S.132):

- Art und Weise der Bestimmung der Differenz (Unterschied): durch Abziehen oder durch Ergänzen
- Behandlung des Stellenübergangs: durch Entbündeln, durch gleichsinniges Verändern von Minuend und Subtrahend (Erweiterungstechnik) oder durch Auffüllen des Subtrahenden zum Minuenden

Mit den verschiedenen Verfahren sind verschiedene Vor- und Nachteile verbunden:

- Die Grundidee des Erweiterns ist für viele Kinder zu kompliziert.
- Die natürliche Sinngebung der Subtraktion (das Abziehen) ist beim Ergänzungsverfahren nicht mehr gegeben. Außerdem beziehen sich nur wenige lebensnahe Sachsituationen auf das Ergänzen.
- Deutliche Vorteile des Abziehens über Umwechseln/Entbündeln:
  - Abziehen entspricht den Vorerfahrungen zum Kopfrechnen und zum halbschriftlichen Rechnen bei der Subtraktion
  - Das Verfahren ist über Handlungen mit konkreten Materialien leicht einsehbar und begründbar
  - Das Entbündeln bei der schriftlichen Subtraktion ist die Umkehrung des Bündelns bei der schriftlichen Addition

Auf Sonderfälle des Abziehverfahrens muss bei der Erarbeitung und beim Üben gezielt eingegangen werden.
„Wenn es beim heutigen Mathematikunterricht sehr viel stärker darauf ankommt, Einsicht in die schriftlichen Rechenverfahren zu gewinnen und wegen der Verbreitung von Taschenrechnern weniger auf automatisiertes Rechnen ..., dann muss das Abziehen über Entbündeln favorisiert werden" (a. a. O., S. 133).

Didaktische Grundsätze

Die folgenden didaktischen Grundsätze berücksichtigen die prozessbezogenen mathematischen Kompetenzen.

1. Entdeckende Entwicklung der Verfahren

Algorithmen sollen von den Kindern soweit wie möglich selbstständig entdeckend entwickelt werden (verständnisgestütztes Vorgehen). Sie werden angeregt, ihre eigenen Vorgehensweisen zielbewusst weiterzuentwickeln (Prinzip der fortschreitenden Schematisierung). In Rechenkonferenzen können Eigenschaften von Rechenverfahren thematisiert werden, z. B. Universalität, Schreibaufwand, geforderte Gedächtnisleistung. Bei den angestrebten Darstellungsweisen (Konventionen) ist eine begleitende Anleitung durch die Lehrperson notwendig (Fachkompetenz).

2. Sicherung der notwendigen Vorkenntnisse

Die Kinder müssen beispielsweise das kleine Einspluseins, Einsminuseins und Einmaleins automatisiert beherrschen. Sie müssen auch mit dem Bündelungsprinzip und der Stellenwertschreibweise der Zahlen vertraut sein. Hinzu kommt eine Sicherheit beim jeweiligen halbschriftlichen Rechnen. Es muss auch geprüft werden, ob ein grundsätzliches Verständnis z. B. für die Multiplikation oder Division vorhanden ist.

3. Passende Sachsituationen

Problemhaltige und motivierende Sachsituationen sollen dem angestrebten schriftlichen Verfahren entsprechen. Die einführenden Aufgabenstellungen sind so zu wählen, dass sie die Notwendigkeit des Verfahrens einsichtig machen (und sich nicht leicht im Kopf lösen lassen).

4. Handelnde Grundlegung

Der Weg geht vorrangig bei der Addition und Subtraktion vom Handeln mit konkreten Materialien (z. B. Rechengeld) über das Arbeiten mit gleichartigen Plättchen in einer Stellenwerttafel zum schriftlichen Rechnen mit Zahlen/Ziffern.

5. Frühzeitige Berücksichtigung möglicher Schwierigkeiten

Jedes schriftliche Rechenverfahren hat schwierige Stellen und Sonderfälle, die einigen Schülern Schwierigkeiten bereiten (z. B. die Null, die Überträge). Durch frühzeitige Beachtung können Klippen im Lernprozess verhindert werden.

6. Frühzeitige Thematisierung von Fehlern

Die Kinder können bei den vielen Teilschritten Fehlerstrategien entwickeln, die sich verfestigen können. Deshalb ist das frühzeitige Erkennen von Fehlern und deren Ursachen sowie die individuelle Hilfestellung besonders wichtig.

7. Erhaltung der Einsicht

Um das jeweilige Verfahren zu verinnerlichen, muss es immer wieder erläutert (ggf. auch neu erarbeitet) werden. Auch Fehleranalysen können das Verständnis fördern (Beispiel: „Wie würdest du dem Kind helfen, das so gerechnet hat?"). Die Einsicht in das spezifische algorithmische Vorgehen muss im Vordergrund stehen.

8. Kind- und fachgerechte Verbalisierung

Auf die Zusammenhänge zwischen Handlung, Notation und Sprechweise wird ständig hingewiesen. Handlungen und Rechnungen sollten möglichst oft durch lautes und später durch „inneres" Sprechen begleitet werden.

9. Operative und automatisierende Übungen

Operative Übungen bieten gute Möglichkeiten, das Verständnis zu fördern, weil eingefahrene Rechenwege verlassen werden müssen. Den Kindern sollten regelmäßig problemhaltige Übungen und Aufgabenstellungen angeboten werden (z. B. fehlende Zahlen/Ziffern bei Addition und Subtraktion, Thematisierung von verschiedenen Varianten von schriftlichen Verfahren). Fragen wie „Was geschieht, wenn …?" können Untersuchungen über die Folgen von Veränderungen in Gang setzen (Entdecken mathematischer Eigenschaften und Beziehungen). Die Verfahren sollen durch vielfältiges, variantenreiches Üben beherrscht werden.

10. Saubere und übersichtliche Arbeitsweise

Da das schriftliche Rechnen ein Rechnen mit einzelnen Ziffern an bestimmten Stellen ist, müssen auch die vorgegebenen Rechenkästchen beachtet werden (evtl. Ziffernschreibkurs wiederholen).

Strukturmodell:

Vorbereitung	
Rechenfertigkeitsübung	Vorkenntnisse aktivieren (z.B. Zerlegen in Teildividenden); Einsatz des Computers mit geeigneter Lernsoftware
Einführung in die Sachsituation	Herausfordernde Aufgaben; Klärung der Sachsituation; konkrete Spielhandlung (z.B. Kaufspiel); Feststellen des Rechenproblems, auch Verfahren als Motivation für Erarbeitung möglich: „Versucht mit möglichst knapper Schreibweise und übersichtlicher Anordnung auszukommen." (Forscherauftrag)
Zielangabe	
Entwicklung des schriftlichen Rechenverfahrens	
Lösungsversuche	Entdeckungen und Eigenproduktionen in Einzelarbeit oder in kooperativer Lernform; Überschlagsrechnung; Handeln mit didaktischem Material (z.B. Rechengeld): Zusammenlegen, Bündeln, Entbündeln; grafisches Darstellen, Rechnen mit der Stellenwerttafel; Notation von Zahlenoperationen z.B. auf Folien, Papierbögen
Veranschaulichung und Wertung entdeckter Verfahren	Strategiekonferenz (Gruppe, Klasse); Präsentation und Veranschaulichung der Lösungswege; Begründen und Nachvollziehen von Vorgehensweisen; Zulassen individueller Sprech- und Schreibweisen; Identifizierung und Korrektur von Fehlern; Vor- und Nachteile verschiedener Wege (Übersichtlichkeit, Schreibaufwand, Schwierigkeit der einzelnen Teilaufgaben)
Normalverfahren als ökonomischer Weg	(schrittweise) Hinführung zur Endform; Wechsel zwischen Modellhandlung und Notation; Fixierung und erstes Einüben der Sprech- und Schreibweise; verständnisgestütztes Vorgehen
Rückbesinnung	Vergleich individueller Rechenwege mit Normalverfahren; Bezug zu halbschriftlichen Strategien; Klärung von Verständnisproblemen; Bewusstmachen des Lernzuwachses
Sicherung	Eintrag ins Lernheft (z.B. Entdeckungen); operative Übungen zur Vertiefung des Verständnisses; Thematisierung von Fehlern; automatisierende Übungen; Rückführung auf handelnde und bildliche Darstellungsform; Einsatz des Computers mit geeigneter Lernsoftware

Unterrichtsbeispiel: *Schriftliches Abziehen mit Entbündeln,* 3. Jahrgangsstufe

Vorüberlegungen

Im Rahmen der Einführung wird auf eine ausführliche und auf Stellenwerte bezogene Notation und Sprechweise geachtet. Zu Modellhandlungen werden geeignete Notationsformen entwickelt. Ein Verzicht auf eine stufenweise Steigerung der Aufgabenkomplexität und der Schwierigkeit würde gerade die leistungsschwächeren Kinder überfordern.

Notwendige Vorkenntnisse:

- Sicherheit im kleinen „Einsminuseins" (Kopfrechnen)
- Einsicht in das Entbündeln
- Begriff „Wechseln" (Entbündeln) in Sachzusammenhängen
- Beherrschung des Stellenwertsystems
- schriftliches Abziehen ohne Übertrag

Unterrichtsverlauf

I. Rechenfertigkeitsübung

Übungen zum Entbündeln

Konkrete Spielhandlung (Partnerarbeit):
Material: Rechengeld, Wechselkasse
Aufgaben zum Wechseln von Geldscheinen (10 €, 100 €)
Wie viel bekommst du beim Einkauf zurück?
(vorhanden – abzugeben – es bleiben)
Aufgaben mit unterschiedlichem Schwierigkeitsgrad zur Auswahl
z. B. 728 € – 474 €
600 € – 276 €

II. Einführung in die Sachsituation

1. Klärung der Sachsituation

Sparbuch (siehe Aufgabe an Tafel, Abb. 91, S. 190)
Feststellen des Rechenproblems (einfache Übersetzung in Rechenaufgabe)

2. Anknüpfung an vorausgehende Unterrichtseinheit

S sollen für die Ausrechnung das schriftliche Normalverfahren verwenden.
S entdecken das Problem („Von 3 E kann ich nicht 5 E abziehen").

3. Zielangabe

Forscherauftrag: Findet heraus, wie man das Problem lösen kann!

III. Entwicklung des schriftlichen Rechenverfahrens

1. Lösungsversuche (Partner- oder Gruppenarbeit)

Lösung anhand einer Modellhandlung suchen
Material als Lösungshilfe (z. B. Rechengeld, Stellenwerttafel)
Grafische Darstellung und/oder Notation der Zahlenoperation (Folie, Plakat, TA)

2. Veranschaulichung und Wertung entdeckter Verfahren

Rechenkonferenz
Veranschaulichung, z. B. mit Rechengeld an TA, Folie, Plakat
Begründung der Rechenwege mit individueller Sprech- und Schreibweise
Betrachten und Beurteilen von Strategien „Lösungsweg 3 ist kurz, weil die Gruppe gewechselt hat ..."/„Wenn Gruppe 1 ... gerechnet hätte, dann wäre ..."/„Lösungsweg 2 ist falsch/umständlich, weil ..."
Vorgang des Wechselns/Entbündelns noch einmal verdeutlichen

3. Normalverfahren mit (noch) ausführlicher Notation der Entbündelung

Darbietung bzw. Ergänzung der Notationsform durch die Lehrperson
Verständigung auf eine geeignete Notation des Übertrags in der Ziffernrechnung (siehe Tafel, Abb. 92, S. 191)

Darstellung mit Rechengeld im Wechsel bzw. parallel zur Notation („Protokollierung") in der Stellenwerttafel
Leerzeile zwischen der Kopfzeile HZE und dem Minuend für den Eintrag der Änderung einplanen

Vorschläge der S für sinnvolle Sprechweise z. B. „Drei Einer minus fünf Einer geht nicht. Ich wechsle einen Zehner. Mir bleiben noch sieben Zehner. Jetzt habe ich dreizehn Einer. Dreizehn Einer minus fünf Einer gleich acht Einer …"

IV. Rückbesinnung

- Vergleich mit individuellen Strategien
- Klärung von Verständnisproblemen
  z. B. Was bedeutet die durchgestrichene Zahl bei den Zehnern?

V. Sicherung

1. Eintrag ins Lernheft

z. B. mit eigener Entdeckung und ausführlicher Notation

2. Differenziertes Übungsangebot

- leistungsschwächere Kinder:
  Lösung von Aufgaben gleichen Typs mit didaktischem Material und ausführlicher Notation und Sprechweise (auch lautes Sprechen)
- leistungsstärkere Kinder:
  Nach konkretem Modellbezug wieder Arbeit mit abgebildeten bzw. selbst gezeichneten Geldbeträgen, auch schon Aufgaben mit zwei Übergängen

VI. Ausblick

Schriftliches Abziehen mit mehreren Übergängen

Schülerbeobachtung:

- Kann das Kind handelnd abziehen?
- Kann es die einzelnen Schritte begründen und erklären?
- Bei Kindern mit Schwierigkeiten:
  Arbeit am Stellenwertbrett mit paralleler Notation der Handlungsschritte und passender Sprechweise

Regina hat 383 € auf ihrem Sparbuch.
Sie darf für den Kauf von Inline-Skatern 125 € abheben.
Wie viel € hat sie noch auf ihrem Konto?

A: Sie hat noch 258 € auf ihrem Konto.

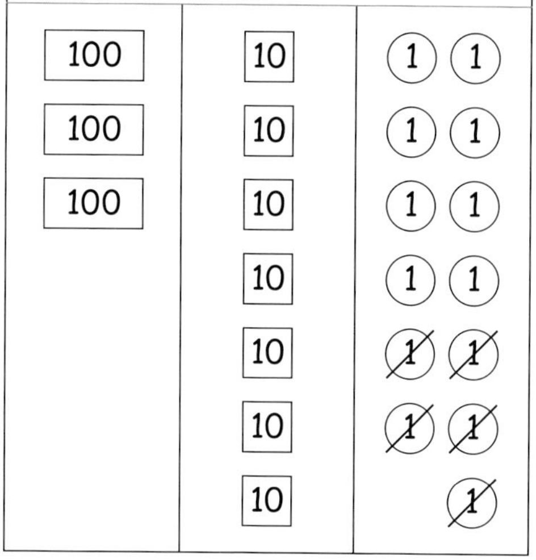

Abb. 91: Tafelbild: Darstellung mit Rechengeld (Wechseln und Abziehen, siehe Abb. 92b: Einer werden weggenommen, nicht durchgestrichen)

Schriftliches Abziehen: Wir wechseln um (Entbündeln)

a)

3 Einer minus 5 Einer geht nicht.

100	10	1
3	8	3
1	2	5

b)

Ich wechsle 1 Zehner in 10 Einer. Mir bleiben 7 Zehner.

Zuerst die Einer,

100	10	1
3	7 ~~8~~	1 3
1	2	5
		8

13 Einer minus 5 Einer sind 8 Einer.

c)

dann die Zehner,

100	10	1
3	7 ~~8~~	1 3
1	2	5
	5	8

7 Zehner minus 2 Zehner sind 5 Zehner.

d)

jetzt die Hunderter.

100	10	1
3	7 ~~8~~	1 3
1	2	5
2	5	8

3 Hunderter minus 1 Hunderter sind 2 Hunderter

Abb. 92: Tafelbild zum Thema „Schriftliches Abziehen mit Entbündeln“

3.2.5 Größen und Messen

Fachliche Grundlagen

„Größen werden durch gedankliche Abstraktion von messbaren Eigenschaften realer Objekte gewonnen. Durch direktes Vergleichen von Objekten hinsichtlich bestimmter Eigenschaften werden zunächst maßzahlfreie Äquivalenzklassen von Repräsentanten gebildet. Die zwischen den Repräsentanten einer Klasse bestehende Äquivalenzrelation (gleich, lang, gleich schwer, ...) bleibt auch dann erhalten, wenn sich die Lage oder die räumliche Konfiguration ändert. Man spricht von Invarianz ... Alle Repräsentanten einer Klasse gehören zur gleichen Größe und werden mit einer **Größenangabe** bezeichnet. Diese besteht aus einer Maßzahl und einer Maßeinheit" (Franke/Ruwisch 2010, S. 180).

Beispiel: Größenangabe
6 cm
Maßzahl — Maßeinheit

Zielsetzungen

Die Bildungsstandards formulieren für den Inhaltsbereich „Größen und Messen" zwei übergeordnete Ziele (vgl. Peter-Koop/Nührenbörger in Walther, u. a. 2007, S. 99):

a) *Größenvorstellungen besitzen* (z. B. Größen vergleichen, messen und schätzen)
b) *Mit Größen in Sachsituationen umgehen* (z. B. Sachaufgaben mit Größen lösen)

Didaktische Grundsätze

1. Aufbau von Größenvorstellungen

Größenvorstellungen gehen aus Wahrnehmungen hervor, die mit konkreten Handlungserfahrungen verbunden sind. Bei der Behandlung von Größen kann man nach Schipper folgende Bereiche inhaltlich voneinander abgrenzen (Schipper 2009, S. 231):

- Größen direkt und indirekt vergleichen, zusammenfügen und abtrennen,
- Größen messen und dabei Messinstrumente mit geeigneten Skalierungen entwickeln sowie vorhandene Messgeräte sachgerecht verwenden,
- Stützpunktvorstellungen entwickeln,
- Größen schätzen sowie
- Größen umwandeln und mit ihnen rechnen.

2. Schätzen von Größen

Die Kinder sollen realistische Vorstellungen von Größen aufbauen (Stützpunktvorstellungen). „Der Aufbau von Größenvorstellungen wird wesentlich von konkreten Messerfahrungen geprägt, die nach und nach allein in der Vorstellung stattfinden können. Die Fähigkeit realistisch zu *schätzen*, setzt die Verinnerlichung von Vergleichsmaßen voraus. Erst auf der Basis ausreichender Messerfahrungen zu einer Größe können Stützpunktvorstellungen aktiviert und miteinander in Beziehung zum zu schätzenden Objekt gesetzt werden" (a.a.O., S. 106). Besonders wichtig sind Größenerfahrungen am eigenen Körper (didaktische Standardforderung).
Beispiele für *Stützpunktvorstellungen* zu Längen:
1mm – Dicke eines Fingernagels
1 cm – Breite eines Daumennagels

3. Überbetonung willkürlicher Maßeinheiten vermeiden

„Beim ausschließlichen ‚Messen' mit willkürlichen Messwerkzeugen, das sich über mehrere Unterrichtsstunden hinzieht, entsteht bei vielen Kindern die Fehlvorstellung, Messen sei gleichzusetzen mit Zählen. Dem kann nur durch den frühen Einsatz standardisierter Einheiten ... vorgebeugt werden" (Peter-Koop 2008, S. 21). Bei der Arbeit mit alten Maßeinheiten erkennen die Kinder jedoch, dass sich die heute gebräuchlichen Längenmaße entwickelt haben.

Strukturmodell:

Hinführung	
Problemstellung	Vorstellen einer Sach-, Spiel- oder Alltagssituation (z. B. eine Strecke, ein Gewicht usw. muss festgestellt werden); Vorerfahrungen sammeln und aufgreifen (z. B. auch durch diagnostische Gespräche oder kleine Tests); Sammeln von Erfahrungen im Umgang mit verschiedenen Größen (z. B. Hantieren, Bauen, Malen); Begriffe zur Beschreibung ihrer Erfahrungen festigen (z. B. „länger – kürzer")
Problemfixierung	Formulierung und Fixierung einer Fragestellung
Aufbau des Begriffs	
Direkter Vergleich	Vergleichen der Repräsentanten einer Größe: Bewusste Auseinandersetzung mit den Relationsbegriffen, Verwenden von Vergleichswörtern; Notation von einfachen Pfeildiagrammen; Beschreibung der Größenverhältnisse („A ist länger als B"); Sortieren und Ordnen vom Kleinsten zum Größten, vom Leichtesten zum Schwersten
Indirekter Vergleich	a) Indirektes Vergleichen mithilfe von selbst gewählten Maßeinheiten: Dritter Repräsentant als Vermittler zwischen den zu vergleichenden Objekten; Situationen, bei denen ein direkter Vergleich nicht mehr möglich ist, z. B. Vergleich unterschiedlicher Gegenstände hinsichtlich ihrer Länge mit körpereigenen Maßen bzw. mit vereinbarten Hilfsmitteln (Hefte, Cuisenaire-Stäbe); dieselbe Aufgabe durch verschiedene Einheiten ausdrücken b) Indirektes Vergleichen mithilfe standardisierter Maßeinheiten durch Messen mit verschiedenen Messgeräten: Erkennen, dass eine möglichst große Übereinstimmung bei Messungen genormte Maßeinheiten benötigt; Messen mit Hilfsmitteln und Verbalisieren der Messergebnisse; Aufbau von mentalen Stützpunktvorstellungen; Rolle der Null Schätzen – Messen – Vergleichen
Rückbesinnung	
Sicherung	
Anwendung	Messübungen (auch in der Freiarbeit), z. B. Ausmessen verschiedener Objekte mit der erarbeiteten Maßeinheit; Sensibilisierung der Schüler für die Wahl angemessener Einheiten; Übungsformen in Sachzusammenhängen; Einbringen in fächerübergreifende Themen
Operative Übung	Erkennen der Invarianz einer Größe; gleiches Gewicht, verschiedene Gewichtsstücke

Unterrichtsbeispiel:
„So groß sind wir! – Messen mit Zentimetern,
2. Jahrgangsstufe
Entscheidend für den Einsatz der einzelnen Phasen der didaktischen Stufenfolge sind die Voraussetzungen der Kinder. Es geht um einen verständigen Umgang mit Größen.

I. Hinführung

1. Reale Situation

Körpermaße und Schulmöbelgröße: Klasse bekommt neue Schulmöbel, Zuordnung von Körpergröße und Stuhlgröße ist wichtig

2. Problemstellung

Wie groß sind wir?
Wer ist das größte/kleinste Kind?
S bringen ihr Vorwissen ein
(z. B. „Ich bin einszwanzig.")

II. Aufbau des Begriffs

1. Teilschritt: Direkter Vergleich

- Nebeneinanderstellen (Rücken an Rücken)
- Aufstellen der Größenreihenfolge (Relationen „ist gleich groß" – „ist größer als" – „ist kleiner als")
- Kinder fertigen jeweils mit Partner einen schmalen Papierstreifen (aus Packpapier oder Papierrolle) an, der etwas länger ist als ihre Körpergröße; Streifen werden beschriftet, an die Wand gehängt (Unterkante berührt Boden), Mitschüler markiert mithilfe eines auf den Kopf gelegten Lineals oder Buchs die Körperhöhe, Lehrperson achtet auf genaues Messen (senkrechter Winkel zur Wand)

2. Teilschritt: Indirekter Vergleich mit selbst gewählten Maßeinheiten

a) Unterrichtsgespräch
In früheren Zeiten benutzten die Menschen Arme und Beine zum Messen (Vorschläge der Schüler, bildliche Darstellungen an der TA und evtl. im Schulbuch)

b) Gruppenarbeit
1. Körpermaße feststellen und miteinander vergleichen (z. B. längste Armspanne)
2. Gegenstände im Klassenzimmer auswählen und mit *geeigneten* Körpermaßen messen
3. Körpergrößen (siehe Papierstreifen an der Wand) messen
   Darstellung auf Plakaten: Tabellen verwenden bzw. zeichnen

Grundsatz: Schätzen – Messen – Notieren – Vergleichen

c) Präsentation der Ergebnisse

Unser Pult		
	Handspanne	Ellen
Anna	14	...
Kilian	13	...

So groß sind wir			
Maria	Daniel	Karin	Moritz
4 Ellen Handspannen ...	6 Ellen Handspannen ...	5 Ellen Handspannen ...	5 Ellen Handspannen ...

d) Ergebnisvergleich mit anderen Gruppen *(Rechenkonferenz)*
Denkt gemeinsam über folgende Fragen nach und schreibt eure Ergebnisse auf:
- *Was fällt euch auf?*
- *Wie erklärt ihr euch die Unterschiede?*
- *Warum kommt ihr zu verschiedenen Ergebnissen?*
- *Wie könnt ihr messen, damit ihr zu gleichen Messergebnissen kommt?*
- *Probiert es aus!*

Erkenntnis:
Die Ergebnisse sind verschieden, weil Körpermaße verschieden sein können.
Wir brauchen ein einheitliches Maß!

3. Teilschritt: Indirekter Vergleich mit standardisierten Maßeinheiten

(weiterer Unterrichtsverlauf hängt auch von den Ergebnissen der Gruppen ab)

Beispiele für weiteres Vorgehen:
Einsatz des Folienlineals, Stempelfarbe
- S nennen bekannte (vereinheitlichte) Messgeräte
  Evtl. Einsatz von gleichlangen Papierstreifen oder Schnüren
- Messen mit dem 30 cm – Lineal
  - Daumenbreite und Fingerspanne messen
  - Messvorgang beschreiben
    z. B. „Ich lege meinen Daumen bei 0 an. Mein Zeigefinger reicht bis dicht an die 10. Meine Fingerspanne beträgt fast 10 cm."
- Einteilung des 30-cm-Lineals (3 Fingerspannen)
  Einsatz eines 10-cm-Lineals nur mit cm-Markierung (ohne mm-Einteilung klarer strukturiert)

Schätz- und Messübungen mit dem Lineal:
- Körperlängen messen
- am Nullpunkt anlegen

Eintrag auf Plakat/Papierstreifen

III. Rückbesinnung

a) Bezug zu Vorwissen (siehe I. 2.) (z. B. „Ich bin einszwanzig.")
b) Mögliche Fragen:
- *Wann ist es sinnvoll zu messen?*
- *Wann reichen Schätzungen?*
- *Welches Messinstrument ist geeignet? Wie setzt du es richtig ein?*

IV. Sicherung

Messen in Zentimetern:
- Welche Strecke ist länger?
- Muster ausmessen, abzeichnen und fortsetzen (Alleinarbeit)

Wir messen unsere Körpergrößen

1. Wir vergleichen und ordnen der Größe nach

2. Wir messen mit Körpermaßen

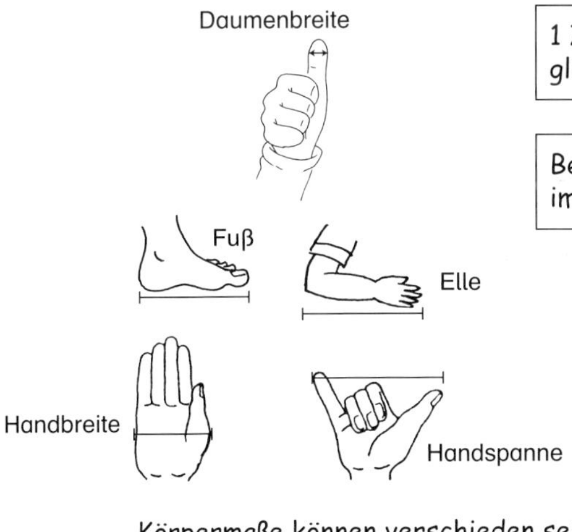

Körpermaße können verschieden sein.
Es gibt Restlängen.

3. Wir messen mit Lineal (und Meterstab)

1 Zentimeter ist immer gleich lang.

Beim Messen lege ich immer bei der Null an.

Abb. 93: Tafelbild zum Thema „Wir messen unsere Körpergrößen"

3.2.6 Übung

Fachliche Grundlagen

1. Begriff

a) Wiederholen
Die nochmalige Ausführung einer schon bekannten äußeren (motorischen) Handlung oder eines inneren (geistigen) Vorgangs zum Zwecke des Übens oder Einprägens.

b) Üben
Die Prozesse oder die dazu notwendigen Maßnahmen zur Automatisierung und Verbesserung geistiger Funktionen, von Handlungsabläufen oder Verhaltensdispositionen.

c) Operative Übung
Das Ziel der operativen Übung ist das bewegliche Denken und das Erkennen und Vernetzen von Zusammenhängen (Förderung des flexiblen Denkens).
Kennzeichen: Reversibilität, Assoziativität, Kompositionsfähigkeit

d) Produktives Üben
Produktives Üben ist Lernen und Üben in Sinnzusammenhängen. Alle Formen des Übens sind integriert: Vom gestützten, strukturierten Üben bis zum formalen, unstrukturierten Üben.

2. Bedeutung

- Im Mathematikunterricht ist die Übung besonders wichtig, weil die zu erlernenden Begriffe und Verfahren einen umfangreichen Abstraktionsprozess benötigen.
- „Alles aufgenommene Wissen, alle Kenntnisse, Fertigkeiten, Techniken, Verhaltensweisen müssen gesichert werden, d.h. sinnvoll wiederholt und geübt werden, um sie einzuprägen und für neue Lernsituationen verfügbar zu machen" (Glötzl 2000, S. 408).

3. Ziele der Übung

- Automatisierung und Sicherheit von Kenntnissen, Fähigkeiten und Fertigkeiten
- Einsicht in Zusammenhänge und Förderung der flexiblen Anwendung (Transfersteigerung und Flexibilität)
- Qualitätssteigerung (Verwendung von Lernstrategien, abkürzenden oder strategisch eleganteren Verfahren: Entwicklung eines Problembewusstseins für die Aufgabenschwierigkeiten)

4. Übungsformen

Die verschiedenen in der didaktischen Literatur aufgeführten Übungsformen können auf die folgenden Grundformen zurückgeführt werden (siehe Abb. 94, S. 197). Die von Schipper in der Übersicht dargestellten Übungsformen sind idealtypische Unterscheidungen. „An automatisierendes Üben wird sich häufig ein beziehungsreiches Üben im Sinne des operativen Prinzips nahtlos anschließen, und umgekehrt wird man beim beziehungsreichen Üben Phasen zwischenschalten, in denen der gleiche Aufgabentyp wiederholt wird" (Schipper 2009, S. 308). Auch komplexe Aufgabenformate, die eine natürliche Differenzierung ermöglichen, lassen sich nicht eindeutig den verschiedenen Übungsformen zuordnen. Alle Kinder arbeiten hier beispielsweise am gleichen Format (z.B. Zahlenmauern), aber nicht alle bearbeiten die gleichen Aufgaben zum gleichen Zeitpunkt.

a) Produktives Üben im Kontext des entdeckenden Lernens
Produktive Übungen beziehen allgemeine mathematische Kompetenzen mit ein.
„Im Rahmen des entdeckenden Lernens ist das Üben ein integraler Bestandteil des Lernprozesses in allen seinen Stadien" (Winter 1994, S. 31). Es wird „entdeckend geübt und übend entdeckt" (Winter, in Krauthausen/Scherer 2001, S. 6).

Daraus ergeben sich für das Üben im Unterricht folgende Forderungen:

- „Problemorientierung: Aufgabensequenzen sollten in der Umgebung übergeordneter Fragen stehen.
- Operativität: In Aufgabensequenzen sollten Daten systematisch so verändert werden, dass die Einsicht in Zusammenhänge vertieft wird.
- Produktivität: Aufgabensequenzen sollten möglichst von Kindern selbst erzeugt und eigenständig kontrolliert werden" (Winter 1994, S. 31).

b) Automatisierendes Üben

„Sollen Gedächtnisinhalte wie Faktenwissen und Fertigkeiten mühelos abgerufen und aktiviert werden können, so sind sie durch Übung und Wiederholung zu automatisieren" (Glötzl 2000, S. 413).

Zum einen brauchen so gefestigte Fertigkeiten keinen Platz mehr im Kurzzeitspeicher, zum anderen können sie nahezu ohne psychischen Aufwand eingesetzt werden.

Das automatisierende Üben muss in ein Gesamtkonzept des Mathematikunterrichts einbezogen werden.

Grundsätze:

- Zunächst müssen inhaltsbezogene Basiskompetenzen definiert werden (Arithmetik, z. B. Einspluseins, Einmaleins, Einsicht in die dekadische Struktur des Zahlensystems).
- Jeder Automatisierungsphase muss eine Grundlegungsphase vorausgehen (Orientierung am Verständnis).
- Neben Phasen des reinen Einübens sollen Elemente reflektierter Übung eingesetzt werden. Beim Einüben von Vorgehensweisen (z. B. Subtraktionsalgorithmus) ist es sinnvoll, immer wieder auf die zugrunde liegende Logik einzugehen.

Übungsformen	Ziele	Theoretischer Hintergrund
Automatisierendes Üben	Grundkenntnisse bis zum Auswendiglernen und Fertigkeiten bis zur sicheren Beherrschung einüben	Kenntnisse und Fertigkeiten als Entlastung bei anspruchsvolleren Aufgaben
Beziehungsreiches Üben	Operatives Üben Ausbau der Beweglichkeit des Denkens durch Herstellung vielfältiger Beziehungen und Zusammenhänge	Operatives Prinzip
	Strukturiertes Üben Entwicklung eines Verständnisses für mathematische Gesetzmäßigkeiten und Zusammenhänge	Prinzip des entdeckenden Lernens
Anwendungsorientiertes Üben	Übertragung des Gelernten auf neue Fragestellungen und Situationen	Prinzip der Anwendungsorientierung

Abb. 94: Übungsformen (Schipper 2009, S. 307)

- Basiskompetenzen werden parallel zum weiter fortschreitenden Stoff und unabhängig von diesem geübt.
- Übungsfortschritte werden registriert (ggf. spezielle Fördermaßnahmen).
- Selbstständiges Üben ermöglichen Übungsmaterialien mit Selbstkontrolle.
- Bei Übungen zum Automatisieren dürfen sich keine Fehler einschleichen! Eine unmittelbare Rückmeldung soll dies verhindern.

5. Kopfrechenübungen

a) Begriff

Aufgrund der zurückgehenden Bedeutung der schriftlichen Rechenverfahren erhält das Zahlenrechnen und somit das tägliche Kopfrechnen einen größeren Stellenwert. Wir unterscheiden zwischen Kopfrechnen (ohne Notation und Hilfsmittel wird eine Aufgabe „nur" im Kopf gerechnet) und gestütztem Kopfrechnen (halbschriftliches Rechnen: Zwischenschritte und Zwischenlösungen einer Aufgabe werden schriftlich notiert (vgl. Radatz u.a. 1998, S. 42).

Kopfrechenübungen können regelmäßig in einer eigenen Übungsphase zu Beginn einer Unterrichtseinheit bzw. Lernsequenz durchgeführt werden. Zur Rhythmisierung können auch anstrengende Unterrichtsphasen für schnelle Kopfrechenübungen unterbrochen werden.

- Ziel: Aufbau verlässlicher und flexibler Rechenfähigkeiten und -fertigkeiten; Vermittlung eines Gefühls für Zahlen und den Umgang mit ihnen
- Inhalt: Aufbau eines didaktisch begründeten Kopfrechenkurses; diffuse inhaltliche Zugehörigkeit vermeiden
- Aufgabenstellung: Die Schwierigkeit wird von verschiedenen Faktoren beeinflusst:
  - Art der Aufgabendarbietung (mündlich, schriftlich)
  - Komplexität der Zahlen
  - Gewählte Rechenverfahren (Anzahl der Rechenschritte und Zwischenergebnisse)
  - Kontrolle der Rechenprozesse (Schwierigkeit steigt mit Komplexität der Zahlen und Anzahl der Rechenschritte)

b) Beispiel: Blitzrechenübung

(vgl. Wittmann/Müller 2001, S. 30)
Der Begriff „Blitzrechnen" bezieht sich auf die Bereiche des Kopfrechnens, die automatisiert werden müssen.

1. Grundlegungsphase:

- Vorstellung der Übungsform
- Sicherstellung einer tragfähigen Verständnisgrundlage

Beispiel:
L stellt Umkehraufgaben 32 : 8, 56 : 7. Anschauliche Stützen dürfen benutzt werden.

2. Automatisierungsphase:

- Übergang zum Rechnen mit verinnerlichten Vorstellungen von Zahldarstellungen und Operationen unter zunehmendem Verzicht auf anschauliche Hilfen
- Steigerung der Schnelligkeit der Antworten

Beispiel:
Ergebnisse der Umkehraufgaben im Kopf berechnen, Umkehraufgaben der Kernaufgaben betonen und operativ variieren

c) Kopfrechenübungen mit dem Computer

- wählbare anschauliche Varianten der Aufgabendarbietung
- Selbstbestimmung durch Auswahl des Übungsmoduls
- Druckoption ermöglicht ein Vergleichen, Erweitern

(**Kopfgeometrische Übungen**, siehe Geometrie, und **Übungsgrundsätze**, siehe Übung)

Strukturmodell:

Kopfrechnen	Intensive Übungsphase von 5 bis 10 Minuten Dauer; Übungen im Rahmen des Kopfrechenkurses; vorbereitende Übungen für die Hauptübungsphase
Hauptübungsphase	
Vorbereitung	Einführung durch Problemsituation, offene Lernsituation, Rahmengeschichte; Wiederholung eines bekannten Übungsformats (z. B. Zahlenmauer); Vorstellen eines Spiels mit Klärung der Spielregeln; individuelle Leistungseinschätzung zum geplanten Übungsformat
Lösungen entdecken	Probieren; Übungsformate ermöglichen Lösungsstrategien und Entdeckungen auf unterschiedlichem Niveau (z. B. unterschiedliche Typen von Rechendreiecken bei gleichem Grundmuster); Systematisches Probieren; Finden und Notieren eigener Strategien (Eigenproduktionen); Spielen in Kleingruppen: Beobachtungsaufträge (z. B. Auffälligkeiten beobachten und überprüfen, mögliche Gewinnstrategie)
	Vorstellen der Ergebnisse; Diskussion über mathematische Strategien: Gespräch mit Partner bzw. Rechenkonferenz mit Gruppen; Veranschaulichung von Strukturen an der Tafel; Ansprechen von typischen Fehlern; Zusammenstellen von Rechentipps
Festigung	Beispiele nachrechnen; Finden von eigenen Aufgaben; Aufgaben, bei deren Lösung operative Veränderungen notwendig sind; Selbstkontrolle; Einsatz des Computers mit entsprechender Lernsoftware; individuelles Üben in der Freiarbeit
Rückbesinnung	Rückschau auf den Lernprozess; mögliche Leitfragen: Was hat dir bei der Aufgabe geholfen? An was hast du dich beim Lösen der Aufgabe erinnert? Was kannst du jetzt besser? Was musst du noch verstärkt üben?
Kontrolle	Entsprechende (offene) Aufgaben; erreichter Grad der Abstraktion; Lernstandsbestimmung

Unterrichtsbeispiel:
Übung der schriftlichen Addition mit Übertrag an Stationen,
3. Jahrgangsstufe

I. Hinführung

1. Kopfrechnen

Fortsetzung des Blitzrechenkurses

2. Zielangabe

Wir üben das schriftliche Zusammenzählen mit Übertrag (TA)

II. Üben an Stationen

1. Vorbereitung

a) Vorstellen der Rahmengeschichte (Bild an der TA)

S lösen mathematische Probleme, indem sie Dino auf seiner fiktiven Entdeckungstour helfen, die richtigen Schlüssel (Schlüsselwörter) zum Öffnen von Schatztruhen zu finden.

b) Einführung in den Stationenbetrieb
- Übersicht an der Tafel
- Kurze Erläuterung einzelner ausgewählter Stationen (z. B. neue Elemente)
- Verhaltensschwerpunkt herausstellen (TA)

> Wir arbeiten sauber und übersichtlich:
> - In jedes Kästchen nur eine Zahl
> - Summenstrich ein halbes Kästchen tiefer

2. Durchführung

- Freie Wahl der Reihenfolge und Sozialform
  S bearbeiten Stationen selbstständig anhand des Stationenplans (Laufzettel)
- Auswahl der Aufgaben innerhalb einer Lernstation vor allem aufgrund realistischer Selbsteinschätzung
- evtl. arbeitet Lehrperson mit S mit besonderem Förderbedarf unter Einsatz entsprechenden Materials
- Lehrperson als Lernbegleiter, L bzw. einzelne S schreiben während der Durchführung Beispiele für besondere Lernwege, Entdeckungen, Fehler auf Folie bzw. Plakat

3. Abschluss/Aufräumphase

Musikeinsatz

III. Rückbesinnung

Unterrichtsgespräch, S begründen ihre Meinungen

a) Beispiele für Leitfragen zum Lernprozess (Lehrperson setzt Schwerpunkte):
- Welche Station war für mich leicht?
- An welchen Stationen habe ich am besten gelernt?
- Bei welcher Station wusste ich genau/nicht genau, was ich üben soll?

b) Auswertung der Forscheraufträge

c) Auswertung der während der Durchführung notierten Besonderheiten

(schwächere) Kinder lernen geeignete Strategien der Mitschülerinnen und Mitschüler kennen

IV. Kontrolle

- repräsentative Aufgaben mit verschiedenen Schwierigkeitsgraden
- Forscherauftrag für besonders leistungsstarke S: Wie viele Platzhalter dürfen in einer Aufgabe vorkommen, damit sie noch eindeutig lösbar ist?

Zusätzliche praktische Hinweise:

Zusammenstellung der Stationen

Eine Station kann auch eine Aufgabenstellung enthalten, deren Lösung im bisherigen Unterricht noch nicht eingeführt wurde, z.B. Addition mit mehreren Überträgen, mehreren Summanden; schriftliches Abziehen mit zwei Übergängen.
Dies ist wiederum eine Chance zur Reflexion.

Zur Differenzierung

In der Regel können wir in der Klasse drei Gruppen unterscheiden:

- besonders lern- und leistungsstarke Kinder
- Kinder mit mittlerem Lern- und Leistungsniveau
- langsame und leistungsschwache Kinder

Jede Leistungsgruppe erhält Aufgaben mit entsprechenden Schwierigkeitsstufen (Wechsel der Gruppen ist möglich). Die Lehrperson kann auch für jede Leistungsgruppe Aufgabenstellungen mit zwei Schwierigkeitsstufen anbieten. Die Kinder dürfen dabei jedoch nicht die Übersicht verlieren. Aufgabenkarten mit verschiedenen Farben tragen zusätzlich zur übersichtlichen Anordnung der Aufgaben bei.

Gruppe	Aufgabentyp
	A B
	B C
	C D

Alternative Organisationsform

Die Übungsformate können auch innerhalb einer *Lerntheke* angeboten werden.

Beispiele für Stationen:

Station 1: Der Schlossgeist war da und hat gekleckst!

Material: Auftragsscheibe
(zwei miteinander verbundene Scheiben aus Pappe, hintere Scheibe mit Platzhalteraufgaben, vordere Scheibe deckt jeweils nur eine Aufgabe auf)

Übungsschwerpunkte:

- Lösen von Platzhalteraufgaben (Aufgaben über die Ermittlung der fehlenden Zahlen schriftlich vervollständigen)
- quantitative Differenzierung: Auftragsscheibe mit 4 bzw. 5 Aufgaben
- qualitative Differenzierung: 3 Platzhalter in den Summanden bzw. 2 Platzhalter in den Summanden und einen im Ergebnis
- Selbstkontrolle

Station 2: Spiel „1 000 gewinnt!"

Jeder S zieht 6 Ziffernkärtchen und legt sie so zu zwei dreistelligen Zahlen, dass ihre Summe möglichst nahe an 1 000 ist, diese Zielzahl aber nicht überschreitet.

Buchstaben werden verschiedenen Zahlen zugeordnet. Aus den richtigen Ergebnissen ergibt sich das Schlüsselwort für die Schatztruhe.

Übungsschwerpunkte:

- spielerisches Üben der schriftlichen Addition mit mathematischer Problemstellung und Förderung des sozialen Lernens
- selbstständige Zusammenstellung von operativen Übungen zur schriftlichen Addition (Entwickeln von Lösungsstrategien)

Station 3: Schlüsselwort suchen

Übungsschwerpunkte:

- Fähigkeit im mündlichen und schriftlichen Rechnen einschätzen
- Rechenstrategien und Rechenvorteile erkennen und nutzen

Auszug aus Auftrag: 399 + 398 | 274 + 468 ...

Welche Aufgabe löst du im Kopf, welche schriftlich? Entscheide selbst!
Knicke dazu eine Heftseite in der Mitte. Über die linke Hälfte schreibst du „im Kopf", über die rechte Hälfte „schriftlich". Ergänze in jeder Spalte noch eine eigene Aufgabe!

3.2.7 Sachrechnen

Fachliche Grundlagen

1. Begriff

a) Unter Sachrechnen wird zweierlei verstanden:

- Umwelt- und Erfahrungsbezug:
  Die Vorkenntnisse der Kinder dienen als Ausgangspunkt für die Entwicklung mathematischer Modelle und Verfahren.
- Anwendungsorientierung:
  Die erworbenen Kenntnisse, Fertigkeiten und Fähigkeiten werden zur Lösung von Alltagsproblemen und zur Erschließung der Welt mit mathematischen Mitteln verwendet.

b) Aufgabenarten

Ohne Anspruch auf Trennschärfe können nach Schipper vier Typen von Sachaufgaben unterschieden werden (siehe Abb. 95). Die verschiedenen Aufgabenarten orientieren sich an den unterschiedlichen Zielen des Sachrechnens.

c) Strukturmerkmale von Sachaufgaben

Folgende Aspekte beinhalten die Sachaufgaben in unterschiedlicher Form:

- Sachlicher Aspekt (z. B. Sachsituation)
- Sprachlicher Aspekt (z. B. Tabelle)
- Mathematischer Aspekt (z. B. mathematische Struktur)
- Rechnerischer Aspekt (z. B. Grundrechenarten)

Aufgabentyp	Charakterisierung	Ziele
Eingekleidete Aufgabe	In Worte gefasste Rechenaufgaben Sachtexte, die eine direkte Umsetzung einer Grundvorstellung fordern	Anwenden und Üben von Rechenfertigkeiten und -fähigkeiten sowie Einüben von mathematischen Fachbegriffen Ein Sachmodell muss nicht entwickelt werden Überprüfen von Grundvorstellungen
Textaufgabe	In Textform dargestellte Aufgaben, bei denen die Sache weitgehend bedeutungslos und austauschbar ist. Die Vielfältigkeit und Komplexität der Sache in der Realität werden bei derart konstruierten Aufgaben nicht berücksichtigt.	Das Ziel liegt in der Förderung von Rechenfähigkeiten. Der Sachverhalt spielt praktisch keine Rolle. Bei dieser schulischen Kunstform liegt die Hauptanforderung in der direkten Übersetzung der im Text gegebenen Informationen in Gleichungen der mathematischen Fachsprache. Textaufgaben bilden den Schwerpunkt beim traditionellen Sachrechnen.
Sachaufgabe	Die Sache selbst steht im Vordergrund, die Mathematik liefert nur Hilfsmittel zur Bearbeitung bzw. Erschließung. Alltagswissen über Sachzusammenhänge muss vorhanden sein.	Anwendung mathematischen Wissens in realistischen Sachsituationen Es besteht ein echtes Interesse an der Sache.
Sachproblem Sachprojekt	Komplexe realitätsnahe Sachprobleme, deren Bearbeitung ein sicheres Verständnis der Sachsituation erfordert. Im Bearbeitungsprozess müssen Entscheidungen getroffen werden, die zu verschiedenen Lösungen führen können.	Lösung eines tatsächlichen Problems mit verschiedenen Modellierungen auf der Basis unterschiedlicher Annahmen. Die Bearbeitung des Problems soll zu Erkenntniszuwächsen in der Sache führen.

Abb. 95: Typen von Sachaufgaben (vgl. Schipper 2009, S. 242)

2. Ziele

Die folgenden drei Zielrichtungen des Sachrechnens sind miteinander verzahnt (vgl. Schipper 2009, S. 237 f.).

a) Sachrechnen zur Förderung des Rechnens (Primat des Rechnens)

Es geht hier vor allem um das Erkennen der notwendigen Operationen und ihrer Verknüpfungen. „Sachrechnen ... soll ... helfen, Grundvorstellungen für mathematische Begriffe und Operationen auszubilden, zu festigen und auf weitere Sachverhalte anwenden zu können" (a.a.O., S. 237).

b) Sachrechnen zur Erschließung der Umwelt (Primat der Sache)

„Sachrechnen soll der Umwelterschließung dienen und zur Alltagsbewältigung beitragen. Um dem Leben, also Alltagssachverhalten, zu entsprechen, dürfen die im Unterricht einbezogenen Situationen nicht reduziert werden, sondern müssen komplex und umfassend sein, damit den Schülerinnen und Schülern bei dieser Bearbeitung die Beziehungen zwischen ihrem mathematischen Wissen und dem Sachwissen deutlich werden" (Franke/Ruwisch 2010, S. 23). Zu bedenken ist, dass die verwendeten Lösungsstrategien jeweils auch vom situativen Kontext abhängig sind. „Schulisches Lernen stellt sich damit immer – auch als noch so authentisches Projekt – als ein simulierendes Lernen dar" (a.a.O., S. 24).

c) Sachrechnen als Mathematisierungs- bzw. Modellierungsprozess (Primat des Lösungsprozesses)

Das Sachrechnen zur Erschließung der Umwelt umfasst auch den Prozess der Mathematisierung einer Sachsituation. „Im Sinne des Modellierens dienen Sachaufgaben nicht mehr nur der Förderung der Rechenfähigkeit, auch nicht mehr nur der Umwelterschließung durch ihre rechnerische Durchdringung. Im Mittelpunkt der unterrichtlichen Bemühungen steht vielmehr der *Prozess der Lösung* von Problemaufgaben. Die Kinder sollen lernen, selbstständig Probleme zu lösen, für die sie noch keine Lösungsverfahren gelernt haben ... Ob eine Aufgabe tatsächlich eine Problemaufgabe ist, für die nicht unmittelbar ein Lösungsverfahren zur Verfügung steht, hängt vom einzelnen Kind ab" (Schipper 2009, S. 239).

Der Prozess des Modellierens wird in idealtypischer Weise als Kreislauf beschrieben. Sachsituationen werden durch ein wechselweises Arbeiten auf den Ebenen der Sache und der Mathematik bewältigt (siehe Abb. 96, S. 204). Im Sachrechnen müssen die Kinder intensive Erfahrungen mit Übertragungsvorgängen machen können.

3. Sachrechnen im Kontext der Bildungsstandards

a) Inhaltsbezogene Kompetenzen

Das Sachrechnen erscheint nicht als eigene Leitidee, ist aber in den anderen Leitideen integriert. Der Inhaltsbereich *„Größen und Messen"* enthält die Kompetenzbereiche *„Größenvorstellungen besitzen"* und *„mit Größen in Sachsituationen umgehen"*. Mit dem Inhaltsbereich *„Daten, Häufigkeiten und Wahrscheinlichkeit"* werden weitere Teilaspekte des Sachrechnens aufgegriffen und in einem eigenen Bereich verankert. Auch die Inhaltsbereiche *„Zahlen und Operationen"* und *„Muster und Strukturen"* lassen sich dem Sachrechnen zuordnen.

Der Bereich „In Kontexten rechnen" stellt den Zusammenhang zwischen Sachrechnen und Arithmetik her. Im Zentrum steht das Lösen von Sachaufgaben. Die entsprechenden Einzelkompetenzen weisen auch auf metakognitive Kompetenzen hin (z.B. Ergebnisse auf Plausibilität prüfen).

Der Kompetenzbereich *„Funktionale Beziehungen erkennen, beschreiben und darstellen"* weist daraufhin, dass die Kinder „Erfahrungen zu funktionalen Beziehungen systematisch zu Kompetenzen erweitern sollen: funktionale Beziehungen erkennen, beschreiben und entsprechende Aufgaben lösen; funktionale Beziehungen in Tabellen darstellen und untersuchen, einfache Proportionalitätsaufgaben lösen" (Franke/Ruwisch 2010, S.28). Im Inhaltsbereich *„Raum und Form"* lassen sich die einzelnen Kompetenzbereiche *„Sich im Raum orientieren"* und *„Flächen- und Rauminhalte vergleichen und messen"* mit dem Sachrechnen verknüpfen.

b) Prozessbezogene Kompetenzen

Für das Sachrechnen sind alle prozessbezogenen Kompetenzen relevant: *Problemlösen* (z. B. Strategien entwickeln und Zusammenhänge herstellen), *Kommunizieren* (z. B. eigenes Vorgehen mitteilen, andere Gedanken nachvollziehen), *Argumentieren* (z. B. mathematische Aussagen auf Korrektheit prüfen) und *Darstellen* (z. B. geeignete Darstellungen entwickeln und nutzen).
Das *Modellieren* als eigener prozessbezogener Kompetenzbereich bezieht sich vor allem auf das Sachrechnen und verleiht dem Sachrechnen besondere Bedeutung.

Bezogen auf diese Modellierungskompetenzen sollen die Kinder am Ende der Grundschulzeit

- „Sachtexten und anderen Darstellungen der Lebenswirklichkeit die relevanten Informationen entnehmen,
- Sachprobleme in die Sprache der Mathematik übersetzen, innermathematisch lösen und diese Lösungen auf die Ausgangssituation beziehen,
- zu Termen, Gleichungen und bildlichen Darstellungen Sachaufgaben formulieren" (KMK 2004b).

4. Aufgaben zum Sachrechnen

Für die Auswahl von „guten" Sachaufgaben gelten nach Winter folgende Kriterien (Winter, in Franke/Ruwisch 2010, S. 33):

„Kriterien zur Konstruktion und Realisation ‚guter Sachaufgaben'

1. ‚Gute Sachaufgaben' erwachsen aus einer Thematik, die Neugier und Interesse wecken kann, die Schülerinnen und Schülern etwas bedeutet.
2. ‚Gute Sachaufgaben' animieren zum sachorientierten Handeln, insbesondere zum Experimentieren und Explorieren.
3. ‚Gute Sachaufgaben' sind mit grundlegenden mathematischen Ideen verbunden/verbindbar.
4. ‚Gute Sachaufgaben' stimulieren Modellbildung, das Deuten und Verstehen von Sachsituationen im Lichte mathematischer Begriffe.
5. ‚Gute Sachaufgaben' vertiefen und vermehren das Wissen über Phänomene unserer Welt (Aufklärung) und formen unsere alltäglichen Denk- und Sprechweisen.
6. Von ‚guten Sachaufgaben' gehen Anstöße zu Variationen und Übertragungen auf andere Sachsituationen aus.
7. ‚Gute Sachaufgaben' sind problemhaltig oder können zu problemhaltigen Aufgaben weiterentwickelt werden, die Gelegenheit verschaffen, heuristische Vorgehensweisen gezielt zu kultivieren."

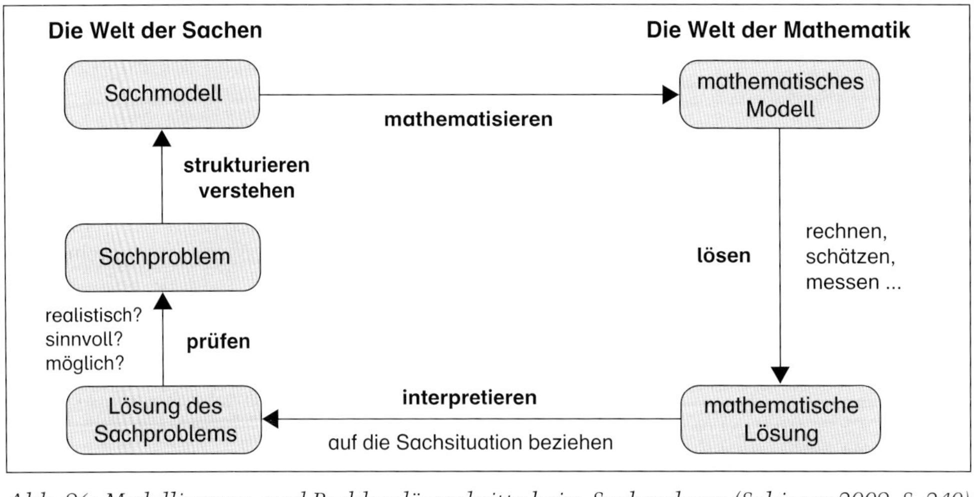

Abb. 96: Modellierungs- und Problemlöseschritte beim Sachrechnen (Schipper 2009, S. 240)

Didaktische Grundsätze

1. Herausfordernde Situationen

Mit herausfordernden Aufgaben, die zum Entdecken mathematischer Sachverhalte anregen, kann man den Kindern mehr zumuten. Die sinnstiftenden (offenen) Sachsituationen aus der kindlichen Lebens- und Erfahrungswelt werden in unterschiedlichen Darstellungsformen angeboten und zunehmend komplexer.

2. Selbstständige gründliche Erschließung der Sachaufgaben und ihrer Darstellungen

Sachdurchdringung (z. B. durch praktisches Handeln) und das Aufdecken von Sachzusammenhängen helfen bei der Erschließung. Erst wenn ein Sachzusammenhang erfasst worden ist, kann er in eine mathematische Operation übersetzt werden.

3. Entwickeln und Zulassen eigener Lösungsstrategien und -wege

Offene Lernsituationen im Sachrechnen sind Gelegenheiten für entdeckendes Lernen. Deshalb sind eigene Wege, die direkt, indirekt oder auch nicht zur Lösung führen, zentraler Ausgangspunkt. Die Erprobung eigenwilliger und vielfältiger Lösungswege unterstützt Kreativität. Vorbilder und Beispiele von Lösungswegen können die Kinder zu eigenen Lösungsversuchen anregen. Eine wichtige Grundhaltung der Lehrperson ist folgende: Ich möchte wissen, wie du denkst!

4. Vermittlung von Problemlösestrategien und Lerntechniken

Die Kinder sollten das Aufbauen, Verändern oder Erweitern von Lösungshilfen und -strategien durch gezielte Übung lernen (Aufbau eines Repertoires an überdauernden Lösungshilfen und -strategien).

5. Gemeinsame Auseinandersetzung mit mathematischen Problemen

Kooperatives Lernen aus der Sache heraus ist sowohl bei der Lösungsplanung (Entwickeln von Lösungen) als auch beim Austausch von verschiedenen Lösungswegen möglich. Leistungsstärkere Kinder können zeitweise als Tutoren eingesetzt werden. Die Kommunikation mit den Mitschülerinnen und Mitschülern in einer Atmosphäre gegenseitiger Wertschätzung ist für die Ausbildung mathematischen Denkens grundlegend. Geistige Aktivität erfordert gegenseitige Anregung und Überprüfung durch kritisches Denken. Die Fähigkeit, Beobachtungen, Überlegungen und Begründungen zu mathematischen Sachverhalten mündlich und schriftlich auszudrücken, sollte kontinuierlich weiterentwickelt werden.

6. Verfeinerung von Problemlösestrategien durch Rechenkonferenzen

„So rechne ich – wie rechnest du?" Rechenkonferenzen bieten den Rahmen, auf verschiedene Problemlösestrategien zurückzuschauen und Ergebnisse auf mathematische und sachliche Plausibilität zu überprüfen. Sie unterstützen die Kinder auf dem Weg zu einer systematischeren Vorgehensweise und trainieren ihre Ausdrucksfähigkeit. Auch die Bewusstheit über das eigene Denken entwickelt sich.

7. Lernprozessbegleitende Dokumentation

Das Lernheft enthält schriftliche Eigenproduktionen, die in Form von Texten, eigenen Ikonisierungen, Rechenwegen und deren Mischformen auftreten können. Beim Schreiben ist gegenüber dem Sprechen der Äußerungsprozess erheblich verlangsamt. Die Prozesse treten dadurch deutlicher ins Bewusstsein. Die Kinder sollte man behutsam anregen, eigene Lösungsideen aufzuschreiben. Sie brauchen Zeit, um sich darauf einzulassen.

Strukturmodell:

Kopfrechnen	Aufgabenstellung kann sich nach den in der Sachaufgabe enthaltenen Zahloperationen richten; Fortsetzung des Kopfrechenkurses
Problemstellung	
Präsentation der Aufgabe	Mögliche Darstellungsformen von herausfordernden Sachaufgaben: Realvorhaben, szenische Darstellung, Bild(er), Tabellen, Text, Hörspiel, fiktives Vorhaben
Erschließung der Aufgabe und ihrer Darstellung	Sachdurchdringung ermöglichen: informatives Lesen; Sachsituationen handelnd nachvollziehen und verbalisieren; Einsatz von Arbeitsmitteln; Situationsskizzen; Sachzusammenhänge aufdecken: Unterscheiden, Ordnen, Vergleichen von Fragen nach sach- bzw. handlungsorientierten und mathematisch ausgerichteten Fragen; Präzisierung und Fixierung des Rechenproblems; Hervorheben von mathematisch relevanten Daten und Beziehungen (Quantifizieren)
Problemlösung	
Entwicklung von Lösungshilfen und -strategien	Selbstständige Lösungsversuche; systematisches Herangehen (bekannte Lösungshilfen verwenden); Probieren und Kombinieren; situationsadäquate Modelle selbst entwickeln; Funktion einzelner Bearbeitungshilfen transparent machen; Erarbeitung grundlegender Begriffe; Rechenschritte geordnet notieren; Überschlagsrechnungen durchführen
Präsentation der Lösungen	Lösungsstrategien vergleichen und werten; mathematische Gespräche im Klassenverband bzw. in Kleingruppen (Rechenkonferenzen); selbst entwickelte, individuell hilfreiche Lösungshilfen vorstellen; Argumentationsketten für individuelle Rechenwege darstellen; eigene Denk- und Rechenfehler finden
Rückbesinnung	Operatives Durcharbeiten der Zusammenhänge; Lösung auf mathematische Richtigkeit und Plausibilität des Ergebnisses durch Rückführung auf Sachzusammenhang überprüfen; Bezug zu bereits bekannten Lösungshilfen und -strategien herstellen; Lernheft ergänzen (vorteilhafter Lösungsweg)
Übung und Anwendung	Operative Übungen; verschiedene Lösungswege und -hilfen von Mitschülern nachvollziehen; Was wäre, wenn ...?; Sachrechenkartei weiterführen (Aufgaben und Repertoire an Lösungshilfen und -strategien ergänzen)

Unterrichtsbeispiel: *„Korbinians Zimmer wird neu tapeziert"*, 4. Jahrgangsstufe

Aufgabe im Kontext der Bildungsstandards

1. Inhaltsbezogene Kompetenzen

Raum und Form:
Flächeninhalt vergleichen und messen

Größen und Messen:
Mit Größen in Sachsituationen umgehen (Geld, Längenmaße)

Zahlen und Operationen:
In Kontexten rechnen (Beziehungen zwischen der Sache und den Lösungsschritten beschreiben, Ergebnis auf Plausibilität prüfen, Sachaufgabe systematisch lösen und variieren)

Muster und Strukturen:
Funktionale Beziehungen erkennen, beschreiben und darstellen, einfache proportionale Zuordnungen (Bahnen – Rollen) vornehmen und sprachlich beschreiben

2. Prozessbezogene Kompetenzen

Problemlösen:
Lösungsstrategien für das Sachproblem entwickeln und systematisch probieren (Zwischenfragen, hilfreiche Skizzen für das Rechnen)

Kommunizieren:
Eigenes Vorgehen mitteilen und die Gedanken anderer nachvollziehen

Argumentieren:
Mathematische Aussagen hinterfragen und auf Korrektheit überprüfen

Darstellen:
Geeignete Darstellungen entwickeln, auswählen und nutzen; Darstellungen miteinander vergleichen und bewerten

Modellieren:
Siehe Modellierungskompetenzen und Problemlöseschritte, Abb. 96 S. 204

3. Beschreibung der angestrebten Kompetenzen

- Komplexen Sachverhalt systematisch durchdenken, planerisch erfassen und entstehende Kosten berechnen
- Anfertigen einer den Denk- und Vorstellungsprozess unterstützenden Skizze, die die Berechnung der benötigten Tapetenbahnen vereinfacht

Didaktische Überlegungen

Die Renovierung des eigenen Kinderzimmers ist ein interessanter sinnstiftender Kontext. Man geht von einer realen oder real möglichen Situation aus. Eigene Erfahrungen der Kinder werden aktiviert. Die notwendige Flexibilität beim Problemlösen ist gewährleistet. Eigene Wege werden berücksichtigt.

Vorwissen:
Die Kinder sollten schon Erfahrungen im Umgang mit Skizzen haben und wissen, wie unterschiedlich Skizzen aussehen und wie sie beschriftet werden können. Von Vorteil ist es, wenn die Kinder schon den Maßstab kennengelernt haben. Die Kenntnis des Quaders kann die Raumvorstellung unterstützen. Zur lernprozessbegleitenden Dokumentation ist es ebenfalls vorteilhaft, wenn die Kinder es schon gewohnt sind, Denkwege schriftlich zu fixieren.

Skizzen anfertigen (didaktischer Schwerpunkt):
Die Fähigkeit zum Arbeiten mit Skizzen soll im Unterricht systematisch weiterentwickelt werden. Skizzen sind vor allem bei geometrischen Aufgabenteilen (z.B. Flächen) geeignet.
Zur besonderen Veranschaulichung messen Kinder eine Wand des Klassenzimmers tatsächlich aus und fertigen eine entsprechende Skizze an. Die Kinder überlegen auch, wie exakt und genau das im Text Gegebene dargestellt werden muss und wo der Zusammenhang zwischen Gegebenem und Gesuchtem an der Skizze deutlich wird.

Artikulation/Inhalt	Unterrichtsaktivitäten/Sozialformen/Medien
I. Kopfrechnen	Überschlagen: z. B. 2,88 € · 6 13,92 € · 9 20,88 € · 6 313,32 € · 9 208,88 € · 6 usw.
Kopfgeometrie	Wiederholung des Quaders: Beschreibung des Quaders bzw. Quadernetzes
II. Problemstellung	
1. Hinführung zum Sachverhalt	Szenische Darstellung: Korbinians Zimmer soll renoviert werden (Gespräch zwischen Eltern und Korbinian)
2. Vorwissen aktivieren über notwendige Arbeitsschritte beim Tapezieren	evtl. vorbereitende Hausaufgabe Partnerarbeit Begriffsklärung „Tapete/tapezieren“
3. Präsentation der Sachaufgabe (Textform)	stilles/lautes (informatives) Lesen mit freier Aussprache
4. Weitere Erschließung der Sachaufgabe und ihrer Darstellung	
anschauliche Begriffsklärung anhand realer Gegenstände	Raufasertapete, Tapetenbahn, -rolle
Verbalisierung der in Kurzform angebotenen Angaben Qualität wirkt sich auf Preis aus	Text mündlich erweitern
Sachsituation handelnd nachvollziehen	eine Tapetenbahn abmessen, schneiden, anlegen
Fragen, die die Familie beschäftigen	Fragen in Partnerarbeit auf Folien- bzw. Papierstreifen notieren

Artikulation/Inhalt	Unterrichtsaktivitäten/Sozialformen/ Medien
5. Präzisierung und Fixierung des Rechenproblems	
Fragen ordnen • Fragen, die sich anhand des Textes beantworten lassen • Fragen, zu denen man nur Vermutungen anstellen kann (z. B. Wie viel muss man für Fenster und Türe aussparen?) • Fragen, zu denen man eine Rechnung durchführen muss, um sie beantworten zu können	S ordnen Fragen nach bereits bekannten Kriterien (Tafel bzw. Seitentafel)
III. Problemlösung	
1. Entwickeln von Lösungshilfen und -strategien Lösungsversuche in heterogenen Gruppen (Tipp: Zur Berechnung der Anzahl der Tapetenbahnen kann dir eine sinnvolle Skizze helfen. Beschrifte sie!)	Organisation der Gruppenarbeit: Gruppen können stellvertretend für das Kinderzimmer eine Wand des Klassenzimmers/Schulhauses tatsächlich ausmessen pro Gruppe Tapetenstreifen, Karopapier, beschriftete Skizzen, Rechenwege und Überschläge auf Folie bzw. Tapetenresten Denkwege schriftlich fixieren (Arbeitsweise bekannt)
2. Präsentation der Lösungen • Lösungshilfen und -strategien vergleichen und werten • Leitfragen für das Zuhören (z. B. Wie viele unterschiedliche Lösungshilfen (Skizzen) wurden gefunden?) • Entwickelte Lösungshilfen und -strategien begründen und Verschiedenartigkeit herausstellen • Überschläge vergleichen	Zwei Beispiele für schriftliche Schüleräußerungen im Sinne einer lernprozessbegleitenden Dokumentation: Wir haben es genau im Maßstab aufgezeichnet weil man dann gleich weiß wie viele Bahnen man braucht. Die gegenüberliegenden Wände sind gleich darum rechne ich zwei mal neun Bahnen. Bei den anderen Wänden brauche ich zwei mal sieben Bahnen weil eine Wand einen Meter kürzer ist. Eine Bahn muss genauso hoch wie das Zimmer sein, deswegen können aus einer Rolle vier Bahnen geschnitten werden.

Artikulation/Inhalt	Unterrichtsaktivitäten/Sozialformen/ Medien
IV. Rückbesinnung	
• Fehler berichtigen • Inwieweit konnte auf bekannte Lösungsstrategien zurückgegriffen werden? • Erkenntnis: Die Skizze vereinfacht die Berechnung der benötigten Tapetenbahnen • Plausibilität der Ergebnisse überprüfen (Problem: Aussparung für Fenster und Türe)	
	S ergänzen Lernheft (z. B. individuell vorteilhafte Lösungsskizze mit kurzer schriftlicher Begründung)
V. Übung und Anwendung	
• Aufgabe selbstständig erweitern	Maße für Fenster und Türen angeben und Auswirkungen für die Anzahl der Tapetenbahnen ermitteln; Anbringen von Fußleisten und Berechnung der vom Material abhängigen Kosten; Verwendung von Wandfarbe; Tapezierausrüstung; evtl. einzelne Kostenfaktoren auf Einsparung überprüfen
• Kalkulation für Renovierung erstellen • Eigenes Zimmer abmessen und entsprechende Rechnungen ausführen (Preise selbstständig erkunden)	
Leistungsschwächere S: entwickelte Lösungshilfen noch einmal verbalisieren; dieselbe Aufgabe mit anderen Zahlen rechnen; evtl. Rückgriff auf reale Tapetenbahnen	

Korbinians Zimmer wird neu tapeziert.

Es ist 4,5 Meter lang,
3,5 Meter breit und
2,5 Meter hoch.

Die Tapete muss in Bahnen geschnitten werden.

Eine Tapetenbahn reicht von der Zimmerdecke bis zum Boden.

Raufasertapete

Qualität für hohe Ansprüche
Rolle nur 6,95 €

Standard-Qualität
Rolle nur 5,80 €

Breite: 52 cm
Länge: 10 m 5 cm

1. Wie viele Tapetenbahnen werden gebraucht? (Schülerbeispiele an TA)

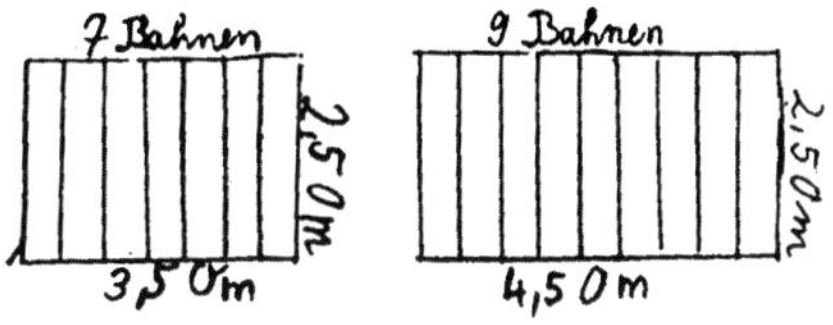

$16 \cdot 2 = 32$

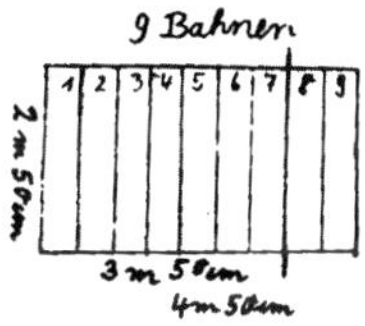

$2 \cdot 9 = 18$
$2 \cdot 7 = 14$
$18 + 14 = 32$

A Es werden 32 Tapetenbahnen gebraucht!

! Aussparung für Fenster und Türe noch beachten!

2. Wie viele € kosten alle Tapetenrollen zusammen?

a) Anzahl der Rollen:

4 Bahnen – 1 Rolle
32 Bahnen – 8 Rollen

b) Gesamtkosten:

Qualität A: 56 €
6,95 € × 8 = 55,60 €

Qualität B: 48 €
5,80 € × 8 = 46,40 €

A Die Tapetenbahnen kosten insgesamt 55,60 € (46,40 €).

Abb. 97: Tafelbild zur Sachaufgabe

3.2.8 Geometrie

Fachliche Grundlagen

1. Begriff

Geometrie ist ein Teilgebiet der Mathematik, das sich mit Ausdehnung, Form und Lage von ebenen und räumlichen Figuren befasst. In der Grundschule setzen sich die Kinder vor allem mit dem Raum auseinander. Geometrie dient der Lebensbewältigung, da unsere Umwelt durch geometrische Strukturen gekennzeichnet ist.

2. Entwicklung des räumlichen Vorstellungsvermögens

„Fast jedes Denken, jede kognitive Kompetenz bedient sich visueller, d.h. geometrischer Stützen. Die *intellektuelle Entwicklung* (i.O. kursiv) ist eng verbunden mit den Fähigkeiten, visuell dargebotene Informationen aufzunehmen, zu analysieren, zu speichern, mit ihnen in der Vorstellung zu operieren u.a. So sind visuell-geometrische Erfahrungen und ein entsprechendes Können von grundlegender Bedeutung für die kognitive Entwicklung des einzelnen Schülers" (Radatz/Rickmeyer 1991, S. 7).
Der Geometrieunterricht leistet einen wichtigen Beitrag zur Entfaltung des räumlichen Vorstellungsvermögens und somit zur generellen geistigen Entwicklung. Das Denken entwickelt sich nach Piaget in der aktiven Auseinandersetzung des Menschen mit seiner räumlichen Umwelt (Verinnerlichung von Handlungen). Raumvorstellung wird in psychologischen Theorien als ein Primärfaktor für Intelligenz gesehen. Er umfasst „die Fähigkeit, mit zwei- und dreidimensionalen Objekten in der Vorstellung zu operieren" (Franke 2000, S. 30). Wir unterscheiden fünf Teilkomponenten der Raumvorstellung (vgl. a.a.O., S. 33f.):

- *Räumliche Wahrnehmung:* Die Fähigkeit, die räumlichen Beziehungen in Bezug auf den eigenen Körper zu erfassen
- *Räumliche Beziehungen:* Das Erfassen räumlicher Gruppierungen von Objekten oder Teilen von ihnen und deren Beziehungen untereinander
- *Veranschaulichung:* Die gedankliche Vorstellung von räumlichen Bewegungen wie Verschiebungen und Faltungen von Objekten oder Teilen von ihnen ohne Verwendung anschaulicher Hilfen
- *Räumliche Orientierung:* Die Fähigkeiten, sich als Person oder mental im Raum zurechtzufinden
- *Vorstellungsfähigkeit von Rotationen:* Die Fähigkeit, sich schnell und exakt Rotationen von zwei- und dreidimensionalen Objekten vorzustellen

3. Kompetenzerwerb im Bereich Raum und Form

a) Erweitertes Verständnis von Raum und Form

Die inhaltsbezogenen mathematischen Kompetenzen in den Bildungsstandards beziehen sich auf ein erweitertes Verständnis von Raum und Form. Das Wort Raum „meint nicht nur den dreidimensionalen Anschauungsraum, sondern auch den zweidimensionalen, also die Ebene ... Es ist auch nicht nur gegenständlich zu deuten, sondern hat darüber hinaus einen Bestandteil, der andeutet, dass Gegenstände in diesem Raum verschiedene Konstellationen bilden und Beziehungen haben können und in diesem Raum zu gestalten sind. ‚Raum' signalisiert ‚Spielraum' und ‚Werkraum' für darin befindliche Objekte" (Wollring/Rinkens, in Walther u.a. 2007, S. 119). Die Kinder sollen sich Objekte verinnerlicht vorstellen, diese verinnerlicht bewegen und verinnerlicht ändern können. Die Bezeichnung Form „meint geometrische Gestalten allgemein: linienartige, flächige und solche im dreidimensionalen Raum sowie Formen als Träger von Eigenschaften" (Wollring 2008, S. 28).

b) Inhaltsbezogene Kompetenzen (KMK 2004b)

- Sich im Raum orientieren
- Geometrische Figuren erkennen, benennen und darstellen
- Einfache geometrische Abbildungen erkennen, benennen und darstellen
- Flächen und Rauminhalte vergleichen und messen

Auch zur adäquaten Nutzung der im Arithmetikunterricht eingesetzten geometrischen Gebilde, Darstellungen, Diagramme u.ä. sind geometrische Grundlagen erforderlich.

c) Allgemeine Ziele

- Förderung der Raumvorstellung
  „Vorstellen ist ein aktiver Prozess der Neukonstruktion, Rekonstruktion, Umkonstruktion von Wahrgenommenen … Vorstellungen sind individuelle Eigenproduktionen des Kindes … Den Schritt von der Wahrnehmung hin zur rekonstruierenden Vorstellung muss jedes Kind selbst gehen. Wesentlich ist hier das Verbalisieren" (Eichler 2011, S. 26).
- Förderung prozessbezogener mathematischer Kompetenzen
  Die inhaltlichen Aspekte sind in die Entwicklung allgemeiner mathematischer Kompetenzen (Problemlösen, Argumentieren, Darstellen, Kommunizieren, Modellieren) eingebettet. Diese prozessbezogenen Kompetenzen können vor allem durch geometrische Aktivitäten gefordert und gefördert werden. Bei der Lösung geometrischer Problemstellungen kann durch systematisches Probieren mit geeigneten Materialien eine Entdeckerhaltung entwickelt werden.
- Erschließung der Umwelt
  Der Geometrieunterricht sollte Situationen aus unserer geometrischen Umwelt (z.B. quader- und würfelförmige Gebäude) berücksichtigen und die in ihnen steckenden geometrischen Inhalte herausarbeiten.

4. Kopfgeometrie und Raumvorstellung

a) Begriff

„Kopfgeometrie umfasst alle mündlich – im Kopf – zu lösenden geometrischen Aufgaben, die das räumliche Vorstellungsvermögen schulen. Dabei werden gleichzeitig auch andere intellektuelle Fähigkeiten weiterentwickelt, geometrisches Wissen wiederholt und sprachliche Kompetenzen verbessert" (Franke 2000, S. 43). Die Kinder müssen sich „zum einen *geometrische Objekte* (i.O. kursiv) vorstellen, zum anderen müssen sie aber auch *mit diesen Vorstellungen operieren* (i.O. kursiv): ihre Lage, ihre Größe und ihre Form verändern sowie sie zerlegen oder zusammensetzen" (a.a.O., S. 44).

Die Kopfgeometrie ist eine gute Schulung der Konzentrationsfähigkeit.

b) Typisierung von Aufgabenstellungen

Senftleben unterscheidet je nach dem Einsatz von Hilfsmitteln vier unterschiedliche kopfgeometrische Aufgabentypen, die jedoch keine methodische Stufenfolge für den Lernprozess der Kinder darstellen sollen (vgl. Radatz u.a. 1998, S. 115):

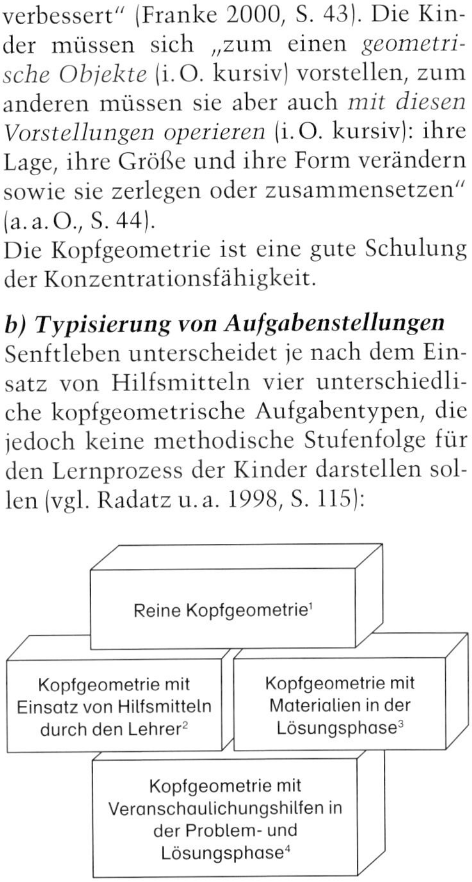

Abb. 98: Kopfgeometrische Aufgabentypen

1 Versprachlichte Aufgabenstellung ohne Veranschaulichung

2 Lehrperson zeigt z.B. ein Bild, eine Zeichnung oder ein konkretes Modell

3 Kind zeichnet z.B. Ergebnis auf, baut das Ergebnis nach

4 Kombination aus 2. und 3.

Wesentlich bei dieser Systematisierung ist, dass es keine Beschränkung auf rein verbale Aufgabenstellungen gibt. Bei allen diesen Aufgabentypen bleibt in der 2. Phase das Typische für Kopfgeometrie erhalten: Räumliches Denken, Vorstellen, Operieren im Kopf. In einer angefügten Kontrollphase können die Kinder ihre kopfgeometrischen Überlegungen überprüfen. Typisch sind hier handlungsgeometrische und materialgeleitete Aktivitäten. Vor allem vorstellungsschwache Kinder erhalten so eine grundlegende Unterstützung.

c) Didaktischer Ort

Kopfgeometrie soll sich durch den gesamten Geometrieunterricht ziehen:

- 10-minütiges Training als vorbereitende Einstimmung auf einen neuen Inhalt oder als vertiefende Wiederholung und immanente Übung
- „Auflockerung" im Verlauf der Unterrichtseinheiten
- Bestandteil der Freiarbeit, des Wochenplanunterrichts und projektorientierten Unterrichts

Didaktische Grundsätze

1. Herausfordernde offene Lernsituationen

Die von der Lehrperson geschaffene Arbeitsumgebung soll zu einer Lernumgebung mit beziehungsvollem Anregungs- und Entdeckungspotential für die Kinder werden.
Zu echten Erfindungssituationen können Impulse gegeben werden (z.B. Arbeitsumgebung zur Papierfaltgeometrie). Den Lernenden soll die Sinnhaftigkeit ihres Tuns verdeutlicht werden.
Beim Problemlösen brauchen die Kinder Freiraum für eigene Strategien, unkonventionelle Lösungen und geometrische Fantasie, aber auch für Probieren, sich Irren und Neubeginnen. Variantenreiche, lösungsoffene Handlungsspielräume machen neugierig.

2. Die operative Durcharbeitung ist die Grundlage für die Beweglichkeit der geometrischen Begriffe

Die Kinder verschieben eine Figur in die Ausgangslage (Reversibilität) und setzen einen Quader aus verschiedenen Quadern in unterschiedlicher Anordnung (Assoziativität) zusammen. Körper werden in Größe, Farbe, Lage und Anordnung variiert.

3. Mathematische Kurztexte verfassen

Lernwege mit Eigenproduktionen werden dokumentiert. Handlungsprotokolle und Anleitungen entstehen unter Verwendung von Sprache, Zeichnungen und Skizzen (Protokollvergleiche und -reflexionen als konstitutive Elemente eines handelnd-entdeckenden Lernprozesses).

4. Handlungs- und materialgeleitetes Lernen als Voraussetzung für die Entwicklung von räumlichen Vorstellungen und Begriffen

Jede neue geometrische Erfahrung soll auf der Basis konkreter Handlungen das systematische Wissen um die Inhalte bereichern. Wichtig ist, dass sich die Kinder die Situationen zuerst vorstellen und erst dann zur Kontrolle oder im Falle fehlender Vorstellung handeln.

a) Geometrische Tätigkeiten:

Bewegungen im Raum (Bewegungsspiele, anschließendes Sichtbarmachen der Spuren durch Linien), Wegbeschreibungen, Figuren laufen, Formen wiedergeben und darstellen (Luft „zeichnen", freihändiges Zeichnen, Kneten, Legen, beidhändiges Zeichnen, Malen, Drucken), Falten, Schneiden, Ausschneiden, Formen ertasten, Umrissfiguren herstellen, Zerlegen, Zusammensetzen, Bauen, Messen, Kippen, Modellieren, Stecken, Drehen, Verschieben, Spannen, Darstellen am Computer.

b) Materialvielfalt regt zu kreativem Umgang, selbstständigem Denken und offenem Problemlösen an:

strukturiertes Material, geometrische Grundformen, Modelle, Legespiele, Steckwürfel, Bausteine, Lernsoftware.

Strukturmodell:

Vorbereitung	
Kopfgeometrie	Schulung der Raumvorstellung: in der Vorstellung orientieren, schneiden, zeichnen, bauen, legen; Weiterentwicklung der geometrischen Sprache; Wiederholung
Hinführung zum geometrischen Sachverhalt	Vorstellen von Gegenständen, an denen die zu erarbeitende Körperform oder flächige Figur auftritt; geometrische Problemstellung (z. B. Lage, Richtung, Ordnen von Gegenständen, Herstellen einer bestimmten Figur); Problemorientierung und -fixierung; Zielangabe
Erarbeitung	
Geometrisches Handeln	Einbringen des geometrischen Vorwissens; Anstellen von Vermutungen zum Eingangsproblem; Tätigkeiten mit dem geometrischen Gebilde: Bauen, Falten, Legen, Spannen, Messen, Schneiden, Zeichnen, Verschieben
Entdecken geometrischer Beziehungen	Freiraum für eigene Strategien, unkonventionelle Lösungen, geometrische Fantasie, Probieren, sich Irren und Neubeginnen; gemeinsame bzw. unterschiedliche Eigenschaften entdecken; Beschreiben, Abzählen, Deuten; Finden eigener Begriffe
Problemlöse- und Bearbeitungsstrategien	Frühzeitiges Standardisieren und Einengen auf einen Weg vermeiden; Bewusstwerden über das eigene Vorgehen sowie über fördernde und hemmende Faktoren durch Argumentieren
Darstellen und Dokumentieren von Lösungswegen und Produkten	Darstellen des geometrischen Sachverhalts; präzises Formulieren (geometrische Grundbegriffe); Verwenden der Begriffe im Zusammenhang; zum Protokollieren Sprache, Zeichnungen, Skizzen verwenden
Rückbesinnung	Was hat dir bei deiner Lösungsstrategie geholfen? Klärung von Verständnisproblemen; Reflexion über Veränderungen der eigenen Vorstellung
Sicherung	Wiederholen und Üben; Verknüpfung des Neuen mit dem bisherigen Wissen; operatives Durcharbeiten der Zusammenhänge; Rückkopplung: Mitschüler arbeiten nach selbst erstellten Dokumenten

Unterrichtsbeispiel: *Wir betrachten und erkunden „rot und blau quantengleich" von Max Bill,*
4. Jahrgangsstufe

Überlegungen zur Sache

In dieser Unterrichtseinheit geht es um das Bild „rot und blau quantengleich" (1972) von Max Bill (1904–1994). Der Künstler aus der Schweiz ist ein Vertreter der Konkreten Kunst. Der Begriff *Konkrete Kunst* steht für „eine ungegenständliche Richtung der modernen Kunst, v. a. Malerei. Die Bezeichnung soll hervorheben, dass die Gestaltung hier nicht von einem Abstraktionsvorgang ausgeht, sondern Linie, Farbe, Fläche, Raum ohne jede Assoziation als autonome künstlerische Mittel eingesetzt werden. Die bildnerischen Elemente basieren meistens auf einem mathematisch kalkulierten geometrischen Formenrepertoire" (Der Brockhaus. Kunst 2006, S. 482).
Die Bilder von Max Bill sind klar und übersichtlich ohne Verzierungen. Alles ist exakt und logisch. Er malte vor allem Linien, Kreise, Winkel, Punkte, Farbfelder und Spiralen. Neben den Grundfarben Rot, Blau und Gelb verwendete er auch Grün und Orange.
Markant für das quadratische Bild „rot und blau quantengleich" ist die optische Täuschung. Die vier roten Flächen berühren sich nur in einzelnen Punkten. Dadurch nimmt der Betrachter die blaue Fläche als Hintergrund und somit als größere Fläche wahr. In Wirklichkeit handelt es sich jedoch um zwei gleich große rote und blaue Flächen.
Die Kinder vergleichen Flächen bezüglich ihrer „Größe", d. h. ihres Flächeninhalts miteinander. „Zwei Flächen haben dann den gleichen Flächeninhalt, wenn sie
a) deckungsgleich sind, d. h. sie können so übereinander gelegt werden, dass sie sich gegenseitig genau abdecken und von keiner Fläche etwas übersteht,
b) zerlegungsgleich sind, d. h. jede der Flächen kann in dieselben Teilfiguren zerlegt oder als Umkehrung dazu aus denselben Teilfiguren zusammengesetzt werden" (Franke 2000, S. 246).

Didaktische Überlegungen

Das Werk basiert auf wenigen einfachen Systemelementen, die visuell nachprüfbar sind. Der Betrachter kann vom Kunstwerk auf das zugrunde liegende mathematische Modell schließen (Modellierung von Realsituationen). Die Kinder können im Bild ebene Figuren wiedererkennen. Solche Identifizierungsübungen sind eine wesentliche Form der Festigung von Begriffen. Insofern ist es eine geeignete Lernumgebung auch für Grundschüler. Die Schüler finden in dem Bild „rot und blau quantengleich" Mathematik. Sie untersuchen das Bild unter mathematischen Gesichtspunkten (Hinsehen mit „mathematischen Augen"). Dabei werden Muster als Regelmäßigkeiten erkannt. Sie werden mathematisch beschrieben. So zerlegt z. B. die rot-blaue Farbkante als Diagonale jeweils ein Rechteck in zwei flächengleiche (kongruente) Dreiecke. Mit dieser Aufteilung kann man die Gleichheit der Farbflächen nachweisen. Es wäre auch möglich, das Bild in vier Quadrate aufzuteilen, die jeweiligen roten und blauen Flächen auszuschneiden und aufeinander zu legen (Deckungsgleichheit überprüfen). Die gefundenen mathematischen Zusammenhänge werden veranschaulicht und dokumentiert (Plakate). Der Bildtitel impliziert vor allem zwei Fragen: Bedeutet „quantengleich" die gleiche Quantität an Farbe? Bedeutet „quantengleich" hier dasselbe wie „flächengleich"? Daraus ergibt sich auch der Forscherauftrag: Überprüft den Titel! (siehe Unterrichtsverlauf, S. 217f.)

Lernvoraussetzungen

Die Schülerinnen und Schüler
- können verschiedene Flächenformen (z. B. unterschiedliche Vierecke) benennen und beschreiben.
- kennen den Begriff „deckungsgleich".

- wissen, dass Zerlegungen von Vierecken zu unterschiedlichen Dreiecksarten führen können.

Beschreibung der angestrebten Kompetenzen

Inhaltsbezogen

Die Schüler und Schülerinnen

- erkennen/identifizieren die Flächenformen im Bild (4 Vierecke).
- teilen die Bildfläche so auf, dass die Flächengleichheit deutlich ist (Aufteilung z. B. in 4 Quadrate oder in 16 Rechtecke).
- erkennen, dass die blau-rote Farbkante eine Diagonale bildet und jeweils ein Rechteck in zwei flächengleiche (kongruente) Dreiecke zerlegt (leistungsstärkere Kinder).
- überprüfen die Flächengleichheit (deckungsgleiche Flächen) durch Ausschneiden (leistungsschwächere Kinder).
- verändern die Form der einzelnen Flächen unter der Bedingung der Gleichheit der roten und blauen Fläche (leistungsstärkere Kinder).

Prozessbezogen

Die Schülerinnen und Schüler

- probieren systematisch und zielorientiert in Alleinarbeit und in der Gruppe entsprechend ihrem individuellen Leistungsniveau (Problemlösen/kreativ sein).
- stellen Vermutungen über mathematische Zusammenhänge an und diskutieren und überprüfen Entdeckungen innerhalb der Gruppe (Argumentieren und Kommunizieren).
- übersetzen das Sachproblem in die Sprache der Mathematik, lösen es innermathematisch und beziehen diese Lösungen auf die Ausgangssituation (Modellieren).
- veranschaulichen und dokumentieren die gefundenen mathematischen Zusammenhänge und Entdeckungen auf Plakaten (Darstellen).

Methodisch-didaktische Verlaufsplanung

I. Vorbereitung

Wiederholung (siehe Lernvoraussetzungen)
Flächenformen benennen und ordnen
Beispiele für deckungsgleiche Flächenformen
Flächenformen in anderen Flächenformen

II. Begegnung mit dem Kunstwerk

1. „Blindenführung“: Zwei oder drei Kinder stellen sich mit dem Gesicht zur Klasse und haben das Bild vor sich – die anderen Kinder sehen es nicht. Die „Museumsführer“ müssen den „blinden“ Kindern das Bild ganz genau beschreiben.
2. Präsentation des Bildes (Plakat bzw. Folie) – Bild wirken lassen
3. Darstellen erster Eindrücke
   spontane Schüleräußerungen; Assoziationen (Was wurde gut beschrieben, was hätte man genauer beschreiben müssen?)
4. Wahrnehmung im Detail
   Formen und Farben, Stellung der Flächenformen zueinander, Farbwirkung
5. Information zum Verständnis
   Person des Künstlers Max Bill, Konkrete Kunst (Absichten, Ideen)

III. Geometrische Problemstellung

1. Bildtitel

Vermutungen über möglichen Titel, Präsentation des Titels (Tafel), spontane Äußerungen
Vermutungen: Meint Max Bill mit „quantengleich“ die gleiche Farbmenge für rot und blau oder bedeutet „quantengleich“ hier dasselbe wie „flächengleich“?

2. Zielangabe

> <u>*Forscherauftrag:*</u>
>
> *Im Bild siehst du rote Farbflächen vor einem blauen Hintergrund.*
> 1. *Was nimmt mehr Bildfläche ein, die Farbe Rot oder die Farbe Blau? Schreibe deine Vermutung auf!*
> 2. *Finde eine Methode, deine Vermutung zu überprüfen!*

3. Problemlösestrategien entwickeln und dokumentieren – Entdecken geometrischer Beziehungen
a) Alleinarbeit: Jeder überlegt zuerst selbst und notiert seine ersten Lösungsvorschläge
b) Unterrichtsgespräch: Erstes Sammeln und Bündeln von Strategien
c) Gruppenarbeit: Arbeitsteilung möglich je nach Art und Anzahl der Strategien; Material: Bild pro Gruppe auch in DIN A3, eine Bildkopie zusätzlich zum Ausschneiden einzelner Teilfiguren (enaktive Herangehensweise), geeignete Stifte, Lineal, Schere

Arbeitsauftrag für Gruppenarbeit:
(1) Forscherauftrag (siehe oben)
(2) Stellt auf dem Plakat Folgendes dar:
  a) Unsere Vermutung
  b) Unser Lösungsweg – Verwendet passende Begriffe!
(3) Schreibt auch eure Entdeckung auf das Plakat!

Die Lehrperson hält Tippkarten bereit für Kinder bzw. Gruppen, die nach längerem Nachdenken nicht weiterkommen.

IV. Präsentation der Problemlösestrategien bzw. Problemlösungsversuche

1. Strategien vorstellen, begründen, vergleichen und werten – Einsatz der Tafel (siehe S. 219)

Beispiele:
- Bild in 4 große Quadrate aufteilen, blaue Dreiecke ausschneiden und auf jeweilige Figur im Quadrat legen (deckungsgleiche Dreiecke)
- Bildfläche wird so in Rechtecke aufgeteilt, dass jeweils eine blau-rote Farbkante als Diagonale ein Rechteck in zwei flächengleiche (rechtwinklige) Dreiecke zerlegt

Folie mit Quadrat- bzw. Rechteckraster darüberlegen

2. Verschiedenartigkeit der Lösungsstrategien herausstellen
3. Herausstellen einer Erkenntnis, z.B. „Eine Diagonale zerlegt ein Rechteck in zwei flächengleiche Dreiecke."

Ergänzende Information durch Lehrperson zum Begriff „quantengleich" (vereinfacht): Quanten sind kleinste Teilchen der uns umgebenden Wirklichkeit.

V. Rückbesinnung

Was hat dir bei deiner Lösungsstrategie geholfen? Worüber hast du gestaunt?
Was war/ist schwierig für dich?

VI. Problemausweitung

Optische Täuschung
Man meint, dass die blaue Fläche größer ist als die rote Fläche. Warum nimmt man es so wahr?

Schülervermutungen
evtl. zusätzliche Informationen: Da die roten Flächen die Bildkanten nur in einzelnen Punkten berühren, nimmt man die blaue Fläche als Hintergrund wahr und ordnet ihr den größeren Flächeninhalt zu.

VII. Übung und Anwendung

Differenzierung:
- Leistungsschwächere Schüler:
  S schneiden aus dem in Rechtecke eingeteilten Bild die deckungsgleichen Dreiecke aus und überprüfen die Gleichheit der roten und blauen Flächen.
- Leistungsstärkere Schüler:
  S verändern die Form von einer, zwei, drei oder vier Flächen. Bedingung: Blaue und rote Flächen müssen gleich groß sein.

Tippkarte 1: *Teile das Bild geschickt auf!*	**Tippkarte 2:** *Teile das Bild geschickt auf!*
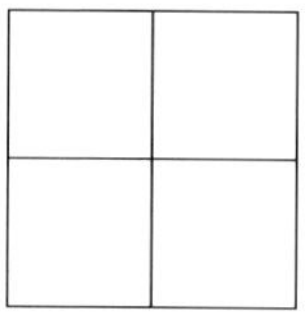	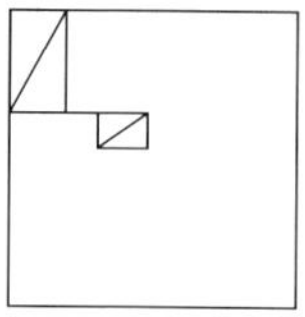

Wir betrachten und erkunden „rot und blau quantengleich" von Max Bill

Forscherauftrag:

Im Bild siehst du rote Farbflächen vor einem blauen Hintergrund.

1. Was nimmt mehr Bildfläche ein, die Farbe Rot oder die Farbe Blau? Schreibe deine **Vermutung** auf!
2. Finde eine **Methode**, deine Vermutung zu überprüfen!

Flächenformen:
4 Vierecke mit jeweils verschieden langen Seiten

Besonderheit:
Flächenformen berühen sich nur in einzelnen Punkten.

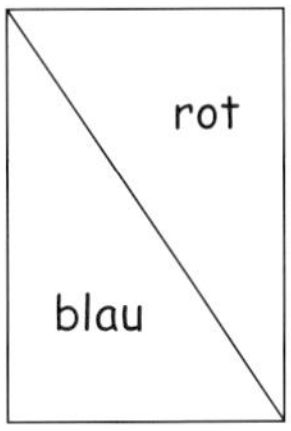

Zwei deckungsgleiche Dreiecke

Beweis für gleich große rote und blaue Flächen:
Wir teilen das Bild so in Rechtecke ein, dass die Diagonalen jeweils die Rechtecke in zwei flächengleiche blaue und rote Dreiecke teilen.

Abb. 99: Tafelbild zum Thema „rot und blau quantengleich"

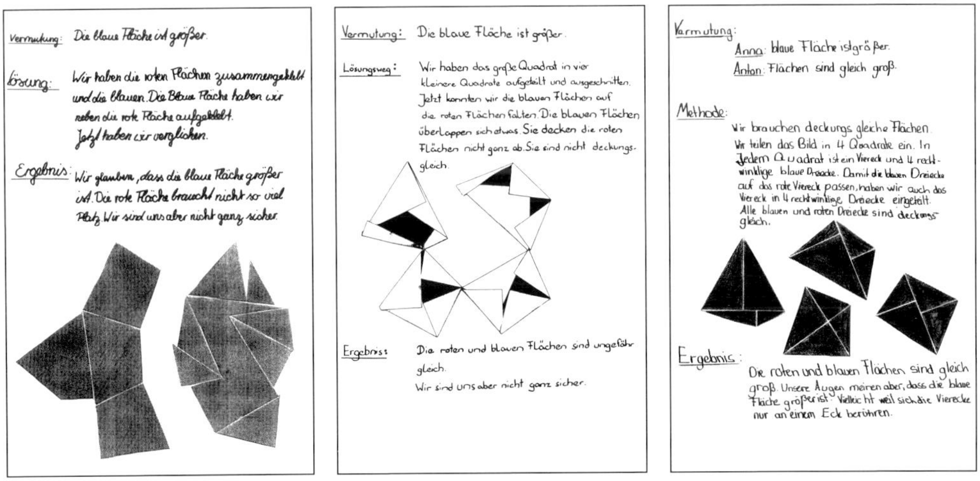

Abb. 100: Ergebnisse von Partner- bzw. Gruppenarbeiten

3.3 Sachunterricht *(R. Maras)*

3.3.1 Informationen zum Fach Sachunterricht

Fachliche Grundlagen

1. Bedeutung

Die Persönlichkeit des Menschen bildet sich durch die Begegnung und Auseinandersetzung mit der Sache heraus. Im Umgang mit den Dingen seiner Lebenswelt entwickelt das Kind sein eigenes Verhältnis zur Welt. Die je eigene Art und Weise der Wahrnehmung der Dinge, der Interpretation, Rekonstruktion oder Bearbeitung der Informationen führt zu individuellen Erfahrungen und Strukturen im Handeln, Denken, Fühlen und Werten, zu je eigenen Konzepten und Formen des Problemlösens, der Lebensbewältigung und Lebensgestaltung.
Im Sachunterricht der Grundschule können sich wichtige Bildungsprozesse ereignen. „Die Auseinandersetzung mit den Sachen und die Erfahrung ihres Widerstandes können im Sachunterricht bildungswirksam werden, wenn es gelingt

- mit den Kindern *Anfänge und Möglichkeiten des Weltzugriffs und Weltverstehens* zu erarbeiten und sie in methodisches Denken einzuführen,
- den Kindern *Denkräume und Interessensgebiete* zu öffnen und damit verbunden die Entwicklung des sachbezogenen Wissens und Denkens sowie des verständigen Handelns zu fördern,
- den Kindern eine *rationale und ethische Orientierungsleistung* (i. O. jeweils kursiv) in der Welt der Erfahrung und des Wissens zu ermöglichen" (Köhnlein 2007a, S. 45).

Die verschiedenen Arbeitsweisen des Sachunterrichts eröffnen einen emotionalen Zugang zu den Dingen der Erfahrungswelt, unterstützen das Ordnen und Verstehen und führen an wissenschaftsnahe Denkweisen heran.

2. Die Sache des Sachunterrichts?

Der Grundschule ist die umfassende Aufgabenstellung zugewiesen, den Kindern eine Hilfe zur Weltorientierung und Weltbewältigung zu geben. Dazu werden Inhalte traditionell in Fächern unterrichtet. Die Zuordnung von Inhalten zu Fächern scheint für Deutsch, Mathematik, Fremdsprachen, Sport, Kunst oder Musik einigermaßen einsichtig zu gelingen. Alle anderen Gegenstände, die die Welt in der wir leben konstituieren und repräsentieren, sind Sache des Sachunterrichts. Damit stellt sich einer Didaktik des Sachunterrichts das Problem, nach welchen Kriterien die Auswahl der Inhalte erfolgen solle.

In den weiterführenden Schulen haben sich Sach-Fächer etabliert, die mit den entsprechenden Bezugswissenschaften korrespondieren; ihnen werden die Inhalte zugeordnet, je nachdem, ob sie biologisch, historisch, geografisch, sozial, physikalisch, chemisch oder technisch sind. Dagegen waren die Inhalte des Sachunterrichts in der Primarstufe von Anfang an bei keiner wissenschaftlichen Disziplin anzusiedeln. Dies gilt für alle Ausprägungen des „Sachunterrichts" wie Heimatkunde (nach 1945), Sachunterricht, Sachkunde, Heimat- und Sachkunde, Heimat- und Sachunterricht, elementare Weltkunde oder Weltkunde. Fächer unterstützen zwar das Ordnen von Erfahrungen, sie lösen aber nicht das Problem, wie die erlebte und gelebte Welt zu thematisieren ist. Hinzu tritt die Tatsache, dass das Kind subjektiv Situationen als „Ganzes" wahrnimmt und empfindet.

3. Bildungstheoretische Grundlegung

Die Suche nach einem pädagogisch, didaktisch, bildungspolitisch und gesellschaftlich vertretbaren Ansatz führte in den letzten fünfzig Jahren zu einer Vielzahl von Modellen und Konzepten des Sachunterrichts, etwa gekennzeichnet als fachorientiert, strukturorientiert, prozessorientiert, situationsorientiert, generativ oder mehrperspektivisch. In den Vordergrund trat allmählich die Auffassung, dass nur ein integrierender Ansatz der Komplexität der Lebenssituationen und Welterfahrungen gerecht würde.

Entscheidungsgrundlage

Für das Selbstverständnis der Didaktik des Sachunterrichts als wissenschaftliche Disziplin ist es von Bedeutung, dass Fragen über unterrichtliche Inhalte und Methoden aus dem übergeordneten Ansatz bildungstheoretischer Erwägungen heraus untersucht und beantwortet werden. Es „ist eine Entscheidungsgrundlage nötig, die über die curriculare Binnenrationalität der einzelnen Fächer hinausweist. Diese Entscheidungsgrundlage bietet die Didaktik des Sachunterrichts, die sich als eine bildungswissenschaftliche Disziplin konstituiert und entwickelt hat ... Die Entscheidung für oder gegen bestimmte Inhalte und Themen wird ... auf der Grundlage eines Bildungsverständnisses, aus dem Verständnis über die jeweiligen Sachen ... sowie aus dem Wissen über die Lernfähigkeit und -voraussetzungen der Schülerinnen und Schüler getroffen" (Götz u. a. 2007, S. 21).

Verbindung von Kind und Sache

Sachunterricht erhält eine bildende Funktion, wenn Kind und Sache in eine Beziehung treten. „Der Bildungsbegriff bezieht sich auf eine Wechselwirkung: Durch *Lernen* (i.O. kursiv) erschließt sich das Kind eine dingliche und geistige Wirklichkeit und wird zugleich erschlossen für diese Wirklichkeit ... Lernerfahrungen verbinden Kind und Sache" (Köhnlein 2007b, S. 90).

Astrid Kaiser betont die soziale Dimension und schlägt als Fachbezeichnung den Begriff Soziale Weltorientierung vor, „weil darin die Seite des Sozialen Lernens und des inhaltlichen Verhältnisses von Kind zur Welt noch deutlicher betont wird" (Kaiser 2008, S. 116).

4. Didaktische Raster

Zur Strukturierung der vielfältigen Sachverhalte wurden und werden verschiedene Kategorien entwickelt. Bei einem Vergleich zeigen sich Schwerpunkte wie Natur, Gesellschaft, Raum und Zeit. In Verbindung mit einer Reihe anderer fachbezogener Inhaltsbereiche lassen sich diese Teilbereiche auf unterschiedliche Weise gruppieren.

„Bereiche und Schwerpunkte" aus dem Lehrplan Sachunterricht des Landes Nordrhein-Westfalen: „Der Lehrplan bündelt die naturwissenschaftlichen, technischen, raum- und naturbezogenen, sozial- und kulturwissenschaftlichen, historischen und ökonomischen Sachverhalte zu folgenden fünf Bereichen: Natur und Leben; Technik und Arbeitswelt; Raum, Umwelt und Mobilität; Mensch und Gemeinschaft; Zeit und Kultur."
Schwerpunkte des Bereichs „Natur und Leben" (als ein ausgewähltes Beispiel): „Stoffe und ihre Umwandlung; Wärme, Licht, Feuer, Wasser, Luft, Schall; Magnetismus und Elektrizität, Körper, Sinne, Ernährung und Gesundheit; Tiere, Pflanzen, Lebensräume" (msw-nrw 2008).

„Lernbereiche" aus dem Lehrplan Heimat- und Sachkunde des Landes Thüringen: „Die Lernbereiche im Fach Heimat- und Sachkunde selbst weisen eine hohe Komplexität aller Themen auf, die fächerübergreifend und -integrierend gedacht und unterrichtet werden. Es muss deshalb gelingen, die Alltagserfahrungen der Kinder mit den Aspekten der Fachdisziplinen, wie Biologie, Chemie, Physik, Geografie, Geschichte, Astronomie, Deutsch, Mathematik, Musik und Kunst zu verzahnen ...Daraus leiten sich die konkreten Zielbeschreibungen ... folgender Lernbereiche ab: Lebewesen und Lebensräume; Natur und Technik; Raum und Zeit; Individuum und Gesellschaft" (tmbwk 2010b, S. 7).

Inhaltsraster

Der Auswahl von Inhalten liegen verschiedene Begründungsraster zugrunde. Ein Vorschlag von A. Kaiser steht unter der Vorgabe, dass „bei didaktischen Entscheidungen, an erster Stelle die Sinnfrage zu stellen“ ist. „Was ist sinnvoll für die Entfaltung der Kinder und was ist sinnvoll für ihre Lebensbewältigung. Nur wenn Inhalte diesem Sinnraster entsprechen, sind sie auch bedeutsam für den Sachunterricht, aber nicht deshalb, weil es sie im Fachkanon gibt“ (Kaiser 2008, S. 123).

Sie entwickelt ein zweidimensionales Kriterienraster: „Die eine Dimension bestände aus den gesellschaftlichen Schlüsselbereichen, die ich hier in Anlehnung an Klafki nach meinem gesellschaftlichen Verständnis vorstelle ... Frieden – Umwelt – Eine Welt – Gerechte Verteilung in der Gesellschaft – Demokratisierung aller Lebensbereiche – Technikfolgen“ (a. a. O., S. 123 f.). „Quer zu diesen gesellschaftlichen Inhaltsbereichen, die aus der Fragestellung der gegenwärtigen und zukünftigen Lebensbewältigung entwickelt worden sind, sind die Kriterien der umfassenden Entwicklung der Fähigkeiten der Kinder in und durch Sachunterricht zu berücksichtigen ... Zu den Kategorien der individuellen Entfaltung zählt Klafki: Sinneswahrnehmung differenzieren, kommunikativ handeln, ästhetisch-kreativ tätig sein, technisch-praktisch handeln, entdeckend lernen, alltägliche Inhalte und Situationen verstehen, individuelle Sinndeutungen finden, verschiedene Bedeutungen akzeptieren“ (a. a. O.). Zu diesem zweidimensionalen Raster fügt A. Kaiser eine dritte Dimension hinzu, die „aus den lebensweltlichen Veränderungen der Gegenwart konstituiert“ wird. „Dazu zählen u. a. kritische Informationsverarbeitung, Konsumbildung, bewusste Ernährungsbildung, sozial-emotionale Kompetenzentwicklung, Gewaltprävention in einer Welt der Gewaltexpansion, Toleranz und Akzeptanz“ (a. a. O., S. 124).

Ein Raster dieser Art bietet einige Vorteile:
a) Inhalte werden aspektreich aufgegliedert;
b) es wird Material zu einer differenzierten Sachklärung bereit gestellt;
c) der Denkansatz schließt stets das übergeordnete Ziel der Förderung der Schülerpersönlichkeit mit ein;
d) die einzelnen Aspekte der Dimensionen, die das gesamte Feld entfalten, könnten im Einzelfall ausgetauscht oder ergänzt werden.

Perspektivrahmen

Die Gesellschaft für Didaktik des Sachunterrichts (2002) hat einen Beitrag zur Diskussion über die Entwicklung von Kerncurricula vorgelegt. Demnach wird die Fülle der inhaltlichen Bezüge des Sachunterrichts in fünf Perspektiven („Perspektivrahmen“) aufgefächert: es sind dies die sozial- und kulturwissenschaftliche, raumbezogene, naturwissenschaftliche, technische und historische Perspektive. Diese Perspektiven bilden die Grundlage zur Darstellung der Lernbereiche des Sachunterrichts in diesem Buch: Mensch und Gemeinschaft, Zeit und Geschichte, Raum und räumliche Orientierung, Technik, Natur – belebte und unbelebte Natur.

5. Orientierung an Kompetenzen

Standards legen Kompetenzen fest, die von den Schülerinnen und Schülern entwickelt werden sollen. Auch für das Fach Sachunterricht werden Kompetenzen, die beobachtbar und überprüfbar sind, beschrieben. (In der PISA-Studie werden Standards für den Bereich Scientific Literacy angegeben.)

Leitbild für didaktische Entscheidungen

„Der Kompetenzbegriff eignet sich als Leitbild für die Spezifizierung von handlungsbezogenen Zielen und Aufgaben gerade auch des Sachunterrichts:

- Er umschließt nicht nur Sach- und Faktenwissen (deklaratives Wissen), sondern auch Orientierungswissen und verfahrensbezogene Fähigkeiten und Fertigkeiten (prozedurales Wissen).

- Metakognitives Wissen zielt über den bloßen Erwerb von Kenntnissen und Fertigkeiten hinaus auf die Förderung des Verstehens auch der eigenen Handlungsmöglichkeiten ...
- Weil Kompetenzen auf die Bewältigung von Anforderungen gerichtet sind, rücken sie den aktuellen und späteren Gebrauchswert von Lerninhalten als Könnensziele in den didaktischen Entscheidungshorizont ...
- Das Verständnis von Kompetenzen als System spezifischer Fertigkeiten richtet sich zudem gegen eine fachliche Verengung und ein bloß additives Zusammenfügen einzelner Fächer" (Kahlert, in Kahlert u.a. 2007, S. 111).

Lehrplanbeispiel –Beschreibung von Kompetenzen

Kompetenzen, die am Ende der Schuleingangsphase zu erwarten sind; Thema „Wetter" – Sachkompetenz:

„Der Schüler kann

- die Wetterelemente benennen:
  - Niederschläge (Regen und Schnee),
  - Bewölkung (heiter und bedeckt),
  - Temperatur,
- die Niederschlagsformen in Abhängigkeit von der Temperatur benennen,
- Experimente durchführen zum
  - Schmelzen von Eis und Schnee,
  - Gefrieren von Wasser,
- verschiedene Arten von Thermometern unterscheiden,
- die Temperatur mit einem Thermometer messen,
- die Maßeinheit der Temperatur nennen"

(tmbwk 2010b, S. 13; Lehrplan Thüringen)

Kompetenzorientiert unterrichten

Die Anforderungen an einen kompetenzorientierten Unterricht skizziert H. Giest (zu einem Beispiel „Lebensraum Teich"): „Zunächst wird zur Sicherung der Sinnstiftung und des Fundamentalen das Thema in die übergreifenden Ziele der naturwissenschaftlichen Bildung eingeordnet. Anschließend wird analysiert, worin die konkreten Lernanforderungen bestehen (Kompetenzstrukturanalyse), welche die Kinder erfüllen müssen, um sich den Lerngegenstand mit dem entsprechenden Anspruch und auf dem entsprechenden Niveau anzueignen" (Giest 2009, S. 22).

Situation des Kindes

1. Leibliche Lernvoraussetzungen

„Die leiblichen Voraussetzungen der Kinder haben in der Schule nicht nur Bedeutung bei der Vermittlung von Inhalten und Sachwissen, sondern auch in den Bereichen, in denen beiläufig und mitgängig gelernt wird. Die Kinder sind nicht nur mit ihren Köpfen anwesend, sondern als Mädchen und Jungen, die lernen, mit der Geschlechterdifferenz umzugehen, als soziale Wesen, die lernen, mit anderen zu kommunizieren, Konflikte auszutragen, Gefühle zu kontrollieren ...An die elementaren Lernerfahrungen des Kindes kann der Sachunterricht ... anknüpfen, indem er ein Arrangement der kindlichen Lebensumwelt bietet, das dem Kind durch Regeln und Rituale Verhaltenssicherheit ermöglicht ...Zum anderen können vielfältige Materialangebote und offene Lernformen dem kindlichen Bedürfnis nach Exploration Rechnung tragen, indem sie Staunen hervorrufen, Interesse wecken, zu Fragen motivieren und Problemlösungen provozieren" (Schultheis 2007, S. 326f.).

2. Kognitive Entwicklung

Gewinnung einer realistischen Grundeinstellung

Zum Zeitpunkt des Eintritts in die Schule nimmt das Kind die Umwelt – Gegenstände, Menschen, Pflanzen und Tiere, die unbelebte Natur, Ereignisse und Vorgänge – von einem stark ich-bezogenen Standpunkt aus wahr. Das Schulkind löst sich aus seiner egozentrischen Betrachtungsweise und gewinnt eine sachliche und realistische Grundeinstellung. Dabei erfolgt eine allmähliche Trennung und Unterscheidung von innerer und äußerer Welt.

Konkret-operationale Phase

Nach den psychologischen Untersuchungen vor allem von Piaget sind die Kinder im Grundschulalter in der konkret-operationalen Phase. „Zwischen dem 5. und 6. Lebensjahr beginnt das Kind *konkrete Operationen* (i. O. kursiv) vollständig zu vollziehen ... Allerdings können die gedanklichen Operationen nur dann vollzogen werden, wenn dem Kind konkret-anschaulich oder sprachlich die erforderlichen Informationen präsentiert werden. Dabei können Kinder, wenn diese Informationen z. B. durch Beobachtung verfügbar gemacht werden, durchaus mehrere Merkmale integrieren. Sie sind in der Regel aber auf das Vorhandensein der zur Problemlösung erforderlichen Informationen angewiesen. Erst im Stadium der *formalen Operation* (i. O. kursiv) gelingt Kindern (beginnend mit dem 10.–11. Lebensjahr) das hypothetische und formal-logische Denken" (Giest 2007, S. 330 f.).

Kontextabhängigkeit

„Inzwischen gibt es eine Unmenge an Forschungsarbeiten, die versucht haben, die Auffassungen von Piaget weiter zu entwickeln bzw. zu korrigieren und zu relativieren. Vor allem zeigte sich (im Rahmen einer Vielzahl von Untersuchungen in den 60er- bis 80er-Jahren) die besondere Bedeutung der Wahrnehmung und der Sprache sowie der Kultur für die kognitive Entwicklung der Kinder" (Giest 2007, S. 334). Unter Bezugnahme auf Mandl und Spada führt H. Giest die „Kontextabhängigkeit der Kognition" aus. Kognitive Funktionen und Strukturen entwickeln „sich nicht weitgehend unabhängig vom umgebungsbezogenen Lernen" (a. a. O.).

3. Moralische Entwicklung

Von frühester Kindheit an bauen sich durch einen Lern- und Anpassungsprozess Werthaltungen auf. Mit Eintritt in die Grundschule erfahren die Kinder einen Ordnungsrahmen, der die bisherigen Erfahrungen aus Familie oder Kindergarten modifiziert, in dem veränderte Regelungen, Gebote und Verbote gelten. Die Zunahme des Weltwissens differenziert, variiert und erweitert Wertvorstellungen. Vor allem in der späteren Grundschulzeit nimmt die autonome Werthaltung zu. Die moralische Entwicklung ist stark mit der kognitiven und sozialen Entwicklung verbunden.
„Neben der Wahrnehmung seiner dinglichen Außenwelt und der Entwicklung seiner Innenwelt braucht das Kind einen seinem Entwicklungsniveau entsprechenden Umgang mit Regeln und Normen um an seiner sozialen Mitwelt teilhaben zu können ...Je mehr ein Kind in der Lage ist, seine Umwelt durch vielfältige Erfahrungen zu kategorisieren und ihr einen Sinn zu verleihen, desto eher kann es sich in der Welt verorten, desto sicherer kann es sich positionieren, desto eher gelingt sozialer Kontakt und desto differenzierter kann es im sozialen Kontext über Regeln nachdenken, Perspektiven übernehmen und komplexer über sich und seine Welt nachdenken" (Müller 2007, S. 346).

4. Pluralität und Heterogenität

Die gesellschaftlichen Wandlungsprozesse müssen sich auch zwangsläufig auf das Leben der Kinder auswirken. Die Ergebnisse der Kindheitsforschung wurden dazu vor allem unter dem Stichwort der „veränderten Kindheit" bekannt und diskutiert. Dabei zeigte es sich, dass pauschale Urteile über die Lebenssituation der Kinder nicht haltbar sind. Die Unterschiede der familiären und gesellschaftlichen Situation, der Wertvorstellungen, des vorhandenen Weltwissens, der Lebensweise und der Lebensbedingungen zeigen sich nicht nur innerhalb von Regionen (Stadt und Land), sondern bei den Kindern einzelner Klassen – mehr oder weniger stark ausgeprägt.

Der Entwicklungsstand der Schüler kann erhebliche Differenzen aufweisen. Heterogenität ist nicht nur auf die äußeren Einflüsse zurückzuführen. „Entwicklungstests und Intelligenztests belegen, dass es auf jeder Altersstufe in der Kindheit und im Jugendalter beträchtliche Entwicklungsunterschiede gibt ... Nach wie vor weisen Sechsjährige eine Streuungsbreite von mindestens zwei Jahren auf: Ihr Entwicklungsalter reicht auch im ‚Normalfall' von 5;0 bis 7;0 Jahren. Nun muss man sich vor Augen halten, dass Entwicklungsunterschiede von zwei Jahren in diesem frühen Alter enorme Differenzen bedeuten. Sie entsprechen bei Zehnjährigen einer Differenz von vier bis fünf Jahren! Das liegt daran, dass die Entwicklung im frühen Alter viel größere Schritte macht als später ... Für die großen Entwicklungsunterschiede bei Schuleintritt kann nicht eine einzelne Ursache allein verantwortlich gemacht werden. Es sind vielmehr in der Hauptsache drei Komponenten, die zusammenwirken: (a) das Entwicklungstempo, (b) genetisch bedingte und dauerhafte Intelligenzunterschiede, (c) fördernde oder hemmende Umwelteinflüsse" (Oerter 2008, S. 2).

Zielsetzungen

1. Erschließung der Umwelt

Die Inhalte des Sachunterrichts sind Informationen über Erscheinungen in Natur, Gesellschaft, Kultur oder Technik; sie gehen von den Erfahrungen der Kinder aus. Die Aussagen zur Sache orientieren sich an den Erkenntnissen der relevanten wissenschaftlichen Disziplinen. Die Auswahl des Unterrichtsgegenstandes bezieht sich auf die Lebenssituationen der Kinder; diese Inhalte sind zu klären, durch weiterführende Inhalte zu ergänzen und schließlich zu sichern. Kenntnisse und mentale Verarbeitungsweisen, der Gebrauch fachlicher Arbeitsweisen und die klärende Auseinandersetzung sind die Grundlage für das Verstehen und für die Gewinnung von Erkenntnissen.

Erschließen „impliziert einen Begriff mit höherem Anspruch. Er ist auf Welt- und Selbstbildung gerichtet ... Erschließen ist auf Erkenntnis aus. Erkenntnis bezeichnet die durch geistige Verarbeitung gewonnene Einsicht zu wissen oder nicht zu wissen, was meine Eindrücke, Erfahrungen und Vorstellungen bedeuten" (Lauterbach 2007, S. 448).

2. Verantwortliches Tun

Wissensvermittlung bleibt bedeutungslos, wenn die Informationen ohne Zusammenhang zu moralischen Überlegungen oder Wertvorstellungen sind. Deshalb zielt Sachunterricht auf verantwortliches Handeln gegenüber Sachen, Natur und Menschen.

Dabei ist die Selbststeuerung des Handelns das Ziel der Verantwortungserziehung. Sie „meint ...mehr als bloße Regelbefolgung und Aufgabenerfüllung; sie verschafft Kindern den nötigen Spielraum zur Wahrnehmung von Verbindlichkeiten, in offenen Lernsituationen sachliche und methodische Möglichkeiten zu prüfen, soziale Erwartungen wahrzunehmen und zu berücksichtigen sowie persönliche Bedürfnisse und Motive zu steuern" (Behrmann 1998, S. 172).

Durch entsprechende Auswahl der Inhalte und Gestaltung des Unterrichts kann im Schüler ein bleibendes Interesse am Gegenstand geweckt und ein kritisches, problembewusstes, sachgerechtes, engagiertes, kooperatives und soziales Verhalten herbeigeführt werden.

3. Individuelle Entwicklung fördern

Sachunterricht soll die persönliche Entwicklung des Kindes positiv beeinflussen. Von den Sachen geht der Anspruch aus, dass man verantwortlich mit ihnen umgehe. Sie treten mit der Person in Beziehung und stellen die Aufgabe des sachgerechten Umgangs. Aus dem Umgang mit den Dingen erwächst die Sensibilität für den Eigenwert der Dinge außerhalb der eigenen

Person; aus der steten Auseinandersetzung mit den Dingen bildet sich die realistische Einschätzung und Wertschätzung der eigenen Person heran.
Die Verbesserung verschiedener Leistungsformen wird wesentlich durch die Ausbildung der psychischen Funktionen gefördert. Das Instrumentarium, die Welt zu erschließen, erhält jedoch für den Einzelnen nur dann einen Sinn, wenn es ohne Fremdsteuerung eingesetzt werden kann. Lebensbedeutsame Objekte werden ausgewählt, Informationen dazu gesammelt und geordnet; die Kinder stellen selbstständig Zusammenhänge her und wenden allgemeine Einsichten wiederum auf konkrete Sachverhalte an.

4. Wahrung von Anspruch des Kindes und der Sache

Die Verwirklichung von Grundsätzen der Unterrichtsgestaltung erfordert die Wahrung von Sachanspruch und Kindorientierung. Die Komplexität vieler Inhalte des Faches Sachunterricht und die Zugriffsweisen der Kinder zu diesen Sachen verlangen allerdings eine Sensibilität, um beiden Aspekten gerecht zu werden. „Die Forderung im modernen Sachunterricht Kind und Sache bzw. Kind und Wissenschaft in ein produktives Verhältnis zu bringen, ist sicherlich vernünftig und nachvollziehbar, verweist aber auf ein pädagogisches Grundproblem. Das Kind mit seinen Ansprüchen besitzt eine eigene, ihm zukommende Gültigkeit, genauso wie der jeweilige Sachanspruch Gültigkeit beanspruchen darf. Das Spannungsverhältnis dieser beiden widerstreitenden Positionen muss zunächst einmal ausgehalten werden" (Feige, in Kahlert u. a. 2007, S. 255 f.).
Lernprozess, Organisation des Unterrichts und das ausgewählte Lernmaterial richten sich nach den Lernvoraussetzungen. Dabei sind Erfahrungen, Interesse, Lerntempo, sachstruktureller Entwicklungsstand und Aufnahmefähigkeit des Schülers und der Schülerin zu klären.
Aus dieser Forderung ergeben sich didaktisch-methodische Konsequenzen: die exemplarische Auswahl der Ziele, die Einhaltung einer sachentsprechenden Darstellung und Modellbildung, die Einbeziehung von Erfahrungswissen, die Orientierung am Erfahrungsraum, die Reduktion auf elementare Inhalte, die Veranschaulichung des Gegenstandes, der handelnde Umgang mit der Sache, die Differenzierung im Unterricht, die Verwendung einer kind- und sachgerechten Sprache, die Strukturierung des Informationsangebots, das Bewusstmachen eigener Denk-Wege und des emotionalen Bezugs zur Sache und die Berücksichtigung anwendungsbezogener Aufgabenstellungen.

5. Orientierung an der Wissenschaft

In den einzelnen Disziplinen der Wissenschaft werden mit gezielten Methoden abgegrenzte Gegenstandsbereiche untersucht. Sie geht von spezifischen Fragestellungen aus, sammelt Informationen und analysiert die Fakten. Daraus ergeben sich Theorien, Regeln, Erkenntnisse, Zusammenhänge, Modelle, Strukturen und Systeme. Der Sachunterricht verwendet gesicherte Ergebnisse (nach dem aktuellen Wissenstand). Die in der Grundschule verwendeten Begriffe und Vorstellungen sollen für die weitere Begriffsentwicklung tragfähig sein und zu einem späteren Zeitpunkt ohne gravierende Umstrukturierungen oder Änderungen erweitert oder modifiziert werden können. Im Unterricht werden bereits fachgemäße Arbeitsweisen und Arbeitstechniken eingesetzt. Ferner sind Merkmale einer grundschulspezifischen Wissenschaftsorientierung eine klare Begriffsbildung, problemorientiertes Vorgehen und Klarheit der Darstellung.

Didaktische Grundsätze

Der Sachunterricht berücksichtigt, wie andere Unterrichtsfächer auch, allgemeine Gestaltungsprinzipien wie Zielorientierung, Passung, Strukturierung, Aktivierung oder Lebensnähe. An dieser Stelle werden solche Grundsätze akzentuiert, die für die Eigenart des Faches besonders kennzeichnend sind.

1. Handelnd lernen

Lernen und Denken sind eng mit dem Handeln verbunden. Die Bedeutung des Tuns lässt sich schon aus den Schriften Pestalozzis herauslesen; die Orientierung des Lernens am Handeln wird in der Reformpädagogik hervorgehoben und ist bis heute von unverminderter Aktualität.
Die Ausführung von Tätigkeiten erscheint attraktiv; für die Kinder haben sie prinzipiell eine hohe Akzeptanz. Als Begründung für schulische Lernprozesse kann die äußere Gefälligkeit jedoch nicht genügen. Die Aufgabe besteht nun darin, eine Überprüfung der didaktische Funktion der jeweiligen Tätigkeit im Lernprozess vorzunehmen. Dazu dienen die Merkmale einer „Handlungsorientierung".
Es wird „Handlung" als Tun „mit hohem Grad der Bewusstheit und der Zielgeleitetheit, auch im Einzelnen" (Aebli 1993, S. 20) verstanden. In einer kritischen Betrachtung der Umsetzung der Handlungsorientierung in der Praxis präzisiert K. Möller den Anspruch dieses Prinzips: „So geht es häufig weniger um Unterstützung von Denkprozessen als um kompensatorische Aktivitäten, die den Unterricht motivierender und weniger kopflastig erscheinen lassen. Besteht kein Zusammenhang zwischen den Handlungsstrukturen und den angestrebten Denkstrukturen, so handelt es sich eher um einen praktizistischen Unterricht, dem es nur vordergründig um Selbsttätigkeit der Lernenden geht" (Möller 2007b, S. 412).
Daraus leiten sich vier Merkmale der Handlungsorientierung, auf die Grundschule bezogen, ab.

Die Tätigkeit:
- wird tatsächlich ausgeführt;
- ist auf ein Ziel gerichtet;
- wird vom ausführenden Kind reflektiert;
- wird in ihrer Funktion für das Denken, für den Aufbau von Vorstellungen oder für ihre Bedeutung einer Erkenntnisgewinnung, eines Handlungsablaufs oder eines Handlungsmusters bewusst gemacht.

Beispiel: Der Rötelbach wird bepflanzt

1. Ausgangssituation

Im Gemeinderat der Heimatgemeinde wurde die Bepflanzung des Ufers des Rötelbaches mit Weiden beschlossen. Die Anfrage, ob sich einige Klassen der Grundschule an der Arbeit im und am Rötelbach beteiligen könnten, wurde positiv aufgenommen. Es entstand eine Planung für ein Unterrichtsvorhaben mit projektorientiertem Charakter.

2. Ziele und Fragestellungen (Auswahl)

- Weshalb sollen Weiden gepflanzt werden?
- Welche Tiere leben im und am Bach?
- Kann man das Wasser aus dem Bach trinken? Ist der Bach sauber?
- Wie tief ist der Bach?
- Welche Blumen gibt es am Rötelbach?

3. Aktivitäten (Auswahl)

- Bestimmen von Tieren und Pflanzen – auch unter Anleitung von Fachleuten
- Zeichnen des Bachverlaufs
- Riechen, hören, betrachten; schätzen, messen, mit (Becher-)Lupe oder Mikroskop (Binokular) untersuchen, suchen, sammeln, Daten in Listen eintragen, berechnen, zählen; Kraut mit der Harke entfernen

4. Verbindung von Tun und Denken (Auswahl)

- Messen der Temperatur: Im schattigen Bachlauf ist die Temperatur niedriger als im sonnigen Teil. Die höhere Wassertemperatur ist eine Ursache für das starke Wachstum von Kraut am Bachgrund. Weiden geben Schatten – die Krautbildung wird geringer.
- Messen der Fließgeschwindigkeit: Wenn der Bach rasch fließt, dann spült sein Wasser die Erde am Uferrand weg. Die Wurzeln der Weide können die Erde zurückhalten (vor allem bei Hochwasser).

- Ein Geograf (Er ist ein Experte für alles, was in der Landschaft ist.) verwendet genaue Begriffe. Wir haben einige kennengelernt und über sie nachgedacht; wir können uns jetzt rascher orientieren (siehe Abb. 101).
- Fotografieren des Schattenwurfs einer Weide zu verschiedenen Tageszeiten: Feststellung des Zeitraums an ausgewählten Stellen ohne bzw. mit Sonneneinstrahlung

2. Forschend-entdeckendes Lernen

Mit dem entdeckenden Lernen begegnet uns ein Unterrichtsverfahren, das die Selbsttätigkeit des Kindes in den Mittelpunkt stellt, das bereits eine längere Tradition hat und vor allem durch J. S. Bruner in den 60er-Jahren des vergangenen Jahrhunderts erneute Anstöße zur Verwirklichung erhalten hat. Das forschende Verhalten geht dem Entdecken voraus. Dem Forschen ordnen wir Tätigkeiten und Vorgänge zu wie Fragenstellen, Suchen, sich Irren, Untersuchen, Erproben, Beobachten oder Erkunden; dem kann sich das Entdecken anschließen als Finden, Antwortgeben, Dahinterkommen oder auf etwas Stoßen. So macht es tatsächlich Sinn, die Konzeptionen eines forschenden und entdeckenden Lernens zu verbinden.

Am Rötelbach

Informationen zum Bach

1. Das Bachbett
Die Vertiefung, in der das Wasser fließt, heißt Bachbett.

2. Tiefe und Breite
Von der Wasseroberfläche bis zum Grund messen wir die Tiefe. Von einem Uferrand zum anderen messen wir die Breite.

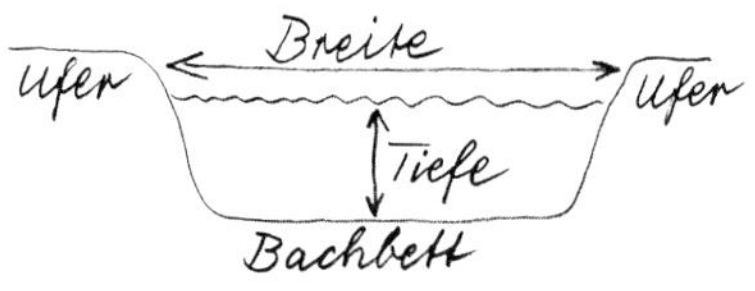

3. Die Strömung
Wenn wir die Hand in das Wasser halten, merken wir die Strömung. Wir haben gemessen:
10 Meter in 11 Sekunden und
10 Meter in 17 Sekunden.

4. Linkes und rechtes Ufer
Wir schauen mit der Strömung:
links ist das linke Ufer,
rechts ist das rechte Ufer.

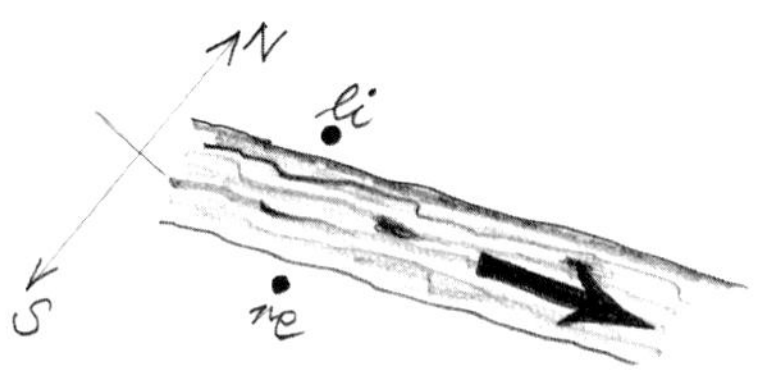

Abb. 101: Handeln – die Aktivitäten erhalten eine Bedeutung durch das Denken

Hinweise zur Praxis:

a) Ein anregendes Lernumfeld schaffen
Den Schülern werden Gegenstände, Medien und andere Informationsmaterialien zur Sachauseinandersetzung angeboten. Dadurch entsteht ein anregender Charakter des Lernumfelds.
Beispiele: Verschiedene Gebrauchsgegenstände aus früherer Zeit geben einen Einblick in die Lebensweise des Alltags der Vergangenheit; auf einem Experimentiertisch werden Versuche zur Optik oder Mechanik durchgeführt; aus heimatkundlichen Informationsschriften, aus Sachbüchern, über Online-Angebote werden Informationen zu vielen Themen des Sachunterrichts eingeholt.

b) Den Gegenstand mit sachadäquaten Arbeitsweisen erschließen
Auch bei einer integrativen Konzeption des Sachunterrichts werden Teilaspekte unter fachlichem Gesichtspunkt zu bearbeiten sein. Die jeweiligen Bezugswissenschaften bieten eine Reihe von fachgemäßen Arbeitsweisen und -techniken an. Mit ihrer Hilfe werden nicht nur die punktuellen Informationen für die einzelne Unterrichtsstunde gewonnen, sondern auch allgemeine Problemlösungsstrategien angebahnt.
Einige Beispiele für fachgemäße Arbeitsweisen sind: Ordnen von Ereignissen aus dem Leben der Kinder unter dem Gesichtspunkt der Zeit (geschichtlicher Gegenstandsbereich); Entnahme von Informationen aus einer Karte (erdkundlich); Einüben von Verhaltensweisen im darstellenden Spiel (sozialkundlich); Nachzeichnen einer technischen Lösung, z. B. Kraftübertragung durch mehrere Zahnräder – Baukasten (technisch); Nachbildung eines Biotops, z. B. Hecke mittels Klappbild (biologisch) oder Feststellen der Eigenschaften von Gegenständen (physikalisch). Bei allen diesen aufgeführten Beispielen lassen sich Entdeckungen machen.

3. Eigenständig lernen

Das eigene Tun bildet die Grundlage für die Entwicklung von Selbstständigkeit. Es hat positive Auswirkungen auf das Lernen insgesamt. Vom tatsächlichen Umgang mit den Gegenständen geht eine hohe Lernmotivation aus. Der Schüler tritt in eine enge Beziehung zur Sache, er macht unmittelbare Erfahrungen, die – wie beim entdeckenden Lernen – zum plötzlichen Erkennen eines Zusammenhangs oder einer Lösung führen – verbunden mit Erstaunen, Verwunderung, Überraschung und sogar einem Gefühl der Zufriedenheit im Moment des Erkennens. Denn: „Ich war selbstständig und durch meine Überlegungen und durch meine Mühe habe ich etwas Neues herausgefunden".
Nachdem die aktuelle Auffassung von Lernen seinen individuellen Prozess betont, erhalten Selbsttätigkeit und Selbstständigkeit eine zentrale Bedeutung im schulischen Lernen.

a) Verhalten der Lehrerin in Phasen der Eigentätigkeit der Kinder
Das Sich-Erinnern an Vor-Erfahrungen, das Zurecht-Legen einer Problemlösung, das Verbinden von Wahrnehmungen und Schlussfolgerungen oder das Diskutieren von Überlegungen erfordert Zeit. Viele Lehrpersonen neigen dazu, Leistungsanforderungen bzw. die Erledigung von Aufgabenstellungen grundsätzlich unter ein zeitliches Diktat zu stellen. Da jedoch die Aufgabe besteht, das selbstständige Lernen zu fördern, sollte den Schülern Raum für die Entwicklung der eigenen Vorstellungen gegeben werden. (Für die Effizienz von Gruppenarbeiten ist dies durch eine Untersuchung belegt worden; vgl. Fürst 2000, S. 76–80.) Es sollten also Kommentierungen der laufenden Arbeit oder auch Präzisierungen, Nachbesserungen oder Einengungen der Aufgabenstellungen eher nur in Ausnahmefällen, die vor allem pädagogisch motiviert sind, erfolgen.

b) Unterrichtsform
Eine zweite Konsequenz in diesem Zusammenhang betrifft den grundsätzlichen Ansatz im Aufbau des Unterrichts. Bei „Einführungsstunden" z. B. in Mathematik,

Sprachbetrachtung oder im Sachunterricht allgemein besteht die Praxis, einen begrenzten Sachverhalt in Teilschritte zu zerlegen. (Die Begründung dazu ist komplex. Sie liegt auch in der Ausbildung, die damit der besonderen Situation der Berufsanfängerinnen gerecht wird.) Dabei wird häufig kleinschrittig vorgegangen. Die kleinschrittige Vorgehensweise hat ihre didaktische Berechtigung, jedoch ist sie nicht immer angebracht, wie folgendes Beispiel „Der Kalender" zeigt.

Variante 1 – kleinschrittige Vorgehensweise: Die Kinder erhalten in drei Schritten Material, das jeweils vorbereitet ist: a) Kalenderblätter, auf denen jeweils eine Woche angegeben ist; b) kompletter Jahreskalender; c) Kalenderblätter, auf denen jeweils ein Monat angegeben ist.
Daraus ergeben sich nacheinander drei Ergebnisse (sinngemäß):
a) Die Woche hat bestimmte Wochentage;
b) Das Jahr hat folgende zwölf Monate: ... ;
c) Die Monate haben jeweils eine bestimmte Anzahl von Tagen.

Variante 2 – offene Vorgehensweise: Der bevorstehende Jahreswechsel und die Präsentation verschiedener Jahreskalender führt zu dem Entschluss, gemeinsam einen Kalender herzustellen; die einzelnen Kalenderblätter sollen in Gruppenarbeit angefertigt werden. Notwendige Zwischenergebnisse zu diesem Ziel sind die Kenntnisse über Anzahl, Namen und Reihenfolge der Wochentage, der Monate usw. Auf diesem Weg ergeben sich also dieselben Kenntnisse, wie in Variante 1 intendiert, jedoch als Ergebnis eines motivierenden Ansatzes zur Arbeit.

Eine Reihe von Inhalten kann in der Weise aufbereitet werden, sodass ein weitgehend eigenständiges Lernen ermöglicht wird.

c) Projektorientierter Unterricht

Beim gesamten Aufbau des Unterrichtsprozesses bieten sich mehrere Stellen an, in denen Kinder eigene Entscheidungen über die inhaltliche und methodische Auseinandersetzung mit der Sache treffen können. Dies beginnt bei der Benennung interessanter Themenstellungen, führt über die Formulierung von Fragen und der Festlegung von Arbeitsweisen bis zur Präsentation der Ergebnisse. Eine bewährte Methode, die breiten Raum für das eigenständige Lernen gibt, ist das Projekt. In Abwandlung des idealtypischen Verlaufs (siehe 5.3, S. 356f.) wird in der Grundschule ein Projekt als „Vorhaben" oder „projektorientierter Unterricht" durchgeführt.

Beispiel „Raubtiere" (Jahrgangsstufe 1)

1. *Themenfindung:* a) Zur Fragestellung „Was mich noch interessieren würde" notieren die Kinder (maximal drei) Themen auf; b) vier Themen mit den meisten Nennungen werden zur Wahl gestellt; c) aus der Bepunktung ergibt sich hier das Thema „Raubtiere".
2. *Vorbereitung:* Sammeln des Vorwissens; Eingrenzung des Themas auf „Land-Raubtiere"; Formulierung von Zielen.
3. *Planung:* Informations- und Bezugsquellen; Vorgehensweise; Zeitplan.
4. *Durchführung:* a) Sammeln und Ordnen (Lexika, Bücher, Kinderzeitschriften, Stofftiere, DVD); b) Aktivitäten – in selbst gewählten Gruppen: Bären auf dem Globus (plastische Figuren oder Papierfiguren, Doppelklebeband)/Das Bärenspiel (Herstellung von Spielfeld mit Ereigniskarten)/Leporello (Herstellung, Beispiel siehe Abb. 102a)/Domino (Raubtier: Name – Bild im Wechsel; Herstellung)/Tierrätsel (Erraten eines Raubtiers gemäß Beschreibung); c) Aktivität für alle Kinder: Herstellung von kleinen „Büchern" bzw. Heftchen (Geschichtenbuch, siehe Abb. 102b , Klappbuch); d) Verwendung aller Produkte (spielen, vorlesen, erklären, begründen)
5. *Präsentation:* Ausstellung, Zoo-Theater.

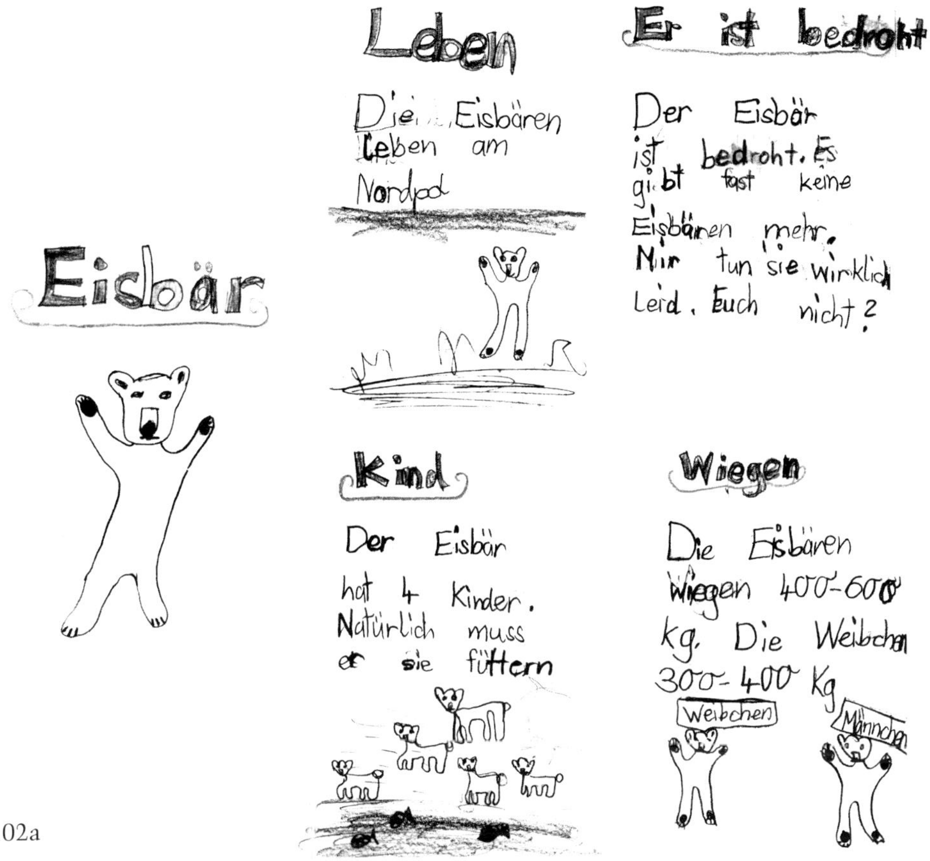

102a

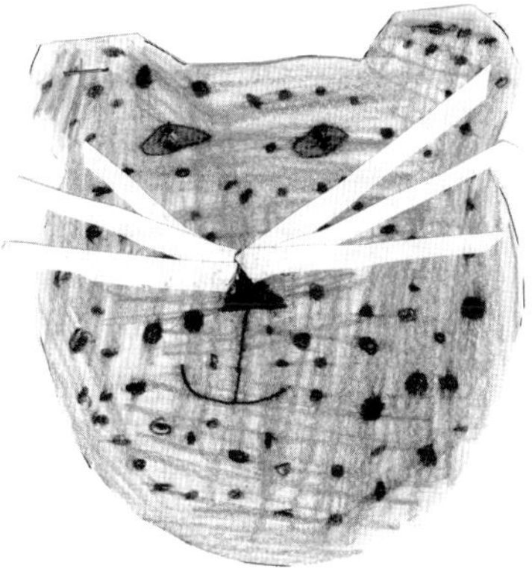

Eine Leopardengeschichte

Es war einmal eine Leopardenfamilie. Sie lebte in Asien. Da gab es eine Hungersnot. Die Familie seufzte. Die Mutter sagte: „Wo sollen wir das Fressen herbekommen?" Da fiel ihr etwas ein: „Wir haben doch einen Onkel in Afrika!" „Ja", sagte der Vater. Nach einiger Zeit machten sie sich auf den Weg.

Lena

102b

Abb. 102: Ergebnisse aus einem projektorientierten Unterricht zum Thema „Raubtiere" (1. Jgst., April)

4. Lernen in Zusammenhängen

Der Grundsatz „Lernen in Zusammenhängen" wird in der Regel auf den Lerngegenstand bezogen. Nach unserer Auffassung sollte jedoch der Lerngegenstand darüber hinaus im Zusammenhang mit dem lernenden Kind und mit dem Unterricht gesehen werden.

a) Sachzusammenhänge

Die Dinge können je nach Betrachtungsweise in verschiedener Hinsicht zusammenhängen, z.B. weil sie aufeinanderfolgend sind, oder sie hängen in ihrer Funktion voneinander ab, sie bedingen sich wechselseitig, oder sie stimmen in einem regelhaften Verhalten überein.

1. Aspekte zur Ermittlung von Sach-Zusammenhängen: a) Die Bedeutung der Teile in einem Ganzen (Betrachten einer Blüte: Griffel, Narbe, Fruchtknoten; Staubgefäße, Pollen) b) Der Zweck eines Gegenstandes, eines Vorgangs oder einer Handlung (Das Waschen von Gemüse dient der Hygiene bei der Vorbereitung des Essens.) c) Das Ziel einer Aktion, einer Entscheidung usw. (sportliche Betätigung als Beitrag zur Erhaltung oder Förderung der Gesundheit) d) Ursache und Wirkung eines Vorgangs, einer Entscheidung, eines Sachverhalts (Standort: kühl, feucht, schattig – Das Usambaraveilchen gedeiht gut.) e) Formulierung übergeordneter Einsichten (Die Menschen haben zu allen Zeiten versucht, die Lebensbedingungen zu verbessern.)

2. Unterrichtsinhalte miteinander verbinden: Die Integration der Unterrichtsinhalte geschieht auf verschiedenen Ebenen: Zunächst werden innerhalb des fachlichen Gegenstandsbereichs die Inhalte und Verfahrensweisen miteinander verbunden; ferner werden die Zusammenhänge zwischen den fachlichen Bereichen des Sachunterrichts hergestellt; schließlich finden sich mehrere Ansatzpunkte zur Verknüpfung der Sachunterrichtsthematik mit anderen Unterrichtsfächern.

b) Das lernendes Kind und der Lerngegenstand

1. Vorwissen und Vorerfahrungen der Kinder in den Unterricht mit einbeziehen: Die Kinder bringen den Dingen vielfach eine gefühlsmäßige Bewertung entgegen. Sie besitzen, wenn sie in die Schule kommen, Erfahrungen und Wissen zu vielen „Sachen". Die Eingliederung neuer Informationen im Gedächtnis gründet auf den vorhandenen Verknüpfungen der Neuronen.

2. Alltagssprache und Fachsprache: Sachunterrichtliche Inhalte werden zu Beginn der Grundschulzeit in der Regel in der Alltagssprache zum Ausdruck gebracht. Auf dem Weg der Schüler von der Anschaulichkeit zu abstrakteren Inhalten „müssen die Lehrkräfte ihnen ...die Entwicklung von der kontextgebundenen zu der kontextreduzierten Sprache ermöglichen" (Quehl 2010, S. 28). In diesem Zusammenhang erscheint es sinnvoll, die Anregungen zu einem bilingualen Sachunterricht aufzugreifen (vgl. Elsner/Wittkowske 2010).

3. Anwendungsbezug und Lebensbezug der Unterrichtsinhalte: Aus einer konkreten Erfahrungssituation entsteht die Notwendigkeit der unterrichtlichen Auseinandersetzung; das Gelernte wiederum soll zur Bewältigung weiterer Lebenssituationen beitragen.

c) Unterrichtsgeschehen und das lernende Kind

Die Kinder äußern ihre eigenen Vorstellungen zu einer Sache, sie erkennen die Bedeutung einer bestimmten Tätigkeit für den Erkenntnisweg, sie werden sich der eigenen Denkwege bewusst. Nicht nur die Funktion der einzelnen Tätigkeit kann geklärt werden, sondern auch die einzelner Unterrichtsschritten. Häufig genügt es, die Verknüpfung an „Gelenkstellen" anzugeben, z.B. „Wir haben gerade die Fotos genau betrachtet, nun werden wir versuchen herauszufinden, was sich ... (z.B. in unserem Ort) verändert hat."

5. Verstehendes Lernen

Der Grundsatz des „Lernens in Zusammenhängen" erhält durch die Forderung nach einem „verstehenden Lernen" seine Vertiefung. Der qualitative Aspekt beim Herstellen von Zusammenhängen wird verstärkt. Akte des Verstehens „zeigen sich in dem Bemühen, unsere Wahrnehmungen und Gedanken einheitlich zu ordnen und Zusammenhänge herzustellen, Strukturen zu erfassen und Sachverhalte auf etwas Einfacheres oder schon Bekanntes zurückzuführen, sie auf Interpretationsmuster, Denkmodelle und Begriffe zu beziehen und in die eigene kognitive Struktur einzuordnen" (Köhnlein 2007b, S. 98). Ein erfolgreicher Unterricht orientiert sich an den Kriterien von Strukturiertheit und Klarheit.

a) Strukturiertheit

Durch das Strukturieren werden die Art der Beziehung und Beziehungsverhältnisse in einem umfassenden Vorgang oder Sachverhalt deutlich gemacht. Die methodische und inhaltliche Gliederung des Unterrichts wird erkennbar durch Auswahl, Abfolge und Schwerpunktsetzung der Teilschritte und Teilinhalte.

1. Informationen unterscheiden und verbinden: Sachverhalte zu gliedern und Teilinformationen zusammenzufügen sind wichtige Vorgänge des Strukturierens. Durch das Strukturieren entsteht eine geordnete Gesamtheit, die wiederum verarbeitungsfähige mentale Strukturen anbietet. Für den Unterricht in der Grundschule ist dabei entscheidend, dass die Informationen die Erweiterung des Begriffsaufbaus zulassen bzw. sie nicht behindern.

2. Schwerpunkte setzen: Die Unterscheidung von Informationen erfolgt auch durch die Hervorhebung einzelner Teile der Gesamtinformation. Für die Strukturierung des Lernprozesses ist dabei nicht nur der inhaltliche Aspekt von Bedeutung sondern auch der methodische und psychologische Aspekt. Bedeutsamkeit erhält die ausgewählte Teilinformation dadurch, dass ein Schwerpunkt der Bearbeitung erkennbar wird.

Im Fach Sachunterricht können diese Schwerpunkte bei unterschiedlichen Kompetenzen gesetzt werden (nachfolgend in Klammern *Inhalte* kursiv): Erklärungsmodelle bilden (*die Kraft des Magneten*), Begriffe entwickeln (*die „Geschichte" unseres Heimatortes*), Informationen gewinnen (*Daten aus dem Internet heraussuchen und bearbeiten, z. B. Aufbau des Auges*), Erfahrungen reflektieren (*einen Konflikt mit den vereinbarten Regelungen lösen*), sach- und situationsangemessenes Handeln begründen (*eine Streitsituation klären*), die Entstehung eigener Vorstellungen bewusstmachen (siehe Abb. 103), exaktes Versprachlichen (*Beschreibung von Gegenständen und Vorgängen auf einem Bild*).

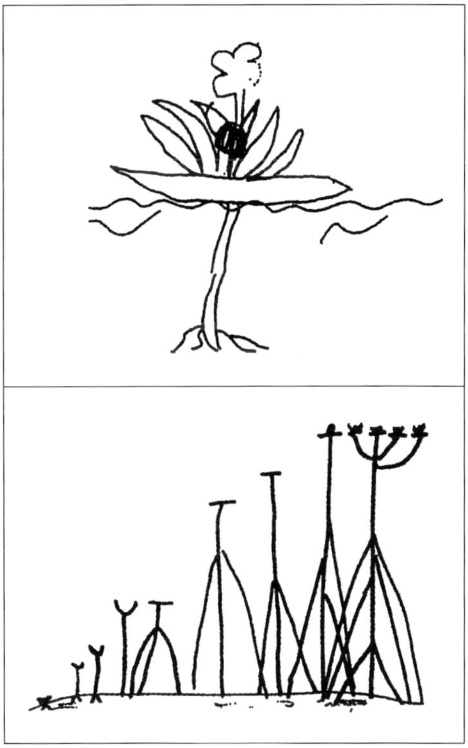

Abb. 103: „Wie wächst die Teichrose nach oben?" – Vorstellungen in zwei Varianten

3. Lernleistungen schrittweise aufbauen: Dieses Anliegen betrifft einerseits den sachlogischen Aufbau und andererseits die Erreichbarkeit von Leistungsanforderungen. Ein Zuwachs an Wissen, Können oder Werten wird nur auf der Grundlage bestehender Leistungsformen erzielt. Die neuen Informationen sollen Wissensbestände oder Fertigkeiten antreffen, mit denen sie sich verknüpfen können. Qualität und Quantität der neuen Leistungsform sollen vom Schüler erreichbar sein, sodass eine unüberbrückbare Lücke im Aufbau des Lerngegenstandes vermieden wird (Conceptual Change, „weiche" und „harte" Konzeptveränderungen – vgl. Möller 2007a, S. 259–262). Dies gilt für die langfristige Unterrichtsarbeit wie auch innerhalb von Unterrichtssequenz und Unterrichtseinheit.

b) Klarheit

Während Probleme bezüglich „Richtigkeit" und „Logik" meist rasch zu erkennen sind, können Probleme mit der „Klarheit" der wahrgenommenen Sachverhalte oder deren Darstellung oft nur erkannt werden, wenn es gelingt, sich in die Lernsituation des Kindes hineinzuversetzen. Klarheit entsteht für das Kind, indem die neue Information mit den bisherigen Informationen verbunden oder in bekannte Schemata eingeordnet werden kann und mit vorhandenen Interpretationsmustern korrespondiert. Intensive Begriffsarbeit, die Entwicklung von Erkenntnissen und die eindeutige Darstellung des Lerngegenstandes geben Klarheit in der Sache und sind Teil einer grundlegenden Bildung.

1. Begriffe aufbauen: Die Vorstellung von einer Sache geht auf konkrete Erfahrungen zurück bzw. lässt sich darauf zurückführen. Klare Begriffe bilden sich heran, indem sie von anderen unterscheidbar sind. Sachverhalte, Dinge, Eigenschaften, Vorgänge oder Tätigkeiten sind im Einzelnen zu klären.

2. Kommunizieren in der Sache: Zur Entwicklung einer klaren Vorstellung leistet die Kommunikation der Kinder einen wesentlichen Beitrag. „Die Gegenstände des Sachunterrichts allein sind nicht bildungswirksam. Dies wird erst durch den Austausch und das Gespräch möglich. Denn nur in der kommunikativen Situation können die Inhalte eingeordnet und bewertet, mit anderem Wissen verknüpft und verallgemeinert oder in ihrer Relevanz eingeschränkt werden" (Kaiser 2008, S. 119).

3. Einsichten verständlich formulieren: An Objekten werden Einzelteile und einzelne Vorgänge wahrgenommen. Die einzelnen Feststellungen rücken in einen Zusammenhang. Aussageelemente werden miteinander verbunden. In vielen Fällen wird eine Erkenntnis durch eine Formulierung zum Ausdruck gebracht.

4. Sachverhalte in bildlicher Form sachentsprechend und eindeutig darstellen: Neben der Sprache werden auch Bilder, Schemata, Zeichnungen und Symbole gebraucht, um Aussagen über die Sache darzustellen.

Literatur:

1. Kahlert, Joachim/Fölling-Albers, Maria/Götz, Margarete/Hartinger, Andreas/von Reeken, Dietmar/Wittkowske, Steffen (Hrsg.) (2007): Handbuch Didaktik des Sachunterrichts. Klinkhardt, Bad Heilbrunn
2. Kaiser, Astrid (2008): Welterkundung/Sachunterricht. In: Jürgens, Eiko/Standop, Jutta (Hrsg.) (2008): Taschenbuch Grundschule. Schneider Hohengehren, Baltmannsweiler, Bd. 4, S. 115–126
3. Köhnlein, Walter/Marquardt-Mau, Brunhilde/Schreier, Helmut (Hrsg.) (1997): Kinder auf dem Wege zum Verstehen der Welt. Klinkhardt, Bad Heilbrunn
4. Maras, Rainer (2001): Sachunterricht verändern – eine konkrete Aufgabe. Wie didaktische Ideen praktisch umgesetzt werden können. In: Grundschulmagazin 1–2/2001, S. 41–48

3.3.2 Lernbereich „Mensch und Gemeinschaft“

Situation des Kindes

- „Bei Schuleintritt verfügen Kinder bereits über ein breites Repertoire sozialer Fertigkeiten: Sie können anderen helfen, sie trösten, mit ihnen Regel- und Rollenspiele spielen, Konflikte austragen, Beziehungen anknüpfen, kooperieren u. a. m.“ (Wagner 2007, S. 354)
- „Können für das aktive Kinderleben nach wie vor Grenzen bzw. Gefahren … aufgezeigt werden, so lassen sich gegenwärtig in einer insgesamt *kulturkritischen Perspektive* (i.O. kursiv) auf Kindheit … auch kulturoptimistisch zu deutende Lebensbedingungen von Kindern benennen“ (Hein 2008, S. 61). Für den Lebensraum der Familie sind „die Vorteile der tendenziell partnerschaftlich gewordenen Erziehungsstile und der Emotionalisierung des Privatlebens in den Familien zu werten. In öffentlich-sozialen Kontexten werden Chancen für das Aufwachsen der Kinder in den Nutzungsmöglichkeiten eines facettenreichen Angebots im Betreuungs- und Freizeitbereich angesehen“ (a. a. O.).
- Kinder sind in ihren Lebensumständen durch eine Vielzahl von Regelungen eingegrenzt: Unfallverhütung, Hausordnung, Verhalten auf der Straße, Verhalten im privaten Wohnbereich (mit dem Ziel der Werterhaltung von Produkten).
- Zum Aspekt „Arbeit“: Kinder kennen Dienstleistungen nur vom Endergebnis her oder wissen nur über Teilvorgänge Bescheid (Beispiele: Brief wird in den Postkasten gesteckt – eine Ansichtskarte ist im eigenen Briefkasten; Polizeieinsatz an einer Unfallstelle; Löschzug mit Blaulicht und Martinshorn unterwegs; Entleerung der Mülltonne; als Dienstleistung kaum bewusst oder bekannt sind Wasserversorgung und sehr selten die Abwasserentsorgung.

Didaktische Grundsätze

1. Reale oder wirklichkeitsnahe Situationen als Ausgangspunkte

Sozial oder wirtschaftlich bedeutsame Vorgänge und Tatsachen werden in realen Gegebenheiten erfahren. Sie können auch durch entsprechende Medien oder Darstellungsweisen repräsentiert oder bei einem Unterrichtsgang unmittelbar erkundet werden.

Beispiele:

Sich streiten und vertragen (Streit in der Pause – Wie kam es dazu? – Warum warst du so aufgebracht? – Welche Regeln können wir aufstellen, damit ein kleiner Anlass nicht zu einem Streit wird?); Arbeit als eine Tätigkeit, die für die eigene Lebensführung und als Beitrag für die Gemeinschaft wichtig ist; Ehrenamtliche Tätigkeiten kennenlernen (Sammeln dieser Tätigkeiten am Beispiel der Eltern und Großeltern von Kindern in einer Klasse).

2. Wertung sozialer Vorgänge

Das Einüben sozialer Verhaltensweisen kann nicht mechanisch erfolgen, sondern muss im Hinblick auf die notwendige politische Bildung eine kognitive Aufarbeitung mit einschließen. Entscheidungen, Lösungen, Reaktionen, Rollen und Verhaltensmuster sind zu bewerten, inwieweit sie die Bedürfnisse und Ansprüche der Beteiligten berücksichtigen.

3. Unterrichtsinhalte und -maßnahmen als Lebenshilfe

Die Unterrichtsinhalte werden der Erfahrungswelt der Kinder entnommen. Darüber hinaus trägt der Sachunterricht zur Bewältigung von Lebenssituationen bei, wenn den Kindern der Bezug zum Alltag bewusst gemacht, die erarbeitete Erkenntnis in neuen Zusammenhängen angewendet wird und Möglichkeiten der Einübung, z. B. in Gruppenarbeit oder im Rahmen des Schullebens, bestehen.

Strukturmodell: *„Mensch und Gemeinschaft“*

Hinführung	
Darstellen der Situation	Darlegen eines persönlichen Erlebnisses; Vorstellen einer Situation; Situation, die einen Vorgang im sozialen Bereich (Miteinander – Gegeneinander, Tätigkeit in einer sozialen Einrichtung) oder im wirtschaftlichen Bereich (Tätigkeit in einem Arbeitsbereich) aufzeigt
Zielangabe	Feststellen der Frage (Vorgang, Konflikt), deren Klärung für den Einzelnen oder für die Gemeinschaft (für das Miteinander, für die Dienstleistung) von Bedeutung ist
Erarbeitung	
Vorläufige Stellungnahme	Formulieren der eigenen Vorstellung zum skizzierten Sachverhalt; Darlegen erster Lösungsvorschläge bzw. von Vorwissen
Informationsgewinnung	Aufgreifen von vorhandenem Wissen und von vorhandenen Erfahrungen und Beobachtungen; Diskussion denkbarer Lösungen; Suchen von Möglichkeiten zur Bewältigung der Situation oder zur Gestaltung des Vorgangs; Vergleichen von Verhaltensweisen; Übergabe weiterführender Informationen (beispielhafte Vorgänge, Erklärungen, Begründungen); Kinder als Experten ihrer eigenen Lebensweise, Fachleute als Experten in ihrem Beruf; Durchführung eines Unterrichtsgangs
Urteilsbildung mit Begründung	Vergleichen der verschiedenen Lösungsversuche hinsichtlich Durchführbarkeit und Konsequenzen für die Handelnden und die Betroffenen; Erläutern von Befindlichkeiten; Darlegen einer eigenständigen Antwort; Erkennen der Verantwortung
Anwendung	
Konkretisierung	Klären ähnlicher Fälle bzw. Situationen; Einüben sozialer Verhaltensweisen; Fallbeispiele diskutieren. Hinweis auf andere Handwerks- oder Dienstleistungsbetriebe
Vertiefung	Anregen zur Überprüfung des eigenen Verhaltens; Hinweis auf andere Sichtweisen (mein Verhalten heute und früher; die Sicht des anderen); Herausstellen der Leistung des Menschen; Dokumentation

(Anm.: Es folgen ein Unterrichtsbeispiel zum sozialen bzw. zum wirtschaftlichen Aspekt.)

Unterrichtsbeispiel: *„Freunde sind wichtig“*, 2./3. Jahrgangsstufe

I. Vorbereitung

1. Hinführung zum Thema: Anschreiben des Titels eines Gedichts „Wann Freunde wichtig sind“; die Kinder äußern ihre Gedanken dazu.
2. Zielangabe: Freunde sind wichtig

II. Erarbeitung

1. Aktivierung eigener Überlegungen zum Thema

- Selbstständiges Erlesen des Textes

Wann Freunde wichtig sind
(von Georg Bydlinski)

Freunde sind wichtig,
zum Sandburgenbauen,
Freunde sind wichtig,
wenn andre dich hauen,
Freunde sind wichtig
zum Schneckenhaussuchen,
Freunde sind wichtig
zum Essen von Kuchen.

Vormittags, abends,
im Freien, im Zimmer…
Wann Freunde wichtig sind?
Eigentlich immer?

„Das Gnu im linken Fußballschuh“ von Georg Bydlinski (ISBN 978-3-414-82398-4) © 2014 Boje Verlag in der Bastei Lübbe AG, Köln

Arbeitsaufgaben: a) Das will ich dazu sagen: …; b) Das will ich dazu fragen: …

- Darstellen eigener Gedanken und Fragen (Beispiele, zu a): Freunde sind wichtig zum Spielen./Ich finde es gut, dass es Freunde gibt./Im Text steht: Sie sind wichtig für dich. Ich kann toben, ich kann springen, doch ohne Freunde ist das alles langweilig./Freunde sind wichtig zum Ideen haben.

zu b): Ich will fragen, ob sie Freunde bleiben. Wie wäre es ohne Freunde? Sind sie auch beim Schwimmen, Snowboarden und Basteln wichtig? Warum muss man Freunde haben? Wie hat euch das Gedicht gefallen? Warum braucht man Freunde zum Essen von Kuchen? Wie stellst du dir einen guten Freund vor?

2. Auseinandersetzung mit ausgewählten Äußerungen

- Gespräch im Sitzkreis: Die Aussagen einzelner Kinder werden aufgegriffen und weitergeführt.
- Gruppenarbeit: Ausgehend von den Äußerungen (siehe II.1), wählen die Kinder aus, an welchem Einzelthema sie arbeiten wollen (z. B.: Freunde sind wichtig… zum Ideen haben; oder: Notieren mehrerer Äußerungen auf einem Plakat).

3. Sicherung

Herausstellen der Bedeutung von Freundschaften; Fixierung der Bewertung (Tafel oder Plakat)

III. Vertiefung

Verdeutlichung durch Kontrast: Wie würde es mir ergehen, wenn ich keinen Freund bzw. keine Freundin hätte? (Verknüpfung des emotionalen Gehalts mit bildhaften Vergleichen; dazu Verwendung von Legematerial, z. B. größerer Stein, Muschel, Springseil, Glaskugel, dürrer Ast, Schale, Glas mit Wasser u. Ä.).

IV. Weiterführung

1. Anwendungsbezug

Was können wir für jemanden tun, wenn er keinen Freund hat? Was können wir tun, um gut miteinander auszukommen? (auch: Streit als Bestandteil einer Freundschaft)

2. Praktische Arbeit

a) Mit dem Partner eine Geschichte schreiben.
b) Mit dem Partner eine Zeichnung erstellen.

Unterrichtsgang:
Wir erkunden den Beruf des Bäckers,
3./4. Jahrgangsstufe

Vorbereitung

1. **Aufbau einer Motivation**

   Vorzeigen verschiedener Backwaren; Mitteilen von Erfahrungen der Kinder; Ankündigung einer Erkundung des Bäckereibetriebs

2. **Formulieren von Fragen**

   Beispiele:
   Wie lange gibt es die Bäckerei schon?
   Gefällt Ihnen Ihre Arbeit?
   Wie lange müssen Sie arbeiten?
   Wie viel Geld nehmen Sie an einem Tag ein?
   Wofür müssen Sie das eingenommene Geld wieder ausgeben?
   Wie viele Leute sind in Ihrer Bäckerei beschäftigt?
   Welche Maschinen werden in dem Betrieb verwendet?
   Wie alt sind die Maschinen, die in der Bäckerei verwendet werden?
   Wie viele Brote stellen Sie an einem Tag her?
   Welche Arbeiten müssen Sie durchführen?
   Wohin liefern Sie die Semmeln (Brötchen) und Brote, die bei Ihnen gebacken werden?

3. **Organisation**
   Bildung von Gruppen

4. **Präzisierung des Vorhabens**
   (Zielsetzungen)

Durchführung

1. **Wiederholung der Aufgabenstellungen**

2. **Hinweise zum Verhalten; Sicherheitsmaßnahmen**

3. **Besuch der Bäckerei; Arbeit an den Aufgabenstellungen**

Auswertung

1. **Darstellung der Ergebnisse**
   Die Gruppen stellen die Ergebnisse ihrer Arbeit vor.

2. **Klärung**
   Überprüfung der Ergebnisse auf Richtigkeit und Verständlichkeit; ggf. Ergänzungen

3. **Fixierung der Ergebnisse**
   Entscheidung über die endgültige Darstellung – inhaltlich und formal (z. B. wie in Abb. 104)

Weiterführung

z. B. Praktische Arbeit; Informationen zu weiteren Aspekten

Beispiele:
a) Praktische Arbeit
   Herstellung von Kräutersemmeln oder Vollkornteilchen (Zutaten, Abwiegen und Zubereiten des Teigs, Gehenlassen ...);
   Herstellen von Mehl

b) Weiterführende Themen
   Verschiedene Getreidesorten;
   Brotbacken bei den Ägyptern

c) Fächerverbindungen
   Redensarten;
   Rechnen mit Größen

Gruppe 1: Backstube (Maschinen, Einrichtung, Tätigkeiten)
Gruppe 2: Bäckerladen (Einrichtung, Brotsorten, Semmelsorten, Kleingebäck)
Gruppe 3: Lageskizze anfertigen (Bäckerladen mit Eingang, Backstube, Lagerraum)
Gruppe 4: Fotos machen (Schaufenster, Backstube, Bäckerladen, LKW, Angestellte)
Gruppe 5: Interview durchführen (Bäcker und Angestellte)

Beispiel: Niederschrift

Unser Unterrichtsgang zum Bäckermeister Biber

In der Bäckerei Biber arbeiten insgesamt sechs Personen. Die Chefin ist Frau Martha Biber. Ihre beiden Söhne sind Bäckermeister. Sie stehen um halb vier Uhr auf. Ihre Arbeitszeit beginnt um vier Uhr und endet um ein Uhr mittags. Außerdem sind noch zwei Bäckergesellen beschäftigt. Sie backen zum Beispiel Sesam-, Mohn-, Kümmel- und Vitalsemmeln, Vollkornstangen und Brezeln. Es gibt acht Sorten Brot und verschiedene Kuchen. Für den Semmelteig nehmen die Bäcker Mehl, Hefe und Wasser, Butter und Malzmehl. Es werden insgesamt 3500 Semmeln am Tag gebacken. Dazu werden die Teigknetmaschine, die Semmelschleifmaschine, die Stüpfelmaschine und ein Backofen mit zwölf Blechen benutzt.

Wir backen Semmeln
Bei einem Frühstück schmecken selbstgebackene Semmeln besonders gut.

1. Wir wählen ein Rezept aus
Zutaten für Kräutersemmeln:

500 g Mehl
30 g Hefe
1 Esslöffel Zucker
ein Viertel Liter Milch

Salz, Pfeffer, Muskat

3 Esslöffel frisch gehackte Kräuter

2. Wir stellen den Teig her
Das Mehl schütte ich auf die saubere Arbeitsplatte. Die Hefe wird zerbröselt und mit Zucker und etwas Milch verrührt. Diese Mischung gebe ich in eine kleine Grube im Mehl. Nun wird alles vermischt. Es kommen noch Schnittlauch, Petersilie und Dill dazu.

3. Arbeitsgänge
den Teig kneten – Teile abstechen – die Teile zu Semmeln formen – die Semmeln ruhen lassen – die Semmeln backen

4. Wir backen die Semmeln
25 Minuten
200 Grad (Ober- und Unterhitze)

Abb. 104: Material für einen Hefteintrag zum Thema „Wir backen Semmeln"

3.3.3 Lernbereich „Zeit und Geschichte“

Situation des Kindes

- Es wird davon ausgegangen, „dass Kinder bis zu einem Alter von zwölf Jahren Zeit als ‚*verbal list system*‘ (i. O. kursiv) konzeptualisieren. Erst in einem Alter von 15 Jahren gelingt eine bildlich-räumliche Vorstellung längerer Zeiträume. Demnach ist die Aussage, dass die Dinosaurier vor 66 Millionen Jahren ausgestorben seien, für Kinder keine Zahl, sondern eine schlichte Wortmarke“ (Kübler 2007, S. 340 f.).
- Verfälschte Sichtweisen geschichtlicher Epochen und Fakten (z. B. vermittelt durch Zeichentrickfilme oder Fantasy-Filme mit historischer Rahmenhandlung).
- Orte und Gegenstände der unmittelbaren Begegnung mit „Geschichte“: Museum, Wanderausstellung, „Oldtimer“, Bauwerke, Spielzeug, Geld, Briefmarken.
- Orte der mittelbaren Begegnung mit „Geschichte“: Familienfotos, Filme, Märchen und Sagen, Fernsehserien (mit historischem Hintergrund).

Didaktische Grundsätze

1. Vergegenwärtigung der Vergangenheit

Vergangene Zeit und Geschichte sind als Gegenstand nicht verfügbar. Deshalb müssen sie durch verschiedene Vermittlungsformen in die Anschauung und in den Verstehenshorizont der Kinde gerückt werden: Die Kinder erinnern sich selbst; sie teilen Erfahrungen mit alten Gebrauchsgegenständen mit; sie untersuchen denselben Gegenstand in früherer und in heutiger Ausprägung (Aussehen, Teile, Funktion, Materialien, Handhabung); sie vergleichen Abbildungen desselben Ortes aus verschiedenen Jahren; sie bringen Bilder mit historischem Inhalt in die richtige zeitliche Abfolge; durch Erzählungen oder Berichte werden Situationen konkretisiert, indem Personen sprechen, denken und handeln und Gegenstände „funktionieren“; didaktische Anforderungen an die Lehrererzählung, wie „Lokalisierung“ oder „Dramatisierung“, haben weiterhin ihre Bedeutung.

2. Der Mensch steht im Mittelpunkt

Geschichte ist die Verkettung von Phänomenen der vergangenen Zeit, die aus menschlichem Handeln resultieren. Der menschliche Wille, die gegenwärtige Situation zu verändern, richtet sich auf die Natur, auf Gegenstände, Menschen und Besitz, Ideen und Kultur. Die Ergebnisse des Handelns liegen im geistigen, psychischen oder gegenständlichen Bereich; sie äußern sich z. B. als Ziele, Verhaltensänderung oder Produkte (Nahrung, Bauwerk). Für den Sachunterricht bedeutet dies die Zentrierung der stofflichen Aufbereitung auf die denkende und handelnde Person.

3. Heimatbezogene Inhalte werden in allgemeine geschichtliche Einsichten übergeführt

Viele Einzelfakten der Heimatgeschichte verweisen auf größere geschichtliche Zusammenhänge, z. B. „In unserem Ort und auch in … können wir Altes und Neues nebeneinander sehen.“, „Geräte sollen die Arbeit leichter/einfacher … machen – deshalb wurden und werden sie oft verbessert.“, „Vergangenes und Gegenwärtiges sind an Unterschieden erkennbar.“

4. Historisches Denken

Das „Ziel muss eine *systematische Entwicklung historischen Denkens* sein…Der Anlass wird in eine historische Frage ‚übersetzt‘ (= *historische Fragekompetenzen*), auf die in den nächsten Schritten Antworten gesucht werden (= *historische Methodenkompetenzen*). Die Ergebnisse können und sollen auf ihre Bedeutung für Welt-, Fremd- und Selbstverstehen hin betrachtet werden (= *historische Orientierungskompetenzen*) (i. O. jeweils kursiv)“ (Schreiber 2007, S. 9f.).

Strukturmodell: *„Zeit und Geschichte“*

Einleitung	
Wiederholung	Hinweise auf Inhalte aus dem vorangegangenen Unterricht; Zurückgreifen auf Fragestellungen zu Beginn der Unterrichtssequenz
Ausgangssituation	Hineinversetzen in die geschichtliche Situation (Lehrererzählung, sich selbst erinnern); reale Begegnung mit dem historischen Objekt; Lesen eines Quellentextes; Vergleich von Bildern aus verschiedenen Zeitabschnitten
Präzisierung der Aufgabenstellung	Herausfinden der Informationslücke; Formulierung einer Frage; Aufgabenstellung Festlegen des Arbeitsziels bzw. des Themas
Informationsphase	
Daten sammeln	Darstellen von Vorwissen zum gegebenen Thema; Gewinnen von Informationen: aus originalen Gegenständen (Kleidung, Denkmal, Bauwerk, Werkzeug); aus nachgebildeten Gegenständen (Plastiken, Modell im Sandkasten); aus originalen Texten (Flur- und Familiennamen, Briefe, Gesetze usw.); aus Sekundärquellen; Karten, Schulbuch, Textblatt, Tonband; aus Bildern
Daten bearbeiten	Arbeiten an den Informationsquellen; Feststellen von Merkmalen; Betrachten von Bildern oder Gegenständen; Ordnen historischer Vorgänge; Auswerten von Quellentexten; Erarbeiten von Strukturen; die Eignung von Quellen begründen; Einordnen gewonnener Fakten in eine Zeitleiste
Besinnung	Beurteilen des Vorgangs bzw. der Fakten; Herausstellen der Ursachen; Herstellen der Zusammenhänge; Verbinden mit einer aktuellen Problematik bzw. Situation; Reflexion über die Veränderung der eigenen Vorstellung
Ausblick	Wiedererkennen des Sachverhalts in einem neuen Zusammenhang; Erläutern von Schaubildern oder Prospekten; Hinweisen auf die geschichtliche Situation zu einem späteren Zeitpunkt; Vorbereitung einer Erkundung; Erstellen einer Dokumentation im Rahmen eines Vorhabens

Unterrichtsbeispiel: *Die Stadt München im Mittelalter,* 3./4. Jahrgangsstufe

1. Themen der Unterrichtssequenz

- Wie die Stadt im Mittelalter aussah (der zweite Mauerring, die erweiterte Stadt)
- Das Leben in den Mauern der Stadt (an den Stadttoren, der Alltag, die Brandgefahr, Gefahren für die Gesundheit, der Markt als zentraler Platz, von den Zünften)

2. Kurze Darstellung einer Planung zum Thema „Alltag im Mittelalter"

*a) **Einstieg:*** Anknüpfung an „Erscheinungsbild"; Vermutungen über das Leben in der mittelalterlichen Stadt.

*b) **Zielsetzung:*** Wir sammeln und präsentieren Informationen zum Thema „Alltag…".

*c) **Erarbeitung:***

- Möglichkeiten der Informationsbeschaffung
- Informationsquellen sammeln und sichten: eigene Beobachtungen aus der Stadt, Heimatatlas (mit historischem Teil), Heimatbücher, Beiträge aus Zeitschriften und Zeitungen (siehe Abb. 105; 105d: als Vorlage diente eine Abbildung in Käppner u. a. 2008, S. 40) und aus dem Internet; Texte und Bilder.
- Informationen ordnen und bearbeiten: die wichtigen (oder interessanten) Sachverhalte darstellen; inhaltliche Probleme klären; Strukturen herstellen (z. B. Tagesablauf; Möblierung, Baumaterialien, Ernährung).

*d) **Vertiefung:*** Vergleich zur heutigen Situation; denkbare Abhilfe bei Problemen; inhaltliche Zusammenhänge zwischen Texten und Bildern (siehe z. B. Abb. 105a und 105d).

3. Beispiel für eine Lehrererzählung

Siehe rechte Spalte: Thema „Die Brandgefahr in der mittelalterlichen Stadt".

Ein Schmied rettet den Rathausturm

(Ein Tag im Sommer 1460; Schmied Stethaimer; ein schweres Gewitter zieht auf; Blitzeinschlag; der Türmer auf dem Petersturm gibt Alarm.)

Der Blitz hat in den Rathausturm eingeschlagen und das Holzwerk entzündet. Der Turm ist der Stolz der Bürger. Sorgfältig hat man ihn errichtet, Wappen zieren die Außenwände, Zinnplatten bedecken das Dach, und eine vergoldete Spitze krönt den Turm. Jetzt aber lodern die Flammen aus den Turmöffnungen. Ohne zu zögern, hetzt der Schmied zum Aufgang des Rathausturms.
Er ist der erste, der sich in den Turm wagt. Mit großen Schritten eilt er die vielen Treppen hinauf. Schon schlägt ihm die rauchige, brandige Luft entgegen. Unsicheren Schrittes tastet er sich voran. Die Balken knacken und krachen. Wind fährt unter das Dach, Glut stiebt auseinander, wirbelt hoch und treibt als Funkenregen vor den Augen. Da sieht er zu seiner Linken den Brandherd. Er hat die Stelle entdeckt, von der das Feuer kommt. Als Schmied kennt er sich mit dem Feuer aus. Nun hört er Stimmen, die von unten kommen. „Hierher! Da bin ich. Nach links!" Endlich erhält er Hilfe. Er spürt den ersten Wassereimer in seiner Hand, er packt ihn, schleudert das Wasser gegen die flackernden Flammen und reicht den leeren Eimer nach hinten. Es beginnt eine harte Arbeit. Der heiße Feuerhauch versengt ihm Kleidung und Haare. Immer neue Feuer flackern auf und müssen gebändigt werden. Allmählich ermüden die Arme des Schmiedes und sein Atem geht nur mühsam. Er macht nun den anderen Männern Platz, die seine Arbeit fortsetzen.

(Am Abend ist der Brand gelöscht. Für den hervorragenden Rettungsdienst wurde bald darauf der Schmied Stethaimer vom Rat der Stadt mit einer Geldspende von vier Schillingen ausgezeichnet.)

Vor 700 Jahren: „Die Einrichtung der Räume – Wohnstube, Schlafkammer und Rauchküche – ist zu dieser Zeit spärlich: Bett, Tisch, Stuhl, Truhe, Schrank, ein paar Krüge, Messer, Tonschüsseln mit drei Beinen zum Kochen über dem offenen Feuer, ein paar Löffel. Gabeln gibt es zu dieser Zeit nicht, gegessen wird mit den Fingern. Die Speisen sind meist einfach, als Grundnahrungsmittel gilt Roggen.“ (a)

Vor 700 Jahren: *Frauen, die zum Einkaufen gehen, schnallen sich vermutlich eine Art Holzplatten-Sohle „unter ihr Schuhwerk, um sich vor Dreck und Morast auf den Straßen zu schützen. Denn eine funktionierende Abfallentsorgung gibt es noch nicht. Es ist üblich Speisereste, Tierkadaver und Stalldung einfach auf die Straße zu kippen. Die Menschen verrichten ihre Notdurft auf der Straße oder in Häusernischen.“ (b)*

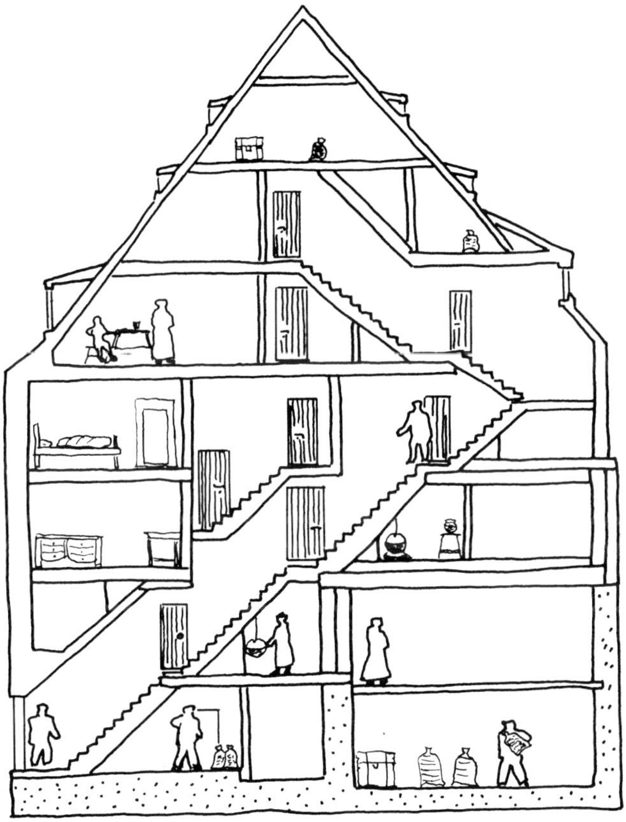

(d)

Vor 700 Jahren: „Beschwerlich muss es gewesen sein, dieses Leben. Die meisten Wohnungen bestehen nur aus einer Wohnstube, einer Schlafkammer und einer Rauchkuchl. Beheizbar sind die Räume noch nicht. Lediglich ein wenig Wärme dringt aus der vom Ruß schwarz gefärbten Küche in die umliegenden Zimmer ...
Das Leben ist in erster Linie geprägt von Arbeit, die bei Sonnenaufgang beginnt und meist erst bei Sonnenuntergang endet ... Nach Einbruch der Dunkelheit findet zuhause nur mehr wenig Leben statt, weil jede Form der Beleuchtung, ob Kerzen oder Fackeln, so teuer ist, dass die Menschen darauf verzichten.“ (c)

Abb. 105 (a-d): Informationen zum Thema „Alltag im Mittelalter“

Abb. 105a–c: © Astrid Becker: Im Morast der Straßen. In: Käppner/Görl/Mayer (Hrsg.): München. Die Geschichte der Stadt. Süddeutsche Zeitung Edition, S. 41f.

3.3.4 Lernbereich „Raum und räumliche Orientierung“

Situation des Kindes

- Der „überschaubare Aktionsraum von Kindern“ besteht „aus einzelnen separaten Stücken, die wie Inseln verstreut in einem größer gewordenen Gesamtraum liegen, der als Ganzes unbekannt oder zumindest bedeutungslos ist. Wichtige Bezugspunkte dieses Modells stellen Elternhaus und Schule dar ... Man wird transportiert, ohne sich selbst bewegt zu haben. Von den Zwischenräumen und zurückgelegten Entfernungen existieren oft keine konkreten Vorstellungen“ (Daum 2007, S. 145).
- „Neben kognitivem kommt affektivem Raumbewusstsein fundamentale Lebensbedeutsamkeit zu ... *Bewegungen* im Raum spielen hier eine Rolle. Vom absoluten Ort des momentanen Hier erschließt sich das Individuum die leiblichen Richtungen seiner Orientierung (oben, unten, vorne, hinten usw.). An der Schnittstelle des eigenen leiblichen Spürens schälen sich Beziehungen zwischen *Selbstraum* und *Weltraum* (i. O. jeweils kursiv) heraus“ (Hasse 2007, S. 364f.).
- „Welche Raumvorstellungen Grundschulkinder in sich tragen, kann für Lehrende beispielsweise sichtbar werden, wenn sie die Heranwachsenden Skizzen ihrer kognitiven Karten, sogenannte Mental Maps, anfertigen lassen“ (Wittkowske 2009, S. 26). Beim Zeichnen „werden unterschiedliche Facetten des Raumvorstellungsvermögens (mit Skizzen von Klassenzimmer, Schulhof, Schulgarten und von der Schule, vom Schulweg ... von Verkehrswegen ...) trainiert“ (a. a. O.).
- Kinder entwickeln im Laufe der Grundschulzeit die Fähigkeit, räumliche Gegebenheiten darzustellen: Von der Skizze mit konkreten Details (noch mit „Umklappungen“ oder „Drehungen“) zur abstrakten Lageskizze.

Didaktische Grundsätze

1. Anschaulicher Erwerb von Begriffen

Das kindliche Raumverständnis und geografische Lerngegenstände entwickeln sich aus der konkreten Erfahrung heraus. Die Raumerfahrung entsteht aus der Wahrnehmung der Lage und der Entfernungsverhältnisse von Orten, aus dem Zurücklegen von Strecken und aus der Zuordnung markanter Punkte im Erfahrungsraum.

2. Der Einsatz der Karte als wesentliches Darstellungsmittel geografischer Sachverhalte

Karten leisten zwei didaktische Funktionen: 1. Fixieren von Raumerfahrungen in überschaubarer Darstellung und 2. als Medium zur Gewinnung geografischer Informationen. Vorwiegend in den ersten beiden Jahrgangsstufen stellen die Schülerinnen und Schüler ihre Beobachtungen in Bildkarten dar. Es entstehen Übersichten der Raumverhältnisse, die zunehmend detaillierter ausgestaltet werden. Den verschiedenen Teilkompetenzen einer „Kartenkompetenz“ können verschiedene Qualifikationen zugeordnet werden, z. B. zu „eine Kartenskizze zeichnen“: „von einer Karte eine Kartenskizze ableiten; kartographische Gestaltungsmittel wie Punkte, Linien, Flächen verwenden“ (Flath/Wittkowske 2010, S. 12).

3. Einzelheiten des heimatlichen Nahraumes als Lerninhalte

Neben der Orientierung an den Grunddaseinsfunktionen des Menschen als Leitideen für die Auswahl und Gestaltung des Unterrichts im erdkundlichen Themenbereich ist das Grundwissen über die landschaftlichen Gegebenheiten und Besonderheiten des Nahraumes zu berücksichtigen. Deshalb sollen den Kindern auch geografische Details des Heimatortes bekannt sein, z. B. Lage und Bezeichnung wichtiger Bauwerke, Lage, Name und Entfernung zu Nachbarorten.

Strukturmodell: *„Raum und räumliche Orientierung“*

Hinführung zum Sachverhalt	
Ausgangssituation	Feststellen landschaftlicher (räumlicher, wetterkundlicher) Gegebenheiten; Anknüpfen an das Ergebnis einer Erkundung; Vergleichen zweier Bilder, die ein geografisches Problem aufzeigen; Darlegen von Situationen, die einer Klärung (Änderung, Abhilfe) bedürfen
Eingrenzung des Sachverhalts	Isolieren der Thematik und deren Fixierung; Zielangabe; Festlegung des Vorhabens
Auseinandersetzung mit der Sache	
Informationen gewinnen	Nennen von Informationsquellen, die zur Lösung beitragen können; Vermutungen zum geografischen Problem äußern; Darstellen des Vorwissens; Aufsuchen des Ortes in der Karte; Anfertigen von Skizzen; Feststellen der Lage bezüglich des Schulhauses bzw. des Heimatortes; Erkunden des Objekts; Entwickeln einer geografischen Erscheinung (z. B. Straßenverbindung) an einem Aufbau-Modell; Zerlegen eines dynamischen Vorgangs in Teilvorgänge; virtuelle Räume als Medium der Information nutzen
Erschließung der Sache	Vergleichen von symbolischen Darstellungen (Grundrisse, Kartenzeichen) mit der Wirklichkeit; Zurückgreifen auf bereits vorhandene Orientierungsmöglichkeiten (Schule, Wohnhaus, Gewässer, Erhebung, Bauwerk, Verkehrsweg) als Ausgangspunkt für die sich erweiternde Raumorientierung; Einüben der Himmelsrichtungen; Veranschaulichen desselben Sachverhalts mit verschiedenen Medien auf unterschiedlichen Abstraktionsstufen (Modell, Sandkasten, Bilder, Bildkarten, Karte); Vergleichen der Arbeitsergebnisse mit Informationen aus dem Internet; Verbalisieren von Lagebeziehungen; Umsetzen symbolischer Darstellungen in sprachliche Aussagen
Weiterführung	Wiederfinden erarbeiteter Begriffe in ähnlichen Erscheinungen; Herstellen von Verbindungen mit den Daseinsfunktionen des Menschen (Wohnen, Arbeiten, Erholen ...); Vervollständigen einer Kartenskizze; Wege beschreiben; in Karten geografische Sachverhalte eintragen; eigene Erfahrungen mit dem Neuen verbinden

Unterrichtsbeispiel: *„Die Schulumgebung auf meiner Karte“*, 3. Jahrgangsstufe

1. Voraussetzungen

- Wissen über vorausgehende Inhalte: spezielle Örtlichkeiten (Gebäude, Straßen, ...) der Schulumgebung; Wegeplan; Lagebeziehungen von Örtlichkeiten der Schulumgebung; Begriffe für Lagebeziehungen (rechts, ... Himmelsrichtungen).
- Lesen eines großformatigen Ortsplans (Ausschnitt); Beschreiben des Verlaufs von Straßen; räumliche Zuordnung symbolhaft dargestellter, ausgewählter Gebäude usw. in den Straßenverlauf.

2. Angestrebte Kompetenzen

- Karten lesen können: Einfache Zeichen (z.B. Linien) als „Wege“ deuten; Lage von Wegen und Gebäuden beschreiben.
- Sich Raumgegebenheiten vorstellen: Sich auf der Grundlage einer dargestellten Situation in der Karte an die zugehörige landschaftliche Gegebenheit erinnern.
- Einen Ortsplan (Ausschnitt) zeichnen: Die Vorstellung umsetzen, indem in einen Plan ein selbst gewähltes Zeichen (auch Text) eingetragen wird (kartografische Gestaltungsmittel verwenden).
- Karten vergleichen

3. Unterrichtsskizze

I. Vorbereitung

1. Anknüpfung:

Betrachten des bereits erstellten großformatigen Plans der Schulumgebung: Straßen- und Wegeverlauf und Bilder für markante Örtlichkeiten; Beschreibung des Wegeverlaufs; Darlegung von Lagebeziehungen; Plan wird zunächst in horizontaler, dann in vertikaler Lage präsentiert.

Hinweis zum Einsatz neuer Medien: Die Kinder erstellen Fotos von Örtlichkeiten der Schulumgebung mit der Digitalkamera; Darstellung der Fotografien auf dem Whiteboard.

2. Aufgabenstellung:

Ein Plan von dieser Größe ist unpraktisch. Wir stellen einen eigenen Plan her; seine Eigenschaften sind a) kleines Format (etwa in Größe DIN A5), b) es werden keine Bilder verwendet, c) Eintrag von Gebäuden und anderen Örtlichkeiten nach eigener Skizze und Erinnerung.

II. Durchführung

1. Herstellung des Plans:

In differenziertem Schwierigkeitsgrad: Verwendung eines vorbereiteten, kopierten Plans, der nur die Straßenzüge erfasst (wie aus Abb. 106 ersichtlich), oder selbstständige Erstellung dieses Basisplans; Eintrag der individuell als wichtig erachteten Raumgegebenheiten; dabei wird der bei einem vorausgehenden Unterrichtsgang erstellte Wegeplan als Informationsquelle benutzt.

2. Überprüfung des Plans:

Vergleich der individuellen Pläne in Kleingruppen; Besprechen von Gemeinsamkeiten und Unterschieden; ggf. werden Korrekturen angebracht.

III. Klärung

1. Auseinandersetzung:

a) *Sachliche Richtigkeit:* In der Großgruppe werden einige individuelle Pläne vorgestellt; Pläne mit Abweichungen werden diskutiert in Bezug auf ihre Verständlichkeit (für andere „Kartenleser“); Darstellen verschiedener Lösungen, ohne „Bilder“ auszukommen.

b) *Denkvorgänge bewusstmachen:* Konntest du dich auf dem neuen Plan gut orientieren? Welche Teile aus deinem Wegeplan (Unterrichtsgang) erkennst du in dem neuen Plan sofort wieder? Hast du beim Zeichnen der Karte Entdeckungen gemacht?

2. Verknüpfung:

Angabe von Lagebeziehungen durch Verwendung der Himmelsrichtungen.

Die Schulumgebung auf meiner Karte

1. Meine Skizze vom Unterrichtsgang

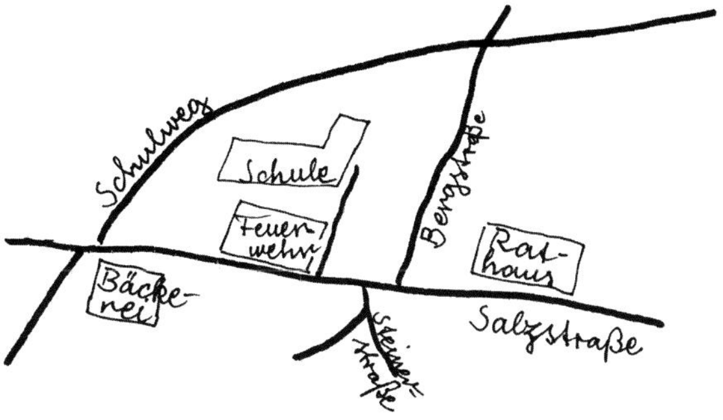

2. Straßenplan mit Gebäuden

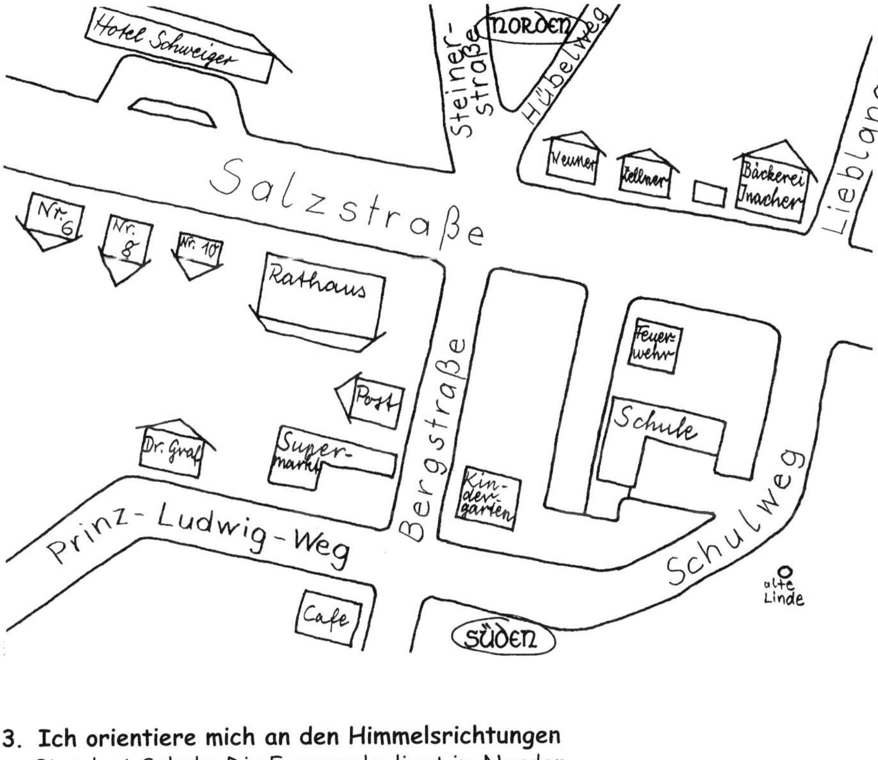

3. Ich orientiere mich an den Himmelsrichtungen

Standort Schule: Die Feuerwehr liegt im Norden.
Standort Bäckerei: Das Hotel liegt im Westen.

Abb. 106: Hefteintrag zum Thema „Schulumgebung in der Karte" – mit individuellem Inhalt

3.3.5 Lernbereich „Technik"

Situation des Kindes

- Kinder gebrauchen technische Geräte, Einrichtungen und Produkte: im Haushalt (Wasserkocher, Toaster), Spielzeug (Computerspiele, technische Baukästen), Beförderungsmittel (Fahrrad, Rolltreppe), Kommunikationsmittel (Telefon, Internet), für Hygiene und Gesundheit (elektrische Zahnbürste).
- „Die positiven Voraussetzungen für technisches Lernen im Sachunterricht sind zumindest von Seiten der Schülerinnen und Schüler gegeben. Kinder müssen für das Bauen und Konstruieren, für das Erforschen, Experimentieren und Erfinden nicht besonders motiviert werden. Bereits Vorschulkinder nehmen Angebote zum Experimentieren ausgiebig wahr ... Kinder befassen sich im Alltag unentwegt mit technischen Dingen" (Rathjen 2009, S. 29).
- Ein „gewichtiges Argument für die technische Bildung im Sachunterricht ist die frühe Ausbildung geschlechtsspezifischer Interessen und vor allem Kompetenzzuschreibungen. Studien belegen, dass Jungen mehr Interesse an ... und Vorerfahrungen in Bezug auf Technik haben" (Zolg 2007, S. 151).
- Kinder registrieren technische Geräte und Einrichtungen, ohne dass damit ein Einblick in die Funktionsweise oder Naturgesetze gegeben ist, z. B. Auto, Computer, Bohrmaschine, automatische Türe, Digitaluhr. Technische Produkte sind für Kinder als Objekt vorhanden; Herstellungsverfahren und technische Erfindungen sind häufig unbekannt oder zumindest nur mit einer diffusen Vorstellung verbunden.
- Kinder sind häufig betroffen von Problemen, Abhängigkeiten und Gefahren, die durch die Verwendung technischer Mittel und Geräte entstehen können (z. B. schädliche Stoffe, Kernenergie, Artensterben).

Didaktische Grundsätze

1. Vom Erfinden zum Anwenden

Zielrichtung des technischen Denkens ist das Erfinden, das Finden einer „besseren" Lösung für einen Anwendungsfall. Sie zeigt sich als Vereinfachung, Beschleunigung eines Vorgangs, Vergrößerung der Wirkung, Selbstregulierung des technischen Ablaufs oder als Erhöhung der Wartungsfreundlichkeit des technischen Geräts. Die Kinder setzen sich eine konkrete Aufgabe zur Lösung eines technischen Problems (z. B. ein Gegenstand soll in die Höhe transportiert werden), suchen praktische Lösungen und beschreiben und begründen anschließend, welche Funktionen die ausgedachte und hergestellte technische Vorrichtung (z. B. ein Kran) ausführen kann.

„Technische Elementarbildung ... entwickelt und vertieft spezielle technische Kompetenzen wie den sachgerechten Umgang mit Werkzeugen, das Herstellen, Bauen und Konstruieren, das Montieren, Demontieren, Analysieren und Experimentieren, die Fähigkeit zur zeichnerischen und sprachlichen Darstellung, ... das Vergleichen und Bewerten technischer Entwicklungen und ihrer erwünschten und unerwünschten Folgen" (a. a. O., S. 151f.).

2. Aspekte verbinden

Der Lernbereich Technik lässt sich mit Aspekten der anderen Lernbereiche stets verbinden. „Die Inhalte ergeben sich aus ihrer gegenwärtigen und zukünftigen Bedeutung für das Kind ... Dazu gehören u. a. die Themenfelder Arbeit und Produktion im Rahmen von Haus- und Erwerbsarbeit; die jeweiligen Materialien, Maschinen, Geräte und Werkzeuge und ihre Funktionsweise, Wirkung, Wandlung und Nutzung von Kräften; die historische Entwicklung technischer Objekte und Systeme und deren Auswirkungen auf Mensch-Umwelt-Gesellschaft ... Transport und Verkehr" (a. a. O., S. 152).

Strukturmodell: „*Technik*“

Phase	Schritt	Inhalte
Problemstellung		
	Hinführung	Hinweisen auf ein technisches Problem, ein technisches Gerät, auf eine besondere (erstaunliche) technische Leistung; Mitteilen von Vorerfahrungen und Vorwissen (z. B. Bedienung und Wirkung von Geräten, Austauschen von Batterien); Wiedergabe von Beobachtungen
	Präzisieren des Problems	Eingrenzen der Thematik durch einen gezielten Impuls; Erkennen einer Informationslücke; Festlegen eines zu lösenden technischen Problems; Formulieren einer konkreten Aufgabenstellung
Problemuntersuchung		
	Vermutungen	Darstellen der eigenen Vorstellungen zur Lösung; Begründen der Überlegungen; Vorschläge zur Beschaffung von Informationsquellen
	Vorbereitung	Auswahl von Informationsquellen und Materialien unter Bezugnahme auf die bereits formulierte Aufgabenstellung; Planen einer Versuchsanordnung; Überlegungen zum Erproben und Erkunden
	Durchführung	Probieren und Erkunden; Bauen von Funktionsmodellen; Nachbau eines technischen Gegenstandes; Montieren oder Demontieren; Auswerten von Texten, Fotos, Bildkarten, Schaubildern, Skizzen; Nachvollziehen einer technischen Erfindung („originale Begegnung“); sprachliche und zeichnerische Darstellung
Problemlösung		Mitteilen der Ergebnisse; Festhalten der Beobachtungen oder Einsichten; ggf. Zwischenbesprechung zur Isolierung und Klärung einer Schwierigkeit; Klärung der Funktions- oder Wirkungszusammenhänge; Klärung von Begriffen
Integration		Herausstellen der Leistung des Menschen; Diskussion von Vor- und Nachteilen; Reflexion der Veränderung der eigenen Vorstellungen; Hinweisen auf die Verwendbarkeit des Gelernten; Aufstellen von Verhaltensregeln; Visualisieren der Ergebnisse; Erklären wichtiger technischer Zusammenhänge

Unterrichtsbeispiel: ***„Technik in der Windmühle“***, 4. Jahrgangsstufe

Vorausgehend: Eigenschaften der Luft; Luft in Bewegung; die Kraft des Windes; Planung, Durchführung und Darstellung von Versuchen; Präsentation von Ergebnissen; Verwendung des Teilchen-Modells.

Unterrichtsskizze

I. Problemstellung

1. *Hinführung zur Frage:* In einer Windmühle dreht sich der Mahlstein – draußen aber bewegt sich der Wind (Bildeinsatz, Impuls).

2. *Formulierung der Aufgabe:* In Partnerarbeit (ggf. unmittelbar oder zu einem späteren Zeitpunkt vorgeben: Windbewegung – Drehbewegung).

II. Problemlösung

1. *Darstellen der eigenen Vorstellung:* Verbal und zeichnerisch (Alleinarbeit).

2. *Festlegung der Untersuchungsmethode:*

a) *Bereitstellen des Materials:* Pappe, Karton, Papprollen, Schaschlikspieße, Zahnstocher, Korken, Flügelklemmen, Klebstoff usw.

b) *Besprechen der Vorgehensweise:* Die Kinder entscheiden sich, welches Modell sie herstellen wollen: a) Flügel-Modell oder b) Zahnrad-Modell.

3. *Erkunden von Lösungsmöglichkeiten:* Arbeit in Gruppen

a) *Herstellen von Modellen:* Zusammenbau eines Flügel-Modells bzw. eines Zahnradmodells („Winkel-Getriebe“).

b) *Gedankliche Durchdringung:* Beschreiben und Erklären der Vorgänge und der Funktion einzelner Bauelemente.

4. *Klärung:*

a) *Vorstellen der Ergebnisse:* Präsentation der Modelle verbunden mit Erklärungen.

b) *Fixierung von Ergebnissen:* Sachentsprechende Texte und Zeichnungen von Kindern werden verwendet. Weitere Ergebnisse werden herangezogen und verglichen. (Siehe Abb. 108)

c) *Gesamtzusammenhang:* Präsentation der Schemazeichnung (Folie, siehe Abb. 107) einer Windmühle; Eingliederung der gerade gewonnen Erfahrungen und Erkenntnisse in den zugrundeliegenden Sachverhalt.

III. Reflexion

Vergleich der eigenen Vorstellung vor und nach der Erkundung; Herausstellen der neuen Erfahrung oder Erkenntnis.

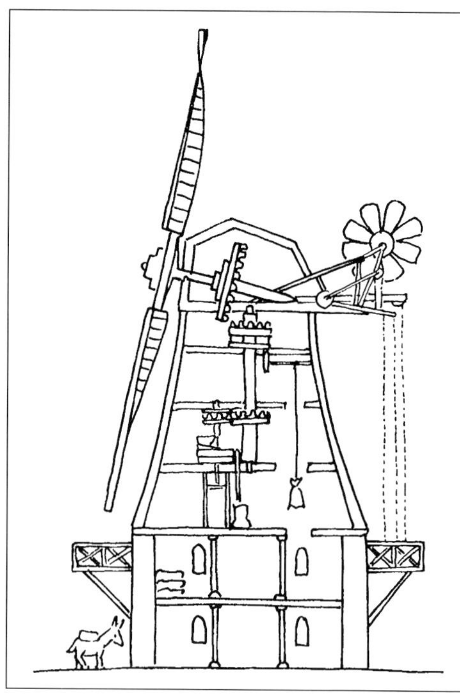

Abb. 107: Schematische Darstellung „Windmühle“

Vom Wind zum Mahlstein

1. Diesen Versuch kennen wir schon

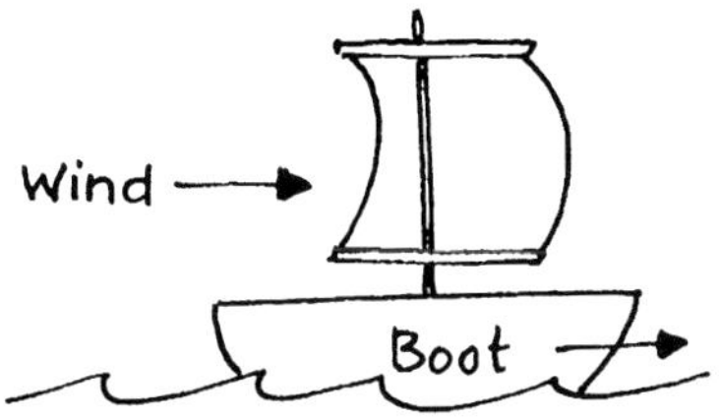

→ bedeutet:
Bewegung in diese Richtung

Wind und Boot bewegen sich in dieselbe Richtung.

2. Unsere Frage
Wie wird aus der Windbewegung die Drehbewegung des Mahlsteins in der Mühle?

3. Ergebnisse aus unseren Gruppenarbeiten

a) Erste Antwort: mithilfe der Flügel

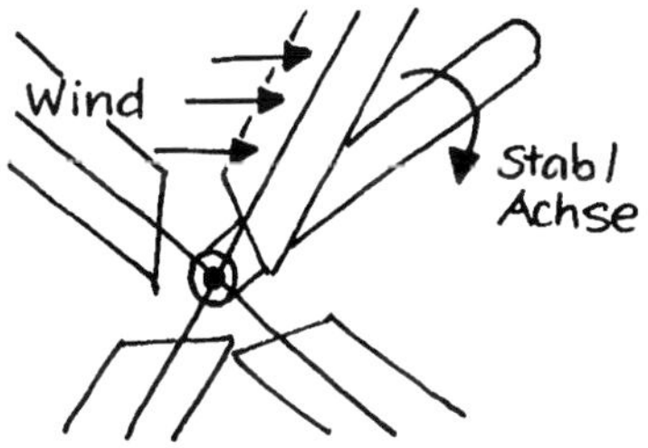

Der Luftstrom drückt die schräge Fläche zur Seite.
Der Mühlenflügel dreht sich.
Deshalb dreht sich auch die Achse.

b) Zweite Antwort: mithilfe der Zahnräder

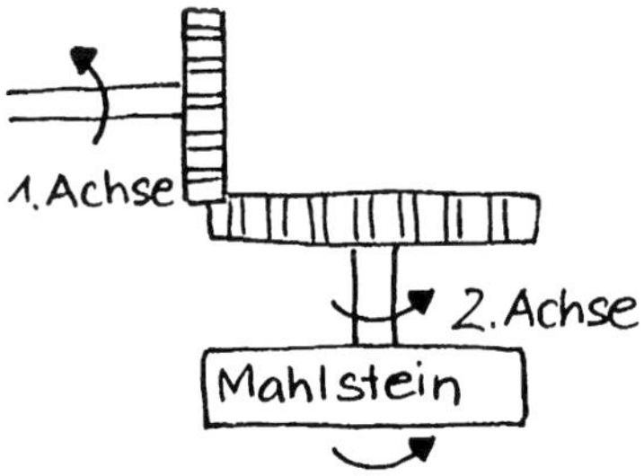

Versuch mit zwei Zahnrädern aus dem Baukasten.
1. Achse: steht waagrecht
2. Achse: steht senkrecht

Abb. 108: Hefteintrag zum Thema „Technik in der Windmühle“

3.3.6 Lernbereich „Natur – belebte Natur"

Situation des Kindes

- „Die Unterscheidung zwischen Lebewesen und Nicht-Lebewesen bringen Grundschulkinder bereits mit, sie wird möglicherweise schon im Säuglingsalter erworben. Dabei ist für Kinder zu Beginn der Grundschuljahre noch die Fähigkeit zu autonomer Bewegung das entscheidende Kriterium für Lebendigkeit, weshalb Pflanzen für sie noch nicht zur Kategorie der Lebewesen gehören" (Hasselhorn/Mähler 1998, S. 79).
- „Tiere werden von jüngeren Grundschulkindern als Wesen mit bestimmten Verhaltenseigenschaften aufgefasst, erst im Laufe der Grundschuljahre kommt ein Verständnis biologischer Eigenschaften (zum Beispiel Atmung, Verdauung, Reproduktionsfähigkeit) hinzu. Erst mit 10 Jahren werden Menschen, Tiere und Pflanzen zum Konzept ‚Lebewesen' zusammengefasst" (a. a. O., S. 79f.).
- „Es erscheint dringender Forschungsbedarf zum Zusammenhang von psychischer, sozialer und kognitiver Entwicklung und dem Kontakt von Kindern mit der (lebenden) Natur zu bestehen … Inwieweit ein Zusammenhang zwischen Arten- und Formenkenntnissen mit der Häufigkeit des konkreten Naturkontakts, den affektiven und emotionalen Einstellungen zur Natur, den umweltbezogenen Reflektionen bzw. einem verantwortungsvollen Umgang mit Natur besteht, ist auch vor dem Hintergrund ‚veränderter Kindheiten' kaum betrachtet worden" (Schwier/Wittkowske 2007, S. 142).

Didaktische Grundsätze

1. Unmittelbare Naturbegegnung

Die vorhandenen Möglichkeiten zur unmittelbaren Begegnung mit der lebendigen Natur sollen stets genutzt werden, da dies zur Sachauseinandersetzung besonders motiviert, einen emotionalen Bezug zum Naturobjekt herstellt und eine wesentliche Methode der Informationsgewinnung ist. Das Naturphänomen sollte nicht auf das Zweckhafte der Erkenntnisbildung reduziert werden; es hat einen Eigenwert als Vertreter des Lebendigen.

2. Artenkenntnis und biologische Einsichten

These: Den einzelnen Erscheinungen der lebendigen Natur einen Namen zu geben, trägt zu einer Verbindung mit der Natur bei. Durch die Kenntnis von Details des Phänomens wächst die Wertschätzung des lebendigen Individuums. Die einzelnen Wahrnehmungen führen schließlich zu Einsichten mit allgemeinen Charakter (z. B. nach der Untersuchung verschiedener Löwenzahnexemplare: „Pflanzen der gleichen Art können eine sehr unterschiedliche Wuchsform haben.") „Die Bedeutung von Formenkenntnissen ist stärker in den Vordergrund zu rücken. Mit dem Kennenlernen von Pflanzen- und Tierarten sollen stets biologische Arbeitsweisen verbunden werden, die die Kinder mit der Natur eng vertraut machen" (a. a. O.).

3. Die Verantwortlichkeit des Menschen

Die Natur trägt in sich einen Eigenwert. Dem Menschen fällt die „besondere Verantwortung zu, das Interesse des Ganzen stellvertretend zu wahren" (Meyer-Abich 1984, S. 190).

Die Frage nach den Grenzen der Veränderbarkeit der Natur stellt sich in unserer Zeit mit größter Eindringlichkeit. Wenn schon viele Menschen nicht mehr durch eine religiöse Haltung zu dieser Fragestellung gelangen, so sind es in jedem Fall die weltweit beobachtbaren Zerstörungen der Umwelt, die eine ethische Betrachtung verlangen. Deshalb ist im Unterricht unser Verhalten einer Wertung zu unterziehen. Dies geschieht durch eigens ausgewiesene Lehrinhalte oder durch mehr offen gestaltete Phasen der Vertiefung und Bewertung (Philosophieren mit Kindern).

Strukturmodell: *„Natur – belebte Natur"*

Phase	Schritt	Inhalte
Vorbereitungsphase		
	Interessehaltung wecken	Zurückgreifen auf Erlebnisse einzelner Kinder; Mitteilen der Ergebnisse von Beobachtungsaufgaben; Vorlesen von Zeitungsberichten; Naturerfahrungsspiele; Vorzeigen von Naturdingen, Pflanzen, Bildern oder Sachen, die als Anregung zum Erfahrungsaustausch dienen; Aufgreifen einer ungeklärten Frage
	Themenstellung	Herausstellen des Problems; Fixieren des Themas oder der Frage
Informationsphase		
	Darstellung des Vorwissens	Formulieren von Meinungen zur konkret gestellten Frage; Einbringen des Vorwissens; Darstellung der eigenen Vorstellungen
	Bereitstellen des Materials	Auswählen der Arbeitsmittel; Bereitlegen der mitgebrachten Pflanzen; Hinweisen auf die Besonderheiten des Mediums (z. B. Wie die Filmaufnahme gemacht wurde); Planen der Aktivitäten; Festlegen der Beobachtungs- bzw. Erkundungsaufgaben
	Informationsgewinnung	Entstehung eines Gesamteindrucks (mehrere Zugänge); ggf. Mitteilen des Eindrucks (des Angemutet-Seins); Untersuchen und Erkunden; Unterscheiden verschiedener Tier- bzw. Pflanzenarten (Kennübungen); Ansetzen von Versuchen; Auswerten von Langzeitbeobachtungen; Betrachten eines Filmausschnitts (Präparats) und Bearbeitung gemäß Leitfragen; Fixierung der Beobachtungen oder Überlegungen
	Informationsverarbeitung	Mitteilen der Ergebnisse; Ordnen der Einzeldaten; Finden zutreffender Begriffe; Fachbegriffe klären; Verbalisieren von Zusammenhängen (Einzelteile, Abhängigkeiten, Zuordnungen, Aufgaben); Klären der Problemfrage; Diskussion über das richtige Verhalten; Deutungen begründen (Sach-Konferenz); neue bzw. geänderte Vorstellungen bewusst machen
Vertiefung		Einbringen eines neuen Aspekts (Naturschutz, Verhalten des Menschen, Bedeutung für den Menschen, Verantwortlichkeit des Menschen); Ausweitung auf ähnliche Beispiele; Erklären des Vorgangs an einem Modell

Unterrichtsbeispiel: *„Gute Bedingungen für das Wachsen“*, 3. Jahrgangsstufe

Vorausgehend: Lebensraum Hecke; Sammeln und Ordnen; Beobachtungen machen, darstellen und verwerten (2. Jahrgangsstufe); Durchführung von Versuchen; Darstellen von Ergebnissen (Zeichnung in Abb. 109, Pkt. 1, durch L erstellt); Lebensraum Wald: Kenntnis einiger Pflanzen (Wuchs, Blätter, Früchte).

Skizzierung der Unterrichtseinheit (Schritte I und II bzw. III–V jeweils ca. 45 Min.)

I. Hinführung

1. Anknüpfung

Impulse: Wir haben im letzten Schuljahr in unserer Hecke einige Beobachtungen über die Pflanzen machen können.
Auch bei unserem Unterrichtsgang in den Wald haben wir manches entdeckt und über die Pflanzen erfahren.

2. Eingrenzung des Themas

Impuls: Wir haben junge Triebe entdeckt. Es gab Stellen, an denen sie groß waren, und andere Stellen, an denen sie kleiner waren.

3. Fragestellung

„Was brauchen Pflanzen zum Wachsen?“ (Fixierung der Frage). Hinweis: Es gibt Pflanzen, die sich gut für unseren Versuch eignen. Wir sollten das Keimen bald beobachten können. (Einige Bohnenkerne sind vorbereitet.)

4. Vermutungen zur Fragestellung

II. Vorbereitung des Versuchs Planung

a) Entwurf: (Besprechung in Gruppen)
Wie führen wir die Versuche durch, um eine genaue Antwort auf unsere Frage zu erhalten? (Zur Beantwortung der Frage und zum Aufbau der Versuche gibt es Hinweise im Internet.)

b) Überprüfung und Festlegung: (Plenum)
Zum Wachsen könnte wichtig sein: Wasser, Erde, Wärme, Licht und Luft./Wir wählen immer Bohnenkerne von einer Bohnensorte aus./Eine Bohne wird mit allem versorgt./ Bei den anderen Bohnen darf immer nur eine Sache weggelassen werden./Wir müssen bei allen Bohnen zur gleichen Zeit mit dem Versuch anfangen./Wir brauchen fünf Blumentöpfe, eine kleine Schale, Erde, eine Gießkanne mit Wasser, eine Plastikhülle (transparent, farblos), Platz im Schrank, einen kühlen Keller; Kärtchen zum Beschriften; Listen zum Beobachten; Kinder mit Auftrag.

c) Ansetzen des Versuchs
Platzierung im Klassenzimmer: vier Blumentöpfe, einer davon im Schrank („ohne Licht“), kleine Schale („ohne Erde“); ein Blumentopf kommt in einen kühlen Keller (ggf. in Privathaushalt).

III. Durchführung des Versuchs

Dauer: Knapp drei Wochen. Die Kinder erstellen Aufzeichnungen.

IV. Auswertung des Versuchs

1. **Mitteilung der Ergebnisse** (Plenum)
2. **Mitteilung von Überlegungen** (Plenum; Überlegungen zu den Ergebnissen, zur Organisation, zu Zwischenergebnissen, zur Versuchsanordnung)

3. Fixierung der Ergebnisse (Kleingruppen)
In den Gruppen wird ein Entwurf der Darstellung des Gesamtergebnisses angefertigt (siehe Abb. 109, Pkt. 3).

V. Reflexion

Anmerkung zu „Versuch“:
Progression gegenüber 2. Jahrgangsstufe, siehe S. 255: Erhöhung des Anspruchniveaus in Bezug auf Inhalt, Komplexität, Abstraktion und Darstellung.

Gute Bedingungen für das Wachsen

1. Wir haben einen Buchenkeimling beim Wachsen beobachtet:

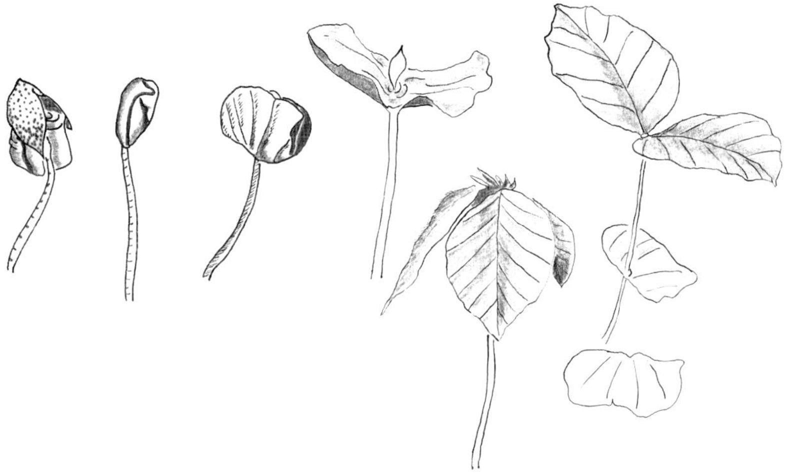

2. Frage: Was brauchen Pflanzen zum Wachsen?

3. Ergebnisse aus unseren Gruppenarbeiten:

Bohne bei voller Pflege

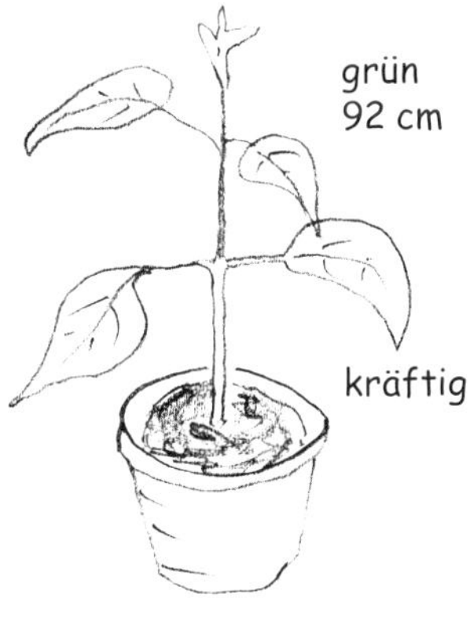

Eine Bohne nach 18 Tagen

ohne

Wasser:	Bohne unverändert
Erde:	kurze Lebenszeit
Wärme:	nur 40 cm gewachsen
Licht:	kein Grün
Luft:	schlapp, kraftlos

Wichtig beim Versuch:
Es darf immer nur
eine Sache fehlen.

Abb. 109: Hefteintrag zum Thema „Gute Bedingungen für das Wachsen" (fertiggestellte Version)

3.3.7 Lernbereich „Natur — unbelebte Natur"

Situation des Kindes

- „Schon Säuglinge ‚wissen' bzw. erwarten, dass materielle Objekte dauerhaft existieren ..., dass sie aus solider Substanz bestehen und Effekten wie der Schwerkraft und Trägheit unterliegen ... Es stellte sich heraus, dass die physikalischen Vorstellungen von Schulanfängern und jüngeren Grundschulkindern gänzlich unvereinbar mit Konzepten von Erwachsenen sind. Viele Kinder differenzieren nämlich nicht zwischen Gewicht und Dichte und auch nicht zwischen Luft und Nichts ... Erst mit etwa 12 Jahren sind die physikalischen Vorstellungen von Kindern mit denen Erwachsener kompatibel" (Hasselhorn/Mähler 1998, S. 80f.).
- „Bei der Durchführung von Experimenten wird häufig beobachtet, dass Kinder *gleichzeitig mehrere Variablen* verändern ... anstatt eine Variable isoliert zu manipulieren (Variablenisolation) und alle anderen konstant zu halten (Variablenkontrolle). Und schließlich haben Kinder häufig Probleme, empirische Daten *korrekt zu interpretieren* (i. O. jeweils kursiv), besonders wenn die Daten ihren eigenen Hypothesen widersprechen ... Neuere Forschung weist jedoch auf große interindividuelle Unterschiede im Erwerb von Strategien der Hypothesenprüfung hin" (Sodian/Koerber 2007, S. 351).
- „Kompetenzen im systematischen Experimentieren sind schon gegen Ende des Grundschulalters sichtbar, zumindest wenn die Kinder gute von schlechten (kontrollierte von konfundierten) Experimenten unterscheiden müssen ... Viertklässler wählten hier mehrheitlich nicht nur den korrekten (kontrollierten) Test, sondern sie konnten ihre Wahl auch begründen. Den Kindern fiel es wesentlich leichter, ein korrektes Experiment zu beurteilen als eines selber zu erstellen" (a. a. O., S. 352).

Didaktische Grundsätze

1. Handeln und Denken

„Ein Unterricht, der Kindern helfen möchte, selbst aktiv Wissen aufzubauen, muss... das eigene Denken der Kinder stimulieren. Er bietet Kindern einerseits notwendige Handlungserfahrungen, um Möglichkeiten zum Aufbau und zur Überprüfung von Vorstellungen bereit zu stellen, gibt zum anderen aber auch dem Reflektieren über diese Handlungserfahrungen ausgiebig Raum. Ein solcher Unterricht ist aktional und kognitiv aktivierend" (Möller 2007c, S. 9). Konsequenzen daraus sind: Angebote zum Beobachten, Betrachten, Untersuchen, Hantieren und Erproben; Erklären von Funktionen und Zusammenhängen; Schlussfolgerungen ziehen; Diskussion über die Entwicklung der eigenen Vorstellungen.

2. Die Funktion des Tuns bewusstmachen

Ein besonderer Akzent der Verbindung von Handeln und Denken ergibt sich, wenn den Schülerinnen und Schülern der Sinn der einzelnen Tätigkeiten bewusst gemacht wird. Dadurch wird eine naturwissenschaftliche Arbeitshaltung angebahnt. Jedoch wird dabei nicht der naturwissenschaftliche Erkenntnisweg vermittelt, sondern es werden die einzelnen Aktivitäten in ihrem Wirkungszusammenhang geklärt.

3. Zusammenhänge herstellen

Zunächst werden dem Kind die Bezugspunkte der Erkenntnis zu den Erscheinungen in der Umwelt aufgedeckt; es kann bemerken, dass die bereits erfahrenen Tatsachen (zwar einfach oder auch nur vordergründig) erklärt werden können. Funktionszusammenhänge werden erschlossen (z. B. Je flacher der Einfallswinkel des Lichts, desto länger wird der Schatten.), Modelle werden gebildet (z. B. der Kreislauf des Wassers) und größere physikalische Zusammenhänge werden erkannt (z. B. Kräfte können umgewandelt werden).

Strukturmodell: *„Natur – unbelebte Natur“*

Vorbereitungsphase	
Ausgangssituation	Das Problem (das Thema) entwickelt sich aus einem Versuch, aus der Beschreibung einer realen Situation, aus dem Ergebnis einer Langzeitbeobachtung, aus dem Umgang mit einem Gegenstand; ein Versuch (ein Vorgang) ruft Staunen hervor; Aktivierung des Erfahrungswissens
Problemformulierung	Auffinden des physikalischen bzw. chemischen Kernproblems; Formulieren einer präzisen Frage und deren Fixierung (Tafel, Folie)
Bearbeitung	
Vermutungsphase	Aufstellen von Vermutungen; Verknüpfung mit eigenen Erfahrungen; Begründen der Aussagen; Fixierung der Vermutungen
Informationsgewinnung	Umgehen mit dem Gegenstand; Versuch: a) Vorbereitung (Material, Vorgehen, Leitfragen), b) Durchführung (Beobachtungen und deren Fixierung – sprachlich oder zeichnerisch); durch Beobachten, Betrachten, Hören, Schmecken und Riechen, Betasten, Hantieren oder Zerlegen werden Merkmale, Teile, Vorgänge, Eigenschaften, Funktionsweise, Gesetze oder Wirkungen festgestellt; Beobachtungskriterien bilden eine Grundlage für genaue Aussagen
Informationsverarbeitung	Auswerten des Versuchs; Gegenstände, Eigenschaften, Wirkungen oder Bestandteile werden beschrieben und verglichen; Ordnen von Fakten; Auffinden zutreffender Begriffe; Verwenden der Fachbegriffe; Schlussfolgerungen ziehen; Aufbauen von Hilfsvorstellungen mit Modellen; Verbalisieren der Ergebnisse; Erklären und Begründen geordneter Fakten; Vergleichen der Vorstellungen vor und nach der Erkundung; Verknüpfen des Neuen mit dem Bekannten
Ausweitung	Übertragen der Erkenntnisse auf ähnliche Bereiche und Phänomene; Überprüfen des Neuen auf seine Anwendbarkeit auf bereits bekannte Sachsituationen (Erfahrungen der Kinder); Finden von Regeln für den richtigen Umgang mit dem Gegenstand; Maßnahmen der Unfallverhütung

Unterrichtsbeispiel:
„Entdeckungen mit dem Magneten",
3. Jahrgangsstufe

Kompetenzorientierung:
Die Kinder entwickeln Vorschläge für Versuche mit Stabmagneten und vorhandenen Gegenständen des Alltags;
sie beobachten verschiedene Vorgänge bei diesen Versuchen;
sie beschreiben die Beobachtungen in der Alltagssprache;
sie stellen die Ergebnisse mit sachadäquaten Begriffen (zieht an, zieht nicht an, anheben, nähern, Magnetkraft, Kraftfeld, Pole, wirkt durch, bevor er … berührt) und einfachen Handskizzen dar und formulieren Zusammenhänge (z. B. Gegenstände aus Eisen lassen sich von Gegenständen aus anderen Materialien unterscheiden. Die Kraft des Magneten wirkt auch im Wasser.)

Artikulation/ Inhalt	**Methodische Hinweise/ *ggf. didaktischer Kommentar***
I. Einstieg	
1. Initiierung: „Es geht wie von Zauberhand" (Magnet in Handschuh – Nagel, an Schnur befestigt – schwebt usw.); Materialkiste mit Stabmagneten, Glas, Korken, Plastik usw.	Vormachen; Einbringen des Vorwissens
2. Aufgabenstellung: Wir machen Entdeckungen mit dem Magneten.	*Offene Aufgabe*
II. Erkundungsphase	
Durchführung von Versuchen, Erkunden und Erproben mit vorbereitetem und spontan ausgewähltem Material.	Arbeit in Gruppen; Ergebnisse werden aufnotiert
III. Ergebnisphase	
1. Forscher-(Sach-)Konferenzen a) Das haben wir entdeckt. b) Das ist für uns wichtig. c) Das haben wir uns überlegt. d) Das wollen wir noch wissen.	Arbeit in Gruppen; ggf. in neuer Zusammensetzung
2. Darstellung (siehe Abb. 110) Ergebnisse der Erkundung Einigung auf eine sprachliche Fixierung	Mitteilung und Diskussion; Ergebnisfixierung
IV. Reflexion	
Das ist für mich neu.	Sitzkreis
V. Ausweitung	
Rückgriff auf Forscher-(Sach-)Konferenzen. *Beispiel:* Die Kraft des Magneten ist an den Polen am stärksten.	Plenum

Entdeckungen mit dem Magneten

1. Das haben wir verwendet

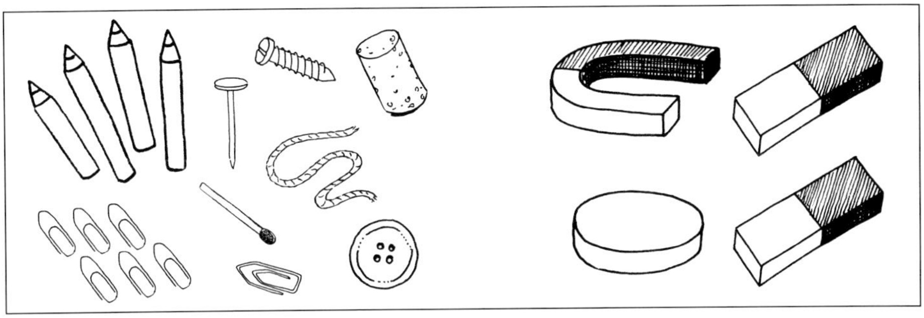

2. Das haben wir entdeckt

Ein Magnet hat <u>Kraft</u>.
Er wirkt auch, wenn er weiter weg ist.
Er hat ein <u>Kraftfeld</u>.

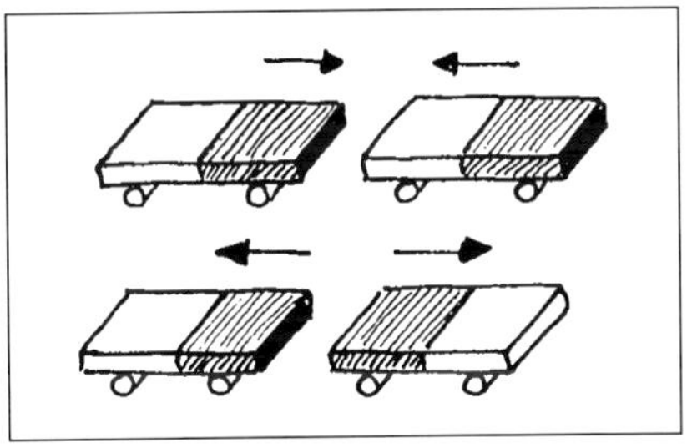

Ein Magnet hat zwei <u>Pole</u>.

Hier wirkt die Magnetkraft nicht:
Bei Holz, Glas, Korken, Plastik, Kupfer, Aluminium.

Abb. 110: Hefteintrag zum Thema „Entdeckungen mit dem Magneten“ (fertiggestellte Version)

3.4 Sport *(J. Ametsbichler)*

Informationen zum Fach Sport

1. Unterrichtsgegenstand

Bewegung, Spiel und Sport sind unverzichtbare Bestandteile der Bildung und Erziehung der Schüler.

Schulsport: Zum Schulsport gehören der Sportunterricht als Kernstück und außerunterrichtliche Formen (z.B. Arbeitsgemeinschaften).

Sporterziehung meint sowohl die Erziehung zum Sport, als auch Erziehung durch den Sport. Sporterziehung leistet einen wichtigen Beitrag zur Gesundheits- und Gemeinschaftserziehung der Kinder. Durch die vielfältigen interaktiven Handlungsmöglichkeiten werden soziale Kompetenzen gefördert.

Bewegungserziehung ist eine umfassende, kompetenzbereichsübergreifende Aufgabe der Grundschule. Es schließt den außerunterrichtlichen Bereich ein. Bewegung ist Erfahrungsorgan und Gestaltungsinstrument. „Über Bewegung können die Kinder die Welt erleben, erfahren, erkennen und gleichzeitig formen und gestalten" (vgl. Müller 2000, S. 233).

2. Entwicklungsmerkmale beim Grundschulkind

a) Die Merkmale der motorischen Entwicklung

„Ein wesentliches Merkmal ... ist die Verbesserung der peripheren Handlungsvollzüge, d.h. die Verbesserung der Koordination von Armen und Beinen. Der 7- und 8-jährige Schüler ist noch nicht in der Lage, scharf umgrenzte, gezielte Bewegungen mit Beinen, Armen und Händen auszuführen. Das 9- und 10-jährige Kind dagegen kann bereits Bewegungen im peripheren Bereich, die durch eine gezielte Anpassung an Geräte gekennzeichnet sind, bewältigen" (Schneider 1995, S. 4).

b) Die Belastbarkeit der Organe

Motorische Hauptbeanspruchungsformen:

- ***Ausdauerbelastungen***

Wichtig ist die Schaffung einer altersspezifischen Grundlagenausdauer. „Bei der aeroben Ausdauer steht ausreichend Sauerstoff zur oxidativen Verbrennung der Energieträger zur Verfügung, bei der anaeroben Ausdauer ist die Sauerstoffzufuhr aufgrund der hohen Belastungsintensität zur oxidativen Verbrennung unzureichend" (a.a.O., S. 6). Bezüglich der aeroben Ausdauer ist der Organismus eines Grundschülers gleichermaßen belastbar wie der Organismus eines Erwachsenen. Das Kind kann nur im geringen Maße eine Sauerstoffschuld eingehen. Im Sportunterricht sollte der Belastungspuls von Grundschülern den Orientierungswert von 190–200 möglichst nicht überschreiten.

- ***Kraftbelastungen***

Der kindliche Knochenbau ist elastisch, aber noch wenig druck- und biegefest. Die allseitige Kräftigung des Halte- und Bewegungsapparates ist wichtiger als eine früh einsetzende Spezialisierung. Es bedarf einer ganzheitlichen und allseitigen Kräftigung besonders der haltungsaufbauenden Rumpfmuskulatur.

- ***Belastung durch Schnelligkeitstraining***

Alle Arten der Schnelligkeit- und Reaktionsschulung im aeroben Bereich können (im ermüdungsfreien Zustand) durchgeführt werden.

- ***Belastung durch Training der Bewegungskoordination***

Die koordinativen Fähigkeiten entwickeln sich in den ersten Schuljahren zu verschiedenen Zeitpunkten. Aufgrund der außergewöhnlich raschen Entwicklung des Zentralnervensystems ist der Schulung der koordinativen Fähigkeiten besonderes Augenmerk zu widmen. Bewegungs- und Belastungsreize sind für eine optimale Entwicklung des Grundschulkindes unerlässlich.

3. Bewegungsfähigkeiten

Die Bewegungsfähigkeiten (koordinative und konditionelle Fähigkeiten) sind die Grundvoraussetzung für das Bewegungslernen der Kinder (siehe Abb. 111). Aufgrund der Bewegungsarmut vor der Schulzeit müssen sie besonders beachtet werden. Bewegungserfahrungen werden im weiteren Lernprozess zu Bewegungsfertigkeiten weiterentwickelt. Wir unterscheiden zwischen elementaren motorischen Fertigkeiten (gehen, laufen, springen, steigen, klettern u. a.) und sportmotorischen Fertigkeiten (Handstand, Schlagwurf u.a).

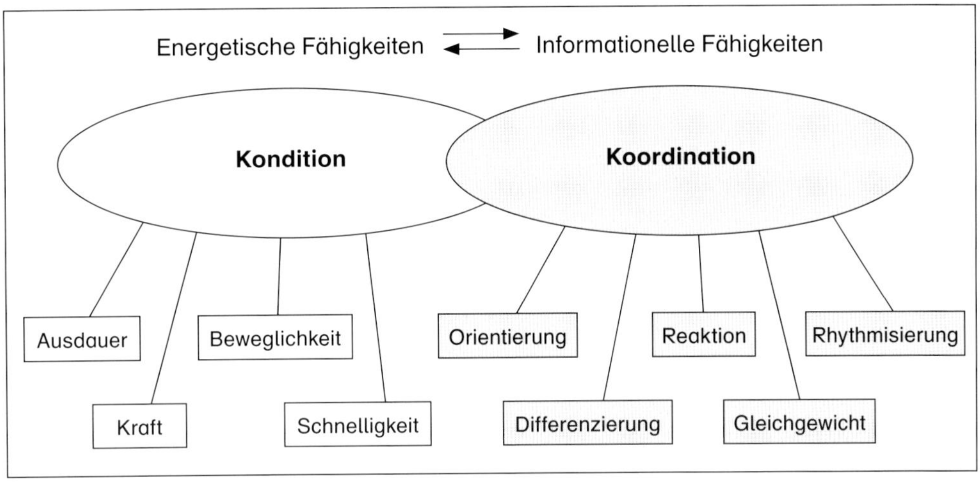

Abb. 111: Fähigkeitsdimensionen der Motorik (vgl. Lange 2005, S. 8)

4. Zielsetzungen

- Entwicklung von überdauerndem Interesse und Freude an Bewegung, Spiel und Sport
- Berücksichtigung allgemeiner Entwicklungsbesonderheiten sowie individueller Voraussetzungen
- Kennenlernen einfacher Zusammenhänge zwischen körperlicher Befindlichkeit und sportlicher Aktivität
- Aufbau eines Verantwortungsgefühls sich Selbst und anderen gegenüber
- Entwicklung sozialer und integrativer Verhaltensweisen und Regeln des fairen Miteinanders
- Verbesserung des Körpergefühls und des Körperbewusssteins
- Entwicklung eines positiven Selbstwertgefühls über den individuellen Zuwachs an motorischen Fähigkeiten und Fertigkeiten
- Erfassen zunehmend komplexer Spielideen
- Einsatz von Kreativität und Gestaltungskraft
- Förderung von Anstrengungsbereitschaft, Erfolgszuversicht und Selbsteinschätzung
- Erzielen von Erfolgserlebnissen durch Mut und Selbstüberwindung
- Sorgsamer Umgang mit Geräten, Gebäuden und dem Gelände in der Natur

5. Vollzugsformen der sportlichen Tätigkeit

Verschiedene Vollzugsformen der sportlichen Tätigkeit helfen, die Sache (Bewegung, Spiel und Sport) aufzuschließen. Zwischen den Vollzugsformen gibt es verschiedene Verflechtungsbeziehungen (z. B. erkundendes Üben).

a) Erkunden
Erkunden ist „eine selbstständige Such- und Testhandlung in einer fremden Umwelt bzw. angesichts unbekannter Materialien und Geräte" (Ehni, in Müller 2000, S. 43). Erkunden verlangt selbstständig handelnde Kinder, Offenheit, das Arrangieren entsprechender Situationen mit Neuigkeitsgehalt und Zeit zum Suchen von Lösungen, Ausprobieren, Verändern. Die Lehrperson kann helfend unterstützen durch das Stellen von problemorientierten Bewegungsaufgaben. Für die Sicherheit der Kinder trägt sie die Verantwortung.
Beispiele für das Erkunden:
- Probiert Bewegungsformen am Barren!
- Wie kann ich mich am besten gegen den Wasserwiderstand bewegen?

b) Üben
„Üben wird ... verstanden als wiederholter Vollzug von Bewegungshandlungen, der auf Leistungssteigerung gerichtet ist und didaktisch begleitet wird ... Ziel des Übungsprozesses ist die Ausbildung motorischer Handlungskompetenz" (a. a. O., S. 43).

c) Spielen
„Spielen setzt bereits Bekanntes voraus, das in unterschiedlichen Varianten angewendet und gestaltet werden kann und dadurch neue, unbekannte Dimensionen erschließt, woraus die Lust am Spielen erwächst. Spielen ... steht in einem engen Zusammenhang mit dem Anwenden des Bekannten und dem Gestalten" (a. a. O., S. 85). Spielen in diesem Begriffsverständnis erfordert für die Realisierung Offenheit, Freiwilligkeit und Wechsel zwischen Spannungserzeugung und -lösung.

d) Wetteifern
Unter der sportlichen Tätigkeit Wetteifern versteht man das Vergleichen von Gekonntem, gebunden an einem Maßstab, der auf sich selbst bezogen sein kann oder auf den Vergleich mit anderen. Wetteifern kann in diesem Sinne die Kinder aktivieren, motivieren sowie Spannung und Freude über die erbrachte Leistung hervorrufen (vgl. a. a. O., S. 92).

Didaktische Grundsätze

1. Die Vielfalt an Körperübungen nutzen

Vielfalt begünstigt das Finden individueller Zugänge zu Bewegung, Spiel und Sport.

2. Offene Situationen schaffen, bewegungsbezogene Probleme lösen lassen

Vor allem Erkunden und Spielen erfordern lösungsoffene Aufgabenstellungen und die Neugier und Experimentierfreudigkeit der Kinder. Dabei gilt es zu bedenken, dass sinnvolle Grenzen gemeinsam abgesprochen werden und auf deren konsequente Einhaltung geachtet wird (Bewegungsraum, Bewegungshandlungen, soziale Verhaltensweisen, Rituale). Im Problemlösungsprozess sollte die Lehrperson nicht zu früh eingreifen. Sie kann beraten, unterstützen, an Bekanntes erinnern und motivieren.

3. Differenzieren und Individualisieren, Wahlmöglichkeiten anbieten

Der Sportunterricht muss den unterschiedlichen Dispositionen der Kinder durch Individualisieren und Integrieren gerecht werden.
Die Wahlangebote dürfen aber nicht ein ständiges Ausweichen von Schwierigkeiten zulassen. In einem angstfreien Erfahrungsraum verändert die Lehrperson die äußeren Rahmenbedingungen (z. B. Gerätehöhe) oder differenziert inhaltlich (z. B. Bewegungshilfe anbieten).

4. Ästhetische Akzente setzen

- Improvisieren und Gestalten
  Das Gestalten beinhaltet individuellen Ausdruck, Improvisation und das Erfinden origineller Bewegungskunststücke.
- Bewegungsharmonie, Bewegungsrhythmus und Bewegungsfluss stehen in engem Zusammenhang mit dem Bewegungskönnen.

5. Mit der sportlichen Leistung pädagogisch umgehen

Strukturmodell:

Einstimmung	*Psychologische Aspekte:* freudvolle Grundstimmung, Befriedigung des Bewegungsbedürfnisses; Zielangabe *Physiologische Aspekte:* Aufwärmen des Bewegungsapparates und Herz-Kreislauf-Aktivierung (Puls); nicht länger als 3–5 Minuten;
Aufwärmen	*allgemeines Aufwärmen:* aktives Bewegen großer Muskelgruppen, um die Körperkerntemperatur zu steigern, Schüler gestalten kleine Übungen *spezielles Aufwärmen:* spezielle Belastungen vorbereiten, die sich am Schwerpunkt der Stunde orientieren *Grundsätze:* allgemeines Aufwärmen vor dem speziellen Aufwärmen; Organisationsrahmen mit offenen Handlungsmöglichkeiten; Wiederholen und Festigen; auf Lockerheit und Entspanntheit achten (z. B. durch Bewegungsgeschichten); verstärktes Atmen, aber kein Hecheln; nach dem Aufwärmen keine zu langen Bewegungspausen einlegen; Übergang zum Hauptteil fließend gestalten; Einsatz von Musik
Zielangabe	
Hauptteil	*Erkunden – Üben – Spielen – Wetteifern* Thema muss den Kindern einsichtig sein
Erkundung	In der selbstständigen Auseinandersetzung mit der jeweiligen Problemstellung vielseitige Bewegungsgrundlagen schaffen; Geräteaufbau fordert Bewegungsideen heraus; lösungsoffene Bewegungsaufgaben („Wer kann ...?"); Bewegungskomposition gestalten; Spiel selbst gestalten
Gezielte Bewegungsaufgaben	Erlernen genormter Bewegungsformen (z. B. Schrittweitsprung, Schwimmtechnik); methodische Übungsreihen mit Vormachen und Vorzeigen, Beschreiben und Erklären, kindgemäße konkrete Bewegungsanweisungen, Einsatz von Bewegungshilfen (z. B. Gleichgewichtshilfe); Lehrer- und Schülerdemonstration mit Beobachtungsaufträgen; bei Bewegungsproblemen Übungen ändern; Klassen- bzw. Einzelkorrektur; Differenzierungsmaßnahmen
Reflexion	Vergleich mit Zielsetzungen Bewusstmachen des Lernzuwachses
Gestaltung	
Ausklang	Abschluss soll ergänzen, vertiefen, ausgleichen, abrunden; kleine Spiele; Einsatz von Musik

Unterrichtsbeispiel:
Bockball,
3./4. Jahrgangsstufe

Didaktische Hinweise: Das Spielen mit Hand und Ball beruht vor allem auf Spielideen als Grundlage und auf darauf bezogene Vereinbarungen. Diese regeln Einzelheiten von Spielabläufen und der Spielgestaltung. Durch das Angebot von offenen Lernsituationen können die Kinder Regeln selbst entwickeln (problemorientierter Sportunterricht). Die Reflexionsphasen finden im Gesprächskreis statt (Ritual).

Organisation	**Struktur/Inhalt**	**Unterrichtsziel**
	I. Einstimmung	
Bälle	• „Ball im Korb“: S laufen durcheinander, 10–15 Bälle werden immer weitergegeben, S ohne Ball bilden mit ihren Händen einen Korb (in Kopfhöhe oder in Hüfthöhe), vor dem Pass Namen rufen (Druckpass, Bodenpass, mit linker oder rechter Hand)	Allgemeines Erwärmen Gewöhnung an den Ball Bewusstmachen der Fanghaltung
Musik „Mexikanischer Walzer“	• Wiederholung: Freies Erproben zur Musik mit kleiner Komposition (Ball prellen, rollen, werfen, fangen), evtl. unterstützende rhythmisierte Bewegungsanweisung durch den L („Prell-prell-prell und hoch!“) • Zielangabe	Musik und Ball als Bewegungsanregung im Raum nutzen
	II. Hauptteil Spielreihe „Spielen mit Hand und Ball“ **1. Vorbereitende Arbeit im Deutschunterricht**	
	Auswertung des folgenden Auftrages auf Plakat: Diese Kinder haben ein neues Spiel erfunden. Könnt ihr euch denken, wie es geht? Ihr müsst noch Regeln vereinbaren, damit es euer Spiel wird. • Schreibt sie auf! • Erfindet einen Namen für das Spiel! Anknüpfung: Spontane Äußerungen zu dieser regelbedürftigen Situation	Spielidee als Grundlage erfassen Finden eigener Vereinbarungen

Organisation	Struktur/Inhalt	Unterrichtsziel
Geräte (Böcke, Medizinbälle, Bälle nach Wahl)	**2. Erstes Erproben des Spiels nach den vereinbarten Regeln** (Kinder möglichst bald spielen lassen!) • Gruppenbildung • Geräteaufbau in Gruppen • L beobachtet genau und hilft bei Problemen Reflexionsphase (1): • Besprechung der Regeln und der Bezeichnung des Spiels (z. B. „Bockballschießen") • erste Probleme ansprechen (z. B. „Immer wirfst du!")	Entwickeln einer Spielreihe Grundtechniken des Werfens und Fangens anwenden
Plakat (zusammengefasste Regeln)	**3. Spielphase** Reflexionsphase (2): • kurze Stellungnahme zum Spiel • Anregungen der anderen Gruppen aufnehmen (z. B. kein Laufen mit dem Ball)	
Unser Spiel heißt „Bockballschießen". Wir halten uns an folgende Regeln: 1. Es spielen 6–10 Spieler. 2. Der Bock steht in der Kreismitte. 3. Der Spieler im Kreis darf den Medizinball nicht berühren. 4. Wer den Medizinball abwirft, darf in die Mitte. ...	**4. Spielphase: Formen anderer Gruppen werden erprobt** Reflexionsphase (3): • Gespräch über Spielregeln: Welche Regeln kommen in allen Gruppen vor und sind besonders wichtig? Welche sind überflüssig und ungenau formuliert? S und L einigen sich auf Regelwerk, alle Gruppen spielen in Zukunft danach, L fasst die Regeln bis zur nächsten Sportstunde zusammen, schreibt sie auf ein Plakat bzw. kopiert sie für alle Kinder.	Bedeutung und Sinn von Regeln erfahren Bereitschaft und Fähigkeit, Regeln einzuhalten
Musik „Die Roboter" (von Kraftwerk)	**III. Ausklang** • Geräte abbauen/Bälle aufräumen • Gemeinsamer Ruf als Abschlussritual • Spiel mit Partner: „Roboter"	Kooperation Rhythmusgefühl

3.5 Kunst *(R. Maras)*

Informationen zum Fach Kunst

1. Didaktische Konzepte

In der Kunsterziehung haben sich verschiedene didaktische Konzepte entwickelt, die sich als Musische Bildung, Kunstunterricht, Visuelle Kommunikation oder Ästhetische Erziehung verstehen oder Konzepte, die sich an der Kunsterziehungsbewegung oder der Curriculumtheorie orientieren. Die Entwicklung des Faches ist stark verbunden mit der Auseinandersetzung über den Kunstbegriff.

2. Arbeitsbereiche

„Zu den Arbeitsbereichen gehören die großen Felder der Zeichnung (Grafik), der Malerei (Farbe), der Plastik (Körper und Raum) sowie das Spielen und Darstellen (Spiel und Aktion). Daneben kommen noch die Auseinandersetzung mit neuen Medien sowie die Zusammenarbeit mit übergreifenden Themen und anderen Fächern … Neben den praktischen Schülerarbeiten ist die Werkbetrachtung (Kunstbetrachtung, Objektbetrachtung, Wahrnehmungsübung etc.) ein wichtiger Bestandteil des Unterrichts" (Kiesel 2008, S. 145).

3. Ästhetisches Lernen

„Der Begriff der Ästhetischen Erziehung ist sehr weit gefasst und enthält Aufgaben einer Ästhetischen Elementarerziehung … bis hin zu Aufgaben einer umfassenden Ästhetischen Erziehung, die für eine systematische Ausbildung der Wahrnehmungsmöglichkeiten, des Wahrnehmungsgenusses und der Wahrnehmungskritik wichtig sind" (a. a. O., S. 151).

Dieser Begriff der Ästhetik umspannt Aktionen und Produkte des Künstlerischen *und* der alltäglichen Lebenswelt. Deshalb sind auch Konkrete Kunst (vgl. Wörler 2011a), LandArt (vgl. Hörhammer/Kraft 2011) oder Alltagskunst (vgl. Kirchner 2007a) Teil des Kunstunterrichts.

Psychologische Hinweise

- „Durch unterschiedliche Betrachtungsweisen und Ansätze der Psychologen, Kunstwissenschaftler und Pädagogen ergaben sich verschiedene Entwicklungstheorien. Nahezu alle wissenschaftlichen Ansätze teilen das zeichnerische Entwicklungsgeschehen in drei Hauptphasen ein: 1. Kritzelphase, 2. Schemaphase, 3. Pseudonaturalistische Phase" (Kiesel 2008, S. 147).
- „Im Alter von sieben bis neun Jahren entwickeln Kinder zahlreiche Schemata, die sie verändern, aber auch präzisieren. So werden Menschen, Tiere, Häuser, Flugzeuge, Wolken etc. gezeichnet. Dabei zeigen Kinder unterschiedliche Präferenzen in Bezug darauf, was sie darstellen. Die zeichnerische Übung bestimmter Dinge hat auch zur Folge, dass Kinder bestimmte Dinge besser zeichnen können als andere" (Gisbertz 2010, S. 36).
- „Der Übergang von der Schemaphase zur pseudonaturalistischen Phase ist fließend und lässt sich zeitlich nicht genau festlegen. Die Veränderungen beziehungsweise Weiterentwicklungen werden auf der einen Seite der kognitiven Entwicklung zugeschrieben. Auf der anderen Seite bewirken individuelle und gemeinsame Wahrnehmungen sowie Darstellungsformen aus dem konkreten Umfeld der Schüler einen Teil der Veränderungen" (Kiesel 2008, S. 147f.).
- „Empirische Untersuchungen belegen, dass bereits sehr junge Kinder die Fähigkeit besitzen, mit Kunst und Kunstwerken – im Horizont ihrer lebensweltlichen Erfahrungen – adäquat umzugehen, sodass in dieser Begegnung eine große Chance für ein vertieftes Kunstverständnis liegt … Da die ästhetische Wahrnehmung der Kinder in der Regel noch nicht so strikt festgelegt ist wie bei Erwachsenen, zeigt sich ihr ästhetisches Verhalten außerordentlich vielfältig und facettenreich" (Hell 2011b, S. 8). „Man muss nicht erwachsen sein, um Kunst zu verstehen" (a. a. O., S. 9).

Praktische Hinweise

1. Konkrete Zielvorstellungen formulieren

Die fachliche und didaktische Auseinandersetzung mit dem Motiv, dem bildnerischen Problem, der Technik, dem Alltagsgegenstand oder dem Kunstwerk führt zu unterrichtlichen Zielsetzungen, die konkret zu fassen sind. Diese werden auch für die Kinder deutlich gemacht.
Beispiel: Arbeitsbereich „Farbe/Farbiges Gestalten": Den Ausdruckswert der Farbe Rot durch Aufhellen mit Deckweiß oder durch Abdunkeln mit Schwarz verändern; beim Mischen mit dem Deckweiß beginnen und allmählich das Rot hinzufügen; Bewegungsspuren durch Farbspritzer, -tropfen, -kleckse und Verlaufsspuren erzeugen; die Wirkung der Nass-in-Nass-Technik (weiche Konturen, verschwommen) bei der Aufgabenstellung mit tiefenräumlicher Wirkung einsetzen.

2. Aktiver Umgang

Die Kinder erhalten vielfältige Anregungen und Möglichkeiten zur selbstständigen Arbeit.
Beispiele: Erfahrungen mit Stiften, Kreiden, Fingerfarben, Deckfarben, Malwerkzeugen, Maltechniken machen (dazu analog die Arbeitsbereiche Zeichnen, Drucken, Körper, Spiel, Aktion, Medien); eigene Bilder zu Fotos oder Bilderreihen zuordnen; Erkunden von Möglichkeiten der Gestaltung, daraus entwickelt sich ein Erkennen von Gestaltungsprinzipien; Erkennen des bildnerischen Problems; Vergleichen der Gestaltungskriterien mit dem vorliegenden Arbeitsergebnis; Auswählen gelungener Entwürfe; Reflektieren über bildnerische Mittel und Wirkung.

3. Die Bereicherung erfahren

Die Kinder versuchen selbst, innere Vorgänge zu erspüren und in Worten wiederzugeben, z. B. Differenzierung der Empfindungen oder des Ausdrucks; Sensibilisierung der Erlebniswelt; Ausführung neuer Arbeitstechniken; Umgang mit bekannten Materialien für bisher unbekannte Verwendungs- oder Gestaltungszwecke. Das Bewusstmachen einer Bereicherung bezieht sich auf Inhalte, Techniken und Gestaltungsmittel, auf Gefühle und Verstand, auf Wirkungen und Entdeckungen.

4. Leistungsbewertung

Schülerarbeiten können zunächst nach einem Gesamteindruck (etwa nach den Kriterien „ausdrucksvoll" und „ansprechend") geordnet werden. Ein differenziertes und damit pädagogisch vorzuziehendes Feststellungsverfahren stützt sich jedoch auf die Verwendung von Kriterien (die weiter oder enger gefasst werden können).
Beispiele: Bildaufbau, Gliederung, Formgebung und -differenzierung, Farbwahl, Erfassung des Inhalts, aktionsbetontes Experimentieren und Wirkung, Originalität, Individualität, handwerklich zutreffende und materialgerechte Ausführung, Sauberkeit, Zusammenhang von Idee und Gestaltungsmitteln.

5. Ästhetische Erziehung als kommunikativer Prozess

Nicht nur im Zusammenhang mit der Kunstbetrachtung sondern auch für den gesamten Bereich der ästhetischen Erziehung ist die Verständigung über Wahrnehmungen, Empfindungen, Wirkungen, Vorstellungen, Überlegungen, Deutungen oder Wertungen von Bedeutung. „Ein Dialog mit Kindern über Kunst ist spannend, intensiv, erfüllt den Geist, provoziert, gibt Kraft" (Hell 2011b, S. 9).

Literatur:

1. Gisbertz, Jennifer (2010): Grundwissen Kunstdidaktik: Ausgewählte Aspekte der Didaktik in der Primarstufe. Auer, Donauwörth, 3. Aufl.
2. Kiesel, Manfred (2008): Kunst. In: Jürgens/Standop 2008 d, S. 140–153
3. Kirchner, Constanze (Hrsg.) (2007): Kunstunterricht in der Grundschule. Cornelsen, Berlin

Strukturmodelle: *1. „Gestalten“*

Vorbereitungsphase

Klärung der Bildnerischen Aufgabe

Auch: Einstimmung, Präsentation, Problemstufe
Betrachten von Gegenständen, Bildern, Plastiken, Illustrationen, Bauwerken, Ornamenten; Lesen eines Textes; Durchführung eines Unterrichtsganges; Schilderung einer Begebenheit (durch die Lehrerin); Eingrenzung auf die Thematik bzw. bildnerische Aufgabe; Sammeln erschließender Begriffe; szenische oder pantomimische Darstellung; Klärung des Gegenstandes des Inhalts; Darstellung eigener Erfahrungen und des Vorwissens; Erkennen eines Gestaltungsproblems, auch Aufgliedern des Problems; Herausarbeiten von Merkmalen; die erforderlichen Sachinformationen einholen oder übergeben.
Als Ausgangspunkt der bildnerischen Arbeit bietet sich auch das unmittelbare Experimentieren mit dem Gestaltungsmaterial an.

Vorbereitung der Gestaltung

Auch: Vorproduktion, Experimentierphase, Exploration.
Lösung von Teilproblemen durch Umgang mit dem Material; es muss genügend Raum für den spielerischen, eigenständigen, auch kreativen Zugriff geboten werden; falls die Technik unbekannt ist, wird ein (schrittweises) Vormachen eine Anleitung zum Tun geben; Erarbeiten und Fixieren von Hinweisen: Format, Technik, Farbtöne, Farbauftrag, Raumaufteilung, Schwerpunkt der Aufgabe (Bewegung, Schmücken usw.); Hinweise zur Organisation (Lage des Materials, Holen von Wasser usw.)

Bearbeitung

Beratung

Hilfestellung

Auch: Produktion, Aktion, Problemlösung, Objektivation.
Ausführen der oben gewonnenen inhaltlichen und gestalterischen Informationen; grundsätzlich hat die eigenständige Lösung Vorrang, jedoch ist auch eine Hilfestellung für manche Kinder nötig oder sinnvoll (handwerklich oder gestalterisch); ggf. Unterbrechung zum Aufzeigen adäquater Lösungen oder für Hinweise zur Technik, Organisation oder Gestaltung (Zwischenbesprechung)

Reflexion

Auch: Wertung, Integration, Ausblick
Sichten und Besprechen der Arbeiten (taktvolle Führung); Vergleichen mit den Zielsetzungen dieser Arbeit; Wirkung auf den Betrachter; Ausblick (z.B. weitere Themen)

2. *„Betrachten“*

Hinführung		Beachtung günstiger Rahmenbedingungen; Hinführung zum Motiv oder Inhalt durch einen (kurzen) Text, durch Musik oder ein Bild; Eingrenzung der Thematik; Anregen zur Vorstellung von Bildern (z. B. durch Nennen eines Begriffs); Schließen der Augen; kurze Beschreibung dieser entstehenden oder entstandenen Bilder; ggf. praktisches Gestalten vor der Betrachtung
Begegnung	Präsentation	Präsentation des Gegenstandes, der Reproduktion; Wirken lassen; spontane Äußerungen; ggf. Klärung von Verständnisfragen – nach Möglichkeit durch die Kinder
	Darstellen erster Eindrücke	Schüleräußerungen der ersten Eindrücke, Empfindungen und Assoziationen
	Informationen zum Verständnis	Beschaffen oder Übergabe von Informationen, die Voraussetzungen zur späteren Durchdringung sein können (geschichtlich, kunstgeschichtlich, zur Person des Künstlers, situativ, Absichten oder Idee des Künstlers)
Erarbeitung	Wahrnehmungen im Detail	Formen, Farben und Material zeigen, benennen und beschreiben; Einzelheiten isolieren, auch hervorheben (sofern möglich); Erinnerungen an „Ähnliches“; Verknüpfung mit eigenen Vorstellungen
	Erschließung	Klärung des Bildinhalts bzw. der bildnerischen Mittel; Ordnen des Wahrgenommenen; Schwerpunkte setzen, z. B. Farben, Formen, Vorder- und Hintergrund, Inhalt, Form – Grund, Wirkung; Nachstellen des Aufbaus (auch „Standbild“); In-Beziehungsetzen der Teile auf die Wirkung des Ganzen; ggf. Deutung: Was könnte der Künstler ausdrücken? Wie hat der Künstler seine Idee zum Ausdruck gebracht? Begründen der Verwendung bestimmter Formen, Farben oder Materialien
Ausweitung		Nachgestalten im Sinne von Nachempfinden oder Verändern; Reflexion über (Schüler-)Äußerungen zum Bild; Umsetzen in gesprochene oder geschriebene Sprache, in Bewegung oder Musik; weitere Zielsetzungen

Unterrichtsbeispiel: *„Rehe im Walde" von Franz Marc,* 4. Jahrgangsstufe

1. Informationen zum Bild

Die nachfolgenden Texte (Punkte 1a und 1b) dienen als Material für Arbeitsaufträge, für vertiefende Überlegungen zum Gehalt oder zur inhaltlichen Gestaltung eines (kurzen) Lehrervortrags.

a) Verborgene Dinge sichtbar machen

„Franz Marc wollte sich als Maler nicht allein auf sein Auge verlassen. Eines Tages saß er vielleicht am Küchentisch und dachte: ‚Mein ganzes Trachten ist, innerlicher zu werden.' Er wollte hinter dem Sichtbaren nach verborgenen Dingen in der Natur suchen. Er dachte sich: ‚Ich kann ein Bild malen: Das Reh.' Jeder andere Maler aber konnte Rehe malen. Also dachte Franz: ‚Ich kann aber auch ein Bild malen wollen: Das Reh fühlt.' Das ist schwer" (David 1997, S. 48).

„Franz nahm die Farben von den Dingen, zu denen sie immer gehört hatten, und legte sie auf andere. Er malte ein Pferd in der Landschaft … das rote Pferd, das die Landschaft betrachtet und doch gleichzeitig zu ihr gehört" (a. a. O., S. 56f.).

b) „Alles ist eins"

„Er wollte den Menschen mit seinen Bildern Gedanken schenken und die Welt zum Reden bringen. Franz malte die Tiere, weil sie eins waren mit der Schöpfung. Tiere konnten dem Menschen vom Paradies erzählen. Man muss sich nur in sie hineinversetzen, die Welt mit ihren Augen sehen" (a. a. O., S. 72).

„Die Tiere auf Marcs Bildern hatten angefangen, sich aufzulösen. Die Rehe verschmolzen mit den Farben der Welt. Alles war vom Licht durchdrungen: wie von Röntgenstrahlen. Die waren damals gerade entdeckt worden. Franz war fasziniert von dem Gedanken, dass Strahlen durch feste Körper gehen" (a. a. O., S. 87).

„Franz malte in modernen Formen nur die Wahrheit der Natur: dass alles Leben aus gleicher Materie besteht. Den Leuten machte das Angst. Aber Franz sagte: ‚Alles ist eins'" (a. a. O., S. 88f.).

2. Voraussetzungen

Die Kinder sind mit der Betrachtung von Gemälden (bzw. deren Reproduktionen) vertraut; dabei sind realitätsnahe Bilder und Bilder mit Verfremdungen enthalten.

3. Angestrebte Kompetenzen

- Erschließung eines historischen Kunstwerks: Persönliche Assoziationen finden; die Besonderheiten des Bildes (Farben, Formen) darlegen; sich zum Bildaufbau (Rehbock, Ricke und Kitz in einem Dreieck) äußern.
- Informationen zur Erschließung nutzen: Die vorbereiteten Impulse (der Maler Franz Marc malte häufig Tiere, er verwendete kräftige Farben und geometrische Formen; „Alles ist eins"; Rehe „verschmelzen") mit dem Gesehenen verbinden und mit eigenen Worten beschreiben; Schlussfolgerungen ziehen: das Bild bringt eine Idee zum Ausdruck.
- Differenzierung der visuellen Wahrnehmungsfähigkeit: Gleiche und ähnliche Farbtöne in unterschiedlichen Formen und Sachzusammenhängen finden; prägnante Formgebungen der Linienführung (einfache Linien) finden.
- Erweiterung der Selbstwahrnehmung: Sich zu eigenen Empfindungen beim ersten Betrachten des vorbereiteten Gemäldes (Reproduktion), mit bisher unbekannten bildnerischen Mitteln gestaltet, äußern; das Neue (geometrische Formen, Farben „verschmelzen", Bildaussage) darlegen; entdecken, dass die Bildsprache nicht immer eindeutig ist.
- Differenzierung der Kommunikationsfähigkeit: Die Assoziationen der anderen Kinder aufmerksam zur Kenntnis nehmen und ggf. weiterführen.

4. Geplanter Unterrichtsverlauf

I. Einstimmung

1. Hinführung zum Motiv

Vorzeigen eines Bildes (siehe Abb. 114, S. 273; „Strahlen" aus dem gewählten Kunstwerk, beleuchtete Fläche in Gelbgrün); Äußerungen der Schüler.
L ggf.: „Kannst du dich an einen Ort erinnern, an dem du schon einmal solche Strahlen bemerkt hast?"

2. Zielangabe

L: „Diese Strahlen kannst du in einem Bild von Franz Marc wiedererkennen. Ich vermute, dass du in diesem Bild einiges entdecken wirst."

II. Präsentation

Das Bild wird als Ganzes präsentiert; Betrachtung ohne Aussprache; Notieren der „Eindrücke zu Beginn"; Vorlesen dieser Anmerkungen und Anheften einiger Beispiele an der Tafel. (Die weiteren Beispiele werden später, in der Vertiefungsphase, verwendet.) L: „Versuche, dich an den ersten Augenblick zu erinnern, als du das Bild gesehen hast: Hast du dir dabei vielleicht eine Frage gestellt?"

III. Auseinandersetzung

1. Teilschritt: Selbstständige Erarbeitung ausgewählter Aspekte

Gruppenarbeit (in Varianten möglich: arbeitsgleich, themengleich); auch im Stationenbetrieb.

Aufgaben zur Wahl (je nach Leistungsfähigkeit):

Betrachte das Bild und lasse dir dabei Zeit. Bitte: Warte mit der Besprechung so lange, bis alle Kinder der Gruppe dazu bereit sind.

1. Welche „Dinge" (ggf. „Objekte") kannst du auf dem Bild erkennen?
   a) Bei welchen „Dingen" bist du dir sicher?
   b) Was *vermutest* du: Welche „Dinge" könnten noch zu sehen sein?
2. Die Farben des Bildes:
   a) Welche Farben kannst du auf dem Bild entdecken?
   b) Welche Farben sind für dich wichtig? Suche dazu die passenden (vorbereiteten) Farbkärtchen aus. Versuche zu den ausgewählten Farben eine genaue Bezeichnung zu finden.
3. Die Formen des Bildes:
   a) Welche Formen fallen dir besonders auf?
   b) Wähle dir eine Form aus und versuche, sie mit wenigen Strichen aufzuzeichnen (DIN-A4-Blatt, schwarzer Wachsmalstift).

Weitere Anregungen und Varianten:

- Betonung des subjektiven Bezugs: Was sehe ich auf dem Bild? Was fällt mir auf? Habe ich eine Frage dazu? Welche Einzelheiten fallen mir auf? Welche Besonderheiten entdecke ich? Wenn ich das Bild anschaue, denke ich an ..., fühle ich ... Ich überlege mir: Was könnte vorher geschehen sein?
- Konzentriere deinen Blick auf den hellen Fleck in der Mitte und versuche nun „durch das Bild hindurchzuschauen". Welche Entdeckungen kannst du dabei machen?
- Schließe die Augenlider zu einem schmalen Spalt und schaue blinzelnd auf das Bild. Welche Entdeckungen kannst du dabei machen?
- Bilde eine leicht geöffnete Faust und verwende sie als „Fernrohr". Lasse so deinen Blick wandern. Welche Entdeckungen kannst du machen? Gibt es dabei für dich auch eine Überraschung?

Zusatzaufgaben:

- Wähle dir eine Farbe aus und färbe alle Stellen ein, an denen du sie entdeckst. (*Vorbereitete* Schwarz-Weiß-Kopie, passender Holzfarbstift) So kannst du „deiner Farbe auf die Spur kommen".

- Stelle für deine Klassenkameraden ein Suchbild her. Hole dir dazu vom Materialtisch eine Folie und einen Folienstift (schwarz). Lege dann die Folie auf das Bild und wähle einen Bildausschnitt aus. Spure die Linien mit wenigen Strichen nach.

2. Teilschritt: Vorstellung der Ergebnisse

Die Kinder stellen ihre Ergebnisse vor und fixieren entsprechende Informationen an der Tafel (siehe Abb. 113, Punkt 2); z. B. mit „Farbkärtchen", „auffälligen Formen" auf DIN-A4-Blatt. Zusammenfassend: Überlegungen zum Titel des Bildes; Nennung des Titels.

3. Teilschritt: Überlegungen zum Gehalt

Mögliche Impulse: „Es ist gar nicht so leicht, die einzelnen Dinge zu finden."
„Wie wäre es dir beim ersten Betrachten ergangen, wenn ich dir den Titel des Bildes *vorher* gesagt hätte?" „Welcher Farbe warst du auf der Spur? (Wo hast du sie überall finden können?)" „Wenn wir uns die Rehe ganz wegdenken, dann hätten wir große Mühe zu sagen, dass hier ein Wald gezeigt wird."

IV. Vertiefung

1. Veränderte Perspektive der Überlegungen

L: „Wir versuchen die Gedanken von anderen Personen zu verstehen."
„Alles ist eins." (Franz Marc)
„Franz Marc wollte den Menschen mit seinen Bildern Gedanken schenken." (Thomas David)

2. Arbeitsrückschau

Präsentation aller Aussagen der Kinder (auch unter Einbeziehung der ersten Eindrücke, siehe II. Präsentation) und ggf. Erläuterungen dazu. (Fixierung von Ergebnissen, siehe Abb. 113)

V. Möglichkeiten der Weiterarbeit

- S gestalten selbst, z. B. das „Rehkitz im Walde" (dazu als Vorlage eine Schwarz-Weiß-Kopie, siehe Abb. 115).
- Bezugnahme auf August Macke: „Die Sinne sind die Brücke vom Unfassbaren zum Fassbaren" (Macke 1912, S. (21)f.).
  Begriffssammlung (Beispiele):
  a) das Unfassbare: Gedanken, Gefühle, eine Stimmung, ein Geheimnis, ein Rätsel, verborgene Dinge, die Zukunft;
  b) das Fassbare: ein Text, Worte, Gegenstände (...), Donner, Blitz, Tiere (...), Pflanzen, Körper, Werkzeug, Formen, Farben;
  c) die Sinne: der Seh-, Hör-, Tast- oder Geruchssinn.
  In Verbindung mit dem gewählten Bild: Die Augen nehmen Farben wahr. Wir entdecken: Die grüne Farbe der Pflanzen finden wir auch auf dem Körper des Rehkitzes. Die rotbraune Farbe finden wir ... Die runde Form finden wir ... Daran erkennen wir den Gedanken „Alles ist eins".
- Geschichten zum Bild schreiben
  Beispiel, siehe Abb. 112

Die drei Rehe und der Wolf
Es waren einmal drei Rehe. Sie hießen Maxi, Annette und Moritz. Sie hatten sich verirrt, weil der böse Wolf alle Wegweiser umgestellt hatte. Er versteckte sich hinter einem Baum um zu warten. Als er hinter dem Baum hervorsprang, war es totenstill. Sie waren noch nicht da.
Er startete einen neuen Versuch. Doch die drei Rehe hatten keine Angst. Maxi sagte nur: „Hallo, Kumpel!" „Habt ihr denn keine Angst?" fragte der Wolf. „Nö", antwortete Moritz, „wir sind ja zu dritt." Annette sprach: „Schaut mal, da vorn ist eine Hütte." „Gehen wir hin", schlug Maxi vor. „Ich rieche schon das Futter. Wolf, willst du auch mitkommen?" „Ja", sagte der Wolf. Und so lebten sie glücklich und zufrieden. (Toni, 9 Jahre)

Abb. 112: Eine Geschichte zum Bild

„Rehe im Walde"
von Franz Marc (1914)

1. Unsere Eindrücke zu Beginn

2. Wir betrachten das Bild genauer

a) der Inhalt
Rehkitz, Ricke, Rehbock
Wir vermuten:
Sonnenstrahlen, Pflanzen, Bäume, Steine

b) wichtige Farben
(rotbraun) (grün)
(gelbgrün) (blau)

c) auffällige Formen

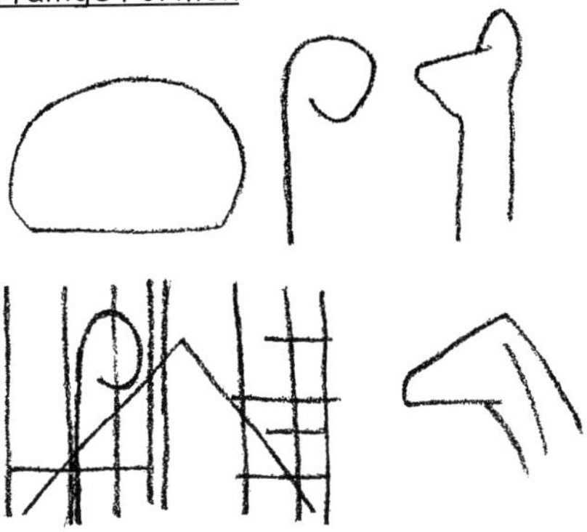

d) Unsere Entdeckungen
(z. B. Unser Auge muss suchen, was zusammengehört.
Bestimmte Farben und Formen sind an mehreren Stellen zu finden.)

3. Wir versuchen die Gedanken von Anderen zu verstehen

a) Franz Marc:
„Alles ist eins."

b) Thomas David:
„Die Rehe verschmelzen mit den Farben der Welt."

„Franz Marc wollte den Menschen mit seinen Bildern Gedanken schenken."
(Thomas David)

Abb. 113: Mögliches Tafelbild zum Thema „Rehe im Walde" von Franz Marc

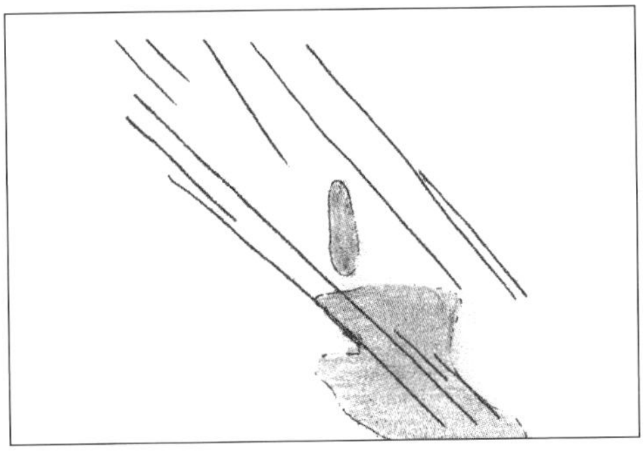

Abb. 114: Hinführung zum Motiv

Abb. 115: Ausgangsmotiv (Kopie, ausgeschnitten) zur eigenen Gestaltung

3.6 Musik *(J. Ametsbichler)*

Informationen zum Fach Musik

Singen, Musizieren und Musikerfinden bilden den Kern des Musikunterrichts in der Grundschule. Der Aufbau musikalischer Basisfähigkeiten (melodisch-tonale und motorisch-metrisch-rhythmische Fähigkeiten) vollzieht sich in engem Zusammenhang mit diesem vielfältigen musikalischen Gestalten.

1. Kompetenzbereiche des Musikunterrichts

1.1 Musik machen

a) Musik mit der Stimme

Brünger spricht unter Berücksichtigung der für musikalisches Erleben und Handeln grundlegenden Fähigkeiten Bewegung, Ausdruck, Wahrnehmung und Kommunikation von einem erweiterten Singbegriff. Singen wird dabei verstanden als ganzkörperliche Tätigkeit unter Einbeziehung von Körperbewegung, Mimik und Gestik. Das Singen nutzt alle Klang- und Artikulationsmöglichkeiten aus und spricht sensomotorische, affektive, kognitive und soziale Dimensionen an (vgl. Brünger 1998, S. 26).

- ***Stimmpflege und Stimmbildung***

Die Kinder sollen für ihre stimmlichen Fähigkeiten sensibilisiert werden. Dabei müssen auch die körperlichen Voraussetzungen beachtet werden.

- Körperhaltung: locker, leicht gespannt
- Atmung: richtig ein- und ausatmen und das Zwerchfell aktivieren
- Artikulation und Tonbildung: deutlich sprechen, Lautstärke anpassen; Tonansatz, z.B. rufen, lachen; Resonanz, z.B. Glocken läuten (bim-bam); Lagenausgleich, z.B. Töne wie Blasen aufsteigen lassen; Vokalausgleich, z.B. Tierstimmen nachahmen.

b) Musik mit Instrumenten

Das Musikinstrument ist ein Werkzeug zum Hervorbringen von Klängen.

Ziele:

- Instrumente kennenlernen
- mit Instrumenten umgehen
- sich mit Instrumenten ausdrücken
- mit anderen gemeinsam auf Instrumenten spielen

1.2 Musik hören

Das Hören spielt in allen Kompetenzbereichen eine wichtige Rolle.

„Musik hören ist als komplexer und sich wandelnder Vorgang zu begreifen. Musik hören ist nie genau wiederholbar, da es abhängig von situativen, atmosphärischen und gruppenspezifischen, ebenso wie von subjektiven Faktoren wie Hörgeschmack, -fantasie, -assoziation, -aufmerksamkeit und -interesse ist" (Ditzig-Engelhardt, in Helms 1997, S. 157).

- ***Vielseitige Hörerfahrungen***

Es ist wichtig, dass die Kinder ihren Hörhorizont erweitern können durch ein vielfältiges Angebot an Hörerfahrungen, an Klängen und Musikrichtungen. So können die Kinder auch zu kompetenten Hörern werden mit der Entscheidungsmöglichkeit, hinzuhören oder wegzuhören.

- ***Aktives Musikhören***

Das Musikerleben wird intensiver, wenn sich die Kinder jeweils mit ihrer Person (z.B. Körperklänge) einbringen können. Beim Hören von Musik können Zuordnungsaufgaben, Diskriminierungsaufgaben und Gestaltungsaufgaben fantasievoll miteinander verbunden werden.

1.3 Musik erfinden

In diesem Kompetenzbereich „geht es ... – ganz im Sinne des Wortes – um ein ‚Selberfinden', das heißt ein Suchen, Erproben und Entdecken von Klängen, und den Versuch, dieses zur Grundlage eigener musikalischer Gestaltungen zu machen" (Schmitt, in Helms 1997, S. 187).

- **Klangspiele *fördern musikalische Kreativität***

Ein Klangspiel ist ein kreatives und gestaltendes Spiel mit Klängen (Tönen und Geräuschen). Es fordert Improvisation. Klangspiele sind offener als Geräuschgeschichten (Schallgeschichten) oder die Verklanglichung von Texten. Klangspiele sind vorwiegend ohne Takt und ohne Tonart. Sie können sowohl mit als auch ohne thematische Spielideen durchgeführt werden.

1.4 Musik umsetzen

a) Musik und Bewegung

Musikparameter (z. B. Dauer, Klangfarbe) und Bewegungsmerkmale lassen sich auf vielfältige Weise miteinander verknüpfen.

- Von der Musik zur Bewegung: Tempo, Rhythmus in Bewegung umsetzen (z. B. ganz oder teilkörperlich)
- Von der Bewegung zur Musik: Bewegungstempo, -rhythmus auf die Musik übertragen, z. B. darstellendes Spiel
- Spielbewegungen am Instrument/Bewegung und Stimme

b) Musikalische Spielszenen gestalten

Beim Gestalten musikalischer Szenen beachten die Kinder Prinzipien des Musiktheaters (siehe Unterrichtsbeispiel, S. 278f.).

c) Musik in Bilder umsetzen

1.5 Sich über Musik verständigen

Mit den Hilfsmitteln der Notation und der Fachbegriffe können sich die Kinder über Musik verständigen. Diese Fähigkeiten gehen in den anderen Kompetenzbereichen auf.

- Notation: Musikalische Verläufe lassen sich grafisch darstellen oder mithilfe der traditionellen Notenschrift festhalten. Die Notation entwickelt sich aus dem praktischen Umgang mit Musik, begleitet und ergänzt das Singen, Musizieren und Hören. Bei der grafischen Notation werden Klangverläufe durch Abbilder oder Symbole optisch dargestellt.

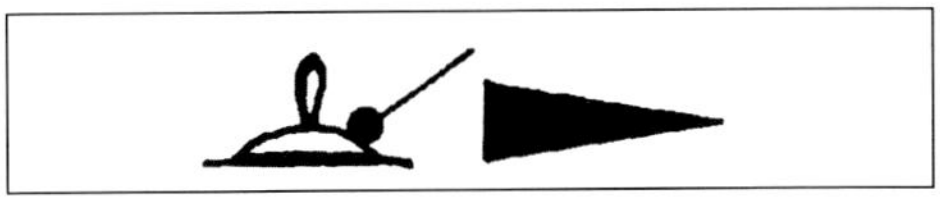

Abb. 116: Grafische Darstellung des Klangcharakters

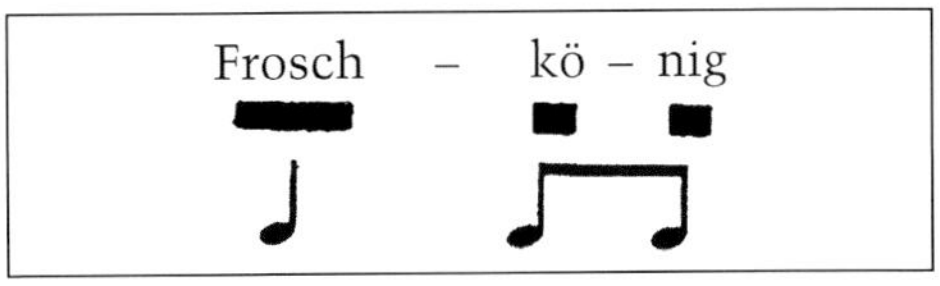

Abb. 117: Rhythmischer Baustein

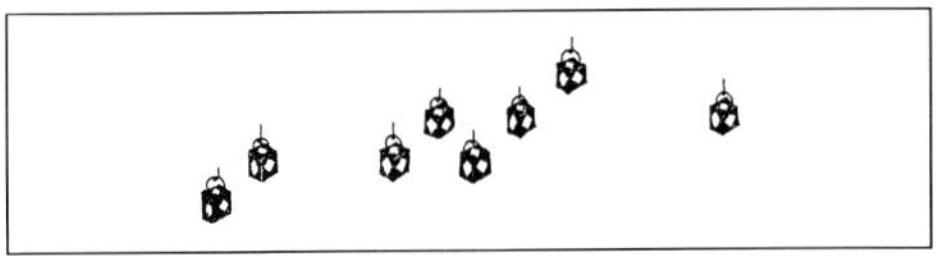

Abb. 118: Grafische Darstellung des Melodieverlaufs

Die grafische Notation steht eigenständig neben der traditionellen Notation.

2. Didaktische Grundsätze

a) Kompetenzbereichs- und fächerübergreifendes Lernen

Wenn die Lernbereiche innerhalb verschiedener Unterrichtseinheiten verknüpft werden, erkennen die Kinder einen musikalischen Gesamtzusammenhang (z. B. bei der Liederarbeitung). Der Musikunterricht bietet viele Möglichkeiten fächerübergreifend und projektorientiert zu arbeiten.

b) Sicherung durch Wiederholen und Üben

Durch tägliche und abwechslungsreiche Übungen kann die Singstimme verbessert werden. Bei der Liederarbeitung sind häufige Wiederholungen ein wichtiges Prinzip. Auch bei Klangspielen gilt für die Hör- und Zuhörübung das Prinzip der Wiederholung: Besser häufiger kleine intensive Einheiten als selten lange Hörstunden. Hören ist anstrengend!

Die Kinder eignen sich ein Repertoire an Liedern und Bewegungen an, das sich ständig erweitern lässt.

Strukturmodell: *Arbeit am Lied*

Hinführung	
Einstimmung	Singen eines bekannten Liedes; Erzählen einer passenden Geschichte zum Lied (evtl. mit Requisiten)
Vorbereitende Spiele und Übungen (Warming-up)	Spiele, die Konzentration und Reaktion verlangen (auf Beckenklänge hören und reagieren, Mitvollziehen von Klanggesten, Echospiel); Bewegungsspiele im Raum: Liedinhalt durch Pantomime, Geste, Standbild vorbereiten; spielerisches Vorbereiten der Schlagtechnik für die Instrumente; Stimmbildung: eingepackt in eine passende Rahmengeschichte, Übungen thematisch auf das Lied abgestimmt; Aufmerksamkeit auf einen bestimmten Liedteil lenken (z. B. gut zum Mitsingen geeigneter Refrain)
Zielangabe	Bekanntgabe des Liedes, das die Kinder hören und singen lernen sollen; Lehrperson singt Lied vor
Erarbeitung	Gliederung in methodischer Hinsicht: Erarbeitung vom Gesamteindruck her, nachfolgend ein schrittweises Erschließen Gliederung nach den Bausteinen des Liedes: • *Schwerpunkt: Texterarbeitung und -sicherung* Sprechen mit unterschiedlichen Affekten (traurig, fröhlich), Gruppen sprechen abwechselnd; gestisches Unterlegen (Darstellen als Standbild); auf ein Zeichen Text in vorgegebenem Metrum weiterdenken und auf ein Zeichen wieder laut sprechen; Symbole, Zeichnungen oder Bilder als Merkhilfe, Textpuzzle • *Schwerpunkt: Melodieerarbeitung und -sicherung* Melodiebausteine z. B. auf stimmpflegerisch günstigen Silben vorüben; abwechselndes Singen in Gruppen (Einsatz durch Lehrkraft oder Kind); Sichern der Melodie durch Handzeichen; Identifizieren von Melodieteilen durch Reaktionsspiele (z. B. mit einer Bewegung reagieren); grafische Notation, Notenpuzzle; Fehler in der Tonhöhenbildung gleich korrigieren • *Schwerpunkt: Rhythmuserarbeitung und -sicherung* siehe auch vorbereitende Spiele und Übungen; auch während der Erarbeitung in verschiedenen Varianten mitüben; auf Folie oder Karten geschriebene Rhythmusbausteine zusammensetzen
Ausgestaltung	Einsatz von Rhythmus- und Effektinstrumenten: Klangakzente setzen, die den Inhalt verdeutlichen, die Dauer der Pausen ausgestalten, Melodiefluss erhalten; akkordische Begleitung; Begleitung verdeutlicht Gliederung des Liedes (musikalische Form); Pantomime, personales Spiel, Tanz; Improvisation; Teile der Ausgestaltung in Erarbeitungsphase integrieren oder in der folgenden UZE erst nach gründlicher Liederarbeitung

Unterrichtsbeipiele:
1. *Einführung des Sprechverses „König Pampelmus“,* 3. Jahrgangsstufe

Sprechvers „König Pampelmus“

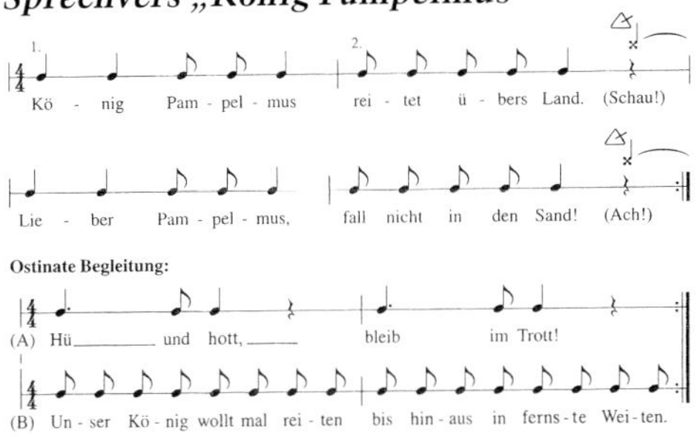

© Helmut Maschke

Methodische Hinweise

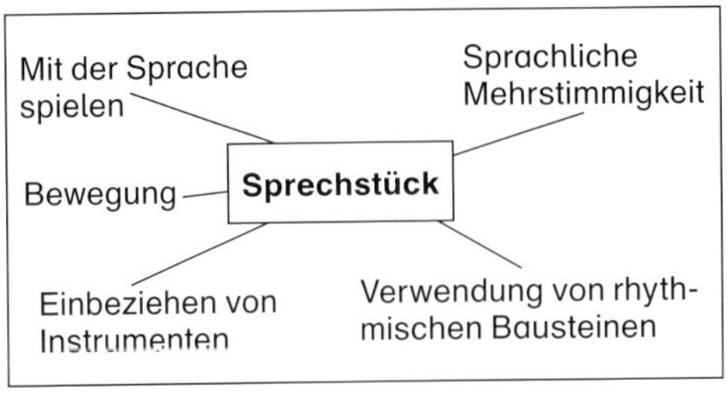

Abb. 119: Sprechvers und Grafik (Maschke 1996, S. 21)

Methodisch-didaktische Verlaufsplanung

I. Hinführung

1. Guten-Morgen-Rap
2. Einstimmung
   Visueller Impuls: Bild vom König Pampelmus
   Rahmengeschichte (Lehrererzählung)
   Zielangabe

II. Erarbeitung

1. Rhythmus

a) Übung 1: Echopatschen
Versrhythmus: S patschen und klatschen im Echo.

b) Übung 2: Grundschlag mit Handtrommeln
Der König wird von Dienern begleitet. Grundmetrum: Drei S spielen Grundschlag auf Trommeln vor, S klatschen Rhythmus des Sprechverses dazu.

c) Übung 3: Begleitrhythmus
Wenn der König dahinreitet, treibt er sein Kamel an. Er ruft: Hü und hott, bleib im Trott!
Mehrere S spielen den Begleitrhythmus mit Klanghölzern, drei S spielen mit Handtrommeln, andere S klatschen den Begleitrhythmus mit der Faust in die Hand.

2. Text

a) Zuordnen von Text und Rhythmus

(1) Textbegegnung: Pampelmus Untertanen sehen ihn übers Land reiten. Sie rufen: König Pampelmus ... (Vorsprechen ohne Metrum)
(2) Arbeitsauftrag (Partnerarbeit):
   1. Sein Volk ruft es ihm natürlich rhythmisch zu. Ordne mit deinem Partner den Textbausteinen die passenden Rhythmusbausteine zu.
   2. Erfinde passend zu den Rhythmusbausteinen eigene Pampelmusengerichte.
(3) Auswertung: Zuordnung von Text- und Rhythmusbausteinen (Tafel), sukzessives rhythmisches Sprechen im Klassenverband

b) Übungen mit unterschiedlicher Klanggestaltung
Stehkreis: S gehen im Metrum auf der Stelle und sprechen den Vers (flüstern – langsam und schnell sprechen)

c) Sicherung der Bewegung
S sprechen den Vers und imitieren die Bewegungen
Visualisierung der Pausen an der Tafel (Wortkarten „Schau“ und „Ach“)

III. Ausgestaltung

Zweistimmiges Sprechen mit Begleitrhythmus und Bewegung

IV. Schluss

Tonbandaufnahme: S sprechen und spielen den Sprechkanon zweimal durch

2. *Musikalische Spielszene: „Die lange Reise Tranquilla Trampeltreus" von Michael Ende,*
2. Jahrgangsstufe

Das Bilderbuch „Tranquilla Trampeltreu" (Ende, Michael/Schlüter, Manfred/Hiller, Wilfried: Tranquilla Trampeltreu – die beharrliche Schildkröte. K. Thienemanns Verlag, Stuttgart-Wien, 1982) erzählt von der Beharrlichkeit einer Schildkröte. Tranquilla (lat. die Ruhige, die Friedliche) folgt einer Einladung des Königs zur Hochzeitsfeier. Auf ihrer Reise trifft sie mehrere Tiere, die ihr wegen ihrer Langsamkeit von ihrem Vorhaben abraten, sie jedoch nicht umstimmen können. Das Buch hat Züge einer Fabel. Die handelnden Tierfiguren verkörpern menschliche Eigenschaften wie Beharrlichkeit, selbstgewisse Vernünftigkeit (Heuschrecke), Ängstlichkeit und Kleinmut (Schnecke), Herablassung und Hochnäsigkeit (Eidechse) sowie mit Autoritätsanspruch auftretende Weisheit (die zwei Raben). Die Geschichte ist einfach strukturiert und fördert die Fantasie und die Ich-Stärke der Kinder. Die musikalische Spielszene erfordert die individuelle Auseinandersetzung mit Körper, Raum, Objekten und Partner.

Sequenz:
1) Tranquilla Trampeltreu, die beharrliche Schildkröte (Bilderbuch)
2) Das Hochzeitsfest (Erlernen eines Tanzes)
3) Die lange Reise Tranquilla Trampeltreus (musikalische Spielszene)

Unterrichtsverlauf

I. Hinführung (Sitzkreis)

1. Anknüpfung und Einstimmung

Fanfarenbläser (CD) als akustischer Impuls eingebunden in Lehrererzählung,
Kinder äußern sich frei: Man hört einen Boten des Königs. Er lädt alle Tiere des Reiches zur Hochzeit ein. Auch die Schildkröte Tranquilla Trampeltreu macht sich auf den Weg.

2. Zielangabe

Wir werden gemeinsam die Erlebnisse von Tranquilla Trampeltreu auf ihrer langen Reise mit Musik und Bewegung darstellen.

II. Vorbereitende Spiele

1. Bewegung der Tiere

> Auftrag: Zur Hochzeit trafen sich viele verschiedene Tiere. Die Tiernamen habe ich auf Kärtchen geschrieben. Ziehe eine Karte aus dem Säckchen. Stelle dir das Tier vor und überlege genau, wie es sich bewegt. Mache die Bewegung deines Tieres vor. Deine Mitschüler versuchen, das Tier zu erraten. Derjenige, der es errät, zeigt das nächste Tier.

Kinder beschreiben jeweils, wie sich das Tier fortbewegt. Sie nennen passende Begriffe (es stampft, es schleicht ...).

2. Bewegungsbegleitung

(freie Aufstellung, Kinder bewegen sich zum Rhythmus der Handtrommel)

> Auftrag: Manche Tiere haben es sehr eilig, zur Hochzeit zu kommen, andere lassen sich sehr viel Zeit. Manche laufen leichtfüßig, andere sehr schwerfällig. Versuche, dich zum Klang der Trommel langsam oder schnell, laut oder leise zu bewegen.

III. Erarbeitung

1. Typische Bewegungsart der Schildkröte nachahmen und mit einer metrischen Begleitung ausgestalten

> Auftrag: Die Schildkröte T. spielt in unserer Geschichte eine besondere Rolle. Schließe die Augen und stelle dir vor, wie sich dieses Tier mit dem schweren Panzer bewegt.

Die Kinder öffnen die Augen, wenn das angeschlagene Becken verklungen ist. Sie stellen die Bewegung der Schildkröte im Kreis dar. Übrige Kinder beobachten und äußern ihre Meinungen.

Bewegung wird von den Kindern mit Patschen auf die Knie begleitet.

Auftrag für Partnerarbeit: Die Bewegung der Schildkröte kann man auch mit Musik darstellen. Überlege mit deinem Partner, wie die Musik klingen müsste. Wählt dann ein Instrument aus, das sich nach eurer Meinung am besten eignen würde.

Die Kinder probieren aus. Sie stellen ihr ausgewähltes Instrument vor und begründen ihre Entscheidung (z.B. Xylophon, dunkle Töne). Ein Kind stellt die Schildkröte in der Bewegung dar, während ein anderes die Begleitung dazu spielt. Lehrperson und Kinder patschen den Rhythmus mit.

2. Vers rhythmisch sprechen und mit Klanggesten als auch mit einem Ostinato begleiten

Sprechstück: „Tran-quil-la geht wo-hin sie mag, in tie-fer Nacht, am hel-len Tag, für an-dre hat es kei-nen Sinn, ent-schlos-sen geht sie trotz-dem hin."

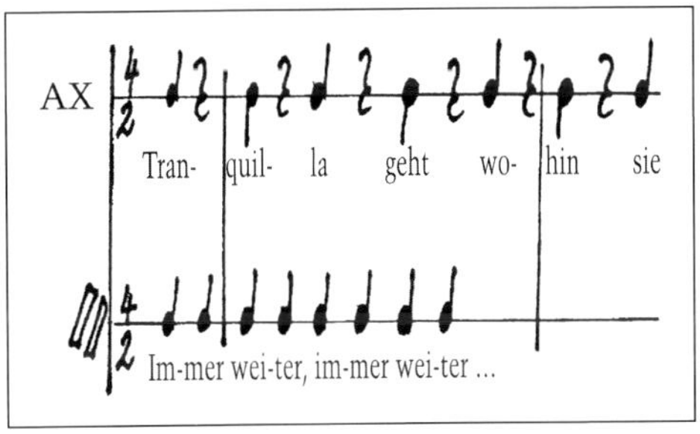

Abb. 120: Sprechvers

Lehrperson spricht den rhythmischen Vers ganz, dann abschnittweise vor. Die Kinder sprechen rhythmisch nach und begleiten mit Patschen. Erweiterung durch Ostinato mit Klanghölzern.

3. Die Bewegungen weiterer Tiere in arbeitsteiliger Gruppenarbeit darstellen und eine freimetrische Bewegungsbegleitung mit charakteristischen Instrumenten finden

Auftrag: Tranquilla Tr. begegnet auf ihrer Reise mehreren Tieren. Legt in der Gruppe die einzelnen Puzzleteile zusammen und überlegt euch Bewegungen des Tieres und dazu eine passende musikalische Begleitung.

Pro Gruppe Fragen auf einer Karte zur jeweiligen Rollenbiografie:
Welches Tier bist du? Wie siehst du aus?
Wo lebst du? Wie fühlst du dich?
Kinder finden sich nach der Gruppenarbeit wieder im Kreis zusammen.
Präsentieren der Gruppenergebnisse mit kurzer Reflexionsphase

IV. Gesamtgestaltung

Einsatz von Requisiten

Die Kinder überlegen sich möglichen Ablauf für die kleine Aufführung. Die Lehrperson berät.

Mögliche Gestaltungsform:

Lehrperson (später leistungsstärkeres Kind) übernimmt Rolle des Erzählers. Wenn ein Tier einer Gruppe genannt wird, tritt es in den Kreis und stellt die Bewegung dar, während die übrigen Gruppenmitglieder mit den Instrumenten begleiten.
Immer wenn die Schildkröte weiter wandert, begleiten sie alle mit dem Sprechvers und den Instrumenten. Auf dem Fest wird kräftig gefeiert und getanzt. Die Kinder führen den bereits eingeübten passenden Tanz auf (Musik auf CD).

3.7 Werken und Gestalten
(R. Maras)

Informationen zum Fach Werken und Gestalten

1. Begriffe

a) Werkunterricht

„Werkunterricht vermittelt Wissen und Kompetenzen zur Herstellung von Gegenständen aus leicht zu bearbeitenden Materialien mithilfe einfacher Werkzeuge. Es werden die Kreativität gefördert sowie Materialkenntnisse und handwerkliche Fähigkeiten vermittelt. Werkunterricht kann die gestalterische Komponente in den Mittelpunkt des Unterrichts stellen und damit Gemeinsamkeiten mit dem Kunstunterricht aufweisen (Gestaltendes Werken) oder die handwerkliche Komponente betonen und damit Verknüpfungen zum Technikunterricht zeigen (Technisches Werken)." (Tenorth/Tippelt 2007, S. 768).

b) Textilunterricht

Textilunterricht „wird in Deutschland, je nach inhaltlicher Ausrichtung auch Textilarbeit, Textiles Gestalten, Textiles Werken, Handarbeit genannt. Textilunterricht vermittelt Wissen, Fertigkeiten und Kompetenzen der Textilwissenschaft und der textilen Kulturtechniken. Er fördert und fordert ästhetische Erfahrungen und ordnet Textilien in den kulturellen, wirtschaftlichen und sozialen Kontext ein. Mit naturwissenschaftlichen phänomenologischen Methoden werden Textilien für die anwendungsorientierte Alltagsbewältigung besonders unter den Aspekten der Gesundheits-, Umwelt- und Verbraucherbildung bewertet" (a. a. O., S. 714).

2. Bildungsbedeutsamkeit

- Kennenlernen von Eigenschaften von Materialien und Stoffen, die zur Herstellung gestalteter Objekte verwendet werden;
- Einführung in material- und objektgerechte Verfahrensweisen und Techniken zur Bearbeitung oder Verarbeitung von Materialien;
- Erweiterung und Verfeinerung der sinnlichen Wahrnehmung;
- Kennenlernen und Schulung einer planvollen, ökonomischen, materialgerechten, materialsparenden, sachgerechten und sorgfältigen Vorgehensweise bei der Herstellung und Gestaltung von Werkarbeiten und textilen Objekten;
- Erweiterung und Festigung ästhetischer Urteilsbildung;
- Beitrag zur Entwicklung und Umsetzung kreativer Lösungen beim Herstellen und Gestalten von Schmuck-, Gebrauchs- und Spielgegenständen;
- Beitrag zur Förderung der Fähigkeiten, Fertigkeiten und der Bereitschaft, die eigene Lebensumgebung selbstständig zu gestalten;
- Kennenlernen von Bearbeitungstechniken, Verfahrensweisen und Gestaltungsweisen textiler Objekte und Werkgegenständen in anderen Kulturen und Zeitepochen;
- Aufbau eines kritischen und verantwortungsbewussten Verbraucher-Konsumverhaltens.

3. Neurowissenschaftliche Erkenntnisse und fachliche Überlegungen

Es „kann davon ausgegangen werden, dass die Voraussetzungen für Kreativitätsförderung von der Aktivierung beider Gehirnhälften abhängt. Eine Lehrperson sollte daher im Unterricht nicht nur erklären … sondern auch intuitives, gefühlsmäßiges Handeln zulassen, Visualisierungen und ästhetische Erfahrungen nutzen" (Kolhoff-Kahl 2011, S. 136f.).

„Gerade Kinder im Grundschulalter sind in einer Entwicklungsphase, in der sie über das ästhetische und sinnliche Wahrnehmen und Erfassen von neuen Erkenntnissen eine ausgeprägte Vernetzung ihres Gehirns ausbauen. Das kreativ-manuelle Arbeiten beim Werken und Gestalten unterstützt die Vernetzung links- und rechtssphärischer Fähigkeiten … Praktisches Tun und feinmotorische Bewegungsabläufe sind somit nicht allein Handgeschicklichkeit, sondern setzen die fließende Koordination und qualifizierte Funktion beider Gehirnhälften voraus. Die Auge-Hand-Geist-Koordination ist erforderlich, z.B. beim Schreiben, Skizzieren eines Entwurfs, Schneiden exakter Linien und Formen, beim Punzieren von Blech oder bei Geschicklichkeitsspielen" (Wöhl 2008, S. 162f.).

4. Fachliche Schwerpunkte

H. Wöhl erläutert einige „besondere Anliegen des Fachbereichs" (Wöhl 2008, S. 158–162):

- ***„Förderung der sinnlichen Wahrnehmung durch zweckfreies Gestalten***
Bei der zweckfreien Gestaltung mit textilen oder werkhaften Materialien können Grundschulkinder ihrer Fantasie, ihren Erfahrungen, ihren unverarbeiteten Eindrücken, Erlebnissen oder geheimen Wünschen im manuell, gedanklich und schöpferisch schaffenden Prozess ... Gestalt geben ...

- ***Förderung mehrperspektivischen Denkens durch zweckgebundenes Gestalten***
Geeignete Beispiele zum mehrperspektivischen Lernen können sein: Fabeltiere, modelliert aus Papiermaché ... Indianischer Raumschmuck für mein Zimmer; Perlenwebkunst der Indianer; Tongefäß der Pueblos; Filzplatten für den Sitzkreis, gestaltet in Mola nach Art der Kuna; Gestalten eines Schullogos aus Ton; Tontafeln mit alten Schriften ...

- ***Berücksichtigung der Individualität des Einzelnen beim Gestalten***
Ein breites Repertoire an subjektbezogenen Ausgangssituationen ... bei Gestaltungsaufgaben fördert die Sensibilisierung der Wahrnehmung und setzt kreative Denk- und Gestaltungsprozesse in Gang.
Beispiele: Mit Materialien spielen und ein Tastspiel (Domino, Memory) oder Fühlbilder, Taststraßen, Naturteppiche gestalten. Für einen Wasser-, Wiesen-, Sonnen- oder Feuerdrachen das richtige Material und die Farbe auswählen. Aus Materialkisten etwas auswählen und selbst entscheiden, was ich daraus gestalten will (z.B. als Raumschmuck für die Schule) ...

- ***Erziehung zu überlegtem Konsum und sinnvoller Lebensgestaltung***
Es geht heute nicht mehr um Produktion, sondern um ein Basiswissen über textiles und werkhaftes Material für den sinnvollen Konsum unter Berücksichtigung von Sozialverträglichkeit und Schonung der Lebensgrundlagen ...

- ***Förderung der Freude im Umgang mit (moderner) Technik beim werkhaften Gestalten und Schaffen***
Technik liegt im Erlebnis- und Erfahrungsbereich des Grundschülers und wirkt motivierend. Die zunehmende Technisierung im Freizeitbereich ist bei der Auswahl von Problemstellungen einzubeziehen. Die altersentsprechende Begegnung mit einfachen technischen Vorgängen eröffnet den Schülern elementare Einsichten in einzelne Bereiche der technischen Umwelt ...

- ***Vermittlung anwendbaren und transferierbaren Wissens, Könnens und Vorgehens***
Das Wahrnehmen durch Primärerfahrungen fördert das einsichtige Lernen ... Anwendbares Wissen ist aktives Wissen" (a.a.O.).

Literatur:

1. Kolhoff-Kahl, Iris (2011): Textildidaktik. Eine Einführung. Auer, Donauwörth, 3. Aufl.
2. Wöhl, Helga (2008): Werken und Gestalten. In: Jürgens/Standop 2008d, S. 154–165.

Strukturmodelle: 1. *Fachbereich Werken*

Vorbereiten	Sammelaufträge erteilen; Erkundungen planen; Experten einladen; kostengünstige Materialbeschaffung
Organisation	Material, Werkzeug, Medien bereitstellen; Werkzeuge überprüfen (Anzahl, Funktion, Sicherheit), Ämter, Ordnungsrahmen und Sozialformen festlegen
Begegnung	Rätsel und Denkspiele aller Art zur Konzentrationsschulung; sinnengeleitete spielerische Begegnung (nach Möglichkeit reale Dinge, z. B. Ton in verschiedenen Aggregatzuständen, Holz geraspelt, gefeilt, geschliffen, lackiert)
Erschließung	Werkgegenstand präsentieren; Zweck bestimmen; Funktionalität testen; evtl. geschichtliche Klärung; Material benennen; auf Arbeitsmittel schließen; eine Grobplanung erstellen
Durchführung	
Auseinandersetzung	Arbeitsschritte anordnen; Werkabsichten mit den Schülern planen (Thema vorgegeben, Material und Werkverfahren gesucht; Material vorgegeben, Werkstück gesucht; Werkverfahren vorgegeben, Material und Thema gesucht)
Umsetzung	Skizze(n) auswerten/erstellen; Fachbegriffe einführen; Entwürfe aus eigenen Ideen gestalten und umsetzen; Arbeitsplatz aufgabengerecht vorbereiten; Vermutungen äußern; Materialeigenschaften handelnd erkunden; Demonstration sachgerechter Arbeitsweisen; Anbieten schülergerechter Arbeitshilfen; Aufstellen, Begründen und Fixieren von Arbeitsregeln; Ordnungsrahmen festlegen Arbeitsweisen/-techniken und Werkverfahren unter Beachtung aufgestellter Regeln zur Unfallvermeidung erproben Einfache technische Vorgänge und naturwissenschaftliche Zusammenhänge handelnd entdecken; Informationen auswerten; ökologische und gesundheitsbewusste Aspekte beim Umgang mit Materialien umsetzen, z. B. bei Farben; selbstständige und individuelle Ausführung der eigenen Werkaufgabe; Beachtung der Psychohygiene
Auswertung	
Reflexion und Anwendung/Werkbetrachtung	Ergebnisse aus Erkundungs- und Erprobungsphasen auswerten und sichern; Werkbetrachtung; Würdigung individueller Lösungen; kritische Beurteilung; Hinweise zur Überarbeitung; Vergleich mit Ausgangsobjekten; Aufzeigen von Zusammenhängen

2. Fachbereich Textiles Gestalten

Vorbereiten	
Hinführung	Vorbereitende Aufträge, z. B. Mitbringen von Stoffresten, Garnen, Schnüren, Druckstempeln; Erkundungen im Stoffhandel, z. B. Stoffqualitäten, Etiketten bei Garnen, Arbeitsmittel; Planung von Museumsbesuchen, z. B. hinsichtlich Stoffdrucken, Webverfahren; Einladung von Experten; Bereitstellen von Materialien
Wahrnehmen	Objekte, Materialien sinnenhaft erkunden; Verbalisierung von Eindrücken und der Technik
Klärung	Vorwissen einbeziehen, auch fächerübergreifend; Vermittlung von Informationen, z. B. geschichtlich, gesellschaftspolitisch, regional, interkulturell; Verbindung zum geplanten Werkstück oder der Gestaltungsaufgabe herstellen; Einstimmung in die Praxis (z. B. Märchen)
Durchführen	
Präsentation	Präsentation eines originalen Werkstücks; Spiel-, Schmuck-, Gebrauchswert feststellen; Materialien erkunden und unterscheiden, z. B. nach Qualität, Oberflächenstruktur, Musterung; Information zu Verwendungseigenschaften
Gestalten	Funktion und Grobplanung auf das eigene Werkstück übertragen; Materialien sichten, auswählen, ordnen; ökologische Gesichtspunkte einbeziehen
Ausführen	Entwurf bzw. Schnitt erstellen; Erprobung von Arbeitstechniken, z. B. Auflegen, Aufstecken, Arbeitsabläufe beim Stoffdruck; Gestaltungsmittel: Farben, Anordnungen, Kontraste und ihre Wirkung; Arbeiten nach Arbeitsanleitung, z. B. bei Flächen bildenden Stickverfahren; Herausstellung typischer Merkmale; Fachbegriffe nachschlagen, Erkundigungen einholen, erklären, anwenden
Auswerten	Erproben, beobachten, praktizieren ergonomischer Arbeitsplatzgestaltung, Arbeitsabläufe und -haltung, z. B. beim Nähen, Drucken, Weben
Reflektieren	Werkbetrachtung nach erarbeiteten Kriterien; Würdigung der Ergebnisse; Hinweise zur Überarbeitung; Lernzuwachs verbalisieren, z. B. Begriffe, Arbeitsweisen, Methoden
Anwenden	Überarbeitung eigener Gestaltungsversuche; Vergleich mit käuflichen Produkten und historischen Objekten; Herstellen von (über-)fachlichen Zusammenhängen; Lebensnähe durch Anwendungsbeispiele; Lernwege und Lerninhalte transferieren

Unterrichtsbeispiel:
„Punzieren eines Kräuterschildes aus Kupferblech",
3./4.Jahrgangsstufe

1. Einstieg

a) Anlass
Kräuterschilder für den Schulgarten bzw. als Geschenk

b) Anknüpfung
Schüler wiederholen und ordnen anhand von Phasenmodellen und der Arbeitsplanung bereits bekannte Arbeitsschritte, z.B. Faltschnitt, Musterentwurf (siehe Abb. 121), Kriterien zur Musterung, Übertragen auf Metall, Anreißen, Ausschneiden mit der Blechschere, Entgraten der Kanten, Entwurf aufkleben, Schrift spiegelverkehrt; dazu: Lösen eines Rätsels zum Werkstoff Metall mit Lösungswort.

c) Zielangabe
Wir mustern das Kräuterschild mithilfe einer neuen Technik.

2. Auseinandersetzung im handelnden Umgang

a) Arbeitsplatzvorbereitung
Anhand der bereitgelegten Modelle schließen die Kinder in Gruppenarbeit auf erforderliche Arbeitsmittel und richten einen Arbeitsplatz her; Auswertung durch Vergleichen mit Vorarbeitsplatz; Werkzeuge benennen; Vorbereitung der Einzelplätze durch die Schüler.

b) Kennenlernen eines neuen Werkzeugs
Benennen der Teile eines Hammers; richtige Handhabung; Demonstration (Lehrperson, Schüler); Fixierung der Begriffe an der Tafel.

c) Kennenlernen des neuen Werkverfahrens

- *Erkunden:* Schüler erproben mit unterschiedlichen Arbeitsmitteln in thementeiliger Allein- oder Partnerarbeit an Metallresten das Punzieren bzw. Lochen.
- *Auswertung:* sachgerechte Vorarbeit durch Schüler und Lehrperson; Aufzählung geeigneter Arbeitsmittel; Klärung neuer Fachbegriffe, z.B. Punze, vorkörnen, punzieren; Begriffsklärung auch durch Nachschlagen im Lexikon; Fixierung des endgültigen Themas an der Tafel; mündliche Sicherung; Phasenbilder und Bearbeitungsregeln dienen als Arbeitshilfe (siehe Abb. 122).

3. Praktische Umsetzung am eigenen Werkstück

Individuelle Arbeit mit Zwischenwerkbetrachtung; Einschub von Lockerungsmaßnahmen (Psychohygiene); Entwürfe für Musterungen; Weiterarbeit und Fertigstellung des Einzelwerkes; individuelle Beratung (ggf. mit Hinweisen und Hilfestellung).

4. Reflexion und Ausweitung

Rückschau, Feststellung des Lernzuwachses, Erkenntnisse, Fachbegriffe, Regeln, Transfer und Werkbetrachtung; Bewertung der Ergebnisse nach Gleichmäßigkeit und ästhetischer Wirkung; Erkennen des Werkverfahrens an anderen Gegenständen; Verwendungsbereiche von Kupferblech; Eigenschaften von Metallen; Ausblick auf nachfolgende Arbeitsschritte; Oberflächenbehandlung, Anbringen eines Rundstabes als Halterung.

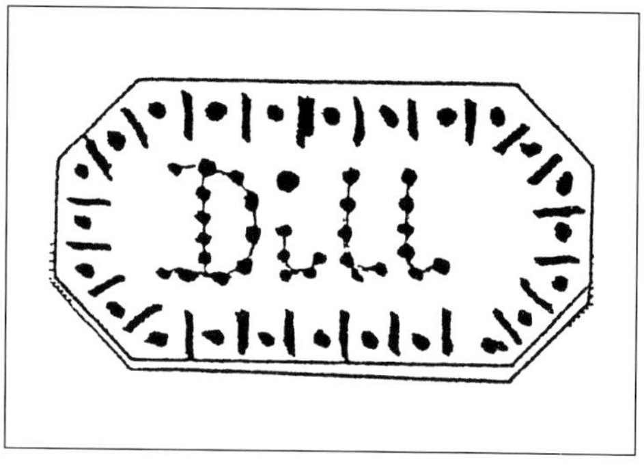

Abb. 121: Musterentwurf für das Punzieren eines Kräuterschildes

Wir punzieren ein Kräuterschild aus Kupferblech

1. Arbeitsmittel

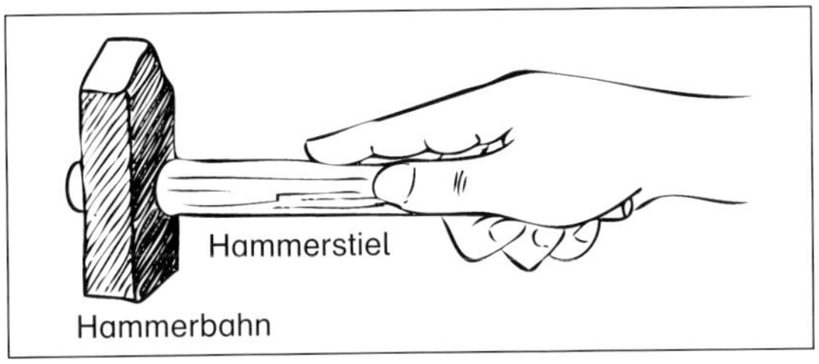

- Hammer
- dämmende Unterlage (Gummimatte)
- Holzbrett
- Körner, abgefeilter Nagel oder Punze

2. Arbeitsweise

a)

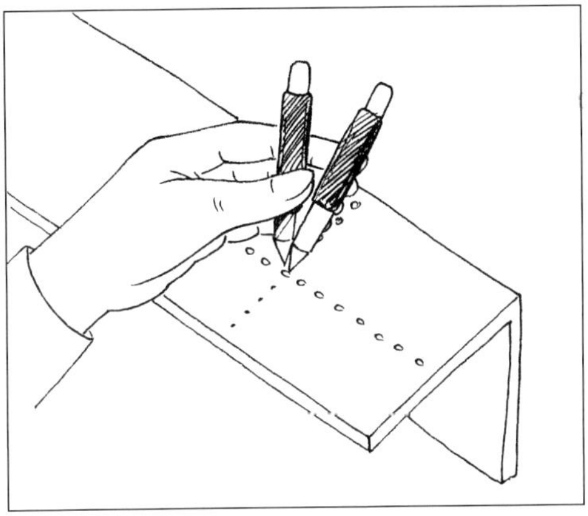

- Körner schräg ansetzen, dann senkrecht stellen
- <u>vorkörnen</u> (leichter Hammerschlag)

b)

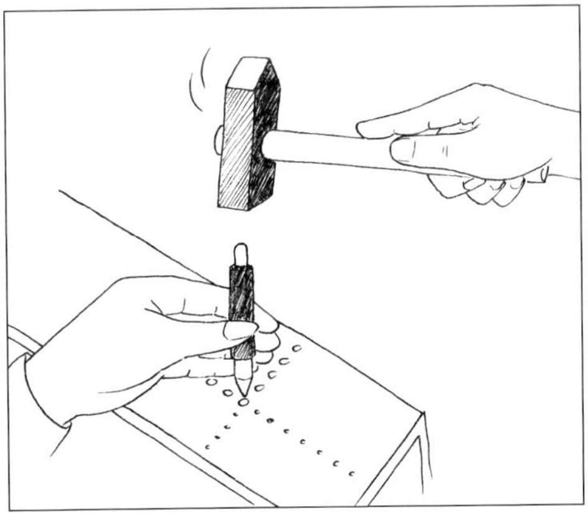

- Punze oder Körner verwenden, unten halten
- <u>punzieren</u> (kräftige Hammerschläge)

- Wichtig: Punziere gleichmäßig!

Abb. 122: Tafelbild zum Thema „Punzieren eines Kräuterschildes aus Kupferblech“

3.8 Fremdsprachen *(J. Ametsbichler)*

Informationen zum Fach Fremdsprachen

1. Die Entwicklung des frühen Fremdsprachenunterrichts

Der Fremdsprachenunterricht wird angesichts der Veränderungen in Europa und der Welt immer wichtiger. Mittlerweile sind sich alle deutschen Bundesländer einig, dass das Lernen einer fremden Sprache mit deren kultureller Einbindung in allen Grundschulen begonnen werden soll. Als erste Fremdsprache wird in der Regel Englisch angeboten. Der Konzeptionenstreit um Begegnungssprache (Sensibilisierung für andere Kulturen und Sprachen, weitgehender Verzicht auf sprachliche Lernziele) oder Systematik (Vorbereitung auf Sekundarstufe, lehrgangsgeleitet) steht nicht mehr im Vordergrund (vgl. Elsner 2010, S. 19). Die angestrebten sprachlichen und kulturellen Ziele führen am Ende der 4. Jahrgangsstufe zu einem Abschlussprofil (Kompetenzorientierung).
Das Konzept des frühen Fremdsprachenunterrichts hat sich vom eher spielerisch-rezeptiven zum mehr kommunikativ-ergebnisorientierten Fremdsprachenunterricht gewandelt.

2. Entwicklungs- und lernpsychologische Voraussetzungen

Die englische Sprache ist den Kindern zu Beginn des Fremdsprachenunterrichts nicht gänzlich fremd. Durch Medien, Werbung, Sport und Umgangssprache kennen sie Anglizismen und einzelne englische Wörter.
Nach aktuellen Erkenntnissen der Spracherwerbsforschung und der Entwicklungspsychologie ist der muttersprachliche Spracherwerb nicht wiederholbar. Im Grundschulalter gibt es beim Spracherwerb sensible Phasen. So liegt beispielsweise die kritische Phase des auditiven Systems um das neunte Lebensjahr. „Bis zu diesem Zeitpunkt können fremdsprachliche Laute leicht in das vorhandene Sprachsystem integriert werden. Nach diesem Zeitpunkt beginnt sich das „kognitive Fenster" für die Anpassung an die Lautung der Umgebung offensichtlich zu schließen"(a. a. O., S. 23). Darüber hinaus sind die Kinder bis zum 10. Lebensjahr besonders aufnahmefähig (*„window of opportunity"*). Sprachinhalte sollen die Kinder über viele verschiedene Sinneskanäle erfahren können.

3. Prinzipien des Fremdsprachenunterrichts

Die Kinder sollen in der Fremdsprache eine erste Basis aufbauen können. Für die Planung und Gestaltung eines kindgemäßen und gleichzeitig ergebnisorientierten Fremdsprachenunterrichts helfen die von Elsner aufgestellten Prinzipien. Sie werden kurz zusammengefasst und erläutert (vgl. a. a. O., S. 39f.):

- ***Kommunikation***

Um in der fremden Sprache in verschiedenen Situationen handeln zu können, müssen sich die Kinder einen gewissen Wortschatz und grammatikalisches Regelwissen in der fremden Sprache aneignen. Von guten sprachlichen Vorbildern brauchen die Kinder ausreichend sprachlichen Input. Neben dem Hörverstehen erfolgt die Förderung des Sprechens. Ein Ausschließen der Schriftlichkeit ist für den Lernprozess wenig förderlich. Auch für lernschwächere Schüler ist das Schriftbild häufig eine sinnvolle Lernhilfe. Ein Schriftbild sollte im Englischunterricht erst dann eingesetzt werden, wenn sein Klangbild zuvor lautrichtig gefestigt und die Bedeutung verstanden wurde. Die rechtschriftlichen Regeln aus dem Deutschunterricht dürfen nicht fälschlicherweise in die Fremdsprache übertragen werden.
Die Muttersprache soll bewusst genutzt werden, um Gedanken und sprachliche Äußerungen sinngemäß von einer Sprache in die andere zu übertragen (Sprachmittlung).

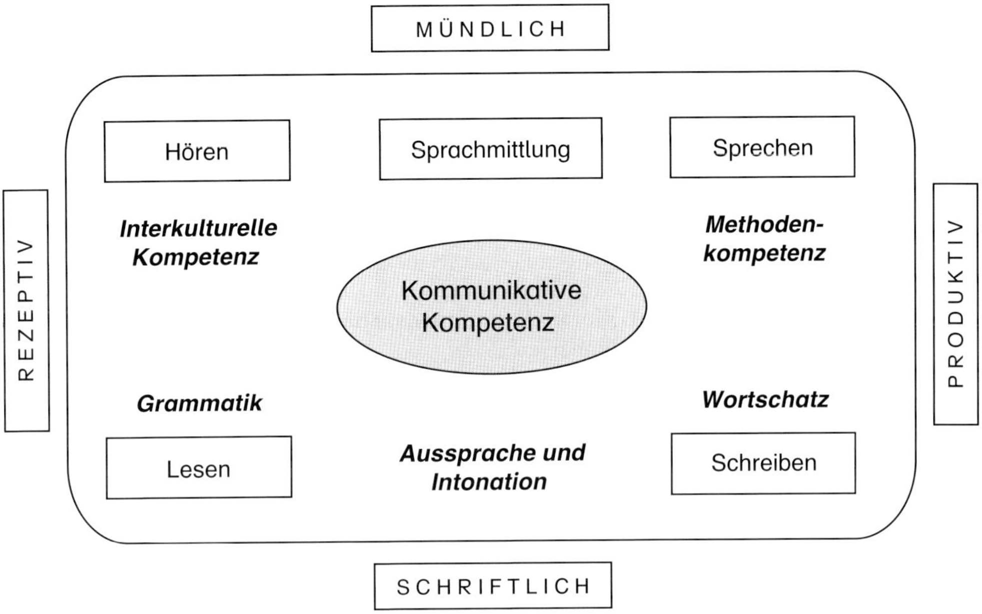

Abb. 123: Fertigkeiten, Kompetenzen und sprachliche Mittel kommunikativer Kompetenz (vgl. Elsner 2010, S. 40)

Aufgrund der günstigen Entwicklung im Grundschulalter sollte den Kindern von Anfang an eine korrekte Aussprache und gute Intonation in der englischen Sprache vermittelt werden.

- ***Aktives Lernen***

Eine Fremdsprache erlernt man durch Imitation, Entdecken, Erschließen, Ableiten, Hypothesen bilden und Ausprobieren. Sprache und Handeln werden spielerisch miteinander verbunden. Mit der Methode des *Total Physical Response (TPR)* kann das Hörverstehen ohne Sprechdruck angebahnt werden. Neue Spracheinheiten (Chunks) sollen zunächst rezeptiv aufgenommen und mit konkreten Handlungen verknüpft werden. Die Lehrperson veranschaulicht visuell neue Wörter und Sätze mit entsprechenden Bewegungen oder Gesten.

- ***Sprachbewusstheit (Language awareness)***

Mutter- und fremdsprachliche Phänomene werden bewusst gemacht. Vorhandene und zu erlernende Sprachen werden bewusst aufeinander bezogen. Die Kinder können entdecken, dass Sprache ein System mit Regeln ist, die sich in unterschiedlichen Sprachen gleichen oder unterscheiden.

- ***Interkulturelles Verständnis***

Über das interkulturelle Lernen sollen die Kinder Toleranz und Offenheit gegenüber anderen Kulturen aufbauen.

- ***Spaß (Fun)***

Spielerisches und entdeckendes Lernen motiviert Kinder. Im Spiel können sie sich intensiv mit der Fremdsprache auseinandersetzen.

- ***Lernorientierung (Orientation)***

Anhand von differenzierenden Inhalten und Methoden können die Kinder ihre individuellen Stärken und Schwächen erkennen. Fremdsprachliche Aufgabenstellungen können auf die verschiedenen Lerntypen abgestimmt werden. Ausgewählte Inhalte und Themen sollten zeitgemäß sein, aus der kindlichen Lebenswelt entspringen, geeignete Redemittel enthalten und geschlechterspezifische Interessen beachten.

- ***Wiederholung (Repetition)***

Im Unterricht muss den Kindern das Behaltenswerte aus dem sprachlichen Input mehrfach und in immer wieder neuen Lernsituationen angeboten werden.

- ***Vernetztes Lernen (Networking)***

Die Fremdsprache sollte auch in andere Fächer integriert werden.

- ***Integration (Integration)***

Im Fremdsprachenunterricht sollten möglichst viele Unterrichtsmethoden und Sozialformen berücksichtigt werden. Zur Übung und Wiederholung bietet sich beispielsweise das Lernen an Stationen an. Auch kleinere Projekte in der Fremdsprache motivieren die Kinder (Projektorientiertes Lernen).

- ***Authentizität (Authenticity)***

Authentische Unterrichtsmaterialien und der authentische Gebrauch der Sprache fördern fremdsprachliche Lernprozesse. „Für Krashen (1996) sind Texte bereits dann authentisch, wenn sie von ‚native speakers for native speakers' geschrieben wurden und somit keinem Unterrichtszweck dienen"(a. a. O., S. 66). Dazu gehören beispielsweise Lieder, Geschichten und Bilderbücher aus englischsprachigen Ländern.
Es spielt „eine untergeordnete Rolle, ob Handlungssituationen im konkreten Augenblick real oder arrangiert sind; wesentlich für die Authentizität einer Situation ist allein, dass sie von den Kommunikationspartnern als lebensecht akzeptiert wird"(Bach/Timm, in Elsner 2010, S. 69).
Beispiele für authentische Sprechanlässe: Begrüßen, Verabschieden, Lob und Unterrichtsorganisation (wiederkehrende Strukturen).

4. Ziele und Kompetenzbereiche

Die Ziele werden auf der Basis vorliegender Standards und aktueller Lehrpläne dargelegt.

Leitziele:

- Aufbau von Interesse und Freude am Sprachenlernen und an fremden Lebenswelten
- Aneignung, Erprobung und Festigung elementarer sprachlicher Mittel des Englischen
- Bewältigung einfacher Sprachhandlungssituationen in der englischen Sprache
- Erwerb von Lern- und Arbeitstechniken sowie Strategien des Sprachenlernens

Kompetenzen:

- ***Hörverstehenskompetenz***

Das Hören ist ein komplexer Informationsverarbeitungsprozess und im Sprachaneignungsprozess besonders wichtig. „Die erfolgreiche Verarbeitung und Interpretation des Gehörten hängt stark vom individuellen Kenntnisstand des Hörers ab – sowohl auf sprachlicher Ebene als auch auf der Ebene des Sachwissens" (a. a. O., S. 74).

- ***Sprechkompetenz***

Die Fertigkeit des Sprechens unterteilt sich in drei Entwicklungsstufen: imitative Phase, reproduktive Phase und freies Sprechen. Für eine gelingende Kommunikation ist eine gute Aussprache Voraussetzung.

- ***Leseverstehen und Schreiben***

Die systematische Übung des Lesens ist für den Grundschulunterricht nicht sinnvoll. Relevant ist das imitative Abschreiben oder das reproduktive Ergänzen einfacher Texte.

- ***Sprachhandlungskompetenz***

Bei der Arbeit mit dem Wortschatz erkennen und verarbeiten die Kinder Bedeutungen, üben Aussprache, Intonation und grammatikalisches Bewusstsein. Im Unterricht sollten vor allem jene grammatischen Phänomene thematisiert und geübt werden, die die Kinder selbst immer wieder im Kommunikationsprozess benötigen.

- ***Interkulturelle Kompetenz***

Interkulturelle Kompetenz kann durch die Auseinandersetzung mit kulturellen Besonderheiten und Gebräuchen auf spielerische Weise angebahnt werden.

- ***Lern- und Methodenkompetenz***
Lerntechniken und Lernstrategien sollten die Kinder gezielt und bewusst einsetzen.

5. Didaktische Überlegungen

1. Eignung und Passung authentischer Texte

Authentische Texte sollten folgende Kriterien erfüllen: in Bezug auf Wortschatz und Grammatik nicht unter- bzw. überfordern, inhaltlich ansprechen, Illustrationen verdeutlichen Inhalt und Gehalt. Ausgewählte Texte dürfen die Kinder nicht überfordern. Es ist jedoch strittig, wie weit eine Vereinfachung authentischer Texte gehen darf. Durch Veränderungen darf jedoch der Inhalt nicht umgedeutet werden.

2. Storytelling – Hören und Verstehen authentischer Kinderliteratur

Das Erzählen von Geschichten spielt in der angloamerikanischen Kultur eine wichtige Rolle. Bei sorgfältiger Auswahl von *stories* und *storybooks* können wichtige Prinzipien des Englischunterrichts gesichert werden: englische Kultur, Erschließen unbekannter Wörter aus dem Gesamtzusammenhang, Einführung und Wiederholung von Wörtern und Satzstrukturen, Ausbilden von Lernstrategien, fächerübergreifendes Lernen, spielerische, musische und künstlerische Aktivitäten. Das phasenweise freie Erzählen ermöglicht eine Anpassung der Geschichte an die Voraussetzungen der Klasse.

3. Fehlerkorrektur

Wird während der gesteuerten mündlichen Sprachproduktion bei Fehlern nicht korrigierend eingegriffen, besteht die Gefahr, dass sich Aussprachefehler verfestigen. Die Fehlerkorrektur erfolgt in einer entspannten Lernatmosphäre. Unterstützend wirken Gestik und Mimik. Eine Orientierung bilden die W-Fragen: „Was – bei wem – wie - wann soll korrigiert werden?"(Böttger 2010, S. 165). Beim Schreiben sollten die Kinder immer Vorlagen haben und sich die Lerntechnik zum fehlerfreien Abschreiben aneignen (look – cover – write – check). Schriftliche Arbeiten müssen genau korrigiert werden.

4. Sandwich-Technik beachten

Um Englisch als Unterrichtssprache einzuführen leistet auch die sogenannte Sandwich-Technik einen wichtigen Beitrag. Dabei wird vor allem auf einen *bilingualen, bewegungsgestützten* und *schriftgestützten* Unterricht geachtet. Vor allem zu Beginn des Fremdsprachenlernens muss jeder Lerner das Ohr neu schulen, die Sprechmotorik neu einstellen und Bewegungsabläufe einüben. Dabei kann die Sandwich-Technik helfen, die im Folgenden kurz beschrieben wird (vgl. Butzkamm 2011, S. 6f).
Die Lehrperson spricht den Satz/die Sinngruppe einmal oder zweimal im passenden Tonfall und mit untermalender Mimik und Gestik vor. Dann spricht sie das Gesagte noch einmal still vor, gleichzeitig sprechen die Kinder still nach (Intensivierung des inneren Mitsprechens). Sie schauen dabei auf die Mundbewegungen der Lehrperson („I want to see your lips moving."). Die Mundbilder sind eine wichtige Stütze für das Nachsprechen. Erst jetzt folgt das laute Nachsprechen in variativer Form. Hören und Nachsprechen sollen unmittelbar aufeinanderfolgen, deshalb wird kein Kind namentlich aufgerufen. Wenn die Kinder nachsprechen, spricht die Lehrperson nochmal korrigierend vor. Wenn Verstehensschwierigkeiten auftauchen, wird dieses Vor-Nachsprechen zur Sandwich-Technik: Nach dem ersten Vorsprechen schiebt die Lehrperson eine (idiomatische) Übersetzung in einer anderen Stimmlage ein, wiederholt dann den fremden Satz laut und dann noch einmal still. Der muttersprachliche Wortlaut erzeugt keine Interferenzen, da er zwischen zwei Satzvorgaben geschaltet wird. Zur Sandwich-Technik gehört auch das schriftgestützte Hören. Ein gedruckter Text kann das Einüben eines Dialoges erleichtern, wenn die Kinder zwischendurch mitlesen und sich am Schriftbild vergewissern, nicht ablesen. Sie sehen den Text, hören ihn aber noch innerlich. So hilft das Schriftbild mehr als es stört.

Unterrichtsbeispiel:
Storytelling: Kinderbuch „Something good" (R. Munsch und M. Martchenko),
4. Jahrgangsstufe

(Anm.: Das Strukturmodell „Storytelling" lässt sich aus der hier verwendeten Artikulation ableiten.)

In dem Kinderbuch begleitet das etwas eigenwillige Mädchen Tyya ihren Vater und ihre beiden älteren Geschwister beim Einkauf in einem Supermarkt. Tyya hat dabei eine ganz eigene Vorstellung von Lebensmitteln, die in den Einkaufswagen gehören: Eis, Kekse, Schokolade, Limonade … Der Vater ist mit dieser Auswahl alles andere als zufrieden und zwingt Tyya, still im Gang stehen zu bleiben und sich nicht mehr zu bewegen – „Don't move!". So kommt es, dass sie, mit einem Preisetikett (price tag) auf der Nase, im Puppenregal zum Verkauf angeboten wird. Da der Vater seine Tochter in den Einkaufswagen packt, soll er an der Kasse dafür bezahlen. Tyya ist nach dieser Erfahrung trotzdem zufrieden: „Daddy, you finally bought something good after all."

Schwerpunkt: Wesentliche Inhaltsaspekte der Geschichte „Something good" erfassen und wiedergeben; Wortschatz aus den Bereichen Shopping/Food und Family

Sequenz:

1. ***Going shopping*** (Wortschatzvorentlastung: Situation „Einkaufen im Supermarkt", Einführung der Schlüsselwörter mithilfe einer Handpuppe, spielerische Schulung der Aussprache, Nachsprechen des neuen Wortschatzes im time lag (kurze Pause zwischen dem Vorsprechen eines Wortes und dem Nachsprechen durch die Kinder), Präsentation, Lesen und schriftliche Fixierung der Schriftbilder)
2. ***Storytelling*** (siehe Unterrichtsverlauf)
3. ***Szenische Darstellung der Geschichte*** (Arbeit in Kleingruppen mit entsprechenden Bild-/Textvorlagen, Differenzierung: einzelne leistungsstarke Schüler üben mit L die Rolle des Erzählers, Präsentation der Gruppenergebnisse mit Reflexionsphase)
4. ***At Mr. Miller's Minimarket*** (Dialogue/Role Play: Erarbeitung eines Dialogs für Einkaufssituation in Partnerarbeit, leistungsschwächere Schüler gestalten aus Äußerungen in Form von Sprechblasen einen sinnvollen Dialog)

Unterrichtsverlauf

Artikulation/ Inhalt	Methodische Hinweise/Sozialformen Medien
I. Pre-storytelling phase	
1. Vorentlastung des Kernsatzes „Don't move" Kinder bewegen sich im Klassenzimmer, bei Kommando „Don't move" bleiben alle stehen	Spiel mit Bewegung
2. Zielangabe Zeigen des Buchtitels; Angabe des Unterrichtsvorhabens: Wir lernen das Kinderbuch „Something good" kennen.	Rituale (z. B. cinema view oder akustische Signale) stimmen ein und machen neugierig: It's storytelling time! Cover des Kinderbuches, Tafelüberschrift

Artikulation/ Inhalt	Methodische Hinweise/Sozialformen Medien
3. Einführung in die Rahmenhandlung a) Überblick über Hauptpersonen/-charaktere und anfängliche Einkaufssituation b) Vermutungen zur Geschichte (z. B. Was wird Tyya einkaufen?)	Vergrößerte Illustration von Tyya mit ihrem Einkaufswagen (Tafel)
II. While-storytelling phase	
1. Story presentation (content-centred) a) L trägt die Geschichte mit Unterstützung von Mimik und Gestik, realen Gegenständen und Bildern vor, bezieht Kinder immer wieder aktiv ein: • Would you like ..., Tyya? • Look at Tyya's price tag, how much is she?	Kinderbuch Gute Artikulation, Einhalten der Wortgrenzen, jeweils eigene Stimme für unterschiedliche Charaktere, Einlegen von kurzen Verweilpausen Schüleraktivierende Fragenstellungen
b) Freie Schüleräußerungen (mögliche Ergänzung: Sage in einem Satz, was du verstanden hast.)	Zurückgreifen auf Bilderbuchseiten möglich, L übersetzt bei Bedarf ins Englische
c) Speaking and Reading: healthy food – unhealthy food (Fruits are healthy.)	Schüler ordnen ihre Wortschatzkärtchen in zwei Spalten und äußern sich dazu
2. Story presentation (language-centred) a) Erneuter Lehrervortrag (evtl. native speaker auf CD) • Schüler halten Bildkarten hoch, sobald sie passende Wörter, Sätze oder Szenen wiedererkennen • Schüler können Teile aus der Geschichte in wörtlicher Rede mitsprechen (z. B. Don't move! Good food!)	Etwas höheres Sprechtempo im Vergleich zum ersten Vortrag, weniger nonverbale Semantisierungshilfen Erlebnis durch aktives Einbeziehen der Schüler Bildkarten für Schüler (storycards) Differenzierung: Schüler ordnen beim Hören Bilder bzw. verkleinert kopierte Buchseiten in richtiger Reihenfolge
b) Bildkarten an der Tafel in richtiger Reihenfolge anordnen	
c) Schüler lesen zuerst (gemeinsam) einzelne Passagen aus der Geschichte und ordnen sie dann entsprechenden Bildsituationen zu	Arbeitsblatt, Alleinarbeit, Tafel
III. Post-storytelling phase	
Erstes Nachspielen von ausgewählten kleinen Szenen mit darstellerischem Potential (z. B. Tyyas Erfahrungen als Puppe)	Auch Pantomime zum Text (CD) möglich

3.9 Religionslehre *(R. Maras)*

Informationen zum Fach Religionslehre

1. Religionsunterricht — Begriff

„Unter Religionsunterricht versteht man das Schulfach, das im Fächerkanon … der religiösen Bildung und Erziehung gewidmet ist. Religionsunterricht unterscheidet sich von religiöser Erziehung in der Familie und von Katechese in der Kirche (z. B. Erstkommunionunterricht oder Bibelwochen für Kinder) dadurch, dass er in der Schule stattfindet und sich auf Religion als einen Modus der Welterfahrung vorab reflexiv bezieht. Selbst dort, wo im Religionsunterricht der öffentlichen Grundschule Rituale gepflegt, Gebete gesprochen und religiöse Feiern vorbereitet werden, geht es im Kern darum, Religion zu zeigen und mit Religion bekannt zu machen, um darüber dann kindgemäß nachdenken zu können" (Kuld 2008, S. 183).

2. Religiöse Entwicklung

Es ist eine Aufgabe des Religionsunterrichts, die Kinder in ihrer Glaubensentwicklung zu begleiten und zu fördern. Um die jeweilige Situation annähernd erfassen zu können, ist ein Einblick in Theorien religiöser Entwicklung hilfreich. James W. Fowler hat dazu eine Theorie über Stufen der Glaubensentwicklung aufgestellt.

„*Stufe 0: Erster Glaube, Glaube als Urvertrauen:* Grunderfahrung des Aufgehobenseins, des elementaren Gebens und Nehmens in den ersten Lebensmonaten.
Stufe 1: Intuitiv-projektiver Glaube, der stark von der Fantasie geprägt ist. (ca. 2–6 Jahre)
Stufe 2: Mythisch-wortgetreuer Glaube (‚Buchstabenglaube'): Wirklichkeit wird von Phantasie unterschieden, Mythen werden wörtlich genommen, nicht als symbolische Sprache erkannt. Gott wird wie ein menschliches Wesen aufgefasst. (Kindheit im Grundschulalter und frühe Jugend)
Stufe 3: Synthetisch-konventioneller Glaube, der eine noch wenig reflektierte Synthese von Überzeugungen und Wertvorstellungen darstellt, die den Einzelnen mit anderen verbindet. Glaube ist also noch kein persönlich angeeigneter Glaube, er ist vielmehr von anderen übernommen und von anderen abhängig. (ab Jugend)
Stufe 4: Individuierend-reflektierender Glaube …
Stufe 5: Verbindender Glaube …
Stufe 6: Universaler Glaube (i. O. jeweils kursiv)" (Hilger 2010a, S. 103).

3. Religionspädagogische Ansätze

In der Vergangenheit haben sich mehrere verschiedene Konzeptionen entwickelt. Dabei sind etwa zu unterscheiden die materialkerygmatische Konzeption, der hermeneutische, problemorientierte, therapeutische oder ideologiekritische Religionsunterricht, die Korrelationsdidaktik oder der Elementarisierungsansatz.

„Die didaktische Grundfigur des Religionsunterrichts ist die (katholische) Korrelationsdidaktik bzw. (evangelische) Elementarisierung. In beiden Figuren geht es um die grundlegende Aufgabe des Religionsunterrichts, die Welt des Kindes mit der Welt der Religion wechselseitig ins Gespräch zu bringen. Während die Korrelationsdidaktik die Aufgabe von Unterricht und Unterrichtsvorbereitung in der Verschränkung von existentiell-religiösen Lebensfragen und biblischer Glaubensdeutung sieht …, ist der Elementarisierungsansatz … eine entwicklungspsychologisch gewendete Religionsdidaktik … Dem hermeneutischen Religionsunterricht geht es um die Auslegung der Bibel auf die Welt des Kindes hin … Der sozialisationsbegleitende Religionsunterricht nimmt die biographischen Wirkungen von Religion in den Blick. Die Symboldidaktik versteht Religionsunterricht als religiöse Sprachlehre. Der ‚performative' Religionsunterricht sieht seine Aufgabe im inszenatorischen Darstellen und ‚Ausprobieren' von Religion" (Kuld 2008, S. 187).

4. Ausgewählte Aspekte

a) Gottesbilder

„Wenn Kinder ... eigene Gottesvorstellungen haben, dann sind theologisch reflektierte Lernprozesse an und mit der Gottesthematik keineswegs überflüssig, sondern didaktisch geboten. Im Anschluss, Austausch und in der Verschränkung mit den erhobenen Gottesbildern der Kinder ist die Gottesthematik christlich-theologisch zu konturieren und zu profilieren. Die entscheidende Frage ist doch, welches Gottesbild bzw. besser: *welche Gottesbilder* wir im Religionsunterricht der Grundschule *theologisch reflektiert erschließen* (i. O. jeweils kursiv) und mit den kindlichen Gottesbildern vermitteln wollen, damit es nicht zu Vereinseitigungen kommt" (Ritter 2010, S. 184).

„Gott ist meine Stärke ... Gott ist zuverlässig, und er macht mich zuverlässig für andere und für mich selbst. Ich kann mir, andere können mir, ich kann anderen trauen. Ich kann mich trauen, mein Leben zu wagen, wenn ich auf Gott vertraue. Durch ihn wird mir alles vertraut" (Gruber 2003, S. 46).

b) Vorstellung und Imagination

„Vorstellungen sind ... ambivalent, subjektiv, individuell, manchmal wenig bewusst, oft situationsgebunden und nicht immer zu kontrollieren ... Das setzt einen Unterricht voraus, der den individuellen Sichtweisen Raum gibt und sie bewusst und achtsam in den Unterricht einbezieht ... Ein solches Lernen sucht möglichst alle Sinnesmodalitäten anzusprechen und einzubeziehen, will einen ‚inneren Sinn', ‚innere Bilder' (visuell, akustisch und kinästhetisch) bilden, fördert ein Denken, das die Vieldimensionalität von Wirklichkeit berücksichtigt, will den ganzen Menschen ansprechen mit seinen Emotionen und Kognitionen und seinen Erfahrungen und ist offen für Paradoxien, Irritationen und experimentelles Handeln, um daraus Impulse zu beziehen, Neues zu sehen und Neues hervorzubringen" (Hilger 2010b, S. 329).

c) Arbeit mit Texten

„Schülerinnen und Schüler begegnen Texten naturgemäß anders als die Lehrperson. Deshalb ist zu klären, mit welcher Erwartungshaltung und mit welchem Interesse Schüler vermutlich den Text aufnehmen. Dabei wirkt sich auch die Verwendungssituation in der Schule aus. Beispielsweise legt der Religionsunterricht existentielle und ethische Fragestellungen nahe; er begünstigt auch die Erwartung, dass ein Text sich auf religiöse Vorstellungen bezieht (Gott, Jesus Christus, Erlösung etc.). Entsprechend reagieren die Schülerinnen und Schüler: Sie entdecken manchmal religiöse Bezüge, für die ein Text überhaupt keine Anhaltspunkte bietet ... Vor allem ist zu fragen: Welche für sie neuen Einsichten können die Schülerinnen und Schüler in der Auseinandersetzung mit dem Text gewinnen?" (Niehl 2009, S. 8).

d) Bilden und Bezeugen

„Von Lehrerinnen und Lehrern wird insgesamt erwartet, dass sie neben ihrer fachlichen Qualifikation über eine persönliche Qualifikation verfügen, denn sie treten den Schülerinnen und Schülern auch in ihrer Person als Erzieher/in und Bildner/in gegenüber ... Auf die Lehrkräfte kommt der Anspruch zu, dass Heranwachsende sie als authentische, wahrhaftige und faire Partner erfahren können" (Ziebertz 2001, S. 197).

Literatur:

1. Gruber, Elmar (2003): Mein Glaube in Bildern und Symbolen. Don Bosco, München
2. Hilger, Georg/Ritter, Werner H. (2010): Religionsdidaktik Grundschule. Handbuch für die Praxis des evangelischen und katholischen Religionsunterrichts, Kösel/Calwer, München/Stuttgart, 3. Aufl.
3. Kuld, Lothar (2008): Religion, Ethik und Philosophie. In: Jürgens/Standop 2008 d, S. 182–191

Strukturmodell:

	Maßnahmen
Hinführung Einstimmung Problemgewinnung	Anknüpfung an den vorausgegangenen Unterrichtsinhalt; Meditation über ein Bild, einen Gegenstand, über eine Klanggeschichte; zum Kontext passendes Lied; Tanzen, Sich-Bewegen und Singen; Wahrnehmungsspiele; Präsentation (von Teilen) eines Textes oder Bildes, von Schlüsselbegriffen (z. B. „Rettung", „ausgestoßen"); Konfrontation oder Provokation; Mitteilen von Erfahrungen, Gefühlen, Fragen, spontanen Überlegungen; Fixieren von Fragen und spontanen Meinungen
Erschließung Information Orientierung Auseinandersetzung Deutung Interpretation Begegnung	Sammeln von Ideen; Wahrnehmungsaspekte lenken die Informationsentnahme – Benennen und ggf. Fixieren von Einzelheiten; Herstellen von Zusammenhängen; Raum geben für Empfindungen, Gefühle, Bewertungen und Assoziationen, für Vergleichen, Sich-Besinnen, Begründen, Urteilen, Einschätzen, Gedanken entwickeln; Herausarbeiten von Bedeutungen, des theologischen Gehalts; Anregung geben zur Identifikation mit einer Person, mit einer Bewertung oder Handlungsweise (Sich-Einlassen auf „fremde" Gedankengänge, Zugänge zur Umwelt, historische Vorgänge); Schreibmeditation; Nachvollzug oder Interpretation des Geschehens durch szenisches Spiel, Pantomime; Symbolspiel; liturgisches Spiel; Strukturieren von Texten und Bildern (Aufbau, Ordnung, Ablauf, Verbindungen); Meinungsaustausch über die mögliche Interpretation; Ergebnisse formulieren; Darbietung des Textes durch Lehrervortrag, sinngemäße Wiedergabe durch Lehrererzählung – ggf. unterstützt durch Medien
Vertiefung Bewertung Ausdruck Gestaltung Sicherung Transfer	Anregungen geben zum Ausdruck, zum Bedenken, zu einer eigenständigen Weiterarbeit; Weitererzählen der Geschichte; Ergänzen des Textes oder Bildes; Aktualisieren des biblischen Geschehens; Nachdenken über Aussagen (z. B. durch Sprache, Bild, Hör-Bild); bildnerische Gestaltung; Gestaltung durch Sprache, Musik, Bewegung oder Tanz; variierende Heftarbeit (Kombinationen von Text, Bild, Lied, eingeklebten Gegenständen; Texte: vorgegeben, eigene Formulierungen, Vermutungen, Begründungen; verschiedene Werktechniken mit Papier, z. B. ausgeschnitten, gefaltet); miteinander feiern; miteinander einen Text oder eine Dokumentation entwerfen und gestalten

Didaktische Aufgaben und Ziele

Schwerpunkt: Instruktion	*Schwerpunkt: Individuelle Spiritualität*
Herausarbeiten eines Problems; Klärung des Themas; Darstellen unterschiedlicher Interpretationen für den gleichen Sachverhalt; Darstellen der vorläufigen Interpretation; Klärung des Vorwissens, der Erfahrungen und des Interesses; menschliche Grunderfahrungen darlegen (Vertrauen, Freude, Leid, Schuld, Geborgensein, Hoffnung)	Schaffung einer Atmosphäre, in der Zuwendung und das Gefühl des Miteinanders spürbar werden; Darlegen konkreter Situationen, die als emotional belastend oder entlastend erfahren wurden und als Problem, Chance oder Bereicherung erkennen; Schaffung subjektiver Zugänge; religiöse Einstellungen zum Ausdruck bringen
Informationen zur biblischen Welt: räumliche und soziale Gegebenheiten, Zeiträume; Klärung aus bibeltheologischer Sicht: Verheißung und Erfüllung – Sünde, Umkehr und Befreiung; biblisch-christliche Glaubenssymbole erschließen (Brot, Wasser, Schiff, Weg, Licht, Kreuz); Gewinnung elementarer Aussagen; Verständnis von Symbolen; Einsicht in die Notwendigkeit, einen Sachverhalt, eine Verhaltensweise, eine Einstellung zu ändern; Herausarbeiten der Perspektive des Reich Gottes, der befreienden Bedeutung biblischer Überlieferung; Zusammentragen von Belegen (aus Text oder Bild) für die Interpretation (Kernaussage), Intention oder Heilsaussage; Ermöglichen von Kommunikationsprozessen; Verbindung überlieferter Inhalte mit der aktuell erfahrenen Lebenswelt	Reflektieren eigener Lebensentscheidungen; Gegebenheiten akzeptieren und verarbeiten; Zutrauen in die eigene Person; Einsicht, sich ändern zu können oder zu müssen; Anregungen für Entscheidungen, das eigene Umfeld aktiv zu gestalten oder zu verändern; Wahrnehmen und Deuten von Erfahrungen; Unterstützung des Konstruktionsprozesses (der Bezug des Textes usw. zur eigenen Person, zur eigenen Lebenswelt); Identitätsfindung; Aufbau von Sinn-Erfahrungen, des Vertrauens, dass das Leben von Gott getragen und begleitet ist; Einblick in Biographien, die von Gotteserfahrungen geprägt sind; das Bild vom eigenen Ich aufbauen; die eigene Person, die eigenen Verhaltensweisen im Kontext wahrnehmen; Vergleichen von Selbst- und Gemeinschaftskonzept
Selbst initiativ werden (Schule, Familie, christliche Gemeinde); die Bedeutung der neuen Information für die eigene Vorstellung; Bedeutung der neuen Information für verschiedene Anwendungssituationen (z. B. Verbesserung des Zusammenlebens, Selbsteinschätzung, Bewahrung der Schöpfung); Heranziehen anderer Quellen zur Ergänzung der Kernaussage; Interpretation von Alltagsgewohnheiten; Bewertung von Formen des Zusammenlebens	Deuten von Ereignissen als individuelle Vorgänge; reflektieren des eigenen Standorts; Bewusstwerden des Vorgangs eines interpretierenden Lesens von Texten und Bildern (der stets eigenständig vorgenommen wird); Verweilen, Betrachten – Stille entdecken; das Gebet als Weg, für die Gegenwart Gottes offen zu werden; Gotteserfahrung zum Ausdruck bringen; Vorbereitung zu einem Akt der inneren Zustimmung, der Annahme seiner selbst

Unterrichtsbeispiel: *„Jesus im Haus des Oberzöllners Zachäus"*, 3. Jahrgangsstufe

I. Einstieg

1. Anknüpfung

L: Wir haben schon Texte aus der Bibel gelesen. In einigen biblischen Geschichten erfahren wir, dass Gott jeden Menschen annimmt.
TA: Gott nimmt jeden Menschen an
S äußern sich.
TA: Jesus gibt ein Beispiel

2. Zielangabe

L: Ich habe wieder einen Bibeltext ausgesucht. Er zeigt, welche Bedeutung die Begegnung mit Jesus für einen Menschen hat. Ich vermute, dass ihr selbst einige Gedanken zu dieser Geschichte haben werdet.

3. Vorbereitung

a) Informationen über den sozialen Hintergrund

TA: 1. Das ist zum Verstehen der Geschichte wichtig: (siehe Abb. 124)
Zöllner – Abgaben eintreiben – auf unrechtem Wege zu Geld kommen
TA: Der Zöllner ist ausgeschlossen und verachtet.

b) Einfühlungsübung

- Wie könnten die Leute ihre Verachtung in Worten ausdrücken? (Auf einige rund geschnittene Papierscheiben werden Formulierungen der Schüler notiert und in die vorbereitete Tafelzeichnung an der „Grenzlinie" platziert.)
- Welche Gedanken und Gefühle könnte ein Zöllner haben, wenn er von den Leuten ausgeschlossen wird?

II. Begegnung mit dem Wort

TA: 2. Jesus im Haus des Oberzöllners Zachäus (Lukas 19, 1–10)
Vortrag und spontane Äußerungen

III. Erschließung

1. Arbeit am Text

Aufträge (auch mit thementeiliger Bearbeitung):

a) Jesus spricht den Zachäus an

- Mit welchen Worten spricht Jesus den Zachäus an? Notiere diese Worte auf.
- Überlegt: Was hat Jesus dem Zachäus damit zeigen wollen? Du kannst deine Sätze so beginnen lassen: *„Ich will, dass ..." „Du bist für mich ..."*

b) „Die Leute wurden unwillig"

Überlegt: 1. Wie zeigt es sich, wenn jemand unwillig ist? (Standbild) 2. Die Leute waren mit dem Verhalten von Jesus nicht einverstanden. Im Text findest du dafür die Begründung. Die Leute sagten: „..." 3. Was könnten die Leute außerdem gesagt und gefragt haben?

2. Klärung und individuelle Bewertung

a) Auswertung

(TA in Bild b und c; ferner: Einige Formulierungen von S zum Auftrag 3 in Punkt III.1b werden auf der Rückseite der Papierscheiben, bisher in Bild a, aufgeschrieben und nun in Bild c platziert.)

b) Schwerpunkt

Welche Gedanken (Gefühle) hatte Zachäus, als er von Jesus angesprochen wurde? (siehe auch Abb. 124 – Überschrift)

3. Weiterführung

Vortrag (Lk 19, 8–10)
TA: Jesus verzeiht mir. Ich ändere mein Leben.

IV. Vertiefung

- *Bezug zur eigenen Erfahrung:* Erinnere dich: Warst du auch schon einmal in der Situation, dass dich mehrere abgelehnt haben? Wärst du dankbar gewesen, wenn dich jemand angesprochen hätte?
- *Ausdruck des Inneren*: So könnte Zachäus (ich) ein Fest feiern.
- *Lied:* z. B. „Jeden Tag, guter Gott, fängst du neu mit mir an" (aus Buck 2001, S. 76)

Gott nimmt jeden Menschen an – Jesus gibt ein Beispiel

1. Das ist zum Verstehen der Geschichte wichtig:

Der Zöllner ist ausgeschlossen und verachtet.

ⓐ

2. Jesus im Haus des Oberzöllners Zachäus (Lukas 19, 1–10)

„Zachäus komm schnell herunter! Denn ich muss heute bei dir einkehren."

ⓑ

„Bei einem Sünder ist er zu Gast!"

Jesus verzeiht mir.
Ich ändere mein Leben.

ⓒ

3. Meine Gedanken

- beim ersten Hören der Geschichte (...)
- zum Bild a: Das könnten die Leute sagen: (...)
- zum Bild b: Das könnte Jesus dem Zachäus sagen wollen: (...)

Abb. 124 : Tafelbild zum Thema „Jesus im Haus des Oberzöllners Zachäus" (Anm.: Die Papierscheiben sind zunächst in Bild a platziert.)

3.10 Ethik *(J. Ametsbichler)*

Informationen zum Fach Ethik

1. Unterrichtsgegenstand

Ethik ist ein grundlegender Teil der praktischen Philosophie. Als Lehre von allem Sittlichen bezieht sich Ethik auf das „Gute", das vernünftiges Handeln leitet. „Die Prinzipien, an denen die Ethik ihre Aussagen methodisch und inhaltlich ausrichtet, sollten demnach ihrer Maxime entsprechend allgemein gültig und vernünftig einsehbar sein, also ohne Berufung auf höhere Autoritäten und Konventionen auskommen"(Huber, H. zit. in Ziegler 2002, S. 3).
Im Mittelpunkt der Reflexion im Ethikunterricht steht der Mensch.
Der Mensch kann sich als freiwillig handelnder für das allgemein als wertvoll oder nicht wertvoll Erkannte entscheiden. Dieses Urphänomen wird im Ethikunterricht einer Reflexion unterzogen. Der Ethikunterricht orientiert sich an den sittlichen Grundsätzen, wie sie im Grundgesetz und in Verfassungen einzelner Bundesländer festgelegt sind. Ethische Erziehung soll allen humanen Werten offen sein.

2. Bedeutung

Der Ethikunterricht fördert die Entwicklung
- der *Erlebnisfähigkeit* (vor allem die Fähigkeit zur differenzierten Wahrnehmung);
- der *Entscheidungs- und Reflexionsfähigkeit* (vor allem die Fähigkeit zum selbstständigen Nachdenken);
- der *Handlungsfähigkeit* (vor allem die Fähigkeit zu gelebter Kompetenz).

3. Anforderungen an den Erzieher

Als Modell für moralisches Verhalten, ästhetische und emotionale Sensibilität und ethisch fundierte Urteilsbildung beeinflusst die Lehrperson nachhaltig die Wertorientierung der Kinder.

4. Zielsetzungen

Der Ethikunterricht leistet einen wichtigen Beitrag für die Persönlichkeitsbildung des Grundschulkindes (s. Abb. 125: entnommen aus a. a. O., S. 7).

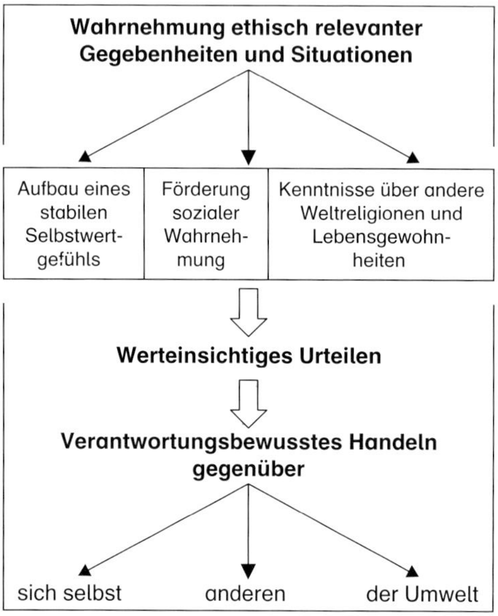

Abb. 125: Zielsetzungen des Faches Ethik

5. Handlungsleitende Grundsätze

Ein lebensnaher und offener Ethikunterricht ist geprägt durch
- ethische Fragen und Probleme aus konkreten Situationen der Lebens- und Erfahrungswelt der Kinder, in denen sie sich kognitiv und emotional angesprochen fühlen
- Erfahren mit allen Sinnen in lebensnahen Situationen
- Nachdenken in offenen Gesprächen über verschiedenartige Handlungs- und Entscheidungsmöglichkeiten
- Einbringen eigener Sinnperspektiven und Wertentscheidungen
- Lesen, Hören oder Schreiben von erlebnis- und situationsbezogenen (Dilemma-)Geschichten
- Wahrnehmungs-, Einfühlungs- und Meditationsübungen

Strukturmodell:

Hinführung	Sinne aktivieren und Empfindungen anregen; spontane und freie Äußerungen
Einstimmung auf die ethische Problematik	Anknüpfung; Bezug zum Handlungsauftrag; Vergegenwärtigung einer konkreten Situation aus dem Interessen- und Erfahrungsbereich der Kinder; Alltagssituation; Bildbetrachtung, Bildmeditation; Gedankenreisen; zum Kontext passendes Lied; Gedicht; Text mit offenem Ausgang; pantomimische Darstellung; Meditation mit darstellerischen Elementen (z.B. Musik, Einsatz von Tüchern); Konfliktszene mit Puppen vorspielen; Märchen; kindgemäße Dilemma-Geschichte
Problemgewinnung	Aufbau und Herausforderung einer ethischen Fragehaltung; Reaktivierung von Vor-Erfahrungen; klare Herausstellung der ethischen Frage (Problemformulierung)
Erschließung	Versuch einer gerechten und angemessenen Lösung der ethischen Problematik
Vermutungsphase	Entwickeln eigener (subjektiv stimmiger) Vorstellungen (Hypothesenbildung)
Auseinandersetzung	Analyse der ethischen Problemsituation; handlungsorientierte Erschließung; Raum geben für Gefühle, Assoziationen, Sich-Besinnen; Erzählen der Schlüsselszene bzw. anderer ausgewählter Szenen; pantomimische Darstellung des Verhaltens der Handlungsträger der Geschichte; szenische Darstellung und Rollenspiel: sich in unterschiedliche Rollen hineinversetzen und sie spielerisch ausfüllen; in einem Schonraum verschiedene Haltungen erproben; sich in die Gedanken- und Gefühlswelt anderer hineinversetzen (Empathieübung)
Vergleich mit Vermutungen	
Reflexion und Wertung	eigenständige Gewinnung eines werteinsichtigen Urteils unter Berücksichtigung der Betrachtungsweisen und Bedürfnisse anderer im offenen Gespräch; gewonnene Erkenntnisse und Lösungsstrategien kritisch hinterfragen und werten
Vertiefung	
Sicherung	Gestaltung eines Hefteintrages, Arbeitsblattes, Plakates, einer Karte; Spiel; Geschichten malen; freies Schreiben
Transfer	Problemsituationen auf eigenen Lebens- und Erfahrungsbereich übertragen; Formulieren von Schlussfolgerungen; Handlungsauftrag

Unterrichtsbeispiel: *Mit Kindern über den Tod sprechen,* 3./4. Jahrgangsstufe

Die Einführung in die Thematik erfolgt anhand des Bilderbuchs „Leb wohl, lieber Dachs" (Susan Varley). Das Deutungsangebot des Buches bezieht sich auf die Perspektiven des Sterbenden und der Trauernden. In dieser fabelähnlichen Geschichte werden Gefühle, wie Trauer und Hoffnung, in einen Kontext eingeordnet, der Grundschülern verständlich ist und auch Raum für Distanz lässt.

Darstellung folgender Fragen und Dimensionen um Sterben und Tod:
- Alt werden bedeutet Abschied nehmen
- Sterben als Befreiung und Hinübergang

Die Kinder sollen bereit werden und lernen, ihre Gefühle, Ängste und Erlebnisse in Bezug auf den Tod (Grenzerfahrung) auszusprechen.

Artikulation / Inhalt	Unterrichtsaktivitäten / Sozialformen / Medien
I. Hinführung	
Bild: Nachdenklicher alter Dachs sitzt auf einem Baumstumpf	Sitzkreis S äußern ihre Assoziationen zum Bild
	Lehrperson greift Schüleräußerungen auf (z. B. Der alte Dachs ist traurig, weil er bald sterben muss.)
Bekanntgabe des Buchtitels	Kommentarlose Sammlung verschiedener Reaktionen und Mutmaßungen
II. Erschließung	
1. Vorlesen des 1. Teils der Geschichte in der Ich-Form (Gedanken des Dachses während er auf dem Baumstumpf sitzt)	Meditationsmusik Bild (siehe oben)
Cluster zum Stichpunkt „alt sein" (z. B. bald sterben – oft müde – man muss Rücksicht nehmen)	freie Schüleräußerungen Tafel
2. Vorlesen des 2. Teils der Geschichte (Tunnelerlebnis)	Präsentation der Bilder im Buch freie Schüleräußerungen

Artikulation / Inhalt	Unterrichtsaktivitäten / Sozialformen / Medien
Gespräch über das Sterben des Dachses Eingehen auf folgende Aspekte: • „langer Tunnel" • „fühlte sich frei" • „aus seinem Körper herausfallen" (offenes Zur–Sprache–Bringen kindlicher Denk- und Wunschbilder)	S können ihre Gedanken, die sie sich bereits über den Tod gemacht haben, einbringen
3. Zusammenfassende Erkenntnis: • Sterben heißt Abschied nehmen • Der Tod gehört zum Leben	Tafel
4. Hypothesenbildung zum Adressaten und Inhalt des Abschiedsbriefes	S überlegen mit Partner, an wen der Abschiedsbrief gerichtet sein könnte/was er vielleicht beinhaltet
III. Vertiefung	
Abschiedsbrief des Dachses an seine Freunde verfassen Hineinversetzen in den Dachs und entsprechend in einen alten Menschen	S schreiben einen eigenen „Abschiedsbrief" und malen ein Bild dazu einzelne S lesen ihre verfassten Texte vor
IV. Weiterführung	
Geschichte zu Ende lesen • Gespräch der Freunde des Dachses überlegen und spielen • Bedeutung der Abschiedsgeschenke • Aussprache darüber, warum die Traurigkeit der Freunde schwindet • Transfer zu eigenen Erlebnissen	

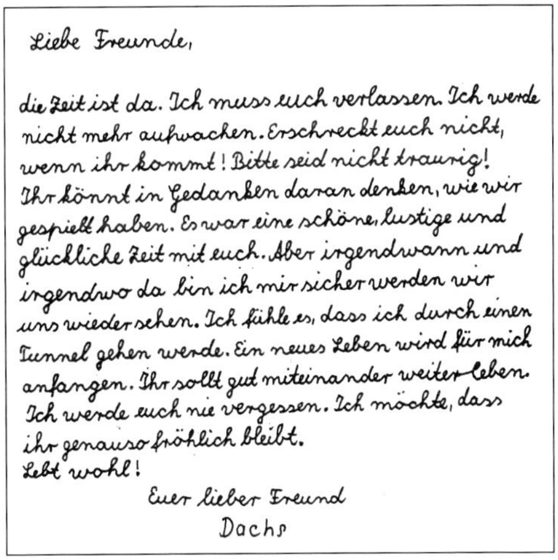

Liebe Freunde,

die Zeit ist da. Ich muss euch verlassen. Ich werde nicht mehr aufwachen. Erschreckt euch nicht, wenn ihr kommt! Bitte seid nicht traurig! Ihr könnt in Gedanken daran denken, wie wir gespielt haben. Es war eine schöne, lustige und glückliche Zeit mit euch. Aber irgendwann und irgendwo da bin ich mir sicher werden wir uns wiedersehen. Ich fühle es, dass ich durch einen Tunnel gehen werde. Ein neues Leben wird für mich anfangen. Ihr sollt gut miteinander weiter-leben. Ich werde euch nie vergessen. Ich möchte, dass ihr genauso fröhlich bleibt.
Lebt wohl!

Euer lieber Freund
Dachs

Abb. 126: Text eines (leistungsstärkeren) Kindes

4. Grundlagen

4.1 Unterricht *(R. Maras)*

Begriffe

1. Bildung

„V. a. im Blick auf das Subjekt und seine Bestimmung sowie in der Analyse des Bildungssystems, aber auch zeitdiagnostisch für die Beurteilung von Erziehungs-, ja Weltverhältnissen, wird schon an der Vielfalt der Bildungsbegriffe sichtbar, dass die vermeintlich grundlegende Kategorie der Erziehungswissenschaft eher deren interne Zersplitterung als die Möglichkeit der Integration sichtbar macht. Entsprechend gibt es so viele Bestimmungen von Bildung, wie es Varianten von Erziehungswissenschaft gibt: Bildung wird in einer Kritischen Erziehungswissenschaft ... als Emanzipation verstanden oder aus dem politischen Gedanken von Selbst- und Mitbestimmung (z.B. Klafki), in einer Skeptischen Pädagogik aus der Distanz gegenüber der Welt (Ballauff) oder pädagogischer Metaphysik, in einer existenzphilosophischen als Begegnung (Bollnow), in einer hermeneutischen ... aus dem Erlebnis des Lebens (Flitner/Nohl), in einer phänomenologischen ... als Artikulation der Leiblichkeit und Sozialität des Menschen, in einer soziologischen aus dem Gedanken der Teilhabe und der Konstruktion des Habitus unter dem Primat der Demokratisierung und der politischen Bildung als Form der Konstruktion von Verantwortung etc." (Tenorth, in Tenorth/Tippelt 2007, S. 94).

2. Literacy

„... ursprünglich Fähigkeit zu lesen und zu schreiben (lat. *littera* der Buchstabe); in neueren Debatten eine funktionale Variante des Allgemeinbildungskonzepts, welche auf die Herausbildung von Basiskompetenzen für die Teilnahme am gesellschaftlichen Leben und für die persönliche Lebensführung zielt. Das Konzept stammt aus dem angelsächsischen Raum und wurde durch die erste PISA-Studie in Deutschland bekannt. Es wird auch in domänenspezifischen Varianten diskutiert (*Reading L., Scientific L., Mathematical L., Computer L.* [i.O. kursiv]). Gemeint ist mehr als elementare Alphabetisierung, was mit steigenden Anforderungen an die Bürger in modernen Gesellschaften begründet wird ... Am ehesten ist Literacy noch mit dem Begriff der grundlegenden Bildung vergleichbar" (Tenorth/Tippelt 2007, S. 486).

3. Unterricht

„Unterricht ist die Gesamtheit der didaktisch geplanten, sowohl thematisch abgrenzbaren als auch zeitlich hinreichend umfassenden Sequenzen des Lehrens und Lernens im Kontext pädagogischer Institutionen ... Was Unterricht ist, scheint auf den ersten Blick intuitiv gewiss. Trotzdem ist Unterricht ein Begriff mit unscharfen Rändern, er ist ein theoretisches Konstrukt, so wie Unterricht didaktisch konstruiert ist. Schon die Festlegung, Unterricht sei die Gestaltung von Lehr-Lern-Prozessen, ist eine Konstruktion ... Die Lernenden werden ... zunächst als Adressaten des Lehrerhandelns gesehen, sie befinden sich in einer ‚Objektposition', und die Lehrenden sehen sich als verantwortliche Gestalter des Unterrichts in einer ‚Subjektposition'. Gleichzeitig werden die Lernenden aber in einer ‚Subjektposition' gesehen, insofern im Rahmen der Vermittlung spezifischer Sachverhalte Selbstbestimmung und Bildung ... der Lernenden intendiert werden, was im Gegenzug die Lehrenden in eine ‚Objektposition' bringt" (Meyer, in Tenorth/Tippelt 2007, S. 728).

4. Lernumgebung

„Der Begriff der *Lernumgebung* (i. O. kursiv, Anm. d. Verf.) bringt zum Ausdruck, dass das Lernen von ganz verschiedenen Kontextfaktoren abhängig ist, die in unterschiedlichem Ausmaß planvoll gestaltet werden können. Eine durch Unterricht hergestellte Lernumgebung besteht aus einem Arrangement von Unterrichtsmethoden, Unterrichtstechniken, Lernmaterialien, Medien. Dieses Arrangement ist durch die besondere Qualität der aktuellen Lernsituation in zeitlicher, räumlicher und sozialer Hinsicht charakterisiert und schließt letztlich auch den jeweiligen kulturellen Kontext ein" (Reinmann-Rothmeier/Mandl 2001, S. 603f.).

Ausgewählte Aspekte

1. Bedeutung der Lehrerpersönlichkeit

Sowohl in einem im Ablauf gebundenen wie auch in einem im Ablauf offenen Unterricht besitzen Lehrer und Lehrerinnen eine zentrale Rolle. Ihre Bedeutung besteht darin, dass sie grundlegende und situative pädagogische, didaktische, fachliche und methodische Entscheidungen treffen und das Kommunikationsgeschehen wesentlich prägen:

- Auswahl und stoffliche Aufbereitung der Inhalte und Ziele;
- Gestaltung des Unterrichtsgeschehens: äußere Bedingungen, Berücksichtigung entsprechender Methoden, Arbeitsweisen und -techniken; Verwirklichung relevanter didaktischer Konzepte; Einflussnahme im pädagogischen Geschehen (Rituale, Ermutigung, Erfolgserlebnisse vermitteln, sich angstfrei Aufgaben zuwenden, nicht verletzt werden, Konflikte bewältigen, innere Vorgänge äußern und dabei erfahren, angenommen zu werden);
- Gestaltung des Schullebens;
- Förderung der Schülerpersönlichkeit.

Auf die Möglichkeiten einer lernförderlichen Unterrichtsführung weist H. J. Apel hin: „Neben den empirisch belegten Merkmalen Klarheit, Struktur, Schülerbezug, Variabilität, professionelle Klassenführung und Verzicht auf Zeitdruck" nennt er noch folgende organisatorische Varianten: „der interaktive Klassenunterricht, in dem Lehreraktivität mit selbstständiger Lösungssuche der Schülerinnen und Schüler wechselt; die zeitweise gezielte Differenzierung in Leistungsstärkere und -schwächere ...; zutreffende Lerndiagnose und Lernhilfe; problemorientierte Gesprächsführung mit entsprechender Zurückhaltung der Lehrkraft bei der Lösungsfindung; die kompetente Darstellung einer Sache ... der gekonnte und geschickte Medieneinsatz" (Apel 2000, S. 54).

2. Kompetenzorientierung

a) Bildungsstandards

„Mit Standards werden Anforderungen definiert. Zu unterscheiden sind Standards für Ziele, Inhalte oder unterrichtliche Arrangements. Im Folgenden wird der Begriff ‚Standard' auf Ziele beschränkt: Standards beschreiben hier das Wissen und Können, das Schülerinnen und Schüler zu einem bestimmten Zeitpunkt erworben haben sollen. Solche Standards können in Niveaustufen differenziert werden. Mit Mindeststandards können die Anforderungen beschrieben werden, die die große Mehrheit aller Schülerinnen und Schüler zu einem bestimmten Zeitpunkt erfüllen sollen. Regelstandards, wie sie von der Kultusministerkonferenz (KMK) beschlossen worden sind, beschreiben eine Erwartungshaltung an die Mehrheit der Schülerinnen und Schüler, während Exzellenzstandards Anforderungen für die besonders leistungsstarken Schülerinnen und Schüler darstellen" (Riecke-Baulecke 2007, S. 71).
(Standards und Kompetenzen: siehe u. a. S. 61–64, 75, 98, 99f., 217)

b) Kompetenzen

Im Zusammenhang mit Kulturtechniken charakterisiert H. W. Heymann Kompetenzen: „Eine Kompetenz stellt ein Bündel von Kenntnissen, Fertigkeiten und Fähigkeiten dar, das eine Person in die Lage versetzt, bestimmte Situationen erfolgreich zu bewältigen. Mit anderen Worten: Eine Kompetenz macht in einem bestimmten Anwendungsfeld handlungsfähig … Basiskompetenzen sind inhaltsbezogene oder allgemeine Kompetenzen, die grundlegend und unverzichtbar für schulisches Lernen und/oder das Handeln im privaten und beruflichen Alltag sind" (Heymann 2008, S. 45).

Das Lehrplanmodell für den Freistaat Bayern beschreibt Th. Sachsenröder und legt dabei „ein pragmatisches Verständnis von Kompetenz zugrunde, das in wesentlichen Punkten mit dem der KMK übereinstimmt":

- „Kompetenzen sind als fächerspezifische (domänenspezifische), aber doch begrenzt verallgemeinerbare Fähigkeiten und Fertigkeiten zu verstehen, die Wissen und Können miteinander verknüpfen.
- Kompetenzen sind funktional bestimmt, beschreiben also situations- und anforderungsbezogen (und nicht kontextfrei und allgemein), über welches Wissen und Können die Schülerinnen und Schüler verfügen sollen.
- Fähigkeiten, wie Reflexionsfähigkeit, Argumentationsfähigkeit, Urteilsfähigkeit, Problemlösefähigkeit werden als Aspekte der fachspezifischen Kompetenz verstanden" (Sachsenröder 2011, S. 131).

c) Kompetenzorientierter Unterricht

„In der Grundschule wurde der Begriff der Kompetenzorientierung … auch verwendet, lange bevor Standards in der Diskussion auftauchten. Dort bedeutet Kompetenzorientierung das *Gegenteil von Defizitorientierung*, bei der man nur darauf achtet, was ein Schüler alles noch nicht beherrscht. Erst ein solcher positiver Blick auf das Schülerkönnen erlaubt es, konstruktiv zu handeln und auf bestehende Fähigkeiten aufzubauen … Ein *an Kompetenzen orientierter Unterricht* (i. O. jeweils kursiv) lässt sich nicht allein über Aufgaben definieren oder gar steuern. Auch methodische Planungsüberlegungen (z. B. „Wie unterstütze ich kooperatives Lernen?") sowie das geplante oder spontane Lehrerverhalten (z. B. Fehler als Ausdruck von individuellen Fähigkeiten und Vorstellungen sehen und nicht als Defizite) stellen wichtige Bausteine für eine Kompetenzorientierung dar" (Leuders 2009, S. 5f.).

d) Probleme

Probleme der Kompetenzorientierung in wenigen Stichworten: Kompetenz ohne Inhalte? Verkürzung von Bildung? Einseitige Orientierung an den Ergebnissen (Evaluation)?

3. Ansätze zur Qualitätsverbesserung von Unterricht

a) Verständigung über Leitvorstellungen

Die Vielzahl von Forderungen an einen guten Unterricht ist zu reduzieren. In Ableitung von der veränderten Auffassung über das Lernen können folgende Schwerpunkte herausgestellt werden: Handelndes Lernen, Verstehendes Lernen, Selbstständiges Lernen, Lernen in Zusammenhängen und Pädagogischer Bezug (siehe auch S. 12–41).

Eine Reduzierung der handlungsleitenden Ideen für eine Reform des Unterrichts auf wenige Begriffe erfordert ferner eine Übereinkunft über deren konkrete Inhalte.

b) Berücksichtigung verschiedener Lehr- und Lernformen

Die unterschiedlichen Erfahrungen der Kinder, die jeweilige pädagogische Situation und der spezifische Anspruch der Sache erfordern eine Offenheit gegenüber verschiedenen Lernwegen. In diesem Zusammenhang sind z. B. die führende und steuernde Rolle der Lehrperson oder die Abhängigkeit einer methodischen Maßnahme vom Sachverhalt hervorzuheben. Bei der Durchführung offener Unterrichtsformen können vorrangig pädagogische Anliegen verwirklicht werden, gebundene Unterrichtsformen dienen eher dem zeitlich forcierten Aufbau von Wissensbeständen.

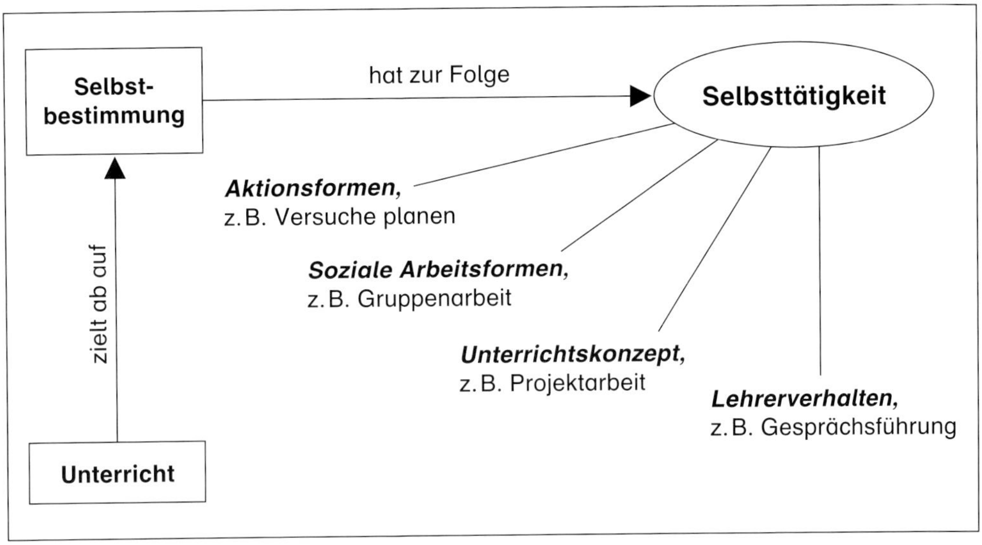

Abb. 127: Maßnahmen sind die Konsequenz, nicht das Ziel (Beispiel: Selbstbestimmung)

c) Die Beachtung des Eigenwerts erzieherischer und unterrichtlicher Ziele

Unterricht und Erziehung sind nicht trennbar. Daraus kann aber nicht folgen, dass wichtige Elemente des einen oder des anderen vernachlässigt werden. So gilt es also das Kind allseitig zu fördern, Interesse zu wecken, die Wege der individuellen Informationsverarbeitung aufzuspüren, innere Vorgänge bewusstzumachen, die persönliche Anstrengung zu fordern und der Wahrung des Sachanspruchs, den Unterrichtsinhalten, der Entwicklung von Lernprozessen und den Leistungsanforderungen den angemessenen Rang zuzuordnen.

d) Die pädagogische Zielsetzung hat Vorrang

Viele Aktionen, die auf Verbesserung von Unterricht angelegt sind, sind dadurch gekennzeichnet, dass Organisation und Methoden verändert werden, also „herkömmliche" ersetzt werden (etwa durch Projektunterricht, Freie Arbeit). Das Ergebnis zeigt sich allerdings mitunter nur als Aktionismus.

Der Erfolg versprechende Weg besteht darin, dass eine *pädagogische Zielsetzung* im Mittelpunkt steht. Die Verwirklichung dieser Zielsetzung hat als *Konsequenz* entsprechende organisatorische, didaktische und methodische Formen zur Folge (siehe Abb. 127). Die Qualitätsverbesserung von Unterricht wird also nicht dadurch in die Wege geleitet, dass zuerst über die Art und Weise der Organisation nachgedacht wird, sondern dass detaillierte Überlegungen zu pädagogischen Aufgabenstellungen Ausgangspunkt für die praktische Verwirklichung sind.

Literatur:

1. Helmke, Andreas (2004): Unterrichtsqualität erfassen, bewerten, verbessern. Kallmeyersche Verlagsbuchhandlung, Seelze, 3. Aufl.
2. Sacher, Werner (2006): Didaktik der Lernökologie. Lernen und Lehren in unterrichtlichen und medienbasierten Lernarrangements. Klinkhardt, Bad Heilbrunn/Obb.

4.2 Erziehung *(R. Maras)*

Begriff

Erziehung „meint zentral diejenigen Akte, die sich auf das heranwachsende Individuum richten und dessen Entwicklung … fördern wollen. Träger und Subjekte dieser Akte, deren Dauer und Ort, Mittel und Ziele samt ihrer Legitimation sowie die gesellschaftliche Funktion von Erziehung nicht festliegen, unterliegen vielmehr historischem Wandel … Im Blick auf das Geschehen meint Erziehung im Allgemeinen (entwicklungs-)fördernde Akte. Diese Akte werden in der Erziehungswissenschaft vornehmlich als intendiert, personal getragen und verantwortet, als intentionale Erziehung begriffen. Sieht man auch institutionelles und strukturelles Geschehen, das in die individuelle Entwicklung eingreift, als Erziehung an, ist von funktionaler Erziehung die Rede … Als personale Handlung wird Erziehung unterschiedlich akzentuiert, z. B. als Unterstützung einer ‚natürlichen' im Sinne einer endogenen, empirisch-psychologisch fassbaren Entwicklung …, als Disziplinierung, Zivilisierung, Kultivierung und Moralisierung (Kant), als Eingriff in das Dispositionsgefüge des Menschen (Brezinka), als Lernhilfe (Giesecke). Charakter und Form dieser Tätigkeit schwanken mithin zwischen ‚Führen' und ‚Wachsenlassen' (Litt)" (Miller-Kipp, in Tenorth/Tippelt 2007, S. 204f.).

Erziehungsauftrag

Die Erziehungsbedürftigkeit des Menschen und die Annahme, dass Erziehung institutionell und organisiert möglich ist, sind Voraussetzungen für den an die Schule gerichteten Erziehungsauftrag. Im Interesse des Fortbestandes einer Gesellschaft ist es nötig, erworbenes Wissen, Ordnungsvorstellungen, Wertüberzeugungen und Kulturgüter zu tradieren. Die demokratisch verfasste Gesellschaft verlangt zudem, dass die späteren Lebens- und Berufschancen auf alle ihre Mitglieder nur nach Fähigkeit und Ausbildung verteilt werden.
Infolge dieses Grundverständnisses muss auch eine Chancengerechtigkeit in Ausbildung und Erziehung gefordert werden; diese Aufgabe soll die vonseiten des Staates organisierte, inhaltlich definierte und kontrollierte Schule übernehmen. Aufgabenstellungen für die Schulen werden etwa in Länderverfassungen und Schulgesetzen festgelegt.
In der Auseinandersetzung mit den ihn umgebenden Personen, Objekten und Vorgängen baut der Einzelne ein Verhältnis zur Welt auf; dadurch vollzieht sich ein Bildungsprozess. Schule leistet deshalb, wenn sie der Erfüllung des Erziehungsauftrags nachkommt, einen Beitrag zur Bildung der Persönlichkeit eines jeden Kindes.

Erziehung in Unterricht und Schulleben

1. Umsetzung von Aufgabenstellungen der Unterrichtsfächer (Beispiele)

Texte kritisch lesen; Arbeiten selbstständig und ansprechend ausführen; beim Lösen von Sachaufgaben schlussfolgernd denken; folgerichtige und begrifflich klare Darstellung von Fakten, Vorgängen und Zusammenhängen. Verantwortungsvoller Umgang mit … (Nahrungsmitteln); einfache Spielregeln gemeinsam entwickeln und einhalten; einen sachgerechten Arbeitsplatz einrichten; Konflikte sprachlich austragen.

2. Gestaltung des Unterrichtsgeschehens

a) Unterrichtsformen
Auch bei der Durchführung sozialer Arbeitsformen und Gesprächsformen werden Verhaltensmuster vermittelt (im Klassengespräch, in Partner- und Gruppenarbeit). So entstehen etwa bei der Gruppenarbeit erziehliche Prozesse: Verteilen von Teilarbeiten, Lösungsvorschläge akzeptieren, Alternativen entwickeln, der Wissende informiert den Unwissenden.

b) Unterrichtsphasen
Anfangsphase: Bereitlegen des Lernmaterials, Konzentration auf die Lernarbeit, Einhaltung von Gesprächsregeln;

Mittelphase: Sachgerechter Umgang mit dem Lernmaterial, Praktizieren von Hilfsbereitschaft und Rücksichtnahme, konsequente Arbeit bei der Entwicklung der Überlegungen;

Schlussphase: Sorgfalt bei der Fixierung von Unterrichtsergebnissen, sachbezogene Auseinandersetzung mit den Vorstellungen der anderen Kinder.

3. Erziehliche Situationen im Unterricht

a) Situationen im Lerngeschehen
Durchführung von Arbeitsaufträgen; konzentrierte Auseinandersetzung mit der Sache; Gestaltung von Hefteinträgen; Vorbereiten der Arbeitsmittel; Pflege der Arbeitsmittel; Veränderung der Sitzordnung.

b) Situationen in der Klassengemeinschaft
Die Zusammenarbeit mit dem Tischnachbarn; Klärung von Konflikten; Durchführung von Klassendiensten; der Wechsel des Klassenraums; das Einsammeln von Heften.
Schüler, die Gelegenheit zu tolerantem Verhalten im Unterricht haben und damit Erfolgserlebnisse verbinden, werden eine positive Einstellung zu „Toleranz" aufbauen. Ich schätze immer das, was ich selbst – ohne Zwang – durchgeführt habe.

c) Aufbau eines vertrauensvollen Lehrer-Schüler-Bezugs
H. Glötzl nennt mehrere konkrete Möglichkeiten der Lehrerin, „vertrauensvolle Beziehungen" zu den Kindern aufzubauen und zu fördern: Aktiv zuhören und den Kindern ein positives Feedback geben; Ich-Botschaften formulieren; Kompetenzen erfahren lassen; die Kinder zur Stille, Sammlung und Konzentration führen; mit den Schülern Unterricht und Schulleben gemeinsam gestalten (vgl. Glötzl 2000, S. 34–40).

4. Vorbild der Lehrperson

Verhalten, Einstellungen, Interesse und Fähigkeiten der Kinder werden durch die Lehrperson beeinflusst: durch ihr Umgangsverhalten, durch ihre Grundstimmung (positive Einstellung), durch ihre Reaktionen auf Schülerarbeiten und -verhalten (Lob, Ermutigung, Zurechtweisung), durch ihre Arbeitsweise (z. B. Gestaltung von Medien, Zielklarheit), durch die spürbare Wertschätzung des einzelnen Kindes.

5. Schulleben

Schulleben realisiert sich im Unterrichtsalltag und in besonderen Veranstaltungen
- Verhalten im Schulhof; Warten vor dem Klassenzimmer; Grüßen im Schulhaus; Besinnung am Morgen; Rücksichtnahme bei allen Aktivitäten während der Schulpause; vorgegebene Ordnung im Schulbus einhalten.
- Feste, Feiern, Schulspiel, Sing- und Tanzspiel, Anfertigen von Requisiten, Ausstellungen, Schulfahrten, Museumsbesuche, Arbeit im Schulgarten.

6. Gestaltung des äußeren Rahmens

Klassenzimmer: Wandschmuck, Werkarbeiten, Darstellung von Unterrichtsergebnissen; Schulhaus: Stellflächen im Gang, Beseitigung des Abfalls; der äußere Ablauf des Unterrichtstages: Abfolge der Fächer, Terminierung von Probearbeiten, Berücksichtigung der Leistungskurve.

Literatur:

1. Brezinka, Wolfgang (1990): Grundbegriffe der Erziehungswissenschaft. Reinhardt, München
2. Miller-Kipp, Gisela/Oelkers, Jürgen: Erziehung (2007). In: Tenorth, Heinz-Elmar/ Tippelt, Rudolf (Hrsg.) (2007): BELTZ Lexikon Pädagogik. Beltz, Weinheim und Basel, S. 204–211

4.3 Lernen *(R. Maras)*

Begriff

„Mit dem Begriff Lernen werden … unterschiedliche Sachverhalte bezeichnet, je nachdem, ob man das Geschehen von außen oder von innen betrachtet. In der Außenperspektive erscheint Lernen als eine zielgerichtete Tätigkeit, die auf den Erwerb von Kenntnissen und Fertigkeiten gerichtet ist und je nach Art der angestrebten Lernziele unterschiedliche Einzelaktivitäten umfasst … Eine andere Sichtweise ergibt sich, wenn man das Lerngeschehen von innen betrachtet und die psychischen Prozesse in den Blick nimmt … Lernen wird in dieser Forschungsperspektive als ein zumeist subbewusst ablaufender Prozess interpretiert, der auf Erfahrung beruht und zu dauerhaften Veränderungen im Verhalten oder im Verhaltenspotenzial führt" (Krapp, in Tenorth/Tippelt 2007, S. 455f.).

Arten des Lernens

1. Lernen als Verhaltensänderung

„In der verhaltensorientierten Lernforschung … wird Lernen als ein Prozess interpretiert, der bei einem Individuum aufgrund eigener, meist wiederkehrender Aktivität zu relativ überdauernden Verhaltensänderungen führt. Bedingungen und Ergebnisse des Lernens werden in dieser Forschungstradition auf der Ebene eindeutig beobachtbarer Phänomene untersucht, nämlich Reize oder Stimuli … und die daraus resultierenden Veränderungen des sichtbaren Verhaltens, Reaktionen" (a. a. O., S. 457).

2. Lernen als Wissenserwerb

Die kognitionspsychologisch orientierte Lernforschung befasst sich „explizit mit dieser Art von Prozessen. Im Zentrum steht die Frage, wie der Erwerb, die Speicherung und die Nutzung unterschiedlicher Arten von Wissen beschrieben und erklärt werden können. Lernen im Sinne von Wissenserwerb kann als der Aufbau und die fortlaufende Modifikation von Wissensrepräsentationen im Gedächtnissystem definiert werden" (a. a. O., S. 457).

Ausgewählte Aspekte

1. Wissenserwerb

- *Lernstrategien*
  „Damit werden übergeordnete, in verschiedenen Lernsituationen anwendbare Handlungspläne umschrieben, die sich aus einzelnen Handlungssequenzen zusammensetzen und abrufbar sind" (a. a. O., S. 455).

- *Explizites und implizites Wissen*
  „Explizites Wissen (sei es prozedural oder deklarativ) kann willkürlich abgerufen werden, bei implizitem Wissen weiß die Person nichts von ihrem Wissen, mit geeigneten Aufgaben kann dieses Wissen aber dennoch nachgewiesen werden" (Bednorz/Schuster, 2002, S. 156f.).

- *Prozedurales Wissen*
  „Verfahrenswissen, handlungsleitendes Wissen; Gedächtnisinhalte welche den (automatisierten) Ablauf einer Handlung steuern (… z. B. Schreiben). Im Gegensatz zum deklarativen Wissen kann die Person über die Struktur und den Inhalt ihres prozeduralen Wissens keine genaue Auskunft geben" (Tenorth/Tippelt 2007, S. 583).

- *Deklaratives Wissen*
  „… konzeptuelles …, begriffliches Wissen. Im Gegensatz zum prozeduralen Wissen handelt es sich um Gedächtnisinhalte, die sich auf Informationen wie etwa Fakten und Ereignisse beziehen und über die eine Person Auskunft geben kann" (a. a. O., S. 142).

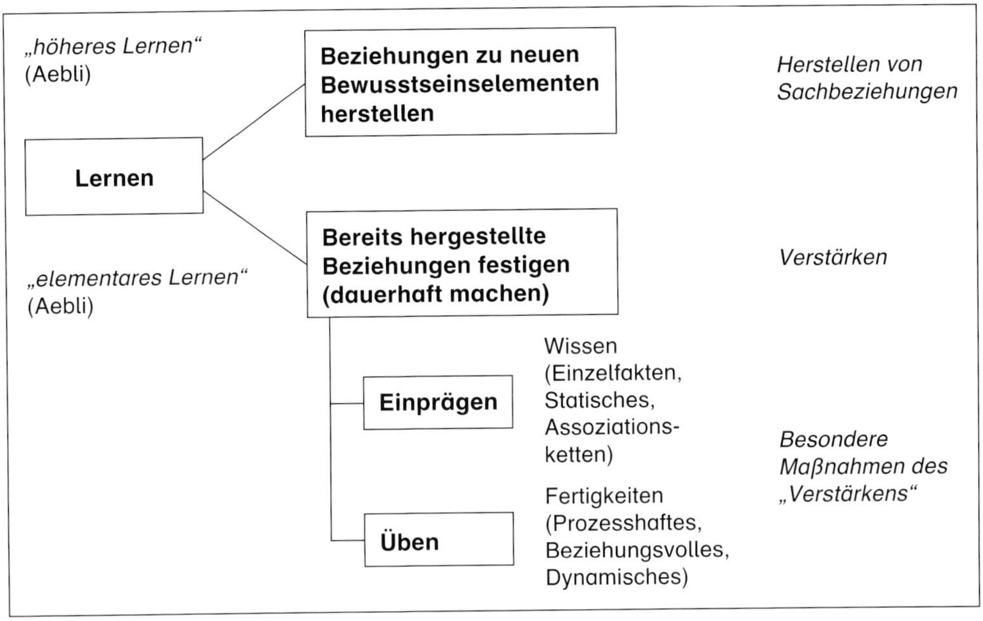

Abb. 128: Verschiedene Prozesse des Lernens

2. Neurowissenschaftliche Sichtweise

Aus der Sicht der Neurowissenschaften lässt sich Lernen wie folgt kennzeichnen: Lernen ist situiert, ist ein konstruktiver, individueller und sozialer Prozess. (siehe dazu S. 12–32)

3. „Höheres“ und „elementares“ Lernen (H. Aebli)

H. Aebli unterscheidet „höheres“ und „elementares“ Lernen (siehe Abb. 128). Unter dem Begriff des Lernens werden demnach „zwei ganz verschiedene Prozesse zusammengefasst: einenteils das Finden und Herstellen der Sachbeziehungen zwischen den bisher unverbundenen Elementen des Handelns und Denkens, andernteils das ‚Verstärken' der hergestellten Verbindungen. Den ersten Prozess nennt man auch Problemlösen, Forschen, Entdecken …, den zweiten Einschleifen, Einprägen, Memorieren, Automatisieren, Konsolidieren“ (Aebli 2001, S. 328)

4. Lernprozess

„(1) Aus pädagogisch-didaktischer Sicht bezeichnet der Lernprozess Phasen, Stufen und Stationen, die ein Individuum während des Lernens … durchläuft. In einem Lernprozess können sich Phasen der aktiven Erarbeitung und Phasen der inneren Verarbeitung des Lernstoffs abwechseln … (2) Aus Sicht der Lernpsychologie werden in Abhängigkeit von der jeweiligen Lerntheorie Prozesse des Wissenserwerbs bzw. der Verhaltensänderung beschrieben“ (Tenorth/Tippelt 2007, S. 481).

Literatur:

1. Bednorz, Peter/Schuster, Martin (2002): Einführung in die Lernpsychologie. Ernst Reinhardt, München, 3. Aufl.
2. Steiner, Gerhard (2006): Lernen und Wissenserwerb. In: Krapp, A./Weidenmann, B. (Hrsg.): Pädagogische Psychologie, Beltz, Weinheim 2006, S. 137–202

4.4 Individualisierung und Differenzierung *(R. Maras)*

Begriffe und Zusammenhänge

1. Individualisiertes Lernen

- *Individualisierung:* „... didaktische Orientierung an der Lern- und Leistungsfähigkeit des Einzelnen" (Tenorth/Tippelt 2007, S. 334).
- *Individualisiertes Lernen:* „Lernform, bei der jeder nach eigenen Fertigkeiten, Fähigkeiten und Interessen seinen eigenen Lernprozess mit unterschiedlichen Methoden und Medien plant, organisiert und strukturiert. Dies wird beispielsweise im offenen Unterricht angestrebt" (a. a. O.).
- *Individuelle Förderung:* Unterrichtliche Maßnahme, um Kompetenzen der einzelnen Kinder durch Beratung und Unterstützung zu verbessern.

2. Heterogenität

„Während Unterricht in der Vergangenheit zumeist so geplant und gestaltet wurde, als ob die Lerngruppe in jedem lernrelevanten Aspekt homogen (gleichartig) ist, werden gegenwärtig zunehmend Heterogenitäten (bezüglich der Erstsprache, einer Behinderung, des Geschlechts, des Interesses, der Leistung, der sozialen Herkunft u. a.) berücksichtigt" (a. a. O., S. 317).

3. Differenzierung

(1) „*Differenz* und *Einheit* sind zentrale pädagogische Referenzprobleme, gleich ob adressatenbezogen oder organisatorisch. Differenzierung und Integration sind entsprechend zentrale pädagogische Strategien des Umgangs mit pädagogischen Aufgaben. Sie sind zentral und zugleich in den Folgen problematisch, weil sie Einheit und Differenz zugleich erzeugen, z. B. Lerngruppen nach unterschiedlicher Leistung bilden, und so eine *homogene* Gruppe konstruieren, oder differente Lerngruppen vereinigen, und so *Heterogenität* in einer Lerngruppe erzeugen. (2) Differenzierung bezieht sich entsprechend nicht nur auf Organisationen, sondern auch auf Themen, Personen, generell auf Muster der Ordnung des Pädagogischen. (3) Bezogen auf Organisationen und ihre Lernorganisation kann man *innere* und *äußere, horizontale* oder *vertikale* Differenzierung (Schulstruktur) unterscheiden, aber auch Differenzierung in didaktischer und methodischer Absicht, z. B. in der Absicht der *Individualisierung* (i. O. jeweils kursiv) und dann bezogen auf Aufgaben oder die Strukturierung von Lernsequenzen und Themen" (a. a. O., S. 162).

4. Rückmeldung und Beratung

„Rückmeldung bezieht sich vorwiegend darauf, dem Schüler, der Schülerin oder der Lerngruppe Auskunft darüber zu geben, wie die Lehrkraft den Lernstand, die Klassensituation, den Umgang mit einer bestimmten Lernaufgabe wahrgenommen hat. In der Rückmeldung überwiegt stark die informierende Funktion. Die Folgerungen auf die Rückmeldung sind in dieser Handlungsform noch nicht festgelegt. Beratung richtet demgegenüber den Fokus auf die Veränderung. Informierende, unterstützende und steuernde Elemente fließen ein ... Idealerweise wird die Beratung vom Schüler verlangt, zumindest aber muss sie von ihm angenommen werden" (Bohl/Schnebel 2008, S. 20f.).

Begründung

- Beitrag zur Entwicklung der Selbstständigkeit und Selbstverantwortung
- Voraussetzung für die Bereitschaft zum lebenslangen Lernen
- Kennenlernen und Nutzen der individuellen Lernmöglichkeiten
- Beitrag zur Entwicklung des Selbstkonzepts „Wie sich zeigt, erweist sich das Selbstkonzept als ein wichtiger Bestandteil der Persönlichkeit. Der Bildungsauf-

trag der Schule ist nicht begrenzt auf die Leistungsentwicklung, sondern umfasst zugleich auch die Entwicklung der Persönlichkeit. Das Selbstkonzept erweist sich als hochwirksamer ‚Motor' des motivationalen Prozessgeschehens innerhalb eines Individuums" (Billmann-Mahecha/Tiedemann 2008, S. 72).

- Förderung individueller Fähigkeiten und Interessen
- Behebung von Lerndefiziten

In der Phase der Textproduktion nutzt das Kind die vorgesehene Zeit von zwanzig Minuten zu einer zielorientierten Arbeit:

Das Kind arbeitet alleine und

- berücksichtigt die vorausgehend erarbeiteten Gestaltungskriterien (Verwendung der wörtlichen Rede, Verwendung von zutreffenden Verben und Adjektiven, verschiedene Satzanfänge, Gefühle und Gedanken ausdrücken, Wiederholungen vermeiden, verschiedene Sinne ansprechen, abrundender Schlusssatz),
- berücksichtigt die Logik der Gedankenführung, indem die Teilvorgänge (Situationen) verstehbar oder widerspruchsfrei miteinander verbunden sind,
- verwendet beim Schreiben bereitgestellte Lernhilfen,
- wird dem festgelegten Schwerpunkt, Schreiben einer spannenden Geschichte gerecht, indem es den Inhalt (Handlungsablauf, Gefühlszustände, Überraschungsmomente) und die sprachlichen Mittel (Wörtliche Rede, Ausrufe, Fragen) so gestaltet, dass der Leser mit großem Interesse die weiteren Ausführungen erwartet.

Abb. 129: Den Lernstand konkret beschreiben

Praktische Hinweise

1. Organisation: Gestaltung des Arbeitsplatzes; Festlegungen über die erforderlichen oder vermuteten Zeitspannen zur Erledigung der Aufgaben oder Vorhaben; zweckentsprechender Umgang mit Arbeitsmaterialien; Absprachen über Arbeitsteilung bei Gruppenarbeiten; Führen eines Tagebuchs für ein bestimmtes Fach; Entwicklung von Ritualen; Einfügen von Arbeitspausen.

2. Unterrichtsorganisation

- *Arbeitsformen:* Tagesplan- oder Wochenplanarbeit; freie Arbeit; Projektarbeit; Arbeit mit der Lerntheke.
- *Formen der Differenzierung:* quantitative, qualitative, methodische, mediale oder soziale Differenzierung.
- *Phasen eines individualisierenden bzw. differenzierenden Unterrichts:*
  1. Einführungsphase
  2. Arbeits- und Produktionsphase (Alleinarbeit, Wahldifferenzierung, differenzierte Lerngruppen)
  3. Präsentations und Auswertungsphase
  4. Dokumentationsphase

3. Informationen beschaffen, verarbeiten und darstellen: (Abstufung der Anforderungen) Genaue Festlegung des Arbeitsziels; Kennen und Nutzen von Informationsquellen; Informationen systematisch sammeln; Vermutungen aufstellen; Informationen, die als wichtig erachtet werden, markieren oder eigens notieren; einzelne Informationen nach Stichpunkten ordnen; Informationen zusammenfassen; den neuen Sachverhalt mit bereits Gelerntem verbinden; Kernaussage formulieren;
Entscheidung für das geeignete Medium treffen; etwas in Worten ausdrücken; etwas zeichnerisch darstellen; eine Kartei anlegen; vorhandene Darstellungsmittel nutzen; Hefteintrag selbstständig entwerfen.

4. Das eigene Tun beim Lernen reflektieren

Sich verschiedener Vorgänge beim Lernen bewusst werden; Stärken und Schwächen einschätzen; dem eigenen Gedankengang nachgehen; eigene Lösungswege bewerten; die Eigenleistung einschätzen.

5. Individuelle Förderung

- Ermittlung des Lernstands der Kinder der Lerngruppe; eine konkrete Beschreibung ist dazu hilfreich (siehe Abb. 129) – aus ökonomischen Gründen kann diese Art der Beschreibung nur in Schwerpunkten durchgeführt werden.
- Aufgabenstellungen werden auf das Leistungsvermögen der Kinder abgestimmt (siehe Abb. 130, Arbeit mit der Lerntheke).
- Rückmeldungen werden sowohl von den Kindern wie auch von den Lehrpersonen gegeben; Rückmeldungen können in schriftlicher Form geschehen (siehe Abb. 131).
- Die Beratung stützt sich auf die Rückmeldungen; daraus ergibt sich ein Dialog; weiterführende Aufgaben werden im Einvernehmen mit dem Kind gestellt, es wird eine Vereinbarung über die Intensität und Dauer dieser individuellen Arbeit getroffen.

Literatur:

1. Bohl, Thorsten/Schnebel, Stephanie (2008): Rückmeldung und Beratung. In: Jürgens/ Standop 2008c, S. 238–245
2. Gerdsmeier, Gerhard (2008): Diagnose und Feedback in Prozessen selbst gesteuerten Lernens. Von der Planungs- zur Aufgabendidaktik. In: Pädagogik 3/2008, S. 30–33

Die schriftliche Subtraktion differenziert an einer Lerntheke üben; Station: Minusaufgaben in Zahlenrätseln

Niveaustufe 1	Niveaustufe 2	Niveaustufe 3
Beispiel: „Meine Zahl ist der Unterschied von 789 und 272."	Beispiel: „Ich denke mir eine Zahl. Wenn ich zu ihr 143 und 252 dazuzähle, dann erhalte ich 604."	Beispiel: „Ich verdopple meine Zahl, davon ziehe ich 206 ab und zähle wieder 802 dazu. Mein Ergebnis lautet 1 000."
1. Ebene „Mathematisieren"		
Zahlenrätsel, in dem eine Gleichung mit einer Unbekannten zu lösen ist; die Lösung ergibt sich, indem die Reihenfolge der Angaben im Text dem Lösungsweg entspricht.	Zahlenrätsel, in dem nach einem Zahlenwert gesucht wird; zum Erhalt dieses Zahlenwerts ist eine Umkehraufgabe zu lösen.	Zahlenrätsel, in dem nach einem Zahlenwert gesucht wird; zum Erhalt dieses Zahlenwerts sind drei Gleichungen mit je einer Unbekannten zu lösen.
2. Ebene „Schriftliches Normalverfahren des Subtrahierens"		
Schriftliche Subtraktion mit Hunderter- oder Zehnerübergang ohne Null.	Schriftliche Subtraktion mit Zehner- und Hunderterübergang und Null im Minuenden und der Differenz; Subtraktion mit zwei Subtrahenden.	Schriftliche Subtraktion mit Null im Minuenden und Subtrahenden mit mehreren Übergängen.

Abb. 130: Beschreibung der Aufgabenstellungen auf zwei Ebenen und in drei Niveaustufen

Lernbericht: Malaufgaben	____________ (Name)	____________ (Datum)

	Meine Einschätzung			Einschätzung Frau ____________		
	Das kann ich gut.	Ich bin zufrieden.	Ich bin nicht zufrieden.			
1. „Wie ich die Aufgaben löse“ Arbeitsblatt Nr. ________						
2. „Welche Malaufgaben kannst du schon?“ Arbeitsblatt Nr. ________						
3. „Malaufgaben entdecken“ Arbeitsblatt Nr. ________						
4. „Rechnung und Ergebnis zuordnen“ Arbeitsblatt Nr. ________						
5. „Das Drei-Minuten-Rennen“ *) Arbeitsblatt Nr. ________						

Das ist mir leicht gefallen:

____

____

Das ging weniger gut:

____

____

Das habe ich gelernt:

____

____

*) Anm.: Hier wird die Anzahl der (richtigen) Lösungen von Malaufgaben festgestellt, die in drei Minuten gerechnet werden.

Abb. 131: Rückmeldungen führen zu einem Dialog

4.5 Gemeinschaftserziehung
(R. Maras)

Begriffe

1. Gemeinschaft

„Die Mitglieder einer Gemeinschaft betrachten sich als primär zugeordnet (freie Willensentscheidung oder ein Hineingeborenwerden), sodass sich intern oft ‚Wir-Gefühle' entwickeln. Auf das Individuum bezogen wird ein gewisser Grad an Stabilität und Sicherheit erfahrbar. Ein Zerbrechen der Gemeinschaft hat üblicherweise eine Krise des Individuums zur Folge. Demgegenüber steht die Gesellschaft, zu der die Mitglieder sich bewusst rational und ziel- bzw. zweckorientiert zusammenschließen" (Tenorth/Tippelt 2007, S. 272).
„Gemeinschaft wird durch einen hohen Grad an Kohäsion charakterisiert und als ideale Voraussetzung für die Ausprägung prosozialer und altruistischer Verhaltensformen bewertet. So sollte etwa Peter Petersens Jena-Plan-Schule eine ‚Lebensgemeinschaftsschule' sein, in der der Gedanke der Schulgemeinde und Schulgemeinschaft im Mittelpunkt stand" (Reinhold/Pollak/Heim 1999, S. 225).

2. Gemeinschaftserziehung

„Erziehung zu gemeinschaftlichem Handeln und zur Einordnung in eine soziale Gemeinschaft und deren Institutionen" (Tenorth/Tippelt 2007, S. 273).

3. Sozialisation

„... bezeichnet den Prozess der Konstituierung der Persönlichkeit in wechselseitiger Abhängigkeit von und in kontinuierlicher Auseinandersetzung mit der gesellschaftlich vermittelten sozialen und dinglich-materiellen Umwelt einerseits und der biophysischen Struktur des Organismus andererseits. Programmatisch ist mit diesem Begriff zum Ausdruck gebracht, dass das menschliche Individuum sich permanent durch soziale und gesellschaftliche Faktoren mitentwickelt und sich in einem Prozess der sozialen Interaktion konstituiert. Die Persönlichkeit bildet sich nach dieser Vorstellung in keiner ihrer Funktionen und Dimensionen gesellschaftsfrei heraus, sondern lebenslang stets in einer konkreten Lebenswelt, die historisch vermittelt ist" (Hurrelmann, in Reinhold/Pollak/Heim 1999, S. 481).

4. Soziales Lernen

„(1) Sammelbezeichnung für Lernsituationen, die eine Kooperation mit anderen Lernern ermöglichen oder erfordern (kooperatives Lernen; Gruppenarbeit); (2) das in pädagogischen Kontexten planvoll realisierte Lehr-Lern-Geschehen, um die sozialen Fähigkeiten und Kompetenzen der Lernenden zu verbessern" (Tenorth/Tippelt 2007, S. 669).

Ausgewählte Aspekte

1. Bedeutung

„Viele Kinder stellen besondere Ansprüche, allein von der Lehrerin oder dem Lehrer angenommen und beachtet zu werden. Insbesondere in den ersten Klassen sind unter diesen Voraussetzungen die sozialerzieherischen Aufgaben sehr intensiv. Lehrerinnen und Lehrer an Grundschulen stellen sich schon seit Jahren den Aufgaben, Kindern ein tragbares Arbeits- und Sozialverhalten in einer größeren Gruppe wie der Schulklasse zu vermitteln ... In der modernen Grundschulpädagogik wird verstärkt eine ‚soziale Wende der Grundschuldidaktik' gefordert. Dabei wird auch auf die besondere Lebenssituation der Kinder Rücksicht genommen, auf stärkere Brüche in tradierten sozialen Zusammenhängen, auf die hohen Anforderungen durch Medien an das einzelne Kind oder auf durch Mobilität bedingte Bindungsverluste" (Kaiser/Pfeiffer 2007, S. 38).

2. Vertrauen

„Aus der Vertrauensforschung ebenso wie der Lehrer-Schüler-Interaktionsforschung liegen inzwischen eine ganze Reihe von empirischen Befunden vor, die die Bedeutung von Vertrauen als zentrales Fundament der Unterrichtsqualität und damit verbunden eines positiven Sozialklimas, in dem Kinder und Jugendliche, aber auch ihre Lehrkräfte, sich wohl fühlen und produktiv arbeiten können, unterstützen: Erlebtes Vertrauen zum Lehrer bzw. zur Lehrerin geht mit einer Reihe von positiven Effekten einher, so nehmen vertrauende Schüler/-innen ihre gesamte schulische Situation positiver wahr ... Erlebtes Vertrauen und die damit verbundene Angstfreiheit steigern auch die Bereitschaft, neue Erfahrungen zu machen und sich in der Gleichaltrigengruppe sozial kompetent zu verhalten. Insgesamt begünstigt Vertrauen ein positives Sozialklima in der Klasse" (Thies 2011, S. 8).
(Anerkennung und Angenommen-Sein: siehe auch S. 14)

3. Prävention von Gewalt

„Eine sehr wichtige Aufgabe der Grundschule ist die Prävention von Gewalt und anderen sozial-emotionalen Störungen. Dies erfordert umfassendes sozial-emotionales Lernen und ein stabiles moralisches Bewusstsein bei allen Kindern ... Ein frühes soziales Lernen in der Grundschule, bei dem jedes Kind spürt, dass es zur Klasse gehört und dass man ihm zuhört, ist eine zentrale Prävention von Gewalt ... Damit Gleichaltrige die Gewaltspirale stoppen können, müssen alle in der Lage sein, soziale Isolierung einzelner wahrzunehmen und nicht geschehen zu lassen. Jeder Junge und jedes Mädchen muss rechtzeitig in der Lage sein, Anzeichen von Gewalt klare Grenzen zu setzen. Dazu gehört ... eine klare Fähigkeit, dies in der direkten Kommunikation auch für den anderen akzeptabel auszudrücken" (Kaiser/Pfeiffer 2007, S. 39).

Verwirklichung

1. Überblick

„Die Grundschule hat die Aufgabe ... das Wechselverhältnis von Selbstkompetenz und Sozialkompetenz zu fördern ... Die erste Möglichkeit, dieses Ziel zu erreichen, liegt in der Chance, in der Schule vielfältige soziale Lernformen zu arrangieren ... Weiterhin gelingt Sozialkompetenz durch eine grundlegende Haltung in der Schule, wonach bewusst gemeinsame Konfliktlösung in der Klasse reflektiert wird und interaktiv nach Lösungen gesucht wird ... Der dritte pädagogische Zugang zu Selbst- und Sozialkompetenz liegt in der Umgestaltung der Schule als sozialen Erfahrungsraum ... Als vierten Weg ... gibt es eine Vielzahl von interaktionspädagogischen Übungen (a. a. O., S. 38f.).

2. Beispiele

- Wertschätzender Umgang: die Aufmerksamkeit beim Zuhören zum Ausdruck bringen; Rücksichtnahme beim gemeinsamen Betreten eines Raumes; Materialien mit anderen teilen; seine Meinung sachlich äußern
- Durchführung von Helfer- und Ordnungsdiensten
- Einhalten von Regeln bei einem Unterrichtsgespräch, bei einer Diskussion, einem Rollenspiel, einer Gruppenarbeit
- Schulleben: Mitwirkung bei der Gestaltung von Wandflächen und Schaukästen usw.
- Auftreten von Konflikten: Zeigen von Mitgefühl; Versachlichen des emotional belastenden Vorgangs; Gefühle anderer respektieren und darauf Bezug nehmen

Literatur:

Kaiser, Astrid/Pfeiffer, Silke (2007): Grundschulpädagogik in Modulen. Schneider Hohengehren, Baltmannsweiler, S. 38–41, 169f.

4.6 Sinnorientierung *(R. Maras)*

Begriffe

1. Sinn

„Sinn" wird verstanden als festgesetzte oder interpretierte Bedeutung.

„Sinn ist als Bedeutung von etwas (Erfahrungen, Aussage, Sachverhalte, Wirklichkeiten, ...) ... offen-vielfältig in Gebrauch, Individuen zuschreibbar und insofern subjektiver Sinn, oder, als objektiver Sinn, an soziale Tatsachen gebunden und gesellschaftlich konstruiert" (Tenorth/Tippelt 2007, S. 655).

„Sinn als das ‚Gemeinte' und zwar a) als Bedeutung von Worten, Sätzen usw., aber auch von Kunstwerken, Symbolen ... b) als Aussagegehalt: der Sinn eines Spruchs ..."; Sinn als „das ‚Verstehbare' überhaupt", das auch durch Ordnung entstehen kann; Sinn als Zweck: „der Sinn der Arbeitsteilung ..."; Sinn als Ziel: „das Worumwillen selbst, um dessentwillen etwas geschieht"; Sinn als „immanenter Letztwert eines Seienden" (Neuhäusler 1963, S. 205f.).

2. Sinnorientierung

Grundlegendes Merkmal von Unterricht und Erziehung und Unterrichtsgrundsatz, in dem die Idee in den Mittelpunkt gestellt wird, dass Lernen von Sinngebung bestimmt, geleitet und begleitet wird oder eine Sinnfindung herbeigeführt wird.

Sinnorientierung zeigt sich also in zweifacher Hinsicht: a) Der Lernende wird zu seinen Aktivitäten, Wissen oder Fertigkeiten zu erwerben, von einer tatsächlich gegebenen oder von einer vermuteten (erhofften) Bedeutung angeregt; b) Der Lernende führt Aktivitäten der Informationsgewinnung und Informationsverarbeitung aus, mit deren Hilfe er Bedeutungszusammenhänge findet, entdeckt, herstellt, darstellt, präzisiert.

Lernen und „Be-Deutung"

Nach Auffassung von W. Sacher ist „alles Lernen ein Bestimmen und Zuweisen von Bedeutungen. Es lässt sich zeigen, dass Bedeutungsbestimmung nach allen geläufigen Lerntheorien der zentrale Vorgang beim Lernen ist ... Die Menschwerdung des Menschen vollzieht (sich) in der lernenden Be-Deutung von Welt und Leben. So wie Erkennen im Grunde ein Lesen ist, ist Lernen zumindest in seiner humanen Hochform letztendlich ein ‚Lesenlernen' in einem weiteren Sinne" (Sacher 2006, S. 36f.).

Die Sinnfrage in pädagogischer Sicht

In der Auseinandersetzung mit der Frage, was „das Wesen des Pädagogischen" sei, begründet R. Guardini Kategorien, an denen die Sinnfrage in pädagogischer Sicht entwickelt werden kann. Demnach liegt das „Pädagogisch-Eigentliche" im „dialektischen Schnittpunkt" (Guardini 1965, S. 36) zweier Bestimmungsmomente. Das eine Moment kennzeichnet Guardini (hier verkürzt dargestellt) als *Bild*: Das Bild „enthält den Inbegriff der Wesensbestimmungen und Wertaufgaben des Menschen" (a. a. O., S. 27). Es gibt jedoch keine „in sich geschlossene Wesensgestalt des Menschen und dieses Menschen" (a. a. O., S. 29). Deshalb setzt Guardini dem Bild-Begriff das Moment der Bewegung (auch verkürzt dargestellt) entgegen. Der Inhalt des Menschen ist nicht vorgegeben; was es gibt, ist nur der „werdende Mensch" (a. a. O., S. 29).

Dem Individuum gegenüber steht das Objektive, das Gegenständliche. Der Gegenstand besitzt einen eigenen Wert, er „wendet sich an den Menschen, dass dieser ihn anerkenne" (a. a. O., S. 38).

Die Momente des Bildes und der Bewegung stehen in einem dialektischen Verhältnis. „Beide zusammen stehen ihrerseits in neuem dialektischen Verhältnis zum Moment des Gegenstandes und des Dienstes" (a. a. O., S. 44). Das Pädagogisch-Eigentliche ergibt sich aus diesen Perspektiven (siehe Abb. 132).

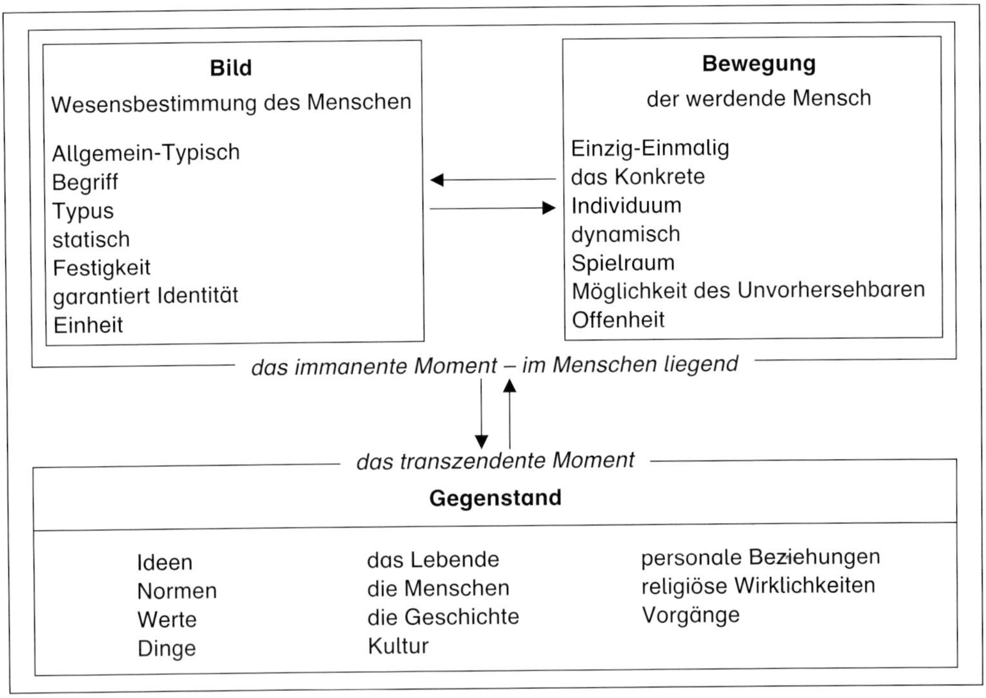

Abb. 132: Das Pädagogisch-Eigentliche (R. Guardini) als sinnstiftende Idee

Verwirklichung

- *Das Verstehen eines Sachverhalts*, z. B. „Ich verstehe jetzt, weshalb Aufwärmphasen im Sportunterricht wichtig sind."
- *Erkennen von Zweckmäßigkeit und Zielgerichtetheit*, z. B. „Das Ordnen von Wörtern nach Wortarten hilft mir, über die Groß- und Kleinschreibung zu entscheiden."
- *Die Eingliederung in das Ganze*
- *Das Herstellen von Ordnung*, z. B. Pflanzen am oder im Gewässer
- *Die Auslegung des Gemeinten bzw. eines Vorgangs*
- *Anwendbarkeit auf Erfahrungen oder Vorgänge*, z. B. Feuer benötigt Sauerstoff.
- *Die Einschätzung einer Sache, eines Phänomens oder eines Vorgangs als Wert*, z. B. Körner mahlen – Teig kneten – Brot backen.
- *Hilfe zum Selbstverständnis*, z. B. Begründung für das Gefühl einer Enttäuschung
- *Hilfe zur Selbstverwirklichung*, z. B. Anregungen zur Freizeitgestaltung
- *Hilfe zum Dienst an der Sache*, z. B. Haltung und Pflege von Pflanzen
- *Hilfe für den Zugang zum Religiösen*, z. B. die Botschaft der Versöhnung

Literatur:

1. Längle, Alfried (1985): Orientierung am Sinn. In: Längle, Alfried (Hrsg.): Wege zum Sinn. Logotherapie als Orientierungshilfe. Piper, München, Zürich, S. 82–90
2. Maras, Rainer (1993): Sinnorientierung als bestimmendes Merkmal von Erziehung und Unterricht. In: Grundschulmagazin 9/1993, S. 53–60

4.7 Sachorientierung *(R. Maras)*

Begriffe

1. Sache

Physische oder psychische Gegebenheit, Erscheinung oder auch Vorstellung; das Vorhandene; das von den Sinnen Wahrgenommene, aber auch das im Bewusstsein existente Phänomen.
„Die Bezeichnung ‚Sache' wird mehrschichtig verwendet. Sie bezeichnet manchmal schlicht das Vorgefundene (A. Schütz), manchmal das, was gerade zum Gegenstand des Unterrichts gewählt wurde, manchmal das in dem Gegenstand Verborgene, das ans Licht gebracht werden soll. Es bezeichnet das, worum es gehen soll, und zeigt, wie es ist" (Lauterbach 2007, S. 453).

2. Sachanspruch

Forderung nach sachentsprechender Erkenntnisgewinnung, Urteilsbildung oder Umgangsweise; diese Forderung gründet auf der Annahme oder Überzeugung, dass die Sache ein eigenes Wesen und einen Eigenwert besitzt und deshalb diese Forderung von ihr selbst ausgeht.
Der Gegenstand, die Sache, die Dinge haben ihren eigenen Wert. Sofern es technische Dinge oder Gebrauchsgegenstände sind, achten wir darauf, dass wir sorgfältig, sparsam, zweckgerichtet, eben sachgerecht, mit ihnen umgehen. Vor allem die Dinge der Natur aber besitzen ein „Eigensein und ... Eigenrecht", denn sie waren „alle schon da, bevor der Mensch die Bühne betrat, und sie hatten nicht nur den Sinn, auf den Menschen zu warten, um seine unersättlichen Bedürfnisse zu befriedigen ..., sie haben auch ihr eigenes Recht" (Tröger 1991, S. 436). Diese Gegenstände „sind da und behaupten sich gegen das Übersehenwerden ... Sie verlangen, als das, was sie sind, mit ihrer Selbstzwecklichkeit und ihrem Sinngehalt, im Lebensbereich des Menschen zur Geltung zu kommen" (Guardini 1965, S. 39). Die Forderung nach der Wahrung des Sachanspruchs begründet sich also durch den Eigenwert der Sache selbst.
Unabhängig vom Eigenwert der Gegenstände wird der Anspruch der Sache in Folge gesellschaftlicher, kultureller oder ideologischer Normgebungen, Festlegungen oder Forderungen definiert.

3. Sachorientierung

Gesamtheit didaktischer Forderungen, die sich aus dem Anspruch der Sache ergeben; ähnlich: *Sachgemäßheit, Sachgerechtigkeit, Wissenschaftsorientierung.*

4. Sachlichkeit

Haltung, die von der Anerkennung des Eigenwerts der Sache und vom Streben nach dem Dienst an der Sache gekennzeichnet ist. Sachlichkeit schließt deshalb die Bereitschaft und Fähigkeit mit ein, subjektive Sichtweisen zu akzeptieren, aufzugreifen und für die Erschließung der Sache zu nutzen, und sie bezieht die Emotion in die Gesamtschau einer Sache mit ein.

5. Sacherschließung

Art und Weise des aktiven Umgangs mit einer Sache, der vom Interesse geleitet wird, vertieft in die Sache (Wesen, Struktur) einzudringen. „Ziel der Erschließung ist die Freilegung einer Sache im Sinne ihrer prinzipiell vollen Erkennbarkeit, Erklärbarkeit und Bedeutsamkeit" (Lauterbach 2007, S. 453).

Begründung

- Beitrag zur Erschließung von Bereichen oder Teilen der Umwelt
- Erfahrungen oder Wissen von oder über Sachen stellen eine Voraussetzung der Lebensbewältigung dar
- Aufbau von Sachlichkeit, dadurch Vermeidung der Sachverfälschung durch Ideologie oder Egoismus
- Aufbau einer sachbezogenen Argumentation (als demokratische Tugend)

- Schaffung einer gemeinsamen Grundlage zur Lösung von Problemen
- Moment des Ausgleichs gegenüber einer Überbetonung einer einseitig verstandenen Schülerorientierung (das Individuelle als etwas Allgemein-Gültiges, das Situative als übergreifende Norm)
- Anbahnung einer positiven Einstellung gegenüber den Phänomenen der Umwelt, einer Anerkennung des Eigenwerts der Sache und der Achtung vor der Schöpfung
- Im Umgang mit den Dingen seiner Lebenswelt entwickelt das Kind sein eigenes Verhältnis zur Welt. Die je eigene Art und Weise der Wahrnehmung der Dinge, der Interpretation, Rekonstruktion oder Bearbeitung der Informationen führt zu individuellen Erfahrungen und Strukturen im Handeln, Denken, Fühlen und Werten, zu je eigenen Konzepten und Formen des Problemlösens, der Lebensbewältigung und Lebensgestaltung.

Grundsätze

1. Sachanalyse als Voraussetzung

Eine wesentliche Aufgabe der Lehrerin besteht darin, sich mit der Sache auseinanderzusetzen, so dass sie dem Kind sachbezogene Hilfen geben kann (Gesamterscheinung, Teile, Abgrenzung, Unterscheidung, Ordnungen, Wirkungen; Erschließen von Zusammenhängen oder Strukturen). Kenntnisse von der Sache sind eine Grundlage für die Erschließung der Lernsache, für das Bewusstmachen von Denk- und Lernprozessen, für die Formulierung von Impulsen für die Begriffsentwicklung und für positive Rückmeldungen an die Kinder im Rahmen ihrer Lernarbeit.
Ein gutes Sachwissen ist die Grundlage sowohl für den *gebundenen* wie auch für den *offenen* methodischen Ansatz. Je mehr Sicherheit die Lehrperson in der Sache besitzt, desto mehr kann sie sich einer Öffnung des Unterrichts zuwenden, denn sie wird Fragen in der Situation sachrichtig beantworten können.

2. Vielfältige, aber sachrelevante Zugriffsweisen

Verschiedene Tätigkeiten führen zu einer Begegnung, zu einer intensiven Auseinandersetzung mit der Sache, z. B. Wahrnehmungen machen (sehen, schmecken usw.), beobachten, zeichnen, meditieren, erklären, spielen, etwas verwenden, erkunden oder ordnen (didaktisch zu verstehen als „Arbeitsweisen und -techniken").
Die Eigenart der Sache bestimmt die Entscheidung für die Art der auszuführenden Tätigkeit oder der Verfahrensweise (z. B. „Konflikt" – „Rollenspiel").

3. Qualität der gelernten Sache

a) Die Lernsache soll klar sein
Klarheit über Inhalte und Verfahren hat einen großen Einfluss auf das gute Behalten. Klarheit kann auf verschiedene Weise entstehen: Formulierung der Zielsetzung; Verbindung neuer Informationen mit dem vorhandenen Wissen oder bekannten Interpretationsmustern; eindeutige Darstellung des Lerngegenstandes; geordneter Aufbau von Teilinhalten; Bildung sachgerechter Begriffe; Formulieren verständlicher Einsichten.

b) Das Gelernte soll richtig sein
„Richtig" ist relativ und bedeutet: Wir erfassen eine Sache mit den derzeit möglichen Erkenntnismethoden, mit unserer Sprache und in unserem heutigen Sach-Verständnis; ich selbst nehme den Gegenstand oder Vorgang anders wahr als der Betrachter neben mir. Die Richtigkeit entsteht dadurch, dass die Zusammenhänge schlüssig sind und bleiben: Die Beobachtung ist in Übereinstimmung mit der formulierten Regel, die Einzelheit lässt sich in die verallgemeinert formulierte Erkenntnis widerspruchsfrei eingliedern, die Einzelheiten stehen zueinander nicht im Widerspruch oder rufen Verstehensprobleme hervor.
An verschiedenen Stellen der Unterrichtsplanung und -gestaltung können Fehler bezüglich der Sachrichtigkeit gemacht wer-

den. In der Grundschule müssen häufig Inhalte elementarisiert werden (s. u.).

c) Das Gelernte soll logisch sein

Es werden Informationen gesammelt; aus den Informationen ergeben sich Schlussfolgerungen. Wird ein übergeordneter Gedanke formuliert, so sollen die nachfolgenden Aussagen *dazugehören*; die in einem problemorientierten Unterricht gestellte Frage wird anschließend *beantwortet*; Beispiele zu einer allgemeinen Regel sollen inhaltlich *als Beleg dazu* erkannt werden; die formulierten Unterpunkte zu einem Thema liegen in *einer* gedanklichen Ebene.

4. Sachlichkeit als Ziel

Sachorientierter Unterricht bietet Raum für den Aufbau einer inneren Beziehung zur Sache. Emotionalität bildet die Grundlage für Sach-*Interesse.*

Die Haltung der Sachlichkeit zeigt sich in Objektivität, Sachgerechtigkeit, in einer Achtung vor dem Seienden, in Verantwortung, verantwortlichem Umgang mit der Sache oder in einer gründlichen Auseinandersetzung mit der Sache und versucht Subjektivität, Fremdbestimmung oder ideologische Verfälschung zu vermeiden.

Eine demokratische Erziehung muss darauf bedacht sein, dass Kinder auf die selbstständige Lösung von Problemen vorbereitet werden. Selbstständigkeit setzt voraus, dass ausreichende Wissensbestände in dem relevanten Sachgebiet vorhanden sind und die individuell konstruierten Konzepte eine Verarbeitung der aufgenommenen Informationen zulassen.

Es ist verfehlt, Sachlichkeit als Synonym für Nüchternheit, Distanzierung, Gefühlsarmut, Verkopfung, Stoffdominanz oder Fremdbestimmung anzusehen. Sachlichkeit ist vielmehr eine Haltung, die von der Anerkennung des Eigenwerts der Sache und vom Streben nach dem Dienst an der Sache gekennzeichnet ist; sie ist Teil des komplexen pädagogischen Geschehens. Die Sache ist wichtig, weil das Kind im Mittelpunkt ist. Sachlichkeit ist als pädagogische Aufgabe zu werten.

5. „Elementarisierung" als anspruchsvolle Aufgabe

„Elementarisierung" bezeichnet die anspruchsvolle Verfahrensweise bei der Unterrichtsgestaltung, den (komplexen) Lerngegenstand durch Vereinfachung so zu präsentieren, dass er für das Kind durchschaubar (fassbar, verständlich, begreifbar) wird, ohne die Sachgerechtigkeit zu beeinträchtigen.

Es gilt die Leitlinie, dass die Vereinfachung (Weglassung usw.) so vorgenommen werden muss, dass einer späteren differenzierten Begriffsbildung keine Hindernisse entgegenstehen. Sollte eine endgültige Darstellung des Sachverhalts nicht möglich sein, so ist zumindest zu gewährleisten, dass diese Darstellung eine weitere Ergänzung, Verfeinerung und Präzisierung zulässt. So ermöglicht etwa der Begriff des Teilchens mehrere Erklärungen für beobachtete Naturphänomene (siehe Abb. 133, hier am Beispiel „Flüssigkeiten" durchgeführt).

Die Vorgehensweise des Elementarisierens kann durch folgende Maßnahmen unterstützt werden (Beispiele jeweils aus dem Bereich Physik-Chemie-Technik):

a) Den Sachverhalt von Erfahrungen ableiten

Beispiel: Kondensieren des Wassers: an einem Glasbehälter mit kalter Flüssigkeit, an der Innenseite eines Fensters, Hauch in der kalten Luft.

b) Ein einfaches Beispiel auswählen

Beispiele: Schreibgeräte als Beispiel für die Entwicklung technischer Geräte. – Änderung des Aggregatzustands am Beispiel des Kerzenwachses. – Ein Wippschalter als Beispiel für die technischen Möglichkeiten der Stromkreisunterbrechung.

c) Nebenaspekte weglassen

Beispiel: Es wird formuliert: Die Flamme braucht zum Brennen „Luft" oder „Metalle gehören zu den nicht brennbaren Stoffen" – hierbei wird u.a. weggelassen, dass bei mehreren Metallen eine langsame Verbrennung stattfinden kann.

d) Sich auf einen Teilbereich beschränken

Beispiel: Grunderscheinungen der Elektrizität, z.B. Stromkreis, elektrische Ladung, chemische Wirkung.

e) Sprache vereinfachen

Beispiel: In einer wässrigen Seifenlösung wird die Oberflächenspannung des Wassers herabgesetzt. „Das entspannte Wasser schiebt sich in die kleinen Zwischenräume zwischen Untergrund und Verschmutzung. Wenn wir in ein Seifenwasser greifen, so meinen wir: Das Wasser ist weich. Das Seifenwasser löst den Schmutz ab."

Literatur:

1. Lauterbach, Roland (2007): Die Sachen erschließen. In: Kahlert u.a. 2007, S. 448–460
2. Maras, Rainer (1999): Die unerträgliche Leichtigkeit des Inhalts. Ein Beitrag zur Sachorientierung. In: Grundschulmagazin 10/1999, S. 39–42

1. Wir beobachten

Wenn die Flüssigkeit erwärmt wird, dann steigt sie im Glasröhrchen.

Wenn die Flüssigkeit abgekühlt wird, dann sinkt sie im Glasröhrchen.

2. Wie können wir das erklären?

Wenn die Temperatur steigt, dehnen sich Flüssigkeiten aus.

Beim Erwärmen bewegen sich die Teilchen stärker und brauchen deshalb mehr Platz.

Wenn die Temperatur sinkt, ziehen sich Flüssigkeiten zusammen.

Beim Abkühlen bewegen sich die Teilchen weniger und brauchen deshalb weniger Platz.

Ausnahme: Wasser wird zu Eis.

Abb. 133: Das „Teilchen" elementarisiert einen komplexen Sachverhalt

4.8 Zielorientierung *(R. Maras)*

Begriffe und Zusammenhänge

1. Ziel

„Implizite oder explizite Vorgabe, ohne die menschliches Handeln, auch Erziehung, die Orientierung verliert. In der pädagogischen Tradition aus der Philosophie, zumal Ethik, bezogen, aus Weltanschauungen deduziert oder durch Verstehen von Sinn aus dem historischen Kontext, ist heute bewusst, dass auch pädagogische Ziele vielfältige historisch-soziale oder individuelle oder professionelle Quellen haben.
Pädagogik ist hier nicht autark. Entscheidend und ungelöst sind das Problem der Legitimation sowie die Tatsache, dass angesichts des Implikationszusammenhangs von Zielen, Inhalten und Methoden die Praxis selbst zeigen muss, ob die Vorgabe legitimierbar war. Das Ziel heiligt auch in der Pädagogik nicht die Mittel" (Tenorth/Tippelt 2007, S. 783).

2. Zielorientierung

Gesamtheit der Maßnahmen in Unterrichtsplanung und -gestaltung zur Festlegung, Hervorhebung und Verdeutlichung von beabsichtigten und als sinnvoll bewerteten Kompetenzen und Lernergebnissen.
„... konzeptionelle Spezifizierung für die individuelle motivationale Tendenz im Kontext der Lern- und Leistungsmotivation. In der pädagogisch-psychologischen Forschung werden zwei Dimensionen gegenübergestellt: Lernen mit dem Ziel des Kompetenzzuwachses (Lernzielorientierung, Aufgabenorientierung) vs. Lernen mit dem Ziel, Kompetenzen und Fähigkeiten anderen gegenüber zu demonstrieren bzw. Inkompetenz und Unfähigkeit zu verbergen (Leistungszielorientierung, Folgenorientierung). Sie werden als Personmerkmale und/oder aktuelle, situationsspezifische Motivationszustände konzeptualisiert" (a.a.O., S. 783).

3. Unterrichtsziel

„... allgemeinstes Unterrichtsziel ist die Fähigkeit jedes Einzelnen, die plurale Gesellschaft verantwortlich und im Einklang mit sich selbst mitzugestalten. Im Fachunterricht werden Unterrichtsziele innerhalb der Logik des Faches bestimmt; Kohärenz soll durch Rahmenrichtlinien gesichert werden" (a.a.O., S. 742).

4. Lernziel

„Als Konkretisierung von Richtzielen beschreiben Lernziele die mit einem Lehrprozess intendierten Verhaltensänderungen der Lernenden. Die Einführung von Lernzielen in die Lehrpläne der 1970er-Jahre hat in der Folgezeit die Unterrichtsplanung und -forschung nachhaltig verändert. Zur Beschreibung von Unterrichtszielen ist der Begriff nicht mehr gebräuchlich. Im Kontext der Selbstregulation des Lernens hat die Vergewisserung über Lernziele aber weiterhin zentrale Bedeutung" (a.a.O., S. 483).

5. Lehrziel

„... beabsichtigtes Ergebnis von Lehr-/Lernprozessen in Form von Kenntnissen, Kompetenzen und Einstellungen, die die Lernenden erworben haben sollen; oft synonym zu den Begriffen Lernziel und Unterrichtsziel verwendet" (a.a.O., S. 473).
Einer gewissen Ordnung dient die Einteilung in kognitive, affektive und psychomotorische (pragmatische) Lehrziele.

6. Teilziel

Festlegung eines Teilschritts oder eines Zwischenziels innerhalb der Hauptphase einer Unterrichtseinheit; damit erfolgt eine Aufgliederung des Gesamtinhalts in Teilinhalte oder Teilaspekte (z.B. im Sachunterricht); psychomotorische Lerninhalte werden in Teilverhalten aufgegliedert (z.B. im Fach Sport); didaktische Intentionen, die auf Können ausgerichtet sind, werden auch als Arbeitsschritte bezeichnet (z.B. im Fach Werken).

7. Zielangabe

Formulierung des Lehr- bzw. Lernvorhabens für eine Unterrichtssequenz oder -einheit oder -zeiteinheit durch Lehrerin oder Schüler; diese Festlegung ergibt sich in der Regel aus einer Anfangssituation.

8. Ziel als Kriterium des Handelns

„Denken geht aus dem Handeln hervor, und es trägt … noch grundlegende Züge des Handelns, insbesondere seine Zielgerichtetheit und seine Konstruktivität … Was ist das, ein handelnder Mensch? Es ist einer, der eine Absicht hat, der ein Ziel anstrebt … Seine Handlung bewegt sich zwischen zwei Polen: den Gegebenheiten der – inneren oder äußeren – Situation und dem Ziel. Daher stellt er sich die Aufgabe, den gegebenen Zustand in den Zielzustand überzuführen" (Aebli 1993, S. 26).

Begründung

- Unterricht wird für Lehrerin und Schüler durchschaubar. Das Unterrichtsgeschehen gewinnt an Klarheit.
- H. J. Apel erläutert unter Bezugnahme auf U. Moser die Bedeutung der „zielorientierten Unterrichtsführung": „Lernen ist dann erfolgreich, wenn der Lernvorgang zielorientiert, mit klarem Bezug auf die Aufgabe und mit umsetzbaren Lernstrategien erfolgt … Der von Lehrern angeleitete Unterricht bietet den Schülerinnen und Schülern größere Klarheit und eine übersichtlichere Struktur des beabsichtigten Lernens" (Apel 2000, S. 54).
- „Mangelnde Zielausbreitung führt zu einem Verhalten nach dem Reparaturdienstbetrieb" (Dörner 2000, S. 95).
- „Bei der Analyse von Daten aus der *Scholastik*-Studie ließ sich eine Gruppe ‚guter Lehrer' identifizieren, die überdurchschnittliche Erfolge auf sehr unterschiedlichen Zieldimensionen des Unterrichts erzielte. Ihr pädagogisches Handeln zeichnete sich durch verschiedene Qualitätsmerkmale aus, die stärker auf die zielgerichtete Orientierung, Steuerung und Unterstützung der Lernenden und weniger auf den emotionalen Gehalt der sozialen Interaktionen im Klassenzimmer gerichtet waren" (Weinert/Helmke 1996, S. 231).
- Ziele als Orientierung a) zur Überprüfung von Aufbau und Maßnahmen des Unterrichts und b) für Inhalte und Verfahren einer Erfolgskontrolle.

Praktische Hinweise

- Festsetzen eines Schwerpunkts für diese Unterrichtseinheit (z. B. die Bedeutung von Kartenzeichen verstehen)
- Untergliederung der Gesamtthematik in Teilinhalte oder Teilverfahren
- Formulieren einer klaren Zielangabe: Sie soll noch nicht die zu erarbeitende Erkenntnis vorwegnehmen. Sie wird hervorgehoben durch Wiederholen (verbal) und Anschreiben (auf Tafel oder Folie).
- Bewusstmachen des Fortschreitens im Lern- oder Unterrichtsprozess (im Inhalt, im Verfahren, in der Gedankenentwicklung), z. B. „Du weißt schon, an welcher Stelle sich das Wasser unter der Erdoberfläche sammelt; dann hast du erfahren, wie es an die Oberfläche kommt." „Wir haben gerade beobachtet, wie … Nun soll uns eine Zeichnung helfen …"
- Zäsuren setzen und zum nächsten Teilschritt überleiten, z. B. „Du hast jetzt … geübt; nun ist es noch wichtig, dass …"
- Teilergebnisse werden in einen Zusammenhang gestellt.
- In einer Übersicht mit den erforderlichen Arbeitsschritten wird die bereits erreichte Phase markiert.

Literatur:

Glötzl, Herbert (2000): Prinzipien effektiven Unterrichts. Handbuch für die Erziehungs- und Unterrichtspraxis. Band 1, Ernst Klett, Stuttgart u. a., S. 127–167

4.9 Selbsttätigkeit und Selbstständigkeit *(R. Maras)*

Begriffe und Zusammenhänge

1. Selbstständigkeit

„… die Fähigkeit, alltägliche Lebensabläufe weitgehend unabhängig von der Hilfe anderer bewältigen zu können" (Tenorth/Tippelt 2007, S. 650).

2. Selbsttätigkeit

Aktivität, die auf Aneignung und Sicherung des Lerngegenstandes gerichtet ist oder auf Ergebnisse (materiell oder psychisch) hinzielt.
„Historisch geht das Prinzip der Selbsttätigkeit auf Montaigne im 16. Jahrhundert zurück, der auf die Bedeutung der durch Tätigsein gewonnen Erfahrungen im Gegensatz zum Lernen aus bloßem Zusehen aufmerksam machte. Im Kontext von Erziehung ist gegenwärtig die Selbstbetätigung des Lernenden bestimmend. Im weiteren Sinne verstanden, bezeichnet Selbsttätigkeit das Bemühen des Lernenden, zunehmend mehr die Lernorganisation eigenständig und aktiv mitzugestalten. Gegenwärtig signalisiert der Begriff eine Leitvorstellung der Eigenverantwortlichkeit im Konzept des Lebenslangen Lernens" (a. a. O.).

3. Selbst gesteuertes Lernen

„… Lernform, bei der der Lernende die wesentlichen Entscheidungen, ob, wann, wie und worauf hin er lernt, weitgehend selbst bestimmen kann. Der selbst gesteuerte Lerner setzt sich selbst anspruchsvolle Ziele, die er als bedeutsam erachtet und von denen er überzeugt ist, sie durch eigenes Lernen erreichen zu können. Er besitzt zudem angemessene Kenntnisse über Lernstrategien, mit denen er seine Ziele erreichen kann. Des Weiteren plant und kontrolliert er seine Lernfortschritte im Hinblick auf selbst gesetzte Ziele (Metakognition)" (a. a. O., S. 648).

4. Handelnder Umgang

Unterrichtsverfahren zur Erschließung oder Einübung des Lerninhalts durch verschiedene zielorientierte und bewusste Tätigkeiten am und mit dem konkreten Gegenstand oder mit dem Arbeitsmittel, das diesen Lerninhalt repräsentiert.

5. Handlungsorientierter Unterricht

Unterrichtskonzept, in dem Verfahrensweisen betont werden, die durch Eigenaktivität im Lernprozess und den Einsatz sachadäquater Arbeitstechniken und -weisen gekennzeichnet sind.

Hinweis: Die Bedeutung von Selbsttätigkeit für Lernen, Persönlichkeitsentwicklung und das Unterrichtsgeschehen ist in einem Überblick, siehe Abb. 134, dargestellt.
Siehe ferner S. 24–27, 44f., 227f. und 229–231.

Begründung

- „Lernen als ein individueller Prozess ist auf Anregungen angewiesen, die die Kinder dazu befähigen über den herkömmlichen Unterricht hinaus ihr Lernen selbst in die Hand zu nehmen und ihre Lernprozesse (nach)steuern zu können. Die während der Unterrichtszeit erfassten Inhalte müssen individuell verarbeitet werden und hierfür benötigt das Kind den Raum, die Zeit und die Möglichkeit, die von ihm bevorzugten Lernwege einzuschlagen" (Standop 2008, S. 59).

- „Selbsttätiges Handeln und Lernen fördert die Entwicklung einer mündigen Persönlichkeit und die dazu notwendigen Kompetenzen und Eigenschaften wie Selbstständigkeit, Selbst- und Mitbestimmung, Selbstverantwortung, Sach-, Handlungs- und Sozialkompetenz, Kritik- und Urteilsfähigkeit" (Glötzl 2000, S. 276).

- Grundlage für das gute Behalten (Behaltwert)
  „Für Lernen und Behalten scheint nicht die Modalität der Reizaufnahme entscheidend zu sein, sondern das Verarbeitungssystem im Gehirn. Die neuere Kognitionsforschung wendet sich von Personmerkmalen ab und betont die situative Passung zwischen *Aufgabenanforderungen* und *Lernstrategien* (i. O. kursiv). Schüler sind offenbar in der Lage, das eigene Lernverhalten und den Einsatz von Arbeitstechniken beim Wissenserwerb bewusst zu steuern. Durch selbstbestimmte Wahl und zielorientierten Einsatz derartiger Lernstrategien (Folgen von Handlungsschritten) können sie ihre Ergebnisse verbessern" (Thomas 2008, S. 36).

- Selbsttätigkeit als Voraussetzung der Selbstständigkeit: Durch das eigene Tun wird offensichtlich, ob sich die praktizierten Lösungsstrategien und -methoden in der Anwendungssituation bewähren oder ob z. B. die erworbenen Bewegungsabläufe brauchbar sind. Es entsteht eine realistische Einschätzung für die eigenen Fähigkeiten und weil in der Ausführung einer Handlung Erfolg erfahren werden kann, stärkt sich das Zutrauen in die eigenen Möglichkeiten, auf die Umwelt durch Handlung einzuwirken.

- Beitrag zum Wechsel im Unterrichtsgeschehen (Rhythmisierung) und zu einer methodischen Variation.

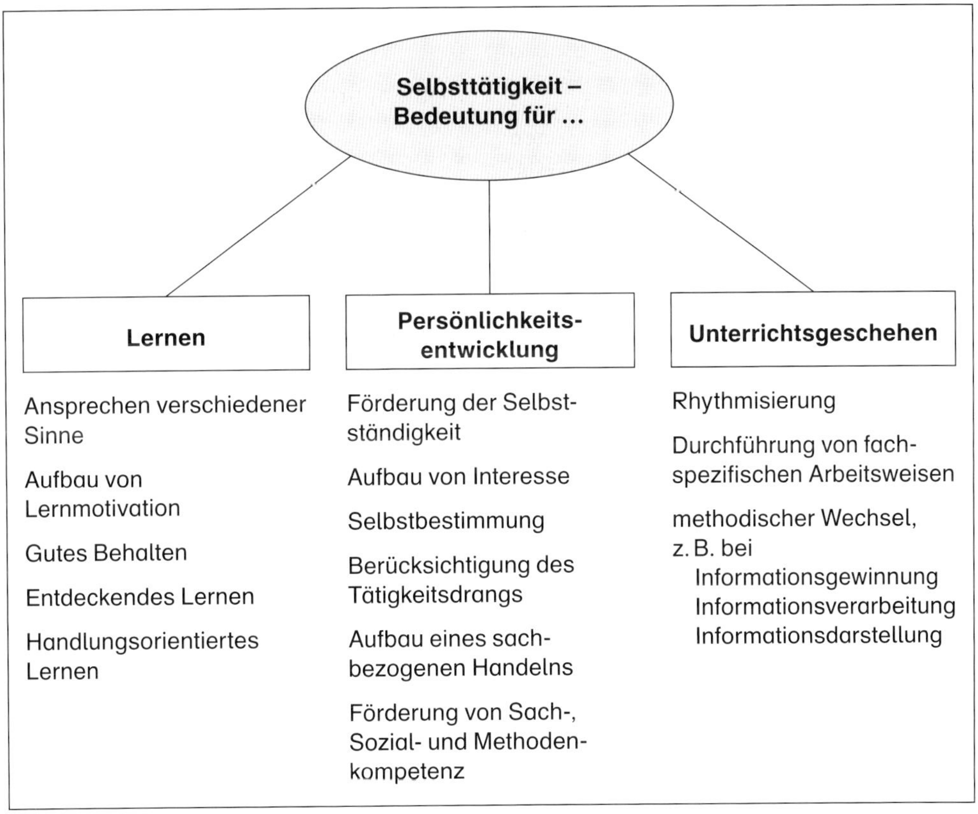

Abb. 134: Bedeutung der Selbsttätigkeit

Grundsätze

- Die Art der Selbsttätigkeit soll dem unterrichtlichen Gegenstand entsprechen (Kirschblüte: betrachten, riechen, zerlegen, durchschneiden).
- Phasen der Selbsttätigkeit sind vorzubereiten, um den Lernerfolg zu gewährleisten, d. h., zielblinde Phasen sind zu vermeiden.
- Die Kinder können für ihre weitere Arbeit Lernziele festlegen (vgl. Hinz 2007). Der Grad der Selbsttätigkeit ist dem Leistungsvermögen der Schüler anzupassen; gleichzeitig soll mit der Aufgabenstellung eine Weiterführung der Bewusstseinsinhalte verbunden sein. Offene Aufgabenstellungen sind Anlass zur Entwicklung eigener Lösungs- und Lernwege (siehe Abb. 135).
- Das Ergebnis der Selbsttätigkeit ist auf die sachliche Richtigkeit zu überprüfen (im Sinne der angestrebten Lernziele).
- Das Ergebnis der Selbsttätigkeit ist in den Lernprozess zu integrieren. Die Kinder reflektieren über Lernweg und -produkt.
- In Phasen der Selbsttätigkeit sollten zeitliche Beschleunigung und Kommentierung der laufenden Arbeit nach Möglichkeit nur in Ausnahmefällen erfolgen.
- Die Ergebnisse sollten in angemessener Weise gewürdigt werden.

Möglichkeiten

1. Selbsttätigkeit als umfassende unterrichtliche Zielsetzung

Die Konsequenz der *pädagogischen* Zielsetzung, das Kind zur *Selbstständigkeit* zu befähigen, besteht organisatorisch darin, Situationen zu eröffnen, in denen Selbsttätigkeit möglich wird. Dazu bieten sich Maßnahmen an, die außerhalb der festgefügten Unterrichtseinheiten erfolgen können.

- Beginn und Beendigung des Unterrichtstages: Morgenkreis oder Tagesrückblick
- Formen des Schullebens: Vorbereitung und Gestaltung von Festen und Feiern
- Offene Unterrichtsformen: Projektunterricht oder Freiarbeit, auch Wochenplanarbeit

2. Selbsttätigkeit in den verschiedenen Phasen des Unterrichts

a) Anfangsphase

Beispiele: beobachten (Versuch: Eisenfeilspäne ordnen sich nach dem Verlauf des Kraftfelds eines Stabmagneten); betrachten (Bilder: Stadtansichten früher – heute); zuhören (Hörszene: Streit in der Pause); sich spontan äußern (als Reaktion auf einen Impuls: Aufpumpen eines Fußballs, Funktionsweise der Luftpumpe?); berichten (über eigene Erfahrungen: Materialeigenschaften von Plastik).

b) Hauptphase

Beispiele: ordnen (Blüten: nach Farbe, Form, Größe); vergleichen (geometrische Flächen: Dreieck, Viereck, mit geraden oder nicht geraden Begrenzungslinien); interpretieren (Kreisstadt: Anzahl von Geschäften in der Hauptstraße, gut ausgebaute Verkehrswege, Anzahl von Betrieben); heraussuchen (und durch Unterstreichen hervorheben: Aussagen über Gegenstände oder Vorgänge in einem Sachtext, treffende Eigenschaftswörter und Zeitwörter, Gründe für eine Maßnahme); planen, Versuche durchführen, verbalisieren.

c) Schlussphase

Beispiele: einordnen („Verdunsten" in „Kreislauf des Wassers"); wiederholen, erklären, beurteilen.

Literatur:

1. Maras, Rainer (2008): Selbstständiges Lernen unterstützen. In: Grundschulmagazin 4 bis 6/2008. Teil 1: 4/08, S. 51–54, Teil 2: 5/08, S. 43–46, Teil 3: 6/08, S. 53–58
2. Standop, Jutta (2008): Das Kind als Subjekt im Lernprozess. In: Jürgens/Standop 2008 c, S. 51–64

Mein Rechenbericht	______________ (Name)	______________ (Datum)

1. Aufgabe*

Verteile die Zahlen 1, 2, 3, 4, 5, 6, 7 und 8 so, dass keine benachbarten Zahlen in benachbarten Kästchen stehen.

Findest du verschiedene Lösungen?

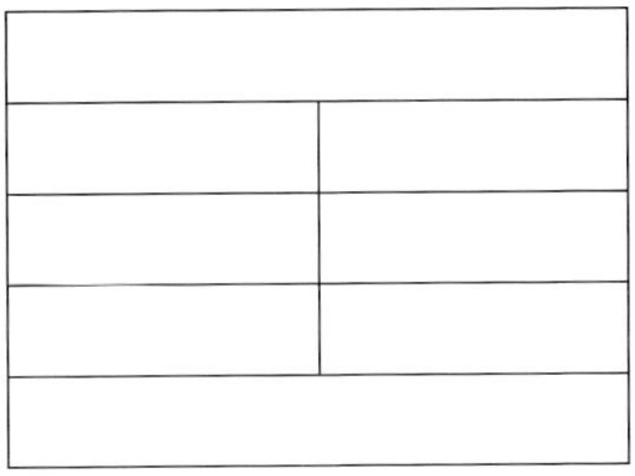

2. Meine Gedanken zur Aufgabe

____

____

3. Mein Lösungsweg und mein Ergebnis

4. Meine Anmerkung
(Das war mir neu. Das habe ich gelernt. Das habe ich entdeckt.)

____

____

5. Wie schätzt Du Deine eigene Leistung ein?

____

6. Falls Du Interesse hast: Erfinde eine ähnliche Aufgabe und notiere sie auf.

* Aufgabe entnommen aus Silvia Reitz: Wer knackt die Nuss? Grundschulmagazin 3/2007, S. 48

Abb. 135: Offene Aufgaben wecken das Interesse für eine eigenständige Arbeit

4.10 Erfahrung *(R. Maras)*

Begriffsklärung

1. Begriffsfeld

Die nachfolgenden Beispiele verweisen auf die Komplexität des Erfahrungsbegriffs:

a) Erfahrungen werden aktiv gemacht: In Situationen setze ich mich bewusst und gezielt mit Vorgängen, Gegenständen, Menschen auseinander.

b) Erfahrungen werden passiv gemacht: Ich gerate in Situationen und registriere Sachverhalte (z.B. Ich beobachte einen Unfallhergang – ich registriere in mir Gefühle).

c) Erfahrung geht von der sinnlichen Wahrnehmung aus: Ich sehe, höre, ertaste, erfühle, rieche und schmecke Sachverhalte (z.B. Wolkenfärbung – Erfahrungswissen: Es wird regnen; Geruch eines Fleischstücks: Es ist ungenießbar).

d) Erfahrungen gründen auf der Verknüpfung von Einzelvorgängen oder -wahrnehmungen: Das bloße Wahrnehmen ist keine Erfahrung (z.B. einen Löwenzahn erkennen), die Erfahrung ergibt sich aus der Verbindung von einzelnen Informationen (z.B. „Wetterseite“ eines Baumes, eines Hauses).

Erfahrungen werden vom Individuum gemacht: Die Wahrnehmung an der Sache sind *meine* Wahrnehmungen; deshalb können Primärerfahrungen nur von mir gemacht werden. Meine Identität gründet auf dem nur mir eigenen Repertoire an Erfahrungen.
Erfahrungen werden von einer Gruppe gemacht: Eine Situation kann von mehreren Menschen ähnlich oder sehr ähnlich wahrgenommen und erlebt werden; dies zieht ähnliche oder von allen als gleich empfundene Erfahrungen nach sich; ein Volk oder eine Nation kann von der „nur ihm bzw. ihr eigenen“ Erfahrung sprechen.

2. Begriffe

a) Erfahrungen
Individuelle Bewusstseinsinhalte, die entstanden sind durch die Begegnung oder den tätigen, sinnenhaften Umgang mit materiellen oder psychischen Phänomenen und die charakterisiert sind durch die subjektive Verknüpfung von Einzelerscheinungen zu zusammenhängenden Aussagen oder Informationsketten.
Erfahrung „... bezeichnet alles, was wir mit unseren Sinnen wahrnehmen können. Allerdings lässt sich dies ohne kognitive Prozesse weder konservieren noch kommunizieren oder bewusst machen. Daher sind mit Erfahrungen immer Interpretationsprozesse verbunden, die sie ins Bewusstsein bringen, die sie aber auch durch Erwartungen steuern“ (Tenorth/Tippelt 2007, S. 192f.).

b) Erfahrungsorientierter Unterricht
Konzeption eines Unterrichts, die Sachverhalte und Verfahrensweisen in den Mittelpunkt stellt, die die Gewinnung von Erfahrungen ermöglichen oder daran anknüpfen und auf Verarbeitung von Erlebnissen, Wahrnehmungen und Anmutungen ausgerichtet sind.

Bedeutung

- Kinder leben zunehmend in einer Welt von mittelbaren Situationen.
- „Über die Entfaltung des Denkvermögens, Interpretations-, Verstehens- und Rezeptionsleistungen hinaus bedarf es ... auch der Ermöglichung unmittelbarer Erfahrungen in und mit der Wirklichkeit und aktiver Weltzuwendung“ (Wöll 1998, S. 4).
- „Erfahrungen sind gewöhnlich Lernergebnisse, die alle Persönlichkeitsdimensionen betreffen (die kognitive, affektive und psychomotorische) und die wegen ihrer Authentizität und biografischen Bedeutsamkeit auch recht nachhaltig sind. Und weil sie in konkreten Situa-

tionen gemacht wurden, sind sie in der Regel auch von unmittelbarer Relevanz" (Sacher 2006, S. 32).

- Die Verknüpfung von Unterrichtsinhalten mit vorhandenen Erfahrungen begünstigt den Aufbau von Interesse und fördert das gute Behalten.

Unterrichtliche Möglichkeiten

1. Erfahrungen mitteilen

a) ...verbal: Erzählen von Erlebnissen mit Tieren, mit bestimmten Personengruppen (z.B. behinderten Kindern) oder mit Gegenständen (z.B. Spielzeugauto, Drehstuhl, Wippe); Berichten über Erfahrungen mit Wetter, Kleidung, Verkehrsmittel, Spielzeug oder über Erfahrungen auf dem Schulweg oder beim Einkaufen; Berichten über die eigenen Überlegungen zur Lösung einer Sachaufgabe, beim Beobachten einer Amsel, beim Hören eines Gedichts, beim Anschauen eines Gemäldes.

b) ...durch (wiederholendes) Tun, d. h. eigene Erfahrungen nochmals am Objekt vorführen: Prellen eines Balles; Zerteilen einer Sperrholzplatte mit der Laubsäge; Grashalm zwischen beiden Daumen zum Schwingen bringen (d. h. Pfeifen); einem Hamster Futter reichen; Taschenlampe zerlegen und wieder zusammenbauen; Balancieren auf dem Schwebebalken (zugrundeliegende Erfahrung z.B. Balancieren auf einem gefällten Baumstamm).

2. Erfahrungen machen

a) im Sachunterricht: Temperatur messen mit dem Thermometer; aus Roggenkörnern Mehl herstellen; sich mit der Karte im Schulviertel orientieren; mit einem Polizisten über dessen Arbeit sprechen; Material erkunden, das Strom leitet (Draht, Metallplatten) und das den Strom nicht leitet (Schnur, Gummiband).

b) in Mathematik: Die Mächtigkeit einer Zahl mit verschiedenen Elementen darstellen; die Erleichterung des Rechnens mit den Normalverfahren; die Lösung von Sachproblemen (Sachaufgaben) durch Rechnen.

c) in anderen Fächern: Wirkung von Sprachmitteln; Erfahrungen mit der eigenen Stimme; Erfahrungen mit verschiedenen Werkzeugen, Geräten, Materialien, Schreibgeräten; Wahrnehmungen am eigenen Körper bei sportlichen Aktivitäten (Atemfrequenz, Ausdauer, Konzentration).

d) im Unterrichtsgeschehen: Erfahrungen mit Arbeitstechniken (z.B. Unterstreichen von wichtigen Wörtern im Text), mit verschiedenen sozialen Arbeitsformen (z.B. Gruppenarbeit).

3. Erfahrungen ordnen

Schwimmen und Sinken von Gegenständen oder Materialien; Verhaltensweisen in verschiedenen Situationen (z.B. um eine Auskunft bitten, einen Termin ausmachen, eine Unstimmigkeit feststellen, auf einen angenehmen Vorgang reagieren); Auswirkungen von Unwohlsein oder Krankheiten auf die Stimmung oder Leistungsfähigkeit; Beständigkeit verschiedener Klebeverbindungen.

4. Erfahrungen in Einsichten oder Erkenntnisse überführen

Verschiedene Zimmerpflanzen brauchen verschiedene Pflege; für ein gutes Zusammenleben sind Regelungen notwendig; man soll einen Rat nur befolgen, wenn man geprüft hat, ob er gut ist (sein könnte).

Literatur:

1. Schultheis, Klaudia (2007): Erfahrungsorientierter Sachunterricht. In: Kahlert u.a. 2007, S. 401–406
2. Wöll, Gerhard (1998): Handeln: Lernen durch Erfahrung. Handlungsorientierung und Projektunterricht. Schneider Hohengehren, Baltmannsweiler, S. 4–21

4.11 Begriffsbildung *(R. Maras)*

Begriffe und Zusammenhänge

1. Begriff

„Als Thema der Logik wird der Begriff nach seinem Vorstellungscharakter und nach seiner Funktion in Aussagen bzw. Aussagesystemen (Theorien) analysiert. Der Begriff wird dann in seinem allgemeinen/generalisierenden Charakter von der *Anschauung* (i. O. kursiv) unterschieden, die bekanntlich ohne Begriff blind ist, dagegen der Begriff ohne Anschauung leer" (Tenorth/Tippelt 2007, S. 58).
Begriffe „sind Ergebnisse und Werkzeuge rationaler, über die sinnliche Wahrnehmung hinausgreifender Denkprozesse. Sie dienen dem Begreifen; sie fungieren als akzentuierte gedankliche Verknüpfungen bedeutungsvoller Beziehungen in einem Netz von Merkmalen oder sie entsprechen einer bestimmten Behandlung einer Sachlage. Wovon man einen Begriff hat, das kann man von anderem unterscheiden. Begriffe repräsentieren das (für längere Zeit) Gleichbleibende im Wechsel der konkreten Erscheinungsformen (z. B. ‚Verantwortung')" (Köhnlein 2007b, S. 96).

2. Begriffsbildung

„Psychologisch bezeichnet Begriffsbildung den empirisch beobachtbaren Prozess des Erwerbs von Begriffen im Lebenslauf" (Tenorth/Tippelt 2007, S. 58).
„Es gibt verschiedene Möglichkeiten der Erschließung eines Sachverhaltes und seiner Repräsentation durch die Lernenden. Dabei kommen dem *Handeln*, der *bildlichen Darstellung* und der *Sprache* (i. O. jeweils kursiv) eine hervorragende Bedeutung zu. Bruner hat im Anschluss an Piaget drei aufeinander aufbauende Repräsentationsformen für Unterrichtsinhalte vorgeschlagen ... (enaktive ..., ikonische ... und symbolische Repräsentation)" (Köhnlein 2007b, S. 95)

3. Anschauung

„Nach der ‚kopernikanischen Wende' in der Erkenntnistheorie, wonach nicht die Wirklichkeit durch Erkenntnis abgebildet wird, sondern umgekehrt der Mensch mit Hilfe seiner Verstandeskräfte den Gegenstand der Erkenntnis ‚konstruiert', erhalten die Anschauungsformen als kategoriale Bedingungen menschlicher Erkenntnis einen neuen Stellenwert. Dieses neue Verständnis von Anschauung hatte wiederum neue Entwürfe in der didaktischen Theoriebildung zur Folge, denen es allesamt um den Aufbau der Kategorien, Elemente, Muster, Konstruktionsschemata der Anschauung ging ... Anschauungsunterricht reißt die Dinge aus ihrer Einbindung in einen Erlebnis- und Handlungszusammenhang heraus" (Loser 1999, in Reinhold/Pollak/Heim (Hrsg.), S. 22f.).
„In der Anschauung werden wir ... der äußeren und inneren Struktur eines Dinges inne ... Die Anschauung ist transparent, durch sie leuchtet der Begriff, das Wesen der Sache hindurch. Von der Anschauung aus sind wir auf dem Sprunge zum Wesensbegriff" (Reumuth 1955, S. 18f.).

4. Gebrauch symbolischer Repräsentationssysteme

Für das Erlernen des Gebrauchs symbolischer Repräsentationssysteme, aus der Sicht des Anfangsunterrichts, erläutern Holodynski/Schiefele fünf Lernschritte: „Es gibt fließende Übergänge zwischen diesen Lernschritten und sie werden je nach individuellem Lerntempo unterschiedlich schnell durchlaufen.

- *Erster Lernschritt: Enaktive Organisation symbolischer Operation*
  Der Schlüssel zur Ausbildung mentaler symbolischer Operationen ist, die Kinder sichtbare Handlungen mit realen Ersatzgegenständen vollziehen zu lassen, die exakt der Logik des jeweiligen Symbolsystems folgen ... Beim Rechnen entsteht die Handlungslogik im Operieren

(Abzählen, Zusammenfügen, Aufteilen, etc.) mit realen abzählbaren Mengen ...

- *Zweiter Lernschritt: Ikonische Darstellung der enaktiven Handlungslogik*
  In einem zweiten Lernschritt ist es nun erforderlich, die Lese-, Schreib- und Rechenoperationen von den konkreten enaktiven Handlungen mit Ersatzgegenständen abzulösen und sich mit Hilfe ikonischer Repräsentationen bewusst zu machen, wie diese symbolischen Operationen im Detail funktionieren ...
- *Dritter Lernschritt: Von der ikonischen zur symbolischen Repräsentation*
  Bei diesem Lernschritt geht es darum, die enaktiv ausgeführten symbolischen Operationen und ihre ikonischen Darstellungen in rein sprachliche Instruktionen und damit in präzise, handlungsleitende Schemata umzuwandeln ...
- *Vierter Lernschritt: Internalisierung symbolischer Operationen*
  Bei diesem Lernschritt erfolgt eine Transformation der bislang für andere Personen sichtbaren symbolischen Operationen, so dass diese auch ausschließlich auf der mentalen Ebene realisiert werden können ...
- *Fünfter Lernschritt: Automatisierung symbolischer Operationen*
  Durch weiteres Üben werden explizite Selbstanweisungen überflüssig, die symbolischen Operationen ‚im Kopf' automatisieren sich" (Holodynski/Schiefele 2008, S. 22–27).

Verwirklichung

1. Formen der Begegnung

- Die Wirklichkeit selbst: Sie ist vorhanden (Klassenzimmer, das Gespräch), sie kann bereit gestellt werden (Wiesenblumen, Sprechsituation), sie kann aufgesucht werden (Hauptstraße, Weiher, Gebäude);
- Mediale Darstellungen (Bilder, Sprache), Reproduktion der Wirklichkeit;
- Modell der Wirklichkeit (Blütenmodell; Schema „Wasserkreislauf").

2. Aktivitäten

- Betrachten (Reproduktion eines Gemäldes, Taschenlampe, Blüte);
- Umgehen mit dem „Gegenstand" (Füttern eines Meerschweinchens, Setzen von Samen, Aufpumpen eines Fahrradschlauchs, Gebrauch von Sprachfloskeln);
- Ausführen von Operationen (Legen der Mächtigkeit einer Zahl mit Plättchen);
- Probieren, Vergleichen, Verändern, Zusammenfügen, Vermutungen äußern;
- Mitteilen der Wahrnehmungen, Empfindungen, Bewertungen oder Assoziationen (Aufschneiden einer Frucht, Nennen von Ideen zum Begriff „steigen");
- Philosophieren über Dinge, Ereignisse und Vorgänge; dies kann zum Erschließen der Phänomene und zu einer offenen Auseinandersetzung führen (vgl. Kaiser/Pfeiffer 2007, S. 165);
- Diskussion von Gedankengängen, Überlegungen, Lösungswegen, Fehlern;
- Darstellen von Zusammenhängen, Vernetzung von Erfahrungen und Begriffen;
- Versprachlichung und Reflexion von Ergebnissen und Erkenntnissen in unterschiedlichen Kooperationsformen (Dialog);
- variatives Üben und Wiederholen.

Literatur:

1. Holodynski, Manfred/Schiefele, Ulrich (2008): Lernpsychologische Befunde. In: Jürgens/Standop 2008 b, S. 15–28
2. Oerter, Rolf/Dreher, Michael (1998): Entwicklung des Problemlösens. In: Oerter, R./Montada, L. (Hrsg.): Entwicklungspsychologie. Ein Lehrbuch. Psychologie Verlags Union, Weinheim, 4.Aufl, S. 561–622

4.12 Motivation *(R. Maras)*

Begriffe und Zusammenhänge

1. Motivation

„Sammelbegriff für dynamische und richtungsgebende Komponenten des menschlichen Verhaltens. Aus psychologischer Sicht muss zwischen dispositionalen Aspekten der Motivation (z.B. Motiven, Interessen, Werten, Zielorientierungen) und dem Zustand bzw. den Prozessen motivierten Handelns unterschieden werden. Die in realen (Lern-)Situationen wirksame Motivation ist in vielfältiger Weise mit motivationalen und kognitiven Merkmalen der Person und den aktuellen Umweltbedingungen verknüpft und kann in der Regel nicht aus der Aktivierung eines einzigen Motivs erklärt werden. Im Kontext von Lehren und Lernen spielt die Unterscheidung von intrinsischer und extrinsischer Motivation eine wichtige Rolle" (Tenorth/Tippelt 2007, S. 516).

2. Motiv

„Beweggrund des Handelns. In psychologischen Motivationstheorien werden Motive als eine dispositionale Handlungsbereitschaft interpretiert. Sie können auf der Grundlage einer Klassifikation übergeordneter Handlungsziele näher beschrieben werden (z.B. Leistung, Macht, soziale Ziele, Interessen). Motive sind wichtige, aber nicht die einzigen Bedingungsfaktoren handlungsleitender Motivation" (a.a.O., S. 515).

3. Intrinsische und extrinsische Motivation

- *Intrinsische Motivation:* „In Gegenüberstellung zur extrinsischen bezeichnet intrinsische Motivation den Wunsch oder die Absicht, eine bestimmte (Lern-) Handlung durchzuführen, weil sie als solche interessant, spannend, wertvoll etc. erscheint" (a.a.O., S. 357).
- *Extrinsische Motivation:* „Im Gegensatz zur intrinsischen Motivation kommt der Handlungsanreiz für eine (Lern-) Tätigkeit nicht aus der Attraktivität des unmittelbaren Tätigkeitsvollzugs bzw. des Lerngegenstandes selbst ..., sondern liegt außerhalb des Handlungsgeschehens. Sie zielt darauf ab, positive Handlungsfolgen zu erzielen (z.B. Hoffnung auf Erfolg, Lob) bzw. negative Folgen zu vermeiden ..." (a.a.O., S. 227)

4. Interesse

Mit Hinweis auf A. Krapp kennzeichnet A. Hartinger Interesse durch folgende drei Merkmale:

- „Der Interessengegenstand (bzw. die Interessenhandlung) hat eine *hohe subjektive Wertschätzung.* Es ist der interessierten Person *wichtig,* sich mit dem Interessengegenstand zu beschäftigen. Dies bedeutet auch, dass die Beschäftigung *freiwillig* geschieht. (Wertaspekt)
- Die Beschäftigung mit dem Interessengegenstand ist für die interessierte Person mit *positiven Gefühlen* verbunden – zumindest in der Summe. (emotionaler Aspekt)
- Die interessierte Person möchte über den Interessengegenstand mehr wissen, die Beschäftigung ist damit *erkenntnisorientiert* (i.O. jeweils kursiv) ... (kognitiver Aspekt)" (Hartinger 2007, S. 119).

Bedeutung

- Ursache für In-Gang-Setzen und In-Gang-Halten des Lernens
- Aktivierung, um Lernfortschritte herbeizuführen
- Ausgangspunkt für den Aufbau eines positiven Selbstbildes
- Grundlage für Eigeninitiative
- Entstehung von Handlungsabläufen zur Problemlösung, zur Entwicklung von Alternativen und zum Überwinden von Schwierigkeiten

Praktische Hinweise

1. Aufbau langfristiger Motivationen

Die allgemeine Bereitschaft zum Lernen kann durch verschiedene Maßnahmen herbeigeführt werden:

- *Entspannte Klassenatmosphäre:* Soziale Konflikte lösen oder zumindest eingrenzen; Wettbewerbssituationen auf die Sache zurückführen und Konkurrenzdenken abbauen; Vermeidung einseitig sozialer Beziehungen
- *Positive Verstärkung:* Lob, Ermunterung und Bestätigungen beeinflussen die Lernanstrengungen günstig; Bewusstmachen von Leistungen
- *Pädagogisches Handeln der Lehrperson:* Sachorientierte Reaktion auf falsche Schülerbeiträge; freundliche Haltung; vertrauensvolle Zuwendung; gerechte Beurteilung von Leistungen und Konflikten
- *Trennung von Arbeitssituation und Benotungssituation* – von der Arbeit an der Sache und der Bewertung der Qualität des Tuns

2. Motivation in der Ausgangssituation

Hereinbringen des realen Gegenstandes; Herstellen des persönlichen Bezugs zum Thema; Einbringen des Vorwissens des Schülers; Darstellen eines Widerspruchs (die Aussagen zweier Texte provozieren) oder eines Fehlers in der Logik; Einsatz von gut gestalteten und aussagekräftigen Medien; eine Problemstellung zwingt zur Lösung; eine unklare Hypothesenbildung führt notwendig zum Versuch; Darstellen einer lebensechten Situation durch szenisches Spiel, Hör- oder Filmszene; Anknüpfen an Bekanntes; interesseweckender Problemversuch; Vorlesen einer ungewöhnlichen Begebenheit; Bekanntgabe des Ziels, des Vorhabens, der spezifischen Fertigkeit (die am Schluss des Unterrichts erreicht werden kann); Notieren der Fragen der Kinder; Formulieren von Vermutungen; Herausfordern zur Weiterarbeit durch Vorgabe einer (echten) Entscheidungssituation.

3. Motivation im gesamten Unterrichtsgeschehen

- *Handelndes Tun:* Zerlegen eines Gegenstandes, Anfertigen eines Modells, Durchführung eines Versuchs, Ordnen von Elementen
- *Strukturierung:* Abgrenzung der einzelnen Teilschritte, Einsicht in die Funktion der einzelnen Teilinhalte, Herstellen von Zusammenhängen
- *Veranschaulichung:* Erklären am Modell, am Bild; Herstellen der Verbindung zu bekannten Begriffen
- *Zielorientierung:* Bewusstmachen des Fortschreitens des Denk- und Arbeitsprozesses; Formulierung von Überleitungen
- *Verdeutlichen von Erfolgen:* bei der Datensuche im Internet, bei der Teamarbeit, bei der Lösung von Problemen
- *Rhythmisierung:* Variation von Sozialformen, Medien und Tätigkeiten; Wechsel von Spannung und Entspannung; Veränderung von Anspruchs- und Aktivierungsniveau; Einlegen von Pausen
- *Einhaltung eines leistungsgerechten Anspruchsniveaus*: Die Kinder erfahren, dass sich ihre Anstrengungen lohnen, indem sie sich selbst neue Sachverhalte aneignen können
- *Bestätigung des Lernfortschritts*

Literatur:

1. Fries, Stefan (2011): Lernmotivation verstehen und fördern. Einsichten und Ansätze für erfolgreiche Motivation. In: Schulmagazin 5 – 10 3/2011, S. 7 – 14
2. Wild, Elke/Hofer, Manfred/Pekrun, Reinhard (2001): Psychologie des Lerners. In: Krapp, A./Weidenmann, B. (Hrsg.) 2001, S. 218 – 242

4.13 Klassenführung *(R. Maras)*

Begriffe und Zusammenhänge

1. Klassenführung

„Die Klassenführung betrifft die Organisation des Unterrichts, das heißt die Sicherstellung von Rahmenbedingungen für eine effektive Stoffvermittlung. Dabei geht es besonders um die Herstellung einer störungsfreien Unterrichtsatmosphäre und um die schnelle Beseitigung aufgetretener Störungen … Konkret handelt es sich um Wissen darüber, welche förderlichen und beeinträchtigenden Ereignisse bei bestimmten Unterrichtsformen und -abläufen mit welcher Wahrscheinlichkeit zu erwarten sind, welche Konsequenzen sie vermutlich haben, ob sie Anzeichen von Störungen enthalten und wie die damit verbundenen Probleme am besten gelöst werden können" (Weinert/Schrader/Helmke 1990, S. 190).

Classroom Management: „‚Technik der Klassen- oder Unterrichtsführung'; besonders im US-amerikanischen Raum verbreiteter Begriff zur Beschreibung von Grundsätzen, Regeln und Formen der nicht fachspezifisch besonderen, sondern allgemeinen Möglichkeiten der professionellen Unterrichtsgestaltung durch Lehrende" (Tenorth/Tippelt 2007, S. 132).

2. Merkmale der Klassenführung

In einer Studie über „Techniken der Klassenführung" untersuchte J. S. Kounin (1970/1976) Dimensionen der erfolgreichen Lehrerpersönlichkeit. „In der Studie zeigte sich: Je besser es den Lehrkräften gelang, die folgenden Merkmale umzusetzen, umso besser arbeiteten die Schüler mit und umso weniger Fehlverhalten zeigten sie.

(1) *Allgegenwärtigkeit* und *Überlappung*: Diese Dimensionen betreffen die Fähigkeit des Lehrers, den Schülern zu signalisieren, dass er über ihr Verhalten informiert ist, sowie seine Fähigkeit, mehreren gleichzeitig auftretenden Problemen seine Aufmerksamkeit zuzuwenden und Störungen nebenbei zu beheben.

(2) *Reibungslosigkeit* und *Schwung:* Beide Parameter messen die Fähigkeit des Lehrers, den Unterrichtsablauf zu steuern und unnötige Unterbrechungen, Leerlauf oder Hektik zu vermeiden.

(3) *Gruppenmobilisierung* und *Rechenschaftsprinzip*: Diese Aspekte betreffen die Fähigkeit des Lehrers, die Klasse auch dann im Fokus zu behalten, wenn er sich einem einzelnen Schüler zuwendet.

(4) *Valenz* und *intellektuelle Herausforderung:* Den Lehrkräften gelingt es, die Schüler für die Unterrichtsinhalte zu begeistern und ihre Arbeitsbereitschaft zu wecken. Die Lernaufgaben sind zwar intellektuell herausfordernd, aber zu bewältigen, die Anforderungen passen also zur Leistungsfähigkeit.

(5) *Abwechslung* und *Herausforderung bei der Stillarbeit* (i. O. jeweils kursiv): Lernaktivitäten in Einzelarbeitsphasen sind methodisch phantasievoll gestaltet und intellektuell herausfordernd" (Lohrmann/Haag 2008, S. 268).

Begründung

Orientierung

„Um soziales Lernen zu ermöglichen, müssen Lehrkräfte ihre Steuerungsfunktion verantwortlich nutzen, hierzu bedarf es eines systematischen und vor allem für die Kinder transparenten Klassenmanagementsystems … als einem verständlichen Regel- und Interaktionssystem. Gerade im Anfangsunterricht bietet ein solches System jungen Kindern ein hohes Maß an Orientierung, macht das Verhalten der Lehrkraft vorhersehbar und schützt sie vor einem inkonsistenten Erziehungsstil …" (Thies 2011, S. 9)

Strukturen als Voraussetzung für eigenaktives Lernen

„Insbesondere offenere Handlungsmuster des Unterrichts bedürfen jedoch einer klaren Struktur. Je jünger Schüler sind, umso eher müssen sie angeleitet werden, ihr Lernen zu regulieren und selbstbestimmt zu organisieren. Die Führung der Klasse ist daher sinnvoll und notwendig ..." (Lohrmann/Haag 2008, S. 264).

Merkmal für hohes Leistungsniveau und erfolgreiches Lernen

„Die internationale Forschung zeigt, dass kein anderes Merkmal so eindeutig und konsistent mit dem Leistungsniveau und dem Leistungsfortschritt von Schulklassen verknüpft ist wie die Klassenführung ... Trotzdem spielt das Merkmal in Deutschland erstaunlicherweise weder in der Lehreraus- und -fortbildung noch in der aktuellen pädagogischen Diskussion eine nennenswerte Rolle" (Helmke 2004, S. 78).

Hinweise zur Praxis

Organisieren und regulieren

- Räumliche Gestaltung des Klassenraums: Platz für Arbeitswege, Materialentnahme oder Flächen für Mitteilungen
- Ritualisierung alltäglicher Abläufe, z. B. Betreten des Klassenraums und Aufsuchen des Arbeitstisches
- Regeln für die Zusammenarbeit der Kinder aufstellen

Unterrichtsgestaltung

- Zielorientiertes Vorgehen, klare Anweisungen – Flexibilität bei unerwarteten Vorkommnissen
- Überschaubarkeit der Aktivitäten
- Eine Strukturierung des Unterrichtsgegenstandes wird stets erfolgen (entweder vor oder nach seiner inhaltlichen Bearbeitung)
- Sämtliche Unterrichtsphasen haben eine didaktische Funktion (Belastung und Entlastung, das Neue und dessen Integration)

Umgang mit Störungen

- Präventiv: Angemessenes Verhalten würdigen; Gerechtigkeit erleben und erspüren.
- Festlegen von Konsequenzen für unangemessenes Verhalten.
- Unangemessenes Schülerverhalten wird sofort angesprochen, die inhaltliche Unterrichtsarbeit kann unterbrochen werden, die verletzte Regel wird klar ausgesprochen, das Verhalten wird als falsch (störend, behindernd, ...) bezeichnet, der störende Schüler wird aufgefordert, selbst eine Konsequenz aus seinem Fehlverhalten zu ziehen. „Klare Zurechtweisungen erzeugten mehr arbeitsgerechtes Verhalten und weniger Fehlverhalten seitens der beiwohnenden Schüler als Zurechtweisungen, denen es an Klarheit fehlte" (Kounin 1976, S. 145).

Präsenz

- Nonverbale Sprache: Durch Körperhaltung und Mimik wird signalisiert „Ich bin da, ich sehe und höre alles. Ich bin konzentriert und entspannt. Ich bin für euch da. Ich leite diese Veranstaltung."
- Gleichzeitig auftretende Ereignisse werden ggf. angesprochen, isoliert und behandelt (untergeordnete Probleme werden „geparkt").

Literatur:

1. Eichhorn, Christoph (2010): Classroom-Management. Über ein wichtiges Merkmal guten Unterrichts. In: Grundschulmagazin 2/2010, S. 60–62
2. Lohrmann, Katrin/Haag, Ludwig (2008): Führung des Lernens/Klassenführungskompetenz. In: Jürgens/Standop 2008c, S. 262 272

4.14 Öffnung von Unterricht

(R. Maras)

Begriff

„Offener Unterricht präsentiert sich in der Schulpraxis in höchst unterschiedlichen Varianten. Eine deskriptive Definition (Wie kann offener Unterricht beschrieben werden?) kann daher nur auf relativ abstraktem Niveau erfolgen. Eine präskriptive Definition (Wie sollte offener Unterricht sein?) ist theoriebasiert möglich, geht aber an der Praxis vorbei.
Mit Blick auf Öffnungsgrade können fünf Dimensionen unterschieden werden:

- *organisatorische* Öffnung, z. B. Beteiligung und Bestimmung bei Abläufen;
- *methodische* Öffnung, z. B. Beteiligung und Bestimmung bei Lernwegen;
- *inhaltliche* Öffnung, z. B. Beteiligung und Bestimmung von Themen und Lerninhalten;
- *soziale* Öffnung, z. B. Beteiligung und Bestimmung hinsichtlich Sozialformen und Kooperationsmöglichkeiten;
- *politisch-persönliche* (i. O. jeweils kursiv) Öffnung, z. B. Partizipationsmöglichkeiten eröffnen, Offenheit im täglichen Umgang miteinander …

Ausgehend von den Möglichkeiten, Interessen und Bedürfnissen der Lernenden gerät die Gesamtchoreographie des Unterrichts in den Blick: Entscheidend sind nicht nur isolierte offene Lernarrangements (z. B. drei Stunden Freiarbeit pro Woche), sondern vielmehr der gesamte Kontext" (Bohl 2007, S. 6).

Bedeutung

- Förderung von Selbstständigkeit und Eigenverantwortung
- Stärkung des Selbstvertrauens; ein positives, realistisches Selbstbild wird aufgebaut; ein realistischer Bezug zur eigenen Leistungsfähigkeit wird entwickelt
- Erfahrung von Selbstwirksamkeit
- Soziales Lernen: Achtung, Toleranz, Beziehungsfähigkeit, Kommunikation und Kooperation
- Individualisierung: Anregungen zum Erwerb von Kenntnissen und Kompetenzen
- Sammeln von Erfahrungen in einer sachbezogenen Arbeitsatmosphäre, z. B. Präsentation von Ergebnissen der eigenen Arbeit an Gegenständen des Unterrichts
- Pragmatisch: Situativ bedingter, sinnvoller Umgang mit Anforderungen, Zeitrahmen und Material

Hinweise zur Praxis

1. Voraussetzungen

a) Äußere Bedingungen

Raumverhältnisse: ausreichende Größe; gesonderte, nach Funktionen differenzierte Bereiche.
Material: vorbereitetes Material, Aufgabenstellungen; vor allem bei der Freiarbeit kommt dem Material besondere Bedeutung zu (Aufforderungscharakter, Klarheit).

b) Lehrerin und Lehrer

Klare Absicherung der Freiheitsräume der Kinder; Beobachtung der Lernprozesse; Erkennen und Diagnostizieren individueller Probleme und Ergreifen entsprechender Maßnahmen; Zuwendung zu einzelnen Kindern (Fragen, Bestätigungen, Aufmunterung, Impulse oder Anleitung zur Lösung situativer Schwierigkeiten); Einführung von Regeln, Ritualen, Organisations- und Ordnungsformen; Förderung der Vorstellungen über das konkrete Lernen durch Leitfragen und Impulse (z. B. selbstständiges Formulieren des Arbeitsziels; Fragen: Wie hast du das gemacht? Was weißt du nun, was du aber vorher nicht wusstest? Weshalb kannst du so gut mit … zusammenarbeiten?); Zusammenführen (Integration) von offenen und gebundenen Lehrformen.

c) Schülerin und Schüler
Bereitschaft und Kompetenz zum eigenverantwortlichen Arbeiten; Anstrengungsbereitschaft; Beherrschung erforderlicher sachgemäßer Arbeitsweisen und -techniken durch eine systematische Einführung in den Umgang mit Materialien und Medien; Arbeit in verschiedenen Formen der Kooperation; Reflexion über das eigene Lernen (ein langfristiger Vorgang bis zur Selbstständigkeit).

2. Formen

- *Übersicht*
  Als offene Arbeitsformen werden praktiziert: Tages-, Wochen-, Jahresplan, Freie Arbeit, Freiarbeit, Arbeit an Stationen, Lernzirkel, Lerntheke, Projekte.
- *Exemplarische Darstellung: Die Arbeit mit dem Tages- und Wochenplan*
  Die Kinder bekommen für einen festgelegten Zeitraum (z.B. eine Woche) einen schriftlichen Arbeitsplan. Dieser von der Lehrperson oder von den Kindern verfasste Plan enthält eine Reihe verschiedener Aufgabenstellungen aus den Lernbereichen bzw. Unterrichtsfächern (siehe Abb. 136). Er kann einen Pflicht- und einen freiwillig zu bearbeitenden Zusatzteil enthalten. Eigenständige Entscheidungen in folgenden Bereichen: Reihenfolge der Aufgaben, Dauer der Bearbeitung, Wahl von Aufgabenalternativen, Art der Durchführung, Präsentation der Ergebnisse. Die Kinder kontrollieren selbst oder gegenseitig ihre Arbeitsergebnisse oder lassen diese von der Lehrperson prüfen.

Literatur:

1. Jürgens, Eiko (2008): Öffnung von Unterricht durch schüleraktives Lehren und Lernen. In: Jürgens/Standop 2008 c, S. 65–76
2. Landeck-Klein, Michael/Karau, Claus/Landeck, Ilka (2010): Unterrichtsentwicklung mit Erfolg. Zehn praxiserprobte Bausteine. Cornelsen Scriptor, Berlin

Name:

Wochenplan vom 12.2. ... bis 16.2. ...

Fach	Aufgabe		Mo	Di	Mi	Do	Fr	erledigt	kontrolliert
SU	Sachbuch, S. 58 • Führe Versuch 2 durch! • Besorge dir das notwendige Material! • Schreibe deine Beobachtungen auf!								
usw.									

Abb. 136: Beispiel für die Anlage eines Wochenplans (vereinbarte Symbole erleichtern die Übersicht)

4.15 Arbeitsweisen *(R. Maras)*

Begriffe

1. Arbeitsweisen

Methodische Verfahren zur unterrichtlichen Behandlung eines Lerngegenstandes mit dem Ziel, Grundlagen für die Sacherschließung und Erkenntnisgewinnung zu verschaffen.

2. Arbeitstechniken (gelegentlich auch „elementare Arbeitsweisen")

Einzelne Fertigkeiten, die der Informationsgewinnung, -verarbeitung oder -darstellung dienen; sie besitzen eine unterstützende Funktion im Lern- und Arbeitsprozess. Die Übergänge zwischen Arbeitstechnik und Arbeitsweise können fließend sein; z. B. kann das „Ordnen" zu einer Fertigkeit, also zu einer Arbeitstechnik werden, wenn es bereits mechanisiert abläuft und etwa innerhalb der Arbeitsweise des „Strukturierens" eingesetzt wird. „Arbeitstechnik" nimmt also den Ausführenden in den Blick (seine Tätigkeiten, die er praktisch durchführt); die „Arbeitsweise" beschreibt die Methode des Zugriffs zur Sacherschließung.
Arbeitsweisen und Arbeitstechniken können selbst zu einem Schwerpunkt der Unterrichtsarbeit werden. Dabei stehen Aufbau, Erweiterung oder Festigung der Methodenkompetenz im Vordergrund, jedoch geschieht dies stets in Verbindung mit Lerninhalten.

Bedeutung

- Weg zur Gewinnung, Verarbeitung oder Darstellung von Informationen
- Vertiefung der Auseinandersetzung mit der Sache
- Aufbau spezifischer Qualifikationen
- Beitrag zur Argumentation von der Sache her
- Ort für Selbsttätigkeit der Schüler und Schülerinnen im Unterrichtsgeschehen; Raum für Eigeninitiative und entdeckendes Lernen
- Eröffnung von Möglichkeiten zur Kooperation

Kennzeichen ausgewählter Arbeitsweisen

Sammeln: Suchen, Zusammentragen und Zusammenstellen von Objekten, Material oder Fakten.

Ordnen: Einteilung des vorliegenden Materials nach selbstgewählten oder vorgegebenen Kriterien.

Beschreiben: Darstellen des Aufbaus, der äußeren Erscheinung oder der Funktion eines Objekts oder von Vorgängen mithilfe sachentsprechender Begriffe.

Beobachten: Erfassen von in einem festgelegten Zeitraum sich vollziehenden Veränderungen; der Vorgang wird in der Regel nicht manipuliert.

Untersuchen: Feststellen von Merkmalen, Eigenschaften und Funktionen durch Veränderung des Objekts.

Versuch: Komplexes Verfahren mit Vorbereitung, Durchführung, Auswertung; der gewünschte Vorgang wird ausgelöst; Veränderungen des Versuchaufbaus oder der Versuchsanordnung sind möglich oder auch erforderlich.

Modell bilden: Einen abstrakten oder komplexen oder mit unseren Sinnen nicht zugänglichen Sachverhalt mit einem bekannten bzw. durchschaubaren Sachverhalt in Beziehung setzen und ihn daran erklären.

Interpretieren: Verknüpfen von Einzelfakten oder Wahrnehmungen durch Schlussfolgerungen.

Grundsätze

1. Die Arbeitsweise (Arbeitstechnik) soll der Sache entsprechen

Beispiel: Als „Sache" sei festgelegt: Darstellung der Schulumgebung in der Karte; dazu entsprechen folgende Arbeitsweisen oder -techniken: Notieren der Straßennamen und der besonderen Gebäude; Feststellen der Straßenlänge durch Schrittzählung; Herstellen einer groben Strichskizze; Übertragung der Strichskizze in den Sandkasten oder auf ein großformatiges Papier als „Spurenkarte", dabei Verfeinern der Längenverhältnisse; Angeben von Richtungsverhältnissen; Erstellen einer Planskizze auf der Glasscheibe des Sandkastens; Übertragung der genaueren Planskizze in eine großflächige Darstellung.

2. Die Arbeitsweise (Arbeitstechnik) soll ihren genauen didaktischen Ort erhalten

Beispiel: Als Arbeitsweise sei festgelegt: Veranschaulichung des mathematischen Sachverhalts mit dem Streifenmodell; diese Arbeitsweise ist wie folgt eingeordnet. *Vorausgehend:* Begegnung mit der Sachaufgabe; Klärung der Sache; Erkennen der Rechenfrage; Herauslösen des Zahlenmaterials. *Nachfolgend:* Zuordnen der Zahlen zu den Elementen des Streifenmodells; Erstellen eines Rechenplans; Ausrechnen der Aufgabe.

3. Die Arbeitsweise (Arbeitstechnik) soll für den Lernprozess ergiebig sein

Beispiel: Für das Thema „Der Kreislauf des Wassers" ist das Denkmodell „Kreislauf" entscheidend. Als „ergiebig" wird nun erachtet, dass zunächst isoliert vorhandene Elemente (regnen, versickern, fließen, ... kondensieren, ...) in einen bereits bestehenden Begriff „Kreis" eingefügt werden und sich dadurch ein Zusammenhang eröffnet; der „Kreis" ist in Wirklichkeit kein mathematischer Kreis, aber die einzelnen Elemente treten immer wieder (in der gleichen Reihenfolge) auf; der *Kreis*lauf ist eine Vorstellung.
Folgende Maßnahmen zu dieser bildlichen Darstellung sind u.a. möglich: a) Erklären des „Kreislaufs" mithilfe einer entstehenden Skizze auf der Folie (siehe S. 387, Abb. 149); b) Verbalisieren mithilfe von vorbereiteten Wortkarten („Verdunsten" usw.); c) oder zur langfristigen Darstellung (bei anderen „Kreisläufen" wird auf die Analogie hingewiesen): Anfertigen eines großflächigen Wandbilds.

4. Die Arbeitsweise (Arbeitstechnik) soll schrittweise aufgebaut und eingeschult werden

Beispiel: Erstellen einer Kartei
Folgendes Wissen bzw. folgende Fertigkeiten, Techniken oder Methoden sind dazu u. a. erforderlich: Auswahl eines geeigneten Informationsträgers; Auswahl geeigneter Informationen; Wissen über die Funktion einer Kartei; Einsatz entsprechender Darstellungstechniken (z. B. Hervorhebung, zu Bildern einen Text erstellen); Formulieren von Texten; Formulieren von Stichwörtern; Haltbarmachung von Karteikarten; Anordnung und Aufbewahrung der Karteikarten.

5. Die Arbeitsweise (Arbeitstechnik) soll den Schülern bewusst gemacht werden

Beispiel: Erkunden eines Objekts
Folgende Teilvorgänge können aufgedeckt und dem Kind verdeutlicht werden: Ich unterscheide Einzelheiten; ich drücke meine Wahrnehmung in Worten aus; ich finde das richtige Wort zu dieser Sache; ich finde Zusammenhänge heraus; ich verstehe die Aufgabe; ich weiß das Ziel unserer Arbeit; ich vergleiche dieses Ziel mit den (bisherigen) Ergebnissen; ich setze Fertigkeiten (z. B. Abzeichnen, Vergleichen) ein.

Literatur:

Meier, Richard (1997): Im Sachunterricht der Grundschule: Methoden entdecken, Methoden entwickeln, mit Methoden arbeiten. In: Meier, Richard/Unglaube, Henning/Faust-Siehl, Gabriele (Hrsg.) (1997): Sachunterricht in der Grundschule. Arbeitskreis Grundschule – Der Grundschulverband – e.V., Frankfurt a. Main, S. 115–125

4.16 Sozialformen *(R. Maras)*

Begriff

„Begriff, mit dem in Ergänzung zur inhaltlichen/thematischen und zur zeitlichen Struktur des Unterrichtsprozesses beschrieben wird, welche Kooperationsformen der Schüler mit dem Lehrer und der Schüler untereinander möglich sind. Der Begriff ist reformpädagogisch motiviert und erlaubt, offenen Unterricht, Gruppenarbeit und Einzelarbeit, Projekte etc. von der frontalen Belehrung durch den Lehrer abzuheben. Die Zahl der Schüler ist zwangsläufig begrenzt: Man kann in der Schule die ganze Klasse/den Kurs lehrerzentriert unterrichten, was Schülerpräsentationen, Filme etc. einschließt, und man kann den Unterricht in Gruppen-, Partner- oder Einzelarbeit gestalten, wobei jeweils unterschiedliche Anforderungen bezüglich der sozialen Kompetenz der Schüler entstehen" (Tenorth/Tippelt 2007, S. 669).

Bedeutung schülerbezogener Arbeitsformen

- Erfahrung und Förderung von Kooperationsbereitschaft, Rücksichtnahme, Hilfsbereitschaft und von Toleranz
- Beitrag zur Erfahrung des eigenen Verhaltens in sozialen Beziehungen: Erfahren der eigenen Möglichkeiten zu argumentieren, sich durchzusetzen; „Niederlagen" aushalten; Enttäuschungen verarbeiten; Bewusstwerden der eigenen Rolle im Sozialverband; Kennenlernen eigener Reaktionen (z. B. auf Anschuldigungen)
- Förderung einer realistischen Selbsteinschätzung: Bewusstsein über die eigene Arbeitshaltung (Konzentrationsfähigkeit, Anstrengungsbereitschaft, Ökonomie), Kooperationsbereitschaft, Organisationsfähigkeit, Kritikbereitschaft und -fähigkeit
- Anbahnung der Schlüsselqualifikation Teamfähigkeit: Miteinander- und Voneinanderlernen, Ermöglichung von Arbeitsteilung, Absprache, Interessenbezogenheit, gemeinsame Planung von Arbeitsschritten, Zeitökonomie
- Aufbau und Anwendung von Lernstrategien und Arbeitstechniken/-weisen, die dialogisch orientiert sind: z. B. finden, erfinden, untersuchen, erkunden, erproben, interpretieren, bewerten
- Beitrag zur Rhythmisierung des Unterrichtsgeschehens
- „Konstruktionsleistungen im Zusammenhang mit Lernprozessen werden in sozialer Verständigung geleistet ... Lernen muss auch intersubjektiv vernetzt werden. Deshalb spielen Verständigungsprozesse in der Neuen Lernkultur eine zentrale Rolle. Dabei geht es nicht nur um Verständigungsprozesse zwischen Lehrkräften und Schülern, sondern auch um solche der Schüler untereinander ... Lernpartnerschaften, Tutoren- und Helfer-Systeme, Ko-Instruktion und ‚Shared cognition' sind Konzepte und Praktiken der neuen Lernkultur" (Sacher 2006, S. 147).

Formen

1. Frontalunterricht

a) ***Kennzeichen:*** Die Lehrperson steuert den Ablauf der Inhalte, der Aktivitäten und das Drankommen der Schüler und Schülerinnen. Inhalt, Arbeitsrhythmus usw. sind für alle Kinder gleich.

b) ***Vorteile:*** Überblick der Lehrperson über die (auch scheinbare) Aufmerksamkeit der Kinder; Disziplinprobleme sind zunächst geringer; die Mitteilungen sind für alle Schüler gleich; die Mitteilungen sind grundsätzlich sachrichtig und können ökonomisch gemacht werden.

c) ***Nachteile:*** Reproduktives Verhalten der Kinder; eine passive und reaktive Haltung wird zunehmend zur Gewöhnung;

Kommunikation beschränkt sich in der Regel auf Lehrperson – Schüler; Kooperations- und Teamfähigkeit und Selbstständigkeit bleiben unterentwickelt. Gefahr einer hier nicht erwünschten „Gleichheit", die sowohl der konstruktivistischen Auffassung von Lernen wie auch pädagogischen Intentionen entgegensteht: gleicher Inhalt, gleicher Zeitpunkt, gleicher Zeitraum, gleiches Anspruchsniveau, gleiches Tempo, gleiche Arbeitsweise, gleiche Arbeitsschritte, gleicher Gesprächspartner (wenn überhaupt).

*d) **Didaktischer Ort des integrierten Konzepts:*** Da Instruktion unerlässlich ist, sollte eine Integration von Instruktion und offenen Unterrichtsformen durchgeführt werden; Frontalunterricht ist erkennbar zu reduzieren. Instruktion und Frontalunterricht werden weiterhin an geeigneten didaktischen Orten eingesetzt. In einer Auseinandersetzung mit „Frontalunterricht im Wandel" zieht H. Gudjons folgendes Fazit: „Frontale Unterrichtsabschnitte haben ... ihren eigenen und unverzichtbaren Stellenwert im Rahmen eines integrierten Konzepts: Darbietung von Informationen, das Bemühen um Vernetzung des Lernstoffes beim Erarbeiten, die Vermittlung von Methoden zur eigenständigen Arbeit und zur Arbeit in Gruppen, die modellhafte Bearbeitung von Problemen und die Anleitung zu Entdeckungsprozessen, die Sicherung von Unterrichtsergebnissen im Üben und Wiederholen, das Planen, Koordinieren und Auswerten von Lehr-/Lernprozessen bis hin zur Förderung der Klassengemeinschaft als zentraler Bedingung für erfolgreiches individuelles Lernen" (Gudjons 2004, S. 26).

2. Alleinarbeit

*a) **Kennzeichen:*** Die Kinder arbeiten ohne situative Steuerung von außen; die Arbeit kann vom Kind selbst festgelegt sein oder sie wird durch eine Aufgabenstellung initiiert und inhaltlich oder organisatorisch geführt; eine Kommunikation ist zunächst nicht veranlasst – sie wird jedoch situativ erfolgen, etwa bei organisatorischen Angelegenheiten („Füller geht nicht mehr") und bei gewünschten Hilfestellungen.
Die Begriffe Still- und Einzelarbeit werden synonym gebraucht; es wird hier die „Alleinarbeit" favorisiert, da es die Zielrichtung dieser Arbeitsform ist, dass die Kinder eine Arbeit *alleine* durchführen oder bewältigen und nicht, dass sie still sind oder vorrangig das Spannungsfeld von Gemeinschaft und Einzelnem zu betrachten wäre.

*b) **Vorteile:*** Bestimmung der Randbedingungen in Eigenregie; Kontrolle für die Lehrperson hinsichtlich des erreichten individuellen Leistungsstand; Erfolgserlebnis für viele Kinder, ohne Hilfe von außen etwas leisten zu können; Beitrag zur Verinnerlichung von Lernprozessen; Möglichkeit, sich selbst (seine Fähigkeiten) kennenzulernen; Phase der Beruhigung und Entspannung; Förderung der Selbstständigkeit.

*c) **Nachteile:*** Kooperationsfähigkeit kann nicht entwickelt werden; Gefahr der Förderung des Konkurrenzdenkens; bei größeren Klassenstärken: Ausbleiben unmittelbarer Kontrollen (Verstärkung, Korrekturen) des eigenen Tuns; bei wenig angepassten Aufgabenstellungen (Arbeitsmitteln): Überforderung führt zur Resignation, Unterforderung führt zur Gleichgültigkeit.

*d) **Didaktischer Ort:*** Grundsätzlich in allen Unterrichtsphasen sinnvoll, in denen die Kinder ohne verstärkte Hilfe etwas leisten können; z.B. bei Wiederholungen, Teilzusammenfassungen, Übungen.
Ein von selbstständigem Lernen geprägtes Unterrichtskonzept gründet auf der Alleinarbeit. Die Kinder arbeiten an interessanten Aufgaben. Diese sind so

gestellt, dass die Kinder möglichst ohne weitere Erklärungen daran arbeiten können (siehe Abb. 137).

3. Partnerarbeit

a) Kennzeichen: Zusammenarbeit zweier Kinder; in dem zur Verfügung stehenden Zeitraum bestimmen die Partner selbst das Arbeitstempo bzw. den Umfang des Arbeitsergebnisses; Grundlage ist die Kommunikation der Partner.

b) Vorteile: Verbesserung der Qualität der Ergebnisse bei dialogorientierten Aufgaben; gegenseitige Überprüfung hilft Fehler vermeiden und ggf. verstehen; häufig gewählte Arbeitsform zur Vorbereitung von Gruppenarbeiten.

c) Nachteile: Das sachbezogene Arbeiten kann nur punktuell kontrolliert werden; das gegenseitige Verstehen der Partner ist nicht immer vorauszusetzen; Gefahr, dass einem Partner die jeweils unbeliebte, wenig attraktive Tätigkeit (z. B. Beobachtungen notieren) überlassen wird; ggf. Fixierung auf eine Person.

d) Didaktischer Ort: in allen Phasen des Unterrichts, z. B. Anknüpfung, einleitende Übung, Erkunden, Beobachten, Bewerten, Reflektieren, Zusammenfassen, Anwenden.

e) Beispiele: Wortkarten legen, Sätze bilden; Wechselübungen mit Geld; Hilfestellung im Sportunterricht; Wörter am Lesekasten stecken, Sätze legen; Versuche durchführen; Herstellen von Obstsalat, Collagen oder Würfelmodellen; Beobachten und Bewerten von Verhalten oder Leistungen des Partners.

4. Kooperative Lernformen

a) Kooperatives Lernen – Begriff: „Lernen in strukturierten kleinen Gruppen, um das eigene Lernen und das Lernen der anderen Gruppenmitglieder zu maximieren; eine Form der Gruppenarbeit, bei der sich die Teilnehmer wechselseitig unterrichten" (Tenorth/Tippelt 2007, S. 419).

b) Formen der Gruppenarbeit
Siehe dazu S. 360.
Die Gruppenarbeit lässt sich in verschiedenen Mischformen praktizieren. Eine davon ist die Stammgruppen-Experten-Methode (STEX-Methode, „Jigsaw-Technik"; der Begriff „Gruppenpuzzle" ist pädagogisch und didaktisch abwegig). Bei der *Stammgruppen-Experten-Methode* informieren „Experten" die Kinder der „Nicht-Experten"-Gruppen mit anschließender Reflexion der Ergebnisse und Erfahrungen. Diese Methode wird nun auch in der Grundschule eingesetzt. Bei diesem Verfahren ist es schwierig, effektive Lernprozesse zu dokumentieren. Zu den Problemen, die von der Stationenarbeit her bekannt sind, kommt hinzu, dass Unsicherheit darüber bestehen kann, ob zu Beginn tatsächlich Expertenwissen erworben wurde.
Konferenzen sind eine sehr sinnvolle Spezifizierung der Gruppenarbeit. Sie können in allen Fächern durchgeführt werden, die dann die Bezeichnungen Lese-, Rechen-, Schreib- oder Sach(Forscher-)konferenz erhalten. Hier erfahren Inhalte und Arbeitsergebnisse der Kinder eine vertiefte Auseinandersetzung und Betrachtung (vgl. auch Götze 2010). In Konferenzen, nicht nur beim Texte verfassen, lernen die Kinder, „sich mit den Sichtweisen der anderen Kinder vertraut zu machen, diese zu akzeptieren, zu bestätigen oder in begründeter Weise abzulehnen" (Käferle 2010, S. 34).

Literatur:

1. Konrad, Klaus (2006): Kooperatives Lernen. Möglichkeiten und Aufgaben. In: Schulmagazin 5–10 12/2006, S. 5–8
2. Nuhn, Hans-Eberhard (2000): Die Sozialformen des Unterrichts. In: Pädagogik 2/2000, S. 10–13

Rechtecke in gleiche Teile teilen

Aufgabe 1

a) Lege eine Linie durch dieses Rechteck so, dass zwei Teile mit gleich großen Flächen entstehen. Zeichne diese Linie ein.

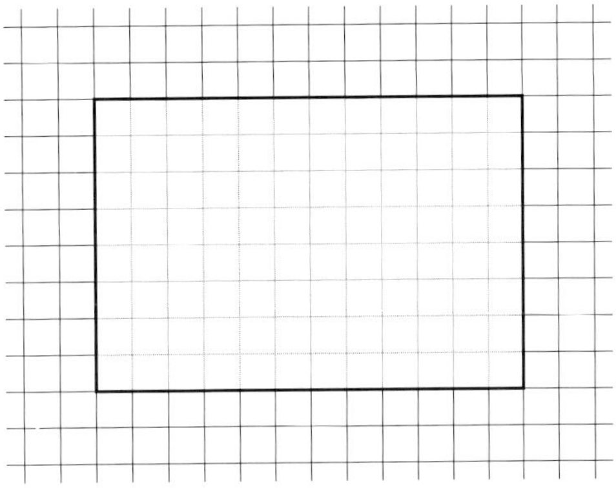

b) Findest du noch andere Möglichkeiten, um dieses Rechteck in zwei Teile zu teilen, deren Flächen gleich groß sind? Zeichne dazu die Linien ein.

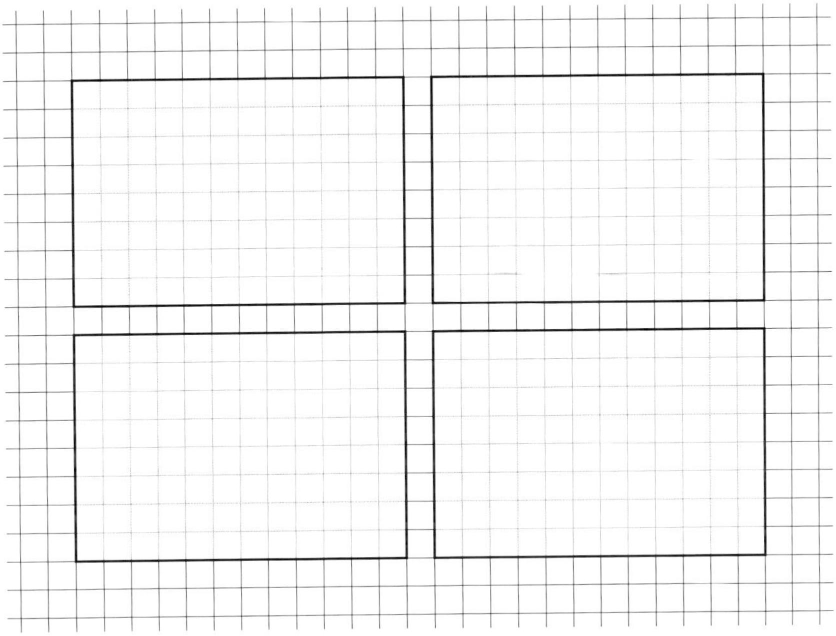

Wie viele Möglichkeiten kannst du insgesamt finden?

Antwort: ____

Aufgabe 2

a) Lege mit 16 Streichhölzern verschiedene Rechtecke.

b) Wie viele Möglichkeiten findest du jeweils, um das gelegte Rechteck in zwei gleich große Flächen zu teilen?

Abb.137: Klare Aufträge für die Alleinarbeit

4.17 Unterrichtsmedien *(R. Maras)*

Begriffe und Zusammenhänge

1. Begriffsklärung

Als Medien werden bezeichnet Gegenstände und technische Vorrichtungen, die zur Darstellung von Informationen im Unterricht dienen, um Lernprozesse zu initiieren; als Repräsentanten der Wirklichkeit besitzen sie einen jeweils verschiedenen Grad an Abstraktion.
„In einem weiten Verständnis sind Medien Verbinder. Sie stellen die kommunikative Verbindung zwischen Menschen her. Das Wesen der Kommunikation besteht darin, dass im Rahmen sozialer Prozesse Bedeutungen ausgetauscht (mitgeteilt, geteilt, verhandelt) werden. Da dieser Austausch nicht auf direktem Weg (von Hirn zu Hirn) möglich ist, erfolgt er in symbolischer Form. Dabei werden Zeichen genutzt, die jeweils bestimmte Bedeutungen tragen/transportieren ... Medien sollen Dekodier- und Konstruktionsprozesse, d. h. das Lernen, unterstützen, ihr Wert und ihre Bedeutung im Unterricht hängen ganz entscheidend davon ab, inwieweit sie diese Funktion erfüllen" (Giest 2010, S. 4f.).

2. Formen

Medien können im Hinblick auf ihren Abstraktionsgrad eingeteilt werden:
Original: der reale „Gegenstand", z. B. Bauwerke, Spielzeug, Materialien (Papier, Draht), Wiesenblumen, Haustiere; Handwerksbetrieb; Gemälde; konservierte Originale, z. B. Tierpräparate.

Nachbildung: z. B. Pilze aus Plastikmasse, Globus, Oberflächenrelief, Gebiss (vergrößertes Modell), Dampfmaschine (Verkleinerung), Wasserleitung im Haus (vereinfachendes Modell).

***Abbildung*, technische Konservierung:** z. B. Foto, Dia, Zeichnung, Film, Präsentation über Datenträger (wie CD-ROM oder DVD; akustisch, visuell; „Original"-Stimme, „originale" Aufnahmen).

Symbole: z. B. für Wettererscheinungen, für die Mächtigkeit von Mengen (Zahlenwerte), für gedankliche Verbindungen (Pfeile, gleiche Farben für gleiche Aussageelemente); Sprache, Schrift; Schaubilder, Schemata.

Kombinationen: Präsentation über DVD; Medienpakete (etwa Folie und Tonband); das Whiteboard als technisches Medium elektronische Dateien mit Bild und Text wiederzugeben.

3. Relevante Merkmale für das Lernen

B. Weidenmann nennt drei wichtige Merkmale von Medien für das Lernen:
Das Symbolsystem „hat Einfluss darauf, welche mentalen Aktivitäten im Lerner bei der Beschäftigung mit dem medialen Angebot in Gang gesetzt werden."
Die didaktische Struktur „bildet ab, wie ein Autor das Material, den ‚Stoff' eines Lernangebotes anordnet, portioniert und welche Verbindungen er zwischen den Elementen herstellt."
Die Handlungsmöglichkeiten „legen fest, was die Lernenden alles tun können. Können sie z. B. an einer beliebigen Stelle in das mediale Angebot einsteigen oder ist der Ablauf starr unbeeinflussbar? ... Eignet sich das Lernmedium auch als Werkzeug, kann man mit ihm, wie z. B. beim Computer, ausdrucken, ausschneiden und einsetzen, mit anderen Personen kommunizieren, Informationen suchen?" (Weidenmann 2001, S. 420).

Bedeutung

- Der Denkprozess ist an die Anschauung gebunden.
- Anregungen für Verlauf und Schwerpunkte des Lernprozesses
- Angebot von Lernhilfen, die über die Sache informieren
- Gegenständliches und Handlungsabläufe sind Grundlage für die Herausbildung abstrakter Strukturen; andererseits auch eine Hilfe, die komplexe Wirklichkeit durch Abstraktion zu verarbeiten (z. B. durch ein Gedankenmodell)

- Material zur Durchführung fachgemäßer Arbeitsweisen
- Beitrag zur Rhythmisierung des Unterrichtsgeschehens
- Aktivierung der Schüler zur Sach-Auseinandersetzung
- Aufforderungscharakter von Medien (Motivationsfunktion)
- Beitrag zur Medienerziehung: „Ziel der Medienerziehung ist die Medienkompetenz. Diese besteht darin, (1) Wissen über die Funktion, den Aufbau oder die Struktur von Medien zu besitzen, (2) reflexiv und kritisch damit umzugehen und (3) sie kreativ zu nutzen und selbst zu gestalten ... Durch die zunehmende Durchdringung der Lebenswelt mit Medien, v.a. dem Computer, erhält die Vermittlung von Medienkompetenz ... gerade vor dem Hintergrund einer aktiven Mediengestaltung eine zentrale Rolle" (Mandl, H./Kopp, B., in Tenorth/Tippelt 2007, S. 496f.).
  (Anm.: Pädagogische und didaktische Hinweise zum Einsatz neuer Medien siehe Kaiser/Pfeiffer 2007, S. 191–193).

Hinweise zum unterrichtlichen Einsatz

1. Feststellung der inhaltlichen Aussagen

Informationen zu Einzelheiten, Gesamtaussage, sachliche Richtigkeit

2. Prüfung der Angemessenheit

Durchschaubarkeit, Begriffe, Abstraktionsniveau, Symbole; Motivation, Interessenlage, Leistungsfähigkeit der Kinder

3. Beurteilung der didaktischen Funktion

Motivation, Problemstellung, Informationsübergabe, Zusammenfassung, Vertiefung, Provokation, Dramatisierung, Vereinfachung, Elementarisierung, Aktualisierung, Konzentration auf das Wesentliche, Hervorhebung des Wichtigen, Lösungshilfe, Sicherung, Aktivierung, Abstraktion, Veränderung der Präsentationsform, Begriffsbildung.

Daraus folgt auch die Entscheidung über den didaktischen Ort, z.B.:
Anfangsphase: Präsentation eines Bildes (überraschender Inhalt, Darstellung einer Handlung) oder einer Hörszene (Dialog, Darstellung einer Problemsituation);
Mittelphase: Präsentation (auch Herstellung) eines Funktionsmodells (Umlenkrolle – Flaschenzug) oder einer Filmszene (Amsel bei der Fütterung);
Schlussphase: Entwicklung eines didaktischen Bildes (schematische Darstellung der Abwasserreinigung) oder Herstellung eines Hefteintrags.

4. Entscheidung über die methodischen Maßnahmen

Wie muss der Einsatz des Mediums inhaltlich vorbereitet werden? Formulierung von Arbeitsaufträgen, Fragen und Impulsen. Sind Hilfen während der Arbeit oder Begegnung nötig? Wie wird ausgewertet? Wie wird das Ergebnis festgehalten und präsentiert?

5. Organisation des Einsatzes *(Effektivität und Attraktivität)*

Technisch einwandfreier Zustand; Wahrnehmbarkeit für alle Kinder; Rahmen für eine intensive Auseinandersetzung schaffen, d.h. ggf. auch: Zeit lassen, für Ruhe sorgen; Selbstständigkeit der Schüler bei der Arbeit; Eindruck „wirken lassen"; Klärung von Schwierigkeiten; Maßnahmen zur Integration der einzelnen Ergebnisse in einen Zusammenhang.

Literatur:

1. Giest, Hartmut (2010): Unterrichtsmittel als Lernmittel im Sachunterricht. In: Grundschulunterricht Sachunterricht 4/2010, S. 4–8
2. Weidenmann, Bernd (2001): Lernen mit Medien. In: Krapp, A./Weidenmann, B. (Hrsg.) 2001, S. 415–465

4.18 Übung *(J. Ametsbichler)*

Begriffe

1. Wiederholung

Die nochmalige Ausführung einer schon bekannten äußeren (motorischen) Handlung oder eines inneren (geistigen) Vorgangs zum Zwecke des Übens oder Einprägens.

2. Übung

- Die Prozesse oder die dazu notwendigen Maßnahmen zur Automatisierung und Verbesserung geistiger Funktionen, von Handlungsabläufen oder Verhaltensdispositionen.
- „Eine Kenntnis, eine Fertigkeit, eine Fähigkeit wird so häufig verwendet und so optimiert, dass sie geläufig verfügbar ist. Die Lernphase ‚häufig verwenden und optimieren' nennen wir Übung. Das Ziel ‚geläufige Verfügbarkeit' nennen wir Übungsziel" (Bartnitzky, in Valtin 2000, S. 64).
- „Im Rahmen des entdeckenden Unterrichts ist das Üben ein integraler Bestandteil des Lernprozesses in allen seinen Stadien" (Winter 1994, S. 31). Üben meint hier primär die Wiederaufnahme eines entdeckenden Lernprozesses. Das noch einmal Erleben von Lernsituationen trägt zur Sicherung bei. Jede Übung birgt die Chance, etwas zu entdecken. Alle Entdeckungen haben aber auch verschiedene Übungseffekte.

Bedeutung

- Aufbau eines dauerhaft und sicher verfügbaren Wissens und Könnens als Grundlage für neue Lernsituationen
- Entlastung des Gedächtnisses
- Überspringen von Teilvorgängen in einem komplexen Prozess
- Erhöhung der Schnelligkeit, Genauigkeit und Sicherheit von Handlungsabläufen oder Denkprozessen
- Erwerb von Methodenkompetenz
- Eine entsprechend vorbereitete Übung führt zu Leistung, zur Freude am Gekonnten und sie fordert Disziplin, Genauigkeit und Anstrengung (pädagogische Bedeutung).
- Vor allem leistungsschwächere Kinder werden durch Übungen emotional stabilisiert.

Zielbereiche

1. Üben zur Automatisierung

Auf Automatisierung ausgerichtete Übung soll erreichen, dass auf bestimmte Auslösereize unmittelbar sichere Reaktionen oder Reaktionsketten folgen können. „Psychomotorische Fertigkeiten wie Turnen ... und spezifische kognitive Handlungsschemata, operative Fertigkeiten und Algorithmen ... werden über ständige Wiederholung der gleichen Abfolge der Teilvollzüge in variativen Aufgaben bis zur Geläufigkeit eingeschliffen" (Glötzl 2000, S. 414). Ein zu früher Übergang von der Grundlegung zur Automatisierung ist für einen effektiven Lernprozess abträglich.

2. Üben zur Transfersteigerung

„Damit das ... aufgebaute begriffliche, inhaltliche und operative Wissen und Können flexibel auf neue Situationen und Aufgaben anwendbar wird, ist es notwendig, die erarbeiteten neuen kognitiven Strukturen an ausgewählten einfachen Problemfällen und Beispielen operativ durchzuarbeiten, d.h. sinnbezogen und einsichtig zu üben und zu sichern" (a.a.O., S. 416).

3. Üben zur Qualitätssteigerung

Das reflektierte Üben wird vor allem durch die Vermittlung entsprechender Lernstrategien gefördert. „Die Prozesse der Informationsverarbeitung, Speicherung und Übung werden effizienter ... je konsequenter den Schülern Denk-, Lern- und Gedächtnisstrategien vermittelt werden" (a.a.O., S. 424).

Übungsgrundsätze

Die folgenden Übungsgrundsätze basieren auf Erkenntnissen der Lernpsychologie und der Übungsdidaktik.

1. Üben muss für die Kinder einen Sinn haben

Übungsziele, die mit den Kindern gemeinsam formuliert werden, haben Vorrang. Es sind Bedingungen zu schaffen, die den eigenen Fortschritt erkennen lassen. Das Üben eigener Wörter für eigene Schreibsituationen hat für die Kinder einen besonderen Sinn.

2. Üben erfordert Übungs- und Anstrengungsbereitschaft

Voraussetzung für effektives Üben ist eine entspannte, angstfreie Lernatmosphäre und ein guter pädagogischer Bezug des Lehrers zu seinen Kindern. Wichtig sind außerdem klare Verhaltensregeln und Leistungserwartungen. Auch vertraute Übungsrituale können hilfreich sein.

3. Anpassung an das Leistungs- und Konzentrationsvermögen der Lernenden

Die Übungsform ist vom Lerngegenstand, vom Übungsziel und von der Person abhängig (Vorwissen). Aufgabenstellung und Arbeitsmaterial sind dem Leistungs- und Konzentrationsvermögen der Kinder anzupassen. Dies hat auch Auswirkungen auf den Einsatz von Sozialformen.

4. Aktive und selbstverantwortliche Beteiligung der Lernenden

Den Kindern ist ein Freiraum für den eigenen Zugriff auf den Übungsinhalt zu gewähren. Selbstkontrolle ist eine Form der Selbsttätigkeit. Die Kinder sollen auch aktiv am Zusammenstellen von Übungen in den verschiedenen Fächern beteiligt werden (Übungskarteien, Verfassen von Aufgaben „Von Schülern für Schüler"). Der Übungseffekt kann durch bewusstes Üben, das vom Lerner organisiert wird, gesteigert werden. Die Kinder sollen für das Üben selbst Verantwortung übernehmen und ihre Übungsziele kennen. Mithilfe von Übungsstrategien und Arbeitstechniken können sie ihr Üben eigenverantwortlich steuern und überprüfen.

5. Ansprechen mehrerer Sinneskanäle

Die verschiedenen Zugriffsweisen zur Lernsache müssen beachtet werden. Der Übungserfolg wird gesteigert, wenn neben der selbstständigen Handlung und der kognitiven Durchdringung auch die Kombination der Sinneskanäle ermöglicht wird.

6. Abwechslung und Rhythmisierung

Der Wechsel der Übungs-, Arbeits- und Sozialform bringt neue motivationale Anreize, neue Informationen und beugt Unkonzentriertheit vor. In kurzen Lernpausen können unbewusste, nachwirkende Verarbeitungsprozesse ungestört ablaufen.

7. Verteilte Übungen

Verteilte intensive Übungen sind effizienter als massiertes Üben. Bei der Wochenplanarbeit kann ein sinnvolles, regelmäßiges Üben in geeigneten zeitlichen Abständen vorgesehen werden.

8. Rückmeldung

Unverzichtbar für die Übenden sind Rückmeldungen zum Übungsfortschritt und zur Übungsmethode. Bewertende Rückmeldung erfordert qualifizierte individuell ausgerichtete Beratung aufgrund entsprechender diagnostischer Kompetenz.

9. Sachliche Richtigkeit

Eine intensive Auseinandersetzung mit der Sache ist erforderlich, um eine umfassende Förderung der Kinder zu ermöglichen (Prinzip der Sachgerechtigkeit).

4.19 Sicherung *(R. Maras)*

Begriffe und Zusammenhänge

1. Begriffsklärung

Sicherung:
Maßnahmen im Unterricht mit der Zielsetzung, dass Wissen und Können in der Weise gelernt werden, um darüber in einer entsprechenden neuen (Aufgaben-)Situation verfügen zu können. Wissenselemente, Denkprozesse, Erfahrungen, Fertigkeiten, Handlungsabläufe und Haltungen sollen vom Schüler zu einem späteren Zeitpunkt aktiviert werden können.

Erfolgssicherung:
Unterrichtsgrundsatz, in dem die Forderung aufgestellt wird, dass die getroffenen didaktischen und methodischen Maßnahmen im Hinblick auf die Bewahrung des neu Gelernten (vgl. Aebli: „Höheres Lernen"; s. S. 309) vorzunehmen sind.
In das Begriffsumfeld von Erfolgssicherung gehören Übung, Einübung, Festigung, Einprägen, Schulen, Einschulen, Wiederholen, Anwenden, Transfer, Behalten.

2. Sicherung als umfassende Aufgabe

„Alles aufgenommene Wissen, alle Kenntnisse, Fertigkeiten, Techniken, Verhaltensweisen müssen gesichert werden, d. h. sinnvoll wiederholt und geübt werden, um sie einzuprägen und für neue Lernsituationen verfügbar zu machen" (Glötzl 2000, S. 408).
Das neu Gelernte ist dadurch gekennzeichnet, dass es bisher in dieser Weise im Bewusstsein nicht vorhanden war. Dieser Erfolg eines Lernprozesses ist aber noch vorläufig. Weitere Maßnahmen (oder Unterrichtsstunden, Lernarbeit, Lernanstrengungen, Lernprozesse) sind nötig, um das neu Erfasste verfügbar zu machen, in einen sicheren Bestand überzuführen. Auf diese Weise entsteht ein vollständiger Lernprozess. Unter der Voraussetzung, dass Unterricht mit unterschiedlichen Funktionen eingeteilt werden kann, wird am Schluss vieler Stufungsmodelle ein Abschnitt „Übung – Anwendung – Zusammenfassung" gesetzt. Sicherung geschieht aber nicht nur in eigens durchgeführten Unterrichtsabschnitten, sondern muss durch verschiedene Maßnahmen in allen Phasen angestrebt werden.
In einer Unterrichts*einheit* können Zusammenfassungen, Wiederholungen oder eine Arbeitsrückschau, aber auch eine eigene Phase der Übung oder Anwendung einer Sicherung des „Neuen" dienen. In einer Unterrichts*sequenz* erscheinen häufig eigene Übungsstunden, etwa in den Fächern Mathematik oder Sport oder in den Lernbereichen Rechtschreiben oder Schrift.

3. Formen

Die Formen der Sicherung sind vielfältiger Art (ausgewählte Beispiele):
Mündliche Zusammenfassung; Erstellen eines Protokolls, einer Sach-Niederschrift, eines Eintrags in der Portfolio-Mappe; Kommentieren; eine Meinung äußern und begründen; Bilden von Überschriften; Formulieren von Texten zu Bildern; Arbeit mit Karteien; Beschriften von Skizzen; Vervollständigen von Zeichnungen, Tabellen oder Rubriken; Herstellen einer richtigen Reihenfolge; Weiterführung eines Gedankengangs; unter vorgegebenen Behauptungen eine (richtige) Auswahl treffen; Fehler entdecken; Zuordnen; Formulieren von Fragen zum Gelernten; Rätsel stellen und beantworten; Lösen von Aufgaben mit Reorganisations- oder Transfer-Niveau; Bewusstmachen des Lernprozesses und des Lernfortschritts.

Bedeutung

1. Praktischer Aspekt

Denken und Tun werden rascher vollzogen, wenn darin enthaltene Teilvorgänge so eingeprägt sind, dass sie automatisch ablaufen können. Automatisierte, zur Gewohnheit gewordene Abläufe sind für die Gestaltung und Bewältigung des Lebens unerlässlich.

2. Bildungsaspekt

Über das Gelingen von Alltagsvorgängen hinaus erhält die didaktische „Sicherung“ auch eine Bedeutung für Bildung. Ausgehend von bereits gesicherten Bewusstseinsinhalten können neue, bisher unbekannte Leistungen erbracht werden. So verhilft etwa die Kenntnis geschichtlicher Fakten zur Herstellung historischer Zusammenhänge und Einsichten.

3. Pädagogischer Aspekt

Das Üben (das Einprägen wohl weniger) sollte verstärkt in seiner pädagogischen Bedeutung anerkannt werden. Viele Kinder zeigen bei der Durchführung von Übungen Freude am Tun und den Willen, dieselbe Übung nochmals oder ähnliche Übungen zu machen. Im Üben selbst lernen sich die Kinder besser kennen, z.B. ihre Wahrnehmungs- und Merkfähigkeit, aber auch ihre Vorstellungswelt.

Maßnahmen

1. Motivation

Die Schüler und Schülerinnen werden angeregt, sich dem Lerngegenstand zuzuwenden und sich mit ihm auseinanderzusetzen.

2. Aktivierung

In einem selbsttätigen Umgang mit der Sache wird der Lerngegenstand erschlossen. Durch die eigene Auseinandersetzung wird die Chance für ein gutes Behalten erhöht.

3. Strukturierung und Vernetzung

Eine erkennbare Abgrenzung oder Verknüpfung der Inhalte und der Maßnahmen verschafft dem Schüler Klarheit über Einzelaspekte und Zusammenhänge der Lernsache und der im Unterricht praktizierten Vorgehensweisen. Die neu erarbeiteten Unterrichtsinhalte werden nachhaltig gesichert, wenn die Teilinhalte abgegrenzt dargeboten und gedankliche Verbindungen, Denk- und Arbeitsprozesse deutlich gemacht werden.
„Bei komplexen Informationen ist eine *Strukturierung in kleinere Einheiten* (i.O. kursiv) erforderlich, die zunächst kohärent textlich, bildhaft und symbolisch abstrakt erläutert werden sollten, bis diese Informationen im Langzeitgedächtnis abgespeichert sind“ (Wellenreuther 2008, S. 23).
Entsprechende Aufgaben stellen die Verbindungen zwischen den Einzelinhalten her.

4. Sinnorientierung

Isoliertes Wissen und nicht verstandene Tätigkeiten bleiben ohne Bildungswert. Die Kenntnis von Einzelfakten und die Beherrschung von Einzelfertigkeiten sind jedoch unerlässlich für den Aufbau verschiedener Qualifikationen, sie sind in einen übergeordneten Bedeutungszusammenhang zu bringen.

5. Fixierung

Informationen, die als wichtig erscheinen, werden in Text und/oder Bild festgehalten. Durch die Sammlung der entsprechenden Einträge (Informationsblätter, Dateien) entsteht ein Wissensspeicher; er bildet die Grundlage für Wiederholung und Durcharbeitung.

6. Verbalisierung

Gegenstände und Vorgänge werden durch Begriffe repräsentiert, die in Worte gefasst sind. Sie sind bewegliche Elemente der Vorstellung und leichter abrufbar als die Vielzahl der konkreten Einzelerfahrungen.

Literatur:

Glötzl, Herbert (2000): Prinzipien effektiven Unterrichts. Handbuch für die Erziehungs- und Unterrichtspraxis, Band 2. Ernst Klett, Stuttgart u.a., S. 408–447

4.20 Leistungsfeststellung
(R. Maras)

Begriffe

1. Leistung und Schulleistung

„Als Leistung werden der Vollzug und die Ergebnisse einer Tätigkeit angesehen, die zielgerichtet erfolgt, mit Anstrengung verbunden ist und für die ein Gütemaßstab vorliegt. Schulleistungen sind demnach Lernaktivitäten und Lernleistungen, die auf schulische Lern- und Bildungsziele ausgerichtet sind. Schulleistung beruht auf individuellen Voraussetzungen (Begabung, Vorkenntnissen, Motivation und Leistungsbereitschaft) einerseits, institutionellen Faktoren (insbesondere Quantität und Qualität von Unterricht) andererseits. Beide werden durch externe Faktoren wie etwa die individuelle soziale Herkunft, die soziale Zusammensetzung der Schülerschaft und die Stellung eines Bildungsgangs im Schulsystems beeinflusst" (Klieme/Diedrich, in Tenorth/Tippelt 2007, S. 634).

2. Leistungsmessung

„Die Bewertung schulischer Leistungen – sei es im Rahmen einer Prüfung, als prozess- oder ergebnisbezogenes Urteil – wird als Leistungsmessung bezeichnet, wenn den Personen Zahlen (z. B. Testergebnisse) zugeordnet werden, welche die Qualität der jeweiligen Leistung und somit die Relationen zwischen den Leistungen unterschiedlicher Personen abbilden. Die pädagogische Diagnostik spricht nur dann von Messung, wenn sich empirisch nachweisen lässt, dass die Messergebnisse tatsächlich bestehende Relationen widerspiegeln. Leistungsmessung sollte die Kriterien der Validität, Reliabilität, Objektivität und Test-Fairness erfüllen ... Dies gelingt i.d.R. durch standardisierte Tests eher als durch schulische Notengebung oder sogenannte informelle Tests, die auf Einschätzungen der Lehrperson beruhen" (a. a. O., S. 635).

3. Leistungskontrolle

„Instrumentarium zur Feststellung schulischer Leistung. Leistungskontrolle wird von Lehrern oft als konflikthaft im Hinblick auf ihren pädagogischen Auftrag, die Förderung aller Schüler, wahrgenommen, weil Leistungskontrolle Schüler zu Konkurrenten macht. Leistungskontrolle wird heute zunehmend durch nationale und internationale Leistungsvergleiche ergänzt" (Tenorth/Tippelt 2007, S. 476).

4. Lernerfolg

„... im Lernprozess erworbener Kompetenzzuwachs, Lernerfolg kann anhand von Tests oder Prüfungen erfasst werden, im Idealfall als Vergleich von Vorher- und Nachher-Messung" (a. a. O., S. 479).

Bedeutung

- Information über den situativen Stand des Lernens bei einem Kind in Bezug auf die gestellte Aufgabe (in der jeweiligen Situation der Bearbeitung der Aufgabenstellung)
- Rückmeldefunktion für den Schüler und Hilfe zur Selbsteinschätzung
- Rückmeldefunktion für die Lehrerin: Grundlage für mögliche Konsequenzen zur Änderung der didaktischen Aufbereitung, der methodischen Maßnahmen und der Aufgabenstellungen; Ausgangspunkt für Maßnahmen der Förderung des weiteren Lernprozesses; Information über die Verteilung des Leistungsstandes in der Lerngruppe
- Berichtsfunktion: „Zensuren und Zeugnisse sind für die meisten Eltern eine wichtige Informationsquelle, um sich einen kontinuierlichen Einblick in die Leistungsentwicklung ihrer Kinder zu verschaffen." (Wild/Krapp, in Krapp/Weidenmann 2001, S. 542)
- Anreizfunktion: Die Rückmeldung eines Erfolges wirkt sich förderlich auf die Bereitschaft zu weiteren Anstrengungen aus.

Praktische Hinweise

1. Aufgliederung komplexer Lernvorgänge (Beispiele)

Teilleistungen im *Sachunterricht:* Der Schüler/die Schülerin formuliert eine zutreffende Problemfrage; nennt die Voraussetzungen zur Sachklärung; stellt einen zutreffenden Plan zur Problemlösung auf; nennt zutreffende Beispiele zum Thema; kann den neuen Sachverhalt mit seinen/ihren bereits vorrätigen Begriffen beschreiben; hält das Wesentliche vom Nebensächlichen auseinander; besitzt Kenntnisse über vorausgegangene Unterrichtsinhalte; kann eigene Gefühle in Worten zum Ausdruck bringen; kann sich in die Lage anderer Personen versetzen; regelt Konflikte, indem er/sie auf vorher vereinbarte Regeln hinweist; erkennt eine Wenn-Dann-Beziehung.

Teilbereiche der *Rechenfähigkeit*: Alle Sachinformationen verwertet; alle Zahlangaben verwertet; Einzeldaten richtig zugeordnet (Sache – Zahl); Sachinformationen richtig interpretiert; Einzeldaten richtig in eine mathematische Operation umgesetzt; Ergebnisse von Einzeloperationen richtig verknüpft; Rechenergebnisse in einer Antwort richtig wiedergegeben; Lösungsablauf verständlich notiert.

2. Konkrete Formulierungen

Nachfolgend werden einige konkrete Aufgabenstellungen aufgeführt, die eine Feststellung über eine Leistung ermöglichen können:

- Lies, was wir gerade herausgefunden haben, noch mal leise durch und versuche, dir alles zu merken. (Die Folie wird entfernt, die Tafelanschrift verdeckt; die Kinder wiederholen.)
- Unterstreiche die Wörter, die zu der Zeichnung passen! Tipp: Zwei Wörter passen nicht dazu.
- Erstelle eine Liste der Zeitwörter, bei denen du dir ein „lautes" Sprechen gut vorstellen kannst (Wortfeld „sagen").
- Subtrahiere in dieser Tabelle die richtigen Zahlen und fülle die einzelnen Felder der Tabelle mit den Ergebnissen aus.
- Drehe das Arbeitsblatt um und zeichne die Skizze aus dem Gedächtnis auf.
- Auf Fragen (durch Sprechen) antworten (Wie oft kommt der Brotteig zur „Gare"? Bei welcher Temperatur werden die Semmeln bzw. Brötchen gebacken?)
- In diesem Bild sind manche Dinge falsch eingezeichnet: Schreibe in der Tabelle die Dinge hinein, die „richtig" bzw. „falsch" sind.
- Beobachte genau, wie Monika beim Absprung ihre Arme und Beine bewegt. Vielleicht kannst du uns dann sagen, weshalb sie vorhin so weit gesprungen ist.
- Du hast gerade an diesem (Dia-)Bild beschrieben, wie ... vor sich geht. Versuche nun, an der einfachen Skizze (Folie) den Vorgang nochmals zu erklären. (Wechsel des Arbeitsmittels oder der Darstellung)
- Manche der Fragen, die wir am Anfang notiert haben, kannst du nun schon beantworten.
- Bestimme die zusammengehörigen Wörter, indem du die richtigen Zahlen davor setzt.
- Welche Meinung hast du zu ...?
- Finde heraus, welche Hauptstädte in den Ländern der Bundesrepublik Deutschland sind. Benutze eine geeignete Landkarte oder eine Seite aus dem Internet.

Literatur:

1. Glötzl, Herbert (2000): Prinzipien effektiven Unterrichts. Handbuch für die Erziehungs- und Unterrichtspraxis, Band 2. Ernst Klett, Stuttgart u. a., S. 448–499
2. Diekmann, Marius/Jürgens, Eiko (2008): Leistungsdiagnostik. In: Jürgens/Standop 2008 c, S. 218–229

5. Methoden, Arbeitsweisen und Medien

5.1 Spiel *(R. Maras)*

Begriffsklärung

1. Begriff

Da sehr unterschiedliche Formen von Spiel und von Spielen existieren und Spiele in den unterschiedlichsten Situationen praktiziert werden, bereitet es Probleme, eine allgemein gültige Definition aufzustellen; es wird häufig auf *Formen* und auf *Merkmale* des Spiels verwiesen.
Spiel: „... menschliche und kindliche Verhaltensmöglichkeit, die sich durch Entlastung von übergeordneten Zielen und Zwecken, den Wechsel von Spannungsaufbau und -abfall, die Erkundung fremder Situationen und Objekte, die Diskrepanz zwischen gewohnter und überraschender Wahrnehmung sowie einen illusionären Realitätsbezug auszeichnet" (Tenorth/Tippelt 2007, S. 685).

2. Merkmale

Es „lassen sich einige Kennzeichen, die für schulische Bildung von Bedeutung sind, herausarbeiten. Da ist zunächst der Selbstzweck des Spiels. Man spielt um des Spieles willen, nicht für einen Zweck außerhalb der Spieltätigkeit. Das hängt damit zusammen, dass Spielen besondere motivationale Erlebnisse mit sich bringt, von denen eines das *Flow*-Erleben ist ... Das Zeitgefühl kommt abhanden oder tritt in den Hintergrund ... Ein weiteres Merkmal des Spiels ist *Wiederholung*. Kinder wie Erwachsene können bestimmte Tätigkeiten im Spiel unermüdlich wiederholen ... Spiel ist meist mit einem *Wechsel der Realitätsebene* (i. O. jeweils kursiv) verbunden, man taucht in eine andere Welt ein, die man selbst konstruiert und seinen Bedürfnissen anpasst" (Oerter 2006, S. 5).

Formen

Unter dem Aspekt von „Spiele in der Grundschule" nimmt H. Petillon eine grobe Unterscheidung „nach dem Ausmaß der Vorstrukturierung im Sinne von Regeln und Spielmaterial" vor und unterscheidet zwischen „Play" und „Game".

Play: „Im Unterricht ergeben sich Freiräume, in denen bestimmte Situationen von den Kindern spielerisch aufgegriffen und weiterentwickelt werden. Dabei geht es um Spielen in allen geeigneten Räumen und allen geeigneten Situationen. Gespräche im Morgenkreis, Lernaktivitäten in einzelnen Fächern oder besondere Ereignisse können experimentierend, fantasierend neu interpretiert und in eine Spielhandlung übergeführt werden" (Petillon 2000, S. 5).
Game: „Hier handelt es sich um ein Spielgeschehen, das weitgehend durch Vorgaben zum Spielgegenstand und Spielablauf bestimmt ist" (a.a.O.). Unter Bezugnahme auf G. Walter unterscheidet H. Petillon dabei drei Gruppen: Spiele zur Förderung des Problemlöseverhaltens (Objekt-, Rate-, Plan-, Strategiespiele) – Spiele zur Förderung von Übungsverhalten (Quartett, Memory, Domino) – Spiele zur Förderung von Selbstkonzept und Sozialverhalten (Interaktionsspiele, kommunikative Spiele, Rollenspiele) (vgl. Petillon 2000, S. 5f.).

Bedeutung

Eine Vielzahl von Spielen weist folgende Bedeutung auf:
- Ausdruck eines selbstbestimmten Tuns
- Form des lustvollen Tuns
- Möglichkeit der handelnden Begegnung oder Auseinandersetzung mit Dingen oder Vorgängen

- Erweiterung der Erfahrungswelt (Dinge, Beziehungen)
- Beitrag zum Selbstverständnis, zur Selbstfindung oder zur Selbstverwirklichung
- Gewinnung von Selbstvertrauen
- „Im Hinblick auf schulisch anzubahnende Kompetenzen wird man damit rechnen können, dass Spielen wichtige Grundqualifikationen für soziales Handeln fördert" (Hilger 2010, S. 355).
- Förderung von Spontaneität und Kreativität
- Förderung der Lernbereitschaft und -ausdauer
- Schaffung einer spannungsfreien oder -armen Atmosphäre
- Bereicherung des Denkens und der Vorstellungswelt

Für einzelne Formen des Spiels gilt: Differenzierung der Wahrnehmung (z. B. Kim-Spiele); Förderung kooperativen Handelns (z. B. Schattenspiele); Möglichkeit zur Verarbeitung von Misserfolgserlebnissen (z. B. Gemeinschaftsspiele).

Hinweise zu einzelnen Formen

Rollenspiel: „Bei dieser Spielform werden im Spiel fremde Rollen übernommen und je nach Erfahrungen des Spielers ausgefüllt ... Beim gelenkten Rollenspiel wird der Spielinhalt vom Spielleiter vorgeschlagen. Die Kinder sollen auf der Spielebene alternative Lösungsmöglichkeiten entwickeln und erproben" (Petillon 2000, S. 6). Teil des problembezogenen Rollenspiels ist die Klärung des Konflikts in einem Gruppengespräch. Das Rollenspiel erhält gelegentlich eine formale Vorbereitung, etwa durch das Darstellen von Handlungsabläufen (z. B. Erste-Hilfe-Leistung bei einem Sturz) oder durch das Darstellen von Gestimmtheiten (z. B. jemand ist aufgebracht).

Szenisches Spiel: Kinder übernehmen die Rollen von Personen (oder von Tieren/Gestalten mit menschlichen Verhaltensweisen) und stellen in Spielszenen Einzelepisoden dar (auch „szenische Darstellung"). Vielfach wird eine vorgegebene Situation *nachgestaltet* oder ein vorgegebener überschaubarer Vorgang wird *ausgestaltet*. Ein szenisches Spiel mit größerem Umfang (z. B. ein Abenteuer von Kasperl; Grundlage: Text) wird in folgenden Schritten erfolgen: *Kennenlernen* (Begegnung mit dem Text, spontane Aussprache), *Durchdringung* (Klärung von Inhalt, Ablauf, Charakteren, Schwerpunkten, Stimmungen usw.), *Gestaltung* (Umsetzung mit Ausdrucksmitteln, Arbeit am Detail, Organisation) und *Darbietung*.

Konstruktions- und Gestaltungsspiel: „Dem Spiel liegen Vorstellungen und Ideen zu einem Sachverhalt (einer Stadt der Zukunft, einem Spielplatz etc.) zugrunde, die zwei- oder dreidimensional umgesetzt werden. Dabei planen die Kinder ihr Spiel selbst, überlegen und beschaffen geeignete Materialien, setzen die Idee meist in Gruppenarbeit um und stellen sich gegenseitig das Produkt vor. Dabei kann es um experimentierendes Bauen und Gestalten (Auseinander- und Zusammenbauen von Gegenständen, Verfremden von Bildern) oder um konstruierendes Bauen und Gestalten (Entwerfen und Gestalten von Straßenzügen, von Mode) gehen" (Kaiser/Pfeiffer 2007, S. 163).

Literatur:

1. Giest, Hartmut (2009): Spielend lernen? Zum Zusammenhang von Spielen und Lernen. In: Grundschulunterricht Sachunterricht 2/2009, S. 4–7
2. Hilger, Georg (2010): Kind und Spiel – Lernen im Spielen. In: Hilger/Ritter 2010, S. 351–357
3. Kaiser, Astrid/Pfeiffer, Silke (2007): Grundschulpädagogik in Modulen. Schneider Hohengehren, Baltmannsweiler, S. 162–164

5.2 Gespräch *(R. Maras)*

Begriffe und Zusammenhänge

1. Gespräch

„... bezeichnet eine begrenzte Abfolge von sprachlichen, dialogischen, themenzentrierten Äußerungen zwischen zwei oder mehreren Personen, die darauf abzielen, gemeinsame Bedeutungen herzustellen. Ein Gespräch zeichnet sich durch den Wechsel zwischen Sprecher- und Hörerrolle aus, der durch die sequenziellen Regeln des Gesprächs gesteuert wird" (Tenorth/Tippelt 2007, S. 291).

2. Gesprächsfähigkeit

„Fähigkeit, in Sprechsituationen als Hörer wie als Sprecher angemessene kommunikative Handlungsentscheidungen zu treffen" (a. a. O.).

3. Unterrichtsgespräch

- *Begriff:* „... allgemeine Bezeichnung für verschiedene Gesprächsformen und -situationen in der Schule, die als Methode (Gesprächsführung) oder als Ziel (Gesprächsfähigkeit) eingesetzt werden können. Dabei sollen möglichst alle Schüler einbezogen werden" (a. a. O., S. 738).
- *Problem des „Kleinarbeitens":* Als einer der Haupteinwände gegen den Frontalunterricht wird häufig die „kleinschrittige Vorgehensweise" genannt. Das zugrundeliegende Problem wird dadurch allerdings begrifflich nicht genau erfasst. Ein Vorgehen in kleinen Schritten ist didaktisch in vielen Unterrichtssituationen erforderlich, wenn es beispielsweise um den Erwerb komplexer Kompetenzen geht (vgl. Wellenreuther 2008, S. 23; Stern 2004, S. 13). Das Problem besteht vielmehr im *gleich*schrittigen Voranschreiten der Unterrichtsaktivitäten. Die Tatsache, dass etwas „*klein* gemacht" wird, bedarf jedoch im Zusammenhang mit dem Unterrichtsgespräch einer Betrachtung: „Nicht der lehrergeleitete Unterricht – wie vielfach vermutet –, sondern die spezifische Form des fragend-entwickelnden Unterrichts, in dem anspruchsvolle und komplexe Problemstellungen in kurze Fragen und simple Aufgaben kleingearbeitet werden, scheint die mentale Selbstständigkeit der Schüler einzuschränken und damit die individuelle Konstruktion von vernetztem Wissen zu behindern" (Baumert 1998, S. 224). In diesem Falle verlangt die Lehrperson durch immer engere Fragestellungen (da offensichtlich die Schüler der Gedankenentwicklung nicht folgen können), dass der eigene Gedankengang von den Kindern linear nachvollzogen wird. Dieses Vorgehen zieht eine passive Arbeitshaltung und eine unkritische Betrachtungsweise der Dinge nach sich.

Bedeutung

... für die Kommunikation

- Förderung der Kompetenz, sich an Gesprächen zu beteiligen
- Entwicklung der Fähigkeit, Meinungen, Stellungnahmen, Anliegen und Fragen situationsgerecht vorzutragen
- Beitrag zum verstehenden Zuhören
- Schulung der Einhaltung von Gesprächsregeln

... für Sachklärung und Sacherschließung

- Entwicklung von Vorstellungen und Werthaltungen, die auf einem Dialog gründen
- Vertiefung des Verständnisses einer Sache durch Meinungsaustausch
- Förderung der Kritikfähigkeit

... für die Entwicklung der Persönlichkeit

- Fähigkeit des Argumentierens und Begründens als wichtige demokratische Kompetenz

- Wirkungen der eigenen Rede werden erfahren und erkannt
- Entwicklung der Fähigkeit, Konflikte durch ein Gespräch zu lösen oder zu begrenzen
- Förderung der Toleranz

Verwirklichung

1. Formen

Das Ausmaß der Lenkung durch die Lehrperson während eines Gesprächs bewirkt eine eher aufnehmende oder eine eher aktive und mitgestaltende Schülertätigkeit. Erzählkreis (z.B. Morgenkreis), Gesprächskreis (z.B. Philosophieren mit Kindern), gelenktes Unterrichtsgespräch (z.B. Einführung der Arbeitsweise „Versuch"), offenes Unterrichtsgespräch (z.B. Planung eines Vorhabens), Diskussion (z.B. Pflege des Schulgartens), Interview (z.B. mit dem Imker), Rollenspiel (z.B. eine Beschwerde beim Hausmeister vorbringen), szenische Darstellung (z.B. Unterhaltung auf der Straße in der mittelalterlichen Stadt), freies szenisches Gestalten (z.B. Lena und Jakob machen eine – erdachte – Entdeckung in einem alten Haus); Brainstorming (z.B. zum Thema „das gesunde Pausenbrot"); freies Berichten (z.B. Erlebnisse beim Einkaufen).

2. Rahmenbedingungen

- angenehme und offene Atmosphäre
- genügend Raum und passende räumliche Verhältnisse für unterschiedliche Sitz- und Gruppenformationen
- ausreichender Zeitrahmen
- Gesprächsregeln aufstellen, vereinbaren und einhalten
  Beispiele: „Alle haben eine Stimme im Erzählkreis. Alle dürfen ihre Geschichte zu Ende erzählen. Wenn jemand erzählt, hören alle zu. Zuhörer sollen sich um Geduld bemühen und Erzähler um Kürze. Niemand soll dazwischenreden, wenn jemand gerade erzählt. Niemand wird ausgelacht, wenn er sich verspricht ..." (Claussen 2008, S. 45).
- organisatorische Regelungen (Wechsel der Gruppierungen) werden eingehalten

3. Gesprächsführung

- Blickkontakt wird aufgenommen und entsprechend beibehalten
- Die Lehrperson agiert als sprachliches Vorbild (Gesprächsbereitschaft, Artikulation, Ausdrucksweise, reversibler Sprachgebrauch)
- Inhaltlich oder sprachlich unangemessenen Äußerungen werden behutsam korrigiert
- Aufmerksamkeit für Kinder mit Sprechschwierigkeiten oder Sprachstörungen
- Einhaltung situationsgerechter Gesprächsregeln
- Der Gesprächsleiter führt ggf. zur Fragestellung bzw. zur Thematik zurück, hält Zwischenergebnisse fest, erinnert an eine vorausgehende Äußerung, hält die Balance zwischen Offenheit und Lenkung (siehe auch S. 121)

4. Inhalte

Äußerung von Vermutungen; spontane Äußerungen; Präsentieren von Arbeitsergebnissen; Vorstellen von Lösungswegen;
Mathematik, z.B. Begründen eines Rechenweges;
Deutsch, z.B. Interpretieren der Verhaltensweise einer Person aus einem Lesestück;
Sachunterricht, z.B. Mitteilen einer Beobachtung;
Sport, z.B. Berichten über Körperempfindungen nach einer Ausdauerübung.

Literatur:

1. Claussen, Claus (2008): Erzählen und Zuhören. In: Grundschulmagazin 1/2008, S. 41–48
2. Spiegel, Carmen (2007): „Kannst du mir das mal erklären?" Gesprächskompetenzen erwerben durch partnerschaftliches Lernen im Unterricht. In: Grundschulunterricht 9/2007, S. 4–11

5.3 Projekt *(R. Maras)*

Begriffe und didaktische Hinweise

1. Projektmethode

„... reformpädagogisches Konzept eines Unterrichts, der von lebensweltlichen Problemen aus, fachübergreifend, produkt- und handlungsorientiert, in eigener Zeitlichkeit, in Gruppen realisiert werden soll, wobei die Schüler die Projektidee und den Projektplan selbst entwerfen und in selbstkontrolliert-reflexiver Beobachtung auch realisieren sollen. Die Ziele sind v.a. Selbstständigkeit und Selbsttätigkeit, zugleich soll methodische Kompetenz erworben werden ... Die Durchführung von Projekten – von Schülern geplanten, durchgeführten und ausgewerteten Arbeitsvorhaben – gilt als wichtige Ergänzung des Fachunterrichts. Zu den von der Arbeit in Kleingruppen erwarteten Lern- und Bildungsprozessen sollen bildungswirksame Erfahrungen eines Zusammenwirkens mehrerer Arbeitsgruppen und der Erstellung eines für die Schüler bedeutsamen Ergebnisses hinzutreten" (Tenorth/Tippelt 2007, S. 581f.).

2. Projektorientierter Unterricht

„Unterrichtsform, die sich an der Projektmethode orientiert, aber nicht alle ihre Kriterien erfüllt. So ist projektorientierter Unterricht häufig fachbezogen statt fächerübergreifend. Die leitende Frage- oder Problemstellung wird oft vom Lehrer initiiert, und die Präsentation der Ergebnisse erfolgt nur innerhalb der Klasse" (a.a.O., S. 582).

3. Phasen der Durchführung

S. Traub erläutert die Phasen eines Projekts (mit Hinweis auf H. Gudjons):
„*1. Die Themenfindung:* Dabei kann eine enge Ausgangssituation vorliegen, wenn z.B. das Thema vom Lehrplan her bestimmt ist. Es kann aber auch eine halboffene Ausgangssituation entstehen, wenn zwar Rahmenthemen vorgegeben sind, innerhalb derer dann die Lerngruppe sich selbst auf ein Thema einigen kann ...

2. Informationsphase: In dieser Phase sammelt die Lerngruppe möglichst umfassende Informationen zu ihrem Thema ...

3. Planungsphase: Gemeinsam wird nun ein Plan für den weiteren inhaltlichen und formalen Verlauf des Projekts erstellt. Um einen solchen Plan überhaupt erstellen zu können, bedarf es sowohl fachlicher und sachlicher Kenntnisse als auch methodischer Fähigkeiten ... Handlungsziele werden festgelegt, die Rahmenbedingungen geprüft, Gruppen für die einzelnen Themenschwerpunkte gebildet ...

4. Produktionsphase: Hier wird das angezielte Produkt hergestellt. Die gesammelten Informationen werden verarbeitet, ausgewertet und entsprechend dargestellt ...

5. Abschlussphase (i.O. jeweils kursiv): Der Abschluss eine Projekts sollte bewusst erfolgen, z.B. durch eine gemeinsame Aktivität oder Aktion (Informationsstand, Herstellung eines Films oder Buches, Ausstellung usw.). In einer Reflexionsphase steht allen Beteiligten offen, Rückschau zu halten ..." (Traub 2003, S. 21f.).

4. Bedeutung

Das Anliegen von Projektunterricht und projektorientiertem Arbeiten ist es, „Lernen so zu organisieren, dass zum einen SchülerInnen über bloße Wissensaneignung hinaus schulisch an und mit Inhalten wirkliche Erfahrungen machen *können* und zum anderen infolge ihrer inneren Beteiligung auch weitere Erfahrungen machen *wollen* (i.O. jeweils kursiv) ... Indem SchülerInnen dergestalt an und mit Erfahrungen lernen, erschließen Inhalte sich ihnen anschaulich und etablieren sich über nur äußeres Wissen hinaus in der eigenen Erfahrungswelt" (s.u. Ritter 2010, S. 395). „Die erhöhten Anforderungen, die der Projektunterricht ... stellt, werden legitimiert durch Positiva wie die hohe Erlebnis-,

Erfahrungs- und Sinnendichte solchen Unterrichts und seine Leistungen in Bezug auf die Klassengemeinschaft" (a.a.O., S. 400).

Praktische Hinweise

1. Ablauf

In der Grundschule haben sich Schritte der Durchführung eines projektorientierten Unterrichts bewährt, wie dies in Abb. 138 gezeigt ist. (Konkrete Umsetzung dazu: siehe S. 230f.)

Verlauf eines Vorhabens

1. **Wir legen ein Thema fest**
   a) **Abfrage oder aktueller Anlass**
   b) **Bepunktung** (Bewertung)
   c) **Entscheidung**

2. **Wir bereiten uns vor**
   a) **Darlegung des Vorwissens**
   b) **Eingrenzung**
   c) **Ziel**
   d) **Planung** (Was brauchen wir? Was können wir damit machen? Wer bringt ...? Wer hat ...?)

3. **Durchführung**
   a) **Sammeln und Ordnen**
   b) **Aktivitäten**

4. **Präsentation**
   a) **Vorstellen der Materialien**
   b) **Vorstellen der eigenen Arbeiten** (Bilder, Texte, Schaubilder, Fotos, reale Gegenstände)

5. **Ausweitung/Aktion**

Abb. 138: Projektorientierter Unterricht oder Vorhaben – Schritte der Durchführung

2. Inhalte

Für eine breite Palette an Themen bekunden die Kinder ihr Interesse. An erster Stelle stehen dabei die Tiere: Dinosaurier, Elefanten, Tiger, Adler, Bären; Raupen, Schmetterling, Katze, Meerestiere, giftige Tiere, Vögel; ferner Autos, Hausbau, Computer, Motorboote; Blumen, Bäume; das Auge, Geburt eines Menschen; Entstehung des Weltalls, die Sonne.
Als Themen eines projektorientierten Unterrichts bieten sich viele grundlegende Themen an wie Wasser, Luft; Geschichte des Heimatorts; Fliegen, Sand.

3. Aufgliederung einer Gesamtthematik

Beispiel aus dem Sachunterricht (Der Teich ist ein Gewässer): 1. Das Wasser fühlen (die Hand, der Arm ruht/bewegt sich im Wasser). 2. Das Ufer untersuchen. 3. Tiere beobachten. 4. Pflanzen betrachten. 5. Unter Wasser sehen (mit einer selbstgebauten Unterwasserlupe). 6. Messen der Temperatur.

4. Aktivitäten und Kompetenzen

Im Rahmen eines Projekts gibt C. Wenzel den Kindern mithilfe eines Kompetenzrasters einen „Überblick über alle Anforderungen" (s. u. Wenzel 2011, S. 21). Beispiele: „Ich kann eine Fotoseite herstellen: ein Foto auswählen; eine Überschrift zum Foto aufschreiben; einen Text zum Foto schreiben; mir Rückmeldung zur Fotoseite holen; eine Fotoseite gestalten. Ich kann Schnecken erforschen: aufschreiben, was ich beobachtet habe; über unsere Beobachtungen sprechen; aufschreiben, was eine Schnecke im Terrarium braucht; eine Schnecke beobachten und eine Sachzeichnung erstellen" (a. a. O., S. 22).

Literatur:

1. Ritter, Werner H. (2010): Projektartiges Arbeiten mit GrundschülerInnen. In: Hilger/Ritter 2010, S. 394–400
2. Wenzel, Claudia (2011): Selbst gesteuerte Lernprozesse schon in der Schulanfangsphase? Projektarbeit in einer jahrgangsgemischten Klasse. In: Grundschulunterricht Deutsch 2/2011, S. 21–25

5.4 Arbeit an Stationen *(R. Maras)*

Begriff und Zusammenhänge

1. Arbeit an Stationen

Arbeit an Stationen, Stationenarbeit, Stationenlernen, Lernen an Stationen, Stationenbetrieb werden synonym verwendet.
Stationenlernen: „Lernen an mit Arbeitsaufträgen und -materialien ausgestatteten Arbeitsplätzen; wird in der Regel als Gruppenarbeit organisiert" (Tenorth/Tippelt 2007, S. 692).
Bei der Beschreibung dieser Unterrichtsform steht zunächst die *Organisation* im Vordergrund. Die Arbeitstische der Kinder und ggf. auch weitere Arbeitstische werden meist paarweise zusammengestellt. Sie bilden damit eine „Station"; diese erhalten eine fortlaufende Nummerierung. Die einzelnen Stationen bieten vorbereitete Aufgaben und Materialien an. In der Regel sind die Aufgabenstellungen unterschiedlich. Aus organisatorischen Gründen kann eine bestimmte Aufgabe auch doppelt angeboten werden, wenn etwa zu erwarten ist, dass die Verweildauer an dieser Station ein größeres Ausmaß annehmen wird; so können Staus vermieden werden.
Somit wird als Arbeit an Stationen eine Unterrichtsform bezeichnet, die meist als thementeilige Gruppenarbeit mit einem thematischen Schwerpunkt, mit vorbereitetem Material und Aufgabenstellungen organisiert ist; das Ziel der Arbeit an Stationen ist die eigenständige oder eigentätige Arbeit der Kinder, die entweder die Übung oder den Informations- und Erfahrungserwerb zu einem Unterrichtsgegenstand in den Mittelpunkt stellt.

2. Arbeit an Stationen als Form offenen Unterrichts

„Werkstattunterricht und Stationenlernen als Organisationsformen haben vieles gemeinsam. Bedeutendste Übereinstimmung ist, dass zu einem vorher festgelegten Thema möglichst vielfältige Lernangebote bereitgestellt werden. Ähnlich wie beim Wochenplanunterricht können die Schülerinnen und Schüler über die Reihenfolge der Bearbeitung von Aufgabenstellungen und die Sozialform frei entscheiden. Mit der Freiarbeit haben diese Formen gemeinsam, dass zumindest ein Teil der Arbeit von den Kindern frei gewählt werden kann ... Ein wesentlicher Unterschied zwischen Werkstattunterricht und Stationenlernen besteht darin, dass die Frage- und Aufgabenstellungen beim Stationenlernen weniger durch die Lernenden im Prozess der Auseinandersetzung mit dem Lerngegenstand entwickelt werden. Die Idee des Lernens an Stationen kommt ursprünglich aus dem Sportbereich, hat aber seit den 1980er-Jahren auch Eingang in den gesamten Grundschulunterricht gefunden" (Kaiser/Pfeiffer 2007, S. 186f.).

3. Varianten der Arbeit an Stationen

In der Praxis ergeben sich oft Überschneidungen mit anderen Unterrichtsformen. Die Ausprägungen der Arbeit an Stationen sind im Grundschulunterricht zahlreich, da eine Reihe von Variablen unterschiedlich gestaltet werden (festgelegt oder offen): Dauer der Arbeit an den einzelnen Stationen, Schwierigkeitsgrad, Reihenfolge der Bearbeitung, Umfang (Pflicht- und Wahlaufgaben), Tätigkeiten (themengleich, thementeilig, arbeitsgleich, arbeitsteilig) und soziale Arbeitsformen (Partner oder Helfer können ggf. zur Arbeit herangezogen werden). So entsteht eine sehr große Bandbreite in der Umsetzung von Stationenarbeit: Von der Arbeit an offenen Aufgabenstellungen bis hin zu einer Stationenarbeit, bei der eine enge Führung vorliegt (die Kinder sind in Gruppen organisiert, bearbeiten aber in Alleinarbeit der Reihe nach, in festgelegtem Rhythmus, die Aufgabenstellungen an den Stationen).

4. Probleme

Der Arbeit an Stationen liegt die Idee der Selbstständigkeit zu Grunde, wie dies etwa

R. Bauer beschreibt: „Ein Angebot von Lernstationen ermöglicht es den Schülerinnen und Schülern, sich ein Inhaltsgebiet selbstständig zu erarbeiten bzw. selbstständig zu üben" (Bauer 2004, S. 19). In der schulpraktischen Arbeit ergeben sich jedoch deutliche Abweichungen von dieser Zielvorstellung. Es zeigen sich zwei Hauptprobleme: a) eine sehr enge organisatorische und inhaltliche Führung und b) ein Aktivismus infolge mangelnder Zielorientierung.

„Das Stationenlernen zählt in der Fachliteratur zu den offenen Unterrichtsformen, wobei diese Zuordnung nur unter der Prämisse gelten kann, dass die Offenheit des Unterrichts als Abkehr vom traditionellen Frontalunterricht verstanden wird. Ansonsten hat die Lehrkraft häufig das Planungsmonopol und entscheidet über Inhalt und Gestaltung der Stationsaufgaben" (Klupsch-Sahlmann 2005, S. 6). (Zu „Probleme" siehe ferner Sundermann/Selter 2000, S. 110; Bauer 2004, S. 19 und Wellenreuther 2008, S. 23).

Praktische Umsetzung

1. Eingliederung in eine Unterrichtssequenz

Beispiel aus dem Fach Sport:
Kräftigung der Körpermuskulatur:

1. Arm- und Beinmuskulatur (Schwerpunkte Bizeps, Quadrizeps und Trizeps);
2. Rücken- und Bauchmuskulatur (Schwerpunkte Bauch-, Kapuzenmuskel, Rückenstrecker);
3. Fußmuskulatur (Schwerpunkte Wadenmuskel, Zehenbeuger).

2. Struktur des Arbeitsablaufs

- Themeneinführung
- Einweisung
- Arbeit an den Stationen
- Verarbeitungsphase
- Reflexionsphase

3. Formulierung klarer Aufgabenstellungen

Beispiel aus dem Sachunterricht:
Versuche mit Eiern: „Setzt in die vier äußeren Felder eines Eierkartons je ein Ei. Schneidet im Eierkarton die Erhebungen zwischen den Eierflächen ab. Legt nun nach und nach vorsichtig die Bücher auf die Eier. Untersucht danach die Eier." (Blaseio 2008, S. 42)

4. Herstellung von Zusammenhängen in der Reflexionsphase

Beispiel aus dem Fach Mathematik (Symmetrie):

- Tätigkeiten: 1. Ergänzen zu symmetrischen Figuren (kariertes Papier, eine Hälfte der Figur ist vorgezeichnet); 2. Herstellen einer symmetrischen Figur I (Blatt Papier, Falten, Durchstechen mit einer Nadel, Verbinden der Punkte); 3. Herstellen einer symmetrischen Figur II (Blatt Papier, Falten, Spuren mit einem Kugelschreiber bei hohem Auflagedruck, Aufklappen); 4. Finden symmetrischer Figuren (abgebildete Großbuchstaben, Einzeichnen der Faltlinie).
- Reflexionsphase: Die Kinder versuchen Gemeinsamkeiten und Unterschiede der Tätigkeiten an den einzelnen Stationen herzustellen (Faltlinie selbst hergestellt bei Stationen 2 und 3; gleicher Abstand zur Faltlinie – durch Abzählen der Kästchen, durch Durchstechen).

Literatur:

1. Hoffart, Eva (2008): Stationenarbeit zur Multiplikation. In: Grundschulunterricht Mathematik 1/2008, S. 34–38
2. Spitta, Philipp: Inklusiver Sachunterricht. Das Zusammenspiel von thematischer Offenheit, Lernen in Werkstätten und an Stationen und „guten Lernaufgaben". In: Grundschulunterricht Sachunterricht 2/2011, S. 20–24

5.5 Gruppenarbeit *(R. Maras)*

Begriff

Gruppenarbeit ist eine Sozialform des Unterrichts, in der sich mehrere Schüler (in der Regel drei bis sechs) zusammenfinden, um einen inhaltlich mehr oder weniger vorformulierten Auftrag mittels gegenseitiger Unterstützung und Ergänzung in gebundenem oder freiem Verfahren zu bearbeiten. (siehe S. 340–342)

Formen

1. *Themengleich*
   Ein Inhalt wird von jeder Gruppe bearbeitet. Nach der Gruppenarbeit werden die Arbeitsergebnisse im Plenum vorgetragen und verglichen (z.B. Lösen einer Sachaufgabe).

2. *Thementeilig*
   Ein Inhalt wird in Einzelthemen gegliedert von je einer Gruppe bearbeitet. Die Auswertung erfolgt durch die gegenseitige Information, z.B. Nachbereitung eines Unterrichtsganges zum Klärwerk.

3. *Arbeitsgleich*
   Bei dieser Form der Gruppenarbeit übt jedes einzelne Gruppenmitglied die gleiche Tätigkeit aus, z.B. das Suchen treffender Ausdrücke.

4. *Arbeitsteilig*
   Bei der arbeitsteiligen Gruppenarbeit übt jedes Mitglied der Gruppe eine andere Tätigkeit aus, z.B. das Erstellen einer Collage.

5. *Mischformen*
   Aus der Variation der Zusammensetzung der Gruppen (Zufallsprinzip, Leistungsvermögen allgemein oder in speziellen Gebieten), des jeweils gestellten oder übernommenen Themas, der Aufteilung der Arbeiten, des Wechsels von Gruppenmitgliedern und der Steuerungs- und Organisationsmodalitäten ergeben sich mehrere Mischformen der Gruppenarbeit.
   Beispiele: *Konferenzen* bilden sich zum Zweck der vertieften Arbeit an einem begrenzten Thema. Bei der *Stammgruppen-Experten-Methode* informieren „Experten" die Kinder der „Nicht-Experten"-Gruppen (siehe auch S. 342).
   Eine für die Praxis in der Grundschule einfachere und sinnvolle Variante bildet eine *Gruppenarbeit im Rotationsverfahren.*
   Beispiel: In den Gruppen A mit F sind jeweils vier Kinder. Die Gruppen A und D, B und E, C und F haben jeweils dieselben Aufgaben (z.B. Versuche zur Kerzenflamme).
   a) Phase 1: Durchführung der Versuche;
   b) Phase 2: Jeweils drei Kinder wechseln (A2, A3, A4 zu B1, ... D2, D3, D4 zu E1 usw. (A1, B1, ... sind jetzt Experten); dann A2, A3, A4 zu C1 usw.).
   c) Die Kinder „A1" mit „F1" erhalten nun die Informationen von den bereits informierten Kindern an den anderen Gruppentischen. (Besonderer Vorteil: Nach Abschluss von Phase b können einige Kinder bereits an der Tafel die Fixierung der Ergebnisse vorbereiten.)

Verwirklichung

- *Vorbereitung:* Zielsetzung; einführende Inhalte; Passung zum Leistungsniveau; Planung der Durchführung; Arbeitsauftrag.
- *Durchführung:* Selbstständige Arbeit; Regulierung der Sachauseinandersetzung und des Verhaltens durch die Gruppe; Lehrperson hält sich zurück.
- *Auswertung:* Darstellen im Plenum (verbal, bildlich, am Modell); Ergebnisse prüfen (ergänzen, korrigieren), vergleichen, interpretieren; Ergebnisse in den Zusammenhang einbetten; Arbeitsrückschau (siehe Abb. 139).

Gruppenarbeit

Vorbereitung
1. Die Aufgabe ist allen bekannt.
2. Das nötige Material liegt bereit.
3. Einzelne Kinder haben besondere Aufgaben erhalten. (Beispiel: Wer leitet das Gespräch?)
4. Der Arbeitsplatz ist hergerichtet.

Regeln
1. Jeder bleibt beim Thema.
2. Wir halten die Gesprächsregeln ein.
3. Wir bemühen uns um ein gutes Ergebnis.

Einschätzung der Arbeit

1. Ergebnis	trifft zu	trifft teilweise zu	trifft nicht zu
a) Wir hatten gute Ideen.			
b) Wir sind fertig geworden.			
c) Wir haben gründlich gearbeitet.			
d) Wir haben das Ergebnis verständlich dargestellt.			
e) Wir haben das Ergebnis zusammengefasst.			

2. Unsere Zusammenarbeit	trifft zu	trifft teilweise zu	trifft nicht zu
a) Wir haben die Arbeit gut verteilt.			
b) Wir haben uns beim Formulieren geholfen.			
c) Wir haben einander gut zugehört.			
d) Wir haben einander aussprechen lassen.			
e) Wir haben Schwierigkeiten gemeinsam gelöst.			

3. Das ist uns wirklich sehr gut gelungen:

____

4. Das nehmen wir uns für die nächste Gruppenarbeit vor:

____

Abb. 139: Gruppenarbeit – Organisation und Bewertung

5.6 Dokumentation und Präsentation *(R. Maras)*

Begriffe und Zusammenhänge

Sammelbezeichnung für unterrichtliche Maßnahmen zur längerfristigen Darstellung und Fixierung von Arbeitsprozessen oder Arbeitsergebnissen, die überwiegend durch die Schüler und Schülerinnen durchgeführt werden.
Dies umfasst Maßnahmen wie die Verwendung eines Rechentagebuchs (um z. B. eigene Lösungswege darzustellen) oder die Anfertigung eines Plakats (um z. B. im Rahmen eines Projekts Sachinformationen einer Öffentlichkeit vorzustellen).
Über Sachverhalte und Vorgänge bilden sich im lernenden Kind Vorstellungen. Diese psychischen Inhalte werden zum Ausdruck gebracht, dazu sind Symbole und Zeichen der Darstellung (verbal, bildlich, akustisch; ggf. taktil) erforderlich. Die Darstellung, z. B. von Beobachtungen, vermuteten Zusammenhängen oder Erklärungen, kann für sich selbst vorgenommen, aber auch den anderen Kindern und der Lehrperson vorgestellt werden. Dokumentieren meint also das „Zum-Ausdruck-bringen", das Festhalten und Fixieren, und Präsentieren weist auf das Vorzeigen und Vormachen hin. In den beiden Fällen des Dokumentierens und Präsentierens wird eine Sache dargestellt. Das Darstellen geht bei einer Präsentation über den technischen Aspekt hinaus, indem die Funktion des Aufmerksam-Machens hinzutritt. Die Darstellung kann für einen kurzfristigen Einsatz (z. B. Notation gesammelter Wörter auf der Folie, Fixierung von Ergebnissen an der Tafel) oder für eine langfristige Verwendung (z. B. Plakat oder Hefteintrag) vorgesehen sein.
„Lernen, Unterricht können wir verstehen als einen Prozess der Vergegenständlichung von Sachen, als einen Dialog zwischen Innen und Außen, den wir auch intersubjektiv kommunizieren. Wenn hingegen eine Sache *dargestellt* (i. O. kursiv) wird, tritt sie uns nicht mehr objektiv, sondern subjektiv gegenüber. Die Darstellung gibt uns ein Bild der Sache, gibt nicht etwa die Sache selbst. Natürlich lassen sich Bilder und Darstellungen daran bemessen, wie ähnlich sie einer Sache sind. Aber auch, wenn Darstellungen sich um Ähnlichkeit bemühen, so bleiben sie doch Ansichten, Empfindungen, Deutungen, Begriffe, Modelle" (Fischer 2007, S. 470f.).

Bedeutung

(in Abhängigkeit von der gewählten Darstellungsform)

- Möglichkeit zur Darlegung von eigenen Vorstellungen und Gedankengängen
- Konstitutiver Bestandteil im Konzept eines offenen Unterrichts
- Beitrag zur Medienerziehung, indem die Kinder selbst Medien gestalten; dadurch werden Zielsetzungen wie sinnvolle Auswahl oder die Herstellung relevanter Zusammenhänge (Adressatenbezug, Intention, Mittel, Wirkung) erfüllt
- Motivation zur gründlichen Auseinandersetzung mit der Lernsache, da später das gezeigte Ergebnis sowohl einer kritischen Betrachtung unterliegt wie auch Anlass für eine positive Rückmeldung ist (Anerkennung von Leistungsbereitschaft und qualitativ guter Arbeit)
- Beitrag zur Förderung und Schulung der Kommunikationsfähigkeit, da in der Regel ein Informationsaustausch erforderlich ist; es müssen eine Verbindung zum Gesprächspartner hergestellt, Mitteilungen zur Sache gemacht und eine Verständigung über sinnvolle Lösungen durch überzeugende Argumentation herbeigeführt werden
- Sicherung von Lernergebnissen: Die Darstellung bringt die Vorgänge des Entstehens einer Beobachtung, einer Einsicht oder einer Auffassung in Erinnerung. Der auslösende Arbeitsvorgang wird nochmals erinnert. Auf diese Weise ist die Zeit vorhanden, dass die Informationen aus dem Arbeitsgedächtnis in

das Langzeitgedächtnis übernommen werden können, denn dort sind potentiell Anknüpfungsstellen für das Neue vorhanden (bei entsprechender didaktischer Aufbereitung)

Verwirklichung

1. Formen der Dokumentation und Präsentation

a) Überblick – Aufzählung (Beispiele in kursiv)

- Portfolio: *Was für mich (in diesem Schuljahr) beim Lernen wichtig war*
- Collage: *Verschiedene Stromverbraucher*
- Plakat: *Wir schützen unsere Ohren*
- Merktafel: *Gesprächsregeln*
- Piktogramm: *„Hier: Glasmüll einwerfen“, „Partnerarbeit im Flüsterton“, „Liedvortrag: Deutlich artikulieren“*
- Wandbild: *geometrische Figuren; kunsthandwerkliche Leistungen, z. B. Ornamentik*
- Bildfolge: *So veränderte die Eisenbahn unseren Ort*
- Bildkarte: *Von der Schule zum Rathaus*
- Plastisches Modell: *Sandkasten: Die Umgebung der Schule*
- Bücher als Gemeinschaftsarbeit (Ringbuch; handschriftlich oder digital): *Bildhafte Redensarten, Tipps für die Freizeit*
- eigene Sach-Bücher: *Mein Wald-Buch*
- Bestimmungsbücher: *Einheimische Vögel; geschützte Pfanzen*
- Hörspiel: *Unfall! Einen Erwachsenen zu Hilfe holen*
- Lernspiel: *Lernscheibe „Das sichere Fahrrad“, Rätsel „Tiere in der Wiese“, Bild-Wort-Domino „Kartenzeichen“)*
- Kurzvortrag/Referat: *Wie der Igel überwintert*
- Musikalische Spielszene: *Waldvögel*
- Ausstellung und Ausstellungstisch: *Gesunde Ernährung, Haushaltsgeräte aus alter Zeit*
- Wandzeitung: *Brauchtum früher und heute*
- Wandfries: *Pflanzen der Hecke zu verschiedenen Jahreszeiten*
- Geschichtsfries: *Markierung technischer Erfindungen*
- Handzettel: *Informationstext „So wählen wir den Klassensprecher“*
- Foto: *Naturdenkmal …*
- Kartei: *Verschiedene Berufe*
- reale Gegenstände: *Fraßbild vom Borkenkäfer*
- präparierte Objekte: *gepresste Blüten*

Anmerkung: Kleinformen, wie Skizzieren oder Diagramm erstellen, sind eigens zu schulen; Nutzung von digitalen Medien. Nachfolgend sind drei Beispiele etwas genauer ausgeführt.

b) Ausgewählte Formen

Mein Rechen-Tagebuch

Die Kinder stellen in Worten oder mit Zeichnungen mathematische Probleme oder Lösungen dar. Diese Einträge werden jeweils mit einem Datum versehen, damit die Entwicklung der Lernprozesse zu einem späteren Zeitpunkt besser nachvollzogen werden kann. Sinngemäß kann auch ein Deutsch- oder Sach-Tagebuch geführt werden; dann erscheint es aber sinnvoll, um nicht zu viel Aufwand mit Heften zu betreiben, ein Unterrichts-Tagebuch anzulegen; hier kann etwa durch die Markierung mit selbstgewählten Symbolen auf die einzelnen Unterrichtsfächer hingewiesen werden.

Plakate gestalten

Die Kinder besprechen die erforderlichen Inhalte; sie entscheiden sich für bestimmte Darstellungsmittel, fertigen eine Skizze an, besorgen sich das nötige Material und verteilen Einzelaufgaben; sie stellen das Ergebnis der Klasse vor und geben Erläuterungen dazu.

Zur Praxis der Erstellung von Einträgen

Exemplarisch werden am Beispiel des (Heft-)Eintrags – als häufig verwendete

Form der Dokumentation – Grundsätze der Erstellung erläutert.

1. *Lerneffektive Aufbereitung des Unterrichtsstoffes:* Abfolge der Teilinhalte nach sachlogischen Überlegungen, Hervorheben des Wichtigen, Herausstellen von Regeln und Merksätzen, Strukturierung der Inhalte

2. *Einsatz am didaktisch richtigen Ort:*
a) *unterrichtsbegleitend:* Ein Eintrag wird immer dann vorgenommen, wenn eine Phase (ein Teilschritt oder ein Teilziel) abgeschlossen ist
b) *in der Phase der Zusammenfassung:* Der gesamte Eintrag geschieht am Schluss der Unterrichtseinheit; Vorteil: den rascher arbeitenden Kindern bleiben größere Zeitspannen zur Bearbeitung von sachlich ergiebigen und motivierenden Zusatzaufgaben; Nachteile: Probleme mit der Rhythmisierung und dadurch mit der Erhaltung der Konzentration auf die vorliegende Arbeit

3. *Übersichtliche Gestaltung:* Zäsuren zwischen den Einträgen; Datieren; bewährt hat sich auch die Nummerierung; Verwendung vereinbarter Zeichen für Kapitel-, Haupt- und Teilüberschriften (Farbe, Schriftgröße, Art des Schreibgeräts, Unterstreichen); Markieren von Merksätzen (z.B. durch Einrahmen) oder wichtigen Aussagen; Gebrauch von Farben; keine übertriebenen Verzierungen; gegliederte Anordnung

4. *Ansprechende Gestaltung:* Verwendung von Tinte; Vermeidung von Klecksen; Beachtung des Schriftbilds (Lesbarkeit); Einhaltung des Rands; einheitliche und saubere Berichtigung

5. *Prüfung, Kontrolle, Korrektur und Würdigung:* Korrektur aller Einträge im Fach Deutsch; Korrektur und Kontrolle in den Fächern Mathematik und Sachunterricht mischen; jeder durchgesehene Eintrag ist zu kennzeichnen; Würdigung am Ende des Eintrags, jedoch nicht in jedem Falle zwingend

2. Darstellungsweisen einführen und einschulen

Die Kinder erhalten Anregungen und Hilfen zur Darstellung der Arbeitsprozesse oder -ergebnisse. Gegenstand dieser Hilfen sind *Darstellungsmittel* (z.B. durch räumliche Nähe zeigen, dass diese Elemente zusammengehören), *handwerkliche Techniken* (z.B. Texte in großer Schrift erstellen) und *technische* und *organisatorische Aspekte* (z.B. Aufstellen einer Pinnwand, Absichern des Arbeitsplatzes).
In einem schrittweisen Aufbau von inhaltlichen Anforderungen werden die Kinder über einfachere an komplexere Aufgabenstellungen herangeführt. Das Beispiel in Abb. 140 zeigt eine in der dritten Jahrgangsstufe gut zu bewältigende Aufgabe: Zu einem klar definierten Thema sind aufzählend Möglichkeiten zu nennen; der Illustration dieser „Möglichkeiten" (fliegen usw.) dient ein Abbild des dazugehörigen Gegenstandes (Löwenzahnsame usw.).

3. Zweck und Ziel bewusstmachen

Unterrichtsergebnisse und Arbeitsprozesse werden in Schrift und Bild und gelegentlich auch in Ton oder in plastischen Gebilden festgehalten. Diese Darstellungen sind jedoch von unterschiedlicher Verarbeitungstiefe. Die didaktische Funktion einer bestimmten Dokumentation ist deshalb zu klären. Für das erfolgreiche Lernen ist es bedeutsam darüber zu reflektieren, welche Stelle des Lernprozesses schon erreicht ist, und welche Schritte noch auszuführen sind.
Die nachfolgenden Beispiele dienen zwei Absichten: Das erste soll aufzeigen, dass die didaktische Funktion einer Dokumentation mit einfachen Überlegungen auch Grundschulkindern zu vermitteln ist, das zweite Beispiel soll für didaktische Probleme von Darstellungsweisen sensibilisieren.

a) Beispiel: Fragen an der Pinnwand

Hinweise und Anregungen der Lehrperson:

- An einer Pinnwand werden Ideen und Fragen festgehalten.
- Einige Kinder haben ihre Fragen schon auf Blätter geschrieben und angeheftet. Hast du auch eine Frage zu diesem Thema?
- Deine Fragen sind für mich und für die ganze Klasse wichtig.
- Deine Frage zeigt uns, wofür du dich interessierst.
- Eine Frage verlangt auch etwas von uns: Wir sollen daran arbeiten und eine Antwort finden.
- Die Blätter, die an die Pinnwand geheftet sind, sind beweglich. Wir können die Fragen also ordnen.
- Oder: Wir können eine Frage wegnehmen und diese an die Wandtafel heften; jetzt werden wir uns besonders mit *dieser* (nunmehr ausgewählten) Frage beschäftigen.

b) Beispiel: Mindmapping als Problem

Die Attraktivität eines Mindmaps entsteht durch die Einfachheit der Anfertigung, durch Flexibilität und Offenheit bei der Handhabung. Ein erhebliches Problem besteht jedoch darin, dass man dem vorgelegten Mindmap nicht entnehmen kann, an welcher Stelle der Gedankenentwicklung der Bearbeiter steht. Konkret als Frage: Wurde schon *geordnet* oder nicht? Wenn ja: In welchem Ausmaß? Nach welchen Kriterien?

Dieses Problem gründet in der offenen Beschreibung: „Sie können sich immer wieder neu entscheiden, ob Sie Ihrem Mind-Map eine bestimmte Ordnung geben wollen oder nicht“ (Kirckhoff 1990, S. 6). Damit ist eine klare Konvention über das Medium Mindmap nicht erkennbar.

Für die Grundschule wird vorgeschlagen, Mindmaps an den Stellen des Unterrichts zu verwenden, wo es gilt, kreative Lösungen zu finden, Vernetzungen herzustellen oder Gedankenketten aufzuzeigen. Gerade die letztgenannte Funktion kann dazu dienen, dem eigenen Denken auf die Spur zu kommen.

Literatur:

Fischer, Hans-Joachim (2007): Die Sachen darstellen und reflektieren. In Kahlert u. a. 2007, S. 470–480

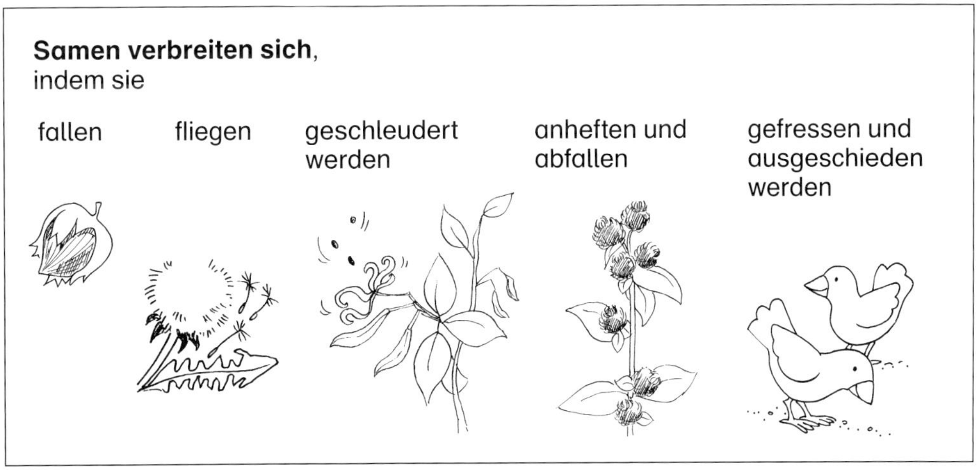

Abb. 140: Darstellungsweisen schrittweise entwickeln: Zeichnung anfertigen

5.7 Portfolio *(R. Maras)*

Begriff

Portfolio

Als Portfolio wird eine Sammlung von Unterlagen bezeichnet, die gemäß einer bestimmten Zielsetzung angelegt wird. Die unterschiedliche Ausprägung des Portfolios zeigt sich in Begriffen wie Produkt-, Prozess-, Projekt-, Arbeits-, Themen-, Beurteilungs- oder Entwicklungsportfolio.
In der Sammlung sind enthalten: Informationen und Aufgabenstellungen vonseiten der Lehrperson (Aufgaben-, Arbeitsblätter, Texte, Bilder), Dokumente und Arbeitsergebnisse der Kinder und Rückmeldungen. Dies alles wird in einem Ordner oder in einer Mappe (mit Register oder Trennblättern) aufbewahrt. Sofern Werkarbeiten, Speichermedien, großformatige Bilder oder Naturgegenstände Bestandteil der Sammlung sind, eignen sich etwa Schachteln zu ihrer Aufbewahrung. Kennzeichnend für ein Schülerportfolio sind folgende Anforderungen: Es soll „den Lernverlauf dokumentieren, den Lernerfolg beurteilen, die Lernergebnisse mitteilen, eine Entwicklung dokumentieren, den Lernenden vorstellen" (Lissmann 2006, S. 200).

Zur Abgrenzung: Ein *Portfolio* wird häufig als eine alternative Form der Leistungsfeststellung bezeichnet. Dagegen hat das *Lerntagebuch* vorrangig den Charakter einer persönlichen Darstellung des Lernprozesses. „In Lerntagebüchern halten Schüler/innen Beobachtungen, Gedanken und Gefühle ihrer Arbeit fest. Die individuelle Form des Berichtens ermöglicht ein Bewusstwerden und Reflektieren der Leistung ... Sie spricht somit besonders die Personalkompetenz an ... Durch das Lerntagebuch können für Lehrkräfte die individuellen Zugänge der Schüler/innen deutlich werden und der Dialog über die Leistungen unterstützt werden" (Grittner 2007, S. 517).

Praktische Hinweise

Einstieg: Die „Arbeitsmappe"

Zum Einstieg in die Arbeit mit dem Portfolio bietet sich ein pragmatischer Weg an: Aus der unterrichtlichen Arbeit mit einer Arbeitsmappe (herkömmlicher Art) ergeben sich individuelle Schwerpunkte des Lernens; dies mündet ein in die Portfolio-Arbeit (vgl. Maras 2008a).
Auf Seite 1 erscheinen der Titel „Meine Arbeitsmappe" (siehe Abb. 141) und die Nennung der Autorin bzw. des Autors – verbunden mit einer Abbildung (Foto oder Zeichnung des Kindes). Es schließt sich das Inhaltsverzeichnis an (siehe Abb. 142; die ersten Seiten sind vorgegeben, die Hinweise auf die späteren Seiten tragen die Kinder selbst ein). Auf Seite 3 stellt sich die Autorin bzw. der Autor in einem Steckbrief vor (siehe S. 13, Abb. 1).
Es folgen nun Blätter mit Informationen und Aufgabenstellungen aus unterschiedlichen Bereichen. Es bleibt der personenbezogene Charakter der Mappe erhalten, indem immer wieder persönliche Interessen und Anmerkungen berücksichtigt werden.

Weiterarbeit mit ausgewählter Zielsetzung

Nach einigen Wochen der Arbeit mit dieser Mappe werden Schwerpunkte der Lernarbeit des Kindes deutlich erkennbar, ebenso seine Interessen, aber auch die Bereiche einer erforderlichen individuellen Lernberatung und Unterstützung (siehe Abb. 143 und 144). Dies ist der Ausgangspunkt zur Überleitung von der Arbeitsmappe zu einem Portfolio mit einer speziellen Funktion. Die Kinder beteiligen sich bei der Auswahl des Schwerpunkts.
Rückmeldungen informieren über die Arbeit. Sie bringen den Lernstand in einer konkreten Situation zum Ausdruck. Auf dieser Grundlage werden weiterführende Anschlussaufgaben formuliert.

Meine Arbeitsmappe

(Bild/Foto)

Arbeitsmappe von:
Schuljahr:
Klasse:
Schule:

Abb. 141: Portfolio – Deckblatt

Steckbrief

So stelle ich mir das neue Schuljahr vor
Meine Klasse
Stundenplan
Jahreskalender – Vorhaben und Ereignisse
Das interessiert mich im Fach ...
Meine Fragen zum Thema ...
Meine Ziele
So kann ich mich entspannen
Merktechniken
Woran ich mich gut erinnern kann
Das sind meine Stärken
So lege ich ein Merkheft an
So finde ich Informationen
Das sind meine Ergebnisse bei der Suche nach ...
Das sind meine Sachzeichnungen von ...
Das Klassenzimmer am ... (Fotoseite)
Die Hausordnung der Schule
Regeln der Arbeit an Stationen
Erholung in der Pause
Rückblick auf das letzte Schulhalbjahr
Was ich in dieser Woche Neues gelernt habe

Abb. 142: Portfolio – Anregungen zum Inhalt

Meine Arbeit in der Woche ...

1. Ich erinnere mich an Arbeiten, die mir besondere Freude gemacht haben:
2. Das war für mich neu:
3. Da war ich von mir selbst überrascht:
4. Dabei habe ich meine Leistung gesteigert:
5. Ausblick: Dabei möchte ich mich noch verbessern (Unterrichtsfach, Thema; Zusammenarbeit, Ausdauer, Selbstständigkeit, Sorgfalt, Mitarbeit, Konzentration):
6. Das möchte ich noch sagen:

Abb. 143: Portfolio – Die eigene Arbeit reflektieren

Lesebericht

1. **Informationen über das Buch**
   Titel:
   Autor/Autorin:
   Verlag:
   Anzahl der Seiten:
   Das Buch steht in der Bücherei an folgender Stelle:

2. **Meine Bewertung**
   a) Das hat mir besonders gut gefallen:
      Es steht auf den Seiten:
   b) Das hat mir nicht so gut gefallen:
      Es steht auf den Seiten:
   c) Ich bewerte das Buch mit:
      (gut – mittel – nicht zufrieden)
   d) Dieses Buch kann ich (weiterempfehlen – nicht weiterempfehlen)
      Meine Begründung:

3. **Das möchte ich zum Schluss sagen:**

Abb. 144: Portfolio – Berichten und Bewerten

5.8 Unterrichtsgang *(R. Maras)*

Begriff

Der Unterrichtsgang ist eine Form der Begegnung mit einem Objekt, das zum Zwecke der Erkundung an seinem originalen Standort bzw. an einem Ausstellungsort aufgesucht wird; in bestimmten Fällen (z. B. beim Besuch eines Betriebs) werden Personen in die Erkundung als Informanten mit einbezogen. Unterrichtsgänge haben eine klare didaktische Zielsetzung.

„Unterrichtsgang als Form der Exkursion, im Sachunterricht meist als Beobachtungs- bzw. Erkundungsgang durchgeführt, bedeutet originale Begegnung mit der realen Welt unter der Zielstellung, Kindern unmittelbare Lernerfahrungen im Umgang mit Objekten und oder Personen der Umwelt vor Ort zu ermöglichen. Sinnlich anschauliche, reale Begegnungen mit der Lebenswirklichkeit auf einem Unterrichtsgang bringen Kinder bedeutsame personale Erfahrungen, erhöhen das Interesse an Dingen und Gegenständen ..." (Jarausch, in Kaiser (Hrsg.) 1997, S. 221)

Bedeutung

- Motivation zur Auseinandersetzung aus der Sache heraus durch den originalen Gegenstand (sofern er im Verstehenshorizont des Kindes liegt); Erhöhung der Lernbereitschaft
- Ansprechen des affektiven Bereichs
- Beteiligung verschiedener Sinne
- Wahrung des sachlichen Zusammenhangs
- Bereicherung der Wirklichkeitserfahrung
- Anschauliche Erarbeitung von Begriffen
- Anregung zur Schüleraktivität
- Chance zum entdeckenden Lernen
- Erlernen und Anwenden fachspezifischer Arbeitsweisen
- Möglichkeit zu problemorientiertem Lernen
- Verwirklichung pädagogischer Aufgabenstellungen, z. B. Vermittlung sozialer Erfahrungen; Festigung der Klassengemeinschaft durch Gewinnung eines gemeinsamen Erfahrungshintergrundes; Förderung des verantwortungsbewussten Verhaltens

Rechtliche Bestimmungen (Beispiele)

- Unterrichtsgänge als „sonstige schulische Veranstaltungen"
- Wahrnehmung der Aufsichtspflicht; Inhalt: Schüler vor Schäden bewahren, Schädigung Dritter verhindern
- Haftung: Voraussetzung ist eine schuldhafte Verletzung der Aufsichts- und Sorgfaltspflicht

Didaktischer Ort

1. Ausgangspunkt der Sacherschließung

Am realen Objekt werden Fragestellungen gewonnen oder Vermutungen entwickelt; ggf. werden erste Erkundungen (wie im Beispiel des Unterrichtsgangs zu einer nahe gelegenen Hecke) durchgeführt, die als Grundlage für weitere Problemstellungen und eine nachfolgende Informationsgewinnung dienen.
Vor dem Aufsuchen des realen Objekts erfolgt in der Regel eine Vorinformation (z. B. Informationen aus Broschüren, Erzählungen, Internetquellen, Bildern). Dies führt zum Aufbau einer Erwartungshaltung und zu genaueren Fragestellungen.

2. Mittelpunkt der Informationsgewinnung

Gegenstände und Vorgänge, die bisher nur durch Medien vermittelt wurden, werden in der Wirklichkeit wiedererkannt; Fragen werden beantwortet und Lösungen werden gefunden; Arbeitsweisen und -techniken werden eingesetzt; neue Informationen werden ermittelt; einzelne Wissenselemente werden in einen Zusammenhang gebracht.

Praktische Hinweise

1. Struktur

Vorbereitung

Aufbau einer Motivation
Formulierung von Fragen
Organisation
Präzisierung des Vorhabens

Durchführung

Wiederholung der Aufgabenstellung
Hinweise zum Verhalten; Sicherheitsmaßnahmen
Gang zum ausgewählten Objekt
Arbeit an den Aufgabenstellungen

Auswertung

Darstellung der Ergebnisse
Klärung
Fixierung der Ergebnisse

Weiterführung

2. Vorbereitung des Unterrichtsganges

- Vorausgehender Besuch des Objekts durch die Lehrperson; Festlegung des Wegs, der Beobachtungspunkte, ggf. der Orte zur Übergabe von Informationen (Sicherheitsaspekte), der didaktischen Intentionen und der Arbeitsaufträge; Prüfung des Weges und des Beobachtungsobjekts im Hinblick auf Gefahrenstellen
- Ausrüstung der Schüler (Bekleidung, Schuhwerk; Schreibmaterial, Gegenstände zum Erkunden und zur Fixierung von Beobachtungen, Interviews); Ausrüstung des Lehrers (wie Schüler; Geldreserve, Telefonnummern)
- Information: Eltern (über Schüler; mündlich, ggf. auch schriftlich); Schulleitung; ggf. andere Lehrpersonen; Vertretungen
- Wichtige Informationen für die Lehrperson: Telefonliste, Besonderheiten von einzelnen Schülern (z. B. Allergien)
- Informationen für die Schüler: Zielsetzung, Ablauf, Ausrüstung, Verhalten (als Verkehrsteilnehmer, während einer Gruppenarbeit), Belehrungen (z. B. über Naturschutz, keine Sachbeschädigungen)

3. Durchführung des Unterrichtsganges

a) Organisatorisch

Überprüfen der Vollzähligkeit, Absicherung der Gefahrenstellen, Haltepunkte für Hinweise oder Aussagen über beobachtete Sachverhalte

b) Arbeitsweisen am Ort

Beispiele: Sammeln, Versuche durchführen, Zeichnen, Skizzieren, Messen, Vergleichen von Sammelobjekten (oder von Zeichnung oder Modell mit der Wirklichkeit), Beobachten, Benennen, Beschreiben, Notieren, Interview durchführen, Bestimmungsbücher verwenden

4. Auswertung des Unterrichtsganges

Beantworten der Problemfragen; Feststellen der Beobachtungen; Mitteilen der Ergebnisse der Arbeitsaufträge; Zusammenstellen der wesentlichen Informationen; Impulse zu einer sachgerechten Darstellung; Einführung und Verwendung verständlicher Fachbegriffe; Eingliedern in einen größeren Zusammenhang; Gewinnen der allgemeinen Einsicht; Unterstützen der Beobachtungen durch Versuche, Anfertigen von Skizzen, Bau von Modellen oder Darstellung im Sandkasten; Fixieren der wichtigsten Erkenntnisse; Übertragung auf ähnliche oder neue Bereiche; Darstellen der Eindrücke und Informationen in Form bleibender Medien (Plakatwand, Collage, Fotowand, Modelle, Zeichnungen, Herstellung und Gestaltung eigener Bücher oder von Spielmaterial)

5. Fächerverbindende Aktivitäten

Mehrere fachliche Bereiche können angesprochen und verbunden werden.
Beispiel: „Unterrichtsgang zum Weiher“, neben dem biologischen Aspekt: erdkundlich (abmessen, Lageskizze erstellen), sozialkundlich (sauberes Wasser als Gemeinschaftsaufgabe), geschichtlich (Bedeutungswandel stehender Gewässer)

5.9 Arbeit mit dem konkreten Gegenstand *(R. Maras)*

Begriffe

1. Arbeit mit dem konkreten Gegenstand

Unterrichtsverfahren zur Erschließung oder Sicherung des Lerninhalts durch verschiedene zielorientierte Tätigkeiten mit dem konkreten Gegenstand.

Als umfassender Begriff:
Realbegegnung: „Methode zur Realbegegnung ..., die Möglichkeiten der Erkenntnisgewinnung aus der Wirklichkeit vermittelt und Überprüfung von Kenntnissen (Verifikation/Falsifikation) ermöglicht" (Laux, in Kaiser (Hrsg.) 1997, S. 168).

2. Originalbegegnung (originale Begegnung)

„Originale Begegnung als Begriff wurde 1949 von Heinrich Roth in die schulpädagogische Diskussion eingeführt. Als methodisches Prinzip sollte originale Begegnung das ursprüngliche Fragen des Kindes zu Interesse und Schaffensdrang werden lassen. Mit der originalen Begegnung sollte das ‚originale Kind' und der ‚originale Gegenstand' so miteinander in Beziehung gebracht werden, ‚dass das Kind fragt, weil ihm der Gegenstand Fragen stellt, und der Gegenstand Fragen aufgibt, weil er eine Antwort für das Kind hat' (Roth). Aufgabe der Lehrerin: Kind und Gegenstand in ein nie abreißendes Gespräch bringen; Lehrerfragen vermeiden" (Klattenhoff, in Kaiser (Hrsg.) 1997, S. 151; mit Hinweis auf Roth, H.: Zum pädagogischen Problem der Methode. In: Die Sammlung, Februar 1949).

3. Originäres Lernen

„Lernen aus eigenem Antrieb (aus sich heraus); kind- und handlungsorientierte Methode persönlichen Lernens (zur Persönlichkeitsentwicklung), die Möglichkeiten der Lebensgestaltung und Alltagsbewältigung vermittelt. Fördert Denken in Zusammenhängen und Synthetisierungsleistungen, Eigeninitiative und Einfallsreichtum ... auf der Basis von Eigentätigkeit" (Laux, in Kaiser (Hrsg.) 1997, S. 51).

4. Konkrete Gegenstände und Materialien

Als „konkrete Gegenstände" sind im didaktischen Sinne die originalen Dinge oder didaktische Materialien zu verstehen. Letzteres erscheint als Widerspruch, jedoch lässt sich am Beispiel von Legematerial im Fach Mathematik zeigen, dass in Bezug auf den Abstraktionsgrad des Unterrichtsgegenstandes („die Zahl"), etwa Steckwürfel einen *konkreten* Charakter haben, auch wenn sie wiederum im jeweiligen Falle für eine Anzahl „konkreter" Dinge (Äpfel, Eier, die sieben Zwerge usw.) stehen.
Umfassender stellt sich der Begriff des „Materials" dar: „Der Ausdruck umfasst alle Gegenstände, die in der Schule für die Hand des Kindes bereitgestellt oder verwendet werden. Dazu gehören auch die Arbeitsbögen, die die Lehrerin entwirft" (Ziechmann, in Kaiser (Hrsg.) 1997, S. 133).

Bedeutung

- Anreiz zur Sachauseinandersetzung durch das Vorhandensein des Gegenstandes selbst
- Verwirklichung sach- bzw. fachgemäßer Arbeitsweisen
- Begriffsbildung: Durch den Umgang mit der Sache werden Teile, Vorgänge und Funktionen deutlich; verschiedene Sinneskanäle werden beteiligt; es entwickelt sich eine Anschauung vom Gegenstand (Gesamtzusammenhang); daraus bilden sich klare Begriffe
- Anbahnung des sachbezogenen Argumentierens
- Eigene Erfahrungen fördern das „gute Behalten"

Verwirklichung

1. „Orte“ der Arbeit mit dem konkreten Gegenstand

a) Hereinholen des Gegenstandes in das Klassenzimmer (Beispiele)

Sachunterricht: Materialien/Stoffe (Eiswürfel, Glasplatte, Gummischlauch, Wollreste, Styroporplatten, Kerzenwachs); technische Gegenstände (Laterne, Luftpumpe, Thermometer, Taschenlampe); historische Gegenstände (Schlüssel, Pfanne, Bügeleisen); Tiere und Pflanzen als „Gegenstände“ (Schmetterlingsraupen, Wiesenblumen, Blätter und Früchte von Sträuchern und Bäumen; abgestorbene Teile von Pflanzen)

Deutsch: Sprache in verschiedenen Situationen gebrauchen, erleben und bewusst verändern

Mathematik: Repräsentation des Werts der Zahl durch Elemente; Verändern der Mächtigkeit der Zahl, z. B. durch Wegnehmen

b) Aufsuchen des Gegenstandes in seiner realen Umgebung

Beispiele (Sachunterricht): an Blumen riechen, mit einem alten Schlüssel das Schloss selbst aufsperren, eine Ente am Parkteich füttern, helle Kleidung im Nebel tragen und sich die Wirkung mitteilen lassen, sich mit Gummistiefeln in den Bach stellen und die Strömung spüren.

2. Formen der Arbeit mit dem konkreten Gegenstand

- Die Kinder *gebrauchen* den Gegenstand: selbst gebaute Schalter betätigen; ein Periskop verwenden; ein Gedicht betont vortragen.
- Die Kinder *untersuchen* den Gegenstand: Feuer auf verschiedene Weise löschen; Getreidepflanze in Teile zerlegen; die Formulierung von Anliegen auf ihre Wirkung hin überprüfen.
- Die Kinder *erkunden* den Gegenstand: die ästhetische Wirkung von Naturmaterialien (Lichtskulpturen) erproben; das Verhalten eines Gymnastikstabs (Balls, Schwimmbretts, der Noodle) erproben; die Stabilität eines Brückenmodells prüfen; ein Bild betrachten und dessen bildnerische Mittel prüfen (Lichteinfall, Farbnuancen, Lagebeziehungen).
- Die Kinder *stellen* Dinge selbst *her*: Nachbauen von Geräten mit technischen Baukästen; Anfertigen einer Zeichnung, eines Werkgegenstandes; Anfertigen eines Textes, eines Gedichts.

3. Gegenstandsspezifische Tätigkeiten und deren Ergebnisse

Die spezifischen Eigenheiten der „Sache“ (Sprache, Zahl, Körperbewegung, Melodieverlauf, das Bild, eine Sache des Sachunterrichts) bedingen die unterschiedliche Arbeit mit dem jeweiligen konkreten Gegenstand; diese Arbeit führt zu speziellen Ergebnissen, die den Kindern verständlich gemacht werden.
Beispiel „Sprache“: a) Aktivitäten und Formen der Arbeit am konkreten Gegenstand: Sprechen, Betonen, Satzteile austauschen, umstellen, Buchstaben hervorheben, Laute zuordnen, sich einfühlen; b) mögliche Ergebnisse: Aussagen über Funktion der Sprache, Sprachmittel, Wirkung auf den Adressaten, Wortschatz, Lösungshilfe im Rechtschreiben.
Beispiel „Kunst“: a) Aktivitäten: Beschreiben, nachgestalten, vergleichen, sich hineinversetzen, erfinden; b) Ergebnisse: Aussagen über Gestaltungsmittel, Kriterien der Auswahl, Formensprache.

4. Ablauf

Die Arbeit am konkreten Gegenstand kann in ungelenkten Verfahren (z. B. in Kunsterziehung), aber auch in gebundenen Unterrichtsprozessen (z. B. in Sprache untersuchen) vollzogen werden. Davon ist dann in hohem Maße abhängig, inwieweit Aufträge zur Sacherschließung formuliert werden müssen. In jedem Falle sind die Erfahrungen der Kinder und die Ergebnisse ihrer Tätigkeiten einzubringen und in den Lernprozess zu integrieren.

5.10 Beobachtung *(R. Maras)*

Begriffe

Erfassen von Veränderungen, die sich in einem festgelegten Zeitraum vollziehen. Beobachtet werden (dingliche) Gegenstände oder Lebewesen. Der zu beobachtende Vorgang wird in der Regel nicht manipuliert; im Zusammenhang mit der Durchführung eines Versuchs kann eine Veränderung des Vorgangs erfolgen. Nach der Dauer von Beobachtungen wird zwischen Kurz- und Langzeitbeobachtungen unterschieden. Ferner kann das Beobachten – je nach didaktischem Ort – die Funktion des *Bestätigens* (z.B. nach dem Vorzeigen) erhalten, oder es wird als Ziel das *Entdecken* gestellt.

- „Mit dem Beobachten ist immer eine bestimmte Absicht verbunden, weshalb diese Tätigkeit drei Aspekte umfasst: das zweckhafte Vorgehen, die Selektion bestimmter Aspekte und die Ausrichtung auf die Auswertbarkeit der beobachteten Daten. Demnach ist das Beobachten ein aktiver Vorgang, in den Vorannahmen und Interessen des Beobachters eingehen. Die Gegenstandswahrnehmung ist also auf die Ausrichtung auf eine Erkenntnisabsicht im Voraus auf bestimmte Aspekte festgelegt, so dass sich die Aufmerksamkeit auf Identifikation und Kontrolle dieser Aspekte fixieren kann" (Nießeler, Andreas 2007: Den Sachen begegnen. In: Kahlert u.a. 2007, S. 439–447, hier S. 442).

Zur Unterscheidung *Betrachten*: Wahrnehmen der Erscheinung eines ruhenden, statischen Gegenstandes bzw. eines Lebewesens. Eine Betrachtung kann sich auch dahingehend entwickeln, dass Zusammenhänge hergestellt werden, um das Wesentliche zu erfassen („Betrachten" im Sinne eines „Schauens"). Im didaktischen Sinne gilt – außerhalb der musischen Fächer – vorrangig der erstgenannte Aspekt.

Bedeutung

- Förderung sachgerechter Argumentation (durch Unterscheidung von unmittelbar zu Beobachtendem und dem, was interpretiert wird; die „Sache" als Grundlage eines Urteils)
- Sensibilisierung der sinnenhaften Wahrnehmung; Bewusstwerden der Leistungsfähigkeit und Funktion einzelner Sinne
- Differenzierung der Wahrnehmungsfähigkeit
- Gewinnung an Sicherheit, Sinneseindrücke einzuordnen, zu beschreiben oder zu werten
- Wichtige Arbeitsweise zur Beschaffung von Informationen
- Grundlage zur Gewinnung von Anschauungen, Erkenntnissen, Einsichten, Begriffen und Modellvorstellungen
- Grundlage für einen problemorientierten Unterricht; aus den Wahrnehmungen ergeben sich Fragestellungen, Denkprozesse und Problemlösungsstrategien
- Aufbau von Motivationen zur Auseinandersetzung durch die Begegnung mit der Sache

Verwirklichung

1. Ausgangssituation

Ein Problem, zu dessen Lösung eine Beobachtung Informationen geben könnte, wird erkannt und formuliert.

Beispiele:
Wie kam es dazu, dass ...?
Welches Material eignet sich ...?
Wie verändert (entwickelt) sich ...?
Welche Tätigkeiten ...?
Wie entsteht ...?
Wie gelingt es ...?
Welche Wirkung hat ...?
Was ändert sich, wenn ...?
Wie wird ... hergestellt?
Welche Geräte werden für ... verwendet?

2. Vorbereitung

Organisatorisch: Material, Hilfsmittel, Geräte, auszuführende Tätigkeit festlegen (damit der Vorgang in gewünschter Weise in Gang kommt), Festlegung von Ort und Zeitpunkt der Beobachtung, Bildung von Beobachter-Gruppen, Beobachtungsblätter, Tabellen, Protokollant; Anleitung zur Beobachtung, Sicherheitshinweise geben und ggf. die Situation durchspielen, Beobachtungsmöglichkeit für alle Schüler der (Klein- oder Groß-) Gruppe schaffen; ggf. auch Pflege des Objekts (z. B. im Falle einer Pflanze);
Inhaltlich: Einbringen des Vorwissens, Schüler äußern Vermutungen (sofern dazu eine hinreichende Sachgrundlage gegeben ist), Formulierung von Beobachtungsaufträgen, zu erwartende Schwierigkeiten, Bereitstellen erforderlicher (Fach-)Begriffe.
(Hinweis: Die genannten Maßnahmen sind jeweils in Bezug auf die spezifische Beobachtung auszuwählen.)

3. Durchführung

Die Kinder nehmen das Objekt wahr (sehen, hören, tasten, fühlen, riechen); sie führen begleitende Tätigkeiten dazu aus (zählen, Strecken messen, abwiegen, auf einer Skala ablesen, zeichnen, feststellen von Formen, Farben, Veränderungen); Feststellungen in Wort, Zahl oder Zeichnung fixieren (siehe Abb. 145).

Im Laufe der Beobachtung kann es erforderlich werden, dass die Lehrerin eine Zwischenkontrolle vornimmt (z. B. sachgerechte Benützung eines „Insektensaugers“) oder sich eine Zwischenmitteilung über die bisherigen Ergebnisse geben lässt).

4. Auswertung

Berichten über die Ergebnisse, kritische Prüfung, Ordnen der Beobachtungen, Vergleichen, Verknüpfen der Einzelinformationen (zu Zusammenhängen), Finden einer Regel, Formulieren einer Erkenntnis, Verbalisieren des Gesamtergebnisses, Erklären des Vorgangs, Verwenden von Fachbegriffen, individuelle Reflexion über die neuen Informationen, individuelle Reflexion des Lern- und Arbeitsprozesses, Bewusstmachen der Leistung dieser Arbeitsweise (Methode).
Hinweise: a) Die Beobachtungsergebnisse sind nicht auf ein idealtypisches Ziel hin zu manipulieren; b) ggf. sind Impulse für eine klare Begriffsbildung erforderlich.

5. Weiterarbeit

Anwendung der Erkenntnis auf ähnliche Vorgänge, Suchen nach Informationen in Medien, Durchführung veränderter Aufgabenstellungen, Arbeitsrückschau, Darstellen der Ergebnisse für einen längeren Zeitraum.

Datum	Beobachtung
4. Juni	Beobachtungskasten aufgestellt, Papierschichten eingelegt, frische Brennnesseln mit ungefähr 10 Raupen hineingelegt, Raupen sind gelb und schwarz gestreift
16. Juni	Eine Raupe hat sich verpuppt. Kopf nach unten. Die übrigen Raupen zu Brennnesseln am Schulweg gelegt.

Beobachtungsbogen: Kirsche				
Datum	1. Mai	4. Juni	18. Juni	4. Juli
Zeichnung			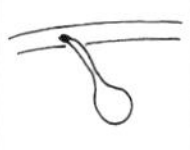	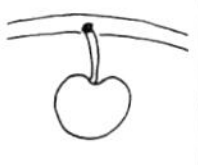
Bemerkung	Blüte weiß	noch drei Blütenblätter	Fruchtknoten grün	Frucht rot

Abb. 145: Beobachtungsbogen zu „Schmetterlingsraupen“ bzw. „Kirsche“

5.11 Versuch *(R. Maras)*

Sachinformation

1. Begriff

Arbeitsweise zur Gewinnung von Problemstellungen oder Informationen aus dem Bereich der Naturerscheinungen; aus einem größeren Zusammenhang wird ein Teilvorgang isoliert und dieser wird – für den Fall der Informationsgewinnung – schrittweise durch methodische Untersuchung, in Anlehnung an das naturwissenschaftliche Experiment, geklärt. Das *Experimentieren* erfolgt gemäß einer methodischen Vorgehensweise (Problem, Hypothese, Planung, Durchführung, Auswertung, Kontrolle); in der Grundschule werden vorwiegend Vorformen praktiziert wie *Probieren, Erkunden* und der *Versuch*, eine motivierende Bezeichnung dafür ist sicher das *Forschen*.

2. Formen

Der Versuch kann unterschieden werden im Hinblick auf

a) die Dauer: Kurz-, Langzeitversuch

b) der ausführenden Person: Lehrer-, Schülerversuch

c) der Anzahl der ausführenden Personen: Einzel-, Partner-, Gruppenversuch

d) der Messbarkeit: quantitativer Versuch (zahlenmäßige Erfassung von Dimensionen: Strecken, Raum, Zeit), qualitativer Versuch (eher „vorwissenschaftliche" Aussagen über die Änderung der Eigenschaft, z. B. „Je schneller ..., desto heller")

e) seiner didaktischen Funktion: Problem-, Überraschungs- oder Einführungsversuch, Erkenntnisversuch, Bestätigungsversuch, Wiederholungsversuch

f) die Nähe zum realen Vorkommen in der Umwelt des Kindes: Versuch mit dem Gegenstand selbst, Modellversuch

2. Bedeutung

- Anschauliche Gewinnung von Erkenntnissen, Begriffen und Fertigkeiten
- Schulung der Sinne und Differenzierung der Wahrnehmung
- Motivation zum tätigen Umgang mit dem konkreten Material
- Möglichkeit zur intensiven Auseinandersetzung mit einem Unterrichtsgegenstand
- Anbahnung von fachspezifischen Arbeits- und Denkweisen
- Raum der Bewährung für verantwortliches Tun
- Möglichkeit zur Kooperation
- Förderung des schlussfolgernden Denkens

Grundsätze

1. Weiterführende Funktion: Das mögliche Ergebnis eines Versuchs sollte den Kindern in der situativen Ausprägung eine neue Erfahrung vermitteln.

2. Durchschaubarkeit: Sie wird durch eine übersichtliche Anordnung, durch einfaches, meist aus der Umwelt des Kindes stammendes Versuchsmaterial und durch die Auswahl erfassbarer Vorgänge erreicht.

3. Herstellung des Zusammenhangs „Versuchselemente – Realität": Die Schüler erfahren, welche Einzelheiten aus dem Versuch den einzelnen Teilen und Vorgängen aus der Wirklichkeit entsprechen.
Beispiel: Der Eimer ist an der Stelle des Hochbehälters; der Plastikschlauch stellt die Wasserleitung dar.

4. Anregung zum Nachdenken: Der Versuch soll das Denken des Kindes anregen.
Beispiele: Entwickeln einer Fragestellung; Einzelbeobachtungen werden in einen Zusammenhang gebracht; eine Alltagserfahrung wird mit dem Versuch verglichen; die umgangssprachliche Formulierung wird mit dem Fachbegriff verglichen; aus Einzelbeobachtungen wird eine allgemeine Regel

gefunden; ein Widerspruch wird herausgearbeitet; aus einem Widerspruch wird eine Fragestellung formuliert.

5. Zielorientierung: Eine Fragestellung oder eine klare Beobachtungsaufgabe leiten die Durchführung der einzelnen Vorgänge im Versuch.

6. Sinnorientierung: Den Kindern soll bekannt sein, in welchem Zusammenhang die einzelnen Vorgänge stehen, wie sie sich gegenseitig bedingen, wie sie voneinander abhängig sind. Eine bloße Addition von Teilaktivitäten ist zu vermeiden.

7. Organisation: Zu einer effektiven Organisation zählen: Vollständigkeit des Materials, Hinweis auf Schwierigkeiten, hygienische Maßnahmen, Angaben zur Durchführung, Festlegung von Teilaufgaben (Ablesen, Aufschreiben), Sicherheitsvorkehrungen und Hinweise zur Sicherheit.

8. Versprachlichung: Bei Vorbereitung, Durchführung und Auswertung des Versuchs wird die herausgehobene Bedeutung der Sprache deutlich: Formulierung von Fragen oder Vermutungen oder verbale Informationen zu Aufbau, Tätigkeiten, Beobachtungen, Erkenntnissen, Zusammenhängen, Teilzusammenfassungen.

Verwirklichung (Erkenntnisversuch)

1. Vorbereitung

Lebensnahe Fragestellung, Problemfrage fixieren; Vermutungen anstellen; Notwendigkeit des Versuchs klären; Planung: Gegenstände, Ablauf, Tätigkeiten, zu erwartende Ergebnisse, ggf. Plan skizzieren, Arbeitsauftrag sichern.

2. Durchführung

Umgehen mit dem Versuchsgegenstand und den Materialien; Beobachten, Messen, Eintragen, Zeichnen, Protokollieren, Betrachten, Vergleichen, Beschreiben, Ordnen.

3. Auswerten

Ergebnisse mitteilen; Darstellung in Tabelle, Zeichnung, Schema; Schlussfolgerungen; Verbalisierung der Erkenntnis; Fixierung des Ergebnisses, Ausgangsfrage beantworten.

4. Präsentation

Darstellung mündlich, schriftlich, bildlich oder als Modell. Anregungen für die Präsentation eines Versuchs gibt S. Hell: „1. Sage laut und deutlich, wie dein Experiment heißt. 2. Erkläre, welche Materialien du dafür brauchst. 3. Frage deine Mitschüler, ob sie schon Ideen haben, wie das Experiment funktioniert. 4. Führe das Experiment vor. Erkläre dabei die einzelnen Versuchsschritte. 5. Frage deine Mitschüler, was sie beobachtet haben. 6. Erkläre genau, was man mit diesem Experiment herausfinden kann ..." (Hell 2011a, S. 16).

5. Weiterführung

Einordnen in einen größeren Zusammenhang; Beispiele für Anwendungen; Festlegung weiterer Aktivitäten, die sich aus diesem Versuchsergebnis entwickeln; ggf. Eingliederung der Materialien in die selbst zusammengestellten Versuchskästen (vgl. Köhler 2010); zu einem späteren Zeitpunkt stellen die Kinder ihre zwischenzeitlich durchgeführten Versuche vor (Versuche zum gleichen Thema werden verglichen).

Literatur:

1. Köhler, Egon (2010): So macht Experimentieren Spaß! Mit selbst zusammengestellten Experimentierboxen werden Grundschulkinder im Sachunterricht aktiv. In: Grundschulunterricht Sachunterricht 4/2010, S. 13–17
2. Lauterbach, Roland (2007): Die Sachen erschließen. In: Kahlert u.a. 2007, S. 448–460

5.12 Bild *(R. Maras)*

Begriff und Zusammenhänge

1. Bild

Eine flächige, visuelle Darstellung eines begrenzten Ausschnitts von realen Gegebenheiten oder von imaginären Sachverhalten; die Darstellung erfolgt unter Verwendung von Bildsymbolen.
Nach Grad der Abstraktion oder der didaktischen Intention können unterschieden werden: naturalistische Bilder, Bilderfolge, Schnitte, Schaubilder, Symbole, Schemata, Maßstabszeichnungen und Karten. Sie lassen sich auch hinsichtlich Werktechnik (Foto, Dia, Gemälde, Aquarell, Reproduktion), Herkunft (Kalenderfoto, Schulbuchzeichnung) oder Größe unterscheiden.

2. Bildverstehen ist eine komplexe mentale Leistung

B. Weidenmann beschreibt eine Untersuchung von Salomon (1984), in der amerikanischen Schülern ein kürzerer Film ohne Ton gezeigt wurde. „Eine gleich große Vergleichsgruppe las stattdessen eine Schilderung der im Film gezeigten Handlung als Text. Es zeigte sich, dass die Kinder die Bilder als ‚leicht', die Textfassung als ‚schwer' einstuften.
Diese Einstellungen gegenüber den beiden Darbietungsformen hatte offenbar Folgen. Beim Lesen des Textes investierten die Schüler einen größeren mentalen Einsatz als beim Betrachten der bewegten Bilder. Im Resultat wurden die Bilder schlechter verarbeitet. Der Filmgruppe fiel es z. B. schwerer, eigene Schlussfolgerungen zum Gezeigten zu entwickeln als der Textgruppe. Solche Befunde wecken Zweifel daran, dass Bilder nur anspruchslose Lernhilfen sind. Sie nähren die Vermutung, dass Bilder bei Schülern nur deshalb so beliebt sind, weil man glaubt, sie verstehen zu können, ohne sich Mühe dabei geben zu müssen" (Weidenmann 2004, S. 5).

Bedeutung

- Möglichkeit zur Repräsentation einer (im Klassenzimmer nicht vorhandenen) Wirklichkeit; das Bild „an Stelle" der Wirklichkeit, als Ersatz für Realität
- Veranschaulichung von komplexen Sachverhalten (z. B. Mengenvergleiche)
- Anlass für Äußerungen über Vor-Erfahrungen, Vor-Wissen und Assoziationen
- Unterstützung der Begriffsbildung
- Bilder bieten die Chance zu verschiedenartigen Aufgabenstellungen; dies aktiviert und motiviert zur Auseinandersetzung
- Organisatorisch: Ein Bild ist häufig rasch verfügbar

Verwirklichung

1. Vorüberlegungen bei der Auswahl des Bildes

Welche Informationen sind aus dem Bild zu entnehmen? (Was ist der Inhalt des Bildes?) Worin besteht die didaktische Zielsetzung? Wie ist das Bild aufgebaut? Welche Schwierigkeiten könnten für die Kinder entstehen? (Verwendung von Gegenstandssymbolen oder von grafischen Zeichen, Perspektive, Vereinfachungen, Blickführung, der Bildinhalt selbst) Spricht dieses Bild den Verstehenshorizont, die Erfahrungswelt oder die Gefühlslage der Kinder an?

2. Arbeitsschritte

Sofern ein Bild in einer bestimmten Phase des Unterrichtsverlaufs als vorrangiges Medium zur Information eingesetzt wird, haben sich folgende Arbeitsschritte bewährt: Betrachten – Erschließen – Darstellen (wichtiger Aussagen) – Einordnen – Sichern.

3. Tätigkeiten

Eigenständiges (ungestörtes) Betrachten des Bildes; Gewinnung eines Gesamteindrucks; ungelenkte Aussprache (Klasse,

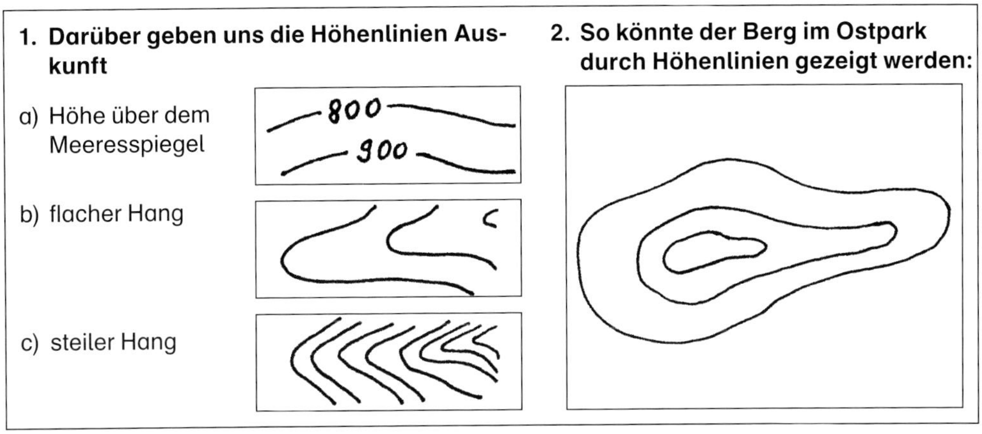

Abb.146: Beispiel für eine Text-Bild-Kombination

Gruppe oder Partner); Mitteilen von Wahrnehmungen; Hinweisen auf Einzelheiten; Beschreiben von Gegenständen oder Personen; Umsetzen des „Statischen" in das „Dynamische" (Wie schaut die Situation vorher bzw. nachher aus? Was geschieht jetzt, wenn ... hinzukommt?); Fragen stellen; Äußern von Empfindungen; gezieltes Verbalisieren der Wahrnehmungen; Äußern von Vermutungen (Gefühle, Gedanken, Sprachäußerungen, Absichten der Personen auf dem Bild);
Herausarbeiten der Vorgänge, der Situation, der Gegebenheiten mithilfe von Arbeitsaufträgen und Detailfragen (Landschaft, Jahres-, Tageszeit, Gegenstände, Farben, Farbgebung, Vorder-, Hintergrund, Tätigkeiten der Personen, Bekleidung); Einfärben von Objekten, die unter einem bestimmten Gesichtspunkt zusammengehören; Hinzufügen von Zeichnungen; Vermutungen anstellen, welche Bedeutung grafische Zeichen in schematisierten Bildern haben; Vergleichen verschiedener bildlicher Darstellungen zur selben Sache (z.B. Rechenplan und „Zahl"-Streifen);
Formulieren der wesentlichen Aussage; Feststellen des Sinnzusammenhangs; Verbindungen herstellen mit den vorausgegangenen Informationen; Erzählen eigener Erfahrungen; Erarbeiten einer Zusammenfassung oder Niederschrift.

4. Text-Bild-Kombination als Chance das Lernen zu fördern

Bilder können Texte ergänzen, indem sie zu einem Sachverhalt konkrete Vorstellungen hervorrufen oder den Überblick über die sprachlichen Aussagen erleichtern. Texte können Bilder ergänzen, indem sie auf wichtige Details hinweisen, nicht Sichtbares erläutern, die Abfolge der Betrachtung lenken oder gedankliche Verbindungen herstellen.
Die gute Qualität von Medien zeigt sich u.a. in der Klarheit und Strukturierung der Darstellungen. Dazu leistet die Kombination von Bild und Text einen entscheidenden Beitrag (siehe Abb. 146 und S. 21, 251, 285).

Literatur:

1. Käferle, Veronika (2003): „Mit diesem Bild wirst Du es verstehen!" Didaktische Bilder gestalten. In: Grundschulmagazin 7-8/2003, S. 41–44
2. Weidenmann, Bernd (2001): Lernen mit Medien. In: Krapp/Weidenmann 2001, S. 415–465
3. Weidenmann, Bernd (2004): „Bildsprachen". Was macht das Gehirn mit Bildern? Was machen Bilder mit dem Gehirn? In: Schulmagazin 5–10 9/2004, S. 5–7

5.13 Informationstext *(R. Maras)*

Sachinformation

1. Arbeit am Informationstext

Unterrichtliche Maßnahme zur Gewinnung von Informationen aus schriftlich fixierten Texten

2. Formen von Informationstexten

Beschreibungen, Schilderungen, Berichte, Sachtexte, Protokolle, Briefe, Urteile, Gesetze, Verordnungen, Anweisungen, Tagebücher, Flugblätter, Chroniken, Texte aus Zeitungen; didaktisch aufbereitete Texte, wie sie z. B. in Schulbüchern zu finden sind oder von der Lehrperson angefertigt auf Arbeitsblättern, Folien oder der Wandtafel erscheinen.

3. Textverstehen als Konstruktionsprozess

„In der Lese- und Textforschung herrscht Einigkeit darüber, dass es sich beim Umgang mit Texten nicht um eine ‚Einbahnstraße' handelt, d. h. dass der Leser nicht einfach Informationen oder gar ‚Sinn' aus dem Text ‚entnimmt'. Vielmehr handelt es sich beim Textverstehen um einen komplexen Konstruktionsprozess des Individuums, bei dem – zum Teil nacheinander, zum Teil auch parallel – das Erkennen von Buchstaben und Wörtern und die Verarbeitung von syntaktischen und semantischen Informationen zu Inhaltseinheiten mit der ständigen Aktivierung von Vorwissen zum Thema einhergeht" (von Reeken 2007, S. 509f., mit Bezug auf Christmann/Groeben 2001).

Zielsetzungen

- Selbstständige Entnahme von Informationen aus einem Text
- Herstellung von Zusammenhängen zwischen Textinhalten und einem Problem bzw. dem Thema der Stunde
- Herauslösen bestimmter Aussagen des Textes bezüglich des gestellten Arbeitsauftrags
- Herstellung von Zusammenhängen von Textinhalten mit Informationen aus anderen Medien wie Bild, Modell, Karte

Bedeutung
(in Abhängigkeit von der Art des Textes)

- Berücksichtigung des Prinzips der Wissenschaftlichkeit (direkter Zugang zur Sache; in manchen Fällen, wie z. B. bei der Arbeit mit einer Chronik, ist der Text der konkrete Gegenstand)
- Umsetzung übergreifender Erziehungsaufgaben: Erziehung zur Selbstständigkeit, zum Argumentieren mit sachlicher Grundlage, zu einem konzentrierten Arbeiten
- Erlernen und Üben einer allgemein lebensbedeutsamen Technik der Informationsgewinnung
- Beitrag zur Rhythmisierung des Unterrichtsgeschehens: Wechsel der Arbeitsweisen und Tätigkeiten, Wechsel von Anspannung und Entlastung
- Intensivierung der Sprachschulung
- Motivation durch variantenreiche Arbeit mit demselben Informationsträger

Grundsätze

1. Der Text soll sich für die unterrichtliche Absicht eignen: Inhaltlich aussagekräftig; Gebrauch von Begriffen, die bekannt sind oder vorher geklärt werden können; unbekannte Begriffe sollten sich aus dem Textzusammenhang interpretieren lassen; überschaubarer Satzbau; angemessener Umfang.

2. Arbeit am Text verlangt gezielte Bearbeitungsaspekte: Klare Arbeitsaufträge mit Angabe des zu bearbeitenden Inhalts; ggf. dabei auch das Verfahren angeben, z. B. Aufnotieren, Stichpunkte formulieren; ebenso steuern Leitfragen die Bearbeitung.

3. Die Arbeit am Text soll sich organisch in den Unterrichtsablauf eingliedern: Ankündigung des Textes, z. B. „Ein Text wird dir jetzt helfen, unsere Frage ... zu beantworten"; ggf. auch vorausgehende Klärung von Begriffen; Einpassung in die logische Abfolge der Teilschritte.

4. Die Arbeit am Text soll möglichst selbstständig verlaufen können: Klare Arbeitsaufträge; Klarheit über das Verfahren, z. B. Unterstreichen mit Farbstift; günstig ist ein dem Schüler vorliegender Text (Textblatt, Arbeitsblatt; auch mit Nummerierung der Zeilen).

5. Die Arbeit am Text beinhaltet eine klärende Bearbeitung: Auswertung der Aufträge; Beantwortung der Fragen; Hinwirken auf die Darstellung zutreffender (widerspruchsfreier, genauer, logischer) Aussagen; Klärung von Nicht-Verstandenem; Herstellen von Zusammenhängen.

6. Ergebnisse sollen gesichert und der Arbeitsprozess reflektiert werden: Fixierung der Ergebnisse an Tafel, Folie, im Heft, auf dem Arbeitsblatt; Rückblick auf die Vorgehensweise, auf Zuwachs an Informationen, auf überraschende (interessante) Ergebnisse, auf Schwierigkeiten, auf die Funktion der ausgeführten Bearbeitungstechniken (z. B. das Unterstreichen).

Verwirklichung

1. Tätigkeiten

Begriffe unterstreichen; wichtige Zahlen markieren; zusammenhängende Begriffe oder Teilaussagen mit gleicher Farbe unterstreichen; treffende Eigenschaftswörter einrahmen; Abschnitte kennzeichnen; die wesentliche Aussage in einem Satz, in zwei Sätzen herausschreiben; Stichpunkte aufnotieren; die gestellten Fragen schrittweise beantworten; Wiedergabe im „Telegrammstil"; Kernstellen nennen; Aussagen ordnen oder vorgegebenen Begriffen zuordnen; Fachbegriffe notieren und ggf. mit eigenen Worten erklären; Absichten des Autors interpretieren; Behauptungen mit Aussagen aus dem Text begründen; Zusammenhang herstellen zwischen Text und Bild, Schemazeichnung, Beobachtung, Objektuntersuchung oder Versuch; mithilfe des Textes eine Zeichnung entwickeln, einen Querschnitt beschriften; Vergleichen von Texten.

Hinweis: Im Falle der Verwendung von Lexika oder von Kinder-Sachbüchern ist die Nachschlagetechnik einzuschulen und zu üben. (Bei Lizenzausgaben sollte gelegentlich darauf hingewiesen werden, dass die verwendeten Beispiele aus dem Ursprungsland stammen.)

2. Didaktischer Ort

Die Arbeit mit dem Informationstext erfolgt in den meisten Fällen in der Phase der Informationsgewinnung; jedoch werden Texte unter entsprechender didaktischer Zielsetzung ebenso in der Anfangs- oder Schlussphase eingesetzt: Weckung des Interesses, Präzisierung des Problems, Aktivierung von Vor-Wissen; Herstellung eines aktuellen Bezugs, Wechsel des Standpunkts, Verknüpfung des neu Gelernten mit Inhalten aus anderen Sachzusammenhängen (Anwendung).

Grenzen

Gefahr der Loslösung aus dem Zusammenhang; fehlende Anschaulichkeit; Darstellung nur kleiner Ausschnitte von Sachverhalten; die nötige Elementarisierung kann zur Simplifizierung werden; mögliche Überforderung der Kinder.

Literatur:

Von Reeken, Dietmar (2007): Texte. In: Kahlert u. a. 2007, S. 507–512

5.14 Schulbuch *(J. Ametsbichler)*

Begriff

„Unter Schulbuch versteht man eigens für den Schulunterricht entwickelte Lehr-, Lern- und Arbeitsmittel. Sie enthalten Lerninhalte eines Faches oder Lernbereiches in systematischer, didaktisch und methodisch aufbereiteter Form. Sie können in allen Phasen des Lehr-Lern-Prozesses (Motivieren, Informieren, Üben, Anwenden) in der Schule oder bei Hausaufgaben eingesetzt werden.
Diese *unterrichtsbegleitenden Schulbücher* können Leitmedium des Unterrichts sein. Sie sollten die wesentlichen Inhalte nach den neuesten Kenntnissen in anregender und gut verständlicher Form enthalten. Sie können den Schülern als Nachschlagewerk dienen und die Eltern über die Arbeit im Unterricht informieren.
Unterrichtsergänzend werden ebenfalls eigens für die Schüler hergestellte Wörterbücher, Atlanten, Lexika, Themenhefte (z. B. für den Sachunterricht) angeboten, sie bieten aktuelle, regionale und/oder vertiefende Lernangebote und dienen Formen der selbstständigen Arbeit.
Übungshefte und andere *Arbeitsmaterialien* (z. B. Karteikarten) enthalten zusätzliche Aufgaben und Übungsfolgen" (Sandfuchs, in Fuchs/Kahlert/Sandfuchs 2010, S. 19).

Funktionen für die Qualitätssicherung von Schule und Unterricht

- Ausdruck des kulturellen Selbstverständnisses einer Gesellschaft
- Dokumentation von Wissensinhalten und Wertorientierungen
- Unterstützung bei der Umsetzung von Lehrplänen, Bildungsstandards und grundlegenden Bildungs- und Erziehungszielen (Genehmigungspflicht)
- Innovationsträger (neue fachliche Kenntnisse und methodische Ideen)
- Strukturierung von Wissensgebieten (Berücksichtigung von sachlogischen und lerntheoretischen Aspekten)
- Lernunterstützung (Anschauungsmaterial, Motivationshilfen, Übungs- und Transferaufgaben, differenzierte Aufgabenstellungen)
- Förderung der Selbstständigkeit (z. B. Vorbereitung des Unterrichts)
- Handlungs- und Rechtssicherheit für Lehrpersonen (z. B. gegenüber Eltern)
- Transparenz für Eltern (Austausch mit Eltern über inhaltliche Schwerpunktsetzungen)

„Voraussetzung erfolgreicher Unterrichtsarbeit mit Lehrwerken ist die sachkundige Nutzung aller enthaltenen Möglichkeiten bei gleichzeitiger kritischer, fachlicher und didaktischer Distanz. Dies kann u. a. dadurch erreicht werden, indem Unterrichtsplanung und -durchführung *mit* dem Schulbuch erfolgen, nicht aber *vom* Schulbuch ausgehen" (a. a. O., S. 22).

Textverständlichkeit als Merkmal lernwirksamer Schulbücher

Die Verständlichkeit von Texten ist immer auch abhängig vom Vorwissen, den Einstellungen und der Motivation der lesenden Kinder. Wir unterscheiden vier Merkmale der Textverständlichkeit:

- *Einfachheit* (sprachliche Gestaltung mit geläufigen Wörtern, aktiven Verben und einfachen Sätzen)
- *Gliederung/Ordnung* (logische und nachvollziehbare Strukturierung der Inhalte; äußere Strukturierung z. B. durch Überschriften, Absätze, Zusammenfassungen)
- *Kürze/Prägnanz* (hohe Informationsdichte)
- *Anregende Zusätze* (z. B. lebensnahe Beispiele; Fragen, die zum Mitdenken anregen)

Verwirklichung

1. Vorbereitung

Studium des Buches durch die Lehrperson; Einführung der Kinder in den Gebrauch des Buches: Überblick verschaffen; Schrifttypen, Druckstärke, Farbdruck und Symbole interpretieren; informierendes Lesens einsetzen, Inhaltsverzeichnis gebrauchen

2. Didaktischer Ort

Das Schulbuch kann in allen Phasen des Unterrichtsgeschehens eingesetzt werden.

- *Anfangsphase*: Ein Bild führt zum Thema, ein Zeitungsbericht provoziert eine Fragestellung.
- *Hauptphase*: Ein Text informiert über einen Teilinhalt, ein Bild macht auf die Komplexität des Sachverhalts aufmerksam, ein Diagramm macht Zusammenhänge deutlich, eine Tabelle ordnet die Fakten, eine Versuchsbeschreibung leitet zum eigenen Tun an.
- *Schlussphase*: Eine Frage beleuchtet die Erkenntnis von einer neuen Seite, Bilder erweitern die Kenntnis über den Lerngegenstand, Texte weisen auf Anwendungen hin.

3. Schülertätigkeiten

Erlesen von Sachtexten; Erläutern von Skizzen; Überprüfen von selbstgefundenen Erkenntnissen; Beantworten von Arbeitsaufträgen; Sprechen zu Bildern; Identifizieren von Gegenständen in Fotografien oder von Merkmalen an abgebildeten Objekten; Bilden zusammenhängender Geschichten aus Bildfolgen; Lösen von Aufgabenstellung, Vergleichen von gegenübergestellten Bildern; Deuten von Texten; Herstellen eines Zusammenhangs zwischen Bild und Text; Interpretieren von Tabellen; Ausführen von Arbeiten gemäß den Arbeitsanweisungen; lautes Vorlesen von Texten, Merksätzen oder Regeln; Herausschreiben der wichtigsten Informationen (in Stichworten).

4. Beispiele für den Einsatz im Unterricht

a) Individuelle Förderung

Das Schulbuch kann mit Symbolen (z. B. Lupe, Glühbirne, Schatzkiste) arbeiten. Sie geben Hinweise auf die Sozialform, eine Zusatzaufgabe, eine Forscheraufgabe, verweisen auf Aufgaben, die sich für das Portfolio eignen. Ein differenziertes Textangebot berücksichtigt unterschiedliche Leseinteressen und -niveaus.

b) Vernetzung von Schulbuch und Arbeitsblatt

Das folgende Beispiel zeigt eine motivierende Aufgabenstellung, die sich zur selbstständigen Bearbeitung eignet und entdeckendes Lernen ermöglicht. Das entsprechende Arbeitsblatt enthält Leerzeilen mit passender Lineatur. Fachspezifische Arbeitsweisen werden eingeübt.

Sachunterricht: Einen Regenwurm beobachten

Führe die Versuche aus dem Buch durch!

- Was hörst du?
- Wie schnell verschwindet der Regenwurm in der Erde?
- Was passiert mit der Wurmfarm?
  Zeichne deine Beobachtung in das Bild!
  Beobachtet am: _________

c) Beispiel für offene Aufgabenstellung

Mathematik: Erfinde selbst Aufgaben, bei denen dieser Rechentrick funktioniert!

d) Verweis auf eine sinnvolle Ergänzung durch neue Medien

Beispiel: Im Internet findet ihr unter www.hilfsorganisation.de eine Menge weiterer Informationen.

Literatur:

Fuchs, Eckhardt/Kahlert, Joachim/Sandfuchs, Uwe (2010): Schulbuch konkret. Klinkhardt, Bad Heilbrunn/Obb.

5.15 Unterrichtsfilm *(R. Maras)*

Begriffe

1. Film

„... als Medium der Kommunikation seit dem frühen 20. Jahrhundert aktuell und massenwirksam durch das Fernsehen tendenziell aber Bedeutungsverlust. Bis heute werden Unterhaltungs- und Dokumentarfilme produziert und beide auch in pädagogischen Kontexten verwendet, wie eigene Lehrfilme" (Tenorth/Tippelt 2007, S. 249). Die Darstellung von Abläufen und Vorgängen als Bewegung ergibt sich aus der raschen Wiedergabe aufeinanderfolgender Bilder; die Bildsequenzen sollen in der Aneinanderreihung einen Sinnkontext ergeben.

2. Unterrichtsfilm

„Film, der für den (schulischen) Unterricht entwickelt wurde und gezielt zum Lehren und Lernen eingesetzt wird" (a.a.O., S. 738).
Unterrichtsfilm und *Film* werden in der Schule selbst begrifflich synonym verwendet. Der Unterrichtsfilm behandelt Inhalte, die über die Tagesaktualität hinausgehen. Sie behandeln in der Regel eine eingegrenzte Thematik mit einer jeweils didaktischen Intention. Filme und Videos als Unterrichtsmittel bzw. -medien „lassen Vorgänge, Prozessabläufe und Situationen anschaulich darstellen, die oft in der Realsituation (Natur oder Gesellschaft) so nicht zu beobachten sind. Gleichzeitig können durch unterlegten oder eingeblendeten Text (narrativ) zusätzliche Informationen und Erklärungen gegeben werden, die das Verstehen der dargestellten Zusammenhänge verdeutlichen" (Giest 2010, S. 7).
Der Einsatz von Unterrichtsfilmen wird durch die technische Bearbeitung ermöglicht und erleichtert, z.B. durch Zeitlupe und Zeitraffer, räumliche Begrenzung oder Ausweitung, Ansichten im Mikro- oder Makrobereich und aus verschiedenen Perspektiven, eine modellhaft statische oder dynamische wirklichkeitsorientierte Darstellung, durch Animationen werden die physikalischen Grenzen von Raum und Zeit verlassen (Schnitt, Trick, Montage, Überblendung, Zeitraffung und -dehnung, Aufnahmetechnik, Blende).

3. Schulfernsehen

„Bereich des öffentlich rechtlichen Fernsehens, der sich mit der Programmentwicklung, Produktion und Übertragung von Fernsehsendungen für die Schule befasst. Lehrende sollen die Sendung in Curriculum und Unterricht didaktisch einbetten und eine aktive Verarbeitung der Inhalte unterstützen" (Tenorth/Tippelt 2007, S. 629f.).

Bedeutung

- Darstellung von Sachverhalten, die abstrakt oder schwer zugänglich sind; als Ersatz oder Veranschaulichungsmittel der Realität
- Didaktische Vorteile, z.B. Elementarisierung, Konzentration auf das Wesentliche, Darstellung von Sachverhalten, die der sinnlichen Erfassung nicht zugänglich sind
- Abwechslung im Unterrichtsgeschehen
- Erleichterung der Informationsaufnahme durch die Umsetzung von statischen Bildern in bewegte Bilder
- In der Regel relativ einfacher technischer und organisatorischer Einsatz
- Die technischen Einrichtungen ermöglichen den gezielten – auch der Wiederholung einer Sequenz dienenden – Einsatz; der Unterrichtsfilm kann an jeder beliebigen Stelle unterbrochen oder er kann in Ausschnitten gezeigt werden; es besteht die Möglichkeit, die akustische Information zu kommentieren, zu ergänzen oder auszublenden.

Unterrichtliche Verwendung

1. Die Einsatz des Unterrichtsfilms in verschiedenen Unterrichtsphasen

Hinführungsphase: Der Unterrichtsfilm eignet sich zur Provokation einer Problemfrage, Einführung in Sachbereiche oder Themenfelder, Anknüpfung und Aktivierung an den Erlebnis- und Erfahrungsbereich der Schüler.
Bearbeitungsphase: Der Film(-ausschnitt) dient der Vermittlung oder Erweiterung von Wissensbausteinen oder der Veranschaulichung des Sachverhalts. Die Schüler notieren begleitend Stichpunkte oder erhalten im Anschluss an die Betrachtung Gelegenheit zur Formulierung von Fragen oder zum Finden von Teilüberschriften zu Filmausschnitten. Die anschließende Aussprache bildet die Grundlage zur Verarbeitung hinsichtlich der beobachteten Vorgänge und Zusammenhänge, zur Begriffsbildung und zur Strukturierung der Inhalte.
Verarbeitungsphase: Das Gesehene und Gehörte wird in Gesamtzusammenhänge eingebettet, ein Gesamteindruck wird hergestellt. Dazu kann die Wiedergabe des Filmes ohne Ton oder mit einer Lehrer- bzw. Schülerkommentierung dienen oder die Anfertigung einer Zeichnung, eines Clusters oder einer schematisierten oder gegliederten Verschriftung.
Ferner: Wiederholung der Ergebnisse, Umsetzung in andere Darstellungsformen, Verknüpfung mit Anwendungsbereichen.

2. Der Unterrichtsfilm als zentrales Unterrichtsmittel

Sollte ein spezieller Unterrichtsfilm (oder Ausschnitte daraus) als dominierender Informationsträger innerhalb einer Unterrichtsstunde oder eine Unterrichtsreihe eingesetzt werden, so kann nach der hier dargestellten Ablaufgliederung (siehe Abb. 147) vorgegangen werden.

Vorbereitung

1. Herstellen des Sachbezugs
2. Formulierung von Fragen
3. Klärung von Schwierigkeiten

Information

1. Gesamtinformation
   a) Darbietung als Ganzes
   b) Spontane Aussprache (erste Lösungen, Klärung von Schülerfragen)
   c) Festlegung von Bearbeitungsaufträgen
2. Gewinnung der Erkenntnis/Bildung einer Bewertung
   a) Darbietung von Ausschnitten oder des Ganzen
   b) Bearbeitung von Aufträgen
   c) Auswertung

Nachbereitung

1. Einbettung in den Kontext
2. Reflexion der filmischen Darstellung
3. Vertiefungsgedanke

Abb. 147: Ablaufgliederung: Der Unterrichtsfilm als zentrales Unterrichtsmittel einer Unterrichtsreihe

5.16 Tafelbild *(R. Maras)*

Begriff

Das Tafelbild ist ein Medium, in dem Informationen aus dem Unterricht an der Wandtafel in Zusammenhängen dargestellt werden; Schwerpunkt der Informationen ist in der Regel eine Zusammenfassung der wesentlichen Aussagen zum Unterrichtsinhalt; vielfach treten Hinweise zum Erschließungsprozess oder zu den Unterrichtsschritten hinzu; die Aussageelemente (Text oder Bild) sind gedanklich und visuell geordnet (siehe Abb. 148). Das Tafelbild ist in der Regel gekennzeichnet durch eine *strukturelle* Darstellung des Sachverhalts. Die technische Ausstattung des Whiteboards erweitert die methodischen Möglichkeiten der Präsentation von Text und Bild (siehe auch S. 246 und 386).

Begründung für den unterrichtlichen Einsatz

1. Das Tafelbild fixiert die Unterrichtsinhalte: Der aktuelle Stand der Erarbeitung ist unmittelbar vor Augen.

2. Im Tafelbild werden die Inhalte geordnet dargestellt: Dem Betrachter wird durch die Überschrift das Thema der Unterrichtsstunde mitgeteilt. Die nachfolgenden Teilüberschriften, Sätze, Wörter oder Bilder lassen erkennen, welche stoffliche Auswahl getroffen wurde.

3. Das Bild an der Wandtafel bietet spezielle Vorteile: Visuelle Akzentuierung des Wichtigsten (Farbe, Symbole); die Strichzeichnung lässt Nebensächliches weg; Passung in Bezug auf die jeweilige Situation der Lerngruppe; es besitzt dynamischen Charakter (Es entsteht „vor den Augen" der Kinder; Beispiel: das Entstehen eines Verkehrsnetzes oder das Ansteigen des Grundwassers bei starken Regenfällen).

4. Das Tafelbild leistet einen Beitrag zur Abstraktion: Verbalisierte Ergebnisse werden festgehalten; die Tafelzeichnung (Strichzeichnung) verdichtet Informationen.

5. Das Tafelbild fördert das Behalten: Im Tafelbild werden Einzelaussagen und Details koordiniert, die Schwerpunkte der Bearbeitung isoliert, das Wichtige markiert, die Lerninhalte strukturiert, die Kombination von Wort und Bild verstärkt das Behalten.

Verwirklichung

1. Das Tafelbild wird auf verschiedene Weise entwickelt: Die Zeichnung wird entwickelt; die Zeichnung wird ergänzt (fertig gestellt); ein Text wird formuliert; ein Text entsteht zur Zeichnung; Überschriften werden hinzugefügt; Beziehungen werden hergestellt.

2. Der Einsatz in den verschiedenen Unterrichtsphasen

- *Anfangsphase:* Zeichnen eines Bildes; Notieren der Schülerfragen; Fixieren der Problemfrage oder der Überschrift; Aufschreiben des Vorwissens und der Vermutungen; Vervollständigen einer Tabelle; Aufdecken einer vorbereiteten Zeichnung oder Aufgabe.
- *Hauptphase:* Aufnotieren der gefundenen Begriffe; Vervollständigung einer Zeichnung; Markieren wichtiger Elemente; gemeinsames Entwickeln eines Schaubilds; Notieren der Erkenntnis; Eintragen von Wörtern oder Zahlen in eine Skizze; Anschreiben von Teilüberschriften; Herstellen von Beziehungen (durch Begriffe, Stichworte oder grafische Zeichen).
- *Schlussphase:* Erklären des neuen Sachverhalts an einer vorbereiteten Grafik; Suchen der passenden Überschrift; Zuordnen zusammenhängender Begriffe oder Bilder; Durchlesen des entstan-

denen Tafelbildes und Wiederholen bei zugeklappter Tafel; Notieren eines abschließenden Gedankens als Vertiefung.
In dieser Phase ist Gelegenheit zu prüfen, ob die Kinder die Bildsprache verstanden haben, z.B. Hervorhebungen, Leserichtung, Symbole (Pfeile).

3. Das Tafelbild als Vorlage für den Eintrag: Die Kinder übertragen die Texte und Zeichnungen in das Heft oder auf ein Blatt – ggf. auch mit individuell zu bearbeitenden Stellen.
Beispiel: Siehe Abb. 148. Diese grafische Darstellung kann durch Textanteile stärker strukturiert werden:

1. Der König hatte ein Problem:
   Wie kann ich wieder froh werden?
2. Die Menschen im Schloss versuchten, den König froh zu stimmen:
   Spaßmacher, Hofmusikant, Koch.
   Sie hatten keinen Erfolg.
3. Ein Fremder wusste Rat:
   „Suche die Glocke des Glücks."

a) Viele Glocken wurden ins Schloss gebracht.
b) Der König machte sich selbst auf den Weg.
   Erst beim Klang der Schneeglöckchen:
   Eine große Freude erfüllte sein Herz.

Literatur:

Maras, Rainer (1998): Das Tafelbild – das Ordnen unterrichtlichen Tuns. In: Grundschulmagazin 7–8/1998, S. 59–62

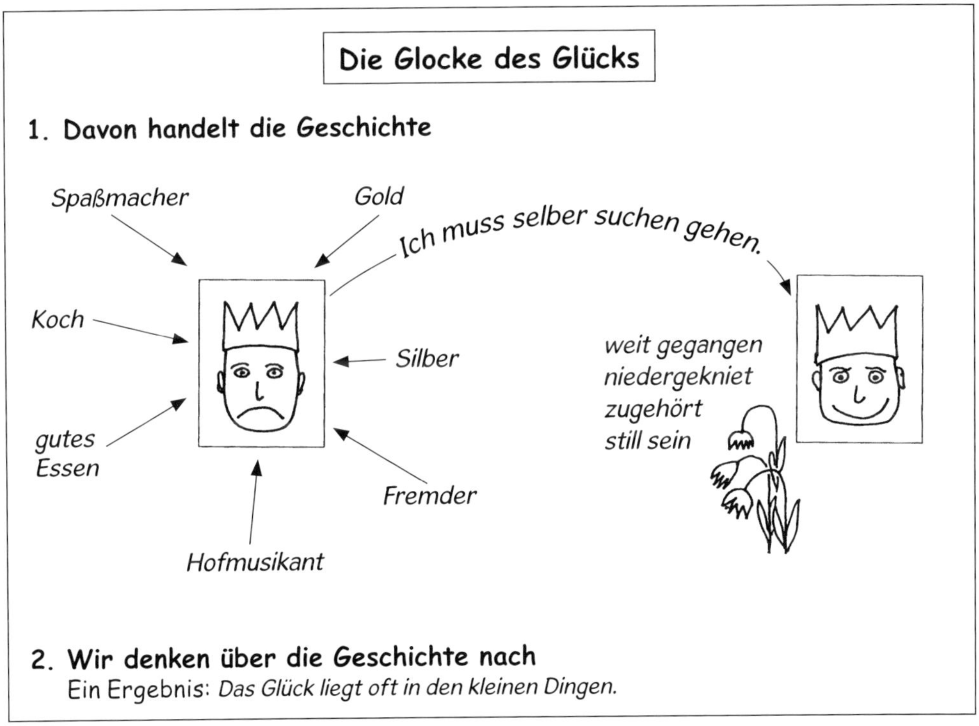

Abb. 148: Informationen über den Unterrichtsinhalt, seine Struktur und den Verlauf des Erschließungsprozesses

5.17 Tageslichtprojektor *(R. Maras)*

Begriff

Tageslicht-, Overhead-, auch Schreibprojektor: Technisches Medium, mit dessen Hilfe in einem Projektionsverfahren über eine Spiegelung großflächige Bilder erzeugt werden können.
Overheadprojektor: „Apparat mit Glühlampe, Glasplatte und Linse, um auf Klarsichtfolie geschriebene Texte, Abbildungen etc. an die Wand zu projizieren. Der Overheadprojektor hat die Wandtafel in beträchtlichem Umfang ersetzt und wird heute selbst wieder zunehmend durch die PC-basierte Präsentation mit Beamer ersetzt" (Tenorth/Tippelt 2007, S. 539).

Bedeutung

- Vielseitiges und einfach zu bedienendes Medium
- Vorteil der Wiederverwendbarkeit von einmal gefertigten Projektionselementen, Folien oder Abdeckvorrichtungen
- Präsentation von Informationen (Text, Bild)
- Folie als Ort zur raschen Fixierung von Unterrichtsergebnissen
- Hilfe zur simultanen Bearbeitung einer Vorlage (Folie auf dem Tageslichtprojektor entspricht dem Arbeitsblatt in den Händen der Kinder)
- Entlastung der Wandtafel: Informationselemente, die zur Entwicklung des Tafelbildes entbehrlich sind, können über die Projektion gegeben werden.

Der Einsatz eines Beamers oder eines Whiteboards erweitert die technischen Möglichkeiten der Präsentation, jedoch bieten Tageslichtprojektor und Wandtafel den Vorteil, dass den Kindern der Einblick in die Entstehung einer (strukturierten, didaktisch aufbereiteten) Darstellung erhalten bleibt.

Techniken

1. Abdecktechnik

Informationen auf einer Folie, die zu bestimmten Zeitpunkten nicht erforderlich sind, werden durch Papierflächen abgedeckt. *Beispiele:* Zeilen, Satzteile, einzelne Wörter, Teilflächen (Spalten von Tabellen, Zeichnungen, Zahlen oder Informationstexte).

2. Overlay-Technik

Eine Gesamtinformation wird durch übereinandergelegte Folien, die die Teilinformationen enthalten, aufgebaut. (*Beispiel* siehe Abb. 149).

3. Ergänzungstechnik

Die auf einer Folie fixierten Informationen enthalten Lücken, die im Laufe des Unterrichts ergänzt werden (etwa durch unmittelbares Ausfüllen der Lücke oder durch Verwendung einer kleinformatigen Overlay-Folie, *Beispiel* siehe S. 107, Abb. 49).

4. Figurinen-Technik

Nicht transparente Figuren werden auf die Glasfläche des Projektionsapparates oder auf die Folie gelegt und dort ggf. auch bewegt; es wird also der Schattenriss der Figur projiziert. *Beispiele:* Verkehrsteilnehmer an der Kreuzung bewegen sich in der richtigen Reihenfolge; Mengensymbole werden eingeordnet; verschiedene Siedlungsformen entstehen durch unterschiedliche Anordnung der Häuser.

Praktische Verwendung

1. Äußere Voraussetzungen

Lesbarkeit (Schriftgröße, Schriftzug) der Texte; Sauberkeit von Linse und Glasplatte; störungsfreier Sichtkontakt; angemessene Größe und passende Farbgebung der Projektionsfläche; ggf. angemessene Arbeitshöhe für die Kinder (Beachtung einer günstigen Schreibhaltung)

2. Aktivitäten

Hinführung zum Sprechhandeln durch abgebildete Sprechpartner (mit leerer Sprechblase), Einsetzen der richtigen Zahlen (in den Rechenstern), Aktivierung des Vorwissens durch ein motivierendes Bild, Entwickeln einer Problemfrage aus dem Vergleich zweier Bilder;
Aufnotieren der Vermutungen der Kinder; Zuordnen von Folienteilen (in entsprechende Spalten), Verdeutlichen eines Ablaufs durch Verschieben von Folienteilen, Einzeichnen von Pfeilen (um Zusammenhänge herzustellen), Abgrenzen von Mengen (mit Schnüren), Unterstreichen (der wichtigen Zahlen), Einfärben (der schwierigen Buchstabenverbindung), Aufdecken neuer Informationen, Aufbauen eines Schichtentransparents, Zusammenstellen der Einzelergebnisse von Gruppenarbeiten;
Hinzufügen von Texten zu Bildern, Ausfüllen einer Tabelle.
Beispiele:

- *Die „Projektion" zweier Aussageebenen:* Die Transparenz der Folien bietet die Möglichkeit, korrespondierende Informationen verschiedener „Ebenen" zu einer Gesamtinformation zusammenzufügen. So wird etwa durch Texte (Lyrik, Fabeln) oder durch bildnerische Kunstwerke ein „Gehalt" (das „Gemeinte") vermittelt. Dies wird im Unterrichtsbeispiel „Winternacht" von Joseph von Eichendorff (siehe S. 106–109) aufgezeigt. Zunächst wird der äußere Vorgang bearbeitet (siehe S. 107, Abb. 49; die Rechtecke sind vorgegeben, die Kinder suchen im Text entsprechende Wörter, machen Vorschläge für Überschriften zu den einzelnen Strophen und sie äußern ergänzende Begriffe); anschließend wird bei der Bearbeitung des „lyrischen Ich" in ähnlicher Weise verfahren; in diesen beiden Fällen wird die *Ergänzungstechnik* eingesetzt. Abschließend werden zwei Folien, die nur die „Überschriften" zeigen (siehe S. 107, Abb. 48), übereinandergelegt *(Overlay-Technik).*
- *Kreisläufe:* Das Gedankenmodell eines „Kreislaufs" entwickelt sich aus konkreten Vorgängen (Zustandsformen des Wassers in der Natur; Recycling von Glasflaschen; vom Samen zur Frucht); aus der linearen Darstellung folgt schließlich die Idee des Kreislaufs („Das Ende kommt wieder zu seinem Anfang."); die Folienteile werden angeordnet (siehe Abb. 149).

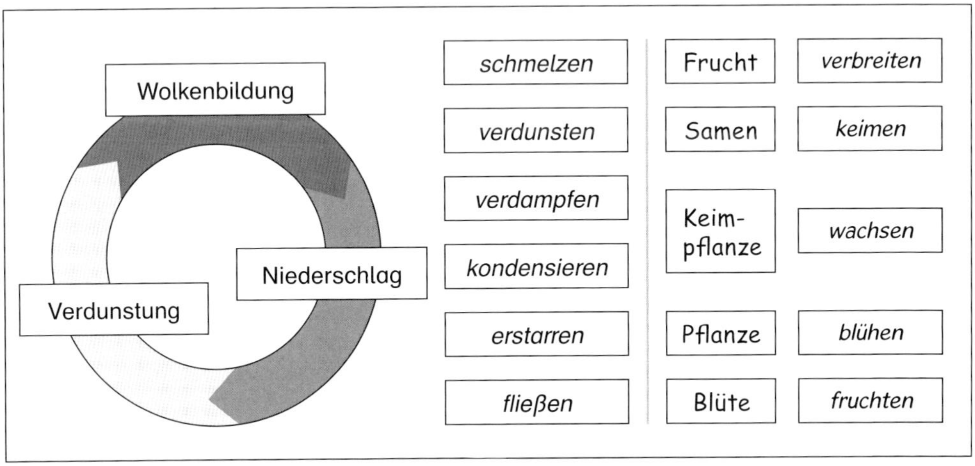

Abb. 149: Durch Verschieben werden Elemente geordnet – in der Form ist eine Aussage enthalten

5.18 Arbeitsblatt *(J. Ametsbichler)*

Begriff

1. Definition

Arbeitsblätter sind vorgedruckte oder selbsterstellte didaktisch strukturierte Lehr- und Lernmittel in Lose-Blatt-Form, die der Vorbereitung, Erarbeitung, Anwendung, Sicherung und Lernzielkontrolle des Lerngegenstandes dienen. Wir unterscheiden ein Arbeitsblatt, bei dem die Lernenden die Aufgabe selbst bilden oder bei dem die Aufgabe vorgegeben ist. Die Aufgaben können schriftlich, rechnerisch oder bildlich gelöst werden.

2. Formen

- Arbeitsblätter zur Informationsgewinnung
- Arbeitsblätter zur Erarbeitung
- Arbeitsblätter zur Ergebnissicherung
- Arbeitsblätter zur Lernzielkontrolle
- Arbeitsblätter in diversen Mischformen

Didaktische Funktionen

- Strukturierung des Lerninhalts
- Fixierung der im Unterricht erarbeiteten Ergebnisse
- Veranschaulichung des Gegenstandes (z. B. in einer Skizze)
- Unterstützung der Begriffsbildung
- Möglichkeit zur Individualisierung des Lernprozesses
- Anpassung an die spezifische Leistungssituation der Kinder
- Unterstützung des aktiven und selbstständigen Lernens
- Einübung fachgemäßer Arbeitsweisen und -techniken
- Anregung zum selbst Finden und Stellen von Teilaufgaben
- Reflektieren über den eingeschlagenen Lernweg und seine Ergebnisse
- Mittel zur Variation der Unterrichtstätigkeiten und Sozialformen (Rhythmisierung)

Verwirklichung

1. Didaktischer Ort

Das Arbeitsblatt ist grundsätzlich in allen Phasen einsetzbar (die Reihung soll die ungefähre Gewichtung des Arbeitsblatteinsatzes aufzeigen): Anwendung, Sicherung, Überprüfung des Lernzuwachses, Erarbeitung, Übung, Problemstellung

2. Planungsschritte

a) Entscheidungen über die beabsichtigte didaktische Funktion des Arbeitsblattes bzw. seiner Abschnitte
b) Bestimmung des didaktischen Ortes aufgrund der didaktischen Funktion(en)

3. Unterstützung der Lerntätigkeit

- *Motivation*
  Werden Lernbedürfnisse der Kinder angesprochen? Wird Neugier geweckt? (z. B. durch Illustrationen)

- *Zielbildung*
  Bilden Kinder Ziele oder werden Ziele vorgegeben? (z. B. Was möchtest du ... herausfinden?) (siehe S. 391, Abb. 151)

- *Handlungs- und Produktorientierung*
  Ist eine eigene Handlungsplanung möglich, die verschiedene Handlungs- und Lösungsmöglichkeiten vorsieht/möglich macht? (siehe S. 390, Abb. 150)

- *Lernerfolgskontrolle, Metakognition*
  Sind Teilergebnisse kontrollierbar? Wird das Nachdenken über den Handlungsweg angeregt?

- *Unterstützung des Aneignungsprozesses*
  Sind Hinweise zur Handlungskontrolle eingeplant? Werden Hilfestellungen oder Hinweise auf Probleme gegeben? (siehe S. 390, Abb. 150)
  (vgl. Giest/Koch 2010, S. 33f.)

4. **Schüleraktivitäten**

Beschriften von Bildern, Ergänzen von Texten, Zuordnen von Begriffen und Bildern, Auswerten einer Tabelle, Erlesen eines Textes und anschließendes Notieren von Stichworten, Ausstreichen falscher Wörter, Anstreichen wichtiger Begriffe, eigene Aufgaben bilden, Ausmalen zusammengehöriger Gegenstände mit gleicher Farbe, Ergänzen von Schemata, Beschriften von Karten, Unterstreichen der für die Rechnung notwendigen Zahlen, Einrahmen der zu erarbeitenden Satzglieder, Sprechen zu einem Schaubild, Aufschreiben selbst formulierter Texte, Ordnen von Gegenständen (oder deren Abbildungen) der Reihe nach (durch Nummerieren), Eintragen der gefundenen Wörter in Spalten, Einzeichnen von Skizzen, Bearbeiten von Anweisungen, Aufträgen und Fragen, Vervollständigen von Tabellen, Beschreiben von bildhaften Darstellungen und Skizzen, Ausschneiden und Einkleben, Notieren von Kurz- und Langzeitbeobachtungen

Grundsätze

1. **Sachliche Richtigkeit**

2. **Ansprechende und funktionelle Gestaltung**

Die Texte sollen lesbar sein. Der Aufbau bzw. die Gliederung des Arbeitsblattes soll dem Kind eine schnelle Orientierung erlauben (zielführende Unterstützung der Wahrnehmungsaktivitäten durch unterschiedliche Gliederungs- und Formelemente). Rand und Schriftgröße sind zu beachten. Das Arbeitsblatt soll eindeutig zu identifizieren sein (z. B. mit Datierung). Es wird in einem festgesetzten Platz (Heft, Mappe) eingefügt, damit die Kinder zu einem späteren Zeitpunkt nochmals nacharbeiten bzw. nachlesen können.

3. **Förderung der Selbsttätigkeit**

Kreatives, produktives, forschendes, kommunikatives und kooperatives Arbeiten und Lernen dürfen nicht zu kurz kommen. Das Arbeitsblatt soll mit Fragen und Problemstellungen zum Arbeiten anregen und möglichst häufig auch eigenständige Lösungen zulassen. Das Kind soll seine Denkresultate in einem angemessenen und ausgewogenen Verhältnis eigenaktiv versprachlichen können.

4. **Klare Arbeitsaufträge**

Forderungen an die Arbeit mit Arbeitsaufträgen:

- Gute Arbeitsbedingungen: Schreibgeräte, Schreibunterlagen und die nötigen Hilfsmittel (z. B. Arbeitsblatt, Karte, Bild, Heimatatlas, Wortkarten, Zahlenkärtchen) müssen bereitliegen.
- Klare Inhalte: Der Gegenstand der Aktivität, das Verfahren der Bearbeitung und ggf. auch Zeit und Sozialform sollen deutlich erkennbar sein.
- Verständliche Sprache: Wortwahl (neue Begriffe) und Satzbau sollen eine rasche und eindeutige Dekodierung gewährleisten.
- Überschaubarkeit von Umfang und Form: Der Auftrag sollte unnötiges Beiwerk weglassen; der Auftrag kann (z. B. durch räumliches Absetzen von Satzgliedern) optisch strukturiert werden.
- Gesichertes Verständnis: Begriffe klären, Wichtiges unterstreichen, lautes Vorlesen, wiederholen lassen.
- Angemessene Differenzierung: Überprüfen, ob eine Differenzierung möglich und sinnvoll ist.
- Ermöglichen von reproduktivem (Reaktivieren von bereits vorhandenem Wissen) und problemlösendem Denken.

5. **Der Aufwand stimmt mit dem zu erwartenden Lernfortschritt überein.**

Name: Datum: Nr.

Wir kippen den Quader an den Kanten

1. Findest du die verschiedenen Wege zum Ziel?
   - Kippe zuerst in der Vorstellung und trage die Wege mit Bleistift in den Plan ein.
   - Kontrolliere deine Ergebnisse, indem du die Wege mit dem Quader kippst.

a) Ist im Ziel die Deckfläche (D) oder die Bodenfläche (B) oben?

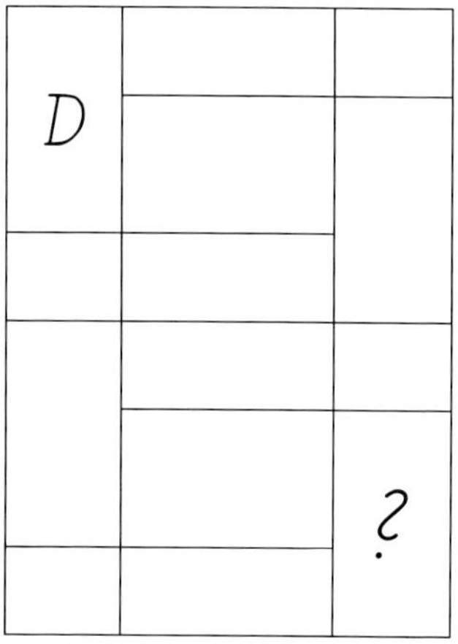

b) Wie kommst du zum Ziel? Findest du auch einen zweiten Weg?

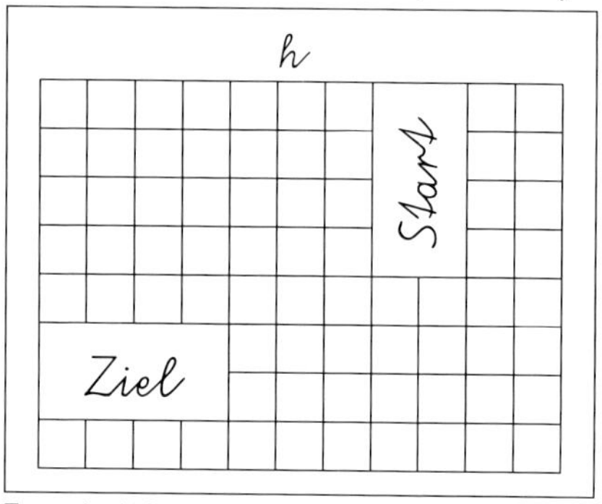

Trage die Wege ein

vorne = v, rechts = r, links = l, hinten = h

Weg 1: ______________ Weg 2: ______________

2. Ist bei der Endlage die Deckfläche (D) oder die Bodenfläche (B) zu sehen?
   - Stelle dir die Kippbewegung zuerst wieder im Kopf vor und trage dann deine Vermutung ein.
   - Kontrolliere, indem du die Kippbewegungen mit deinem Quader wirklich ausführst. Achte stets auf die richtige Ausgangslage. Trage das Ergebnis ein. (B oder D)

	Endlage: D oder B	
	Vermutung	Kontrolle
D ----- r v l ——→		
D ----- v v r r ——→		
D ----- h h l v r ——→		
B ----- v l v r r ——→		

3. Warum sind zwei Kipp-Pläne falsch? Kippe zuerst im Kopf. Überprüfe jetzt und kippe nach.
   Was muss beim Zeichnen von Kipp-Plänen beachtet werden? Begründe deine Meinung.
   Du kannst dich auch mit deinem Partner besprechen.

a)

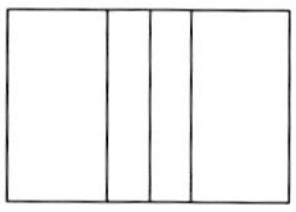

b)

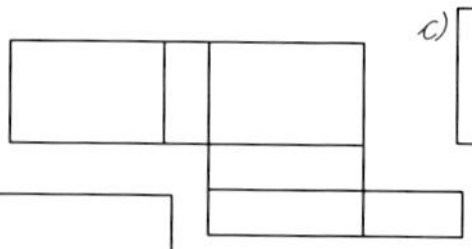

c)

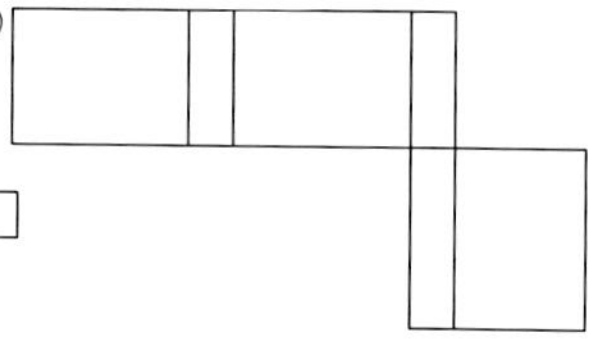

d)

Abb. 150: Arbeitsblatt aus dem Lernbereich Geometrie

Experimente rund um die Kerze

Ist Wachs der Brennstoff der Kerzenflamme?

1. Forscherauftrag:

1. Halte das Gitternetz zuerst waagerecht in die leuchtende Flammenzone. Beschreibe die Farbe des Rauchs!
2. Nimm das Gitternetz wieder heraus.
3. Halte das Gitternetz jetzt waagerecht in die dunkle Zone kanpp über dem Docht. Beschreibe die Farbe des Rauchs!

Mein Ergebnis:

Trage die Farben des Rauchs in die Zeichnung ein!

Meine Erklärung:

Mein nächster Forscherauftrag:

Abb. 151: Arbeitsblatt aus einer Sequenz im Sachunterricht

5.19 Computer *(J. Ametsbichler)*

Begriffsklärung

Der **Computer** ist ein programmierbares Gerät zum Ausführen von Berechnungen und zur Verarbeitung von Daten. Ihn zeichnen vor allem drei Aspekte aus:
(1) die parallele Präsentation und Integration von Daten, Text, Grafik mit Audio, Animation und Video (Multimedia)
(2) die lokale und globale Vernetzung von Computern mit der Möglichkeit orts- und zeitunabhängiger Kommunikation und Kooperation („Datenautobahn")
(3) die Interaktivität zwischen Benutzer und System sowie umfangreiche Manipulationsmöglichkeiten bis hin zur Simulation von Handeln in realen Umgebungen (digitale und virtuelle Welten) (vgl. ISB 1998, S. 15)

Der Computer ist ein Medium und ein multifunktionales Werkzeug.

Mit **Lernsoftware** werden all jene Programme bezeichnet, die für spezielle Lernzwecke konzipiert sind. Jede Software wird durch das ihr zu Grunde liegende Lernmodell bestimmt.

Das **Internet** ist ein Computernetzwerk um die ganze Welt, das den Benutzern Informationen zur Verfügung stellt. Wer sich mit dem Netz verbindet ist online.
World Wide Web (WWW) ist eine multimediale Informationsquelle. Sie ermöglicht es dem Benutzer, Informationen in Form von Text, Bild oder Ton zu jeder Tages- und Nachtzeit abzurufen. Neben der Web-Recherche ist auch der umgekehrte Weg möglich: die Publikation selbst erstellter Materialien, z. B. auf der Homepage der eigenen Schule.
Email (Electronic Mail) ist eine elektronische Post. In Sekundenschnelle werden elektronische Briefe in alle Welt verschickt.

Bedeutung

- Zentrale Stellung in der Medien- und Erfahrungswelt der Kinder
- Einsatz der Computer(netze) als Werkzeug zur Förderung aktiv-konstruktiven, selbstgesteuerten und kooperativen Lernens
- Verbesserung der Anschaulichkeit
- Ermöglichen von Aktivität (Informationen erstellen und anbieten) und Interaktivität (Simulationen einrichten und verändern)
- Computer ist Informationsträger, Werkzeug und Lerngegenstand
- Nutzung als Bestandteil vielfältiger, individuell fördernder Lernarrangements parallel zu Büchern und entsprechenden Lernmaterialien
- Gezielte Lernhilfe mit einem individuell angepassten Lernprogramm auf der Basis von Lernstandanalysen
- Beschaffung von Informationen nach vielfältigen Handlungserfahrungen durch geeignete Multimediaprogramme oder Internet
- Kommunikation mit anderen Menschen zu jeder Zeit und an jedem Ort (Erfahrungsaustausch, Aufbau interkultureller Beziehungen)
- Besondere Entwicklungsmöglichkeiten für das Kind als Leser und Schreiber
- Durchschauen von Konstruktionsprinzipien (z. B. von Multimedia)
- Lehrperson und Kinder bilden eine „Lern- und Forschungsgemeinschaft"
- Optimale Gestaltung von Lernumgebungen
- Fit werden für die Medien- und Informationsgesellschaft

Zielsetzungen

Im Mittelpunkt stehen vor allem pädagogische Zielsetzungen und überfachliche Qualifikationen und nicht so sehr technische und fachbezogene Überlegungen.

1. **Förderung und Forderung des Kindes, nicht Unterhaltung**
   - Aufzeigen von neuen Lern- und Arbeitsmöglichkeiten am PC
   - Auswahl entsprechender Software
2. **Kinder als selbstverantwortliche Akteure, nicht als Konsumenten**
   - Kennen und nutzen lernen von Programmen
   - Kenntnis des eigenen Lernstandes sowie der Übungsfortschritte
3. **Aufbau von Benutzerkompetenz und -verantwortung**
   - Erwerb von notwendigen technischen und inhaltlichen Grundkenntnissen und -fähigkeiten beim Umgang mit dem Medium
4. **Entwicklung von Strategien zur Bewältigung der Informationsflut**
   - Sinnvolle individuelle Auswahl und Nutzung von Inhalten
   - Kritischer Umgang mit Informationen
   - Erwerb von Strategien der Informationsentnahme
5. **Ergänzung, nicht Ersatz primärer Wirklichkeitserfahrungen**

Grundsätze für die Unterrichtsplanung

- Die Lehrperson analysiert die Lernsoftware und plant ihren gezielten Einsatz.
- Die Arbeit am Computer erfolgt nicht neben, sondern stets in Verbindung mit dem Unterricht.
- Handlungsorientierte Arbeit, Lernen vor Ort und multimediale Informationsbeschaffung ergänzen sich.
- Der Computereinsatz verlangt den Einsatz neuer Kooperationsformen. Ein Tutorensystem fördert soziales Lernen.
- Der Computer sollte nur dort eingesetzt werden, wo er aus Sicht der Lehrperson oder der Sicht des Kindes anderen Medien deutlich überlegen ist.

Der didaktische Ort des Computereinsatzes

a) Einsatz in der Vorviertelstunde als ein Angebot unter vielen mit der Führung eines Nutzerprotokolls

b) Gezielter Einsatz von Software in gebundenen Unterrichtphasen

- Kinder können damit z.B. im Sachunterricht entlang von vorgegebenen Aufgaben (Aufgabenkarten) eigenständig eine entsprechende Seite zur Thematik gestalten, ausdrucken und ins Heft einkleben.
- In Phasen der inneren Differenzierung machen Informationskarten den Kindern die unterschiedlichen Niveaus transparent.

c) Lernen an Stationen

Eine bestimmte, exakt umgrenzte Lernaufgabe oder Übung kann Teil eines Stationenlernens sein.

d) Wochenplanarbeit

Eine überlegte Aufgabenstellung verhindert zu großen Andrang.

e) Freie Arbeit

f) Projektorientiertes Arbeiten

Im Gegensatz zur grafischen Darstellung auf Plakaten können die Ergebnisse der Unterrichtsarbeit mithilfe des Computers multimedial präsentiert werden. Der Umgang mit Digitalkamera, Scanner und Grafikverarbeitung sollte vertraut sein.

Verhaltensregeln

Regeln, die das selbstständige Lernen fördern:

- Ich versuche mit der Lernaufgabe zunächst alleine zurechtzukommen.
- Wenn das nicht gelingt, frage ich den Partner oder die dazu beauftragten Helferschüler. Falls mir Klassenkameraden nicht helfen können, wende ich mich an die Lehrperson.

5.20 Sachzeichnung *(R. Maras)*

Begriff

Die Sachzeichnung ist eine thematisch gebundene, flächige Darstellung eines Sachverhalts mit einfachen grafischen Mitteln zum Zweck der Wiedergabe oder des Erklärens von Wahrnehmungen, Vorstellungen und ggf. Empfindungen; in der Darstellung ist der Gegenstand als solcher erkennbar, jedoch erscheint er nicht als naturalistische Abbildung, sondern in vereinfachter Form. Zur Darstellung werden Umrisslinien, Gegenstandssymbole, Querschnitte, Klappungen, Größenveränderungen, Schraffierungen und ggf. Bildfolgen verwendet.
Zeichnerin und Zeichner reduzieren in der Regel den Umfang des Bildinhalts auf die Elemente, die zur Darstellung des Gemeinten ausreichend sind. Am Beispiel der Sachzeichnung aus Kinderhand wird jedoch deutlich, dass auch schmückende Darstellungselemente verwendet oder Personen oder Dinge miteinbezogen werden, um die gemeinte „Sache" mit ihren charakteristischen und für diese Situation bedeutsamen Attributen zu versehen.

Bedeutung

- Bewusst machen von Wahrnehmungsinhalten
- Aktivierung von Vorstellungsinhalten
- Klärung und Modifizierung von Vorstellungsinhalten
- Erleichterung der Auffassung von Vorgängen, Abläufen, Zuständen und Zusammenhängen
- In-Beziehung-Setzen von Elementen eines Sachverhalts
- Vielfach Aha-Effekt im Augenblick des Entstehens („So muss das vermutlich funktionieren!")
- Beitrag zum guten Behalten: „Eine klare bildhafte ‚Gestalt' scheint als Gedächtnisanker zu wirken; sie ist einprägsamer und leichter zu erinnern" (Weidenmann 1995, S. 80).

Didaktische Funktion

- Darstellung eines äußeren Erscheinungsbilds
- Wiedergabe der Vorstellung von einem Objekt, auch im Hinblick auf dessen „Innen-Ansicht"
- Unterstützung der Anschauung von einem Gegenstand
- Visualisierung von Lerninhalten
- Klärung von Zusammenhängen

Grundsätze

1. *Die Sachzeichnung soll didaktisch begründet sein:* Sie soll einen erkennbaren Beitrag zur Erschließung des Lerngegenstandes leisten.
Für den Fall der Erstellung einer Sachzeichnung durch den Schüler: Voraussetzung dazu sind die Fähigkeit zur Darstellung (z.B. Querschnitt) und strukturierte Vorstellungen. Abweichend davon hat eine unvollständige oder eine spontan erstellte, sachlich unzutreffende Sachzeichnung dann ihre Berechtigung, wenn sie zum Gedankenexperiment herangezogen wird oder dazu dient, im Vergleich mit der späteren exakten Sachzeichnung, den Fortschritt in der Vorstellung aufzuzeigen.

2. *Der Schüler soll eine vorgegebene Sachzeichnung verstehen:* Eine Vielzahl von Einzelinformationen ist zu vermeiden, dies gilt sowohl für die Einzelteile wie auch für funktionale Zeichnungen (z. B. Überfrachtung mit Pfeilen und Verbindungslinien). Perspektivische Darstellungen sollten nur dann verwendet werden, wenn es unbedingt notwendig ist. Die Zeichnung ist grafisch übersichtlich anzulegen. Die Bedeutung der Einzelteile und deren Zusammenhänge sollten die Kinder erklären können.

Verwirklichung

1. Didaktischer Ort

a) Einstiegsphase:
Vorgabe einer unvollständigen Darstellung (Beispiel: Bestandteil eines Baudenkmals fehlt); Versuch einer Darstellung (Beispiel: Seilführung bei einem Kran; die „Unvollkommenheit" als Anlass zur Informationsgewinnung, zu Versuchen oder zur Erkundung); Vorgabe zu einem Vergleich (Querschnitt eines Kolben- bzw. eines Patronefüllers).

b) Hauptphase:
1. sukzessiv: schrittweise Entwicklung zu einem Bild, das den Gegenstand im Ganzen zeigt (Beispiel: Aufbau der Kirschblüte);
2. integrierend: als Zusammenfassung der bisherigen Informationen (Beispiel: Teich im Querschnitt);
3. punktuell: notwendig zur Erfassung eines Teilinhalts (Beispiel: der Wehrturm innerhalb der gesamten Verteidigungsanlage).

c) Schlussphase:
Zusammenfassung des gesamten Inhalts; Isolierung einer Einzelheit, die in der nachfolgenden Unterrichtsstunde schwerpunktartig bearbeitet werden solle.

2. Tätigkeiten der Kinder

Zeichnen auf ein Blockblatt, auf Folie oder Tafel; Vergleich mit dem realen Objekt oder Modell; Einfärben wichtiger Teile; Entwickeln einer Zeichnung auf Grundlage eines vorliegenden Untersuchungsobjekts oder Textes; Beschriftung der Zeichnung; dynamisches Zeichnen: etwas verändert sich (Beispiel: Erweiterung der Verteidigungsanlage) oder geschieht „jetzt" (Beispiel: Es regnet); Verändern der Zeichnung durch Weglöschen oder Hinzufügen.

3. Themenbeispiele

Der Grundriss des Pausenhofs; Sonnenstand im Tageslauf; Platzierung einzelner Sträucher in der gesamten Hecke; Wuchsform der Wurzel des Löwenzahns; äußere Erscheinung des eigenen Auges; Verlauf von Versorgungsleitungen; Kraftübertragung bei einem Handmixer; Größenvorstellungen beim Vorgang des Umfüllens (Sachrechnen). (Siehe auch S. 233, 243, 247, 251, 255, 259 und Abb. 154)

Wertung

Die Effektivität einer Sachzeichnung im Lernprozess ergibt sich nur in Verbindung mit der Wahrnehmung des zugehörigen realen Gegenstands oder Sachverhalts oder zumindest mit der Darstellung in anderen Medien, die diesen Gegenstand repräsentieren. Ferner ist die Relation Zeitaufwand – Effekt zu beachten.

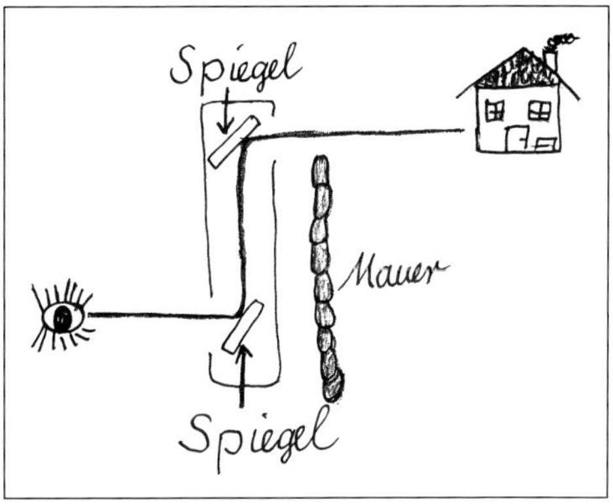

Abb. 154: Beispiel einer Sachzeichnung

Literatur:

1. Maras, Rainer (2003): Sachzeichnungen aus Kinderhand – Wahrnehmung, Vorstellung und Empfindung zeichnerisch zum Ausdruck bringen. In: Grundschulmagazin 9–10/2003, S. 33–38
2. Weidenmann, Bernd (1995): Schülerzeichnungen: Wie Wissensstrukturen sichtbar werden. In: Schulmagazin 5 bis 10 6/1995, S. 77–80

Literaturverzeichnis

Abraham, Ulf (2008): Sprechen als reflexive Praxis. Mündlicher Sprachgebrauch in einem kompetenzorientierten Deutschunterricht. Fillibach, Freiburg im Breisgau

Abraham, Ulf/Kupfer-Schreiner, Claudia (Hrsg.) (2007): Schreibaufgaben. Cornelsen Scriptor, Berlin

Abraham, Ulf (2007): Kinder schreiben Texte. In: Grundschulmagazin 5/2007, S. 8–11

Aebli, Hans (1987): Grundlagen des Lehrens. Eine Allgemeine Didaktik auf psychologischer Grundlage. Klett-Cotta, Stuttgart

Aebli, Hans (1993): Denken: Das Ordnen des Tuns, Bd. I: Kognitive Aspekte der Handlungstheorie. Klett-Cotta, Stuttgart, 2. Aufl.

Aebli, Hans (2001): Zwölf Grundformen des Lehrens. Eine allgemeine Didaktik auf psychologischer Grundlage. Medien und Inhalte didaktischer Kommunikation, der Lernzyklus. Klett-Cotta, Stuttgart, 11. Aufl.

Altenburg, Erika/Bremermann, Gudrun/Friske, Sigrid/Molkenthin, Maren/Vach, Karin (2010): Kinder verfassen Texte. Schreibkompetenzen fördern und bewerten ab dem 2. Schuljahr. Oldenbourg, München

Ametsbichler, Josef (2001): Offene Lernsituationen im Sachrechnen. In: Grundschulmagazin 5–6/2001, S. 78–81

Ametsbichler, Josef (2002): Übungen zur Kopfgeometrie. Förderung des räumlichen Vorstellungsvermögens. In: Grundschulmagazin 9–10/2002, S. 33–38

Apel, Hans Jürgen (2000): Gut und ruhig erklären. Lehrergeleiteter Unterricht als didaktische Aufgabe. In: Schulmagazin 5 bis 10 5/2000, S. 51–54

Augst, Gerhard/Dehn, Mechthild (2009): Rechtschreibung und Rechtschreibunterricht. Klett/Kallmeyer, Seelze-Velber

Augustinus (ca. 400/1965, Übersetzung): Confessiones. Lateinisch und Deutsch. Kösel, München

Baireuther, Peter (1999): Mathematikunterricht in den Klassen 1 und 2. Auer, Donauwörth

Bartnitzky, Horst (2005): Grammatikunterricht in der Grundschule. Cornelsen Scriptor, Berlin

Bartnitzky, Horst (2010a): Sprachunterricht heute. Cornelsen Scriptor, Berlin

Bartnitzky, Horst (2010b): Deutschunterricht. Kompetent im Unterricht der Grundschule. Schneider Hohengehren, Baltmannsweiler

Bartnitzky, Horst/Brügelmann, Hans/Hecker, Ulrich/Heizel, Friederike/Schönknecht, Gudrun/Speck-Hamdan, Angelika (Hrsg.) (2009): Kursbuch Grundschule. Grundschulverband, Frankfurt am Main

Bauer, Joachim (2007): Lob der Schule. Sieben Perspektiven für Schüler, Lehrer und Eltern. Hoffmann und Campe, Hamburg

Bauer, Roland (2004): Offene Arbeitsformen. Nur schüleraktivierend, wenn schülergerecht. Beispiele aus der Praxis. In: Pädagogik 1/2004, S. 16–20

Baumert, Jürgen (1998): Forum 5. In: BaySt-MinUKWK (Hrsg.): Wissen und Werte für die Welt von morgen. Dokumentation zum Bildungskongress am 29./30.4.1998, S. 213–231

Baurmann, Jürgen/Pohl, Thorsten (2009): Mein Haus ist ... Kompetenzorientiertes Unterrichten im Bereich „Texte schreiben“. In: Grundschule 5/2009, S. 14–16

Becker, Astrid (2008): Im Morast der Straßen. Wie die Menschen leben: Zwischen Wirtshäusern, Himmelsleitern und Bergen von Unrat. In: Käppner u.a. 2008, S. 41–42

Behrmann, Gisela (1998): Grundlegendes Verantwortungslernen. In: Marquardt-Mau, Brunhilde/Schreier, Helmut (Hrsg.) (1998): Grundlegende Bildung im Sachunterricht. Klinkhardt, Bad Heilbrunn, S. 169–184

Berktold, Kerstin/Hoyer, Sabine (2008): Die Auer Fibel – Lehrerhandbuch. Auer, Donauwörth

Berktold, Kerstin/Hoyer, Sabine/Röbe, Edeltraud/Röbe, Heinrich (2008): Die Auer Fibel. Auer, Donauwörth

Bertsch, Christian/Kapelari, Suzanne (2011): Die Sauerstoffproduktion von Pflanzen erforschen. Forschend-begründendes Lernen im naturwissenschaftlich orientierten Sachunterricht. In: Grundschulmagazin 3/2011, S. 15–18

Bessoth, Richard (2002): Unterrichtsqualität. Das Herzstück jedes schulischen Qualitätsmanagements. In: Pädagogische Führung 4/2002, 176–180

Billmann-Mahecha, Elfriede/Tiedemann, Joachim (2008): Identität und Selbstkonzept. In: Jürgens/Standop 2008b, S. 65–74

Blaseio, Beate (2008): Experimentieren mit Eiern – phänomenorientiertes Lernen im Sachunterricht. In: Grundschulunterricht Sachunterricht 2/2008, S. 38–45

Blömeke, Sigrid (2004): Professionelles Lehrerhandeln – Kriterien und aktuelle Erkenntnisse der empirischen Forschung. Vortrag, Ohlstadt, 29.11.2004

Bohl, Thorsten (2007): Stagnation oder Weiterentwicklung? Offener Unterricht zwischen reformpädagogischer Tradition und empirischer Bildungsforschung. In: Schulmagazin 5–10 2/2007, S. 5–8

Böhm, J. (1910): Praktische Unterrichtslehre für Seminaristen und Volksschullehrer. R. Oldenbourg, München, 8. Aufl.

Bonfadelli, Heinz (1998): Theoretische und methodische Anmerkungen zur Buchmarkt- und Leserforschung. In: Stiftung Lesen (Hrsg.): Lesen im Umbruch – Forschungsperspektiven im Zeitalter von Multimedia. Nomos, Baden-Baden, S. 78–90

Bönsch, Manfred (2007): Üben und Verstehen. Den Lernprozess vervollständigen. In: Grundschulmagazin 2/2007, S. 8–10

Böttcher, Ingrid (Hrsg.) (1999): Kreatives Schreiben. Cornelsen Scriptor, Berlin

Böttger, Heiner (2010): Englisch lernen in der Grundschule. Klinkhardt, Bad Heilbrunn

Bremerich-Vos, Albert/Granzer, Dietlinde/Behrens, Ulrike/Köller, Olaf (Hrsg.) (2009): Bildungsstandards für die Grundschule: Deutsch konkret. Cornelsen Scriptor, Berlin

Brinkmann, Erika (2010): Lehr-/Bildungs- und Rahmenpläne in den Bundesländern: Was bedeuten sie für die Einführung der Grundschrift? In: Grundschule aktuell, Heft 112, S. 23–27

Brünger, Peter (1998): Musik mit der Stimme. In: Grundschule 1/1998, S. 25–28

Buck, Elisabeth (2001): Bewegter Religionsunterricht. Theoretische Grundlagen und 45 kreative Unterrichtsentwürfe für die Grundschule. Vandenhoeck & Ruprecht, Göttingen

Butzkamm, Wolfgang (2011): Fremdsprachig unterrichten – wie schaffe ich das? In: Praxis Fremdsprachenunterricht 2/2011, S. 5–8

Carle, Ursula/Howe, Sonja (2011): Kinderrechte als pädagogische Herausforderung. Historische Entwicklung und aktuelle Umsetzung. In: Grundschulunterricht Sachunterricht 1/2011, S. 4–7

Claussen, Claus (2006): Mit Kindern Geschichten erzählen. Cornelsen Scriptor, Berlin

Daum, Egbert (2007): Geographische Aspekte. In: Kahlert u. a. 2007, S. 144–149

David, Thomas (1997): Franz Marc: Die blauen Fohlen. Rowohlt Taschenbuch, Reinbek bei Hamburg

Dehn, Mechthild (1999): Texte und Kontexte. Volk und Wissen/Kamp, Berlin/Düsseldorf

Dehn, Mechthild (2010): Zeit für die Schrift: Lesen und Schreiben lernen. Cornelsen Scriptor, Berlin

Dehn, Mechthild/Hüttis-Graff, Petra (2010): Zeit für die Schrift: Beobachtung, Diagnose, Lernhilfen. Cornelsen Scriptor, Berlin

Dehn, Mechthild/Schüler, Lis (2010): Von der Schreibidee zum Text. In: Grundschulzeitschrift 231/2010, S. 24–29

Der Brockhaus (2006): Kunst. Künstler, Epochen, Sachbegriffe. F. A. Brockhaus, Mannheim, Leipzig, 3., aktual. u. überarb. Aufl.

Dollase, Rainer (2004): Was macht erfolgreichen Unterricht aus?. (www.uni-bielefeld.de/psychologie/ae/AE13/HOMEPAGE/DOLLASE/Unterricht.pdf) (18.01.2011)

Dollase, Rainer (2005): Von der Arroganz der Beurteilungssicherheit. In: Schulverwaltung BY 10/2005, S. 327–329

Dörner, Dietrich (2000): Die Logik des Mißlingens. Strategisches Denken in komplexen Situationen. Rowohlt, Reinbek bei Hamburg, 13. Aufl.

Drews, Ursula (2008): Auf dem Weg zur Selbstständigkeit sein. In: Jürgens/Standop 2008b, S. 161–171

Drieschner, Elmar (2010): Selbstständigkeit stärken und herausfordern. Erziehung und Unterricht als Aufforderung zur Selbsttätigkeit. In: Schulmagazin 5–10 7–8/2010, S. 7–10

Eichler, Klaus-Peter (2008): Skizzen als Hilfen beim Lösen von Sachaufgaben. In: Praxis Grundschule 5/2008, S. 29–32

Eichler, Klaus-Peter (2011): Die dritte Dimension. Räumliches Vorstellungsvermögen systematisch entwickeln. In: Grundschule 1/2011, S. 24–27

Eisenberg, Peter (2005): Phonem und Graphem. In: Duden. Grammatik der deutschen Gegenwartssprache. Duden, Mannheim, S. 19–94

Elsner, Daniela (2010): Englisch in der Grundschule unterrichten. Oldenbourg, München

Elsner, Daniela/Wittkowske, Steffen (2010): Bilingualer Sach(fach)unterricht – WIESO, WESHALB, WARUM? In: Grundschulunterricht Sachunterricht 3/2010, S. 4–7

Erichson, Christa (1976): Die lateinische Ausgangsschrift hat ausgedient. In: Die Grundschule 6/1976, S. 323–327

Fabricius, Sandra (2010): Lerntagebücher zur Dokumentation von Ideen und Lösungswegen. In: Grundschulunterricht Mathematik 1/2010, S. 32–35

Felten, Michael (2011): Gerne Lehrer sein! Plädoyer für eine unverschämte Pädagogik. In: Deutschmagazin 1/2011, S. 8–11

Fix, Martin (2008): Texte verfassen. Schreibprozesse im Deutschunterricht. Schöningh, Paderborn

Flath, Martina/Wittkowske, Steffen (2010): Die abgebildete Welt. Die Karte als Basismedium für raumwissenschaftliches Lernen. In: Grundschulunterricht Sachunterricht 4/2010, S. 9–12

Franke, Marianne (2000): Didaktik der Geometrie. Spektrum, Heidelberg

Franke, Marianne/Ruwisch, Silke (2010): Didaktik des Sachrechnens in der Grundschule. Spektrum Akademischer Verlag, Heidelberg

Fuchs, Eckhardt/Kahlert, Joachim/Sandfuchs, Uwe (2010): Schulbuch konkret. Kontexte Produktion Unterricht. Klinkhardt, Bad Heilbrunn/Obb.

Fuchs, Mechthild (2010): Musik in der Grundschule neu denken – neu gestalten. Helbing, Esslingen

Fürst, Carl (2000): Gruppenunterricht. Empirische Forschungsergebnisse und Empfehlungen für die Praxis. In: Schulmagazin 5–10 7–8/2000, S. 76–80

Gaffal, Andrea/Kreis, Renate/Mandl, Siegmund/Wessel, Frank (2007): Storytime. Teacher's Guide. Westermann, Braunschweig

GDSU – Gesellschaft für Didaktik des Sachunterrichts (Hrsg.) (2002): Perspektivrahmen Sachunterricht. Bad Heilbrunn

Giest, Hartmut (2007): Kognitive Entwicklung. In: Kahlert u. a. 2007, S. 328–338

Giest, Hartmut (2009): Kind und Natur(-wissenschaft). Kompetenzorientiertes Unterrichten in der naturwissenschaftlichen Perspektive. In: Grundschulunterricht Sachunterricht 4/2009, S. 19–23

Giest, Hartmut (2010): Unterrichtsmittel als Lernmittel im Sachunterricht. In: Grundschulunterricht Sachunterricht 4/2010, S. 4–8

Giest, Hartmut/Koch, Helvi (2010): „Und immer schön die Lücken ausfüllen!" Das Arbeitsblatt als Unterrichtsmittel. In: Grundschulunterricht Sachunterricht 4/2010, S. 31–35

Glötzl, Herbert (2000): Prinzipien effektiven Unterrichts. Handbuch für die Erziehungs- und Unterrichtspraxis. Band 1 (S. 1–269) und 2 (S. 270–542). Ernst Klett, Stuttgart u. a.

Göldner, Hans-Dieter/Hahn, Georg/Schrom, Werner (Hrsg.) (2000): Lehrplan für die Grundschule in Bayern. Jahrgangsstufen 1 mit 4. Texte/Kommentare/Handreichungen mit fortlaufenden Ergänzungen. Carl Link, Wolters Kluwer, Kronach

Götz, Margarete/Kahlert, Joachim/Fölling-Albers, Maria/Hartinger, Andreas/von Reeken, Dietmar/Wittkowske, Steffen (2007): Didaktik des Sachunterrichts als bildungswissenschaftliche Disziplin. In: Kahlert u. a. 2007, S. 11–30

Götze, Daniela (2010): Mathekonferenzen. Kommunikation unter Kindern anregen, um Lösungswege anderer zu verstehen. In: Grundschulunterricht Mathematik 1/2010, S. 22–26

Granzer, Dietlinde/Köller, Olaf/Bremerich-Vos, Albert u. a. (Hrsg.) (2009): Bildungsstandards Deutsch und Mathematik. Beltz, Weinheim

Grau, Maike/Legutke, Michael K. (Hrsg.) (2008): Fremdsprachen in der Grundschule. Grundschulverband – Arbeitskreis Grundschule e.V., Frankfurt

Grewe, Philip (2010): Hirnforschung und Unterricht. Grenzen und Möglichkeiten. In: schulmanagement 5/2010, S. 21–23

Grittner, Frauke (2007): Leistungen ermitteln und bewerten. In: Kahlert u. a. 2007, S. 513–523

Guardini, Romano (1965): Grundlegung der Bildungslehre. Versuch einer Bestimmung des Pädagogisch-Eigentlichen. Werkbund, Würzburg, 7. Aufl.

Gudjons, Herbert (2004): Frontalunterricht im Wandel. Auf dem Weg zur Integration in offene Unterrichtsformen. In: Pädagogik 1/2004, S. 22–26

Günther, Herbert (2002): Leserechtschreibschwache Kinder in der Grundschule. Hinweise zur Diagnose und Förderung. Ernst Klett Grundschulverlag, Leipzig u. a.

Hartinger, Andreas (2007): Interessen entwickeln. In: Kahlert u. a. 2007, S. 118–122

Hasse, Jürgen (2007): Entwicklung von Raumbewusstsein. In: Kahlert u. a. 2007, S. 362–366

Hasert, Jürgen (2009): Shodo – Der sanfte Weg des Schriftenschreibens. Elemente japanischer Schriftkunst im Schreibunterricht – Ein Unterrichtsbeispiel. In: Grundschulunterricht Deutsch 1/2009, S. 38–42

Hasselhorn, Marcus/Mähler, Claudia (1998): Wissen, das auf Wissen baut: Entwicklungspsychologische Erkenntnisse zum Wissenserwerb und zum Erschließen von Wirklichkeit im Grundschulalter. In: Kahlert 1998, S. 73–89

Hein, Anna Katharina (2008): Individualisierung und Gemeinschaft. In: Jürgens/Standop 2008b, S. 53–64

Helbig, Paul/Kirschhock, Eva-Maria/Martschinke, Sabine/Kummer, Ursula (2005): Schriftspracherwerb im entwicklungsorientierten Unterricht. Klinkhardt, Bad Heilbrunn/Obb.

Hell, Simone (2011a): Kinder präsentieren Experimente. Naturwissenschaftliches Lernen im Sachunterricht. In: Fördermagazin 1/2011, S. 13–17

Hell, Simone (2011b): Aktiv entdeckender Umgang mit Kunst. In: Fördermagazin 2/2011, S. 8–11

Helmke, Andreas (2004): Unterrichtsqualität erfassen, bewerten, verbessern. Kallmeyersche Verlagsbuchhandlung, Seelze, 3. Aufl.

Helmke, Andreas/Schrader, Friedrich-Wilhelm (2006): Lehrerprofessionalität und Unterrichtsqualität. Den eigenen Unterricht reflektieren und beurteilen. In: Schulmagazin 5–10 9/2006, 5–12

Helms, Siegmund/Schneider, Reinhard/Weber, Rudolf (Hrsg.) (1997): Handbuch des Musikunterrichts – Primarstufe. Gustav Bosse, Kassel

Hengartner, Elmar/Hirt, Ueli/Wälti, Beat (2008): Mehr Unterrichtserfolg mit Lernumgebungen. Natürliche Differenzierung im Mathematikunterricht. In: Grundschulmagazin 4/2008, S. 23–26

Hepting, Roland (2010): Der Lehrer als Experte. Der Umgang mit der Berufsrolle gegenüber Eltern und Schülern. In: schulmanagement 5/2010, S. 19–20

Herzog, Roman (1997): Aufbruch ins 21. Jahrhundert. Rede des Bundespräsidenten am 26.04.1997 in Berlin. In: Bulletin Nr. 33, S. 353. Presse- und Informationsamt der Bundesregierung, Bonn, 30.04.1997

Heymann, Hans Werner (2008): Kulturtechniken – neu betrachtet. In: Pädagogik 7–8/2008, S. 44–48

Hilger, Georg (2010a): Kinder, ihr Theologisieren und ihre religiöse Entwicklung. In: Hilger/Ritter 2010, S. 92–106

Hilger, Georg (2010b): Vorstellungen bilden – Imaginatives Lernen im Religionsunterricht. In: Hilger/Ritter 2010, S. 328–335

Hilger, Georg/Ritter, Werner H. (2010): Religionsdidaktik Grundschule. Handbuch für die Praxis des evangelischen und katholischen Religionsunterrichts. Kösel/Calwer, München/Stuttgart, 3. Aufl.

Hinz, Gudrun (2007): Ziele erreichen durch Lernpläne. Warum führen Lernpläne oftmals nicht zum gewünschten Erfolg? In: schulmanagement 6/2007, S. 11–16

Hirt, Ueli/Wälti, Beat (2010): Lernumgebungen im Mathematikunterricht. Natürliche Differenzierung für rechenschwache und Hochbegabte. Klett-Kallmeyer, Seelze-Velber, 2. Aufl.

Holodynski, Manfred/Schiefele, Ulrich (2008): Lernpsychologische Befunde. In: Jürgens/Standop 2008b, S. 15–28

Hörhammer, Angelika/Kraft, Stephanie (2011): Kunst in und mit der Natur. Kinder entdecken Land Art. In: Fördermagazin 2/2011, S. 12–17

Hoyer, Sabine/Zimmermann, Ursula (2006): Individuelles Lernen und Leisten im Schriftspracherwerb. In: Grundschulmagazin 4/2006, S. 19–22

Huber, Ludowika/Odersky, Eva (Hrsg.) (2000): Zuhören – Lernen – Verstehen. Westermann, Braunschweig

Hüttis-Graff, Petra (2009): Texte gemeinsam hören und individuelle Zugänge zu Schrift eröffnen. In: Grundschulunterricht Deutsch 1/2009, S. 11–16

Isaac, Kevin/Metzeld, Dennis/Eichler, Wolfgang (2009): Bewusster Umgang mit Sprache – Sprache und Sprachgebrauch untersuchen. In: Grundschulunterricht Deutsch 2/2009, S. 28–31

ISB (1998) – Staatsinstitut für Bildungsforschung München: Handreichung zum Einsatz des Computers in der Grundschule. Bd. 1, München

ISB (2011) – Staatsinstitut für Schulqualität und Bildungsforschung München: Beobachtungsbogen für den Unterrichtsbesuch. (www.isb.bayern.de/imperia/md/content/isb/ubb_0.5.pdf) (20.03.2011)

Jeuk, Stefan/Schäfer, Joachim (2009): Schriftsprache erwerben. Cornelsen Scriptor, Berlin

Jung, Walter (1968): Das Nuffield Junior Science Projekt. Bericht über die Möglichkeiten des naturwissenschaftlichen Unterrichts in der Grundschule. In: Die Grundschule. Beiheft zu Westermanns Pädagogischen Beiträgen 3/1968, S. 45–50

Jürgens, Eiko (2002): Erfolgreiches Lehren und Lernen in schüleraktiven Unterrichtsformen. Modelle und Praxis. Institut für berufliche Bildung und Weiterbildung (Weender Landstraße 6, 37073 Göttingen), Göttingen

Jürgens, Eiko (2003): Beurteilung von Unterricht. Unterrichtsleitbild als Orientierungsrahmen. In: SchulVerwaltung spezial 2/2003, S. 28–31

Jürgens, Eiko/Standop, Jutta (Hrsg.) (2008): Taschenbuch Grundschule. Schneider Hohengehren, Baltmannsweiler.
a) Bd. 1: Grundschule als Institution;
b) Bd. 2: Das Grundschulkind;
c) Bd. 3: Grundlegung von Bildung;
d) Bd. 4: Fachliche und überfachliche Gestaltungsbereiche

Kaderávek, Frantisek (1935/1992): Geometrie und Kunst in früherer Zeit. Nach dem 1935 in Prag erschienenen Original aus dem Tschechischen übersetzt von Leo Bocek und Zbynek Nádenik. Teubner, Stuttgart, Leipzig 1992

Kaestner, Elisabeth/Tost, Renate (1990): Schreibunterricht. Volk und Wissen, Berlin, 10. Aufl.

Käferle, Veronika (2003): „Mit diesem Bild wirst Du es verstehen!" Didaktische Bilder gestalten. In: Grundschulmagazin 7–8/2003, S. 41–44

Käferle, Veronika (2010): Schreibkonferenzen fördern Schreibkompetenzen. Kinder überarbeiten Texte und präsentieren ihre

Überlegungen. In: Grundschulunterricht Deutsch 3/2010, S. 29–36

Kahlert, Joachim (2000): Ganzheitlich lernen mit allen Sinnen? Plädoyer für einen Abschied von unergiebigen Begriffen. In: Grundschulmagazin 12/2000, S. 37–40

Kahlert, Joachim (Hrsg.) (1998): Wissenserwerb in der Grundschule. Perspektiven erfahren, vergleichen, gestalten. Klinkhardt, Bad Heilbrunn

Kahlert, Joachim/Fölling-Albers, Maria/Götz, Margarete/Hartinger, Andreas/von Reeken, Dietmar/Wittkowske, Steffen (Hrsg.) (2007): Handbuch Didaktik des Sachunterrichts. Klinkhardt, Bad Heilbrunn

Kahlert, Joachim/Inckemann, Elke (Hrsg.) (2001): Wissen, Können und Verstehen – über die Herstellung ihrer Zusammenhänge im Sachunterricht. Klinkhardt, Bad Heilbrunn/Obb.

Kaiser, Astrid (Hrsg.) (1997): Lexikon Sachunterricht. Schneider Hohengehren, Baltmannsweiler

Kaiser, Astrid/Pfeiffer, Silke (2007): Grundschulpädagogik in Modulen. Schneider Hohengehren, Baltmannsweiler

Kandinsky, Wassily/Marc, Franz (Hrsg.) (1912): Der blaue Reiter. R. Piper & Co., München 1912. (Dokumentarische Neuausgabe von Lankheit, Klaus, R. Piper & Co., München 1994, 9. Aufl.)

Käppner, Joachim/Görl, Wolfgang/Mayer, Christian (Hrsg.) (2008): München. Die Geschichte der Stadt. Süddeutsche Zeitung Edition, München

Kirchner, Constanze (2007a): Kinder, Kunst und Alltag. Kunst im Alltag – Funktion und pädagogische Bedeutung. In: Grundschulmagazin 6/2007, S. 8–10

Kirchner, Constanze (Hrsg.) (2007b): Kunstunterricht in der Grundschule. Cornelsen, Berlin

Kirckhoff, Mogens (1990): Mind Mapping. Die Synthese von sprachlichem und bildhaftem Denken. Synchron, Berlin, 4. Aufl.

Kirschenmann, Johannes (2005): Ästhetische Bildung nach PISA: Bedeutungskonstruktionen im Pendeln zwischen den Bildern. In: Staatsinstitut für Schulqualität und Bildungsforschung München (Hrsg.): Jahresbericht 2004/2005. Neues Lernen nach Pisa. München, S. 94–114

Klein-Landeck, Michael/Karau, Claus/Landeck, Ilka (2010): Unterrichtsentwicklung mit Erfolg. Zehn praxiserprobte Bausteine. Cornelsen Scriptor, Berlin

Klenck, Wolfgang (2009): Beurteilung von Unterricht. Sind Merkmale eines guten Unterrichts eine Hilfe? In: Schulmagazin 5–10 1/2009, S. 54–55

Kluge, Norbert (2008): Anthropologische Befunde. In: Jürgens/Standop 2008b, S. 41–51

Klupsch-Sahlmann, Rüdiger (2005): Bewegungslernen an Stationen. In: Sportpädagogik 1/2005, S. 4–7

KMK (2004a): Bildungsstandards im Fach Deutsch für den Primarbereich (Jahrgangsstufe 4). Beschluss der Kultusministerkonferenz vom 15.10.2004 (www.kmk.org/fileadmin/veroeffentlichungen_beschluesse/2004) (15.04.2011)

KMK (2004b): Bildungsstandards im Fach Mathematik für den Primarbereich (Jahrgangsstufe 4). Beschluss der Kultusministerkonferenz vom 15.10.2004

Köck, Peter (2001): Ethik – Die Konzeption des Fachlehrplans. In: Lehrplankommentar für die bayerische Grundschule, Bd. 1. Auer, Donauwörth

Kohl, Eva-Maria (2005): Schreibspielräume. Freies und kreatives Schreiben mit Kindern. Kallmeyersche Verlagsbuchhandlung, Seelze-Velber

Kohl, Eva-Maria/Ritter, Michael (2010): Schreibszenarien. Wege zum kreativen Schreiben in der Grundschule. Klett/Kallmeyer, Seelze-Velber

Köhnlein, Walter (2001): Was heißt und wie kann „Verstehen lehren" geschehen? In: Kahlert/Inckemann 2001, S. 55–69

Köhnlein, Walter (2007a): Sache als didaktische Kategorie. In: Kahlert u.a. 2007, S. 41–46

Köhnlein, Walter (2007b): Aufgaben und Ziele des Sachunterrichts. In: Kahlert u.a. 2007, S. 89–99

Köller, Olaf/Möller, Jens (2012a): Was wirklich wirkt. John Hattie resümiert die Forschungsergebnisse zu schulischem Lernen. In: schulmanagement 2/2012, S. 21–24

Köller, Olaf/Möller, Jens (2012b): Was wirklich wirkt. John Hattie resümiert die Forschungsergebnisse zu schulischem Lernen. Teile 1 mit 6. In: schulmanagement 4/2012, S. 34–37, 5/2012, S. 34–37, 6/2012, S. 35–37, 1/2013, S. 35–37, 2/2013, S. 33–37, 3/2013, S. 35–37

Kounin, Jakob S. (1976): Techniken der Klassenführung. Hans Huber, Bern

Krämer, Mareen (2011): Natürliche Differenzierungen mit Lernumgebungen. Eine Möglichkeit für Kinder jeden Leistungsniveaus gemeinsam und doch individuell zu lernen. In: Grundschulunterricht Mathematik 1/2011, S. 31–34

Krapp, Andreas/Weidenmann, Bernd (Hrsg.) (2001): Pädagogische Psychologie. Ein Lehrbuch. Beltz, Weinheim, 4. vollständig überarb. Aufl.

Krauthauen, Günter/Scherer, Petra (2001): Einführung in die Mathematikdidaktik. Spektrum, Heidelberg

Krauthausen, Günter/Scherer, Petra (2010): Umgang mit Heterogenität. Natürliche Differenzierung im Mathematikunterricht der Grundschule. Handreichung des Programms SINUS an Grundschulen. Kiel

Krauthausen, Günter/Scherer, Petra (2011): Natürliche Differenzierung durch offene Aufgabenstellungen. Erfahrungen mit den substantiellen Aufgabenformaten Zahlenketten und Rechendreiecke. In: Grundschulunterricht Mathematik 1/2011, S. 4–7

Kruse, Norbert (2010): Lesen und Vorlesen. Basale Lesefähigkeiten gezielt fördern – Lesegewohnheiten entwickeln – literarische Kompetenzen ermöglichen. In: Grundschulunterricht Deutsch 1/2010, S. 4–7

Kucklick, Christoph (2011): Was ist ein guter Lehrer? In: GEO 2/2011, S. 25–48

Kühn, Peter (2010): Sprache untersuchen und erforschen. Cornelsen Scriptor, Berlin

Kühn, Peter/Oomen-Welke, Ingelore (2009): Sprache unter der Lupe. Arbeit im Kompetenzbereich „Sprache und Sprachgebrauch untersuchen". In: Grundschule 5/2009, S. 18–21

Kühnel, Johannes (1913): Moderner Anschauungsunterricht. Eine Reformschrift. Julius Klinkhardt, Leipzig, 4. und 5. Aufl.

Lange, Harald (2005): Basiskompetenzen für den Sportunterricht in der Grundschule. In: Sportpraxis 1/2005, S. 4–10

Lauterbach, Roland (2007): Die Sachen erschließen. In: Kahlert u.a. 2007, S. 448–460

Leuders, Timo (2009): Aufgabenkultur und Kompetenzorientierung. Zur Entwicklung kompetenzorientierter Aufgaben. In: Schulmagazin 5–10 4/2009, S. 5–11

Liessmann, Konrad Paul (2014): Geisterstunde. Die Praxis der Unbildung. Eine Streitschrift. Paul Zsolnay, Wien

Lissmann, Urban (2006): Schülerportfolios. Werkzeuge zur Beurteilung anspruchvollen Lernens. In: Pädagogische Führung 4/2006, S. 198–203

Macke, August (1912): Die Masken. In: Kandinsky, W./Marc, F. 1912, S. (21)–(25)

Mann, Christine (2010): Strategiebasiertes Rechtschreiblernen. Beltz, Weinheim

Maras, Rainer (1975): ‚Sachunterricht oder Heimatkunde?' – keine Alternative!. In: Die Grundschule 12/1975, S. 675–680

Maras, Rainer (1999): Über die Wiedergewinnung des Unterrichtlichen. In: Grundschulmagazin 9/1999, S. 37–40

Maras, Rainer (2008a): Selbstständiges Lernen unterstützen. In: Grundschulmagazin 4 bis 6/2008. Teil 1: 4/2008, S. 51–54; Teil 2: 5/2008, S. 43–46; Teil 3: 6/2008, S. 53–58

Maras, Rainer (2008b): Unterricht beobachten und bewerten. In: Jürgens/Standop 2008c, S. 254–261

Maras, Rainer (2013): Guter Unterricht – ein Vorschlag zur Güte. In: Grundschulmagazin 5/2013, S. 58–62

Marx, Peter (2007): Lese- und Rechtschreiberwerb. Ferdinand Schöningh, Paderborn

Maschke, Helmut (1996): Der musikalische Sprechzirkus. Auer, Donauwörth

Menzel, Wolfgang (1999): Grammatik-Werkstatt. Kallmeyersche Verlagsbuchhandlung, Seelze-Velber

Menzel, Wolfgang (2008): Fibel oder Eigenfibel?. In: Grundschule 9/2008, S. 51

Merz-Grötsch, Jasmin (2010): Texte schreiben lernen. Grundlagen, Methoden, Unterrichtsvorschläge. Klett/Kallmeyer, Seelze

Merz-Grötsch, Jasmin (2011): Gutes Feedback geben. Probleme diagnostizieren – Schreibkompetenzen fördern. In: Grundschule 3/2011, S. 30–33

Metzger, Klaus (2010): Für das Schreiben begeistern. Cornelsen Scriptor, Berlin

Metzger, Klaus (Hrsg.) (2008): Gute Aufgaben Deutsch. Cornelsen Scriptor, Berlin

Metzger, Klaus (2011): Über das Schreiben nachdenken. Kompetenzorientierte Schreibaufgaben. In: Grundschulmagazin 2/2011, S. 7–10

Meyer, Hilbert (2003): Zehn Merkmale guten Unterrichts. Empirische Befunde und didaktische Ratschläge. In: Pädagogik 10/2003, S. 36–43

Meyer, Hilbert (2010): Was ist Kompetenzorientierung? Interview mit Hilbert Meyer. In: schulmanagement 6/2010, S. 23–24

Meyer-Abich, Klaus Michael (1984): Wege zum Frieden mit der Natur. Hanser, München – Wien

Mindt, Dieter/Schlüter, Norbert (2007): Ergebnisorientierter Englischunterricht. Cornelsen Scriptor, Berlin

Möller, Kornelia (2007a): Genetisches Lernen und Conceptual Change. In: Kahlert u. a. 2007, S. 258–266

Möller, Kornelia (2007b): Handlungsorientierung im Sachunterricht. In: Kahlert u. a. 2007, S. 411–416

Möller, Kornelia (2007c): Naturwissenschaftlicher Sachunterricht. Kindern beim Erlernen von Naturwissenschaften helfen. In: Grundschulmagazin 1/2007, S. 8–10

msw-nrw (2007): Modul Lesen – Glossar: Lesen. Ministerium für Schule und Weiterbildung des Landes Nordrhein-Westfalen. (www.standardsicherung.schulministerium.nrw.de/vera3/umgang-mit-ergebnissen/modul-lesen) (19.03.2011)

msw-nrw (2008): Die Grundschule in NRW. Neue Richtlinien und Lehrpläne 2008 – Lehrplan Sachunterricht/Deutsch/Mathematik/Musik. Ministerium für Schule und Weiterbildung des Landes Nordrhein-Westfalen. (www.standardsicherung.schulministerium.nrw.de/lehrplaene/lehrplaene-gs) (19.03.2011)

Müller, Astrid (2010): Rechtschreiben lernen. Die Schriftstruktur entdecken – Grundlagen und Übungsvorschläge. Klett/Kallmeyer, Seelze

Müller, Christina (2000): Schulsport in den Klassen 1 bis 4. Academia, Sankt Augustin

Müller, Hans-Joachim (2007): Moralische Entwicklung. In: Kahlert u. a. 2007, S. 343–348

Müller, Lothar (2011): Schreiben wie gedruckt. Hamburger Schüler sollen nur noch eine Grundschrift lernen. In: Süddeutsche Zeitung v. 30.6.2011, S. 1

Munsch, Robert/Martchenko, Michael (1990): Something good, Annick Press Ltd., Toronto

Neuhäusler, Anton (1963): Grundbegriffe der philosophischen Sprache. Ehrenwirth, München

Neunzert, Helmut/Rosenberger, Bernd (1991): Schlüssel zur Mathematik. ECON, Düsseldorf u. a.

Niehl, Franz W. (2009): Mit Texten im Gespräch. Über die Arbeit mit Texten im Religionsunterricht. In: Informationen für den Religionsunterricht 63/2009 (Februar), S. 4–8 (Erzbischöfliches Ordinariat München)

Nußbaum, Regina (Hrsg.) (2000): Wege des Lernens im Deutschunterricht. Westermann, Braunschweig

OECD (2009): Schaffung effektiver Umfelder zum Lehren und Lernen: Erste Ergebnisse aus TALIS (Teaching and Learning International Survey der OECD) (2009) – Deutsche Zusammenfassung (www.oecd.org/data-oecd/18/63/43021590.pdf) (26.05.2011)

OECD (Hrsg.) (2005): Wie funktioniert das Gehirn? Auf dem Weg zu einer neuen Lernwissenschaft. Schattauer, Stuttgart

Oelkers, Jürgen (2004): Guter Unterricht und Schulentwicklung: Eine Bestandsaufnahme und ein Ausblick. Vortrag im Bildungszentrum Weinfelden am 28. Oktober 2004

Oelkers, Jürgen (2003): Wie man Schule entwickelt. Eine bildungspolitische Analyse nach PISA. Beltz, Weinheim

Oerter, Rolf (2006): Spielen und lernen. Elemente einer Spielpädagogik in der Schule. In: Schulmagazin 5–10 7–8/2006, S. 5–8

Oerter, Rolf (2008): Heterogenität des Aufwachsens. In: Jürgens/Standop 2008b, S. 1–14

Offner, Daniela/Froschmaier, Thomas/Lang, Petra/Schreiber, Susann/Schwesig, Frank/ Spitzenpfeil, Barbara (2010): Fit für den Sportunterricht in der Grundschule. Grundwissen und Praxisbausteine. Auer, Donauwörth

Oser, Fritz (2008): Fehlerkultur und Negatives Wissen. In: Jürgens/Standop 2008c, S. 99–110

Payrhuber, Franz-Josef (2009): Schreiben lernen. Texte verfassen in der Grundschule. Schneider Hohengehren, Baltmannsweiler

Peter-Koop, Andrea (2008): Eine unbekannte Größe? Entwicklung von Kompetenzen im Bereich Größen und Messen. In: Grundschule 4/2008, S. 20–22

Peterßen, Wilhelm H. (2003): Lehraufgabe Unterrichtsplanung. Das Weingartener Planungsmodell. Oldenbourg, München

Petillon, Hanns (2000): Spiele(n) in der Grundschule. Versuch einer Problemklärung. In: Grundschulmagazin 2/2000, S. 4–9

Piaget, Jean (1972): Urteil und Denkprozess des Kindes. Pädagogischer Verlag Schwann, Düsseldorf

Potthoff, Ulrike/Steck-Lüschow, Angelika/ Zitzke, Elke (2008): Gespräche mit Kindern. Cornelsen Scriptor, Berlin

Pronold-Günther, Friederike (2011): Wege zur Schriftlichkeit. Schwierigkeiten beim schriftlichen Erzählen. In: Grundschule 3/2011, S. 15–17

Quasthoff, Uta M. (1999): Vom mündlichen Sprachgebrauch zur Gesprächserziehung in der Grundschule. In: Brügelmann, Hans u. a. (Hrsg.): Jahrbuch Grundschule. Grundschulverband, Frankfurt a. Main, S. 62–66

Quehl, Thomas (2010): Die Möglichkeiten des SCAFFOLDING. Zur Gestaltung des Übergangs von der Alltagssprache der Kinder zur Fach- und Bildungssprache. In: Grundschulunterricht Deutsch 4/2010, S. 28–32

Radatz, Hendrik/Rickmeyer, Knut (1991): Handbuch für den Geometrieunterricht an Grundschulen. Schroedel, Hannover

Radatz, Hendrik/Schipper, Wilhelm/ Dröge, Rotraut/Ebeling, Astrid (1998): Handbuch für den Mathematikunterricht, 2. Schuljahr. Schroedel, Hannover

Radatz, Hendrik/Schipper, Wilhelm/Dröge, Rotraut/Ebeling, Astrid (1999): Handbuch für den Mathematikunterricht, 3. Schuljahr. Schroedel, Hannover

Rademakers, Elfriede (2009): Kunst und Mathematik. Kreative Unterrichtsideen zu Mustern, Formen und optischen Täuschungen. Persen, Buxtehude

Rathgeb-Schnierer, Elisabeth (2010): Lernen auf eigenen Wegen. Eine Herausforderung für den Mathematikunterricht. In: Grundschulunterricht Mathematik 1/2010, S. 4–7

Rathjen, Ulrike (2009): Technische Kompetenzen grundlegen aber wie? In: Grundschulunterricht Sachunterricht 4/2009, S. 28–32

Reinhold, Gerd/Pollak, Guido/Heim, Helmut (Hrsg.) (1999): Pädagogik-Lexikon. R. Oldenbourg, München u. a.

Reinmann-Rothmeier, Gabi/Mandl, Heinz (2001): Unterrichten und Lernumgebungen gestalten. In: Krapp, A./Weidenmann, B. 2001, S. 601–646

Reumuth, Karl (1955): Von der Anschauung zum Begriff. In: Didaktische Studien. Dürrsche Buchhandlung, Bonn

Reusser, Kurt/Reusser-Weyeneth, Marianne (Hrsg.) (1994): Verstehen. Psychologischer

Prozeß und didaktische Aufgabe. Hans Huber, Bern

Riecke-Baulecke, Thomas (2007): SchulleitungPlus. Schule und Unterricht erfolgreich gestalten. Oldenbourg, München

Ritter, Werner H. (2010): Gott, Gottesbilder und Kinder. In: Hilger/Ritter 2010, S. 169–189

Röbe, Edeltraud (2008): Eine Fibel? Eine Fibel! In: Grundschulzeitschrift 215.216/2008, S. 60–61

Sacher, Werner (2006): Didaktik der Lernökologie. Lernen und Lehren in unterrichtlichen und medienbasierten Lernarrangements. Klinkhardt, Bad Heilbrunn/Obb.

Sacher, Werner (2008): Von der Lehrerdidaktik zur Didaktik der Lernökologie. In: Jürgens/Standop 2008c, S. 39–50

Sachsenröder, Thomas (2011): Das Konzept Lehrplan*plus* (Teil II). Grundlagen, Gestaltungsprinzipien und Umsetzung des neuen bayerischen Lehrplanmodells. In: Schulverwaltung BY 5/2011, S. 130–133

Schenk, Christa (1997): Lesen und Schreiben lernen und lehren. Eine Didaktik des Erstlese- und Erstschreibunterrichts. Schneider Hohengehren, Baltmannsweiler

Scheunpflug, Annette (2000): Lernen. Was passiert in den Gehirnen von Schülerinnen und Schülern? In: Pädagogik 2/2000, S. 46–51

Schilcher, Anita (2010): Schreib, wie du sprichst? Mündlichkeit und Schriftlichkeit: zwei Konzepte und ihre Relevanz für die Grundschule. In: Grundschule 3/2010, S. 6–9

Schipper, Wilhelm/Dröge, Rotraut/Ebeling, Astrid (2000): Handbuch für den Mathematikunterricht – 4. Schuljahr. Schroedel, Hannover

Schipper, Wilhelm (2001): Offenheit und Zielorientierung. In: Grundschule 3/2001, S. 10–15

Schipper, Wilhelm (2005): Lernschwierigkeiten erkennen – verständnisvolles Lernen fördern. Beschreibung des Moduls 4 für das Projekt Sinus – Transfer Grundschule. (www.sinus-grundschule.de) (06.04.2011)

Schipper, Wilhelm (2009): Handbuch für den Mathematikunterricht an Grundschulen. Schroedel, Braunschweig

Schober, Otto (Hrsg.) (1998): Deutschunterricht für die Grundschule. Klinkhardt, Bad Heilbrunn

Schmid-Schönbein, Gisela (2008): Didaktik und Methodik für den Englischunterricht. Cornelsen Scriptor

Schmitt, Irmgard/Blümelhuber, Stefan (2008): Scherenschnitte – eine Lernumgebung. Figuren und ihre Symmetrien durch mentales Operieren bestimmen. In: Grundschulmagazin 3/2008, S. 33–36

Schnack, Jochen/Timmermann, Uwe (2008): Kernkompetenz Selbstständigkeit. Was junge Menschen heute lernen müssen. In: Pädagogik 9/2008, S. 6–9

Schneider, Otto Michael (1995): Theoretische Einführung. In: Sport in der Grundschule. Bayerisches Staatsministerium für Unterricht und Kultus, München

Schreiber, Waltraud (2007): Historische Kompetenz. Was Schüler schon mitbringen und was sie noch lernen können. In: Grundschulmagazin 3/2007, S. 8–11

Schründer-Lenzen, Agi (2009): Schriftspracherwerb und Unterricht. Bausteine professionellen Handlungswissens. VS Verlag für Sozialwissenschaften, Wiesbaden

Schumacher, Eva (2008): Handlungsorientierung. In: Jürgens/Standop 2008c, S. 125–135

Schütte, Sybille (2008): Qualität im Mathematikunterricht der Grundschule sichern. Eine zeitgemäße Unterrichts- und Aufgabenkultur. Oldenbourg, München

Schwier, Hans-Joachim/Wittkowske, Steffen (2007): Biologische Aspekte. In: Kahlert u. a. 2007, S. 139–144

Scotton, Rob (2008): Russell das schlaflose Schaf. Esslinger, Esslingen

Siebert, Horst (2003): Vernetztes Lernen. Systemisch-konstruktivistische Methoden der Bildungsarbeit. Luchterhand, München

Sodian, Beate/Koerber, Susanne (2007): Entwicklung des naturwissenschaftlichen Denkens. In: Kahlert u.a. 2007, S. 348–353

Speck-Hamdan, Angelika (2008): Schriftspracherwerb braucht die Welt, die Schrift und die Anderen. In: Grundschule aktuell 9/2008, Nr. 104, S. 4–7

Speck-Hamdan, Angelika (2010): Präsentieren in der Grundschule? In: Die Grundschulzeitschrift 235.236/2010, S. 44–47

Spinner, Kaspar H. (1996): Kreatives Schreiben. In: Praxis Deutsch – Sonderheft, Schreiben: Konzepte und schulische Praxis. Friedrich, Seelze, S. 82–83

Spinner, Kaspar H. (2006): Grundlagen. In: Spinner, Kaspar H. (Hrsg.): Lesekompetenz erwerben, Literatur erfahren. Cornelsen Scriptor, Berlin, S. 7–34

Spitzer, Manfred (2002): Lernen. Gehirnforschung und die Schule des Lebens. Spektrum Akademischer Verlag, Heidelberg, Berlin

Spitzer, Manfred (2009): Gehirnforschung und schulisches Lernen. Ergebnisse, Einsichten und Anregungen. In: Schulmagazin 5-10 3/2009, S. 5–12

Stern, Elsbeth (2004): Entwicklung im Kopf. Subjektive Bedeutung und aktive Kinder. In: Schüler 2004: Aufwachsen. Die Entwicklung von Kindern und Jugendlichen. Friedrich, Velber 2004, S. 10–13

Sundermann, Beate/Selter, Christoph (2000): Quattro Stagioni. Nachdenkliches zum Stationenlernen aus mathematikdidaktischer Perspektive. In: Friedrich Jahresheft 2000, S. 110–113

Tenorth, Heinz-Elmar/Tippelt, Rudolf (Hrsg.) (2007): BELTZ Lexikon Pädagogik. Beltz, Weinheim und Basel

Tesak, Gerhild (2001): Wegweiser durch den Zwölfminutenwald. Ethik und Philosophie 1/2. Klett, Leipzig

Thies, Barbara (2009): Vertrauen und Sozialklima. Anregungen für den Unterricht. In: Schulmagazin 5-10 9/2009, S. 9–12

Thies, Barbara (2011): Kinderrechte im Unterricht erfahrbar machen. Ansatzpunkte zur Gestaltung von Lehr-Lern-Prozessen. In: Grundschulunterricht Sachunterricht 1/2011, S. 8–10

Thomas, Lutz (2008): Aktiv und selbstgesteuert lernen. Schüler entdecken ihre Lernstrategien. In: Pädagogik 6/2008, S. 36–39

tmbwk (2010a): Leitgedanken zu den Thüringer Lehrplänen für die Grundschule 2010. Thüringer Ministerium für Bildung, Wissenschaft und Kultur. (www.schulportal-thueringen.de/web/guest/lehrplaene) (27.07.2011)

tmbwk (2010b): Lehrplan für die Grundschule und für die Förderschule mit dem Bildungsgang Grundschule 2010. Thüringer Ministerium für Bildung, Wissenschaft und Kultur

Topsch, Wilhelm (2005): Grundkompetenz Schriftspracherwerb. Beltz, Weinheim

Traub, Silke (2003): Selbstgesteuertes Lernen in der Praxis. In: Pädagogik 5/2003, S. 19–22

Tröger, Walter (1991): Sacherschließung. Sieben Sätze zu ihrer Bedeutung als Erziehungsaufgabe in der Schule. In: Pädagogische Welt 10/1991, S. 434–437

Übergangsrichtlinien für die bayerischen Volksschulen (1945). Anlage zur E. d. Staatsmin. f. Unt. u. Kult. Vom 10.10.1945 Nr. IV 25000

Valtin, Renate (Hrsg.) (2000): Rechtschreiben lernen in den Klassen 1–6. Grundschulverband-Arbeitskreis Grundschule, Frankfurt

Waas, Ludwig (2005): Effektives Storytelling. Grundschulmagazin Englisch 3/2005, S. 6–10

Wagner, Jürgen W. L. (2007): Soziale Entwicklung. In: Kahlert u.a. 2007, S. 353–358

Walther, Gerd/van den Heuvel-Panhuisen, Marja/Granzer, Dietlinde/Köller, Olaf (Hrsg.) (2007): Bildungsstandards für die Grundschule: Mathematik konkret. Cornelsen Scriptor, Berlin

Wechsler, Ulrich (2002): Erst laufen, dann radfahren. Nicht die Nutzung der Medien macht den Grad der Bildung aus … In: Süddeutsche Zeitung, SZ am Wochenende, 6./7.04.2002 (Nr. 80)

Weinert, Franz E. (1996): „Der gute Lehrer", „Die gute Lehrerin" im Spiegel der Wis-

senschaft. In: Beiträge zur Lehrerbildung 14. Jahrgang 2/1996, S. 141–151
Weinert, Franz E. (1997): Lernkultur im Wandel. In: Beck, Erwin/Guldimann, Titus/Zutavern, Michael (Hrsg.): Lernkultur im Wandel. Tagungsband der Schweizerischen Gesellschaft für Lehrerinnen- und Lehrerbildung und der Schweizerischen Gesellschaft für Bildungsforschung. UVK, Fachverlag für Wissenschaft und Studium, St. Gallen, S. 11–29
Weinert, Franz E. (2001): Vergleichende Leistungsmessung in Schulen – eine umstrittene Selbstverständlichkeit. In: Weinert, Franz E. (Hrsg.): Leistungsmessungen in Schulen. Beltz, Weinheim, Basel, S. 17–31
Weinert, Franz E./Schrader, Friedrich-Wilhelm/Helmke, Andreas (1990): Unterrichtsexpertise – ein Konzept zur Verringerung der Kluft zwischen zwei theoretischen Paradigmen. In: Alisch, Lutz-Michael/Baumert, Jürgen/Beck, Klaus (Hrsg.): Professionswissen und Professionalisierung. Braunschweig, S. 173–206
Weinert, Franz E./Helmke, Andreas (1996): Der gute Lehrer: Person, Funktion oder Fiktion?. In: Leschinsky, A. (Hrsg.): Die Institutionalisierung von Lehren und Lernen. Beltz, Weinheim und Basel, S. 223–233
Wellenreuther, Martin (2008): Lernen, wissen, (sich) bilden: Zusammenhänge klären. In: Jürgens/Standop 2008c, S. 13–25
Welzer, Harald (2002): Das kommunikative Gedächtnis. Eine Theorie der Erinnerung. C. H. Beck, München
Wildemann, Anja (2010): Lesen und Schreiben erfolgreich unterrichten. Wege im sprachlichen Anfangsunterricht. Oldenbourg, München
Winter, Heinrich (1994): Mathematik entdecken. Cornelsen Scriptor, Berlin
Wittkowske, Steffen (2009): „Norden liegt oben, oder?" Kompetenzorientiert unterrichten unter raumbezogener Perspektive. In: Grundschulunterricht Sachunterricht 4/2009, S. 24–27
Wittmann, Erich Ch./Müller, Gerhard N. (Hrsg.) (2001): Das Zahlenbuch – 1. Schuljahr – Lehrerband. Klett, Stuttgart
Wittmann, Erich Ch. (2008a): Eine Lernumgebung zur produktiven Übung der Multiplikation. In: Grundschulunterricht Mathematik 1/2008, S. 9–12
Wittmann, Erich Ch. (2008b) Vom Sinn und Zweck des Kopfrechnens. In: Die Grundschulzeitschrift 211/2008, S. 30–33
Wollring, Bernd (2008): Mit Ecken und Kanten. Kompetenzerwerb im Bereich Raum und Form. In: Grundschule 4/2008, S. 28–31
Wörler, Jan (2011a): Mathematische Detektive untersuchen Kunstwerke. Was steckt in Werken der Konkreten Kunst? In: Fördermagazin 2/2011, S. 23–27
Wörler, Jan (2011b): Mathematik und Kunst. (www.matheforscher.de/fileadmin/system/dokumente/pdf/Mathematik_und_Kunst.pdf) (20.4.2011)
Ziebertz, Hans-Georg (2001): Wer initiiert religiöse Lernprozesse? – Rolle und Person der Religionslehrerinnen und Religionslehrer. In: Hilger, Georg/Leimgruber, Stephan/Ziebertz, Hans-Georg (Hrsg.): Religionsdidaktik. Ein Leitfaden für Studium, Ausbildung und Beruf. Kösel, München, S. 180–200
Ziegler, Angelika (2002): Kommentar zum Fachprofil Ethik. In: Göldner u. a., 22.13, S. 3–12
Zimmermann, Peter (2010): Bindung und Beziehungserfahrung. Auswirkungen im Schulkontext. In: Schulmagazin 5–10 2/2010, S. 7–10
Zolg, Monika (2007): Technisches Lernen im Sachunterricht. In: Kahlert u. a. 2007, S. 150–153

Stichwortverzeichnis

In dem Vorgängerwerk „Unterrichtsgestaltung in der Grundschule" fand ein dort abgedruckter Schülertext ein sehr positives Leserecho. Mit der Absicht, diesen Text (aus dem Jahre 1972) von dem damaligen Schüler Rudi V. nicht in Vergessenheit geraten zu lassen, wird diese Bildergeschichte nochmals wiedergegeben.

Aus der Bildergeschichte „Die vergessenen Rosinen" von E. O. Plauen, die sieben Einzelbilder umfasst, wurden für die unterrichtliche Arbeit fünf davon ausgewählt.

Der Rosinenschuß

„So, drinna is a[1], im Rohr", sagte Salvator Grantig, als er den Kuchen in den Ofen gestellt hatte. Klein-Tonerl (ein echter Grantig) meinte: „Du, Baba, moanst[2], dass de sechsazwanzg[3] Eier ned zvui warn[4]?" „Na[5], Tonerl, i woas scho, wos i mach[6]." „Du, Baba", kritisierte nach ein paar Minuten Tonerl wieder, „de vierzehn Pfund Mehl und der oane[7] Liter Wasser warn zvui!" Grantig sen.: „Tonerl, jetzt wennsd koa Ruah[8] gibst, hau I da[9] oane runter, dass d' a Radl schlogst[10]!" „Aba d' Rosinen host[11] vergessn!" sagte Tonerl vorlaut. Da fing Salvator zu schimpfen an, dass der Hausmeister des Hauses heraufkam. „Ja, kost[12] denn des ned friher song[13]? Himmezefixnomoikruzitürkenhimmelblitzundhagelwoiknbruchnomoi!"
Doch Tonerl hatte eine Idee. Er holte das alte Wildderergewehr des Urgroßvaters und fragte den Vater, was man damit macht. Der Vater wußte es blitzschnell und lud das Gewehr mit Rosinen. Sie holten den in der Zwischenzeit fertig gewordenen Kuchen aus dem Rohr, stellten ihn auf den Boden, verschanzten sich hinter der Rosinenschachtel und zielten! Da schrie der Tonerl: „Aba, Baba, i bin doch ned der Kuacha[14]!" Dann der Schuß und! „Du, Baba, der Herr Weißferdl[15] auf'm Buidl hod[16] Rosinen auf der Nosn[17]!" Der zweite Schuß: Und der saß! Salvator sagte: „Tonerl, de Idee kannt[18] von mir gwesn sei!"

1 drinnen ist er
2 Papa, meinst du
3 sechsundzwanzig
4 nicht zuviel waren
5 Nein
6 ich weiß schon, was ich mache
7 eine
8 wenn du keine Ruhe
9 hau ich dir
10 du ein Rad schlägst
11 Aber die Rosinen hast du
12 kannst du
13 das nicht früher sagen
14 doch nicht der Kuchen
15 Weiß Ferdl, eigentlich Ferdinand Weisheitinger, 1883–1949; volkstümlicher Komiker, der vor allem in München auftrat
16 auf dem Bild hat
17 Nase
18 könnte

Zu Abb. 26, S. 50: Text des Schülers Rudi V. (1972) zu einer Bildergeschichte